国家社科基金重点项目"爱斯基摩史前史与考古学研究"
（项目编号：18AKG001）阶段性成果
聊城大学学术著作出版基金资助

北冰洋译丛
Translation Series of the Arctic

主编 曲枫

The Bark Canoes and Skin Boats of Northern Eurasia

[芬]哈里·卢克卡宁
Harri Luukkanen
[美]威廉·W. 菲茨休
William W. Fitzhugh
———— 著

崔艳嫣 侯丽 丁海彬 ———— 译

欧亚大陆北部的树皮船与兽皮船

曲枫 ———— 审校

社会科学文献出版社
SOCIAL SCIENCES ACADEMIC PRESS (CHINA)

Copyright © 2020 by Harri Lukkanen and Smithsonian Institution

All rights reserved including the right of reproduction in whole or in part in any form.

This edition published by arrangement with Smithsonian Books through Susan Schulman Literary Agency LLC, New York, and through Big Apple Agency, Inc.

北冰洋译丛编委会

主　　编 曲　枫

编委会成员（按姓氏音序排列）

　　　　　　白　兰　范　可　高丙中　郭淑云
　　　　　　何　群　林　航　刘晓春　纳日碧力戈
　　　　　　潘守永　祁进玉　曲　枫　色　音
　　　　　　汤惠生　唐　戈　杨　林　张小军

总　序

正如美国斯坦福大学极地法学家乔纳森·格林伯格（Jonathan D. Greenberg）所言的，北极不但是地球上的一个地方，更是我们大脑意识中的一个地方，或者说是一个想象。[①] 很久以来，提起北极，人们脑海中也许马上会浮现出巨大的冰盖以及在冰盖上寻找猎物的北极熊，还有坐着狗拉雪橇旅行的因纽特人。然而，当气候变暖、冰川消融、海平面上升、北极熊等极地动物濒危的信息不断出现在当下各类媒体中，进而充斥在我们大脑中的时候，我们已然意识到，北极已不再遥远。

全球气温的持续上升正引起北极环境和社会的急剧变化。更重要的是，这一变化波及了整个星球，没有任何地区和人群能够置身于外，因为这样的变化通过环境、文化、经济和政治日益密切的全球网络在一波接一波地扩散着。[②]

2018年1月，中国国务院新闻办公室向国际社会公布了《中国的北极政策》白皮书，提出中国是北极的利益攸关方，因为在经济全球化以及北极战略、科研、环保、资源、航道等方面价值不断提升的前提下，北极问题已超出了区域的范畴，涉及国际社会的整体利益和全球人类的共同命运。

[①] J. D. Greenberg, "The Arctic in World Environmental History," *Vanderbilt Journal of Transnational Law*, Vol. 42 (2009): 1307-1392.

[②] UNESCO, *Climate Change and Arctic Sustainable Development: Scientific, Social, Cultural and Educational Challenges* (Paris: UNESCO Publishing, 2009).

中国北极社会科学研究并不缺乏人才，然而学科结构却处于严重的失衡状态。我们有一批水平很高的研究北极政治和政策的国际关系学学者，却很少有人研究北极人类学、考古学、历史学和地理学。我们有世界一流水准的北极环境科学家，却鲜有以人文科学和社会科学为范式研究北极环境的学者。人类在北极地区已有数万年的生存历史，北极因而成为北极民族的世居之地。在上万年的历史中，他们积累了超然的生存智慧来适应自然，并创造了独特的北极民族文化，形成了与寒冷环境相适应的北极民族生态。如果忽略了对北极社会、文化、历史以及民族生态学的研究，我们的北极研究就显得不完整，甚至会陷入误区，得出错误的判断和结论。

北极是一个在地理环境、社会文化、历史发展以及地缘政治上都十分特殊的区域，既地处世界的边缘，又与整个星球的命运息息相关。北极研究事关人类的可持续性发展，也事关人类生态文明的构建。因此，对北极的研究要求我们从整体上入手，建立跨学科研究模式。

2018 年 3 月，聊城大学成立北冰洋研究中心（以下称"中心"），将北极社会科学作为研究对象。更重要的是，中心以跨学科研究为特点，正努力构建一个跨学科研究团队。中心的研究人员为来自不同国家的学者，包括环境考古学家、语言人类学家、地理与旅游学家以及国际关系学家等。各位学者不仅有自身的研究专长，还与同事开展互动与合作，形成了团队互补和跨学科模式。

中心建立伊始，就定位于国际性视角，很快与国际知名北极研究机构形成积极的互动与合作。2018 年，聊城大学与阿拉斯加大学签订了两校合作培养人类学博士生的协议。2019 年新年伊始，中心与著名的人文环境北极观察网络（Humanities for Environment Circumpolar Observatory）建立联系并作为中国唯一的学术机构加入该研究网络。与这一国际学术组织的合作得到了联合国教科文组织（UNESCO）的支持。我因此应联合国教科文组织邀请参加了 2019 年 6 月于巴黎总部举行的全球环境与社会可持续发展会议。

2019年3月，中心举办了"中国近北极民族研究论坛"。会议建议将中国北方民族的研究纳入北极研究的国际大视角之中，并且将人文环境与生态人类学研究作为今后中国近北极民族研究的重点。

令人欣喜的是，一批优秀的人类学家、考古学家、历史学家加盟中心，成为中心的兼职教授。另外，来自聊城大学外国语学院的多位教研人员也加盟中心从事翻译工作。他们对北极研究抱有极大的热情。

中心的研究力量使我们有信心编辑出版一套"北冰洋译丛"系列丛书。这一丛书的内容涉及社会、历史、文化、语言、艺术、宗教、政治、经济等北极人文和社会科学领域，并鼓励跨学科研究。

令人感动的是，我们的出版计划得到了社会科学文献出版社的全力支持。无论是在选题、规划、编辑、校对等工作上，还是在联系版权、与作者（译者）沟通等事务上，出版社编辑人员体现出难得的职业精神和高水准的业务水平。他们的支持给了我们研究、写作和翻译的动力。在此，我们对参与本丛书出版工作的各位编辑表示诚挚的谢意。

聊城大学校方对本丛书出版提供了经费支持，在此一并表示谢意。

最后，感谢付出辛勤劳动的丛书编委会成员、各位作者和译者。中国北极社会科学学术史将铭记他们的开拓性贡献和筚路蓝缕之功。

曲　枫
2019年5月24日

译　序

　　人类从何时开始建造并使用船只，也就是说，船只的历史究竟有多古老，这在考古学上并不是一个无足轻重的问题，尤其在北极考古学中尤为重要。人类从亚洲通过"白令陆桥"（Bering bridge）迁徙至阿拉斯加发生于13000年至14000年前。当时，海峡上的陆桥其实已经由于海平面上升而被海水淹没。人类在冬天时可以从冰面上步行穿越海峡，在夏天也许只能使用船只。当然，还有一种说法，第一批来自亚洲并定居北美的移民并不是越过白令海峡到达阿拉斯加的，而是沿着相对温暖的南部沿海乘着船只迁徙而来。考古学虽然缺乏直接的证据，但一些推论仍然可以帮助我们认定船只的古老性。比如，北太平洋阿留申群岛上最早的考古学遗址可以上溯到万年以前。如果没有船只，人类是没有办法到达这些岛屿并在其上生存的。

　　20世纪90年代，考古学家在浙江杭州萧山的跨湖桥遗址发现了距今8000年的独木舟以及相关的加工遗迹（一同发现的还包括划船的木桨），以直接证据证明了人类建造船只的历史确实可以上溯到近万年之前。同地域相对较晚的河姆渡文化也有多件船桨被发现。2014年，浙江余姚的田螺山遗址还出土了河姆渡文化时期的独木舟模型。河姆渡文化之后的良渚文化也有两件独木舟被发现。2010年，考古学家在浙江余杭茅山遗址发现了良渚文化的首件独木舟。2021年，在余姚的施岙遗址又发现了第二件独木舟。以上考古发现证明史前长江中下游地区一直流行建造、使用船只。或许那里的史前人类已具备了远洋航行能力。

至晚在1万年前，人类已占据了北极的大部分地区。在这一时期，波罗的海地区为昆达文化（Kunda Culture）所占据。在挪威与瑞典，人类已进入北纬65度以北地区，甚至于7000年前已扩张到北纬70度地区。在西伯利亚，人类于15000年前就已向北扩展到勒拿河（Lena River）盆地中部位于北纬59度的阿尔丹河（Aldan River）上的久克台（Dyuktai）洞穴。以细石叶为代表的西伯利亚石器组合反映了高度流动的生活。14000年前的阿拉斯加内陆出现了与久克台文化相似的石器。[1] 从考古学发现来看，北极与邻近地区的史前人类一直处于高度流动的状态，如果没有船只，这种流动与迁徙的实现是难以想象的。直到100年前，树皮船与兽皮船在北极与次北极原住民社会中仍然发挥着至关重要的作用。

对船只的研究显然构成了北极史前史研究的重要内容之一。然而，由于考古学证据的缺乏，这一研究的难度是非常大的。正如原著作者所描述的那样，本项目的研究地域最初只是设定在北欧地区，后来则一再扩展，最后不仅包括了西伯利亚地区，还包括了北美地区、中国北部、蒙古国与日本北部。另外，该书并不是一部单纯的考古学著作。它是一项综合了考古学、民族志学、人类学、历史学、博物馆学、神话学和民俗学、船只建造工程学等跨学科研究项目。显然，这是一个庞大的几乎难以完成的工程。但两位作者不畏辛苦，花费十年之久，最终使该书于2020年问世。

原著的资料收集过程也是十分艰难的。该书资料涉及多种语言，除英语以外，包括各种北欧语言、德语、俄语、日语、汉语、蒙古语等。好在两位作者人脉广泛，得到了世界各地学者的支持与帮助。有关中国部分以及汉语资料，我也有幸应邀参与了部分资料的收集、翻译（汉译英）与编辑工作。在这一过程中，黑龙江省民族博物馆研究馆员、原副馆长张敏杰老师给予了大力的支持与帮助，对有关资料进行了细致的审阅。借此一角，向张老师致以诚挚谢意。在付梓之际，内蒙古民族大学的娜敏博士发来她本人拍摄的鄂

---

[1] 参阅约翰·F. 霍菲克尔（John F. Hoffecker）《北极史前史：人类在高纬度地区的定居》，崔艳嫣、周玉芳、曲枫译，社会科学文献出版社，2020。

温克船只照片，为该书添彩。在此一并致谢。

中译本的翻译工作由聊城大学外国语学院的崔艳嫣教授、侯丽副教授和该校国际教育交流学院丁海彬副教授承担。由于书中涉及多个学科，专业词语较多，又涉及多达几十个北极原住民文化，有关词源也较为复杂，引用的文献不仅涉及多种语言，还涉及不同地区的古代语言，如古芬兰-乌戈尔语、古斯堪的纳维亚语、古汉语等，其翻译工作的难度可想而知。翻译小组在崔艳嫣教授的组织下，数次开会研究翻译方案，还建立微信群，方便大家交流。作为丛书主编，我也在该群中，经常看到已经是深夜了，三人还在为一个问题翻来覆去地讨论，互相征求意见。有时仅仅为一个地名，就花费了大量时间查阅有关文献，直到找到答案为止。我相信读者在阅读该书中译本的时候，一定会对译者心存感激。

英文原著的产出机构是美国史密森学会的北冰洋研究中心。自聊城大学北冰洋研究中心于2018年建立之日起，美方中心就与我方中心建立了密切的合作关系。我曾先后两次造访位于华盛顿特区美国国家自然历史博物馆中的该中心，与中心主任，也是原著作者之一的威廉·菲茨休博士就两中心的合作进行了深入的交谈。其中，将美方中心的研究成果译为汉语在中国出版是两中心的合作项目之一。在中译本出版期间，菲茨休先生亲自花时间帮助联系版权事宜，并多次过问翻译进程，一直关注着中译本的出版。

中译本的审校工作由本人担任。由于该书翻译工程量较大，错误之处在所难免，诚恳欢迎读者批评指正。译文中若有任何不准确之处，责任由本人承担。

曲 枫

2022年7月8日于美国印第安纳大学美洲印第安研究院

目　录

文本注释／1

绪　论／1
　　项目依据／5
　　欧亚大陆北部的环境／13
　　船只类型／15
　　本书结构／17
　　方法和数据／21

第一章　欧亚大陆北部／25
　　地理环境和河流系统／25
　　族群与文化／30
　　北方森林（针叶林）与苔原带／32
　　气候和温度变化／35
　　考古学、时间测定和历史阶段／38
　　北美小船及其与欧亚大陆北部的关系／40

第二章　船只分类、构造和区域分布／44
　　树皮船和兽皮船的分类／44

桦树皮船 / 48

树皮船类型的区域调查 / 53

榆树皮、落叶松皮和其他树皮船 / 65

敞舱兽皮船和卡亚克皮艇 / 69

第三章　北欧：德国、波罗的海南部和芬诺斯堪的亚 / 79

德国和瑞典南部前维京时代的木船和兽皮船 / 80

苏格兰的"芬兰人"：被错认的因纽特卡亚克皮艇手 / 89

美洲印第安树皮船在瑞典和芬兰的实验 / 94

萨米人：树皮船、原木船和兽皮船三重遗产 / 101

第四章　东北欧：波罗的海东部和西乌拉尔 / 122

卡累利阿造船者和毛皮商人 / 123

诺夫哥罗德：波罗的海俄罗斯贸易联邦 / 141

海洋波莫尔人：白海的俄罗斯猎人 / 145

科米兹里安人：梅津-伯朝拉森林的毛皮猎人和商人 / 150

西希尔蒂亚人和伯朝拉丘德人：巴伦支海和喀拉海岸的前萨莫耶德人 / 156

第五章　西西伯利亚：鄂毕河和亚马尔半岛 / 168

涅涅茨人：鄂毕河下游的驯鹿牧民和海洋猎人 / 169

汉特人：鄂毕-乌戈尔内陆和沿海的渔民 / 179

曼西人：乌拉尔森林的山区猎人 / 188

塞尔库普人：鄂毕河中游的森林猎人 / 194

南萨莫耶德人：阿尔泰山和萨彦岭的猎人和牧民 / 199

北阿尔泰山的鞑靼人：西伯利亚森林的山区猎人 / 204

第六章　中西伯利亚：叶尼塞河和泰梅尔半岛 / 210

恩加纳桑人：泰梅尔半岛的北极苔原猎人 / 211

塔兹河口和叶尼塞河口的埃内茨人 / 220

多尔甘人：泰梅尔半岛的混血居民 / 223

基特人（叶尼塞奥斯蒂亚克人）：中西伯利亚的船民 / 225

叶尼塞河的埃文基人：西部的通古斯人 / 231

蒙古人：马背上的人的皮船、筏子和浮具 / 244

布里亚特人：养牛者和森林猎人的兽皮船 / 247

第七章　东西伯利亚：勒拿河流域和外贝加尔 / 249

尤卡吉尔人和楚凡人：像爱斯基摩人一样前途渺茫的民族 / 250

勒拿河和外贝加尔埃文基人：东西伯利亚通古斯游牧民族 / 262

埃文人：鄂霍次克海岸的拉穆特通古斯民族 / 276

萨哈人：雅库特次北极地区的突厥养牛人 / 281

第八章　太平洋西伯利亚：楚科奇、堪察加半岛和千岛群岛 / 289

楚科奇人：放牧驯鹿的勇士和贸易商 / 291

西伯利亚尤皮克人：白令海峡和楚科奇的爱斯基摩兽皮船能手 / 306

克里克人：白令海西部的沿海居民 / 321

科里亚克人：彭日纳湾和堪察加半岛的民族 / 326

伊特尔曼人：堪察加火山的渔民和猎人 / 336

库什人和千岛群岛的阿伊努人：太平洋西北部的岛民 / 340

第九章　远东：中国东北、萨哈林岛（库页岛）和日本北部 / 347

尼夫赫人：鄂霍次克海南部和萨哈林岛（库页岛）的海洋猎人 / 348

那乃人和乌尔奇人：阿穆尔河（黑龙江）、乌苏里江和松花江流域的族群 / 356

乌德盖人和奥罗奇人：乌苏里江和鞑靼海峡的族群 / 371

涅吉达尔人：阿姆贡河的皮船渔民 / 373

满族人：中国东北地区和黑龙江流域的主人 / 376

阿伊努人：虾夷和萨哈林岛（库页岛）的海洋猎人、渔民和商人 / 379

阿穆尔埃文基人：回到满族家园的通古斯人 / 386

汉族和藏族：河流商人和旅行者的皮筏与"克拉科尔"小圆舟 / 397

小结：东西方相遇 / 405

第十章 后记：阿拉斯加和欧亚大陆
——白令海峡两岸的差异与延续 / 408

比较基准 / 409

民族志证据 / 414

考古证据 / 425

起源、传播和演化理论 / 431

不断变化的船：未来展望 / 437

附录 有关欧亚大陆树皮船和兽皮船的文献 / 441

原始日记、书籍和论文 / 441

主要资料来源 / 443

术语词表 / 452

独木舟和船的术语 / 452

地理、文化和其他术语 / 460

致 谢 / 463

参考文献 / 470

文本注释

本书中引用的所有芬兰语、德语和斯堪的纳维亚语材料均由哈里·卢克卡宁（Harri Luukkanen）翻译。由于我们在这个项目的研究阶段缺乏专业翻译，哈里依靠在国外出生的船只知识丰富的朋友和机器翻译服务来翻译其他语言，然后对这些译稿在风格和内容方面进行译后编辑。这一过程不可避免地会造成一些错误，对此我们深表歉意。

在所有俄罗斯土著民族中，其民族和群体的单数和复数名称拼写方式相同［例如，一个涅涅茨牧民（a Nenets herder）；涅涅茨牧民（Nenets herders）］，这种用法是常见的。引文中关于土著群体的名称和地名的拼写没有按照现代用法进行标准化处理，在原始英文译文的引文中，保留了它们在来源语文件中的拼写。同时，保留了其他一些古老名称（例如"Sungari"是指现在的松花江），因为它们在过去文献中被频繁使用。在这些情况下，旧名称第一次出现在文本中时，用现代名称给予注释。

我们偶尔会把北美洲北极地区的族群和文化称为"爱斯基摩"。这个词虽然在历史上曾被污名化，但在提到从楚科奇、阿拉斯加到格陵兰岛的所有适应北极地区的民族时，这个词是必要的，因为没有其他适当的集体术语可用。然而，这一术语在加拿大被认为是贬义的，在那里欧洲探险家在早期接触时期误用了该词。在加拿大，对这一历史时期的人的恰当称谓是因纽特人，其意思是"真正的人"，而将他们的多塞特文化前辈统称为古爱斯基摩人。在阿拉斯加和楚科奇（太平洋西伯利亚），爱斯基摩族群更喜欢以他们各自的民族语言名称来称谓自身：例如，苏皮亚克人（Sugpiaq）、乌纳根人（Unangan）、阿鲁提克人（Aluttiq）、尤皮克人（Yup'ik）、尤皮克人（Yupik）（俄罗斯）和因纽皮亚克人（Inupiaq）。根据年代或以前的出版背景，我们使用古老和现代两类名称，例如：拉普人（Lapp）或萨米人（Saami）；奥斯蒂亚克人（Ostyak）或汉特人（Khanty）；雅库特人（Yakut）或萨哈人（Sakha）；拉穆特人（Lamut）或埃文人（Even）；吉利亚克人（Gilkak）或尼夫赫人（Nivkh）；戈尔德人（Gold）或那乃人（Nanay）。

（崔艳嫣 译）

绪 论

1964年，史密森学会（Smithsonian Institution）出版了埃德温·塔潘·埃德尼（Edwin Tappan Adney）和霍华德·I. 夏佩尔（Howard I. Chapelle）合著的《北美树皮船与兽皮船》（*The Bark Canoes and Skin Boats of North America*）（见图0-1）。这一著作描述了美洲土著船只，极具开创性。那时，史密森学会收集美洲土著船只已经长达一个多世纪，但除了奥蒂斯·T. 梅森（Otis T. Mason）和梅里登·S. 希尔（Meriden S. Hill）的一份报告（Mason and Hill, 1901）和关于建造奇普瓦（Chippewa）桦树皮船的讨论外（Ritzenthaler, 1950），史密森学会收藏的树皮船和兽皮船的相关信息大多尚未出版，也基本上鲜为人知（其他机构收藏的大多数北美土著船只也是如此）。埃德尼和夏佩尔第一次描述了此类船只，他们的著作在学术界和业余划船爱好者中都很受欢迎，并在约翰·麦克菲（John McPhee）的《树皮船的传承》（*The Survival of the Bark Canoe*）（1975）中被重点引述，现已成为史密森学会出版的一部经典著作。

被朋友们称作"塔潘"的埃德尼（1868~1950）是一位杰出的艺术家、博物学家、伐木工人、语言学家。当他19岁在新不伦瑞克省（New Brunswick）的伍德斯托克（Woodstock）度假时，一位名叫彼得·乔（Peter Joe）的马里赛特印第安人（Maliseet Indian）用马里赛特语教他制作树皮船。其父为大学教授的埃德尼那时已经是一名训练有素的艺术家，他对美洲土著人和印第安人传说，特别是印第安船只及其传统非常着迷。他与来自新不伦瑞克省伍德斯托克的一位女士结婚，移居蒙特利尔，并取得加拿大国籍。对土著船只的兴趣成为埃德尼的毕生追求。他致力于记录整个北美地区野外和博物馆里的树皮船和卡亚克皮艇（Adney and Chapelle, 1964：4; Jennings, 2004），收集了大量珍贵资料，描述各个部落的船只制造技术、原材料和船只性能。埃德尼采访了制作船只的美洲土著人，并为他们拍摄了照片。他研究、测量并制作了全尺寸和按比例缩小的船只模型，还绘制了包含线条和细节的船只制作图。

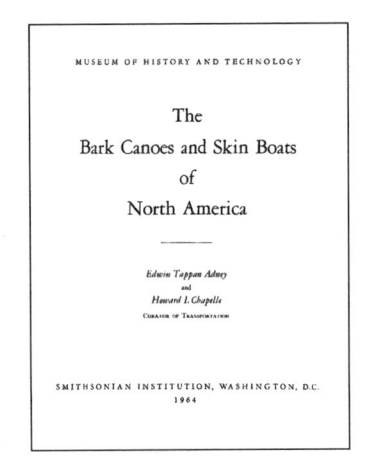

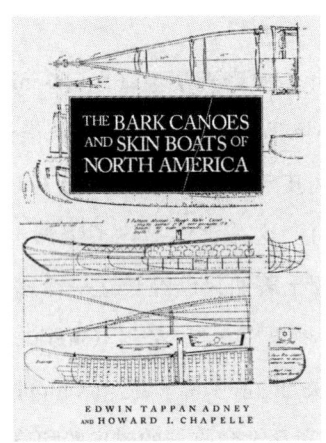

图0-1　左图：1964年史密森学会出版的埃德温·塔潘·埃德尼和霍华德·I. 夏佩尔合著《北美树皮船与兽皮船》的原著封面。那时，史密森学会出版专著的封面上只有书名和著者，没有插图。右图：1964年以来，史密森学会多次对原著进行商业再版，再版著作继续受到读者欢迎。重印本和大多数著作一样，有封面插图。

1950年埃德尼去世后，他制作的船只模型（见图0-2）和大量档案资料被弗吉尼亚州纽波特纽斯（Newport News）的海员博物馆（the Mariners' Museum）收藏。依照与史密森学会的协议，国家历史与技术博物馆（the National Museum of History and Technology）[现为美国国家历史博物馆（the National Museum of American History）]的船舶及海洋建筑设计师和海军历史馆馆长霍华德·夏佩尔整理了埃德尼的资料并编撰了《北美树皮船与兽皮船》一书。书中的民族志描述和图片提供了一个了解北美土著生活方式的窗口，之前这种生活方式长期被忽视，几近消亡；书中的施工草图使造船爱好者得以首次制作和使用真正的复制船只。

图0-2　a. 埃德温·塔潘·埃德尼是一位大师级的工匠。他制作了一系列北美树皮船与兽皮船模型，现存于弗吉尼亚州纽波特纽斯的海员博物馆。这一模型（MP48）复制了现藏于俄罗斯圣彼得堡人类学和民族学博物馆（the Museum of Anthropology and Ethnology）、1891年理查德·马克（Richard Maak）收集的埃文基（Evenk）树皮船模型（MAE 334-77-R）。b. 这一船模是埃德尼基于奥蒂斯·T. 梅森和梅里登·S. 希尔1901年出版的报告中的雅库特树皮船模型（MAE 701-51）制作，该模型由亚历山大·费多罗维奇·冯·米登多夫（Alexander Fedorovich von Middendorff）于1846年在勒拿河谷（Lena River valley）收集，史密森学会借用了俄罗斯圣彼得堡人类学和民族学博物馆的这一船模，以便于梅森和希尔将其与北美船只进行比较研究。（海员博物馆提供。）

十多年前，本书作者开始探索为这部北美文化的经典力作撰写一本欧亚大陆续集的可能性。从一开始，我们就知道不可能重复埃德尼的研究，这样的任务需要毕生在俄罗斯和芬诺斯堪的亚（Fennoscandia）（斯堪的纳维亚和芬兰）进行研究。即使有了现代通信技术，仍需掌握俄语和几种欧洲语言，还需要航海工程和制图方面的训练。然而，我们认为可以通过收集现有历史和民族志文件中关于各类船只的数据、早期探险家日记和文献中的插图以及欧亚博物馆中船只和模型的照片，做出我们的贡献。埃德尼的专业级船只比例图超出我们的能力、时间和财力所及，但我们可以调查这一区域，制作一个欧亚大陆北部的历史"船图集"。其传统船只对于西方人，甚至大多数俄罗斯人来说都是未知的。这项工作还将为业余爱好者和未来有兴趣从事该研究的学者打下基础。

本书另一个目标是希望对欧亚大陆北部和亚洲与北美之间的船型的地理分布和历史发展的泛在模式进行一些解释，尽管这些模式还只是笼统的推导。类似的历史关系问题促使梅森和希尔在1901年出版的报告中，对加拿大库特奈族（Kootenai）半甲板式（semidecked）树皮船和阿穆尔河（黑龙江）（Amur River）"鲟鱼鼻"（sturgeon-nose）船进行了饶有兴趣的比较，也促使他们近期对北美爱斯基摩卡亚克皮艇（kayak）和敞舱兽皮船进行了研究（将在第十章中讨论）。这些研究是否能提供远距离文化联系的证据？接下来我们将探讨树皮船和兽皮船发展史上的这一问题和其他问题。

来自北美各行各业的人士对埃德尼和夏佩尔的著作反响热烈，表明人们对土著船只兴趣广泛。除了吸引美洲土著文化学者和航海史学家之外，传统船只也吸引着体育爱好者、荒野旅行者、工匠和艺术家，在欧亚大陆和北美都是如此。关于欧亚大陆北部传统船只的历史，除了瓦伦蒂娜·V.安特罗波娃（Valentina V. Antropova）（见图0-3）在《西伯利亚历史和民族志地图集》中撰写的由俄罗斯科学院（the Russian Academy of Sciences：RAS）1961年出版的一份长期绝版、被为数不多的几家西方图书馆收藏的俄文短篇报告外，没有任何其他文献记载。我们设想本书将介绍欧亚大陆北部的传统船只以及建造和使用这些船只的文化背景，我们还想明确研究人员可以在哪些文献和机构中找到更多信息（见附录）。

图0-3 瓦伦蒂娜·V.安特罗波娃是圣彼得堡人类学和民族学博物馆的一位民族志专家，她于1961年写了一篇关于苏联西伯利亚土著船只的开创性文章，其分类方法成为本研究的基础和起点。（圣彼得堡人类学和民族学博物馆提供。）

项目依据

作为合著者，我们有不同的专业背景，有不同的经历和灵感，个人经历使我们能够以独特的方式为本研究做出贡献。如果没有研究合作，我们二人都不可能独自开展并完成这一项目。该项目从开始到本书出版已经跨越了 15 年的时间。

哈里·卢克卡宁（Harri Luukkanen）（见图 0-4）：经常有人问我为什么选择研究欧亚大陆北部树皮船和兽皮船的历史，这个想法始于 2004 年，当时我的划船合作伙伴里斯托·莱赫蒂宁（Risto Lehtinen）要求我在芬兰船只联盟的网站上发表一篇关于芬兰古代船只简史的文章。对这个话题我有一些相关经验——1985 年，我写了芬兰最近一个世纪的现代运动船只及其建造历史，这段历史始于 19 世纪 80 年代独木舟从英国引介到芬兰。但是，里斯托要求我撰写可以追溯到整整一千年前的更悠久的历史。我虽然对北美和格陵兰岛的树皮船和兽皮船有所了解，但对北欧和亚洲的传统船只知之甚少。另外，我对现代独木舟和卡亚克皮艇了如指掌，在过去的 50 年里，我曾经划行、驾驶、建造过许多此类船只。我对船只技术也比较了解，2000 年，在赫尔辛基理工大学（the Helsinki University of Technology）船舶实验室的协助下，我设计了一种数学建模算法，用于测量船舶设计中的水流阻力。作为一名预测电子行业未来的经济学家，我也有研究复杂课题的经验，这是我的主要工作。以上研究背景和划船、造船的经验使我掌握了探索古代造船史所需的方法和手段。

当我开始研究芬兰船只的历史时，我的项目在地理范围上逐渐扩展到了欧亚大陆北部。起初，我的研究重点放在芬诺斯堪的亚和东北欧；后来，与威廉·W. 菲茨休合作，构思了一个更大的项目后，我的研究扩展到西西伯利亚和叶尼塞河（Yenisey River），涉及讲芬诺乌戈尔语（Finno-Ugric）和萨莫耶德语（Samoyed）的所有地区。讲芬诺乌戈尔语的族群包括乌拉尔山脉以西的欧洲东北部的萨米人、卡累利阿人（Karelians）、汉特人、曼西人（Mansi）和科米人（Komi）；讲萨莫耶德语的族群包括亚马尔半岛以东和以西北极海岸的涅涅茨人（Nenets）、埃内茨人（Enets）和恩加纳桑人（Nganasan），以及叶尼塞河源头周围的塞尔库普人（Selkup）和其他群体。后来，当我了解到南西伯利亚复杂的树皮船的历史时，也将贝加尔湖（Lake Baikal）纳入了研究范围。最后，我扩大了研究范围，不仅包含勒拿河和阿穆尔河（黑龙江）流域，还包含东西伯利亚的其他地区，包括楚科奇半岛（Chukchi Peninsula），从而涵盖了从斯堪的纳维亚半岛到白令海峡的所有地区。中世纪至今的信息是我的主要资料来源，但我也通过研究长达8000年的船只、船桨和岩石艺术等罕见考古发现，了解更悠久的历史。除了了解船只所在的地区和相关族群外，我发现造船史方面的专家们愿意通过评论我的船只论文（Luukkanen，2005a-f；2006a，2006b；2007）和推荐新的资料来分享他们的知识（请参阅附录和致谢部分）。一开始，我不知道我的项目在研究领域和覆盖范围上是独一无二的。虽然它诞生于学术主流之外，而且是私人资助的，但我发现专业考古学家、民族志学家和历史学家对我的研究发现很感兴趣。

图0-4 2011年，哈里·卢克卡宁在芬兰拉赫蒂检查和展示那喀苏卡船（Nahkasukka）建造方案。[乔尔玛·本卡拉（Jorma Honkala）拍摄。]

2005年，我初识史密森学会北极研究中心主任威廉·菲茨休，当时他评论了我撰写的关于乌拉尔南部辛塔什塔（Sintashta）文化和青铜时代的伏尔加芬兰人（Volga-Finnic）的论文草稿。2007年秋天，当我整理了一份概述我的树皮船和兽皮船研究的初稿时，他建议我将其扩展为埃德尼和夏佩尔北美皮船历史的续篇。我们在挪威特隆赫姆（Trondheim）举行的一次海洋研究会议上再次相会并讨论了这个想法（Luukkanen，2010；完整的会议记录参见Westerdahl，2010），之后，我开始收集俄罗斯的原始资料和插图。我在"欧亚大陆北部树皮船与兽皮船数据库：欧亚大陆北部树皮船与兽皮船信息指南"中系统地收集了这些信息，如今在史密森学会北极研究中心存档。这个数据库大约有200页，利于我们撰写最终手稿。本书能够完稿还得益于新的数字技术的出现，它使我们能够从稀有的旧书和档案文件中发现信息。没有在线搜索工具、数字图书馆和自动翻译程序，我们难以撰写完成这段船只历史。

威廉·W. 菲茨休（William W. Fitzhugh）（见图0-5）：和哈里一样，我从小就爱水爱船。夏天我在马萨诸塞州的查塔姆（Chatham）划船，十几岁的时候在阿迪朗达克（Adirondacks）驾船，在安大略省特马加米市（Temagami）的基韦丁（Keewaydin）营地当导游。在达特茅斯学院（Dartmouth College），我每年都驾船领航，从新罕布什尔州的汉诺威（Hanover）沿着康涅狄格河（the Connecticut River）航行到长岛海峡（Long Island Sound），这是达特茅斯学院传奇探险家约翰·莱德亚德（John Ledyard）于1773年开创的传统（在被沙皇下令逮捕之前，莱德亚德曾驾船横渡西伯利亚大部分地区，参见Gray，2007）。1964年，受莱德亚德酷爱旅行的启发，我和我的同学丹·迪曼塞斯库（Dan Dimancescu）组织了一次长达1700英里的驾船旅行，从德国多瑙河（the Danube River）源头一直到黑海。1965年7月，我们的团队成员之一威廉·斯莱德·贝克尔（William Slade Backer）在《国家地理》（National Geographic）杂志上以《达特茅斯学生穿越多瑙河》为名，发表了这段穿越当时依然坚固的"铁幕"（Iron

Curtain）驾船旅行的传奇故事（Backer，1965）。后来，在哈佛大学攻读博士学位期间，我有机会去了拉布拉多（Labrador）。在那里，我开始使用兽皮船等船只为考古研究进行后勤运输。这种做法我在拉布拉多、魁北克、巴芬岛（Baffin Island）和俄罗斯持续了几十年。

图0-5 威廉·菲茨休涉足欧亚大陆水道始于1964年达特茅斯学院的"莱德亚德船只俱乐部"的多瑙河之旅（Backer，1965）。1773年，约翰·莱德亚德放弃了达特茅斯学院的学业，建造了一艘小船，沿着康涅狄格河划向他祖父的农场。1776年到1780年，他参加了詹姆斯·库克（James Cook）船长的第三次太平洋探险。1787年，在托马斯·杰斐逊（Thomas Jefferson）的建议下，他试图驾船横渡西伯利亚，但在到达伊尔库茨克（Irkutsk）时因间谍罪被凯瑟琳大帝（Catherine the Great）下令逮捕。〔克里斯托弗·G.奈特（Christopher G. Knight）拍摄。〕

在与哈里·卢克卡宁相遇之前，关于拉布拉多北部因纽特人船只的考古发现激起了我对早期船只技术的好奇心。考古发现包括在一个有着200年历史的因纽特小屋内的卡亚克皮艇遗骸，还有另一艘皮艇遗骸和一个男人的工具箱，工具箱里仍然装满工具，藏在拉布拉多北部海岸悬崖底部的岩石中。陆地上的此类考古发现很少，因为像大多数小船一样，兽皮船和树皮船容易受损，在受到侵蚀或建筑活动的影响时，常常无法识别。史前船只在水下被发现时保存较好,在低温和低氧环境下,船只几乎可以完好无损地保存下来,例如在拉布拉多红海湾(Red Bay)发现的16世纪巴斯克(Basque)捕鲸船"圣·胡安"(San Juan)(Grenier, Bernier and Stevens, 2007),以及在加拿大北极地区发现的19世纪中叶约翰·富兰克林爵士的探险船"埃雷布斯"(Erebus)和"泰罗"(Terror)。但偶尔也有在陆地上被发现的船只。2000年为史密森学会组织维京展览时(W. Fitzhugh and Crowell, 1988),我了解到9世纪的名为"戈克斯塔德"(Gokstad)和"奥斯贝格"(Oseberg)的船只被埋在挪威奥斯陆峡湾(Oslo Fjord)的蓝色厌氧黏土之中。但是,奥勒·克鲁姆林-佩德森(Ole Crumlin-Pedersen, 2010)所研究的大型维京船只,并没有像哈里·卢克卡宁着手研究的那些被赋予北方文化魅力的小船一样让我着迷。因此,我们决定共同详尽阐明这段历史。得益于早年我与苏联/俄罗斯学者在"美苏大陆之间交叉路口"(Crossroads of Continents)联合展览(W. Fitzhugh and Crowell, 1988)中的合作,以及我作为俄罗斯考古探险队合作伙伴的经历,我结交了知识渊博的学者,熟悉俄罗斯本土文化、历史和船只。

20世纪90年代,当撰写关于俄罗斯考古的田野调查时,我意识到关于俄罗斯北方历史和文化的英语资料很少。特别是"美苏大陆之间交叉路口"项目提出了许多关于欧亚大陆北部和北美之间联系的问题,而船只是这些问题的核心。当哈里·卢克卡宁开始撰写关于芬兰和斯堪的纳维亚船只的文章时,我意识到,通过合作,我们可以将埃德尼和夏佩尔的工作扩展到欧亚大陆北部,为填补北方民族历史研究的巨大空白做出贡献。这一项目可以为将来在真正的全球范围内评价船艇历史奠定基础。

在早期讨论中,我们很快发现,显然没有一项针对欧亚大陆船只的综合研究可以与埃德尼和夏佩尔的北美著作媲美。另外,我们发现了大量已出版的和网上的有关爱斯基摩卡亚克皮艇和敞舱兽皮船的文献资料,包括尤金·阿里马(Eugene Arima)、谢尔盖·博戈贾夫伦斯基(Sergei Bogojavlensky)、斯蒂芬·布朗德(Stephen Braund)、乔治·戴森(George Dyson)、哈维·戈尔登

（Harvey Golden）、约翰·希思（John Heath）、贾莫·坎卡安帕（Jarmo Kankaanpää）、让-卢普·罗塞洛特（Jean-Loup Rousselot）、大卫·齐默里（David Zimmerly）和叶夫根尼亚（杰尼娅）·阿尼琴科［Evgenia（Jenya）Anichenko］等人以及其他人的作品（参见 Zimmerly，2010；Golden，2006，2015；Anichenko，2012 中的附录和参考文献）。其他学者的著述，如保罗·约翰斯顿（Paul Johnston，1980）、格德·科赫（Gerd Koch，1984）、博多·斯普拉茨（Bodo Spranz，1984）和贝特·阿诺德（Béat Arnold，2014），都更广泛地论述了兽皮船等小船。尤其是罗塞洛特的论文（Rousselot，1983）和简短总结（Rousselot，1994）提供了关于北太平洋和北美洲北部的兽皮船的有益介绍。我们决定将我们的项目范围从斯堪的纳维亚半岛向外扩展，以包括整个欧亚大陆北部的寒带和苔原地区的树皮船和兽皮船，并以瓦伦蒂娜·V. 安特罗波娃（Antropova，1961）的调查为资源和指南，以地区、河流流域和民族为研究框架。我们增加了蒙古国、中国北部和日本北部，因为这些地区的人们使用充气皮船和皮筏，这在一些更靠北的文化中极为罕见。我们还选取了一些离奇的故事，例如，我们讨论了传说中的 17 世纪"芬兰人"（Finnmen）的奥秘，他们在不列颠群岛的北部沿岸划兽皮船。其中一些兽皮船最终进入了博物馆甚至教堂的阁楼，后来的研究表明，这些兽皮船实际上并非芬兰人的，而是属于格陵兰岛的因纽特人。他们被捕鲸船捕获，出售给欧洲马戏团。

我们还讲述了 18 世纪博物学家彼得·卡尔姆（Peter Kalm，1716—1779）试图将美洲印第安树皮船引入（当时）瑞典统治的芬兰的故事，以及科迪亚克岛和阿留申岛的土著居民（Native Kodiak and Aleutian Islanders）为位于千岛群岛（the Kuril Islands）的俄美公司捕猎海獭而重新定居的故事。这些额外的相关话题，将北美和欧亚大陆的船只传统联系起来，将树皮船和兽皮船的使用纳入环北极视野之中，并将我们的工作与埃德尼和夏佩尔的研究联系起来。同样，本书有关阿拉斯加船只传统的后记，由俄罗斯裔美国阿拉斯加船只研究专家叶夫根尼亚·阿尼琴科撰写。后记表明白令海峡作为一个文化和历史通道，在船只技术从旧大陆传播到新大陆的过程中发挥着重要作用，当然有时甚至是相反的传播方向。海峡两岸的多次移民不仅把人们带到了美洲，还带来了关于树皮船、爱斯基摩卡亚克皮艇和敞舱兽皮船的文化知识。

我们可能会问，到底发生了什么变化，使得我们现在可以论述欧亚大陆北部船只的历史？是否已经有了大量新的考古发现？并没有，而是因为网上有了大量古老的俄罗斯档案资源可供参考查阅。在整个20世纪的大部分时间里，由于语言、政治、物流和其他方面的障碍，外部研究人员无法使用大多数俄罗斯档案。1991年之前，俄罗斯博物馆基本上不对外开放，在互联网时代来临之前，西方很少与俄罗斯科学家和博物馆馆长接触。今天，政治变革意味着俄罗斯的出版物和信息可以在当地、区域性和私人博物馆与档案馆的网站上广泛获得，促进了远程研究。

撰写这本书时，我们面临着许多复杂的问题，其中一些是这些资源所固有的。例如，哈里·卢克卡宁懂多种欧洲语言，但不懂俄语。因此，他通过机器翻译服务在线翻译了俄罗斯船只文献，并在可能的情况下，直接与作者联系进行必要的澄清，获得在哪里可以找到图片的建议。他懂德语，能够阅读在电子图书馆中找到的关于俄罗斯的旧日记和相关研究（直到19世纪末，俄罗斯科学院的官方语言一直是德语）。威廉·菲茨休的贡献主要是因为他熟悉斯堪的纳维亚、俄罗斯、蒙古国和日本学者，了解欧亚大陆民族志学和考古学。他担任本书编辑，平衡处理不同区域的资料数据，提供人类学的视角，以及指导手稿编辑和出版。

当需要照片时，阿尼琴科协助交流，并提供建议和翻译。2014年她还在去圣彼得堡旅行期间在人类学和民族学博物馆［the Museum of Anthropology and Ethnology，MAE；又称艺术博物馆（Kunstkamera）］和俄罗斯民族志博物馆（the Russian Ethnographic Museum，REM）中拍摄了船只和船模照片。她的研究表明，博物馆、档案馆和俄罗斯各地的文化中心都包含只有馆长和当地专家才知道的关于船只历史的珍贵资料，其中包括手写的文件以及我们基于文献的研究未发现的一些船只标本和模型。例如，2016年，当威廉·菲茨休参观位于堪察加半岛彼得罗巴甫洛夫斯克（Petropavlovsk-Kamchatsky）的堪察加地区博物馆时，看到了两个极好的科里亚克（Koryak）兽皮船模型（见图0-6）。同样，我们希望俄罗斯以外国家和地区的博物馆、图书馆和档案馆中还有更多未被研究人员发现的资源。例如，A. I. 萨维诺夫（A. I. Savvinov，2011）提供了德国博物馆中西伯利亚民族志藏品的摘要，其中包含许多最早的俄罗斯藏品。

图0-6 堪察加半岛彼得罗巴甫洛夫斯克的堪察加地区博物馆展出的两艘科里亚克敞舱兽皮船模型。上部模型根据科里亚克-克里克（Koryak-Kerek）方案设计，下部模型遵循爱斯基摩方案设计。（威廉·菲茨休拍摄，俄罗斯彼得罗巴甫洛夫斯克地区博物馆提供。）

虽然我们只对相关的图书馆和档案馆进行了初步的了解，但我们的探索能为将来的研究奠定基础。我们希望本书将激发研究人员使用考古学、民族志学和科学分析方法进行更深入的研究，更全面地了解船只技术历史、船型演变和分布及其丰富的文化和象征意义。

欧亚大陆北部的环境

对船只历史的探索之旅将带我们穿越一个从古至今都有许多族群居住的广阔区域。在欧亚大陆北部，苔原（tundra）和北方针叶林（boreal forest）[俄罗斯将之称为"泰加林"（taiga）]沿北纬65度延伸近1万公里，从挪威海岸向东延伸到楚科奇和白令海峡，从北冰洋海岸向南延伸约2500公里，直至南西伯利亚和蒙古国的欧亚大陆草原。历史上使用树皮船或挖空独木舟、船舷加板的木船或兽皮船的土著民族曾经占据了整个区域。在欧亚大陆西北部的萨米人（Saami）和西伯利亚东北部的尤皮克爱斯基摩人（Yupik Eskimo）之间，生活着说多种语言——芬诺乌戈尔语、古亚洲语（Paleo-Asiatic）、通古斯语（Tungus）、蒙古语（Mongol）、满语（Manchu）、突厥语（Turkic）——的族群，以及说其他语言和方言的欧亚混血族群（Sillanpää, 2008）。尽管这些族群千差万别，但他们有以下共同点：都在河流、湖泊、海岸或河口捕鱼狩猎谋生，依靠小船或木筏进行贸易和运输。考古发现表明，他们古老的造船传统始于1万多年前的更新世（Pleistocene）[也称为冰河时代（the Ice Age）]，并在一些地方一直持续到20世纪。

本书主要论述两种类型土著船只的历史：树皮船和兽皮船[其中包括带甲板的封闭卡亚克皮艇和"乌米亚克"（umiak）或"拜达尔"（baidar）类型的敞舱兽皮船，见术语词表]。书中内容涉及在欧亚大陆北部许多土著社会中发现的船只类型、设计和建造技术。由于缺乏考古发现，我们不知道这些传统的确切起源，只知道它们源远流长。和安特罗波娃一样，我们假设树皮船起源于数千年前冰河时代盛产白桦树的北方森林，其建造知识通过迁徙和文化接触传播到生活在波罗的海到阿穆尔河（黑龙江）以及最南边的贝加尔湖的族群之间。另外，我们假设兽皮船的出现晚于树皮船，起源于欧洲的白海到楚科奇和东西伯利亚的鄂霍次克海（the Sea of Okhotsk）的北冰洋海岸和河口，这里有防水的海洋哺乳动物皮，用其制作的兽皮船比树皮船更适合在岩石海岸和冰海区域使用。我们认为，这些更先进、更易操作的兽皮船是由具有更古老起源的、用于穿越河流和较小水域的"克拉科尔"（coracle）型蒙皮"圆桶船"（bucket boats）发展而来的。

直到最近欧亚大陆才不再使用桦树皮船和兽皮船，例如，在西西伯利亚叶尼塞河流域的上通古斯河（the Upper Tunguska River），直到20世纪20年代，埃文基人（Evenk）*一直制作树皮船。那时，最后一批科里亚克卡亚克皮艇正在堪察加半岛的彭日纳湾（Penzhina Bay）建造。在远东阿穆尔河（黑龙江）流域的族群中，树皮船使用时间比欧亚大陆其他地区树皮船使用时间要长，直到20世纪中叶仍在使用。有证据表明，一直到最近的18世纪，人们还在芬诺斯堪的亚和西西伯利亚的北极海岸使用兽皮船，直至今天，在白令海峡人们仍偶尔使用兽皮船。

如今，许多人休闲娱乐时使用的现代独木舟和卡亚克皮艇，都源于古代的树皮船和兽皮船，还有很多人对船只的历史和构造有着浓厚兴趣。北美和格陵兰岛的船只历史已经得到研究，相关研究成果也有出版，但是，如前所述，无人完整撰写欧亚大陆北部的早期树皮船和兽皮船历史，甚至人类学家和博物馆专家也缺乏区域性的描述性数据。研究人员仅在非常局部或非常宽泛的层面上探讨了该主题，很少从比较的角度进行探讨。

所有源远流长的船型都有历史可追溯，但从史前到现代只有极少数船型已被人类使用了数千年，并对人类历史做出了特殊贡献，桦树皮船就是如此。这种树皮船在北方针叶林中的水道上穿行了数千年，一直使用到20世纪初。除了简单的原木船和木筏外，没有其他类型的船只曾在这个广阔地区的每一条水道上分布，也不曾被欧亚大陆北部森林地区的所有主要族群使用这么长时间。兽皮船也有类似的贡献，几千年前，兽皮船在沿海和

---

* 中国称鄂温克族。——译者注

苔原地区开辟了新的疆界,在从楚科奇到格陵兰岛的恶劣海洋环境中运行良好。如今,爱斯基摩人和楚科奇人仍然使用兽皮船在白令海峡沿岸捕猎海洋哺乳动物。一些船只,像圣布伦丹(St. Brendan)6世纪早期的爱尔兰牛皮船,能够航行到北大西洋深处,并且几乎可以穿越北大西洋。

因此,树皮船和兽皮船的历史不仅仅是船只的历史,也必然是几千年来建造和使用这些船只来掌控水道的人类历史,这是人类在河流渡口迁徙、捕鱼、贸易、发动战争和用长矛捕猎驯鹿的历史,也是在海湾和海洋上捕猎海豹、海象和鲸鱼的历史。这种生活方式在1.2万年前的更新世末期变得十分必要,当时森林扩张,人类捕猎者和环境变化导致猛犸象、乳齿象(mastodon)和其他苔原和针叶林巨型动物(megafauna)灭绝。人类再也不能指望从大量的陆生哺乳动物来获取食物、燃料、衣物和建筑材料。消融的冻土层和不断增加的森林覆盖面积要求他们开发新的生活方式,依靠水路运输通信交流和获得食物,鱼类和海洋哺乳动物成为人类饮食的重要组成部分。如果没有树皮船和兽皮船的发明和改进,猎人、渔民以及他们的家人和族群根本无法在欧亚大陆北部恶劣的气候和环境中生存下来。

船只类型

树皮船

本书中"树皮船"这一术语包括从正在生长中的树上取下树皮制成的所有类型的船只,桦树皮船是最有名的船型。但在过去,桦树皮有很多替代品,一些欧亚大陆树皮船上覆盖着榆树树皮、落叶松树皮、白杨树皮或云杉树皮。在小型树皮船内装有木制船架,增加了舷缘和横梁,撑开船舱并使其坚固(见图0-7)。建造较大型树皮船,或者只能找到小片树皮时,船皮用两张或多张树皮缝制而成。中西伯利亚叶尼塞河和远东阿穆尔河(黑龙江)的一些树皮船有坚固且能自支撑的木船架,把树皮缝在一起后包裹在船架上。叶尼塞河东部的春雅埃文基人（Chunya Evenk）用桦树皮或鹿皮给船头和船尾铺上了部分甲板（参见第六章和图 6-5 与图 6-6）。在 20 世纪，人们最终用帆布代替了阿穆尔河（黑龙江）传统那乃树皮船上的桦树皮。

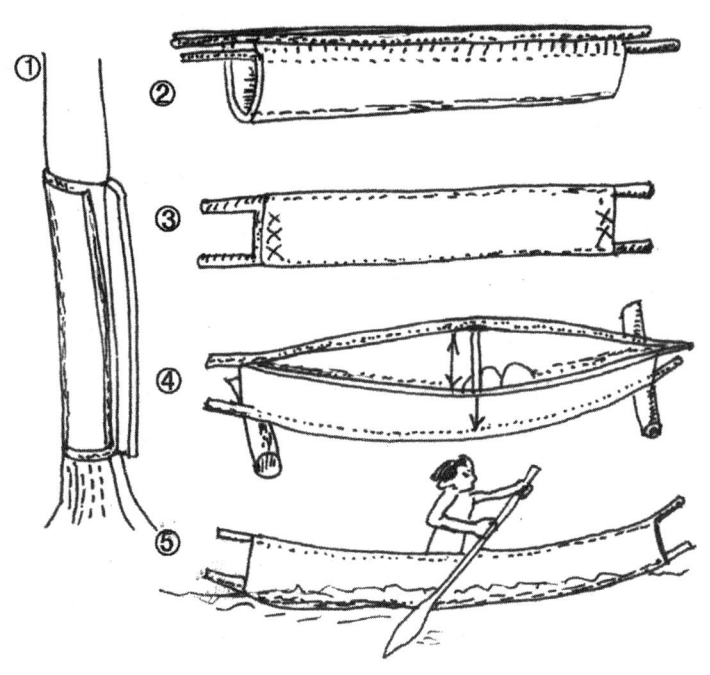

图 0-7　制作树皮船的基本步骤非常简单。从一棵活树上取下树皮固定在两条木制舷缘上，将一根木材放在底部作为龙骨。船体用石锤捶打塑形，然后安装肋拱。横梁安装在舷缘之间，用以撑开树皮船，树皮末端和接缝处用落叶松或桦树树脂黏合填塞。成品看起来与北欧新石器时代和青铜时代岩画中的船只相似。（哈里·卢克卡宁绘图。）

兽皮船

鲁道夫·特雷比奇（Rudolf Trebitsch，1912）定义了五种类型的兽皮船或浮式水运工具：圆形或椭圆形"篮式船"（basket boats）、敞舱长龙骨船、带甲板的卡亚克兽皮艇、充气皮筏或浮具，以及供个人使用的游泳背心或浮漂。虽然这五种水上交通工具都在欧亚大陆北部使用过，但我们主要关注的是蒙皮的"拜达尔"长龙骨船、带有甲板或半甲板的卡亚克皮艇，以及在自支撑船架上建造的蒙皮船或兽皮甲板船（参见图2-5）。20世纪，在西西伯利亚沿海地区，涂漆的帆布开始取代船体的蒙皮，直到2008年，类似的船只还在此地的鄂毕河（the Ob River）河口被使用。

其他船型

本书不涉及原木船、船舷延展的原木船或铺板平底船。然而，我们在此提到这些船型，是因为它们与欧亚大陆北部的树皮船和兽皮船一起使用了数百年甚至数千年。原木船代表了独木舟建造技术的一个独立传统：人们开始在新石器时代（the Neolithic）［也称为石器时代后期（the Late Stone Age）］建造原木船。新石器时代人类开发出了可用于重型木工的锋利石斧、锛子和凿子，在青铜和铁器时代，金属工具被开发出来后，这类船只变得更大。中世纪时，原木船开始取代欧亚大陆北部森林地带的桦树皮船，部分取代苔原上的小型兽皮船。然而，对岩画的研究表明，早在几千年前，在欧洲北部的沿海地区就出现了船舷加板、向外延展的原木船，因为那里的贸易、渔业和战争需要更大、更适于航海的船只（Helskog，1985，1988；Klem，2010）。西伯利亚腹地远离开阔海域，从树皮船到原木船和木船的过渡比较缓慢，树皮船和兽皮船在考古学和历史上都有更好的记载。

本书结构

由于没有足够的考古证据可供我们建立一个区域性甚至是大陆性船只发展的综合时间表，我们的研究只是关于船型和用途的地理调查，而非一部悠久的船只编年史。我们以两种方式提供关于树皮船和兽皮船的信息：一是提供有关船只本身的概述，二是提供有关船只使用的文化和地点的区域调查。在欧亚大陆北部充满挑战的环境中，船只对许多族群的生活和生存至关重要，因此最好从其环境的角度来理解：船只演变是为了满足特定的用途，这些用途既取决于物理环境的要求，也取决于文化偏好。

首先，第一章概述了本书内容涉及的地理范围，阐述了土地、气候和生物圈的显著特征，并指出了生活在每个地区的主要民族或文化群体。第二章介绍和比较了欧亚大陆北部各种类型的树皮船和兽皮船及其构造，并用照片和图纸加以说明（见图0-8）。该章还将树皮船和兽皮船置于其文化群体、自然环境和地理区域的背景之下。阐明这些基础知识后，我们将主要类型的树皮船和兽皮船放在其特定部落群体的背景下，并与这些群体在其特定地理区域的邻近族群联系起来，进一步深化研究。为此，第三章至第九章逐个族群、逐个区域地介绍了特定树皮船和兽皮船类型（参见图2-1和图2-5）。虽然树皮船和兽皮船曾在欧亚大陆北部所有地区和所有文化群体中建造和使用，但我们将讨论的范围限定在其树皮船和兽皮船已经由文字、图纸和照片加以记载的族群，尽管其中一些记录非常详细，而另一些

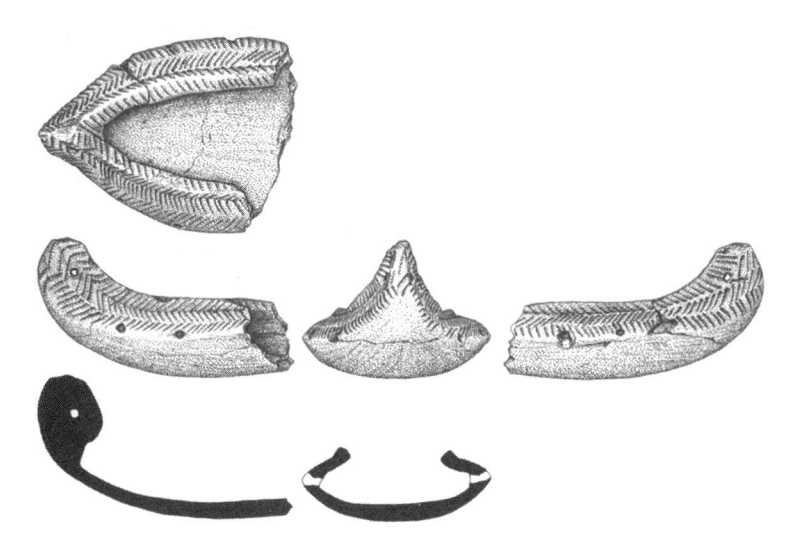

图0-8 这一陶瓷船残片是在莫斯科附近梁赞（Ryazan）地区属于沙加拉（Shagara）文化的一个年轻人的坟墓中发现的。这座坟墓可追溯到青铜时代早期，约公元前2200年。这只船在埋葬的时候被故意弄坏，也许是象征着年轻人在精神世界里依然能够驾船航行。上翘的船首或船尾是树皮船而非独木舟的特征，舱口标记可能表明该船两侧有装饰。这种沙加拉船模可能代表欧亚大陆已知最古老的树皮船类型。（Kaverzneva, 2012: fig. 2.）

记录较为模糊。然而，这仍然是一个非常广泛的调查，包括40多个文化群体，并涉及整个欧亚大陆北部针叶林、苔原和草原的数百个地理位置，由此可见其范围和深度。著作的后记将这段船只历史跨越白令海峡延伸到阿拉斯加，进而揭示了欧亚大陆和北美之间的连续性和分离性。

为了对船型进行有意义的比较，我们将欧亚大陆北部划分为七个区域，包括以下主要民族或文化群体：

北欧：包括前维京时代的日耳曼人、奥克尼岛"芬兰人"和萨米人（见第三章）

东北欧：包括卡累利阿人、诺夫哥罗德俄罗斯人、海洋波莫尔人、科米兹里安人、西希尔蒂亚人和伯朝拉丘德人（第四章）

西西伯利亚：包括涅涅茨人、汉特人、曼西人、塞尔库普人、南萨莫耶德人和鞑靼人（第五章）

中西伯利亚：包括恩加纳桑人、埃内茨人、多尔甘人、基特人、叶尼塞河的埃文基人、蒙古人和布里亚特人（第六章）

东西伯利亚：包括尤卡吉尔人、楚凡人、勒拿河和外贝加尔湖的埃文基人、埃文人和萨哈人（第七章）

太平洋西伯利亚：包括楚科奇人、西伯利亚尤皮克人（爱斯基摩人）、克里克人、科里亚克人、伊特尔曼人、库什人和千岛群岛阿伊努人（第八章）

远东[中国东北地区、萨哈林岛（库页岛）和日本北部]：包括尼夫赫人、那乃人、乌尔赫人、乌德盖人、奥罗赫人、内盖达尔人、满族人、阿伊努人和黑龙江的鄂温克（埃文基）人、汉族人和藏族人（第九章）

这种分类方法的好处很多，当我们深入研究数据时，会得到丰富的情境化的文献资料。我们爬梳剔抉，同中求异，异中求同。例如，一个文化群体的树皮船和兽皮船如何在更广阔的地域中的不同水道里使用？生活在同一水系或海湾的不同民族使用树皮船和兽皮船有哪些共同特点？

本书从考古学和历史学的角度描述了欧亚大陆北部的船只传统，我们还引用了西方科学家、探险家、外交官、传教士和商人穿越这些地区和水域时，对这些区域延续了数百年的土著文化进行的人类学研究的资料。我们将他们对船只构造和使用的观察与当地民族志知识、语言和考古背景资料结合起来。不幸的是，船只和像船桨这样的划船设备因为本质上完全是有机物，其考古遗骸很难保存下来。即使发现遗骸，它们也常常支离破碎。在大多数情况下，船只遗骸只在潮湿或涝渍的环境中被发现，但即使在那里也几乎难以辨认。原木船体经常被误认作腐烂的树木，而树皮船和兽皮船的细长船架及其桦树皮或兽皮很少被看作文物。因此，很少有船只被发现和科学发掘，也很少有超过几百年的树皮船或兽皮船的考古发现，尽管已经发现了一些古老的船只模型和船桨（发现的石器时代及之后的船桨可以间接证明某个地区曾经存在树皮船和兽皮船）。出于这些原因，除了发现了一些了不起的维京船外（Crumlin-Pedersen，2010），对船只的考古记录确实不尽如人意，这使得现有的历史和民族志数据更加重要。虽然我们也涉及考古发现，但从行政报告、旅行日记、探险家和人类学家笔记中收集的书面历史和观测数据，构成了本书的主要内容。

以上情况为我们整合和展示船只数据时所采用的方法提供了依据。如前所述，各章按地区和族群分类，因为对特定部落或族群的观察为研究欧亚大陆北部船只的整个数据库提供了基线。从这个意义上说，我们的研究更多的是对船只类型和用途的地理调查，而不是船只历史本身。考古学证据太少，无法对船只技术的历时发展形成区域性甚至大陆性的观点。最重要的古代资料来源是有关船只的岩画，其中一些甚至有8000年的历史。但是，即使有了这些丰富的证据（岩画显示了几十种不同类型和大小的船只，其中许多岩画中还有划船者的形象），仍然出现了严重的待解释问题。100多年来，分析斯堪的纳维亚丰富的岩画记录的学者们一直在争论一些基本问题，比如这些图画是否代表爱斯基摩人的兽皮船（乌米亚克兽皮船或是卡亚克皮艇）、加板原木船或其他类型的船只？

由于缺乏久远的历史数据，我们像埃德尼和夏佩尔一样整合研究材料，对欧亚大陆北部土著族群及其已知祖先使用的已知船型和构造进行分布研究。这种文化地理方法有助于描述这一广阔地区的基本树皮船和兽皮船类型，因为它们是从历史和民族志记录、照片和图纸、地图上的插图和其他早期文件，以及可能的考古证据中得知的。我们分析这些来源以辨别与船型有关的形状和构造模式。有时我们会思考当族群从一个地区迁移到另一个地区或从邻近族群的经验中学习时，这些船型是如何发展和分享的。船型及其构造特征在欧亚大陆北部的传播不仅得益于族群迁徙，还得益于在这一巨大的水路相互连通的区域发生的长达数千年的贸易和文化接触。在某些情况下，我们能够指出导致船型出现在其"家园"范围之外的具体历史事件，其确凿证据是我们发现在过去 500 年至 1000 年中分布在欧亚大陆北部大部分地区、取代树皮船和原木船的木板船的情况。然而，我们的目的不是通过推测推进船只演变史，而是描述可记录的船型，并提供欧亚大陆船只数据的历史地图集，随着新的考古证据的出现，这些数据可作为进一步深入研究的基准。

方法和数据

本书介绍的船只要么是科学家、探险家、外交官、传教士、商人和旅行者在实地看到、绘制或拍摄的，要么是作为全尺寸船只或模型存在于博物馆中的。极少数船只是按照航行工程标准进行测量的，有关这些船只的信息也极其有限。对这些船型的不完整记录和有限的考古发现造成了新问题。因此，虽然记录在案的树皮船和兽皮船数量很多，但关于它们的测量和构造的详细信息几乎不存在。北美的埃德尼是一位出色的航海制图员，他毕生都在编制关于各类船只的详细文件，但关于欧亚大陆北部船只的带比例尺平面图和详细的测量数据寥寥无几。

历史资料，特别是旅行者的描述，提供了外来者在欧亚大陆北部看到的树皮船和兽皮船的位置信息，以及使用它们的土著群体的详细情况。通过比较对许多地区船只的描述，我们收集到了某些船只构造类型的线索，这些构造类型使我们能够从整个大陆的角度来了解船型的地理分布。如前所述，在这一点上我们遵循了俄罗斯民族志学家瓦伦蒂娜·V.安特罗波娃的指导，她撰写了有关东西伯利亚和中西伯利亚的树皮船地理分布的文章（Antropova，1961），主要是按照河道及其流域之间的边界确定存在某些船只样式或类型的地理区域。这样的研究有助于对民族历史船型区进行分类（例如，北美北极地区，参见 Rousselot，1983，1994），但如果将其应用于考古信息稀缺的早期阶段，则可能会产生误导。像安特罗波娃一样，我们综合利用船只形状和构造进行分类。

船可以有多种功能。西西伯利亚的民族志和考古学证据表明，在古代和近代，树皮船和兽皮船有时也起着祭祀的作用，这意味着它们在部落神话和宗教中占有一席之地。涅涅茨人和其他西西伯利亚族群的墓葬包括船只，作为主要的埋葬工具，或作为坟墓祭品的组成部分，使死者能够在来世进行必要的航行；船只在贝加尔湖以北的早期青铜时代格拉茨科夫（Glazkov）文化（Permyakova，2007）中也有这种功能。在西西伯利亚亚马尔涅涅茨人（Yamal-Nenets）的墓穴和祭祀场所，人们通常会在祭品中发现船只和船雕，祭品之所以包含船只，是为了让逝去的人们在来世安全航行。虽然这个话题很吸引人，值得专书专题研究，但我们决定除非顺便提及，否则本书不探讨欧亚大陆船只的象征意义或精神特征。

船只展示了造船者的技能和知识，是当时社会最先进的技术形式，因而远近闻名。为了满足社会的各种需求，船只具有各种形式、尺寸和形状，采用不同造船材料和方法，体现了不同风格，并演变成许多基本船型。造船几乎总是反映了建造和使用的环境：对于贝加尔湖森林中的一个埃文基猎人兼渔民来说，一艘狭窄的桦树皮船最为理想，因为他必须在茂密森林中将小船从一个湖运送到另一个湖中（Radde，1861），这种船不适合在大湖或开阔的河道上捕鱼；相反，俄罗斯毛皮贸易时代用于运送武士或大量货物的船只，或加拿大库里斯德布瓦运输公司（coureurs des bois）所使用的船只则又高又宽，需要一队搬运工运送。

最后，我们收集了与树皮船和兽皮船有关的外来词形式的语言证据。这些证据能揭示从一个群体或语言区域扩散到另一个群体或语言区域的船型或构造的传播历史和方向。例如，在阿穆尔河（黑龙江）流域，许多源于通古斯满族的族群使用类似名称指称树皮船（乌尔赫人，zai；那乃人，dzhou；马尼吉尔人，dzhou；满族人，chzhaya；等等）。安特罗波娃（Antropova，1961）指出，桦树皮船的名称在几乎所有的通古斯满族人中都是相似的。瓦克拉夫·西罗斯泽夫斯基（Waclaw Sieroszewski，1993）根据马蒂亚斯·A. 卡斯特伦（Matthias A. Castrén，1858：234）的语言学研究得出结论，勒拿河以西的萨哈人［亦称雅库特人（Yakut）］树皮船的名称为"tyy"，这一术语可能起源于基特人。阿穆尔半岛上的人们曾经使用过叫作"korevuye"的落叶松树皮船，可能已经被桦树皮船取代（Chepelev，2004），这些古老的船只可能与在勒拿河流域临时建造使用、被称为"kor'evye"的树皮船相关（Antropova，1961）。有理由相信，卡累利阿语中的"凯西"（kesi）兽皮船可能有一种古老的民族语言联系，可以追溯到欧洲新石器时代后期的入侵者原始印欧战斧人（the proto-Indo-European Battle Axe people），他们带给波罗的海芬兰人"凯西"一词，指称"鱼皮"或"海豹皮"（Koivulehto，1983）。

尽管1000年前兽皮船和树皮船在北欧就几乎消失了，取而代之的是延展原木船、木板平底船，以及后来出现的现代铝船和玻璃纤维船，但这些早期船只的记忆仍然存在于部落传说、英雄传奇和民间诗歌中。许多地方的族群都有与树皮船和兽皮船相关的传说和英雄传奇，包括萨米人和卡累利阿人（斯堪的纳维亚）、西希尔蒂亚人（乌拉尔西部）、涅涅茨人和汉特人（西西伯利亚）以及楚科奇人（西伯利亚东北部）。这些记忆反映了过去的文化生活，现在以书面形式加以收集整理，为研究古老部落地区造船、内陆和海洋航行、战争与和平以及各种船型存在的历史和传统提供了重要证据。它们在相似的主题上呈现出许多变化，这对于生活在河流沿岸的相似环境中并使用相似类型的船只的人们来说是自然而然的。有时船只出现在前景中，有时出现在背景中，但几千年来，树皮船和兽皮船一直是欧亚大陆北部狩猎和捕猎社会中部落和家庭生活的重心。

例如，萨米人的传说告诉我们，当他们的祖先进入北方时，他们乘坐兽皮船渡过大片水域（Diiben，1873）。从科米兹里安人和涅涅茨人那里收集的传说可以追溯到巴伦支海岸上半神话般的西希尔蒂亚人的起源；根据最了解他们的涅涅茨人的说法，西希尔蒂亚人是乘兽皮船从西方越过海洋来到这里的（Castrén，1858；Chernetsov and Moszyńska，1954，1974；Golovnev and Michael，1992；Golovnev and Osherenko，1999）。芬兰人和卡累利阿人的《卡莱瓦拉》（Kalevala）诗集讲述了"凯西"鱼皮或海豹皮船的构造（Haavio，1952）。鄂毕河流域汉特人的口述历史和传说记载了18世纪涅涅茨人与汉特人和曼西人的战争。这是一次领土冲突，涅涅茨人在战争突袭中划着古老的树皮船，而他们的对手汉特人和曼西人因为有延展原木船，最终占了上风（Golovnev，2000；Starcev，1988）。古老的汉特民歌记载了驾乘桦树皮船的旅行，尽管这种旅行在过去几百年中从未发生过。阿尔泰语族群的民间传说中也提到了树皮船，他们曾居住在靠近南萨莫耶德人、突厥鞑靼人和蒙古人的阿尔泰山脉。在东西伯利亚收集的爱斯基摩人的故事（Bogoras，1913）包括19世纪在科雷马河（Kolyma River）沿岸向费迪南德·冯·兰格尔（Ferdinand von Wrangel）讲述的从楚科奇海到阿拉斯加旅行的故事（Krauss，2005）。正如我们将在之后的章节中看到的，民族志学、民俗学和早期旅行者的记录提供了无穷无尽的信息。

（崔艳嫣 译）

第一章
欧亚大陆北部

本章从陆地、沿海、水道和族群等多个视角考察欧亚大陆北部树皮船和兽皮船的起源、发展和传承环境，北方森林（针叶林）和苔原带及其气候特点是理解欧亚大陆北部各种船只开发和使用所涉及的行业、技能、贸易和物质文化的核心因素。

地理环境和河流系统

1920年英国海军情报部（Great Britain Naval Intelligence Division）出版的《西伯利亚和俄罗斯北极手册》（A Handbook of Siberia and Arctic Russia）第一卷对苏联时代之前的欧亚大陆北部的描述有参考价值。当时土著族群驾乘树皮船和兽皮船沿水路航行，主导着欧亚大陆北部大部分区域的经济。以下是其第一卷中对该区域湖泊、河流和其他水道的地形特征及其重要性的简要概述：

> 许多大河横跨俄罗斯北极地区和西伯利亚的平原，从南部的高原地区流向北冰洋。这些河流的流向一致性和其他特征与地势南高北低有关。最大的河流是鄂毕河、叶尼塞河和勒拿河，它们还各有许多支流。这些

大河都发源于中部高原，通过高山前陆流向平原，并在这些平原上缓缓地蜿蜒流淌，其长度取决于平原的广度。再往东，高地地形向北延伸至海岸，河流则更短，流速更快，河道更直。但是亚纳河（Yana River）、印第吉卡河（Indigirka River）、科雷马河和奥莫隆河（Onmolon River）虽然规模较小，但显现出西部河流的大部分特征。西伯利亚东北部较为狭窄，且高地靠近大海，导致东向的河流更为短促湍急。唯一的例外是与北部河流媲美的阿穆尔河（黑龙江）。像北部河流一样，阿穆尔河（黑龙江）从高原流过高山前陆和平原。除了其太平洋入海口外，阿穆尔河（黑龙江）与其他西伯利亚大河的主要区别在于，其大部分干流和支流流经地势较高的平原和高原。

发源于乌拉尔山脉的俄罗斯北极地区的河流比西西伯利亚的河流要短，但在其他方面，北德维纳河（Northern Dvine）和伯朝拉河却与鄂毕河相似。……

西伯利亚的河流在辽阔低缓的平原上缓缓流淌，源远流长，对西伯利亚的历史和发展产生了重大影响。首先，平原坡度和河流流域都不明显，河流蜿蜒曲折，容易改道。其次，平原地势平坦，河水流淌缓慢，几乎从河流源头起皆可通航。最后，由于地球自转，大多数北向的河流，其水流向东摆动，并且由于河流容易侵蚀土质松软的平原，其右岸或东岸通常较高，适合定居，而其左岸或西岸则较低，界限不清，容易被淹没。……其河道每年都会变化，而且水深会随着季节更替而变化。尽管有种种弊端，河流仍是西伯利亚的主要交通途径，广阔的平原、茂密的森林和苔原湿地使河流的价值得以强化，而陆路出行则相对困难。俄罗斯北极地区和西伯利亚地区的重要城镇都在可通航水道之上。在西伯利亚所有自然特征中，对区域发展影响最大的就是河流，鄂毕河、额尔齐斯河（Irtysh River）和叶尼塞河最为重要，还有影响较小的勒拿河。（1920：24-26）

这些水道对于土著人十分重要，无论是猎人还是渔民，无论他们生活在内陆还是沿海、针叶林或是苔原地区。该地区河流、溪流、湖泊和沼泽纵横交错、星罗棋布，夏季几乎不可能依靠步行或骑马进行长距离旅行。欧亚大陆北部在南北向和东西向维度上覆盖该大陆的大部分陆地，但该大陆本身与其包含的区域一样，由其海岸、重要河流和最大湖泊来界定。当北部苔原带的河流和海洋结冰时，人们在水道上使用船只的机会受到限制，但他们可以通过步行和使用滑雪板、滑雪鞋或雪橇自由穿越河流湖泊。从大约2000年前开始，驯鹿和狗拉雪橇的发展极大地促进了北部地区的长途旅行、通信和贸易。然而，在引入雪橇旅行之前和之后很长一段时间内，水运工具是水道及水道之间进行运输的唯一有效方法。

彼此独立的北欧和东北欧族群，西西伯利亚、中西伯利亚、东西伯利亚和太平洋地区族群，以及远东地区的沿海族群，通过捕猎海洋哺乳动物形成了兴旺发达的经济模式。伴随着树皮船和兽皮船的发展，这些经济体成为通过沿海河口将上游河系连接到大海的引擎，从而使航行数百公里进行战争、贸易、移民以寻求新家园成为可能。简而言之，欧亚大陆的船舶文化和人烟稀少的北部经济资源为其族群提供了探索远近地区和水域的手段。绪论中提到的欧亚大陆北部七大水域是树皮船和兽皮船主要类型的使用范围，以下将作详细介绍。

几条向北流入北冰洋的大河横跨北欧和亚洲。西伯利亚主要包括伯朝拉河、鄂毕河、叶尼塞河、勒拿河和阿穆尔河（黑龙江），每条河流都有广阔的流域和数百条支流。这些河流盛产鱼类，全年为人类提供食物。在西伯利亚的所有大河中，可能除了阿穆尔河（黑龙江）之外，鄂毕河及其流域拥有最多的鱼类资源。这些大河的下游大多数也有海洋哺乳动物，而距北冰洋约1000英里的贝加尔湖有自然生长的环斑海豹群。

鄂毕河（及其主要支流额尔齐斯河）、叶尼塞河和勒拿河的源头位于西伯利亚南部和蒙古国北部高原上，这三条河都是难民和移民迁徙的通道。亚洲腹地的人们可以从这些河流的源头到达欧亚大陆北部的广阔区域。例如，讲突厥语的萨哈人的祖先到达他们现在位于勒拿河谷中游的位置之可能路线，是从蒙古国经塞伦格河到贝加尔湖，再从那里向西行进仅7公里到达勒拿河源头。这些北向大河的许多中游支流的源头几乎交汇，短途陆路通道即可将伯朝拉河和乌拉尔地区的鄂毕河相连，鄂毕河与叶尼塞河、叶尼塞河与勒拿河也可相连。因此，当地人和后来的探险者穿越几乎无路可寻的地区进行夏季旅行时，可以方便地规划船舶行进路线。在1905年前后横跨西伯利亚的铁路线开通之前，骑马或乘船穿越整个俄罗斯领土，从波罗的海到鄂霍次克海，可能需要整整一年时间。居住在河流两岸的族群经常以河流名称命名。例如，鄂毕-乌戈尔人以他们居住的河流而得名，而卡马斯人（Kamas）的名称则来自今天的克拉斯诺亚尔斯克附近叶尼塞河流域的坎河和曼河。但是随着新民族的到来，命名变得更加复杂，有时反过来，河流以民族的名称命名。例如，在通古斯河上，奥斯蒂亚克人（现称汉特人）称呼居住在该地的人们为通古斯人（现称埃文基人），而当俄罗斯人到达时，他们用通古斯这一名称同时命名了河流和族群。

欧亚大陆西侧是斯堪的纳维亚半岛，东侧是楚科奇半岛和堪察加半岛，大陆两侧与之间中部地区的环境截然不同，其内陆地区多山，而海岸则崎岖不平。但是，即使在大陆边缘，河流也发挥了重要作用，将内陆与海岸、内陆猎人与海洋哺乳动物猎人和渔民相连。沿着科利马河和阿纳德尔河（Anadyr），每个民族语言群体（楚科奇人、埃文基人、科里亚克人等）都分为沿海和内陆亚群，他们保持紧密联系，在广泛的区域文化体系内交换内陆和沿海产品。通常，生活在生物丰富的沿海地区，例如楚科奇和阿拉斯加沿海地区的人们掌握特殊技能，他们设计和建造船只，能够在开放水域或季节性冰封的海洋中捕猎海洋哺乳动物。在芬诺斯堪的亚，流向波的尼亚湾（the Gulf of Bothnia）和白海的河流是从远古时代开始就与内陆进行交流的重要渠道。从石器时代到近代，斯堪的纳维亚半岛周围丰富的鱼类和海洋哺乳动物群与楚科奇和堪察加半岛相同，在维持生计的渔猎文化中发挥了重要作用。

波罗的海东部地区和波罗的海与白海之间的区域通过密集的水道和大型湖泊相连，水道与湖泊在人类居住、水路运输和渔业中发挥着特殊作用。拉多加湖（Lake Ladoga）是欧洲最大的湖泊，奥涅加湖（Lake Onega）是欧洲第二大湖，与拉多加湖相连的塞马湖（Lake Saimaa）是欧洲第四大湖。拉多加湖通过大河与奥涅加河和波罗的海相连，奥涅加河也有通往白海和伏尔加河水系的河流，继而流入里海。从北部的白海或南部的拉多加湖出发，萨米人、芬兰人或卡累利阿人乘坐小船可以通过河流、湖泊和港口穿越现在称为芬兰的领土到达波的尼亚湾。数千年来，人们通过这样的水路进行远距离贸易、战争和狩猎，这些水路也是9世纪中叶东维京人进入拉多加地区并建立拉多加镇和诺夫哥罗德镇的主要因素。

在乌拉尔以西，主要河流是北德维纳河、梅津河、伯朝拉河和卡马河。这些河流都曾经提供了鱼类资源，并作为内陆运输路线通往大型的梅津-伯朝拉北方针叶林狩猎场。它们将内陆人口与北部海域相连，使其捕猎鱼类和海洋哺乳动物，并且是连接东北欧南部和北部水系网络的重要组成部分。乌拉尔山脉以西和以东的河流构成了欧洲和亚洲之间的生命线，这对在乌拉尔山脉两侧生活、狩猎和贸易的曼西人和涅涅茨人至关重要。

最后，远东地区（包括现俄罗斯阿穆尔河与沿海各省和中国黑龙江省）主要由阿穆尔河（在中国称为黑龙江）流域构成，包括其大型南部支流乌苏里江和松花江。在北部，阿穆尔河（黑龙江）流域在文化上和地理上都由雅布洛诺夫山脉-外兴安岭与西伯利亚隔开，正如当地船舶发展史所反映的那样。阿穆尔河是俄罗斯人对该河的命名，中国将其称为黑龙江，蒙古国人将其称为克鲁伦河或黑河（Müller and Pallas, 1842）。阿穆尔河（黑龙江）鱼类资源丰富，过去是该区域所有族群的主要经济来源，而海洋和萨哈林岛（库页岛）则是海洋哺乳动物的狩猎场。由于该地区更有利的海洋性气候，这里的动植物群比西伯利亚内陆地区更加丰富多样，而且阿穆尔河（黑龙江）流域的一些低地适合农业生产。

族群与文化

为了便于参考和对比，我们已将欧亚大陆划分为七个区域，并确定了每个区域的主要文化群体（参见 Levin and Potapov，1964；Sillanpää，2008：附录 2 地图；Wixman，1984）。我们的目的是阐明来自所有这些欧亚大陆北部区域、主要水道和地区的主要族群的船舶传统，从而组合成一幅欧亚大陆船只全景图。由于西伯利亚涵盖了欧亚大陆北部的大部分区域，对于我们无法在此提供的关于西伯利亚土著物质文化的更广泛讨论，还请读者参阅百科全书《西伯利亚历史和民族志地图集》（*Istoriko-Etnograficheskiy Atlas Sibiri*，Levin and Potapov，1961）。这一百科全书非常重要但鲜为人知，由艺术博物馆出版，艺术博物馆正式名称为人类学和民族学博物馆（MAE），由彼得大帝（Peter the Great）于 1714 年建立，现在是俄罗斯科学院的一部分。该著作包括瓦伦蒂娜·V. 安特罗波娃关于树皮船、兽皮船和独木舟的出色的章节（Antropova，1961）。尚未出版的亨利·迈克尔对该不朽作品的英文译本［由伊戈尔·克鲁普尼克（Igor Krupnik）编撰］在史密森国家人类学档案馆洛克基金会（Rock Foundation）埃德蒙顿·卡朋特收藏集（Edmund Carpenter Collection）中收录，该著作的编辑版本收藏在国家自然历史博物馆北极研究中心卢克卡宁的档案资料中。

根据民族语言传统，欧亚大陆北部的土著族群可分为六大类：

1. 乌拉尔-萨莫耶德-尤卡吉尔人，由芬兰-乌戈尔人、萨莫耶德人和尤卡吉尔人组成；

2. 阿尔泰人，由通古斯-满族、突厥-雅库特人和蒙古-布里亚特人组成；

3. 楚科奇-堪察加人，包括楚科奇人、科里亚克人、伊特尔曼人；

4. 爱斯基摩-阿留申人和西伯利亚爱斯基摩人；

5. 所谓的孤立语言族群，由叶尼塞人组成，包括基特人和尼夫赫人；

6. 原居住在萨哈林岛（库页岛）和千岛群岛，现居住于日本北部的阿伊努人。

18世纪70年代被俄罗斯科学院称为"芬兰人"的乌拉尔-萨莫耶德-尤卡吉尔族群曾经占据欧亚大陆的西北部。芬兰-乌戈尔人居住在东欧大部分北部森林和苔原地区，萨莫耶德人统治从欧洲东北部至叶尼塞河和泰梅尔半岛的西伯利亚地区。直至17世纪，尤卡吉尔人一直掌控着勒拿河到阿纳德尔河流域的西伯利亚东北部大部分区域（Simchenko, 1976a, 1976b），杂居融合的萨莫耶德-尤卡吉尔人可能曾居住在从勒拿河到叶尼塞河之间的地区。正如我们稍后所讨论的，苔原地区的萨莫耶德人和尤卡吉尔人有着共同的皮船文化，此文化从巴伦支海沿北冰洋沿岸延伸了120度经度到达阿纳德尔河，这几乎占了全球极地地区的三分之一。

本书范围之外还有许多乌戈尔-芬兰族群（马里人、莫德瓦人、梅里亚人、穆罗姆人、乌德穆德人等），其树皮船文化尚不为人所知。这些人可能很早就获得了青铜器，也确实（就像其他土著族群一样）制作了树皮船或兽皮船，但是在青铜时代和铁器时代，这些船只被更大的独木舟所代替，而更早的船只文化踪迹全无（Luukkanen, 2006b）。

阿尔泰族群包括埃文基人（通古斯人）、埃文人（拉穆特人）和大多数阿穆尔族群，他们在鄂霍次克海和北部的阿穆尔河（黑龙江）以及北至北冰洋、西至叶尼塞河的西伯利亚东部广袤地区居住了数千年。持突厥语的鞑靼人在过去至少2000年间已经占据了西伯利亚南部，而萨哈人（以前称为雅库特人）现在是西伯利亚东部最大的非俄罗斯少数民族，大部分居住在勒拿河和阿尔丹河的交汇处。他们大约是在800年前由于蒙古人入侵而被迫向北迁移的。讲蒙古语的族群现在生活在西伯利亚南部和亚洲内陆，但在公元1200年至公元1450年，他们的骑兵部队曾经统治着西伯利亚的大部分地区、远东地区、远至布达佩斯和维也纳的东欧大部分地区，以及北部波罗的海附近的佩普西湖，在那里他们向诺夫哥罗德人征税。蒙古人来自辽阔草原，也使用兽皮船横渡河道或在河上漂游。

楚科奇-堪察加人精通敞舱皮船和卡亚克皮艇技术，过去肯定为这些船只的发展做出了贡献。在语言上与众不同的西伯利亚尤皮克人（Siberian Yupik）在船技上享有盛誉，推动了白令海和楚科奇海皮船的发展演变，并在公元1500年之后与其造船技术一起被不断扩张的楚科奇人部分同化融合。考古证据表明，在遥远的过去，萨哈林岛（库页岛）和千岛群岛上的阿伊努人和尼夫赫人可能与坎恰达尔人（伊特尔曼人）、科里亚克人等其他北部族群共享了皮船传统。

北方森林（针叶林）与苔原带

对于包括人类在内的动物世界来说，生命支持系统最重要的组成部分之一就是植物。树木和其他植被提供了庇护所、食物和可用于建造的生物有机材料。欧亚大陆北部的猎人、采集者和渔民不仅捕猎动物和鱼类，还采集可食用浆果、坚果、根茎等。乔木和灌木等林业产品提供了用来制作船、器皿和建造住所的重要资源。

寒带地区任何森林及植被的北部界线都主要受该地区的气候控制（请参阅下一节）。正如G. M. 麦克唐纳（G. M. MacDonald）、K. V. 克雷梅内茨基（K. V Kremenetski）和D. W. 贝尔曼（D. W. Beilman）指出的那样："在亚洲大陆北部，森林带与7月平均气温下降至12.5℃~10.0℃和有效积温（GDD；用于预测植被生长的热量指数）下降到800℃以下的区域具有对应关系。因此，欧亚大陆森林带的地理位置受夏季温度梯度和生长期长度控制，而生长期长短与北方日照（暴露于太阳光下）时间减少的一般纬度模式、一般大气环流和北极海岸线的位置有关。"（MacDonald, Kremenetski and Beilman, 2007：2288）

寒带和苔原带也可以用生长期来定义，即一年中（白天和黑夜）平均温度超过5℃的天数。苔原带-寒带森林界线（边界区域）与生长期100天的界线紧密相连。生长期低于100天的地区称为苔原带，100天到175天之间的区域称为寒带森林区。根据生长期指数将寒带分为四个区域，半寒带区是寒带和温带之间的过渡带。

在欧亚大陆北部，人类通常定居在拥有森林资源的地区。尽管较冷的苔原带大部分地区在北冰洋沿岸，但也有大量寒冷多山的内陆地区，这些地区大多数植被与沿海苔原带的植被相似，但较温暖的河谷中也有森林带。根据与海拔相关的气候变化的经验法则，海拔100米的变化相当于南北纬度方向上100公里距离的温度变化，温差大约为1.0℃。

桦树皮是制作树皮船的最佳类型，是在寒带发现的最有用的材料之一（Shutikhin，2003），因此我们对这类树木的生长地点很感兴趣。正如弗雷德里克·W. 沃（Frederick W. Waugh, 1919）展示的北美景观，欧亚大陆任何有桦树皮的寒带森林区都有制造树皮船的历史。欧亚大陆北部最好的船用树皮来自寒带的普通桦树（Betula pendula）。另一种桦木（B. pubescens）也是缺乏普通桦树时的不错选择。在西伯利亚东部沿海和远东地区生长着第三种桦树（B. ermanii），被称为堪察加桦树，其树皮周长不够，不太适合建造树皮船。

在芬兰，南寒带区的桦树品种（B. pendula）大约需要50年时间才能长到25米高。它的树干直径约为30厘米，能够生产94厘米宽的树皮板，这种尺寸适合用单张树皮制成树皮船。在北寒带区，桦木纤细得多，因此不太适合使用，使用的话必须将几张树皮缝在一起。在欧洲和亚洲，桦树皮不仅用于制作树皮船，还用于制作帐篷的覆盖材料（见图1-1），并被制成容器、装饰性日用品和手工艺品。加热树皮时提取的焦油可用于密封船皮，或者用于鞋子或容器的防水。树皮与牛奶同煮会产生一种防水胶，用于黏合树皮。因此，桦树在寒带地区所有树种中利用价值最高。

落叶松树皮还可用于覆盖苔原带、山区和阿尔泰山麓地区的帐篷和房屋。落叶松生长在西伯利亚北部北纬70度的泰梅尔半岛，那里没有其他大树。我们从本研究稍后提及的资料可知，下通古斯河和泰梅尔地区都建造落叶松树皮船。榆树皮也被使用：在瑞典的比斯拉特河上发现了青铜时代晚期一艘覆以榆树皮的树皮船。两种榆树（Ulmus laevis 和 U. glabra）生长在南寒带区，但仅在欧洲和日本（包括北海道地区），而西伯利亚大部分地区没有榆树。

图 1-1　在整个欧亚大陆北部，桦树皮都是制作船皮、帐篷以及其他家庭用具不可或缺的材料。图中的桦树皮帐篷位于蒙古国北部，由杜科哈驯鹿牧民制作，在无帆布或塑料布可用时当地人仍使用桦树皮搭建。［葆拉·迪普里斯特（Paula DePriest）拍摄。］

野樱桃树（Prunus padus）的木材、树枝和树根在整个欧亚大陆都是较好的树皮船材料。在西西伯利亚，许多族群用野樱桃树做船肋、舷缘和横梁，还有一些族群用此树结实而柔韧的树根将树皮板缝在一起。野樱桃树的生长区域与桦树（B. pendula）大致相同（Hämet-Ahti, Palmén, Alanko and Tigerstedt, 1989）。

阿拉斯加爱斯基摩人和阿萨巴斯卡印第安人使用的兽皮船和树皮船与欧亚大陆北部的船只很相似，由此引发了有关这些族群历史和文化关联性的有趣话题（请参见第十章）。然而，毫无疑问的是，环北极气候带和苔原带在北极和亚北极地区人类居住与船只建造中都起着至关重要的作用。长期以来，人们一直认为气候和动植物是人类生理和文化进化的主要因素，但是由于收集可靠数据并将其汇聚成一幅地图的任务很艰巨，科学家团队直到最近才绘制了可靠的生物地理地图。此类新制地图可以帮助我们厘清地域文化的许多细节。

皮船的分布信息也可以通过绘制地图展示，正如我们在第三章中绘制的基于零散的皮船位置信息的地图。一个世纪前北美绘制了相似的地图，并且精度很高。加拿大地质调查局弗雷德里克·W. 沃是北美最早详细研究树皮船和兽皮船的学者之一，他于 1919 年在《加拿大野外博物学家》杂志上发表了一篇有关加拿大土著族群船只的论文。他的研究确定了建造船只的几个区域，或更确切地说是各种树皮船和兽皮船的分布区域。根据这些数据，沃设计了一张地图，显示当时已知的树皮船和兽皮船的分布区域，地图中的树皮船分布位置，迄今仍然被认为是正确的。他对无树苔原带和桦树皮的可用性等环境因素促进了树皮船在北美应用的论述也被认为是正确的。此外，他的地图显示，桦树皮船和兽皮船区域之间的边界与丽娜·哈梅特·阿赫提（Leena Hämet-Ahti）及其同事在其寒带植被地图中所示的苔原带与针叶林区边界一致：树皮船使用区域的南部边界与白桦树生长的南部边界相符（Hämet-Ahti, Palmén, Alanko and Tigerstedt, 1989）。在该边界以南，由榆树和其他树种制成的树皮船取代了桦树皮船。沃还指出了无树皮北极地区敞舱兽皮船和卡亚克皮艇的分布情况。

我们对欧亚大陆北部船只的研究表明，环境因素对于确定北方地区船只建造活动的区域分布至关重要。尽管欧亚大陆和北美的民族和文化有所不同，但是在整个环北极和亚北极地区，他们的技术进步路径和对船只材料的选择似乎大同小异。因此，北方森林带地图可以很好地预测整个欧亚大陆北部和北美的树皮船和兽皮船的制造、分布信息。

气候和温度变化

气候变化，或者更确切地说是长期的冷暖波动，对环境具有直接影响，因此对生活在寒带森林和苔原区的族群影响巨大。考古证据表明，历史上温暖的天气促使人们居住在更靠北的地区，而寒冷时期他们常常被迫向南退居。以上两种趋势都与动物和森林边界的类似变动一致。我们尚不知道气候对皮船建造的直接影响，但是有许多北极地区迁徙的例子是由气候变冷或变暖而引发的。无论结果好坏，气候变化都是最重要的决定因素。在最近几个世纪的欧亚大陆北部，对农业生产北部边界变化的影响最为明显，但在本书中，我们特别关注影响北方森林带边界以及对造船至关重要的桦树、山杨树和稠李树分布的长期趋势。研究寒冷和温暖时期对中西伯利亚地区环境影响的俄罗斯人V. L. 考什卡洛娃（V. L. Koshkarova）和A. D. 考什卡洛夫（A. D. Koshkarov）报告：

> 在地质年代学和孢粉（花粉和孢子）材料的基础上，通过古生物学（古代水果和种子）方法研究了中西伯利亚北部全新世沉积层和土壤的25个断面。……在8000年前（最高热量）和2000～2500年前（最低热量）的范围内，发现了冰川期之后气候变化的主要峰值。重要的是，最高热量特征表现为冬天温度高3℃～9℃，夏天温度高2℃～6℃。水分含量没有明显的异常变化。在全新世中期（5000～6500年前），有持续升温趋势，但年降雨量几乎增加了一倍。在全新世末期（2000～2500年前）降温期间，降温趋势导致森林植被退化，当时森林植被仅在该区域最南部有所保留。（Koshkarova and Koshkarov, 2004: 717）

图1-2表明过去2000年欧亚大陆北部的温度变化。这项研究中最重要的是中世纪温暖期（公元800至公元1300年）以及小冰河时代（公元1300至公元1800年）。在小冰河时代，西伯利亚北部海岸的温度下降幅度比其他地区大得多。显然，随着气候变化，整个欧亚大陆的植被从南到北、从北到南发生了重大变化。在非常温暖的时期，北部森林界线位于今天北冰洋海岸的苔原植被地区。

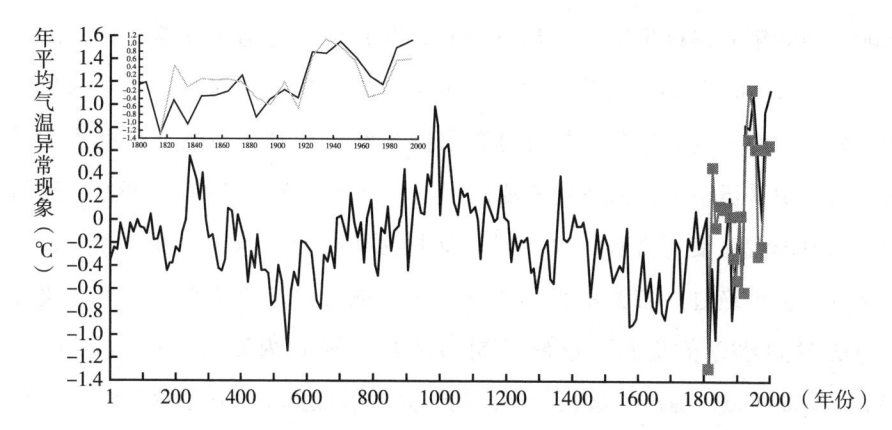

图 1-2 公元 1 年至公元 2000 年与目前气候的温度偏差，基于北半球、欧亚大陆北部、北西伯利亚的平均气温。与其他地区相比，北西伯利亚在小冰河时代降温明显，之后在 20 世纪又迅速升温。（引自 MacDonald, Kremenetski and Beilman, 2007：图 6。）

气候的冷暖变化一定影响了树皮船和兽皮船的早期建造者。人们在西乌拉尔地区的卡马文化中发现了最早的树皮船的考古学证据，这些树皮船是在温度最高的时期（此前 5000~9000 年，自 1950 年 1 月 1 日开始计算）建造。在下维瑞特（Nizhne Verete）地区发现了此前 8700 年的船桨残片，在维切格达河（the Vychegda River）流域的维斯一号遗址（Vis-I）发现了此前 8400 年的船桨残片（Burov, 1989）。温暖期水上航行更加容易，水流无冰期更长，可能推动了树皮船的发展。根据芬兰人的经验，平均温度每升高 1℃，北冰洋的结冰时间就会缩短一周，而在横跨欧亚大陆北部的南部河流和湖泊中，气候变暖的影响更大。

2000~2500 年前的寒冷时期（被称为次寒带时期）激发了造船技术创新，具有里程碑意义。正是在这个时期，大型扩展原木船首次出现在波罗的海和伏尔加河地区（Luukkanen, 2006b）。在接下来的 2000 年中，它取代了整个欧亚大陆北部的树皮船。一些人推测，北极针叶林地区白桦树皮供应不足可能刺激了原木船的发展（Koshkarova and Koshkarov, 2004）。

气候变化对白海地区北方文化发展及船舶传统也产生了重大影响。俄罗斯的 M.I. 别洛夫（M.I. Belov, 1956）写道，古代的海岸萨米人曾于

4000~5000年前在科拉半岛（Kola Peninsula）北部定居，其遗址位于坎达拉克沙（Kandalaksha）峡湾森林一侧的河阶上。这些早期的定居者捕猎海豹、海象、鲸。他们还在半岛的河流中捕捞鲑鱼和其他鱼类。沿海族群雕刻的岩画似乎记录了他们使用皮船的情况。从大约距今3600年开始，因为通向白海的航道变得太浅，海洋哺乳动物无法生存，海豹、海象和鲸数量逐渐减少甚至绝迹，猎人不得不离开海岸。或许温度也变低了，海冰覆盖海域的时间比以前更长，迫使早期的萨米人退到内陆。V. V. 克里门科（V. V. Klimenko）提出了这一假设，他认为这种现象发生在小冰河时代（公元1300年至公元1800年），海洋波莫尔人、其他欧洲渔民和猎人逐渐撤离了白海沿岸。唯一保留的永久定居点是1435年建造的俄罗斯索洛维茨基东正教修道院（the Solovetsky Russian Orthodox Monastery）（Klimenko，2010）。

考古学、时间测定和历史阶段

最近，欧亚大陆北部的考古工作极大地扩展了我们对北极和北方地区人类居住史的认识。不到一个世纪以前，很难想象人们在北极的定居史竟可以追溯到几千年前。但是20世纪50年代开始使用的放射性碳测年法能够确定木材、骨头、象牙、木炭、头发、贝壳和其他有机物的年代。20世纪六七十年代，人们一度认为历史只有千余年的人类聚居地却通过放射性碳测年法确定实际历史长达5000~6000年。不久之后，在北极的沼泽和泥炭沼中发现的木桨已测定有8000年的历史，这清楚地证明了古代皮船在西北欧水道上的运输作用。这些距今8000~10000年的发现和遗址位于后冰河时代波罗的海高高凸起的海滩的池塘和沼泽中，蕴含了其年代信息的放射性碳和地质证据。尽管我们仍没有直接证据证明末次冰川期结束之前（12000年前）曾制造过水运工具，但45000年前的伯朝拉冰河时代猎杀猛犸象遗址（Pitulko et al.，2016）和位于提克西（Tiksi）以东的北极海岸近30000年前的亚纳河犀牛角遗址（Rhinoceros Horn Site）（Pitulko, Basilyan, Nikolskiy and Girya，2004）均位于水道之上，居民曾使用船只通行。在到处都是河流、湖泊和沼泽的地区，如果没有船只，这些人将无法生存。即使在冰河时代，夏季这里也是气候温暖，河流和湖泊并不结冰，鱼群遍布。也许在这些苔原和北部寒带环境下的沼泽、泥炭和多年冻土中，我们最终可能会发现从现在一直追溯到尼安德特人（Neanderthal）时代的船舶历史。

北极苔原上船只使用的一个问题引发了北方文化历史学家100多年的研究兴趣：何为爱斯基摩卡亚克皮划艇和乌米亚克木架蒙皮船这类兽皮船的起源？在古白令海墓葬中发现的船模表明，早在2000年前，白令海峡地区就存在爱斯基摩式皮划艇或敞舱皮船（参见图8-11A-B）。在日本、阿穆尔-鄂霍次克地区、阿留申群岛、科迪亚克和阿拉斯加南部发现的适应海洋的特殊装备和捕捞大型海洋哺乳动物的考古证据已追溯至8000~12000年前，在这些地区无疑将会发现与此同样悠久的造船史。

在第二章中，我们将对欧亚大陆北部的船只进行描述和分类，但在此之前，需要对考古时期和相关术语做一些说明。欧亚大陆北部的文化发展并不同步，因此不可能确定考古遗址群的精确年代。斯堪的纳维亚南部所谓的新石器时代在斯堪的纳维亚北部通常被称为石器时代晚期。因此，我们使用普遍被接受的文化类别来标注考古遗址的年代。以下是北欧和斯堪的纳维亚南部考古时期或文化的公认日期（Price，2015：11）。北斯堪的纳维亚半岛和东北欧的文化时期可能比南部地区的文化时期晚几百年，而欧亚大陆北部和东部的文化时期则需要完全不同的术语和断代方法。

旧石器时代/石器时代早期：公元前40000年至公元前9000年

中石器时代：公元前9000年至公元前4000年

新石器时代/石器时代晚期：公元前4000年至公元前1600年

青铜时代：公元前1600年至公元前500年

铁器时代：公元前500至约公元750年

维京时期：公元750至公元1050年

中世纪时期：公元 1050 至公元 1450 年

现代早期：公元 1450 年至公元 1750 年

我们还提到了由作者为自己所报告的特定文化遗迹提供的名称，如在第三章中，我们讨论了索穆斯加尔维（Suomusjarvi）文化，即波罗的海-白海东北部地区的全新世中期的新石器时代早期文化。通览全书，读者也可以发现由考古学家定义的文化与阶段。这些文化的名称、日期甚至性质通常都是临时性的，文化之间的关系也往往是临时性的，这取决于考古学家撰写时的考古知识状况。并非总可能知道一种文化是否发展为另一种文化，或者一种文化的变化是受新的迁徙、邻近文化的影响，还是气候或环境变化引起的。考古学研究，尤其是在中西伯利亚、东西伯利亚以及阿穆尔河（黑龙江）地区，仍然是一门年轻的学科，随着研究的进展，其文化定义和年代可能发生变化。因此，我们对这些数据的重组和使用需要所谓的合理推测，诸如"可能"、"可能已经"以及"或许"是考古话语的正常表述，文化和时代的日期通常边界模糊。

北美小船及其与欧亚大陆北部的关系

史密森学会民族志学家奥蒂斯·T. 梅森首先对北美土著船舶历史产生了浓厚的学术兴趣，1901 年，他与梅里登·S. 希尔共同撰写论文，比较了西北海岸的库特奈印第安树皮船和阿穆尔河（黑龙江）地区的皮船。梅森和希尔的论文无疑受到弗朗兹·博厄斯（Franz Boas）的杰苏普北太平洋探险（Jesup North Pacific Expedition，1897-1903）的启发。该探险计划是由美国自然历史博物馆组织的一项研究计划，旨在探索西伯利亚和阿拉斯加之间的文化联系（Boas, 1903; W. Fitzhugh and Crowell, 1988）。当时，人们对北美印第安人或欧亚大陆北部的船舶知识知之甚少（Rousselot, W. Fitzhugh and Crowell, 1988）。继梅森和希尔之后，第一个接受挑战记录北美北部土著船舶的学者是弗雷德里克·W. 沃。下面我们引用其开创性论文《加拿大土著船只》（Waugh，1919）中船舶历史的部分内容，因为这是首次提出有关船舶技术的起源和传播并应用科学方法进行测试的严肃研究，也因为他对加拿大土著船只的不同类型和功能的描述为我们研究欧亚大陆的船舶提供了有用的介绍：

> 毫无疑问，早期法国人沿圣劳伦斯河勘探和定居以及英国人在新英格兰地区定居，是因为很快采用了印第安人制造的桦树皮船作为最便捷的旅行方式。早期作者和其他这类资源使我们很容易推断，小船在北美大陆很大一部分地区的发展中发挥着极其重要的作用。
>
> 追溯小船和其他水运工具的起源显然最为有趣，但明显存在的问题是，某一文化特征已经传播或部分传播到了其他地区，这在一定程度上归因于皮船使用范围及其连续性。人口的迁移或一个部落对邻近部落的影响（文化影响）很快就可能以一种简单的形式广泛传播皮船观念，在各种可用材料和多样化需求的影响下，各种各样的特征将会相继出现。
>
> 材料自然起着重要的作用。在附近没有树木或不太方便获得木材的地区，有时使用诸如灯芯草之类的材料编成船形筏子（参见加利福尼亚的轻木）；或在爱斯基摩地区，如育空地区的库钦人、麦肯齐地区的塔尔坦人和其他阿萨巴斯卡人，以及在平原的某些地区之间使用兽皮和藤条制作的桶状船［请参阅"牛皮船"，苏族（Siouan）部落的曼丹人（Mandan）和希达沙人（Hidatsa）以及喀多（Caddoan）部落的阿里卡拉人（Arikara）均在使用］。苏族中的奥马哈人（Omaha）使用兽皮船或普通小船，但船架粗糙，表明其有了一点航行的思想萌芽。奥马哈人的船使用大桨操纵，桨手坐在船头附近。
>
> 北美船舶航行中最有趣的发展之一是桦树皮船。它显然在阿尔冈地区（Algonkian area）达到了完美程度。该地区从五大湖周围向西延伸，一直延伸到沿海省份和新英格兰地区，尽管桦树皮船文化向各个

方向延伸，但特别值得一提的是向北和向西延伸至麦肯齐河流域。毫无疑问，这种分布在很大程度上取决于制作树皮船的桦树（Betula papyrifera）的生长范围，该范围实际上从大西洋沿岸延伸至落基山脉，并延伸至国界以南区域。因为桦树在南方渐趋稀少，用榆木、悬铃木和椴木树皮等制作的劣等树皮船则由纽约州中部及以南地区的易洛魁人（Iroquois）建造，他们显然发现刚刚提及的树种更为丰富。易洛魁树皮船都有笨重的体型，不便于搬运，使用寿命较短。实际上，与阿尔冈人的造船术相比，此处的技术比较落后，据说易洛魁人对购买更轻便耐用的船只十分热衷。

然而，树皮船和兽皮船并不是加拿大印第安人使用的唯一水运工具，至少有其他两种通常以非常原始的样式建造的船只，在航行方面取得了相当大的进步。例如，许多部落通常在使用技术含量更高的小船的同时，也使用简单挖空的原木船。筏子是另一种十分原始的发明，其分布也相当广泛，虽然地区之间的应用范围不尽相同。……

就目前而言，爱斯基摩卡亚克皮艇可视为高度专业化的船只，在重要但非必要的方面与阿尔冈人的技术不同，爱斯基摩皮船自支撑的框架结构，使其可以独立于船皮而自成一体；表面船皮是兽皮而不是树皮，装上甲板后在大多数情况下可以容纳一个人乘坐。……将海豹皮缝在一起做成船皮，然后趁潮湿时蒙到船架上，以便在干燥时紧紧覆盖。像阿尔冈树皮船一样，缝合船皮的工作由几名妇女共同完成，以便坐下来后一次性完成工作。双重缝线使接缝具有防水性。

E.W.霍克斯（E.W. Hawkes，1916：68－73）在拉布拉多爱斯基摩人回忆录中描述："爱斯基摩人轻便的卡亚克皮艇速度极快。据说，一个爱斯基摩人驾驶皮划艇的速度与两个白人驾驶独木舟的速度相同。爱斯基摩人在海上的大胆冒险比印第安人更甚……"

爱斯基摩人也使用乌米亚克敞舱蒙皮船，其外表与卡亚克皮划艇有些许不同，部分原因是未装甲板，部分原因是更深更笨重。在其他

方面，它们没有实质性的区别，这一事实表明乌米亚克船是卡亚克皮划艇的起源形式。(Waugh，1919：1，23-29)

沃对北美和西伯利亚船只的构造细节和风格特征的论述，是对欧亚大陆北部船只的描述和分类的导言，具体请见下一章。

（丁海彬　译）

第二章
船只分类、构造和区域分布

本章着眼于欧亚大陆北部小型船只的样式和构造，描述各个地区的船只类型，并提供有关其文化地理和历史的信息。后续章节中将详细介绍特定地区的族群使用的船只。我们首先讨论用于识别主要树皮船的分类系统，这些树皮船曾经是整个欧亚大陆水上运输的主要工具。桦树皮船是无龙骨的框架结构船，是公元500年铁器时代晚期具有扩展船舷的原木船出现之前使用的主要船型。榆木、云杉和落叶松树皮船的样式和结构与桦树皮船密切相关。第二类主要船只是兽皮船、龙骨蒙皮敞舱船和甲板式卡亚克皮艇，主要分布在西伯利亚东北部海域。本章后半部分按文化区域分别讨论了每种船型，提供了其地理位置、建造材料和技术、用途以及已知历史的相关信息，并按文化分类概括了本章之后的各区域章节中所讨论的研究结果。

树皮船和兽皮船的分类

小型船只有各种分类系统，鲁道夫·特雷比奇（Rudolf Trebitsch，1912）把所有小型水上运输工具分为五类——柳条篮船、龙骨船、卡亚克皮艇、筏子和个人浮具，所有这些类型均在欧亚大陆使用过。但是，他的分类系统未能确认树皮船是最常见的欧亚土著船只，也没有指出卡亚克皮艇是龙骨船这一事实。继特雷比奇（Trebistsch，1912）、奥蒂斯·T. 梅森和梅里登·S. 希尔（Mason and Hill，1901）对本话题的讨论之后，H. H. 布林德雷（H. H. Brindley，1919a，1919b，1919c）撰写的系列短文对西伯利亚桦树皮船做了进一步描述。瓦伦蒂娜·V. 安特罗波娃（Antropova，1961）构建了一种更准确的分类系统，用来描述俄罗斯/苏联土著族群的船只，我们采用了其分类法的修正版本。尽管她的研究范围涵盖了我们研究的大部分领域，但她并未描述造船细节，也未从考古学［埃克文（Ekven）船模除外］、岩石艺术或相关环境方面描述悠久的造船史。

安特罗波娃将西伯利亚土著船只分为四大类：用挖空的树干制成的独木舟；无需船皮、带龙骨和木板的复合船；没有龙骨但蒙有树皮或兽皮的框架船；有时覆以兽皮、具有框架结构和纵向龙骨的封闭或敞舱船。在这些类别中，她根据船首和船尾的形状，高架平面轮廓、宽度、舷弧（纵向曲度）和施工技术（例如，独木舟的延展船舷或延展木板）等细节来确定船型。我们的研究关注她谈及的框架船（独木舟）以及封闭或敞舱的"框架和龙骨船"，但有时我们还会提到独木舟和复合材料船，因为它们的出现影响了树皮船和兽皮船的历史。

安特罗波娃论述的第三类船只是框架船，由于其格状结构、船皮轻薄和无龙骨而在所有船只类型中重量最轻（见图2-1）。这类船只的强度取决于其树皮或兽皮船皮以及纵贯船只首尾舷缘的船舷护栏（有关专业船舶术语，请参见术语词表）。框架船是敞舱的，通常由白桦树皮或兽皮覆盖。我们认为榆树、落叶松树和云杉树皮船自成一类，因为这类船皮较重，需要调整船架，而桦树皮船却无此需求。叶尼塞河东部流域的春雅埃文基人和阿纳德尔河地区的楚科奇人使用驯鹿皮和驼鹿皮代替桦树皮和海豹皮，以包裹甲板和半甲板式卡亚克皮艇。

在其框架船类别中，安特罗波娃确定了三种桦树皮船类型。她分别以其出现的河系来命名：叶尼塞型、勒拿型和阿穆尔型。叶尼塞型的皮船拥有尖尖的、悬着的船头和船尾。勒拿型具有圆形、上翘凸起的船首和船尾，部分封闭的驾驶舱和只延伸至部分船身的舷缘。阿穆尔型有凸起的船首和船尾、较窄的横梁，有时船头船尾的甲板部分蒙皮。桦树皮是所有三种树皮船的首选材料。

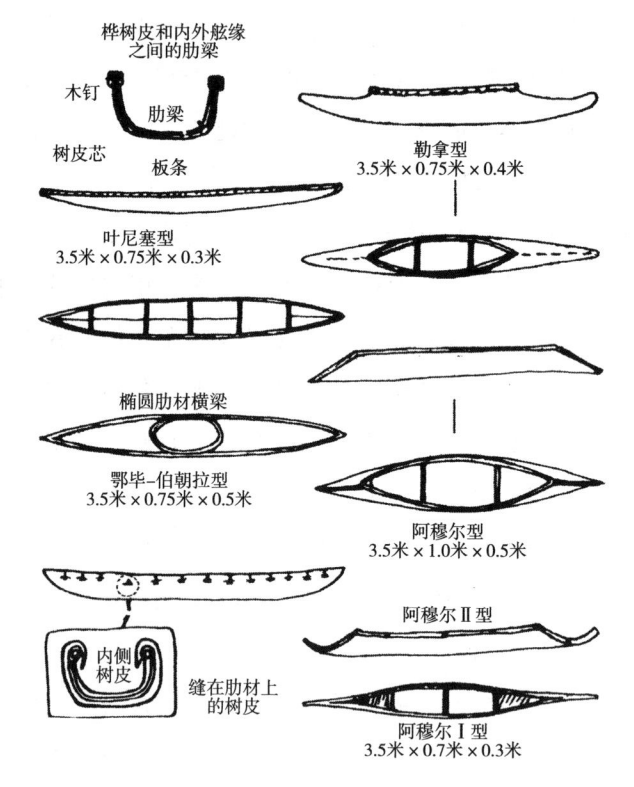

图 2-1　欧亚大陆北部桦树皮船类型（非标准比例）。［哈里·卢克卡宁绘图，玛西娅·巴克里（Marcia Bakry）改编。］

安特罗波娃提及的兽皮船分为两类（请参见图 2-5）。敞舱皮船的龙骨在船底中部延伸，并有向上弯曲的肋拱连接舷缘。虽然增加了重量，但龙骨提高了海上航行所需的纵向强度。西伯利亚东北部的楚科奇人和太平洋沿岸族群使用大型敞舱皮船进行长途旅行、贸易以及捕猎鲸和海象。根据大小，此类船只可承载较大负荷，容纳 30~40 人（请参见图 8-10）。安特罗波娃定义的敞舱船还有两种亚型：楚科奇-爱斯基摩安吉亚皮克（angyapik）船（在阿拉斯加大陆被称为 umiak，在科迪亚克岛上被称为

angyak；angyapit 是复数形式）和堪察加半岛的宽船头凯雷克-科里亚克船（Kerek-Koryak）。她提及的第二种兽皮船叫卡亚克皮艇（在俄语区称为 baidarka），用于狩猎，在白令海峡两岸常由单人或双人划桨，此地也使用敞舱兽皮船。这些是在西伯利亚东北部海岸、白令海峡和阿拉斯加的汹涌水域中使用的主要船只类型。

尽管安特罗波娃主要关注对土著船只的描述及其地理分布，但她也提出了对过去 200~300 年造船历史的看法。她评论了树皮船的广泛分布，后来这类船只在西西伯利亚和鄂霍次克地区开始被延展原木船取代，随后在 18、19 世纪俄罗斯人与土著族群接触后又被木板船取代。她根据语言数据推测，桦树皮船可能起源于西伯利亚南部的寒带森林区，数据表明它已经从该地区传播到了勒拿河中部的萨哈人那里。她还评论了西伯利亚东北部覆皮"拜达尔卡"船（baidarkas）和卡亚克皮艇的分布，认为这是所有已知的俄罗斯土著船只中最具特色、最古老的船只。她援引鲁登科（Rudenko, 1947；另见 Arutiunov and Sergeev, 2006）的说法并指出，类似于现代乌米亚克蒙皮船和皮划艇的船模分别是从楚科奇沿海距今 1500 年的旧白令海考古遗址和距今 1000 年的普努克文化考古遗址复原而来的。她还指出，16 世纪的探险文献中有插图说明涅涅茨海上猎人在亚马尔半岛和新地岛周围使用的似乎是卡亚克式船只（例如 Belyavsky, 1833：图 3；另见第四章）。

总而言之，本书主要遵循安特罗波娃的分类法，但本书识别出五种而不是三种树皮船类型。我们的分类系统沿用安特罗波娃提及的叶尼塞型和勒拿型，将阿穆尔型分为阿穆尔Ⅰ型和阿穆尔Ⅱ型（见图 2-1），并扩展出第五类——鄂毕-伯朝拉型，该类船型两端短而悬垂，从上方看时船头船尾丰满圆润。我们认为第五类船型类似于在北欧和东北欧使用的梅津-伯朝拉船型，该类型后来停止使用，亦未留下对其进行详细描述的文献资料。

我们通过研究龙骨兽皮船发现，其变体比安特罗波娃描述的单一卡亚克皮艇以及敞舱兽皮船的两个变体要多。我们根据族群将卡亚克皮艇分为几类，大致包括尤卡吉尔型、爱斯基摩-楚科奇型、科里亚克型和千岛/阿伊努型（请参见图2-5）。我们对敞舱皮船的分类遵循安特罗波娃提出的两种类型：楚科奇地区的爱斯基摩-楚科奇型和堪察加北部的科里亚克-凯雷克型。下面根据树皮船和兽皮船的每种地理和文化区域进行描述和说明。为了简化分类并使之适应欧亚大陆北部的研究，我们重点研究以下三种土著船型：桦树皮船（分为五种）；榆树皮船、落叶松皮船和其他树皮船；敞舱兽皮船和卡亚克皮艇。

桦树皮船

在铁器时代，桦树皮船是整个欧亚大陆北部的主要船只，直到革命性的新独木舟类型（延展原木船）开始向东扩散，可能是铁器时代从波罗的海和伏尔加河地区向东扩散的（Luukkanen，2010）。延展原木船用挖空的原木制成，用热岩石、水和横杆将船舷向外延展，直到获得所需的宽度，这增加了稳定性，使独木舟可以容纳更多的乘客和货物。在加拿大和美国阿拉斯加西北海岸，印第安人的巨大雪松独木舟就是此类船只的杰出典范，这得益于当地拥有巨大的树木。

居住在欧亚大陆北部寒带森林中的所有土著族群都在有桦树或其他合适树种的地方使用树皮船。整个欧亚大陆桦树皮船时代一直持续到18世纪，在西伯利亚东部和远东地区持续时间更长，多了一两个世纪。图2-1说明了主要使用桦树皮船的民族以及与其文化或地区有关的船只类型。正如安特罗波娃最初指出的那样，船只类型区域之间的边界通常与使用这些船型的族群的家园鄂毕河、叶尼塞河、勒拿河和阿穆尔河（黑龙江）流域重合。每条河流的流域都有自己典型的船型设计或基本类型，而这些重要类型通常得以跨部落和族群边界共享。沿同一河系生活的各个族群之间紧密的语言和文化关系促进了这种共享，因此，他们的皮船传统倾向于沿着相同的流域系统聚集。

安特罗波娃确定了西伯利亚叶尼塞河、勒拿河和阿穆尔河（黑龙江）桦树皮船类型之间的区域边界，但没有将鄂毕河或伯朝拉河树皮船确定为独特类型。叶尼塞型船两侧船舷各有坚固的双舷缘，将水平条板和肋拱夹在中间，这种技术在当今的船只建造中依然得到使用。这种船可能首先是由居住在鄂毕河下游和叶尼塞河下游的萨莫耶德人和基特人建造的，然后是由沿叶尼塞河上游及其东部支流的西埃文基人建造的。西埃文基人的领地还包括上通古斯河和下通古斯河流域、维季姆河（Vitim River）和奥廖克马河（Olekma River）以西的地区，以及贝加尔湖周围的地区。

勒拿河的东部支流维季姆河和奥廖克马河东部地区的埃文基人和萨哈人使用的勒拿型船只船头和船尾轮廓多少有点垂直。除了这种船型外，居住在勒拿河流域的族群还使用了属于叶尼塞型和阿穆尔型的船只，这是族群迁移及采用族群船只技术的结果。

如前所述，阿穆尔船型可以分为两种主要样式：阿穆尔Ⅰ型和Ⅱ型。阿穆尔Ⅰ型具有长而凸出的船头和船尾延伸部分，其末端向上弯曲。阿穆尔Ⅱ型则较短，在水线处具有笔直的尖头延伸。加长版的阿穆尔Ⅰ型船宽70厘米，坚固的底部结构将多达五层的树皮黏合在一起，内龙骨从头延伸到尾。在70厘米宽的船中，木块被缝入了树皮层，用以支撑船首和船尾的舷缘。其坚固的船体设计可防止弯曲，因此阿穆尔Ⅰ型船体可以较长，在玛雅河（the Maya River）（阿尔丹河支流）上发现的15米长的树皮船就是一个例子。

阿穆尔Ⅱ型船最初被奥蒂斯·T.梅森和梅里登·S.希尔（Mason and Hill, 1901）称为"鲟鱼鼻"船，因为其末端类似鲟鱼鼻。这类船较短，其舷缘不够坚固，只能一人乘坐。在阿穆尔河（黑龙江）流域之外，阿穆尔Ⅱ型船在具有阿穆尔血统的埃文基人居住的勒拿河南部地区广为人知。阿穆尔河（黑龙江）流域的大多数族群都有通古斯血统，他们制作的树皮船只在局部细节上有所不同。对于这个地区的奥罗奇-埃文基（Oroquen-Evenk）皮船只能通过一只船模来了解，船模展示了一种独特的船首和船尾精加工方法，不用再把两侧树皮切割和缝合，而是将船尾的树皮向内折叠，这是未在全尺寸皮船上见到的一种方法。

我们认为鄂毕-伯朝拉型树皮船起源于西伯利亚南部，萨莫耶德人曾在此使用，并与鄂毕-乌戈尔人共享。从那里开始扩散到位于乌拉尔山脉和叶尼塞河之间的整个西西伯利亚。西西伯利亚有这种船型的证据来自五种资料：G. F. 穆勒（G. F. Müller）在18世纪三四十年代撰写的《西伯利亚族群说明》（"Description of the Siberian Peoples，1736—1747"）中记载了叶尼塞河上的卡马斯（Kamas）皮船制造（2010；另见 Vermeulen，2016）；托比亚斯·科尼斯菲尔德（Tobias Königsfeld）于1728年在奥多斯克（Obdorsk）绘制的曼西船或汉特船的图纸（参见图5-7、图5-8；另见 DeLisle，Königsfeld，1768）；F. R. 马丁（F. R. Martin）1895年在托博尔河（Tobol）地区为瑞典民族志博物馆收集的50厘米×8厘米的汉特模型船（参见图5-5）；哈里·卢克卡宁绘制的施工图展示了来自阿姆贡河（Amgun）的树皮船模型结构（MAE 5333-34；见图2-3）；由嘉莉娜·I. 佩利希（Galina I. Pelikh，1972）记录的来自纳雷姆（Narym）附近的萨莫耶德人口述证据。

鄂毕-伯朝拉型船只出现在整个鄂毕河流域，鄂毕-额尔齐斯-托博尔中部地区主要有萨莫耶德人（及其亚群涅涅茨人、塞尔库普人、卡马斯-科伊巴尔人）和鄂毕-乌戈尔人（及其亚群汉特人和曼西人）居住。这种皮船也由西伯利亚南部针叶林中的突厥鞑靼人和欧洲东北部梅津-伯朝拉针叶林中的西乌拉尔族群共享。鄂毕-伯朝拉型与叶尼塞型船只的主要区别如下：

1. 椭圆形的船缘，而不是横梁（见于东汉特船只中）；
2. 单层舷缘板，而不是双层；
3. 一种将树皮从船只外侧越过舷缘翻至内侧，然后缝在舷缘和肋拱上（而不是钉在双层舷缘板之间）的建造技术（见图2-1）；
4. 一种在船头和船尾固定舷缘的特殊方法。

叶尼塞型的双舷缘在距离首尾两端约50厘米处绑在一起，船头和船尾形成狭窄的顶部。鄂毕型皮船的舷缘被用另一块弯曲的木材固定在船尾和船首,因此不会因绑扎在一起而向内夹挤。这种结构的船型具有更圆的顶部轮廓,可以容纳更多的货物,并且可能减少在风、浪和急流中的排水量。在鄂毕河中游,汉特船只建造者还通过在外壳内插入一个略小的树皮层,将桦树皮船底部翻倍加固。

叶尼塞、鄂毕-伯朝拉皮船类型的共同特征,即在远距离和多种族之间存在广泛的相似性,可能与过去 1000 年的迁徙历史、频繁互动和俄罗斯毛皮贸易时代长途贸易的边境活动有关。汉特人、涅涅茨人和曼西人居住在乌拉尔山脉的两侧,向东是西西伯利亚的鄂毕河流域,向西则是欧洲。这些群体经常在地势较低的乌拉尔关隘进行交易或战争,此地主要由曼西人[亦称沃古尔人(Vogul)]控制。直到大约 1470 年,许多曼西人才在欧洲生活,拥有向西延伸至德维纳河的土地(Sokolova,1983),并与那里的商人和卡累利阿族群接触联系。这可能解释了鄂毕河和梅津-伯朝拉针叶林带之间的皮船风格为何相似。考古学、语言学和 DNA 数据表明(Tambets et al.,2004),曾经生活在白海南部沿海地区的东萨米人与居住在西乌拉尔地区的族群有联系(Foss,1948)。如今,从口述史和瑞典北部发现的船只遗骸中已知的萨米桦树皮船也与白海沿岸的曼西或萨莫耶德皮船相似。在这里,与欧亚大陆的其他地区一样,安特罗波娃和我们的研究都表明,在确定皮船类型的地理位置时,依据单个河流系统的邻近性通常比依据语言或民族更为重要。

这项原则很有趣,因为它打破了基于文化历史和民族语言边界的惯常分野模式。格里戈里·布鲁夫(Grigori Burov,1996;另见 Kashina and Chairkina,2017)在研究东北欧船桨型式时发现,他可以将不同类型的船桨的时间确定到特定的千年,最早可以追溯到此前 8700 年。在这种情况下,时间顺序而非文化因素似乎已成为决定桨型的主要因素。相比之下,从 19 世纪的民族志数据来看,梅森和希尔(Mason and Hill,1901:图 4-6)认为,来自不同阿穆尔文化的桨型可以很好地表明这些船桨是哪个民族所造。弗雷德里克·W. 沃（Waugh，1919：28）研究北美船桨的数据阐明了类似的观点。同样，从阿拉斯加到格陵兰的爱斯基摩人皮划艇和桨型的风格变化也与民族和语言区域密切相关（Rousselot，1994：图 13-6；另请参见 Golden，2015）。

彼得·罗利-康威（Peter Rowley-Conwy，2017）在报道英格兰北约克郡斯塔卡（Star Carr）公元前 8500 年石器遗址时，回顾了北欧史前树皮船的点滴信息。他提及了中石器时代已遭浸渍的桦树树脂和树皮片，认为桦树皮船是后冰河时代在湿地环境中建造的常用船只。毫无疑问，这项技术应该已经广泛地用于欧亚大陆北部旧石器时代和后冰河时代的文化中，那里拥有 8700 年历史的船桨已是水路运输的明确见证。

开始研究这个项目时，我们认为仔细比较船型可以使我们通过使用样式和构造细节的组合，对欧亚大陆北部的船舶历史进行初步的、时空维度可控的综合研究。然而，这种大多数考古重建的基础方法在我们的项目中有一个实际问题：即使在过去的 500 年中，对皮船历史的了解仍然有限。在过去的 2000 年中，地中海和西欧确实存在着关于木板船类型的历史数据（例如 Boehmer，1891；McGrail，1998；Christensen，2000；Crumlin-Pedersen，2010）。构造这样的数据库是早期基于民族志数据的全球船舶发展进化框架的目标，例如，詹姆斯·霍内尔（James Hornell）1946 年的《水运：起源与早期演变》（*Water Transport：Origins and Early Evolution*）。霍内尔遇到了许多与我们面临的相同的问题，包括考古和历史数据不足。就树皮船和兽皮船而言，我们主要局限于几个世纪以来的大量历史文献、民族志船舶模型、罕见的考古发现以及难以辨认的岩石艺术图像。我们的桦树皮船数据库仅包含 18 世纪末以来的数据，对于理解长达 10000 年的皮船形式和构造而言，这些数据资料并不可靠。尽管船桨的历史有 8700 年之久，但从中我们并不能了解皮船的制造、起源和传播。目前，我们只知道皮船最后阶段的状态。尽管如此，有一件事很清楚，即针叶林地区人们的狩猎、捕鱼、贸易、战争和迁移极其成功地将树皮船技术传播到欧亚大陆各地以及整个北美北部。

树皮船类型的区域调查

在确定了类型之后，我们现在探索出现不同树皮船类型的区域、环境和文化背景（见图 2-2）。我们从远东（西伯利亚的太平洋海岸）开始，阿穆尔河（黑龙江）流域的树皮船传统一直延续到 20 世纪。正如本章前面提到的那样，该地区皮船首尾两端有被梅森和希尔称为"鲟鱼鼻"的尖翘造型。阿穆尔 I 型已经有了尖翘凸出的船头和船尾，在阿穆尔河（黑龙江）下游的尼吉达尔人、纳奈人、尼夫赫人的船只中最为明显。无论船只长短（可能长达 15 米或更长），其设计均相同。最小的阿穆尔 I 型皮船，例如仅容一人的纳奈船和奥罗奇船，常装有甲板并类似于卡亚克皮艇。实际上，一些阿穆尔型树皮船的甲板用的是兽皮，而不是桦树皮。

阿穆尔 II 型（见图 2-1）通常更小、更宽，船头和船尾呈斜角或几乎垂直。它是俄罗斯阿穆尔河（黑龙江）以北斯塔诺夫山脉（Stanovoy Mountains）（外兴安岭）附近的阿穆尔-埃文基族群船只的代表，也是中国松花江沿岸民众的典型船只。这种类型在勒拿河以东的阿尔丹河流域的埃文基人、萨哈人和埃文人中广为人知，同时在勒拿河谷地区也很常见。

正如阿穆尔 II 型船只传播所表明的，树皮船历史中一个令人惊讶的特征是，在一个地区发展起来的某些设计或构造特征可能会传播很远。例如，卡尔·希基什（Carl Hiekisch, 1879）写道，西埃文基人（大概是他们的船只技术）于 13 世纪首次进入叶尼塞河流域，当时早期的通古斯埃文基人正逃离蒙古人对阿穆尔河（黑龙江）流域的征讨。后来，埃文基人为躲避俄罗斯人 18 世纪对叶尼塞河和贝加尔湖地区的入侵，迁到了阿穆尔河（黑龙江）流域，并开始在那里建造叶尼塞型树皮船（请参阅第九章）。现在居住在泰梅尔半岛的讲雅库特语的多尔甘人最初可能居住在勒拿河以东，直到他们 17 世纪向西迁移（Ushnitsky, 2008a, 2008b），并将桦树皮船技术带入泰梅尔苔原。如上所述，大多数曼西人最初居住在乌拉尔以西的欧洲地区，直到

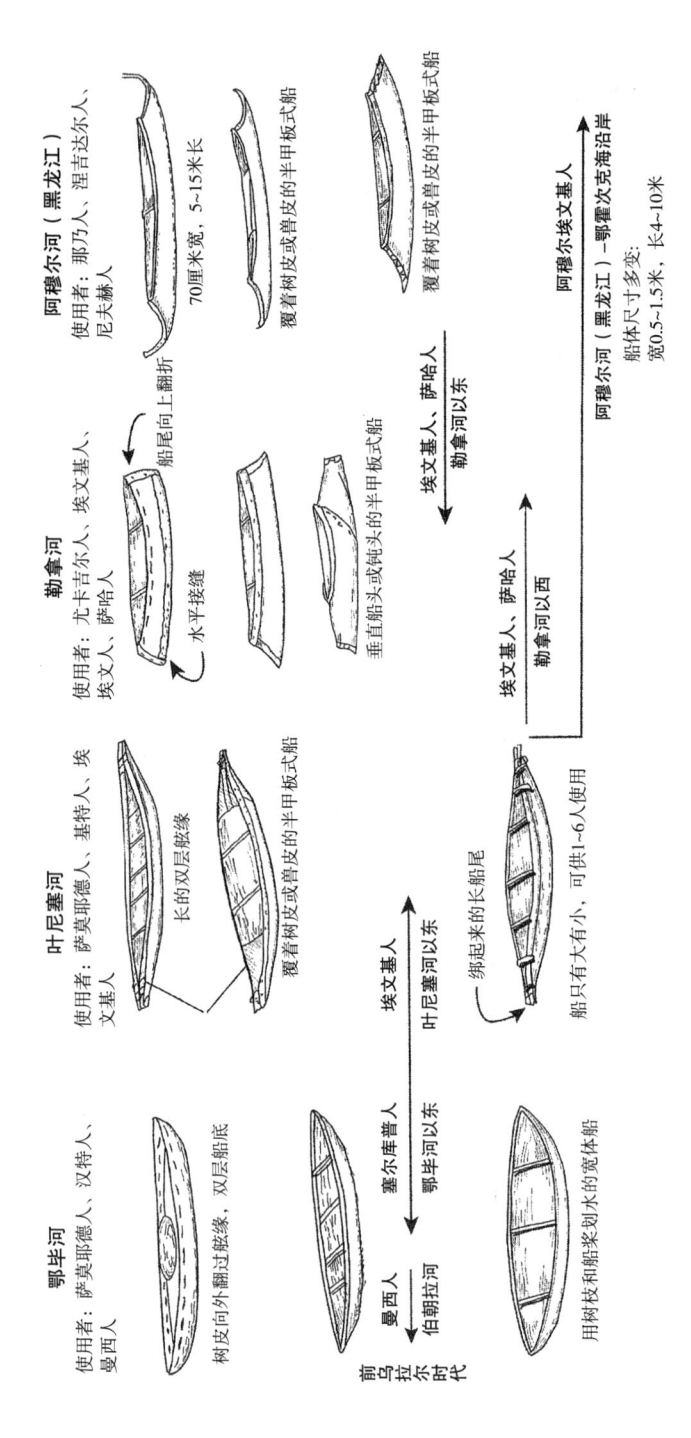

54 / 欧亚大陆北部的树皮船与兽皮船

图 2-2 主要桦树皮船类型，以发现地的河流流域命名。非标准比例。整体长度与宽度差异较大，最长达到 15 米。
(哈里·卢克卡宁绘图，玛西娅·巴克里比例绘制。)
注：船只并非以同样比例绘制。

15世纪与俄罗斯人的战争导致他们撤回乌拉尔以东，可能在那时他们把延展原木船技术引入了西西伯利亚。类似的迁移似乎有可能以许多未知的方式和方向改变了树皮船的类型分布。然而，正如我们已经指出的那样，欧亚大陆北部皮船类型大致符合该地区的主要河流系统分布，并且没有表现出随机或混杂拼凑的分布情况。迁徙的族群或者采用在新居所发现的皮船类型，或者使他们的新邻居采用他们带来的皮船风格。

在主要河流流域内，皮船类型具有同质性。表明船只技术和造型具有持久性，尽管数千年来特定的语言使用者和文化传承者不同。北方地区到处都存在桦树皮和桦木，因此环境因素不是决定船型和设计的主要因素（北极地区除外，因为那里树皮难得，而且无论如何都不如海洋哺乳动物的皮更加易得）。那么，是什么条件使各个族群在某个特定的河流流域中采用共同的船型？也许答案就在于"下游因素"（downstream factor）：生活在河流下游的族群通过与上游族群的交流和贸易，或者见到从上游冲刷到下游的皮船残物，而了解到上游的船舶设计。相反，在冬天，河流变成了冰冻的高速公路，使北部的人们可以轻松地向南旅行，以海象牙和毛皮交易金属和其他南部商品，也许还可以学习皮船新技术和样式。事实上，在青铜器时代和铁器时代，人们沿北极海岸线获得的金属和冶金技能几乎与技术更先进、矿石更丰富的乌拉尔以南地区同步。

在勒拿河中游地区，我们发现了两种古老的传统桦树皮船类型。图2-2顶部的图样（从右向左数第二个）是一个小型埃文基皮船模型，由理查德·马克于1859年从勒拿河的西部支流维柳伊河（Vilyuy River）地区收集而来（MAE 334-77）。树皮折叠在近乎垂直的船首和船尾，这个细节可能反映了该地区非常古老的皮船建造传统，因为在其他西部或南部地区未发现这种特征。它的下方是一个非常简单的、小型的萨哈树皮船模型的图样，1846年该模型被发现于雅库特东部，后由亚历山大·冯·米登多夫（Alexander von Middendorff）于1856年收集（MAE 701-51）。它有两层或三层树皮，很明显，树皮被翻过了舷缘。尖锐或下斜的船首和船尾可能继承首尾尖翘的阿穆尔河

（黑龙江）地区埃文基船型风格。梅森和希尔（Mason and Hill，1901）首次用英文描述了这些在维柳伊河流域制造的萨哈和埃文基树皮船。

正如得益于13世纪埃文基人的内迁，勒拿河流域东部人群从阿穆尔河（黑龙江）流域"引进"了首尾尖翘的树皮船技术一样，当埃文基人进入萨莫耶德人和基特人（叶尼塞河奥斯蒂亚克人）的领地，萨哈人沿着勒拿河迁移并越过贝加尔湖以北的土地时，生活在勒拿河流域西部的族群可能在那时引进了叶尼塞型船只。根据有限的历史证据而来的假设情节似乎符合逻辑，但根据现有数据重建皮船的悠久历史还缺乏考古依据。与考古学中热衷使用的许多其他文物（例如陶瓷、金属工具、墓葬和装饰品）不同，很少发现树皮船和兽皮船残骸，更不用说科学发掘、溯源和记录了。几乎没有关于阿穆尔河（黑龙江）流域和远东地区船只的考古证据。

鄂毕河上游和叶尼塞河上游形成了一块狭窄的三角地带，借此旅行者可以在两条河之间穿行。这可能是鄂毕河和叶尼塞河树皮船的常见造型（例如，船底龙骨线曲率和贯通全船的长舷缘）有很多共同点的原因之一。但两者还有某些构造细节上的差异，也许是叶尼塞型船只在西埃文基人中使用时间更长的缘故。在鄂毕-伯朝拉型船只中，肋拱末端与单个舷缘绑定，外层树皮片沿舷缘从外向内翻折。另外，叶尼塞型船有双舷缘，其树皮和肋拱被紧紧夹在内舷缘和外舷缘之间，如图2-1所示。

除了全尺寸的现代复制品和博物馆里的小型模型外，现在没有保存完整的北欧和东北欧土著树皮船。但是，多种语言以口述形式记载了土著树皮船，甚至在几个世纪以来都没有使用过树皮船的欧亚大陆北部的某些地区，其民俗和诗歌中仍然存活着抽象的皮船"类型"。树皮船在叶尼塞河以东比在西西伯利亚和东北欧的流行时间更晚更长，主要是因为皮草贸易和针叶林猎捕业一直持续到20世纪。在西伯利亚东部和贝加尔湖地区，埃文基人和通古斯人的树皮船使用都有据可查，表明直到19世纪末，树皮船都是他们的主要驾乘工具；在某些地区，直到20世纪30年代，对于树皮船的使用仍有记载。事实上，树皮船在远东作为水运工具的使用寿命比任何其他传统船舶在北半球其他任何地方的使用寿命都更加长久。树皮船几乎没有考古痕迹可证，但许多图画和照片却展示了它们在各个地区的设计和构造，甚至在船只本身已经消失的地区也有记述。

表2-1总结了欧亚大陆北部已知的桦树皮船模型和实物的尺寸，并根据其族群归属、主要分布区域和地区进行排列。其测量数值来源较广，包括早期旅行者和探险家撰写的文件，在博物馆中测量的船只比例图和草图，以及根据模型、照片和插图估算的数据。该表除了能提供对欧亚大陆北部船只的研究可用的最佳统计数据外，还能对文化、船只类型和区域进行比较。

表 2-1 欧亚大陆北部桦树皮船测量数据

单位：米

西西伯利亚和鄂毕河流域

族群	地区	长度	宽度	深度	来源	船型
汉特人（奥斯蒂亚克人）：两条船	纳雷姆鄂毕河	小型4.3 大型6.4	0.63 0.63	无	Ides,1706:23	鄂毕-伯朝拉型
汉特人（奥斯蒂亚克人）：船模	托博尔河和额尔齐斯河	5.0厘米，全尺寸船船长可能大约5米	0.8厘米	无	Martin,1895：模型1892.03.0072（编目为1892年）斯德哥尔摩瑞典民族博物馆	鄂毕-伯朝拉型
卡马斯人，南萨莫耶德人：两艘船	阿尔泰山北部叶尼塞河源头	小型4.1 大型5.0	0.71 0.71	无	Müller,1957 Potapov,1957：219-20	鄂毕-伯朝拉型
塞尔库普人（奥斯蒂亚克萨莫耶德人）	基特河（鄂毕河东部支流）	5.4	0.75	0.3	Donner,1979,芬兰国家博物馆	叶尼塞型

中西伯利亚、叶尼塞河流域和贝加尔湖

族群	地区	长度	宽度	深度	来源	船型
埃文基人（通古斯人）：两艘船	贝加尔湖以东外贝加尔地区	小型2.7 大型5.4	0.46 0.76	无	Georgi,1777：314-15 Georgi,1775：252	叶尼塞型

续表

中西伯利亚、叶尼塞河流域和贝加尔湖

族群	地区	长度	宽度	深度	来源	船型
埃文基人（通古斯人）	贝加尔湖北部	2.7~3.0	0.5	无	Radde,1861:238	叶尼塞型
埃文基人（通古斯人）:两艘船	两艘船都位于下通古斯河	小型 3.55 大型 3.6	0.53 0.9	0.18 0.3	Messerschmidt,1964	叶尼塞型
春雅埃文基人	下通古斯河乌斯特-乌恰米	5.0	0.7	无	Naumov,1927:照片 克拉斯诺亚尔斯克边疆区博物馆	春雅-叶尼塞型(?)
埃文人（通古斯人）:两艘船	乌斯特-伊利姆斯克安加拉河	小型 1.8 大型 8.2	0.7 1.8	无	Lehrberg,1816,《俄罗斯历史》	叶尼塞型
埃文人（通古斯人）	下通古斯河	2.4	0.5	无	伊尔库茨克博物馆编号 1988 bc 4873-1	叶尼塞型

东西伯利亚、勒拿河流域和科利马河流域

族群	地区	长度	宽度	深度	来源	船型
萨哈人（雅库特人）:两艘船	两艘船都位于勒拿河流域	小型 3.7 大型 5.64	0.6 0.58	0.25 0.46	雅库茨克北方历史、文化与民族博物馆编目:2011	勒拿型
埃文人（通古斯人）	玛雅河的乌斯特玛雅村	15.0	0.7	无	Abakumov,2001	阿穆尔Ⅰ型
埃文人（通古斯人）	蒂姆普顿河（阿尔丹河南部支流）	3.26	0.8	0.39	内云格里南雅库特历史博物馆编目:1997, 25.456 E-209	勒拿型
埃文人（拉穆特人）:三艘船	科利马河上游马加丹镇塔伊湾	小型 2.1 中型 3.7 大型 5.3	0.76 无 无	无 无 无	Sbignew,1867:24	勒拿型(?)

远东:俄罗斯、中国和日本

族群	地区	长度	宽度	深度	来源	船型
涅吉达尔人	阿姆贡河	9.0~10.0	0.7	无	Shternberg,1933:538	阿穆尔Ⅰ型

续表

远东：俄罗斯、中国和日本

族群	地区	长度	宽度	深度	来源	船型
涅吉达尔人	阿姆贡河	6.1	0.46	无	Middendorff, 1875, vol.4:1534-35	阿穆尔Ⅰ型
那乃人（戈尔德人）	阿穆尔河（黑龙江）	5.0~6.0	0.7	0.3	Antropova, 1961:127	阿穆尔Ⅰ型
那乃人（戈尔德人）（两艘船）	乌苏里江	小型 5.0 中型 6.0	0.7 0.7	无	Maak, 1859:61	阿穆尔Ⅰ型
尼夫赫人（吉利亚克人）（两艘船）	乌苏里江	小型 5.3 大型 6.4	0.7 0.7	无	Przhevalsky, 1869:29	阿穆尔Ⅰ型
奥罗奇埃文基人（两艘船）	图格尔河	小型 3.8 大型 5.5	0.95 0.7	无	Middendorff, 1856:绘图	阿穆尔Ⅰ型
马尼吉尔人-库马人	结雅河	10.8	0.67	无	L. von Schrenk, 1881（收藏）; Mason and Hill, 1901（描述）	阿穆尔Ⅰ型
赫哲人-戈尔德人	桑加里河（现为中国松花江）	2.09	0.46	无	Ling, 1934:81	阿穆尔Ⅱ型
奥罗奇人-鄂伦春人（三艘船）	中国松花江	小型 4.0 中型 6.0~7.0 大型 9.0~10.0	0.5 1.0 1.5	无	Na Min, 2011	叶尼塞型
奥罗奇人-鄂伦春人	内蒙古海兰江	7.34	0.68	0.27	Chinese Academy of Social Science, 2014:224	叶尼塞型
阿伊努人（船模）	北海道	0.288	0.085	无	Nishimura, 1931: 204-05, 图47	北海道阿伊努型

注：按族群和地区排列。除非特别注明，测量单位（整体长度、宽度、深度）以米计，数据由其出处转换而来。小型=小型船只，中型=中型船只，大型=大型船只。

由表2-1可以得出以下结论：（1）欧亚大陆北部的大多数地区都有较大和小型树皮船，大船用于贸易和家庭运输，小船用于个人狩猎或捕鱼；（2）来自叶尼塞河、勒拿河和阿穆尔河（黑龙江）的叶尼塞型树皮船船体很大，可承载重物，大概是用作贸易货船（最大的埃文基船可载10人或1

吨货物）；（3）阿穆尔Ⅰ型树皮船在欧亚大陆树皮船中最长和最窄，因其长且笨重，这种船与典型的西西伯利亚树皮船相比不易经常携带搬运，而且不用于重型运输；（4）体型较大、较重的阿穆尔Ⅱ型树皮船与又宽又短且较轻便的鄂毕-叶尼塞型树皮船之间的差异可能是其各自的河流地理条件导致的。西伯利亚的大多数旅行是从东向西进行的，旅行者顺大河支流西下，通过连接水陆路通道转至下一条主要的南北流向河流的支流中继续行进。而阿穆尔河（黑龙江）是东西流向的，其南北流向的支流与北部河流平行，且被山脉或丘陵隔开。因此，阿穆尔河（黑龙江）与鄂毕河、叶尼塞河和勒拿河之间较少进行水陆连通转运。在阿穆尔河（黑龙江）流域内，旅行者倾向于使用惯常的支流或干流，因此他们的船只可能更大更重。

如前所述，本书的目标之一是提供尚未出现在已发表文献中的树皮船信息。安特罗波娃（Antropova，1961）广泛论述了叶尼塞河以东的树皮船及其使用族群，但除埃文基人使用的树皮船外，鄂毕河和叶尼塞河流域的树皮船之前尚未被论述。我们的研究表明，萨莫耶德人和鄂毕-乌戈尔人直到18世纪还在使用树皮船，而一些汉特人和塞尔库普人使用的树皮船的大小和形状都与西伯利亚其他地区相似，并且使用时间更久。

我们必须指出，鄂毕河以西的欧洲数据缺口有一个例外：尽管最靠近欧洲技术中心，萨米人的树皮船在此持续使用的时间比东北欧和斯堪的纳维亚的其他地区更长（参见第三章）。有证据表明，在19世纪初的瑞典拉普兰（Lapland）地区，桦树皮船已留存极少，那里的口述文献和考古遗迹证明了树皮船的存在（例如，Westerdahl，1985a，1985b）。在芬兰东部的塞马湖地区发现的一只年代不明的树皮船的遗骸，它也许起源于萨米人或卡累利阿人，但留存下来的残片不足，难以确定其类型（Itkonen，1942：48）。除了彼得·卡尔姆（Peter Kalm）和安德斯·奇德尼乌斯（Anders Chydenius）在18世纪50年代将美国印第安树皮船引入芬兰的失败尝试之外，萨米皮船是斯堪的纳维亚地区已知的仅有例证（参见第三章）。

在欧洲，由于延展原木船的出现，桦树皮船的使用较早式微。延展原木船在中世纪末期的苔原地区取代了树皮船,并且可能也取代了苔原地区的兽皮船。这种现象之所以出现在萨米人领地上,可能是萨米-卡累利阿人发明或采用了可以连接木板的延展原木船,从而形成了更高的干舷,以防止进水(Luukkanen,2010)。例如在瑞典的拉普兰等地区,数百年间萨米人一直同时使用树皮船、兽皮船和原木船。

当萨米人使用桦树皮船时,欧洲和亚洲之间的乌拉尔山脉低矮关隘正在进行大量皮船运输,而使用的传统运输路线主要由居住在乌拉尔山脉两侧的曼西人控制。多数曼西人于15世纪迁移到乌拉尔以东至鄂毕河西岸地区,在西西伯利亚成为欧洲和俄罗斯财富来源时,他们在这里建立了新的贸易关系:该地区昂贵的毛皮首先由诺夫哥罗德联邦和后来的莫斯科公国俄罗斯人交易。俄罗斯的海关文件记录表明,曼西、汉特或科米兹里安等族群的猎人大约于1655年乘坐满载来自伯朝拉河流域和更远的东部地区的毛皮的树皮船沿着维切格达河到达了乌斯特尤格镇(Ust-Yug)(Shutikhin,2008)。

鄂毕河东部流域和叶尼塞河西部流域的船只属于同一类型(见图2-2),但由于该地区族群来自南部和西部不同地区的复杂历史,此地船只也有明显的多样性。我们从书面文件(例如Georgi,1776a)中知道,乌拉尔山脉和梅津-伯朝拉河流域的曼西猎人(当时称为Yugra)是树皮船的建造者,但描述含糊不清。以狩猎和捕鱼为生的东汉特族群直到18世纪初似乎还在纳雷姆地区建造桦树皮船(Ides,1706)。包括鄂木斯克(Omsk)附近的塔拉人(Tara)在内的一些西汉特猎人可能直到1886年还在针叶林地区使用树皮船(Granö,1886)。曼西人和汉特人因为靠近南部铁矿资源丰富的地区,后来又距离俄罗斯商人较近,所以比无此优势的萨莫耶德人更早地改用了延展原木船,因此他们的皮船信息流传极少。但是由于乌戈尔人和萨莫耶德人之间的密切联系,所有这些族群的桦树皮船设计很可能是相似的。

西西伯利亚的萨莫耶德人居住在鄂毕河和叶尼塞河之间的土地上,南至阿尔泰-萨彦山脉,北到北冰洋,是几百上千年来树皮船主要传承者。从各种资料来看，我们知道乌拉尔萨莫耶德人（后来称为尤拉克萨莫耶德人或森林涅涅茨人，后又称涅涅茨人）最初是以在针叶林地区狩猎和捕鱼为生，而苔原涅涅茨人则在17世纪的北极地区大规模地放牧驯鹿（Krupnik，1993；Golovnev and Osherenko，1999）。作为森林猎人穿越溪流和湖泊时，森林涅涅茨人一定使用了桦树皮船，直到大约1700年开始使用俄罗斯木板船。

新的造船技术出现是社会、经济和政治变革浪潮的一部分，这一浪潮是在俄罗斯毛皮贸易扩展到西西伯利亚时发生的。贸易和欧洲技术，包括枪支、铁器、斧头和其他用具，加剧了长期以来的区域敌对行动，并经常导致族群间的竞争。从15世纪到17世纪，东北欧和西西伯利亚经历了反复的部落战争，船只在小规模冲突、突袭和全面战斗中发挥了重要作用。南部和东部人口流动带来的压力也加剧了冲突。乌戈尔族群向鄂毕河以东地区的入侵带来了敌对行动；据汉特人的长者讲述，在1500~1700年乌拉尔萨莫耶德人与乌戈尔人之间的鄂毕河之战中（Golovnev，2000），汉特-乌戈尔人使用延展原木船占了上风，部分原因是他们的弓箭手配备的弓弩可以射穿萨莫耶德人的树皮船（Starcev，1988：5）。18世纪前，汉特人在鄂毕河上游的某些地区用原木船代替了树皮船。塞尔库普人（奥斯蒂亚克萨莫耶德人）还在西西伯利亚的针叶林建造了树皮船。1911~1914年，凯·唐纳（Kai Donner）在基特河收集的塞尔库普树皮船（参见图5-10）显示了叶尼塞型的构造特点，该构造特点也出现在鄂毕河流域东部。鄂毕型树皮船的显著特征包括使用稠李木、双层桦树皮覆盖，装有部分甲板，以及使用弯曲的椭圆形木嵌件，而不是直的十字横梁。

我们和安特罗波娃（Antropova，1961）的假设一致，树皮船最近的主要传播时间是在铁器时代晚期（大约公元前500年至公元1年）或更晚，并且可能集中在鄂毕河、叶尼塞河和勒拿河源头附近的萨莫耶德南部领地。后来，皮船类型发生了许多其他变化，最终导致它们的现代分布状态。萨莫耶德族群都使用树皮船，其他进入其领地的族群可能都知道这种树皮船，包括基特人和叶尼塞河上游其他族群。萨莫耶德人的南部邻居突厥鞑靼人也可能采用了他们的树皮船技术。也许为此鞑靼人将桦树皮船称为"萨莫耶德"船（Belgibaev，2004）。

自此向东，不再是鄂毕-叶尼塞地区树皮船传统，而是广阔的勒拿河流域及其主要族群萨哈人（以前被称为雅库特人）的领地（见图2-2）。居住在阿尔丹河和勒拿河交汇处的萨哈人如今已成为东西伯利亚地区最大的土著群体。直到14世纪他们才从贝加尔湖地区向南到达勒拿河谷，而且这一路线跨越了许多其他民族的土地，所以萨哈人的树皮船历史较为混杂。根据安特罗波娃（Antropova，1961）的说法，萨哈人称其勒拿皮船为"通古斯"船，而语言学数据表明，他们的西部树皮船传统与基特人和叶尼塞河有关（Sieroszewski，1993）。另外，他们也与南部萨莫耶德人接触，因为萨哈人的桦树皮帐篷与萨莫耶德人类似，连帐篷的名称也来自萨莫耶德。萨哈人也沿着阿尔丹河上游定居，在那里他们接触了阿穆尔型皮船，并穿过斯塔诺夫山脉（外兴安岭）到结雅河（Zeya River）流域与中国东北地区的人群进行贸易（Mason and Hill，1901）。

环境条件在一定程度上决定了这些民族的起源和主要迁徙路线的方向。如本章所述，鄂毕河、叶尼塞河和勒拿河是南北方向的主要运输走廊，但北冰洋沿岸的东西向路线和大河的东西向支流也同样重要，这些支流的上游源头几乎连在一起。冬季乘雪橇和其余时间乘皮船是穿越这些水路的惯例。西伯利亚中部地区很少有山脉阻隔。最终，叶尼塞河和勒拿河源头以南的中北亚开阔的布里亚特草原，使马背上的牧民以及中亚帝国军队得以纵横驰骋。

但是，推动西伯利亚中部人口迁移和其他活动的主要动力是这些地理走廊引导的文化互动的动荡历史。在过去的2000年中，许多事件导致了该地区的人口流动，甚至造成了严重的人口中断。最重要的两个事件，一是7世纪开始来自阿尔泰山区的讲突厥语族群的扩张，二是13世纪同一地区的蒙古族扩张。突厥人的扩张一直延伸到今日土耳其的西部，再向北进入勒拿河谷，使一些族群流落到北极地区，其他族群终被同化。蒙古人引发的战争造成了类似的破坏，人们逃离或被驱逐出家园。这样的迁移和流离失所并不是新鲜事。在此之前，青铜时代晚期的马匹驯化和铁器时代的骑兵征服加剧，都引发了与黩武主义和牧民游牧活动扩张有关的事件。这些事件和其他事件无疑影响了皮船的历史，导致了基特人、埃文基人和萨哈人等的迁徙，其与叶尼塞族群分享勒拿造船传统，以及勒拿型与阿穆尔型桦树皮船之间的文化交流。

最东边的桦树皮船使用者是尤卡吉尔人，他们是19世纪后期一个更大族群的残余人口；这个大族群曾生活在西伯利亚东北部的科利马河上游与下游，他们乘坐树皮船、皮划艇或原木船，在河流交汇处用长矛捕猎驯鹿。他们最初居住在贝加尔湖北部的叶尼塞河以东地区，毗邻萨莫耶德人，从那里（或许在1000年前）沿勒拿河迁徙而来（Ushnitsky，2015，2016）。在此过程中，他们可能与通古斯埃文基人、埃文人和萨哈人有了接触。尤卡吉尔人1827年还在科利马河上游制造桦树皮船，可能是通过与贝加尔湖周围的萨莫耶德人接触而获得了造船技术。后来，他们可能与遇到的其他族群分享了这些技术，就像他们在东部勒拿河三角洲分享甲板式皮划艇技术一样。

尤卡吉尔人南邻埃文基人，埃文基人居住在西伯利亚东部阿穆尔河（黑龙江）、勒拿河和叶尼塞河流域的大片领土上。因为他们的领土非常辽阔，所以可以推断埃文基人的树皮船历史十分复杂，其中包括许多船型。从南部和东部进入叶尼塞河地区的西通古斯埃文基人的起源尚不清楚，但有证据表明，他们学会了通过与安加拉河沿岸的基特人、阿桑人（Assan）和叶尼塞其他族群接触，建造叶尼塞型树皮船（例子参见Forsyth，1994）。

尽管这些历史重构只是推测，是基于语言和口述历史的数据而不是考古或文物证据，但我们确切知道，下通古斯河和石泉通古斯河（Podkamennaya Tunguska）地区的埃文基树皮船属于叶尼塞类型。叶尼塞型和勒拿型皮船的区域边界沿维季姆河和奥廖克马河延伸，这两种船只类型都为人所知。在维季姆河以南、贝加尔湖周围以及基陵加河和勒拿河上游，叶尼塞型占主导地位。在维季姆河汇流处以东的勒拿河河谷，勒拿型皮船占主导地位（Antropova，1961）。在叶尼塞河以东，各个埃文基族群是桦树皮船的主要使用者；在20世纪初他们采用延展原木船以前，一直延续着使用桦树皮船的传统。

在这些大河流域，树皮船的大小差异很大。一些树皮船非常大，但大多数很小，通常只有2~3米长，只够一两个人乘坐，因此他们可以轻松地跨越分水岭，将船在河湖之间的连水陆路通道上搬运。有些船狭窄、速度快，用以运送猎人或战士，而另一些船则又宽又慢，用以运输货物。欧亚大陆北部已知最大的桦树皮船是埃文基猎人沿勒拿河最东部的支流玛雅河建造的，长15米，于2001年在乌斯特玛雅村（Ust-Maya）被发现，可能是在不到20年之前才制作完成的（Abakumov，2001）。该树皮船没有留存至今，但据描述为70厘米宽的阿穆尔Ⅰ型尖头皮船。

正如本章开始所讨论的，许多旅行者和探险家记录了远东桦树皮船在20世纪的持续存在；第九章介绍了其中一些阿穆尔型皮船的图示和说明。在流经俄罗斯、中国和蒙古国领土的阿穆尔河（黑龙江）流域及许多支流流域，与通古斯人有关的满族、那乃人（赫哲族）和尼吉达尔人曾经建造过类似的尖头阿穆尔型皮艇。大多数是用于狩猎和捕鱼的小型单人船。姓名未知的一位中国艺术家的绘画记录了中国清朝的树皮船，而且正是由于有这些资料，我们才能够在这里对它们进行讨论。

榆树皮、落叶松皮和其他树皮船

用桦树皮以外的树皮制成的船只代表了皮船发展的另一条路线，但我们对它们的了解远少于对桦树皮船的了解。从考古发现和整个欧亚大陆北部的记载中可以明显看出，其他种类树木的树皮也被用来制作皮船，特别是榆树和落叶松，有时是松树、云杉和白杨。大概大多数用于短时间或短距离运输，例如一次性穿越河流，或在苔原等没有其他材料可用的地方制作。图2-3说明了用这些较重类型的树皮制作船的可能方法。该方法已在一系列照片中得到了证明，这些照片显示了阿伊努人在北海道制造榆树皮船（见图2-4；另见图9-12a-d）。阿伊努树皮船可以作为船只进化史上某些最早类型的权宜性树皮船技术的示例。这并不是说阿伊努人没有能力建造更先进的船只。相反，当不需要建造像他们用于航海的那种更高端的原木木板船时，他们就使用非常简单的解决方案（参见图9-10、图9-11）。

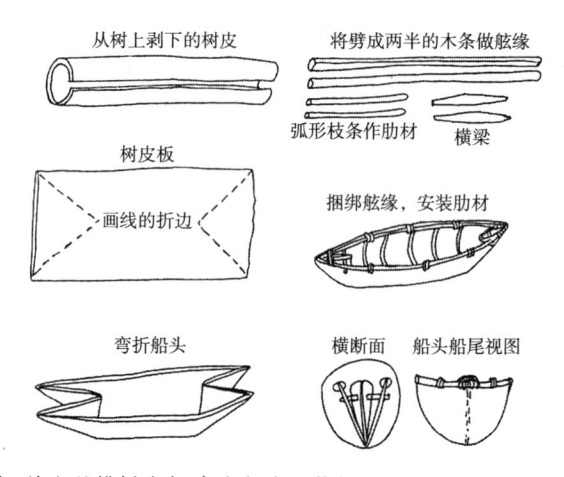

图2-3 鄂伦春-埃文基桦树皮船建造方式可能性之一。此方案基于阿穆尔河（黑龙江）水系之阿姆贡河的树皮船模型，此模型现存于圣彼得堡人类学和民族学博物馆（MAE 5333-34）。此树皮船以整张树皮折叠而成，绑在舷缘之上，无接缝。（哈里·卢克卡宁根据叶夫根尼亚·阿尼琴科的照片绘制。）

非桦树皮船的"替代路径"理论是基于瑞典韦斯特格兰（Västergötland）地区维斯坎河（Viskan River）上的独特考古发现提出的（请参阅第三章），这可能是欧洲迄今发现的唯一的榆树皮船。1934年，该树皮船在河边被发现时已因侵蚀而破碎，长3~5米，细长的榛木船肋用木钉固定在舷缘上。另外，也发现了皮革残片。在榆树皮的表面上发现了规则的缝合孔，但没有缝制材料留存下来。玛丽亚·林德伯格（Maria Lindberg, 2012）重新检视了这一发现，将其放射性碳年代测定于公元前900年至公元前800年前的青铜时代晚期。在瑞典南部，传世文献中仅记录了几艘传统原木船，没有关于桦树皮船的记录。

图 2-4　1937 年北海道阿伊努人用黄柏树皮制作阿穆尔型榆树皮船尾端（HUBGM 30734）。（来源：Inukai，1939，日本北海道大学植物园与博物馆提供。）

由其他类型的树皮制成树皮船的另一个例子来自俄罗斯西北部的诺夫哥罗德古城。1960 年，考古学家在弗拉基米尔塔（Vladimir Tower）墙下发现了三个复合皮船的遗骸，其历史可追溯至公元 1044 年（见图 4-2A-B）。对其中保存最完好的一艘皮船的研究表明，它的延展原木船体尺寸为 675 厘米×90 厘米×55 厘米，覆着胶粘的白杨树皮板（Troyanovskiy and Petrov，2018）。弗拉基米尔塔皮船可能是整个欧洲最罕见的小船，因为其结合了当时的所有已知技术：每艘船都是由木质船肋支撑的缝制木板的轻薄延展原木船，外层覆盖一层白杨树皮，内层覆盖一层兽皮。这种耗时构造的实用性令人怀疑。这些皮船可能不打算让普通人使用，也许是为富人或精英人士而制造的。

埃德尼和夏佩尔（Adney and Chapell，1964）描述了北美印第安人的桦树皮、榆树皮和松树皮船，还有一些欧亚大陆北部族群也使用桦树皮以外的树皮。关于欧亚大陆榆树皮船的信息很少（McGrail，1998：88）。18 世纪瑞典博物学家彼得·卡尔姆描述了在北美东北部使用榆树皮造船的方法，埃德尼和夏佩尔则高度评价了他对印第安人1749年6月28日在靠近尚普兰湖（Lake Champlain）的安妮堡附近制作榆树皮船的描述。树皮船完工后，卡尔姆和他的芬兰同伴划船从英属美国领土到达法属加拿大地区（参见第三章）。北海道的阿伊努人也使用榆树皮船。

尽管在西伯利亚北部没有榆树，但落叶松的树皮是较合适的桦树皮替代品。西伯利亚的第一位学术探索者丹尼尔·G. 梅瑟施密特（Daniel G. Messerschmidt）是1723年代表俄罗斯科学院旅行的德国人，从叶尼塞河的新曼加泽亚［New Mangazeya，后更名为图鲁汉斯克（Turukhansk）］出发，来到了下通古斯河，遇到了小规模的埃文基人群，评论了他们的树皮船，并对其中一些树皮船进行了测量和称重。显然，埃文基人同时使用桦树皮船和落叶松树皮船。梅瑟施密特记录了乌恰米河和泰穆拉河（Taimura）之间的埃文基落叶松树皮船，其用途和大小（360厘米×90厘米×30厘米）都与桦树皮船相似。

1914年，泰梅尔西部戈尔奇哈（Golchikha）贸易站附近斯洛伊卡地区的多尔甘人（Dolgan）也在使用落叶松树皮船，正如莫德·多里安·哈维兰（Maud Dorian Haviland）所记载的那样（Haviland, 1971）。她和一位鸟类学探险队的英国同伴试图用落叶松树皮船与多尔甘向导一起穿越洪水泛滥的河流。多尔甘人和恩加纳桑人曾用类似的小船在泰梅尔湖打猎，正如欧亚大陆北部最北端的探险家所证明的那样，那里没有白桦树皮（参见第六章）。哈维兰关于泰梅尔地区的报告中显示，落叶松树皮船甚至在俄罗斯高北极地区的最北苔原上也被用于在河流和湖泊交汇点处乘坐，以便用长矛猎捕野生驯鹿，或者与季节性迁徙中的驯化的驯鹿一起穿越河流（参见图5-1，以及第七章关于尤卡吉尔人的论述）。这些船以及春季在泰梅尔使用的捕雁船又轻又小，长度不到3米，适合在苔原上用雪橇运输，人们不用这类船运送货物。

覆盖着松树皮和白杨树皮的树皮船是整个欧亚大陆造船传统的一部分。他们是否有与桦树皮船不同的发展途径尚不清楚；我们今天可以确定的就是这种树皮船确实存在，也许它们的历史与桦树皮船一样古老，参见人类学和民族学博物馆的阿穆尔型埃文基落叶松树皮船（参见图9-19）。

敞舱兽皮船和卡亚克皮艇

图 2-5 说明了敞舱兽皮船和带甲板的卡亚克皮艇的主要类型。如图 2-5 所示，欧亚大陆北部除了使用树皮船之外，还使用兽皮船。苔原带的几乎所有主要族群在过去的某个时候都可能使用了兽皮船，尽管其用途和目的有所不同，就像树皮船的使用一样。西伯利亚爱斯基摩人、楚科奇人和科里亚克人对兽皮船描述得很清楚，我们对书面记载、考古发现、博物馆藏品、民间传说和口述史的研究证明，历史上它们在北极和太平洋沿岸地区的分布比我们近代所了解的更广。据报道，欧亚大陆北部的大部分沿海地区、鄂霍次克海乃至远东部分地区都有敞舱兽皮船和卡亚克皮艇的使用史。居住在欧洲、西伯利亚和中亚内陆地区的民族也使用兽皮船和半甲板的卡亚克皮艇，这些兽皮船上覆盖着海豹皮、驯鹿皮或驼鹿皮。

在北欧，石器时代的岩画和民间传说表明，萨米人使用兽皮船的历史很早。多年以来，北欧考古学家研究了岩画中的船舶形象（有 2000～6000 年历史），认为岩画对兽皮船的高度和轮廓做出了描述，看起来与爱斯基摩乌米亚克蒙皮船相像（参见第三章）。但是，由于在岩画发现地出土了沉重的石斧和木工凿子，今天大多数考古学家将这些岩画图像解释为原木船或延展原木船，可能船上还增加了缝制木板。有些岩画可能确实描绘了兽皮船，原因是人们曾经在春季破碎的海冰上捕猎海豹和海象，而那里的猎人无法使用更重的原木船。瑞典拉普兰有萨米兽皮船的口述历史记录（数量不多，但足以表明这种船只是在相对较近的时间使用的），还有关于人们如何使用皮船和驯鹿一起越过河流并在沿海地区狩猎海洋哺乳动物的传说（Westerdahl，1995）。尽管不知道萨米兽皮船的细节，但芬兰西部沿海拉普阿河（the Lapua River）上的提斯滕约基村（Tiisteenjoki）的考古发现可以追溯到大约此前 3200 年（Itkonen，1942）。根据穆克（Mulk）和贝利斯-史密斯

（Bayliss-Smith）的研究，挪威北部海岸也可能使用过兽皮船，直到公元300年至公元600年之后才开始被"维京"盖瓦式叠板船取代（Mulk and Bayliss-Smith，2006）。在内陆地区，较小的兽皮船在瑞典瓦普斯顿拉普人（Vapsten Lapp）的村庄中被保存下来，直到19世纪上半叶（Whitaker，1977）。

斯堪的纳维亚/白海/鄂毕河

诺夫哥罗德俄罗斯人，1300年
树皮和兽皮木板船

涅涅茨汉特人，1833年
甲板覆兽皮的原木船

波莫尔人，1920年
兽皮或帆布木板船

中/东西伯利亚

恩加纳桑人，1800年
覆兽皮的原木船

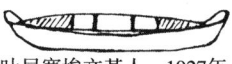

叶尼塞埃文基人，1927年
甲板覆皮船

尤卡吉尔人，1776年
卡亚克皮艇

东北西伯利亚

驯鹿楚科奇人，1900年
卡亚克皮艇

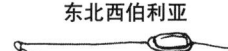

西伯利亚尤皮克人，1905年
卡亚克皮艇

楚科奇尤皮克人，1900年
兽皮船

科里亚克人，1900年
兽皮船

埃克基象牙船模，公元500年

克里克人，1750年
兽皮船

千岛群岛/堪察加半岛

科里亚克人，1900年
卡亚克皮艇

阿留申科迪亚克人/千岛人，1840年
卡亚克皮艇

千岛人-堪察加人，1900年
兽皮船

远东/阿穆尔河（黑龙江）

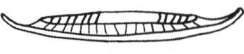

那乃人-戈尔德人，1900年
甲板覆兽皮的树皮船

乌德盖人，2005年
兽皮覆盖的原木船

尼夫赫人-萨哈林人，1931年
兽皮船

图2-5 欧亚大陆北部兽皮船类型。（哈里·卢克卡宁绘图，玛西娅·巴克里改编。）

由于混血和同化，13世纪到达科拉半岛的卡累利阿人可能是萨米人的近亲。卡累利阿人后来也成为兽皮船使用者，尤其是在白海地区。《卡莱瓦拉》是芬兰人和萨米人广为传唱的符文史诗，包括民间传说、神话和故事，收集于1600~1850年，描述了波的尼亚湾和白海沿岸的芬兰人、卡累利阿人和英格利亚人（Ingrians）居住地区有被"鱼"（即海豹）皮覆盖的船只。

俄罗斯波莫尔人于13世纪到达白海沿岸，并将萨米人、卡累利阿人和维普斯人（Vepsian）赶到了更靠北的地区。直到1900年前后，波莫尔人还使用非常轻薄的帆布覆盖的木板船在春季海冰中猎捕海豹（参见图4-3、图4-4、图4-5）。这一事实并不一定意味着其有覆皮框架船的历史，倒是波莫尔人可能只是简单地采用了以兽皮缝制或钉制防水木板船的实用方法。波莫尔木板船很大，长6~8米，其构造可能包含了较早的萨米人和卡累利阿人的技术元素，包括木板上的海豹皮防水技术。关于波莫尔人的船舶传统以及大规模的海豹捕捞业都有很好的记录，数百年间该行业雇用了成千上万的人和数百艘船作业。进一步的研究可能表明，斯堪的纳维亚半岛北部和俄罗斯西北部的兽皮船和捕海豹、捕鲸活动有着共同的悠久历史，M. E. 福斯（M. E. Foss, 1948）认为这发生在公元前1000年至公元2000年的白海地区，但迄今为止尚无定论。我们确实知道，几个河口［例如在以标枪捕猎白鲸的乌昆乔基（贝洛莫尔斯克）、德维纳、梅津、科拉的泰尔海岸和新地岛］的许多岩刻似乎描绘了兽皮船。

图2-5显示了欧亚大陆北部兽皮船的多样性。主要有两点：首先，最主要的结论是，从欧洲到阿穆尔河（黑龙江）和鄂霍次克海，欧亚大陆北部和东北海岸已广泛使用敞舱兽皮船；其次，为在寒冷的海洋或冻原环境中单人使用而制作的覆皮皮划艇和独木舟式皮划艇广泛分布在这些领土上，并且在这些领土的大多数地区，也被用于内陆水域的驯鹿狩猎。这些内陆船只通常覆盖有驯鹿皮或驼鹿皮，而不是海豹皮。尽管迫切需要考古证据来进行确认，但历史资料记载了1556年和1557年斯蒂芬·巴罗（Stephen Burrough, 1567）前往喀拉海的航行以及1670年皮埃尔·马丁·德·拉·

马蒂尼埃（Pierre Martin de La Martinière，1706）前往同一地区的航行。这表明建造敞舱兽皮船和卡亚克皮艇的传统曾经遍及整个大陆，并不仅限于楚科奇和白令海峡周围的爱斯基摩人地区。这些兽皮船的广泛分布带来一个明显的问题，即它们的时间和来源地问题。对此我们将在第七章和第十章后记中进行讨论。

表2-2列出了在欧亚大陆北部发现的已知兽皮船和卡亚克皮艇，并记录了它们的测量值。在该表中，西伯利亚东北部和俄罗斯北部海域有最佳的代表性船只，因为这些地区使用兽皮船的历史一直持续到今天。表2-2中还列出了来自内陆的其他类型皮船，尽管有关它们的细节通常很少。

我们对西西伯利亚兽皮船知之甚少，尽管据报道，北冰洋沿岸的萨莫耶德人长期以来一直是海洋哺乳动物的狩猎者和渔民，他们使用了这种船。直到19世纪后期，涅涅茨人（雅库特萨莫耶德人）在鄂毕河河口和亚马尔半岛附近乘带甲板的复合材料卡亚克皮艇（原木船身覆以海豹皮甲板）狩猎和捕鱼。他们可能还使用过敞舱兽皮船（我们并无详细信息），例如亚历山大·舒蒂金（Alexander Shutikhin）于2008年在亚马尔半岛看到的现代涅涅茨兽皮船（参见图5-4）。对于更靠北的苔原涅涅茨人来说，狩猎海豹和海象是重要的季节性活动，狩猎野生驯鹿、北极熊、狐狸和其他毛皮动物也是如此。在鄂毕河河口，苔原涅涅茨人与海上汉特人分享他们的狩猎场、技能和船只，根据亚历山大·施伦克（Alexander Schrenk，1848）和蒂莫休斯·M.克林斯塔特（Timotheus M. Klingstädt，1769）等早期极地旅行者的记述，海上汉特人在鄂毕河下游和鄂毕湾狩猎被称为"白鱼"的白鲸。

鄂毕河河口以东是埃内茨人（叶尼塞萨莫耶德人）的海域，这些人无论是在历史上还是在民族志方面都不为人所知。约翰·巴拉克（Johan Balak，1581）在描述北极探险家和水手奥利维尔·布鲁内尔（Olivier Brunel）的旅程时，确实曾经记录了他们的兽皮船。1576年，布鲁内尔在尝试找到一条从欧洲通往中国之路时，在鄂毕湾以东靠近塔兹半岛（Taz Peninsula）的开阔海域中，遇到了划着兽皮船的萨莫耶德人。萨莫耶德人告诉布鲁内尔，可沿鄂毕河而上直至一个大湖（也许是贝加尔湖），此后不久便可到达中国。恩加纳桑人是叶尼塞河口的野生驯鹿猎人和渔民，夏天和冬天都在泰梅尔半岛苔原上旅行。在短暂的夏季，他们使用小型敞舱兽皮船（大小约为4.5米×0.45米×0.3米）在湖上猎雁，并在渡口处以长矛捕猎驯鹿，正如俄罗斯学者尤里·辛琴科（Yuri Simchenko, 1976a, 1976b）和安德烈·A. 波波夫（Andrey A. Popov, 1964b）所记录的那样。

表2-2 欧亚大陆北部兽皮船和卡亚克皮艇部分测量数据

单位：米

欧洲北部：北欧、巴伦支海和白海

族群	船型	地区	长度	宽度	深度	来源
涅涅茨萨莫耶德人	甲板式双座卡亚克皮艇	新地岛	4.6~4.9	0.76	无	de La Martinière, 1706:227-229
涅涅茨萨莫耶德人	覆着帆布或兽皮的敞舱皮船	瓦加赫岛博尔万斯基诺斯	2.1	无	无	Jackson, 1895

西西伯利亚和中西伯利亚：鄂毕河流域和叶尼塞河流域

族群	船型	地区	长度	宽度	深度	来源
汉特人或涅涅茨人	甲板式木板和兽皮卡亚克皮艇	鄂毕河河口	4.0	0.7	无	Belyavsky, 1833: 258-259，根据图画估算的三维尺寸
涅涅茨萨莫耶德人	铝制框架和帆布船皮的敞舱船	亚马尔半岛	2.25	1.0	无	Shutikin, 2008，根据照片估算的三维尺寸
恩加纳桑萨莫耶德人	敞舱兽皮船	泰梅尔半岛	4.5	0.45	0.3	Simchenko, 1976b: 141，测量绘制
春雅埃文基人	半甲板式卡亚克皮艇	下通古斯河乌斯特-乌恰米	约为5.0	0.7	0.3	Naumov, 1927，根据照片估算的三维尺寸

西伯利亚东北部：勒拿河下游和楚科奇半岛

族群	船型	地区	长度	宽度	深度	来源
尤卡吉尔人	"双角"卡亚克皮艇	勒拿河东部海岸	约2.5	0.6	0.3	Georgi, 1776b: 271 根据图画估算的三维尺寸

续表

西伯利亚东北部：勒拿河下游和楚科奇半岛

族群	船型	地区	长度	宽度	深度	来源
旧白令海爱斯基摩人	敞舱兽皮船或卡亚克皮艇的覆海象皮象牙船模	楚科奇半岛东角埃克文遗址	0.14	无	无	W. Fitzhugh and Growel,1988：图135；圣彼得堡人类学和民族学博物馆6479/11-407；Arutiunov and Sergeev,2006:pl.48
旧白令海爱斯基摩人	敞舱兽皮船或卡亚克皮艇的覆海象皮象牙船模	楚科奇半岛东角埃克文遗址	4.3	0.55	0.22	Golden,2007,基于船模重建
西伯利亚爱斯基摩人	敞舱兽皮船（"安吉亚皮克"）	白令海	11.0~11.5	1.5~2.0	无	Antropova,1961:128
楚科奇人	海洋卡亚克皮艇	楚科奇半岛	4.63	0.53	0.26	Zimmerly,1986：图10；斯德哥尔摩瑞典民族博物馆,1880.4.1255；齐默里2010年测量绘制
楚科奇人	河流卡亚克皮艇	楚科奇半岛	4.9	0.49	0.24	Zimmerly,1986：图11(REM2083-61a)
楚科奇人	敞舱狩猎船	楚科奇半岛	6.1	2.3	无	Nefedkin,2003:78-79
楚科奇人	敞舱兽皮船	楚科奇半岛	10.7	1.4	0.8	Bogoras,1904-09:127
西伯利亚尤皮克人	敞舱兽皮船（"安吉亚皮克"）	圣劳伦斯岛	4.6	1.3	无	Braund,1988:7987

东西伯利亚：堪察加半岛、鄂霍次克海海岸和萨哈林岛（库页岛）

族群	船型	地区	长度	宽度	深度	来源
克里克人	敞舱兽皮船	奥尔朱托尔斯基	4.5	2.0	0.5	帕尔西根据他本人1917年的照片估算的三维尺寸
科里亚克人	敞舱兽皮船	彭日那湾；堪察加半岛鄂霍次克海	9.0	2.5	无	Jochelson,1908:537,现场测量

续表

东西伯利亚：堪察加半岛、鄂霍次克海海岸和萨哈林岛（库页岛）							
族群	船型	地区	长度	宽度	深度	来源
科里亚克人	甲板式卡亚克皮艇	彭日那湾	2.69	0.75	0.28	Jochelson, 1908：539, AMNH70/3358由圣彼得堡人类学和民族学博物馆购买, 956-49；Antropova, 1961：128；Zimmerly, 1986
科里亚克人、库什人或阿伊努人（重新确认为科尼亚格人或阿留申人）	甲板式双人卡亚克皮艇的插图	彭日那湾	无	无	无	Nishimura, 1931：101, pl. 19, 图 8.22（大浦正二绘图），图 8.23（歌川广重绘图）
伊特尔曼人	敞舱兽皮船	堪察加半岛	小于13.0	无	无	Steller, 2003：根据卷首插图估算的三维尺寸
伊特尔曼人	敞舱兽皮船	堪察加半岛	小于12.0	无	无	Dittmar, 1890a, 1890b
埃文人、萨哈人或阿留申人	敞舱兽皮船	俄罗斯港阿延角	10.0	2.7	无	Middendroff, 1875：1354-1356
埃文人	甲板式卡亚克皮艇	阿延角	2.74	0.7	无	Tronson, 1859：124-126, 原位测量卡亚克皮艇
尼夫赫人或阿伊努人	敞舱兽皮船	萨哈林岛（库页岛）	6.0~8.0	1.5~2.0	无	Nishimura, 1931：236, 图 60, 根据照片估算的三维尺寸

注：以种族和地区排列。测量单位（整体长度、宽度和深度）以米计，自数据出处测量结果转换得来。

研究使我们相信，在早期历史中，从巴伦支海到楚科奇的阿纳德尔河存在着一个皮船带，皮船带族群相互共享皮船建造技术和名称。该区域包括涅涅茨人、埃内茨人、恩加纳桑人、尤卡吉尔人的领土，大约横跨120度经度的区域。生活在巴伦支海沿岸的涅涅茨人、西希尔蒂亚人和曼西人可能与西斯堪的纳维亚萨米人之前的皮船使用者有关联，而泰梅尔以东的尤卡吉尔人则与西伯利亚爱斯基摩人和远至鄂霍次克海的太平洋部落有关联。

与鄂霍次克海、千岛群岛和堪察加半岛南部周围的俄罗斯远东地区缺乏使用兽皮船的证据一样，埃内茨人和恩加纳桑人也缺乏使用兽皮船的证据，而与楚科奇半岛和白令海峡地区丰富的兽皮船使用证据比较更是如此。在楚科奇半岛和白令海峡地区，人们终年使用兽皮船和卡亚克皮艇来捕捞海洋哺乳动物、大雁和海鸟，并进行贸易、移民和战争。他们的敞舱兽皮船被俄罗斯人称为"拜达拉"（baidara），这类船在西伯利亚尤皮克人（他们自称安吉亚克人）、楚科奇人和科里亚克人中广为人知，他们都是熟练的水手和海洋哺乳动物猎人（在第八章中将进行详细讨论）。根据安特罗波娃（Antropova，1961）的分类，西伯利亚尤皮克船和楚科奇敞舱兽皮船是相同的，而科里亚克船则具有不同的设计和构造。在缺乏树木的苔原上建造大型的敞舱兽皮船或卡亚克皮艇需要长期准备，包括获得木材和兽皮制作框架和船皮，也需要造船者与缝制兽皮的人协调配合。此外，兽皮船在长途旅行中需要特别的养护，几乎每天都要晾干，并且在绑绳和兽皮被撕裂或刺穿时也需要不断调整和立即修复。

17世纪以来，西伯利亚尤皮克人与楚科奇人之间的紧密联系可能导致爱斯基摩卡亚克皮艇和敞舱兽皮船的设计技术向楚科奇人传播。尽管西伯利亚爱斯基摩人在19世纪末停止建造卡亚克皮艇，转而制造较大的敞舱"安吉亚克"皮船，但直到20世纪初，内陆和海上的楚科奇族群仍继续使用卡亚克皮艇在河流和湖泊上捕猎。与更长更窄的楚科奇型和爱斯基摩型皮船相比，科里亚克人的卡亚克皮艇既短又宽（参见图8-17、图8-18），在鄂霍次克海北部的彭日纳湾作为狩猎船一直存续到20世纪20年代。通古斯埃文人（或拉穆特人）迁移到鄂霍次克海岸的科里亚克地区时，就采用了这种卡亚克皮艇以及科里亚克敞舱兽皮船技术。总体而言，只有几只楚科奇和科里亚克卡亚克皮艇在博物馆中得以保留，但西伯利亚爱斯基摩皮艇却在博物馆中不见踪迹。

拥有另一种海洋文化的堪察加半岛的伊特尔曼人（或称堪察加人）则使用了"拜达拉"式和卡亚克式敞舱兽皮船。像尤卡吉尔人一样，他们在广阔富饶的土地上拥有悠久历史，但其他土著民族和俄罗斯人的入侵，带来了疾病，使他们遭受了袭击，丧生于此。直到19世纪，伊特尔曼人仍使用大型皮船进行海上狩猎和捕鱼，我们对他们的甲板式卡亚克皮艇技术有所了解，他们可能会与库什人（千岛群岛阿伊努人）以及北海道阿伊努人共享船只技术。鄂霍次克海沿岸和萨哈林岛（库页岛）上的尼夫赫人可能也是这种皮船海上狩猎文化的一部分，但是还未来得及记录，他们就停用了这种船只。在萨哈林岛（库页岛）南部（当时该岛在日本人手中）拍摄的一张照片中显示的可能是两艘大敞舱皮船（Nishimura，1931：图60；另请参见图9-2），但其构造细节并不清晰，亦无法与其他示例进行比较。

一本18世纪的书中出现了船首船尾分叉成角的尤卡吉尔甲板型卡亚克皮艇的图画（Georgi，1776b；另请参见图7-1），但此图没有被先前的船只研究人员所注意，并且从未出现在皮船文献中。这艘卡亚克皮艇出自勒拿河三角洲以东，看起来与楚科奇东角（East Cape）埃克文（Ekven）一处大约公元500年的古白令海文化遗址中发掘的象牙微雕船模类似。该模型的舷缘从其船首和船尾处向外突出成角（参见图8-11）。双角的尤卡吉尔船型显示了这艘古老的爱斯基摩-楚科奇船的延续性，其角也是现代"安吉亚克"和"乌米亚克"蒙皮船结构的突出特征。

除沿海地区外，埃文基人和蒙古人也有兽皮船文化。在叶尼塞河下游流域和勒拿河上游流域都有关于兽皮船的记录（见第四章和第五章），人们使用"克拉科尔"型兽皮船越过阿穆尔河（黑龙江）、中国东北和蒙古国北部的河流（参见图9-21）。从进化的角度来看，最有趣的是我们称为卡亚克皮艇的类型，它具有自支撑结构和前后甲板。它在安加拉河和石泉通古斯河之间的春雅埃文基人中家喻户晓（参见图6-5和图6-6）；该船型用纤细的、间隔很近的桁条和船肋建造，用驯鹿皮或白桦树皮做成半甲板式。春雅埃文基人最初可能是从勒拿河地区来到该地，但在阿穆尔Ⅱ型皮船中也看到了类似的构造，皮船的船首和船尾半甲板上覆以鹿皮或白桦树皮（参见图9-6）。

满族或者说是埃文基人和通古斯蒙古人融合的船只遗产，可以解释包括朝鲜半岛和日本在内的远东地区的兽皮船。这些兽皮船的历史在中国的文献资料中得以记录。这些记录以及民族志和历史记载（Nishimura，1931）描述了草原族群，尤其是蒙古人及其邻近族群，用装满了麦秸、羊毛和空气的皮囊支撑木筏漂浮（Sinor，1961；参见图9-20）。同样，多年来，中亚族群使用"克拉科尔"式柳编框架敞舱皮船过河，现代藏族人仍然使用牦牛皮船捕鱼，船只顺流而下，载人送货（参见图9-22）。在中国，充气兽皮囊还支撑着木筏，将货物从黄河运往其他大河。

在远东地区的河流上建造和使用这些木筏与欧亚大陆北部的框架兽皮船传统完全不同。远东的木筏或"克拉科尔"皮船都无法有效地划水推进，但在整个欧亚大陆的草原、森林和苔原地区肯定曾经使用过这类船，是后来工艺水平更高的树皮船和兽皮船在旧石器时代的雏形。即使在20世纪，人们遇到紧急情况，缺乏时间或工具来建造更复杂的船时，仍然会用桤树或桦树的枝条编成船架，然后覆上几块驯鹿皮做成简单的"克拉科尔"小圆舟，穿越湍急的河流。丹尼斯·塞诺（Denis Sinor，1961：167）提出一个有趣的建议，即"卡亚克"一词可能起源于突厥语，意即中亚地区的柳编"克拉科尔"小圆舟。但这种观点已被批评为离奇荒诞的都市传奇的语言学版本（Fuentes，2010）。

在接下来的各章中，我们按照七个主要区域以及生活在特定河流和沿海地区的主要族群，逐个地区呈现详细的船只数据，包括这些民族的历史背景、船只样式和构造、民族志和语言学数据信息，并进行区域内和区域间的比较。随着读者深入地阅读，他们可能希望再次查阅本章中提供的船型和技术说明。

（丁海彬　译）

第三章
北欧：德国、波罗的海南部和芬诺斯堪的亚

我们对树皮船和兽皮船的区域调查始于北欧。具有讽刺意味的是，欧亚大陆这一区域的历史文献可以追溯到中世纪早期，这里的民族志收藏始于17世纪，考古研究已经进行了两个多世纪，但在整个欧亚大陆北部，北欧对树皮船和兽皮船的描述最为稀缺（McGrail，1998，参见第七章和第十章）。另外，与欧亚大陆其他地区相比，北欧拥有相当数量的考古发现，因为该区域人口众多，经济活动更频繁，传统上更热衷于研究历史。关于该地区古代船只及其发展的另一个信息来源是岩画，尽管图像的模糊性带来一些问题，这一地区具有6000年历史的岩画真的像包括古托姆·杰辛（Gutorm Gjessing，1936，1944）、A. W. 布罗格（A. W. Brogger）和哈肯·谢泰利格（Haakon Shetelig）（Brogger and Shetelig，1951）在内的早期研究者声称的那样，描绘的是与爱斯基摩人使用的船只类似的兽皮船吗？还是仅仅展示了有着动物船头、船舷缝有木板的船只？学者们没有解决这个问题，很大程度上是因为缺乏考古证据（McGrail，1998：186）。

之所以存在解释的困难，部分缘于树皮船和兽皮船的性质，如前文所述，它们都不能很好地被保存下来。当挖掘泥炭沼泽或疏浚湖岸和港口的工人发现这些材料的痕迹时，他们很少能认出这是船只遗骸或珍贵历史文

物。即使这些遗骸被记录在案，科学地复原或对其进行详尽描述往往也较晚。出于这个原因，本章主要依赖历史插图和偶尔复原的船只，例如丹麦的霍尔斯普林（Hjortspring）船。就连在中西伯利亚和东西伯利亚的民族志收藏中发现的船只模型，在欧亚大陆的西部地区也基本上不见踪迹。缺乏物证的另一个原因是，在维京时代之前的几个世纪（公元700年至公元1100年），这一地区的木板船就已开始取代树皮船和兽皮船。即使像欧亚大陆其他地区一样，树皮船和兽皮船在这里与木板船并用多年，却几乎没有相关记录。

本章的北欧地区包括德国、丹麦、不列颠群岛北部和芬诺斯堪的亚。其重要地理特征是波罗的海和北海以及周边沿海低地和河流。自从1万~1.5万年前冰川消融，人类来到这里以来，该地区的人们一直依靠小船维持生计，进行贸易、迁徙和战争，今天的情况在很大程度上仍然如此。本章概述了波罗的海南部和北海的维京人之前的诺尔曼人［Norrmen，也称为诺斯曼人（Northmen）］以及瑞典北部和芬兰的萨米人船只传统和技术的历史。

我们还调查了该地区船只史上的两个特殊的轶事：17世纪爱斯基摩皮船在不列颠群岛北部的出现（导致当时误认为水手是"芬兰人"）和试图将美国印第安风格的独木舟引入18世纪瑞典统治的芬兰。

德国和瑞典南部前维京时代的木船和兽皮船

我们对前维京时代的日耳曼人或诺尔曼人船只的讨论主要集中在公元前500年至公元500年。在这个时代早期，欧洲的气候变冷，迫使日耳曼农业人口从其最北部的农场斯堪的纳维亚半岛南部撤退。当后来气候变暖时，农业边界再次向北扩展，先是现代丹麦的日德兰（Jutland）半岛和群岛，然后是瑞典大陆的斯卡纳（Skåne）（Elert，1997）。到了公元500年，著名的维京盖瓦式叠板船（lapstrake）已经被建造出来，但仍然没有风帆（Christensen，

2000)。在公元 700 年前后,诺尔曼人开始袭击欧洲和不列颠海岸,抢劫城镇和修道院;在随后的几个世纪里,他们横渡北大西洋,在 9 世纪 70 年代到达冰岛,在公元 985 年至公元 1000 年到达格陵兰岛和美国。

正如奥勒·克鲁姆林-佩德森(Crumlin-Pedersen,2004)所写,最早的延展原木船在公元 1 年前后出现在德国北部、波兰和斯堪的纳维亚南部。有些船将外加的木板钉在独木船底上,克鲁姆林-佩德森认为这种船已成为后来的维京船和轮船的原型(有关海军船只发展的早期历史,参见 Boehmer,1891)。延展原木船肯定更早起源于欧洲大陆,它们最终取代了北欧的树皮船和兽皮船,就像在萨米岛、卡累利阿、乌拉尔山脉以西地区以及 17 世纪后在西西伯利亚和东西伯利亚的大部分地区发生的那样。

北欧考古发掘中发现的最古老的木板船之一是铁器时代长 18 米的战船(见下文),它于 1921 年和 1922 年从丹麦南部沼泽地霍尔斯普林被发掘出土,其年代为公元前 350 年(Crumlin-Pedersen and Trakadas,2003;Crumlin-Pedersen,2010:28-31,63-64)。这只狭长的船由薄的、重叠的、连接在平坦无龙骨的木船底上的木板建造而成,延续了青铜时代的传统,在船首和船尾分别有龙骨和舷缘延伸部分(船角),这些细节在青铜时代的岩刻中非常明显。船上有一堆武器,可能表明这艘船是一种战争祭品,但没有树皮或兽皮的遗迹。

易北河和日德兰的兽皮船

约翰·赖因霍尔德·福斯特(Johann Reinhold Forster,1729-1798)研究了早期北方海洋探险者,其成果是研究德国诺尔曼人的资料来源之一。福斯特是德国科学家,有英国血统,是詹姆斯·库克船长 1772~1775 年探险队中的博物学家,后来成为德国哈雷大学(the University of Halle)自然历史、矿物学和医学教授,被公认为欧洲最有能力的自然科学家之一。与世界各地海洋族群的接触为他 1784 年在德国出版的关于北方民族与船只的研究提供了背景和基础。他写到诺尔曼人时说:"北欧族群使用的最古老的船只要么是大型的原木独木舟，要么是由兽皮覆盖的像编篮子一样编制而成的船只。"（Forster，1784：66）他指出：

> 像编篮子一样编成的蒙皮船在英国被称为"克拉科尔"小圆舟，目前仍在弗鲁森海（the Flussen Sea）和塞维林河（the River Severin）使用；在爱尔兰，这类船被称为"库拉索"（curachs）。恺撒大帝谈到英国人使用这种小船，他的军队也使用这类船只。……爱斯基摩人和格陵兰人（Greenlanders）就像堪察加人（Kamchadal）一样，船只用横撑（knees）和船首尾端头构件（stems，德语称为Bögen）建造，使用木材和（鲸）鱼骨，外面覆盖着海洋动物皮，格陵兰人称这类船只为"拜达尔"（baidar）。希腊人和罗马人甚至使用柳条编的蒙皮船，用更长的大船载着这些小船，希腊语将之称为"亚扎皮亚"（Χαζαβια），拉丁语将之称为"加拉波斯"（carabos）。俄罗斯人很可能是根据这些船只名称为他们的船只命名，称为"科拉布"（korabl'）。撒克逊海盗的船只是用兽皮制成的，这一点在《阿维图斯颂词》（"The Panegyric of Avitus"）[西罗马帝国皇帝弗拉维乌斯·马克西利乌斯·埃帕奇乌斯·阿维图斯（Flavius Maccilius Eparchius Avitus），卒于公元456年]中有提及，其中包括西多尼乌斯（Sidonius）的一首诗，大意如下：
>   阿雷莫里坎常有撒克逊海盗出没，
>   他们驾驶兽皮船在英国大海中乘风破浪，
>   潇洒炫技，毫不含糊。
>   Sidonius（armina 7.369-371，W. Anderson 1936：151）

福斯特还提到了一些更为重要的船只：

> 较长的船被称为"chiule""cyule""ceol"，从这些词语中演变出德国船的龙骨名称"Schifs-Kiel"和英国船的龙骨名称"keelson"。……那

两种船型（原木船和兽皮船）使得北欧人的海盗探险成为可能。……因此，正如罗马历史学家塔西图斯（Tacitus）所言，斯维奥尼斯（Sviones）的舰队从哥德兰（Gotland）航行到芬兰、爱沙尼亚和库尔兰（Kurland）。正如奥塔（Ottar）所描述的，挪威的诺尔曼人沿着他们家乡的海岸，即沿着挪威北角（North Cape），直到比亚米安人（Bjamians）居住的克文海（Kwen Sea）和德维纳河。丹麦人沿着英吉利海峡（the Sound of Englan）最终来到英国本土。（Forster，1784：66-67）

法国医生雅克-亨利·贝纳丁·德·圣-皮埃尔（Jacques-Henri Bernardin de Saint-Pierre）是另一位对船只感兴趣的科学家，他提到瑞典军官和历史学家菲利普·约翰·斯特拉伦伯格（Philip Johann Stralenberg）。斯特拉伦伯格1738年记述了与亚洲（他称为印度）的贸易往来，他还讨论了罗马时代德国北部的兽皮船旅行："即使在罗马时代，印度人也知道这条路线，因为科尼利乌斯·尼波斯（Cornelius Nepos）（公元前100年至公元前24年）说，一位苏比（Suevi）国王送给梅特鲁斯·塞勒（Metellus Celer）两个印度人作礼物，两艘印度人的兽皮船因恶劣天气搁浅在易北河河口附近的海岸。"（Saint-Pierre，1836：179-180）1582年在科尼茨堡［Konigsberg，今为加里宁格勒（Kaliningrad）］出版的一本历史书中，马西杰·斯特里科夫斯基（Maciej Stryjkowski）提到了在现在的立陶宛（Lithuania）用称为"skór"（波兰语中意为"皮革"）的兽皮建造船只，他认为兽皮来自欧洲野牛（zubrowych）（引自Łuczynski，1986）。

奥地利的鲁道夫·特雷比奇可能是对船只分析最为翔实的学者，他在1912年写了一篇关于世界各地兽皮船及其历史的文章，其分类和论述重点（见第二章）涵盖广阔的地理区域，但很大篇幅涉及西欧。特雷比奇使用罗马时代和后来的材料，包括英格兰、苏格兰、爱尔兰、法国、西班牙和多瑙河沿岸兽皮船的插图。他总结道，"克拉科尔"小圆舟的构造与爱斯基摩卡亚克皮艇有很多共同之处，但所有信息都表明，英国、苏格兰和爱尔兰的"克拉科尔"小圆舟起源于凯尔特人（Celtic），而在威尔士，口述历史将其与多瑙河流域联系在一起（Trebitsch，1912：166-168）。

恺撒（Caesar）和普林尼（Pliny）写道，盎格鲁人、撒克逊人和朱特人用皮革覆盖柳条船架建造船只（见McGrail，1998：178）。H.施奈普（H.Schnepper）和M.霍恩斯（M.Hörnes）等研究兽皮船的学者指出："撒克逊人在4世纪就开始了对高卢海岸的海盗探险，但那些蒙皮柳条船是和原木船［被称为'卡恩'（Kähnen）］一起使用的。"（Schnepper and Hörnes，1908：11）特雷比奇认为，德国兽皮船传统来源于德国-波罗的海地区，而非多瑙河流域，他引用了里昂（430~490年）的盖乌斯·索利乌斯·西多尼乌斯·阿波利纳斯（Gaius Sollius Sidonius Apollinaris）的说法，撒克逊（德国北部）海盗曾驾驶兽皮船冒险进入"不列颠海"（英吉利海峡）。特雷比奇还引用了法国历史学家弗朗索瓦·德·梅泽雷（François de Mézeray）的说法，他在1720年指出，恺撒大帝时期，在法国和德国兽皮船曾被用于长途旅行。公元600年前后，西班牙主教伊西多尔（Isidore）在他的著作《起源》（*Origines*）［亦称《词源学》（*Etymologiae*）］第19卷第1章中写道，海盗正侵扰德国，"海盗的船只用树枝做成，外面覆盖着未加工的兽皮，是日耳曼海盗在海边或湿地使用的一种船只"。

特雷比奇总结道："正如我们从所有这些早期信息中看到的那样，很有可能德国本身就存在兽皮船。从资料来源来看，显然凯尔特人和相关民族在史前和中世纪都建造了第一类（圆形和椭圆形船）和第二类皮船（长形船）。"（Trebitsch，1912：168）至于它们的起源，特雷比奇认为兽皮船在古代是从其他地方到达北欧的；虽然他没有关于斯堪的纳维亚半岛的诺斯曼人/诺尔曼人的兽皮船的具体信息，但他推测它们可能与丹麦附近德国北部的撒克逊人使用的兽皮船相似。

日德兰的霍尔斯普林船

这艘可追溯到公元前350年的霍尔斯普林船于1921~1922年在丹麦南部

阿尔斯岛（the island of Als）的霍尔斯普林莫斯（Hjortspring Mose）出土（见图 3-1、图 3-2）。它是双端船，带有两角或分叉的船首和船尾延伸部分，由大块的椴木板连接在一个中心板上，中心板可能是一块扁平的原木，通过将从木板延伸出来的凸起的夹板绑在木板上的内部肋拱结构来加固船体。它的尺寸相当可观：据估计，这艘船长 18.6~19.6 米，横梁长 2.04 米，船内高 0.705 米。一艘复制船于 1999 年 6 月建成并面向社会公布（Crumlin-Pedersen，2010）；复制船加侧板建造船舷，证明了即使在恶劣的天气下，原版船也可以使用。

根据奥勒·克鲁姆林-佩德森（Crumlin-Pedersen，2010）的观点，霍尔斯普林船并非本地建造，这艘船是由大约 100 人组成的入侵军队行驶到此处的，船中发现了武器，入侵军队在公元前 4 世纪袭击了阿尔斯岛居民。斯堪的纳维亚半岛和卡累利阿时期的青铜制品和石刻中的同类船只的图案可以追溯到青铜时代，也许霍尔斯普林船的发现是德国北部河流沿岸部落进攻丹麦失败的结果。

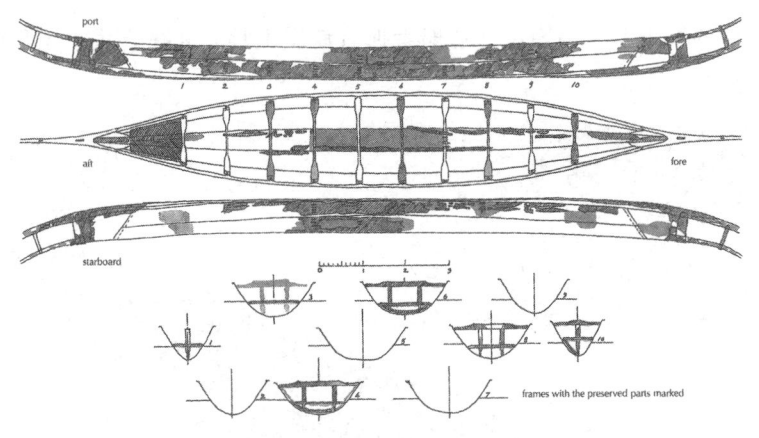

图 3-1 1921~1922 年在丹麦日德兰半岛发掘的铁器时代霍尔斯普林船的建造图。它的船首和船尾分叉，与芬诺斯堪的亚青铜时代和铁器时代早期岩画中的船只风格一致。一些专家认为，这样的"双角"船是兽皮蒙皮船。（摘自 Crumlin-Pedersen，2010：图 2-57，经许可使用。）

霍尔斯普林船是青铜时代早期船只和 800 年后铁器时代晚期出现的维京船之间的真正过渡。它保留了一个改造过的原木船底和分叉的船首尾端头构件，这种船型在青铜时代的岩画中非常突出，同时利用了一种早期的缝合熟料构造形式，由连接在底板上的肋拱船架加固船体。一些人认为，它的原型可能是一艘框架船，盖瓦式侧板上覆盖着兽皮，就像在因纽特人乌米亚克蒙皮船上看到的那样（Crumlin-Pedersen，2010：63）。在一个关于霍尔斯普林船的在线讨论中（编者按：已不可用），努德·瓦尔比约恩（Knud Valbjørn）评论了青铜时代船只中使用兽皮或木材的问题。他指出，在技术上可以制造一艘兽皮覆盖的霍尔斯普林船，纵向构件继续向船外延伸，就像在岩画中看到的那样（Kaul，2003）。使用皮革而不是木板结构，添加纵梁加固船舷，会使霍尔斯普林船更轻便，但可能不太适合航海。许多斯堪的纳维亚岩画中的船只图案与因纽特人的皮船非常相似，但是对于像霍尔斯普林船这样长约19米的船来说，轻便并非优势，因为需要压舱物保持稳定。正如我们将在下文中看到的那样，20世纪初期以来，关于兽皮与木材的讨论一直是斯堪的纳维亚造船史上的热门话题。霍尔斯普林船显示，至少在斯堪的纳维亚半岛南部，造船者拥有铁质工具，并在公元前500年开始使用木材。

图3-2　根据考古发现的霍尔斯普林船残骸重建该模型。（摘自Crumlin-Pedersen，2010：图2.65，经许可使用。）

比斯拉特榆树皮船

克里斯特·韦斯特达尔（Christer Westerdahl，1985a）报道了北欧国家的缝合船，评论了瑞典中北部和北部发现的起源于萨米人的船只。除了拉普兰的萨米船只外，其中最有趣的是1934年在靠近哥德堡（Gothenburg）的瑞典西南部维斯坎河上的比斯拉特镇（Byslätt）的一次桥梁挖掘中发现的铁器时代的榆树皮船（Eskerød，1956）。然而，它的日期（公元前900年至公元前800年）和地点更多地指向了日耳曼族群，而非萨米人。韦斯特达尔称，即使在发现几十年后，比斯拉特船仍然是欧洲已知的最古老的树皮船之一：

> 比斯拉特［位于瑞典韦斯特格兰霍里德教区（parish of Horred）伊斯托普（Istorp）的维斯坎河］：1934年在河岸边发现了一条长3~5米的榆树皮船，带有细长的榛树枝肋拱和皮革碎片。虽然树皮上有孔，但没有缝合的确切记录。肋拱用铁钉钉在树皮上。这似乎是欧洲保存下来的唯一一艘树皮船，尽管其遗骸尚未被研究和（或）以任何方式发表。根据地质估计，这艘船可能出现在铁器时代，但不可能更晚。除了萨米北部，斯堪的纳维亚半岛唯有韦斯特格兰的一项资料中提到了一种很可能被称作"塔巴恩达"（tagbaenda）的缝制船型，最晚可至13世纪。关于缝制的桦树皮棺材在这个地区的早期教堂墓地也有记载。（Westerdahl，1985b：130）

J.斯卡比·马德森（J. Skamby Madsen）和克耶尔德·汉森（Kjeld Hansen）证明，斯堪的纳维亚国家对树皮的使用可以追溯到中石器时代的马格里姆斯文化（Maglemose culture）时期（大约公元前9000年至公元前6000年），树皮至少从那时起就已在家庭中使用（Madsen and Hansen，1981）。松树皮、桦树皮和椴树皮用作房屋覆盖物和地板隔热材料，并用于制作家用器具。直到20世纪末，北斯堪的纳维亚半岛的萨米人继续以类似的方式使用白桦树皮。在丹麦的穆勒鲁普（Mullerup）遗址的一个位于西兰（Zealand）西部的马格里姆斯文化遗址中，考古学家发现了储存起来备用的一卷卷桦树皮。在20世纪，威廉·W.菲茨休在西西伯利亚的亚马尔半岛进行考古调查时，发现桦树皮成卷堆积在20世纪被遗弃的涅涅茨驯鹿牧民驻地，这证明了20世纪还在继续使用这种材料覆盖帐篷。

民族志和现代工艺制造业表明，除了建造船只和房屋之外，树皮在制作各种物品中非常重要。在北方地区，桦树皮因其轻巧、柔韧、分层、防水等特点而受到垂青。但椴树皮、桦树皮和榆树皮也在当代和考古环境中被发现。椴树皮似乎是仅次于桦树皮的第二类最佳选择。例如，在丹麦的埃格特维德（Egtved）青铜时代中期（大约公元前1400年）遗址的一个妇女墓穴的墓葬品中，有一个用椴树皮制成的小盒子和一个用椴树皮纤维缝制的桦树皮荷包。铁器时代的墓穴中也经常有桦树皮制品及其残存物。在瑞典乌普兰（Uppland）的瓦尔斯加德（Valsgärde），维京时代之前的文德尔船坟（Vendel boat grave）（将尸身放在船里或类似船只的构造中埋葬）可以追溯到铁器时代晚期（公元600年至公元800年），船坟尾部的一部分覆盖着几块缝合在一起的桦树皮，饰有几何图案。大多数研究船只的历史学家认为，桦树皮船比挖空的原木船更古老，因为桦树皮很容易从树上剥落，不需要使用石斧和石凿等专门工具，而这些工具在制作挖空原木船或木板船时必须用到（参见图0-7）。最原始的树皮船可能只用一大块树皮，树皮两边向上翘起，末端折叠或缝合，用云杉或桦树树脂胶合密封，绑在舷缘上使其牢固。覆盖树皮船仅比制作一个简单的树皮盒、墓葬裹尸布或储物器具稍微复杂一些。

奥勒·克鲁姆林-佩德森（Crumlin-Pedersen，2010）和彼得·罗利-康威（Rowley-Conwy，2017）等作者写道，考古记录中缺少树皮船，因为它们没有被保存下来。比斯拉特发现的罕见的欧洲榆树皮船实属孤例。即便如此，该船许多部分仍然缺失，因此很难确定其构造。但是，该船很可能会遵循北美印第安人树皮船的建造原理，尽管大小、样式和修饰细节因地区和文化而异，但建造桦树皮船的基本原理在世界范围内极其相似。当首次发现比斯拉特树皮船时，花粉分析（pollen analysis）表明该船的历史可追溯至公元前 700 年至公元 1000 年，横跨青铜时代，直至维京铁器时代。由于其支离破碎的状态和不精确的年代，不可能将该船与其他任何船型或文化联系起来。2012 年 1 月，在瑞典博胡斯兰博物馆（Bohuslän Museum）海洋考古学家斯塔凡·冯·阿尔宾（Staffan von Arbin）的一项研究中，比斯拉特树皮船再次出现。根据对树皮样本进行的校准到日历年（公元前 980 年至公元前 810 年）的青铜时代晚期的放射性碳日期，他发现该船比 20 世纪 30 年代所认为的要古老（Arbin，2012）。除了为数不多的独木舟外，在斯堪的纳维亚半岛还没有发现早期的其他船只。在未发现这类船只之前，有关该地区青铜时代船只的所有讨论都基于刻在岩石表面的岩画图案。玛丽亚·林德伯格（Lindberg，2012）的硕士学位论文以及冯·阿尔宾和林德伯格（Arbin and Lindberg，2017）的文章也记录了这项新研究。

苏格兰的"芬兰人"：被错认的因纽特卡亚克皮艇手

17 世纪 80 年代，一种新型的兽皮船突然出现在西欧海域，人们看到被称为"芬兰人"（尽管他们实际上并非来自芬兰）的水手在苏格兰海岸附近和奥克尼（Orkney）群岛沿岸划船。奥克尼群岛经验丰富的水手们惊讶地发现他们能够在北海恶劣的天气中轻松划桨，在固定在驾驶座上的皮斗篷内保持身体完全干燥，遇到大浪时可以将兽皮船翻滚划行。1682 年，在伊代（Eday）小岛南端附近观察到其中一艘小船及其桨手。1688 年，另一个划船的"芬兰人"被阿伯丁郡（Aberdeenshire）海岸附近的居民发现并俘获，这个"芬兰人"被带到岸上后不久就去世了，但他的兽皮船被阿伯丁大学马里斯切尔学院（Marischal College）的人类学博物馆收藏（见图 3-3；MacRitchie，1912；Reid，1912）。在奥克尼群岛的其他地方很快也发现了"芬兰人"及其兽皮船。1701 年约翰·布兰德（John Brand）牧师记录的书

面证言如下:

在海岸上经常可以看到"芬兰人",大约一年前在斯特隆萨(Stronsa)看到一个,在这几个月内又在韦斯特拉岛(Westra)上见到一个,一位绅士和岛上许多其他人看见他们就在岸边,但一旦有人试图抓住他们,他们就会迅速逃跑。很奇怪,一个人坐在小船上,竟然从他们自己的海岸划行几百里格(League)来到这里,当时人们认为芬兰到奥克尼群岛距离为几百里格。他们一直生活在海上,能在海上待这么久,这也许非常奇妙。他们的船是用海豹皮或某种皮革制作的,他们身上也穿着一件皮大衣,他们坐在船中间,手里拿着一把小桨,用钓线钓鱼。在暴风雨中,他们看见大浪逼近,就有办法把船沉下去,直等浪过去,以免被掀翻到海里。这里的渔民观察到,这些"芬兰人"或者来自芬兰的人到来后,会把鱼群从海岸赶走。他们的一条船被珍藏在爱丁堡的医师大厅(Physicians Hall)里。(引自 MacRitchie, 1890: 354)

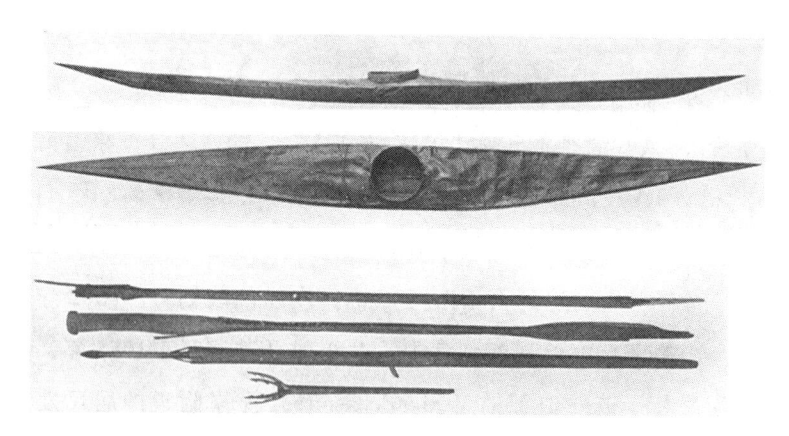

图 3-3　R.W. 里德(R.W. Reid)在苏格兰的阿伯丁博物馆中描述并举例说明了格陵兰或拉布拉多因纽特人兽皮船以及相关的狩猎用具。这只卡亚克皮艇和与之类似的兽皮船以及 17 世纪以来发现的"芬兰人"被认为是从欧洲北极地区来到不列颠群岛的神话幽灵。(摘自 Reid, 1912: 图 2、图 4。)

18世纪初，有关"芬兰人"传说和神话幽灵的解释开始成形。在此之前，维京人、地图绘制者和其他许多人都认为格陵兰岛是欧亚大陆的一部分。俄罗斯的新地岛（Novaya Zemlya）和挪威格陵兰岛被认为与一个从欧洲到北美的"北极地带"相连。可能是受北欧冰岛火山活动故事启发，一种普遍看法是，北冰洋有沉没的岛屿，其中一些岛屿在17世纪消失，这可能是对冰岛火山活动的一种参照。在当时的北欧民间传说和神话中，西希尔蒂亚人生活在这样的岛屿上，他们是喀拉海（the Kara Sea）的远古海洋适应者。这些故事被关于塞尔基人（selkies，亦称silkies）的传说所强化，塞尔基人在海洋中像海豹一样生活，但在陆地上出现时变成了人形，而且往往是女性。

学者们对驾驶卡亚克皮艇从北冰洋北欧海区抵达苏格兰海岸的可能性表示怀疑，并认为这些人一定来自格陵兰岛，因为此前在北欧没有人见过兽皮船及其桨手。这一假设并不完全正确，因为正如我们在第四章中所述，斯蒂芬·巴罗和巴伦支海（the Barents）、喀拉海沿岸的其他探险家在16世纪中叶见到过兽皮船。

苏格兰科学家大卫·麦克里奇（David MacRitchie）是北冰洋兽皮船理论的主要支持者，他认为"芬兰人"来自欧洲极地沿海，并撰写了几篇论文，将其与奥克尼群岛的诺尔斯人联系起来。他的理论在20世纪得到了支持，俄罗斯考古学家瓦莱瑞·N. 切尔内佐夫（Valerie N. Chernetsov）在1928~1930年的发掘揭示了关于俄罗斯亚马尔半岛上海象猎人的考古证据（请参阅第四章"西希尔蒂亚人和伯朝拉丘德人：巴伦支海和喀拉海岸的前萨莫耶德人"部分）。但是仍然没有令人信服的物证证明欧洲北极地区有"芬兰人"，也没有任何现存的北欧人的兽皮船类似于在苏格兰和奥克尼群岛见到的船只。

伊恩·惠特克（Ian Whitaker, 1954, 1977）早就对欧洲出现的"芬兰人"的想法提出了最强烈的批评。他确凿地证明了阿伯丁卡亚克皮艇（见下文）是格陵兰因纽特人的船只。在研究了16世纪早期欧洲其他有记录的卡亚克皮艇之后，他得出的结论是，所有皮艇都起源于格陵兰岛或拉布拉多半岛，在那里，桨手及其皮艇被捕鲸船捕获，然后被运到欧洲出售或在公园和"动物园"公开展示。惠特克指出，当时在挪威没有兽皮船记录，但他不知道，在更东部的俄罗斯领土上，已经有人在巴伦支海见到过划着兽皮船的猎人。

欧洲的捕鲸者主要是荷兰人，他们在17世纪到达格陵兰岛、拉布拉多半岛和巴芬岛，捕鲸船船长通常会捕获因纽特人，同时将他们的卡亚克皮艇和武器带回国内，作为战利品出售或展示。因纽特人和"野生"非洲人一起，像动物似的被带到欧洲宫廷和公众面前，展示他们的服装、划船和狩猎技能。这些"动物园"和其他"动物园"里，还展示了真正的芬兰人（意为来自拉普兰的萨米人），还有他们的孩子、兽皮帐篷和驯鹿。

荷兰人类学家格特·诺特（Gert Nooter, 1971）和惠特克一样，记录了"芬兰人"的案例，并最终肯定了这些人来自17世纪的格陵兰岛，当捕鲸船驶近陆地时，因纽特人连同他们的皮船一起被抛入海中，所以他们在北不列颠群岛上独自出现。诺特证明，贩卖因纽特人（那时被称为爱斯基摩人）和他们的卡亚克皮艇是捕鲸者有利可图的副业。最终这种交易被取缔，例如，1720年荷兰颁布了一项法令，禁止捕鲸者绑架爱斯基摩人和奴役他们。面对严厉的惩罚，一些继续这一做法的人在登陆前开始重新考虑他们携带的"人口货物"。为了自保，他们把俘虏连同其卡亚克皮艇一起抛入海中，任其自生自灭。一些人溺水后被冲上岸，另一些人则划着皮艇幸免于难，当他们到达奥克尼群岛或苏格兰北部时，引起了轰动。

一些人质疑这种来自格陵兰岛的被释放的因纽特人说法，其依据是在阿伯丁卡亚克皮艇中使用苏格兰红松作为工具和船只部件，以及皮艇出现在奥克尼群岛。然而，这些问题很容易被排除，因为不清楚皮艇使用的"红木"是否经过现代物种鉴定技术，或者R. W. 里德使用这个术语只是指一种针叶树，还是指一种特定的树种（见下文"阿伯丁'芬兰人'的卡亚克皮艇"部分）。针叶树作为浮木在整个北极地区都可获得，北欧和俄罗斯的木材（通常是西伯利亚落叶松）以浮木形式跨北极漂流到加拿大和格陵兰岛（Mysak，2001；Hellmann et al.，2013）。此外，"芬兰人"在奥克尼群岛被发现很容易解释，即奥克尼群岛是荷兰捕鲸船从格陵兰岛返回的惯常登陆地。

这个故事中一个有趣的转折点是在冰岛发现了一个4000年前的古爱斯基摩人细叶石核（microblade core）（Smith，1995：320-321）。细叶石核是一种小型但具有判断价值的石头制品，大量存在于格陵兰岛古爱斯基摩文化中，这说明古因纽特人有可能划着皮艇到达距离格陵兰岛东海岸约320公里的冰岛。这样的皮艇航行本来是可能的，尤其是在浮冰的帮助下。但冰岛以东可能有数百英里的海洋。穿过狂风暴雨中的海洋和相隔500~800公里的陆地，要想一个人划着皮艇进行这样一次无人援助和支持的航行几乎是不可能的。除了无法容纳足够的食物和水外，没有木质船架的小艇将无法在海上航行数周，穿越这么远的距离。皮艇和乌米亚克蒙皮船的海豹皮或海象皮，即使涂了油，一到两天后也会开始松弛渗水，被水淹没。只有在冰河时代，人们才能用兽皮船进行这样的航行，那时整个北大西洋边缘都有浮冰，人们可以把兽皮船拖到浮冰上晾干，在上面休息或抵御风暴，就像爱斯基摩人在白令海和楚科奇海进行长途航行那样。

另一个反对爱斯基摩人横跨大西洋航行的证据是，苏格兰没有关于乌米亚克蒙皮船的记述。所有爱斯基摩族群都使用乌米亚克船这种大型船只，因纽特人长距离探险航行很有可能使用这样的船只，但在冰岛、法罗群岛（the Faeroe Islands）或斯瓦尔巴（Svalbard）群岛等中间地点却找不到这样的交通工具。最后，在北不列颠群岛或英吉利海峡低地国家所知的兽皮船中，没有一艘在式样、特征或探险方面与巴伦支海或白海有关联。出现在欧洲的白海或巴伦支海兽皮船和桨手只有一个已知的案例，1653年，他们被带到丹麦宫廷（de La Martinière，1706），但这些人和他们的船从来没有像R.W.里德记述阿伯丁的格陵兰岛卡亚克皮艇一样被详细记述过（见第四章）。

阿伯丁"芬兰人"的卡亚克皮艇

这艘卡亚克皮艇之所以广为人知,是因为大卫·麦克里奇在1890年和1912年撰写的论文,以及他邀请阿伯丁大学人类学博物馆(University of Aberdeen's Anthropological Museum)的解剖学教授和馆长 R.W. 里德记录下了皮艇的结构以及在艇上发现的工具和武器。以下是关于里德《阿伯丁大学人类学博物馆收藏的皮船描述》的摘录,其描述的每一个特征都与奥托·法布里丘斯(Otto Fabricius, 1962)对17世纪格陵兰岛因纽特人皮艇和狩猎工具的描述一致:

> 在附图中可以清楚地看到皮艇的整体外观,船长5400毫米(17英尺9英寸),最大宽度为450毫米(1英尺5.75英寸),最大深度为230毫米(9.125英寸)。皮船不带机具的重量为15.4千克(34磅),船底平坦……除了末端外,甲板……略微翘起,甲板中后部还有一个略呈圆形的直径400毫米的驾驶室。……
>
> 皮艇是由四张海豹皮蒙在一个细长的木船架上制成。……海豹皮边缘重叠,并用筋条缝合在一起,这样处理的接缝整洁、光滑、平整且非常牢固。船底和船舷仅有的接缝是横向连接蒙皮的接缝。……船架由几块红木制成,木块宽度平均约27毫米(1.1英寸),厚度平均约19毫米(0.76英寸),用鲸骨和兽皮捆扎在一起。……皮艇上有桨、矛、投掷棒和"哈喷"(harpoon)标枪,这些工具都是用红木做成的,上面镶着骨头和象牙。(Reid, 1912: 511)

美洲印第安树皮船在瑞典和芬兰的实验

彼得·卡尔姆(Peter Kalm, 1716-1779)是瑞典东部芬兰省爱博

[Abo，亦称图尔库（Turku）]学院的一名经济学教授。1747年，瑞典皇家学院（the Swedish Royal Academy，SRA）委托他前往北美收集有关动植物和任何可能对瑞典王国有用的新奇事物的信息（Tsubaki，2011）。卡尔姆的旅行由瑞典皇家学院资助，由他的赞助者卡洛斯·林恩（Carolus Linne，亦称Carl Linnaeus）支持推动。他有进入荷兰和法国在北美殖民地的护照，并由来自爱博植物园（the Botanical Garden in Abo）的园丁陪同。卡尔姆是第一个受过训练的欧洲自然科学家，他研究美洲新大陆，记录下他能够记录的一切，收集新的植物和种子，准备在瑞典种植。

1748年卡尔姆途经伦敦，抵达北美后居住在宾夕法尼亚州的"新瑞典"（New Sweden）。直到1751年，他一直留在北美，在东海岸和加拿大进行了广泛的旅行，并结识了包括本杰明·富兰克林在内的美国学者。卡尔姆对美洲印第安人很好奇，他记述了印第安人的农作物和食物、治疗方法和药物、狩猎和捕鱼、住所，以及包括树皮船和独木舟在内的物质文化。1752年，当他回到瑞典爱博学院时，卡尔姆编辑了自己的日记，大约在1755年出版了四卷。1772年，他的日记被翻译成英语，在伦敦出版，并在欧洲和北美流行起来。

卡尔姆回国后不久，就和他的学生们开始建造他所记载的1749年在加拿大制造的那种印第安树皮船。他所看到的美洲加拿大树皮船中有一只是用桦树皮做的，另外两只分别是用白松树皮和榆树皮制成。瑞典国王阿道夫·弗雷德里克（Adolf Frederick）在访问爱博学院时，应该试驾过一艘桦树皮船。树皮船保存在植物园里，那里正在种植新获得的美洲植物。赫尔辛基大学（Helsinki University）林业教授马蒂·莱科拉（Matti Leikola，2001）研究了卡尔姆的工作，发现芬兰桦树（称为Betula pendula）是最适合制作树皮船的树种，证明它几乎和美国桦树一样好，他还发现云杉是代替胡桃木制作树皮船肋拱的极佳树种。

卡尔姆最有天赋的学生之一是安德斯·奇德尼乌斯（Anders Chydenius，1729-1803），他写了一篇关于美国桦树皮船的学位论文（Hyttinen，2001）（见图3-4）。1753年当《美洲树皮船》（*Den Amerikanska Näverbåten*，*American*

Bark Canoes）一书出版时，这本小册子成为欧洲第一本关于桦树皮船的建造手册。奇德尼乌斯在书中建议芬兰农民，包括边境上的猎人和渔民，建造桦树皮船，用来穿越河流或湖泊，因为建造树皮船比建造延展原木船更容易、更快捷。尽管做出了这些努力，但美洲树皮船并未在芬兰盛行，这主要是因为延展原木船很常见，而且更坚固。而此时在沿海地区，更耐用的盖瓦式叠板船最受欢迎。

芬兰树皮船制造指南

在1753年出版的《美洲树皮船》序言中，安德斯·奇德尼乌斯描述了美洲印第安人建造桦树皮船的方法，他从导师彼得·卡尔姆教授在北美的研究中学习到了这一点。以下是我们从该书中摘录的内容，因为这种方法类似于欧亚大陆树皮船建造方法，但在欧亚大陆相关资料中没有得到很好的描述（若想获取更完整的造船指南，参见 Adney and Chapelle，1964：212-218）。

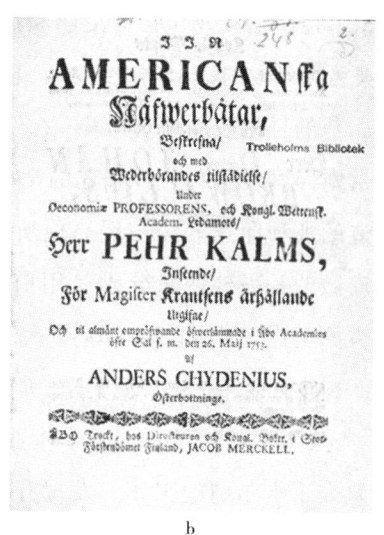

图 3-4　a. 安德斯·奇德尼乌斯和他的导师彼得·卡尔姆教授在芬兰推广北美树皮船，奇德尼乌斯在大学期间建造了几艘树皮船作为示范。b. 奇德尼乌斯的硕士学位论文《美洲树皮船》于1753年提交给爱博学院，后来作为著作出版，这是北欧国家出现的第一本关于树皮船的学术著作。　［摘自 Hyttinen，2001；由于韦斯屈莱大学（Jyväskylä University）/科科拉大学（Kokkola University）奇德尼乌斯联盟（Consortium Chydenius）的珀蒂·海提宁（Pertti Hyttinen）提供。］

他们［美洲土著］用美洲本地巨大的雪松或桦树的树皮造船，手工缝合树皮……当他们来到一些狭窄的海湾或河流时，会把树皮船放在水里，到任何他们想去的地方旅行。……这激起了我的兴趣，我想知道怎样才能造出这样的船只。……北美土著人自古以来就制造树皮船。……

想要造什么样的树皮船，就从去掉树枝的大树上剥下树皮。……树皮的末端分成两层或四层……使用云杉根切分成的细线……缝在一起。……整张树皮……放在平地上，树皮的内部向外，然后把石头放在大块树皮上，形成船底的形状。抬起树皮末端，木桩打入地下支撑两端，这样树皮板就变成了两端狭窄的船。然后，在树皮船板内部铺上一种白雪松（名为 thuya，亦称 Thuja ocidentalis）细板条。……肋拱也是用白雪松木制成的，通常 3 英寸 ［8 厘米］宽，0.5 英寸 ［1 厘米］厚，肋拱之间相隔 1~2 英寸 ［3~5 厘米］；所有肋拱都应高达舷缘，按以下方式制作。……两面削平的非常薄的两片木条作为两侧舷缘的肋拱，桦树皮翻折在肋拱上。肋拱的末端被放在内舷缘和外舷缘之间，并被刮得很窄很薄，以免树皮板被捆扎在一起。然后取前面提到的云杉树根，将内舷缘和外舷缘用相距半英寸的针脚缝合在一起，每一针都穿透树皮。……然后用两英寸宽、一英寸厚的白雪松木料做横梁，其末端稍宽一点。在横档末端钻三到四个孔，这样就可以把它们相隔 24~30 英寸 ［61~76 厘米］绑在舷缘上，以保持船体敞开。最后，底部的所有接缝都涂上热沥青或树脂，防止渗水。（Chydenius，1753：1-6）

安德斯·奇德尼乌斯和"凯米"树皮船

此时我们可以问一个有趣的问题：奇德尼乌斯是否知道，在 18 世纪 50 年代，萨米人还在瑞典和芬兰的拉普兰地区建造树皮船？在他简短的学位论文中，除了北美树皮船及其相关论文外，他从未提及任何其他资料，因为北美树皮船是他的论文的主题。但他很可能知道萨米树皮船，因为他是在芬兰拉普兰地区长大的。1743 年至 1746 年，他的父亲雅各布·奇德尼乌斯（Jacob Chydenius）是芬兰东北部库萨莫教区（Kuusamo parish）的一名牧师，紧邻瑞典的凯米拉普马克（Kemi Lappmark）。安德斯 17 岁时离开了萨米地区，因为他的父亲被调到芬兰西海岸的加姆拉卡列比教区（Gamla Karleby Pastorat）。

凯米拉普马克由巨大的凯米约基河（Kemijoki River）流域组成，约 5.1 万平方公里，相当于现代芬兰领土的六分之一。当时凯米拉普马克是瑞典的一部分，其河流系统延伸到挪威和俄罗斯，很容易驾船通过水路和连水陆路到达白海，再经过萨米人的另一个领地伊纳里湖（Inari Lake），到达挪威海岸和北冰洋。凯米拉普马克可能是当时拉普兰最大的萨米人领地。

A.J. 肖格伦（A.J. Sjögren, 1828：79）认为，1744 年库萨莫教区的人口由拉普人和来自其他地区的农业移民组合而成。然而，到 1750 年，只有 13 名萨米人仍生活在库萨莫，其余的人已退到库拉贾尔维湖（Kuolajärvi Lake）。根据塔帕尼·萨尔米宁（Tapani Salminen, 2003；另见 Broadbent, 2010）的观点，萨米人在 19 世纪末期已经从这些地区消失或向北撤退。但奇德尼乌斯在库萨莫教区期间，几个凯米萨米人村庄仍在从事野生驯鹿狩猎、捕鱼和捕鸟活动（Tengengren, 1952）。在这方面，他们的经济类似于传统的狩猎者，如乌拉尔山脉的曼西人，鄂毕河和叶尼塞河北部的恩加纳桑人和萨莫耶德人，以及东西伯利亚的埃文基人。所有这些族群都以森林为生，以猎杀驯鹿或麋鹿为主业。在 16 世纪末芬兰定居者进入西部的凯米拉普马克并开始刀耕火种的农业之前，凯米萨米人除了打猎和捕鱼外，不知道其他任何行业。他们只有少量驯养的驯鹿，用来拉雪橇。到 18 世纪末，芬兰定居者烧毁了凯米河流域的大部分森林，萨米人失去了他们的荒原和狩猎经济。肖格伦（Sjögren, 1828）在对凯米萨米人的研究中指出，卡累利阿人（见第四章）也在 16 世纪向北和向西迁移，并从东部迁移到萨米人地区。白海卡累利阿人经常沿着芬兰的河流划船横渡芬兰，后来又在波的尼亚湾海岸捕猎海豹。凯米萨米人是斯堪的纳维亚人中最后一批建造树皮船的族群之一。我们可以从凯米拉普马克发现的许多船桨上推断出这一点，这些船桨的年代从石器时代到公元1700年，那时这些人的传统生活方式宣告结束。这些船桨的大小、形状和重量表明，它们曾用于小型船只，如树皮船和兽皮船。

人们在萨武科斯基（Savukoski）和西瓦坎加斯（Syväkangas）发现了两个石器时代晚期的船桨；萨武科斯基的船桨由松树［欧洲赤松（Pinus sylvestris）］制成，年代可追溯到4500年前。船桨长约154厘米，桨柄和桨叶的长度大致相等。桨叶两边都有一个脊状凸起，船桨呈末端变尖的长叶形，宽16.5厘米。桨柄直径约3厘米，有一个6.5厘米宽的凹槽把手（Kotivuori，2006）。芬兰国家博物馆关于西瓦坎加斯的凯米萨米人船桨（藏品编号：SU5391）的记录如下："萨米船桨，断裂，只剩下一部分桨柄和桨叶。桨叶为长椭圆形，非常薄，尤其是边缘，并以与滑雪板相同的方式装饰有凹槽。"除了这些样品之外，在凯米拉普马克中心的索丹基拉（Sodankylä）还发现了其他几只石器时代的船桨。

在凯米拉普马克以南的库萨莫、比汉塔（Pyhäntä）以及伊纳里湖也发现了船桨。考古学家米卡·萨尔基宁（Mika Sarkkinen）在将比汉塔船桨交给北方奥斯特博顿博物馆（the Northern Österbotten Museum）时提供了有关比汉塔船桨的信息，他说："发现地点位于比汉塔的塔瓦斯肯卡（Tavastkenkä），是在比汉南河（the Pyhännän River）底发现的。船桨全长147厘米，桨叶宽17厘米；桨柄为椭圆形，约2厘米×3厘米。桨叶直而不弯，这是大多数发现的船桨的典型特征。该船桨表面有水蚀痕迹，并不像在比汉塔发现的其他船桨那么美观，没有关于年代的信息（但可能是石器时代）。"（2005年与哈里·卢克卡宁私人交流）

位于赫尔辛基的芬兰国家博物馆收藏了两只距今1500年至1700年的船桨，一个来自罗瓦涅米（Rovaniemi），另一个来自索丹基拉。这一时期的后期阶段与奇德尼乌斯的旅行时段重叠，可能表明，当奇德尼乌斯在凯米拉普马克时，当地人仍然使用树皮船或兽皮船。这是一个典型的针叶林地区，我们可以假设，至少在其南部，存在着类似于在瑞典拉普兰的维尔赫尔米纳（Vilhelmina）教区发现的桦树皮船（见下文）。因此，奇德尼乌斯很可能对凯米萨米人树皮船有所了解，甚至可能见过树皮船。这种个人经历可能会启发他撰写关于北美树皮船的论文，尤其是当他的导师卡尔姆已从北美获得了第一手资料时。

波得·卡尔姆的北美榆树皮船

除了桦树皮船外，卡尔姆的美国之旅日记还记录了在法属殖民地（后来的加拿大）边界的英属殖民地一侧的安妮堡（Fort Anne）建造的一艘榆树皮船。卡尔姆可能从来没有建议过在芬兰建造这种树皮船，因为它比桦树皮船要重，可能不太适合斯堪的纳维亚的环境。然而，他对一位印第安造船者的详细观察表明，这种树皮船可能对芬兰、瑞典和欧洲其他国家的造船者有一定的经济价值。与桦树皮船一样，卡尔姆对美国榆树皮船的观察提供了欧亚大陆地区未能提供的信息。

埃德尼和夏佩尔（Adney and Chapelle，1964）认为，卡尔姆对榆树皮船的描述是有史以来最好的。卡尔姆对榆树皮船关注较多，印第安人为他建造了一只这样的树皮船。他曾于1749年进入法属加拿大，在这次旅行中，他使用了白松树皮、桦树皮、白榆树皮三种树皮船，下面描述的是白榆树皮船。

1749年6月，当卡尔姆和一个瑞典同伴离开奥尔巴尼（Albany）时，他划着桦树皮船沿着哈德逊河（Hudson River）来到当时被烧毁的英属边境萨拉托加（Saratoga）的要塞，沿途经过急流和瀑布。他打算沿着这条路继续到哈德逊河上游的尼科尔森堡（Fort Nicholson），但他和同伴不得不把桦树皮船留在瀑布的连水陆路通道上。他们背着背包，沿着河边的一条旧路，先到尼科尔森堡，再到安妮堡。6月27日，卡尔姆写道："今天下午2点前后，我们到达了位于伍德克里克河（Woodcreek River）上游的安妮堡，伍德克里克河的源头也就是一条小溪那么大。我们在这里待了一整天，第二天要建造一只新树皮船，因为没有树皮船，我们不可能顺流而下去法属加拿大的圣弗雷德里克堡（Fort St. Frederick）。"（Kalm，1772：2：129）6月28日，他写了一篇关于建造榆树皮船的日记：

> 美国榆树大量生长在河流附近的森林中，该地船只通常是用白榆树皮制作，因为这比其他任何树的树皮都结实。印第安人用胡桃树的韧皮纤维把榆树皮缝在一起，用红榆树皮把船的两头紧紧地连在一起，以防进水。他们把树皮放在两块石头之间敲打；若是没有石头，就在两块木头之间敲打树皮。造这条船昨天花了半天时间，今天花了整整一天。为了制作这样的树皮船，他们挑选出一棵又粗又高的榆树，树皮光滑，树枝尽可能少。（Kalm，1772：2：133）

此处省略了卡尔姆的其余描述，因为那些描述类似于奇德尼乌斯对制作桦树皮船的描述。

回顾可知，奇德尼乌斯试图将树皮船重新引入瑞典，这是与历史背道而驰的。桦树皮船在斯堪的纳维亚半岛北部和芬兰已经流行了几千年，但在最近几个世纪里，同样轻便、更耐用、寿命更长的木板船取代了树皮船。

萨米人：树皮船、原木船和兽皮船三重遗产

毋庸置疑，萨米人［在瑞典被称为拉普人（Lapps）或拉普兰人（Laplanders），在挪威被称为芬兰人（Finns），在俄罗斯被称为罗帕尔人（Lopar），在芬兰被称为拉帕莱塞特人（Lappalaiset）］，或者他们的斯堪的纳维亚祖先为斯堪的纳维亚半岛和乌拉尔山脉之间的东北欧的兽皮船和树皮船的早期发展做出了贡献（Westerdahl，1987；Crumlin-Pedersen，2010；

Klem，2010；Wickler，2010）。萨米人的祖先可能在冰河时代冰川消融后不久到达他们的领土，他们以石器时代岩刻岩画、历史记录和图画以及后来的照片等形式给我们留下了兽皮船和树皮船的物证。萨米人的传统信仰和习俗，包括他们放牧驯鹿、在内陆和沿海捕鱼以及狩猎的游牧生活方式，可以追溯到几百年前。他们的文化倚重船只获取鱼类、野生动物、森林和苔原物产（Gjessing，1944；W. Fitzhugh，2010；Westerdahl，2010）。

最初萨米人居住在广阔的领土上，包括挪威和瑞典的三分之二和芬兰全境，以及俄罗斯卡累利阿的大部分地区（Broadbent，2010）。今天，在从斯堪的纳维亚半岛中部到科拉半岛这个有许多方言和国界的广阔区域中，依然使用萨米语（Salminen，2006）。现在大约有4万名萨米人生活在瑞典、芬兰和俄罗斯，但是挪威是萨米族人口最多的国家，有1.6万人。挪威、瑞典、俄罗斯和芬兰共有10种萨米语方言，尽管其中4种几乎绝迹（第11种语言是凯米萨米语，在凯米约基河流域的芬兰拉普兰地区，这种方言一直使用到19世纪中期）。萨米语和萨米人曾经向东延伸，直到白海沿岸和卡累利阿，可能还延伸到奥涅加湖和比埃洛奥泽罗湖（Byeloe Ozero）[白湖（White Lake）]之间的地区。因此，共同生活在这些地区的一些萨米卡累利阿人很可能后来被卡累利阿人和维普斯人同化。从16世纪开始，芬兰人和卡累利阿人定居在萨米人的北部领土上（Carpelan，2006），并同化了那里的东部萨米人，只留下西部萨米人未被同化。

关于萨米人之前的族群是怎么演变成说芬诺乌戈尔语的萨米族群的问题，语言学和考古学研究者对此进行了广泛辩论。安特·艾基奥（Ante Aikio，2006）认为，原始萨米语在拉多加湖以西的芬兰南部的一个小群体中发展起来，并扩展到拉普兰的前萨米语族群，他们在铁器时代成为萨米语的使用者，在此地原始萨米语从大约公元1年持续到公元500年。艾基奥提到的芬兰语和萨米语的语言接触发生在技术、社会和气候急剧变化的时期，这些变化既影响了萨米人，也影响了芬兰人。有人认为，在青铜时代早期，说芬兰语的族群作为青铜商人和定居者从伏尔加河（the Volga）进入该地区（Salminen，2006；Parpola，2012），原始芬兰语（波罗的海芬诺乌戈尔语）可能与现存的萨米语一起在波罗的海东部生根发芽（Salminen，2006；Parpola，2012）。当时，原始萨米人可能生活在芬兰湾北部，而原始芬兰人则居住在拉多加湖周围和芬兰湾以南。另外，对萨米人起源的广泛的考古重建，把他们的祖先追溯到至少 7000 年前位于波罗的海北部被称为瓦斯特伯顿（Västerbotten）的地区（Broadbent，2010：217）。基因数据表明萨米人有着远古的西欧血统，几乎没有西伯利亚血统（Tambets et al.，2004）。当人们试图从不同的证据中重建文化和族群历史时，一个典型的特征是这些分别基于考古学、语言学、人种学和遗传学证据的理论之间并不吻合。

  萨米人用树皮和兽皮作为造船的材料、覆盖他们移动的科塔（kota）帐篷，以及制作各种各样的器皿和手工艺品。沿海萨米人利用兽皮船在斯堪的纳维亚沿海和白海捕猎海洋哺乳动物，这些从口头传统上就广为人知。但有关他们的兽皮船只有一个考古发现，是在芬兰的拉普阿河（Lapua River）发现的。以下我们将根据岩画、语言学和考古学提供的信息讨论这一发现和关于船只技术进化的各种理论，以及在芬诺斯堪的亚首次出现的兽皮船、树皮船和原木船。

  然而，在进行讨论之前，我们必须注意到在讨论这 1 万年历史时使用"萨米人"这一族群术语会带来的问题。按照惯例，这一族群术语可以延续到 16 世纪。1555 年，乌普萨拉（Uppsala）的最后一位天主教主教奥拉乌斯·马格努斯（Olaus Magnus，1490-1557）出版了他的不朽著作《北欧民族之描述》（*Description of the Nordic Peoples*），其中描述了斯堪的纳维亚北部的"萨米人"（Saame）。萨米人也从北方商人的报告中为人所知，比如可以追溯到 9 世纪英格兰韦塞克斯国王阿尔弗雷德大帝（King Alfred the Great in Wessex）宫廷的奥特雷（Othere）和伍尔夫斯坦（Wulfstan）。早期的族群可能说萨米语，但他们的民族和语言性质还不清楚，尽管萨米人的祖先可能从冰河时代就占据了这个地区。出于这种原因，我们要么将 16 世纪前的族群称为"前萨米人",要么使用特定的考古和文化名称,如石器时代、新石器时代、青铜时代、铁器时代、维京或诺尔斯时代和中世纪。许多混乱是由这样的假设造成的:某些船型可以很容易地被指定为萨米人、挪威人或其他族群的船只。事实上,即使在最近的过去,许多基本的技术差异也表明,很难用族群术语对船只进行分类,必须结合具体情况进行个案研究(Wickler, 2010)。我们对区域差异的讨论扩展到在卡累利阿(第四章)发现的船只类型以及德国北部前维京船只。

萨米树皮船及其起源

在拉普兰最早涉及桦树皮用途的是在提到在内陆水域驾船航行的船帆时。根据韦斯特达尔(Westerdahl, 1999: 290)的看法,马格努斯1555年出版的《北欧民族之描述》中并没有说桦树皮也被用作船皮覆盖船只(他只提到树皮船帆),但这是一个合乎逻辑的推断。克里斯托弗·索尔森(Kristoffer Sjulsson, 1843)报告说,在19世纪早期,瑞典的萨米族长者就知道树皮船,在南部萨米语中,树皮船被称为"biessieråttnja"、"besserråjoke"或是"biessieroådnjuo"(Westerdahl, 1995)。人们在瑞典北部和芬兰东南部发现了19世纪的树皮船遗迹,在芬兰和乌拉尔山脉之间的区域发现了6000年至8000年前,只适合在内陆水道上划小型树皮船或原木船的木桨。

在瑞典人们发现了几只桦树皮船,但因为没有收集或保存船只遗骸,这些船大多是通过口头报告得知的。根据韦斯特达尔的记述,船只发现地点包括:

- 斯瓦特堡(Svartberg)的法博达(fäbodar),一个类似于苏格兰牧羊小屋的湖边小屋,位于拉普兰的奥塞尔(Åsele):一份关于1889~1890年发现的桦树皮船的口头报告,基于 M. 莫勒(M. Moller)在1928年为斯德哥尔摩北欧博物馆进行的采访。
- 汤玛斯隆(Tomasflon),安格曼兰郡(Ångermanland)朱塞勒

(Junsele)教区的沼泽地：一份关于1928~1930年工人在挖掘排水沟时发现的桦树皮船的口头报告。对其描述类似于斯瓦特堡的桦树皮船，可参考其中的更多细节描述。

- 库尔特松湖（Kultsjön），拉普兰维尔赫尔米纳的一个湖：口头传说中回忆起萨米人的船只（可能是桦树皮船）被木板船撞击并沉没的故事。
- 哈普特贾恩（Håptjärn），位于拉普兰马拉（Mala）地区哈普特贾林登（Håptjärnlinden）的一个小湖：关于一艘桦树皮船的口头报告，发现于1920~1925年，几乎保存完好。这艘桦树皮船长2.5~3米，宽1~2米。船体用树根纤维缝在肋拱和纵梁上，并用驯鹿毛和桦树焦油填缝，树皮分成四层。没有确凿证据表明这些分层缝合在一起，但表明用到了桦树焦油胶。（1985a，1985b）

韦斯特达尔（Westerdahl，1999）还提到，在瑞典北部拉普地区的五个地点发现或记载了桦树皮船，包括上面提到的那些。在与挪威接壤的山地萨米人地区，在弗罗斯滕斯维克（Frostensvik）北部、维尔赫尔米纳南部和北部发现了树皮船。南部森林萨米人（现已灭绝）的树皮船在瓦斯特伯顿北部有记录。在马拉（Malå）发现了诺尔伯顿（Norrbotten）南部的北部森林萨米人的树皮船。据此看来，桦树皮船曾经存在于大多数瑞典拉普地区。

在芬兰，唯一发现的树皮船来自芬兰东南部塞马湖地区朱瓦（Juva）公社的苏尔尼米（Suurniemi）。与许多其他类似的发现一样，这艘船的遗骸没有能保存下来，但是在向赫尔辛基国家考古委员会提交的口头报告中说，"船覆盖着桦树皮"（Itkonen，1942：48）。然而，我们可以假设，桦树皮船在芬兰分布广泛，特别是在北部萨米地区，根据萨米人口数量和在那里发现的许多船桨，在芬兰拉普兰的凯米约基河流域的凯米拉普马克，树皮船一直存续到公元1700年前后。

尽管有关真正的古老树皮船的证据有限，但它们的起源很可能与有效利用严寒的北方环境所需的其他两项关键发明有关：滑雪鞋和滑雪板。北方的沼泽和湖泊有利于保存古代的滑雪板，这和保存树皮船的船桨是一个道理。早在公元前211年的书面资料中就提到了滑雪板和滑雪活动（Weinstock，2005：172），俄罗斯西北部和挪威北部有4000多年历史的岩刻艺术描绘了滑雪者。在斯堪的纳维亚半岛和俄罗斯的泥炭沼泽中发现了300多块滑雪板和滑雪板残片，在俄罗斯中北部发现的滑雪板残片根据放射性碳年代测定可追溯到大约公元前6700年（Burov，1989，2001）。语言学的证据也表明滑雪起源于远古时代。根据哈特维格·伯克利（Hartvig Birkely，1994）的观点，学者们声称萨米语中的"cuoigat"一词意为"滑雪"，已有6000~8000年的历史。远古的滑雪板也出现在世界的另一端，2017年4月19日，凯德·克里奇科（Kade Krichko）在《纽约时报》上发表了一篇报道，描述了在中国西北部新疆禾木村（Khom）发现的一幅洞穴岩画，画中四人踏着滑雪板，这幅画可能至少有1万年的历史。

多年来，研究人员一直将中亚视为滑雪板和滑雪鞋的发源地。丹麦人类学家古德蒙德·哈特（Gudmund Hatt，1916）认为，软皮鞋（moccasin）和滑雪鞋在贝加尔湖和蒙古国之间有着共同的起源，史密森学会的奥蒂斯·T.梅森和梅里登·S.希尔（Otis T. Mason and Hill，1901）也持类似的观点。丹尼尔·戴维森（Daniel Davidson，1937）在对滑雪鞋进行的一项综合研究中指出，木制滑雪鞋和"熊爪"滑雪鞋都起源于中亚，并向东越过白令海峡，传播到美洲，向西传播到芬诺斯堪的亚。

迄今为止，考古发现几乎没有找到南西伯利亚的滑雪鞋、滑雪板或船桨，能够证明其早于在北欧和俄罗斯发现的6000~8000年前的滑雪板和船桨。然而，这些水上用具早期起源于中亚并不出乎意料，正如阿勒尼乌斯（Alenius）、莫克南（Mökkönen）和拉赫马（Lahelma）最近对芬兰东南部湖泊沉积物岩芯的研究表明的那样，他们发现了荞麦花粉和可追溯到公元前5200年修整田地的证据（Alenius，Mökkönen and Lahelma，2013）。与其他许多从欧洲到达斯堪的纳维亚半岛北部的栽培品种不同，荞麦那时在欧洲还不为人所知，它一定是从中国经由南西伯利亚到达芬兰的。像荞麦一样，树皮船很可能最终会加入这张关于舶来物品的名单。

从考古学角度来看，由于它们通常能保存下来，对欧亚大陆北部滑雪板和滑雪鞋的研究多于对树皮船的研究。约翰·温斯托克（John Weinstock）回顾了有关滑雪板的主要文献，他对萨米人的起源及其早期占据斯堪的纳维亚半岛的评论可能代表着对这些主题的简单共识：

> 早在至少8000年前，位于蒙古国北部、西伯利亚南部的贝加尔湖附近的一个地区就发明了滑雪板。当时，包括萨米人的祖先在内的讲乌拉尔阿尔泰语的祖先在这一地区生活。讲芬诺乌戈尔语的族群追逐驯鹿和其他猎物，他们不断扩张，萨米人的祖先最终向西和向北迁移到斯堪的纳维亚半岛，并带来了滑雪板。在以后的许多世纪，他们开发和改良了滑雪板，以适应不同地形和雪地条件。（Weinstock，2005：173）

兽皮船和萨米人传说

如前所述，芬诺斯堪的亚最早的居民可能早在9000~10000年前冰川消融后不久进入了该地区。萨米族人至少在维京时代就已经在那里了，然而，他们的兽皮船起源还很不清楚。兽皮船曾被视为北方最初使用的船型，后来逐渐被船舷加板的延展原木船取代，原木船可能是在卡累利阿随着更复杂的工具和紧固器件在青铜时代和铁器时代的演变而发展起来的（Gjessing，1936；Brøgger and Shetelig，1951；Luukkanen，2010；Westerdahl，2010）。

在挪威，沿海萨米族群从兽皮船到木板船的过渡被认为是北欧人占据该地区的结果。穆尔克（Mulk）和贝利斯-史密斯（Mulk and Bayliss-Smith，1998，2006）、维克隆德（Wiklund，1947）和奈斯海姆（Nesheim，1967）研究了萨米人与其邻近族群的接触对语言的影响。奈斯海姆认为古代萨米人的船可能是兽皮船，有一个短而宽的舵桨（萨米语中称为"maelle"，源自古老的芬诺乌戈尔语中的"mela")。"船帆"在萨米语中称为"barjass"或"borjja",源自早期芬兰语。向木船的过渡及其后来的发展伴随着诺尔斯语(古挪威语,亦为古斯堪的纳维亚语,译者注)术语,大多数萨米语的船只术语起源于早期的诺尔斯语。博尔戈斯(Borgos)和托尔格瓦尔(Torgvaer)认为,在挪威北部[赫尔格兰德(Helgeland)],这种族群语言接触的主要时期是公元300年至公元600年,并且首个建造木板船的区域可能是可以获得木材的内海沿岸(Borgos and Torgvaer, 1998)。在挪威西部的洛弗顿-维斯特拉尔(Lofoten-Vesterålen),关于北欧影响的最古老的考古证据可以追溯到公元300年。从那时起,北欧族群占据了海岸,在许多地区与萨米人杂居融合。

虽然在挪威或瑞典还没有关于兽皮船的考古发现,但有几个信息来源证实了萨米人的传说,即兽皮船在瑞典的使用一直延续到19世纪。恩斯特·曼克(Ernst Manker, 1947)写道,瑞典的山地萨米人从17世纪开始就住在挪威边境一侧的瓦普斯顿拉普,在整个19世纪上半叶,他们使用兽皮船在内河旅行。(紧挨着瓦普斯顿拉普地区的是维尔赫尔米纳社区,大多数萨米人最后建造的桦树皮船是在那里发现的。)索尔森简要地提到了19世纪早期关于这些船只的信息:"在古代,拉普人(萨米人)使用兽皮造船,这种兽皮船被称为'斯卡恩万茨'(skårne-väntse),撑开的兽皮蒙在一个狭窄的木制船架上。"(引自Drake, 1918: 75)西格丽德·德雷克(Sigrid Drake)研究了1918年乌梅河(the Umeå River)流域的拉普社区。他从索尔森1873年在斯德哥尔摩出版的《拉普地区和族群》(*Lapp Country and People*)一书中了解到了"斯卡恩万茨"。冯·迪本男爵(Baron von Diiben, 1873)对同一术语有深刻的见解。他说,虽然萨米语中用于帆船和大型船只的词语几乎都是外来词,但"斯卡恩万茨"(唯一一个起源于萨米语的术语,可指任何类型船只)指的是由船桨推动的兽皮船,这种船没有桨手座位或操舵处。

萨米人的生活记忆和传奇描绘了一个与兽皮船相关的更加丰富多彩和更广阔的生活图景。直到19世纪,讲述船只的起源和使用的古老萨米传说只存在于口头文学中,而关于他们祖先使用兽皮船的故事是山地拉普人传统信仰中一个常见的主题。冯·迪本(Diiben,1873)写道,山地拉普人认为他们远祖的家乡在遥远的东南方,从那里敌人把他们的远祖向西和向北驱赶。向西的队伍最终到达了分隔丹麦和瑞典的海峡。他们驾着兽皮船穿过海峡,当海面风平浪静时,他们用驯鹿皮做的浮具把货物运过来,游动的驯鹿拖拽这些浮具,和其他的鹿群一起穿过海峡。

兽皮船在芬兰和卡累利阿也很有名,我们可以从考古学、诗歌、传奇和语言证据中推断出来,不仅是那里的萨米人,芬兰人和卡累利阿人也使用兽皮船。虽然萨米人似乎是这些船只的最初使用者和建造者,但生活在同一地区的、语言与萨米语有密切联系的芬兰人和卡累利阿人,似乎继承了萨米人的兽皮船制作和使用技艺。

在芬诺斯堪的亚发现的唯一一艘兽皮船在芬兰的提斯滕约基,是在位于波的尼亚湾海岸附近的拉普阿约基河流域的拉普阿社区发现的。T. I. 伊特科宁(T. I. Itkonen)在写给赫尔辛基芬兰国家博物馆的报告中记录了这一发现,并在其中摘录了拉普阿小学教师维托里·拉特瓦马基(Vihtori Latvamäki)1928年4月19日写给博物馆史前部的一封信:

> 本周,一位名叫埃诺·赫尔斯伯格(Eino Helsberg)的年轻人告诉我关于在西波拉(Sippola)教区发现的船只的最新消息,以及发现有关船只的位置、发现人等,赫尔斯伯格是从西波拉搬到这里的。……据说,在拉普阿的安马拉村提斯滕约基河岸上挖土时,发现了一条"有肋拱,似乎是用兽皮做的"船;焦油涂线清晰可见。小船被发现的部分被带到一间农舍中,之后被焚毁(1928年的目录条目,无登记号的手写便笺)。

拉特瓦马基早些时候在给赫尔辛基芬兰国家博物馆[博物馆当时叫作"穆伊纳斯提耶利宁·托伊米昆塔"(the Muinaistieteellinen toimikunta)]的

一封信中报告了发现的两只原木船,所以这封便笺也许是对要求提供更详细信息的回应。很明显,这只兽皮船是新发现的,拉特瓦马基能够根据他最近收到的口头信息找到它。在提斯滕约基发现的兽皮船遗骸既没有保存下来,也没有注明年代,但因为在黏土中发现,所以该船当时可能保存得很好,它的年代可能也很早。我们可以借助 1949 年在托吉尼米(Toijaniemi)村发现的一块古老的滑雪板来估计这只兽皮船的年代,这个村子也在拉普阿社区,靠近兽皮船的发现地。考古学家 E. 海帕(E. Hyyppä)研究了这块在 20 厘米深的黏土中发现的滑雪板(查询编号 12058),并记录了它的位置。据他测量,滑雪板发现地点的海拔高出现代海平面 30.8 米。根据这一数字,这块滑雪板估计有 3100 年的历史,属于青铜时代。滑雪板和兽皮船在同一个古老海岸线发现,有着接近的海拔,这都支持两者年代相似的假设。

提斯滕约基村曾经是远古海滨,因此我们可以假设这只兽皮船是由沿海萨米人或其青铜时代的祖先建造的。根据海默·登根仁(Helmer Tengengren,1952)的说法,萨米人直到公元 1200 年一直居住在波的尼亚湾东部海岸。他们像后来的芬兰和瑞典定居者一样,冬季在冰面上猎杀海豹。根据芬兰国家博物馆的记录,在近海岛屿上发现的几处石头建筑可能是萨米猎人储藏海豹肉和海豹皮的场所,有了大型船只时再把它们运走。瓦萨(Vaasa)镇及其群岛与周围的奥斯特博顿海岸一样,都是从事捕鱼的芬兰和瑞典居民最喜欢的地点,直到 19 世纪末,该地区的所有农民和渔民家庭都参加春季海豹捕猎,尽管他们没有使用兽皮船。海豹捕猎在贝尔戈岛(Bergö Island)和其他渔业社区都很有名(Wetterhoff,2004)。在奥拉乌斯·马格努斯绘制的地图上(1539 年;如图 3-5 所示),我们看到插图中的一些人,可能是萨米人穿着皮衣在浮冰中猎杀海豹。

在芬兰人和卡累利阿人中,直到 19 世纪海豹皮船才为人所知。在《卡莱瓦拉》诗集中有五首诗描述拉普兰[亦称波赫约拉(Pohjola)]和芬兰与卡累利阿南部地区人们的生活和旅行,都提到了这样的"凯西"(kesi)(皮)船。这些诗中最古老的一首,讲述了关于一艘兽皮船建造的传奇故事，从位于波的尼亚海岸的芬兰人中收集记录下来，可以追溯到 17 世纪。其他诗歌在维耶纳卡累利阿（Viena-Karelia）（俄罗斯凯米地区）收集，从白海西海岸、塞马湖的凯萨拉蒂（Kesälahti）地区的卡累利阿人中收集记录下来。其中一首诗《海豹的诞生》将皮船和海豹联系在一起，并由《卡莱瓦拉》的编者埃利亚斯·隆诺特（Elias Lönnrot）本人收集。其他包含有关"凯西"船信息的诗歌证明了这些船只在南拉多加湖周围的卡累利阿人和英格利亚人中也很有名（参见第四章的进一步讨论）。图 3-11 根据皮埃尔·马丁·德·拉·马蒂尼埃（Pierre Martin de La Martinière，1706）和弗朗斯·O. 贝尔亚夫斯基（Frans O. Belyavsky，1833）的描述，展示了艺术家眼中的早期萨米皮船的"钱包"船型（摘自 Mangin，1869：572）。

早期兽皮船与原木船：岩画证据

图 3-5　1539 年，奥拉乌斯·马格努斯绘制的卡尔塔码头（Carta Marina），展示了北欧地区的生产活动、资源和经济行为，包括萨米海豹猎手在波的尼亚湾捕猎。捕猎海豹是奥斯特博顿的一项重大生计，从凯米河口收集到的《卡莱瓦拉》诗集中的诗歌表明那里的人们使用兽皮船。（摘自 Magnus，1555。）

关于斯堪的纳维亚半岛和白海地区船只的起源和历史，学者们提出了各种各样的理论。其中大多数是基于对 6000 年前丰富的岩画图像的解读，并提出了一些问题，包括谁制造和使用了这些船只？他们的建设者走哪条路到达这里？捕海豹、捕鲸和深海捕鱼是如何和何时开始的？但也许最重要的问题如下：这种岩画代表了何种船只？独木舟、兽皮船、木板船、树皮船，还是四者的某种组合？它们之间有什么关系？它们何时在此地出现？

解释岩画船只图案在斯堪的纳维亚考古学中有着悠久的历史，从 19 世纪初就已开始研究（参见 Christie，1837）。起初，学者们认为维京船一定是从早期的独木舟发展而来的，船舷加板以增加干舷高度。然而，1907 年，爱德华德·哈恩（Eduard Hahn）发表了一个革命性的想法：维京船可能是从像爱斯基摩人的乌米亚克船那样缝合的树皮船或兽皮船发展而来的。自从后冰河时代的陆地隆起开始被认为是确定海岸岩画年代的一种方法，人们就从不同海拔的图案角度研究船只历史的差异。第二次世界大战期间古托姆·杰辛（Gutorm Gjessing，1936，1944）一直在美国，他熟悉北美因纽特人民族志学和考古学，得出了与哈恩相同的结论，注意到图案最上方年纹最久的高舷形状木船最接近爱斯基摩人的敞舱兽皮船（图 3-6、图 3-7）。尽管他证实了自己的结论，认为加板独木舟也可以采用早期岩画图案中所见的高船首外形，但他的兽皮船类比植根于布罗格（Brøgger）和谢泰利格（Shetelig）关于维京船构造的颇具影响力的研究（Brøgger and Shetelig，1951）。这一观点后来得到了研究该问题的大多数其他学者的支持（例如，Hallström，1960；Johnston，1980）。

佩尔·吉尔洛夫·克莱姆（Per Gierløff Klem，2010）在其硕士学位论文中回顾了这段早期历史。他基于对 1972 年之后在挪威最北部的阿尔塔峡湾（Alta Fjord）顶部发现的新的船只图案的解释，提出了相反的观点。阿尔塔岩画由 5000 多幅图画组成，特罗姆索博物馆（Tromsø Museum）的克努特·赫尔斯科格（Knut Helskog）对此进行了广泛的研究。经过他的努力，阿尔塔于 1985 年被联合国教科文组织列为世界遗产（Helskog，1988）。在

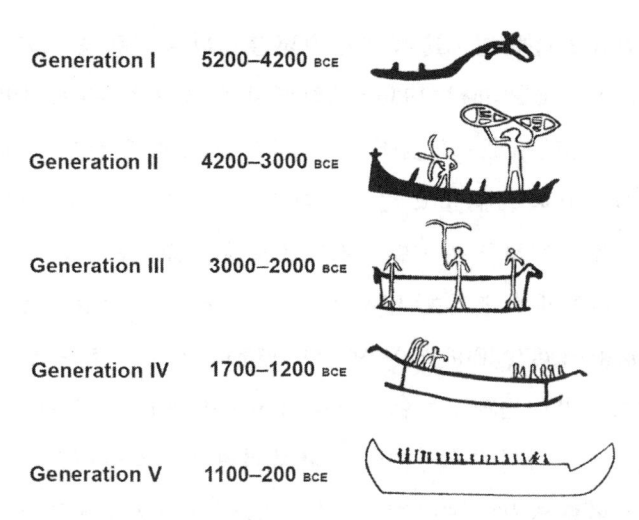

Generation I	5200–4200 BCE	
Generation II	4200–3000 BCE	
Generation III	3000–2000 BCE	
Generation IV	1700–1200 BCE	
Generation V	1100–200 BCE	

图 3-6 这张记录在挪威北部瓦朗格峡湾（the Varanger Fjord）岩画中的北欧和东北欧船型年表是通过结合船只设计的变化、放射性碳年代和地质隆起信息编制而成的。（摘自 Klem，2010：图 47；由玛西娅·巴克里改编。）

其岩刻和岩画图案中，有 80 多个有关船只的图案，其中许多有人物形象，大多数船首有动物头饰。从海岸线海拔最高 26 米到最低 8.5 米的地方发现了这些岩石艺术。这些图案显示，在任何给定的海岸线海拔上，船只形状都非常一致。对阿尔塔数据的分析显示，可将船只图案分为五个阶段，其校准（即从放射性碳年转换为地球年）年代从大约公元前 5000 年到公元 300 年（Arntzen，2007；Klem，2010：图 47），代表了斯堪的纳维亚石器时代中期到铁器时代的船只类型。对年代和海拔相关性的再分析表明，比最初认为的年代要早 1000 年（Gjerde，2010）。

克莱姆认为，所有阿尔塔峡湾的船只图画描绘的都是延展独木舟，而早期解释为兽皮船只是基于岩画中的这些船只表面上与爱斯基摩人的乌米亚克蒙皮船相似（见图 3-7a-b）。他的观点与包括布罗格、谢泰利格和杰辛在内的几代岩画研究专家的结论相矛盾。在斯堪的纳维亚岩画研究中，与爱斯基摩人兽皮船类比是一个特别有说服力的方式，因为挪威北部和芬兰早期的考古文化有着与爱斯基摩文化相似的捕猎鱼类、海豹和海象的经济模式，而且在最近时期，这些文化中还存在以兽皮和象牙交易的生活方式。早期，杰辛（Gjessing，1936）、爱斯基罗德（Eskerød，1956）、哈恩（Hahn，1907）等就指出，兽皮船对爱斯基摩文化极其重要，因此也对北极地区的所有海上狩猎和捕鱼文化至关重要，在那里，海冰会威胁到木船，海冰受风和洋流影响挤压在一起，木船因为太重而无法拉动。这些早期学者认为，斯堪的纳维亚半岛的北极地区没有足够的木材制造大型的原木海船（Westerdahl，1987；Ellmers，1996）。然而，花粉研究表明，到公元前5500年，挪威北部就出现了松林（Mäkelä and Hyvärinen，2000）。尽管在公元前2500年之后，由于气候变冷，松林数量减少，但即使在今天，被乱砍滥伐过的阿尔塔森林中仍保留着一些很大的松树，足以建造相当大的独木舟。事实证明，与爱斯基摩人船只类比的关键缺陷在于，这些早期学者忽视了海冰的重要性。没有合适的树木和冬季长时间存在的海冰是促使居住在苔原上的爱斯基摩人使用兽皮船的必要条件，这也是为什么独木舟最终在斯堪的纳维亚北部更开阔的海域和森林覆盖的海岸胜过兽皮船的原因。

尽管很难解释船只图案，但根据爱斯基摩人和楚科奇兽皮船使用者所描述的现实情况，克莱姆有关阿尔塔岩画中呈现的是独木舟的论点具有说服力。一个人驾驶用驯鹿皮或麋鹿皮制成的兽皮船出海不能超过几个小时，否则皮船就会漏水和开裂。只有最大的海豹皮或海象皮才能起到防水防裂的作用（由于海象皮很厚，必须将其切分开才能处理）。牛皮也可以使用，但在北方地区没有牛皮。这些问题已经由挪威和芬兰的兽皮船制造者进行了实验研究。克莱姆指出，许多建造方法都可以证明在皮船解释上有两个最大的问题：皮船不能解决结构问题去支撑在新石器时代、青铜时代和铁器时代常见船只图案中的体积较大的兽头船首和延伸龙骨。斯韦尔·马尔斯特兰德（Sverre Marstrander，1986）认为，凸出龙骨的作用是保护船只的蒙皮不受海滩岩石和砾石的磨损。在青铜时代的岩刻中，龙骨和动物船首如此凸出，引起了双方关于其是兽皮船还是独木舟的许多讨论，其中大部分围绕着霍尔斯普林船展开。

图 3-7　a-b 科拉半岛卡诺泽拉湖（Kanozera Lake）卡姆尼尼岛（Kamennyi Island）上的岩画图案描绘了捕鲸和捕猎其他动物的船只和猎人。在拍摄照片之前，岩画图案暂时用水彩调暗。（R. Lauhakakangas 2013 年拍摄，经允许使用。）

既然对斯堪的纳维亚北部早期船只历史的研究现在似乎倾向于支持加板独木舟的设想，兽皮船作为一种曾与之并存的传统船型，我们必须探究其是如何、何时以及为什么在那里发展起来的，或者像语言学证据所表明的那样，是在过去的两三千年中被引进的。总的来说有两种理论："东线理论"声称有一条包括拉多加湖和芬兰湾在内的白海沿岸路线；"西线理论"声称在斯堪的纳维亚冰原消融后退之后，兽皮船与从欧洲沿挪威海岸向北迁移的人们一起到达那里。保罗·约翰斯顿（Paul Johnston）总结了兽皮船东线路径的提议：

> 挪威北部的［兽皮船］文化可能起源于俄罗斯，并通过白海沿岸到达挪威，而格雷厄姆·克拉克（Grahame Clark）和斯图亚特·皮戈特（Stuart Piggott）则把奥涅加湖、维格湖和卡累利阿（岩）刻视为斯堪的纳维亚艺术系统的分支。不管怎样，这两者似乎是相关的，而且据报道，在流入北冰洋的叶尼塞河和勒拿河河岸上也出现了这种风格的岩刻，这表明在这些雕刻中呈现的兽皮船是环北极传统的一部分。（Johnston，1980：33）

"西线理论"认为,挪威海岸的萨米兽皮船可以在德国的斯泰尔穆尔(Stellmoor)遗址和胡苏姆(Husum)遗址找到其根源。格雷厄姆·克拉克是"西线理论"的早期支持者,可能是因为他受到了古老的英国"克拉科尔"小圆舟和爱尔兰牛皮船的影响,它们都覆盖着海豹皮或牛皮。克拉克(Clark,1968)引用了杰辛(Gjessing,1936)的环北极文化圈观点,他写道,挪威西北部北极岩画中至少有三组图画描绘了兽皮船:福塞尔夫(Forselv)和诺德兰(Nordland)海岸的罗多伊(Rødøy)以及特隆赫姆附近的埃文胡斯(Evenhus)。这些船的典型形象是直龙骨和舷缘、陡峭的船头和船尾,以及木制船架顶部的凸出端部,这些特征在罗多伊和其他地方的一些雕刻中也可见到(见图3-8)。克拉克的观点遵循了杰辛(Gjessing,1936)、布罗格和谢泰利格(Brøgger and Shetelig,1951;另见Shetelig,1903)以及马斯特兰特(Marstrander,1963)的看法,认为在北欧石器时代使用的船只类似爱斯基摩人的乌米亚克船型。

图3-8 挪威北部阿尔塔峡湾一幅可追溯到公元前4000年至公元前2700年的岩刻,岩刻中有一艘带兽头船首的船、一个拿着弓的猎人,还有一个人挥舞着一个神秘的物件。(克努特·赫尔斯科格拍摄。)

卡林·霍尼格（Karin Hornig，2000：22）根据德国阿伦斯堡（Ahrensburg）文化（公元前10600年至公元前8000年）可能使用兽皮讨论了这一理论，因为在胡苏姆发现的鹿角被解释为曾经用作皮船肋拱。1993年，一个尝试横渡大西洋的德国人迪特里希·埃夫斯（Dietrich Evers）根据岩画图案制作并测试了一艘兽皮船，在这艘船上他用鹿角做肋拱（Evers，2004）。他认为，兽皮船通过阿伦斯堡和白海进入了挪威北部有8000~9000年历史的科姆萨（Komsa）文化，而挪威人海伦娜·克努特森（Helena Knutsson，2004）认为，随着冰川的消退，早期的航海民族沿着挪威海岸向芬马克（Finnmark）和莱巴赫半岛（Rybachy Peninsula）进发。阿尔塔岩画图像的最早日期（约公元前5000年）（Arntzen，2007）表明，那里描绘的最古老的船只与科姆萨文化的年代大致相当。这也是芬兰湾全新世早期文化中的芬兰索穆斯加尔维文化（公元前8300年至公元前5000年）的年代，其工具种类包括大型磨制石斧和凿子（见图3-9）。这种重型木工工具尤其是凿子的唯一实际用途，可能是将树砍倒并将树干凿空，供制作独木舟使用，这一制作过程通常由火、热岩石和沸水来辅助完成。19世纪北美西北海岸的印第安人和4000年前缅因州、加拿大海岸、拉布拉多的古代海洋造船者也采用了这些技术（W. Fitzhugh，2006）。根据格里戈里·布鲁夫（Burov，2000）的看法，索穆斯加尔维文化磨制工具工业中心位于奥涅加湖和拉多加湖之间的卡累利阿，工具和技术从这里向西传播到芬诺斯堪的亚其余地区，并向东传播到乌拉尔地区。

事实上，我们在芬兰和卡累利阿都发现了关于这种大型独木舟的证据。芬兰南部维汉提（Vihanti）公社的早期捕鱼者和海豹狩猎者用石器建造了加板原木船，并使用早期"梳齿纹"陶器萨拉斯尼米（Säräisniemi 1，或"Sär 1"）给陶器装饰上梳齿纹（Torvinen，2000）。在维汉提，伊特科宁（Itkonen，1942：51）研究了阿尔普安（Alpuan）湖干涸后于1934年发现的阿尔普安贾尔维（Alpuanjärvi）原木船，并注意到该船有缝合的木板和"双角"结构，这是从瑞典青铜时代就为人所知的，也见于岩石艺术。这艘船的花粉年代可以追溯到2500年前，但是在它旁边发现的一枚青铜徽章和一块石棉回火陶器可以追溯到

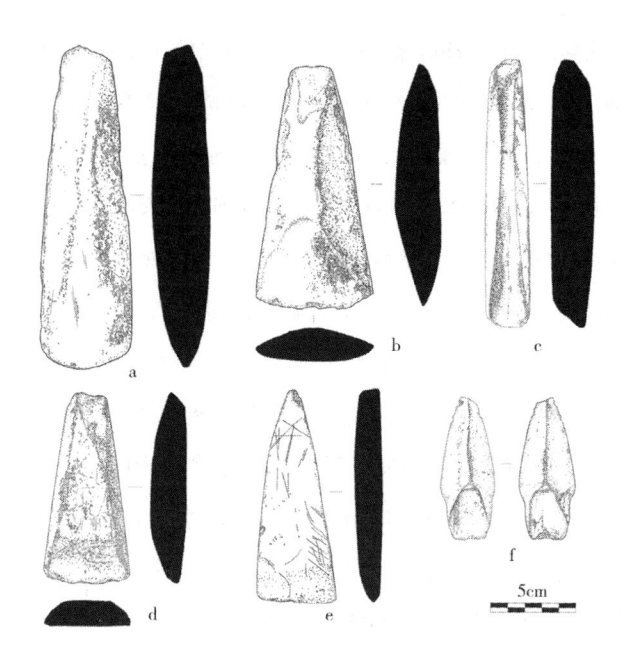

118 / 欧亚大陆北部的树皮船与兽皮船

图 3-9 全新世早期的索穆斯加尔维文化时期，来自卡累利阿的石斧、石锛和石凿，表明人们对后冰河时代不断扩展的森林的技术适应以及随后的原木船制造。（摘自 Nordqvist and Seitsonen，2008：图 3，经许可使用。）

青铜时代（更多细节见第四章"维格河的原木船"部分）。即使它只是来自大约公元前 500 年的铁器时代，这一发现也比霍尔斯普林船（公元前 350 年）还要古老，而且是北欧地区发现的最古老的木板船之一。

来自俄罗斯的研究指出，有更多证据表明石器时代的原木船是用石器或早期的金属工具建造的。H. V. 切尔尼戈夫（H. V. Chernigov，2000）报告了卡累利阿和科拉半岛的三个独木舟建造遗址，在那里发现了独木舟残骸和石器。其中一个是在白海西北部的坎达拉克沙湾（Kandalaksha Bay）[卡累利阿语中称为坎达拉提湾（Kantalahti）]源头的一个古老河口附近，可以追溯到公元前 1600 年到公元前 900 年。第二个是在奥涅加湖西侧的彼得罗扎沃茨克（Petrozavodsk）以北 30 公里的拉斯波罗哲（Raspolozhe）桑斯基耶（Sunskiye）河畔，可以追溯到公元 1 年。第三个也是最古老的遗址，可以追溯到公元前 2600 年，位于奥涅加湖西南岸的舍尔托泽罗（Sheltozero）。坎达拉克沙独木舟是在这些遗址发现的最大和最宽的船只（8米×1.4米），该船除了使用石器制作外，还使用了火，舍尔托泽罗独木舟可能也是如此。

这些石器时代原木船的船舷也可能已经延展。维尔库纳（Vilkuna）和马基宁（Mäkinen）研究了用石器制作的原木船（因此可以追溯到青铜时代早期或更早），他们认为其船舷已经延展（Vilkuna and Mäkinen，1976）。N. P. 扎戈斯金（N. P. Zagoskin，1910）描述了在卡累利阿人们使用"北欧方法"生产船舷延展的原木船：在活的白杨树或松树上开一个又长又深的垂直的凹槽，每天将楔子越来越深地锤入其中，这样持续三年到五年后，砍倒树木，在火的帮助下挖出开孔，船只建造者用大型石器将烧焦的木头锤了出来。

考虑到这些在卡累利阿和芬兰发现的船只以及一起发现的重型木工工具，毫无疑问，生活在挪威北部和瓦朗格峡湾地区以及内陆地区的人们制造、了解并使用独木舟。考古学家马尔库·托尔维宁（Markku Torvinen）研究了第一批进入斯堪的纳维亚半岛北部和俄罗斯东北部的陶器，发现它们跨越了公元前4140年到公元前3520年这一时期（Torvinen，2000：32）。这些发现表明，这种早于萨米人的陶器文化（Sär 1）是从白海［位于贝洛莫尔斯克（Belomorsk），在卡累利阿语中称为"索罗卡"（Sorokka）］沿水路传播到波的尼亚湾［奥卢（Oulu）地区］，并远至挪威的瓦朗格海岸。我们可以有把握地假设，前萨米人这一广泛的水运网（根据托尔维宁的说法，导致了萨米人的出现）通过交易从卡累利阿获得了石器，并与其他族群分享了制作大型或小型独木舟的技术。这些数据表明，如果不是兽皮船发源地的话，芬兰、波罗的海东部和乌拉尔西部这些研究较少的地区可能是早期原木船的发源地。不管怎样，这些早期的原木船或者兽皮船，不仅仅是为了满足旅行和生存需要。赫尔斯科格（Helskog，1988）和其他学者认为，船在岩石艺术中的突出地位可能与旅行和狩猎的精神仪式关联，船被视为"众神的载体"（carriers of the gods）（Helskog，1985：197）。鉴于北方岩画中动物和围绕狩猎的仪式十分突出，船只在岩画中有突出地位也就不足为奇了，因为作为狩猎和贸易的工具，船只在经济生活和宗教生活中都占据重要地位。

对于关于兽皮船进入北欧的"东线理论",我们最后能得出什么结论呢?根据《卡莱瓦拉》诗集,我们知道卡累利阿人和芬兰人建造了海豹皮船,他们将之称为"凯西",可能起源于萨米人(参见上文和第四章"《卡莱瓦拉》诗歌中的兽皮船"小节)。这些船只可能会选择哪条路线到达北欧地区呢?拉多加湖和白海的人们何时第一次了解这些船只?芬兰语言学家乔尔玛·科瓦莱托(Jorma Koivulehto, 1983)认为,语言证据表明,新石器时代晚期的原始印欧战斧人(公元前 3000 年至公元前 2200 年)将"kesi"(海豹皮)一词传递给了波罗的海芬兰人(见图 3-10)。我们相信,战斧人在入侵东波罗的海期间,可能乘坐的是"凯西"船,并从事猎捕海豹的经济活动。

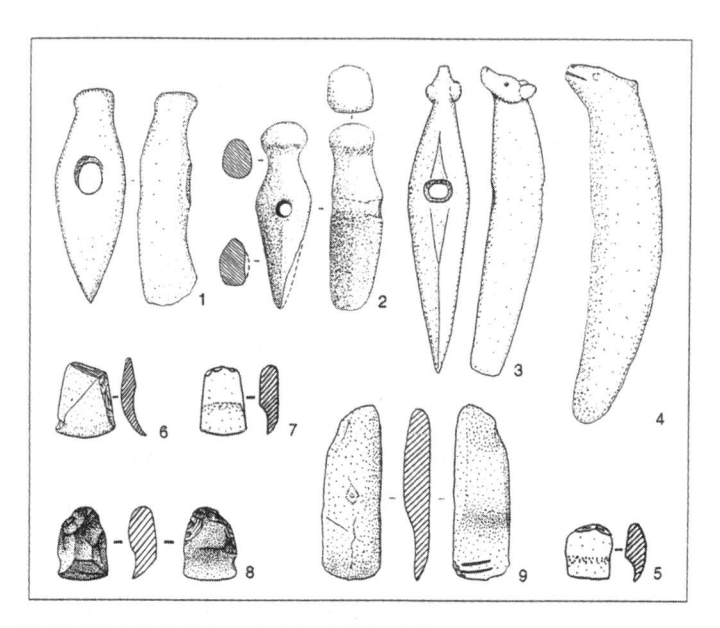

图 3-10 石器时代晚期的技术。在东北欧的卡累利阿,新石器时代战斧人文化的磨制石器,证明了战斧人使用比索穆斯加尔维人使用的更坚硬的石器来制作船舷加板的独木舟。(摘自 Burov, 2000: 25, 图 5。)

综上所述,考古和语言证据表明,在新石器时代(石器时代晚期)和青铜时代,斯堪的纳维亚北部和俄罗斯西北部有两种并行的船只传统——内陆树皮船传统和海上延展独木舟传统,后者使用大型和重型船只在开阔的海域进行贸易和迁徙。每种传统都使用不同种类的船只，可能属于两种或两种以上的文化类型。此外，在沿海地区，还有第三种船只使用传统，即在破碎的海冰中捕猎海洋哺乳动物的兽皮船传统。这一传统与延展独木舟传统并行，但其持续时间不够长，没有延续到欧洲探险时代的到来，因此没有被记录下来。我们还可以认为，从船只类型来看，至少有三个区域性的海洋族群：北冰洋的阿尔塔峡湾、白海的贝洛莫尔斯克，以及波的尼亚湾沿岸。图 3-11 显示了他们早期的兽皮船可能的外观，是由 19 世纪中期艺术家根据 16 世纪的观察者（如皮埃尔·马丁·德·拉·马蒂尼埃）的描述绘制的，我们将在下一章对此进行讨论。

图 3-11 亚瑟·曼金（Arthur Mangin）《沙漠世界》（*The Desert World*）中的一幅图画，一个关于萨米人生活场景的想象：一个猎人坐在一条卡亚克皮艇上。这种呈现基于探险文献中的描述和插图，如图 4-8 所示。（摘自 Mangin，1869：572。）

（崔艳嫣 译）

第四章
东北欧：波罗的海东部和西乌拉尔

第四章是关于第二个区域，即欧洲东北部从白海到乌拉尔山脉的船只历史。这一区域的东部在欧洲文献中被称为西乌拉尔，主要由北冰洋沿岸的苔原和靠近内陆的梅津河（Mezen）和伯朝拉河（Pechora）流域的北方森林组成。这一区域的东部边界是乌拉尔山脉，也是欧洲和亚洲的分界线。北部地区最近时期被涅涅茨驯鹿牧民占据，他们取代了早期记录和口述历史中被称为丘德人（Chud）或西希尔蒂亚人的狩猎和捕鱼族群。16世纪和17世纪的欧洲探险家可以到达该地区的海岸进行勘察，因此，在斯蒂芬·巴罗于1556年和1557年以及皮埃尔·德·拉·马蒂尼埃于1670年的航行中，他们提供了从巴伦支海岸一直到瓦加赫岛遇到的民族、经济和船只信息（Burrough，1567；de La Martinière，1706；Armstrong，1984；Hofstra and Samplonius，1995）。这些报告和其他报告讲述了在河口、海岸和岛屿上用来捕猎海洋哺乳动物的兽皮船，有时还提供一些插图。

本章介绍芬兰东部、俄罗斯西北部的卡累利阿船民和早期的俄罗斯贸易中心诺夫哥罗德，其毛皮和鱼类贸易活动促进了白海波莫尔人的崛起，并影响了沿海的西希尔蒂亚人和丘德人以及西乌拉尔森林的科米兹里安人的文化。桦树皮船在这一区域的森林地区很常见，但在沿海地区有使用兽皮船的传统，其中包括类似卡亚克皮艇的船只，它们至今还鲜为人知。不幸的是，几乎没有历史和考古证据，因此很难确定这些兽皮船的具体特征。

卡累利阿造船者和毛皮商人

人类学家已经认识到，像宗教、经济、政治、语言和技术等元素很少来自单一的民族、语言群体、领土，或与其完全对应。文化变迁几乎总是更为复杂，并且通常有各种动因。有时，变化发生在一个社会内部，但往往是由外部因素驱动的，是由社会外部的新发明、新思想以及文化或环境力量造成的。对于像科雷拉卡累利阿人（Korela-Karelians）和维普斯卡累利阿人（Vepsian-Karelians）这样的卡累利阿族群来说，文化变化似乎来自内部。这在一定程度上也适用于从萨米人或他们的前辈那里继承了造船传统的古代芬兰人。

在此，卡累利阿地区被简单地定义为卡累利阿族群居住的区域，包括波罗的海沿岸的一片狭长地带、卡累利阿地峡（the Karelian Isthmus）、拉多加和奥涅加大湖区，以及白海西岸一直到科拉半岛。卡累利阿人的"原始家园"在6世纪的拉多加湖上，他们逐渐将其领土扩张到古老的萨米人的土地上，直到奥涅加湖和白海西部，并一直延伸到科拉半岛。A.M.塔尔格伦（A. M. Tallgren，1938：9-20）认为，考古证据表明东卡累利阿曾经延伸到奥涅加湖以东的奥涅加河。芬诺乌戈尔语在东北欧的广泛地理分布表明，卡累利阿人可能与白海以西的科米兹里安人共享了他们的造船传统。

詹妮·萨里基维（Janne Saarikivi）也撰写了有关卡累利阿人起源的考古证据的文章：

> 公元前1000年至公元前600年，拉多加湖畔有两个文化创新中心。西南部的中心与维普斯语（Veps）族群的出现有关，而东北部被认为是卡累利阿人的原始家园。……在德维纳河流域的东部，形成与科米

兹里安人的起源有关的维西格达皮尔姆（Vyčegda Perm'）文化，而在伏尔加河上游的雅罗斯拉夫尔（Jaroslavl）和科斯特罗马（Kostroma）地区，出现与灭绝的梅里亚（Merya）文化有关的考古文化。……

德维纳河流域的铁器时代考古发现不属于这些考古文化，而是形成了与各种不同文化联系的地方文化群。因此，在瓦加河（Vaga）中游地区，考古发现与大多数卡累利阿人和维普斯人的定居点相似，但也包括维西格达皮尔姆文化起源的工艺品类型。……在苏霍纳河（Sukhona）流域，考古发现的民族特征将它们更多地与科斯特罗马和雅罗斯拉夫尔地区的梅里亚文化定居点联系起来。（Saarikivi，2006：32）

在更远的北方，那些生活在波罗的海以北和白海以西的族群，从严格的语言学意义上说，不是卡累利阿人、芬兰人或我们现在所了解的萨米人；相反，他们被视为一个叫作波罗的海芬兰人（the Baltic Finns）的更大族群的一部分，他们大约在公元前 2500 年出现在波罗的海东部地区（Tallgren，1931a，1931b）。萨里基维用语言学术语解释了卡累利阿人、萨米人和芬兰人的出现：

卡累利阿语和维普斯语属于乌拉尔语系的芬兰语分支。这些语言都是乌拉尔语系的一种过渡的原始芬兰语的子语言。这种原始语言大概在公元前 500 年至公元 500 年在芬兰湾附近使用。……目前芬兰大部分内陆地区和卡累利阿的芬兰人定居地出现的时间并不早于中世纪。

科拉半岛和芬诺斯堪的亚北部的萨米语（共约 2.5 万人使用）是另一种从原始乌拉尔语过渡而来的子语言，即原始萨米语。原始萨米语通常在奥涅加湖地区的某处使用，可能与原始芬兰语同时使用。在芬兰语之前，萨米语在芬兰和卡累利阿大部分地区都使用。……芬兰语和萨米语有相当多的相互接触。（Saarikivi，2006：89）

今天，讲本族语言的卡累利阿人大约有 5 万人（Salminen，2003），他们居住在芬兰和俄罗斯的卡累利阿共和国。二战期间芬兰卡累利阿省加入了苏联，40 万名芬兰卡累利阿人选择前往芬兰后，几乎所有古老的卡累利阿领土现在都是俄罗斯领土的一部分。

卡累利阿古代造船史

在古卡累利阿时期，船只和造船业分三个阶段发展。第一阶段始于石器时代，在卡累利阿出现了萨米人之前的东部族群，其与说芬诺乌戈尔语的波罗的海芬兰人进行了首轮接触，这标志着这一阶段的结束。第二个阶段是一个并存期，当时前萨米族群与卡累利阿南部新兴的波罗的海芬兰人以及进入波罗的海沿岸和拉多加湖的新石器时代战斧人一起生活。这一时期主要跨越欧洲青铜时代，当南方前萨米人成为芬诺乌戈尔语使用者时宣告结束。第三个阶段是卡累利阿人的崛起，以及他们向奥涅加湖和白海的扩张。

卡累利阿的考古历史非常复杂，比芬兰或挪威北部海岸的瓦朗格和阿尔塔地区要复杂得多。卡累利阿地区是一个民族大熔炉，各个族群从伏尔加流域上游和波罗的海以南进入该地区，包括来自德国平原的战斧人。所有这些民族带来了捕猎鱼类和海洋哺乳动物的新技术，以及农业和陶器，当然还有各种各样的船只。这些族群包括瓦里亚格人（Variags）、瑞典的维京人和斯拉夫人，他们和卡累利阿人一起建立了（旧）斯塔拉亚拉多加[Staraya（Old）Ladoga]和诺夫哥罗德两座城市。所有这些族群都依赖卡累利阿地区提供的广阔水道，东南通向里海（the Caspian Sea），南接君士坦丁堡（Constantinople）和黑海（the Black Sea），西至哥德兰和波罗的海，北到新地岛。我们不应该忘记原始萨米人和他们的新石器与造船技术，他们都有建造桦树皮船、原木船和海豹皮船的特殊技能，并能使用船只捕鱼、在陆地和海上狩猎，以及进行石器、陶器、毛皮和青铜器的贸易远航活动。

卡累利阿前萨米石器时代

在白海西岸和奥涅加湖定居的卡累利阿前萨米人是猎人和渔民，他们有着与该地区水道密切相关的独特民族和文化特征。其考古身份基于他们早期的陶器类型，即萨拉斯尼米"梳齿纹"陶器。"梳齿纹"陶器的历史可以追溯到公元前 4000 年到公元前 400 年，从芬兰的新石器时代到早期的铁器时代，这种陶器装饰着凹坑、刻痕和梳齿纹饰。最近的研究表明，这些族群的 DNA 与伏尔加人和科米兹里安人的 DNA 相似，没有混合萨莫耶德人（即涅涅茨人）的 DNA（Tambets et al.，2004；Torvinen，2000）。根据格里戈里·布鲁夫（Burov，1996）的说法，即使在该地区最早的考古文化中，也发现了前萨米族群使用船只，正如在奥涅加河上游下维瑞特遗址发现的距今 8700 年和维切格达河距今 8400 年的短船桨所示。这些前萨米族群的小船很可能是用桦树皮做的，因为他们没有用原木制作船只的重型石器。正如马克·沙赫诺维奇（Mark Shakhnovich）所述，石器时代早期前萨米族群的卡累利阿遗址清楚地表明了桦树皮船的使用，"石器时代中期遗址主要以位于岛屿上和内陆湖泊系统中的水体沿岸的短期季节性渔场为代表。其中有几种类型的遗址：多季节性的大本营、季节性捕鱼点、狩猎营地、多用途营地和石器制造场所，其经济基础是捕杀有蹄类动物（驯鹿、麋鹿）和捕获产卵鱼"（Shakhnovich，2007：13）。这样的水边定居点需要船只，而这一时期已知的轻型船桨表明这里曾使用过桦树皮船。

从公元前 4000 年到公元前 1500 年这一时段的末期，拉多加、奥涅加地区出现了一种能够高效建造船只的重型木工石器工业（Burov，2000）。克尔科·诺德奎斯特（Kerkko Nordqvist）和乌拉·塞特索宁（Oula Seitsonen）（Nordqvist and Seitsonen，2008），克里斯卡（Kriiska）、塔拉索夫（Tarasov）和基尔斯（Kirs）（Kriiska, Tarasov and Kirs，2013）详细研究了大约公元前 5000 年的俄罗斯卡累利阿大型磨制石器工业（参见图 3-9），这是该地区最早出现的此类技术。有了这项技术，人们开始在卡累利阿制造原木船。在这里发现的最古老的木船可以追溯到公元前 2600 年前后，是在奥涅加湖西部的舍尔托泽罗发现的。最大的是一艘原木船（8 米×1.4 米），来自科拉半岛南部的坎达拉克沙湾，可追溯到公元前 1900 年至公元前 1600 年（Chernigov, 2000）。这两艘船都是通过烧掉原木的内部，用磨制石斧和石凿清除烧焦的木头制成的。这类船只是在卡累利阿岩画中发现的最早的图案之一，包括靠近贝洛莫尔斯克镇（卡累利阿语中称为"索罗卡"）的维格河（Vyg River）[卡累利阿语中称为"乌昆乔基"（Uikunjoki）] 发现的船只（见图 4-1）。

图 4-1 奥涅加湖和白海地区岩画中的船只图案。（Savateev, 1991：图 3；由玛西娅·巴克里改编。）

融合的萨米人和卡累利阿人的青铜时代

卡累利阿船只发展的第二个时期是在青铜时代。尽管根据布鲁夫（Burov, 1996）的说法，石器时代在卡累利阿一直持续到大约公元前 1500 年，但第一批青铜器大约在公元前 1900 年从乌拉尔传播到该地区。在此期间，得益于金属技术在造船中的使用，在白海、拉多加和奥涅加湖区出现了青铜器，并促进了捕鱼和捕猎海豹的生产方式的发展（Savateev，1991）。金属工具促成了木船的制造，或许也加快了延展原木船技术在波罗的海和西乌拉尔的传播。塔帕尼·萨尔米宁（Salminen，2001）认为，语言变化和人口涌入是在青铜贸易和来自伏尔加河上游的移民的影响下发生的。

在这一时期被猎杀的动物中有海豹、白鲸和海象等种类。战斧人大约公元前2500年到达波罗的海南部，大约公元前1800年到达卡累利阿，他们的出现可能是引进海洋哺乳动物狩猎的关键因素（Ravenstein and Keane，1905；Gurina，1987；Kriiska，1996）。战斧人，也许只是他们的文化，从东普鲁士（East Prussia）向外扩展。他们使用绳状陶器，有独特的磨制石战斧工艺形式，并从事农业生产（参见图3-10）。他们也知道海豹皮叫作"凯西"，很可能把这个名字传递给波罗的海芬兰人和卡累利阿人，用"凯西"同时指海豹皮船和兽皮船（Koivulehto，1983）。《卡莱瓦拉》诗集也提到海豹皮"凯西"船（见下文）。如果这种语言联系是正确的，战斧人的兽皮船很可能传播到拉多加湖、波的尼亚湾、塞马湖和白海等海豹丰富的水域。

沿着白海，在旧和新扎拉夫鲁加（Old and New Zalavruga）都发现了描绘兽皮船的岩画，时间可追溯到公元前2100年至公元前1300年。后来，在卡累利阿青铜时代末期，公元1年至公元500年，在卡累利阿芬兰语族群的影响下，第一批拉多加湖东部沿岸的南部萨米人成为说芬兰语的族群（Aikio，2006）。在这个过程中，这些萨米人很可能与卡累利阿的波罗的海芬兰人分享兽皮船和原木船的制作知识。

卡累利阿铁器时代至中世纪

古代卡累利阿造船历史第三个时期出现在铁器时代至中世纪，主要涉及卡累利阿族群。根据一些理论，来自芬兰的人，也许是使用铁器的哈姆族（Häme）毛皮猎人，大约在公元500年迁移到拉多加湖西部，在流入波罗的海的武克西河（Vuoksi River）沿岸定居下来。这些人可能已经形成了未来科雷拉卡累利阿人的核心部分，他们很快就同化了南方萨米人。维普斯卡累利阿人，即东方人，已经进入拉多加湖东部以及拉多加湖和奥涅加湖之间地峡上的伏尔霍夫（Volkhov）河、蒂沃（Tiver）河和斯维尔（Svir）河，当东部维京人在公元750年后进入该地区时，他们已在那里（Bubrikh, 1947; Petrov and Petrov, 2008）。公元753年以来，维普斯人一直是活跃在斯塔拉亚拉多加的毛皮猎人和商人，他们在大约100年后成为诺夫哥罗德联邦的创始成员（Stang, 1980）。科雷拉卡累利阿人［后来被称为卡基萨尔米人（Käkisalmi）或凯克霍尔姆人（Kexholm）］在11世纪加入了联邦。他们很快在拉多加湖区建造了自己的"索伊马"（soima）船（维京盖瓦式叠板船），并为诺夫哥罗德联邦建造了第一支波罗的海海军舰队。罗曼·科瓦列夫（Roman Kovalev, 2002）描述了卡累利阿人参与诺夫哥罗德毛皮贸易，以及船只在其供应系统中的重要性。据彼得·索罗金（Petr Sorokin, 1997）研究，这些船只大部分是在卡累利阿制造的。

我们可以假设，卡累利阿人先是把他们的领土扩展到奥涅加湖周围南部萨米人的领土，然后又在公元900年前后扩展到白海沿岸，很快他们就开始使用所有可用的船只技术和工具，学会了用原木、兽皮和桦树皮建造船只，铁制工具和铁钉的使用使造船工作更加快捷。诺夫哥罗德联邦毛皮贸易带来了不断增长的需求，需要能在连水陆路通道上搬运携带方便、能行驶在河流和湖泊之中的各种船只，而卡累利阿人可能是从事该行业的能手。从诺夫哥罗德到扎沃罗切（Zavolochye，俄语中意思为"连水陆路通道之后"）的毛皮商人都可以使用小型的延展或加板原木船，他们可以在梅津-伯朝拉森林地区的连水陆路通道往返。多达8000件毛皮（主要是松鼠皮）可以装进一个容量为120升的桶里，而一个或两个船工驾驶独木舟所携带的毛皮可能是这个数量的三倍之多（Kovalev, 2002: 276）。

白海卡累利阿人开始在浮冰中进行春季海豹狩猎时，可能使用了兽皮船，如本章其他小节所述（参见关于波莫尔人的部分）。他们是最熟悉白海航行和航行到挪威和新地岛的族群。据波莫尔领航专业的学生T. A. 施雷德（T. A. Shrader，2002）所说，已知的9张早期白海航海图中7张起源于卡累利阿海岸。

大约公元900年，维普斯卡累利阿人在凯格雷拉［Kegrela，亦称凯夫罗尔（Kevrol）］建立了一个永久性的定居点，这是一个靠近白海海岸、位于皮涅加河（the Pinega River）汇入德维纳河之处北部的毛皮贸易中心，该中心一直维持到14世纪（Stang，1980）。一些考古学家认为，这可能是挪威维京人首领奥塔遇到说芬兰语的比亚米安猎人的地方（Bubrikh，1947）。维普斯人在伏尔加河源头的比埃洛奥泽罗（即白湖）建立了他们的第二个毛皮贸易据点，正如本章后面所述，他们利用科米兹里安和曼西猎人以及船夫将诺夫哥罗德毛皮贸易推进到西乌拉尔地区。

根据1415年的丹麦文件（见Sjögren，1828），科雷拉卡累利阿人于13世纪70年代首次进入挪威土地，部分原因是抢劫赫尔格兰德的萨米人。俄罗斯科学家证实了早期卡累利阿人进入白海西部和科拉地区这一事实。直到最近，卡累利阿人还生活在坎达拉克沙湾［即诺尔斯甘维克（Norse Gandvik）］的南端，冬天他们是活跃的海洋哺乳动物猎手，夏天他们是渔民。他们还生活在科拉半岛，在那里基洛夫（Kirov）和乌博伊（Umboy）之间的大多数地形名称来自卡累利阿语。从中世纪开始，卡累利阿人就占领了卡诺泽拉湖周围的土地，从1419年开始，他们就在位于瓦尔祖加河（Varzuga River）沿岸的印加（Inga）、穆诺泽罗（Munozero）、卡诺泽罗（Kanozero）、庞切泽罗（Poncheozero）、科维萨（Kovitsa）等地定居。

丹麦制图师克劳迪乌斯·克拉维乌斯［Claudius Clavius，亦称克拉乌斯（Clavus）］的文件表明，最偏远的卡累利阿人沿海毛皮贸易中心可能位于巴伦支海，该文件证实了卡累利阿人在其沿海和岛屿上的位置。克拉维乌斯从1413年到1424年在北部广泛旅行，后来在罗马声名鹊起，1480年，他在罗马出版了涵盖北欧的地图，并发布了关于北欧族群所处位置的相关信息。关于"格陵兰岛"（此处是指新地岛），他写道："这是一大片对着俄罗斯东部的土地。……俄罗斯最北部地区（那时仅意味着欧洲或西乌拉尔伯朝拉部分）居住着迁徙而来的卡累利阿人，他们的土地［新地岛］对着北极的东部。"（引自 Erslev，1885：170）

克拉维乌斯关于在普斯托泽尔斯克（Pustozersk）有一个维普斯卡累利阿人毛皮贸易中心的说法，后来得到了俄罗斯官员蒂莫休斯·克林斯塔特的证实。1732 年，克林斯塔特代表大天使省（the Archangel Province）政府前往梅津研究海洋狩猎和毛皮贸易，梅津是该行业的中心之一。卡累利阿人进入如此靠北的地方，原因可能是 13 世纪末莫斯科公国占领了毛皮贸易小镇乌斯特尤格，切断了从比埃洛奥泽罗（白湖）到尤格拉（Yugra）的卡累利阿贸易路线。从普斯托泽尔斯克出发，卡累利阿人可以在巴伦支海上安全航行到他们在白海的基地。

卡累利阿岩画中的船只

在贝洛莫尔斯克附近的白海西南部、维格河（在卡累利阿语中叫作"乌昆乔基"）和奥涅加湖上的古代卡累利阿岩画中发现了大量船形图案。与我们的研究最相关的图案是描绘来自新扎拉夫鲁加的兽皮船和贝索夫诺斯（Besov Nos）的树皮船（见图 4-1）。表 4-1 总结了卡累利阿岩画中已知的船形图案，并按照假定的图案年代排列。维格河上游的船型图案在贝洛莫尔斯克镇（在卡累利阿语中叫作"索罗卡"）附近发现，似乎是最古老的，可以追溯到石器时代后期（新石器时代）。其次是新旧扎拉夫鲁加的岩刻和岩画，靠近白海海岸，估计可以追溯到青铜时代。最后是奥涅加湖上的岩画，主要是在贝索夫诺斯，在卡累利阿穆斯塔霍基河（the Karelian Mustajoki River）下游发现；关于这些图案的年代有很多讨论，但科学家们大多同意它们的创作时间比在维格河和白海地区发现的要晚，也许由不同的族群创作。有些学者将奥涅加湖的船只历史追溯到青铜时代早期，但大多数图案较晚，是大约公元前 1000 年到公元前 500 年青铜时代晚期的作品。但 A. M. 塔尔格伦估计这些图案是公元前 1700 年创作的。

表 4-1　卡累利阿岩画中的船只形象

地点	与此地岩画中所有图案相比，船只图案的数量和比例	现代海拔（米）	距今时间（年）
维格河上游	29 个 10%	19.5~20	4500~5180
旧扎拉夫鲁加	32 个 15%	15.6	3300~3500
新扎拉夫鲁加	428 个 36%	15.3	4100
奥涅加湖	40 个 5%	目前湖面高度	3000~4500

出自：Autio, 1981。

尤里·A. 阿德维纳特（Yuri A. Advinatee, 1966）研究了贝洛莫尔斯克、新旧扎拉夫鲁加以及奥涅加湖上的卡累利阿岩画，讨论了这些图案是描绘真实船只还是仅仅具有象征性的争议。他提到 A. M. 利涅夫斯基（A. M. Linevski, 1939）和 A. J. 布留索夫（A. J. Bryusov）（20 世纪 30 年代撰写的文章）是那些认为岩画图案描绘真实船只的学者；包括 V. I. 拉夫多尼卡斯（V. I. Ravdonikas, 1936）和 K. D. 劳斯金（K. D. Lauskin, 1959）在内的持相反观点的学者则认为这些图案描绘的是太阳鸦（乌鸦）的形象，它们在隐居到另一个世界后，被运送到地球上来。此外，一些学者认为卡累利阿岩画属于单一传统，而其他学者则认为贝洛莫尔斯克的图案描绘的船只太大，无法用新石器时代的技术建造。最近关于这些问题的英语讨论是由波卡莱宁（Poikalainen）与厄尼茨（Ernits）提出的（Poikalainen and Ernits, 1998），另见波卡莱宁（Poikalainen, 1999）。现在取得的共识是，大型船只的图案（包括多达 24 个桨手和饰有动物雕像的船头）可能代表带有缝合木板船舷的原木船，而较小的图案则可以描绘带有缝合木板的兽皮船或原木船［俄语中称为"多伦卡"（dolblenka）］。

维格河的原木船

在维格河上游的岩画中，总共只发现了29个船只图案，这是该地区三个岩画地点中数量最少的一个。然而，这些图案很有趣，因为它们可能是卡累利阿最古老的岩画艺术，或许可以追溯到新石器时代。这些图案中的船看起来与该地区其他岩画中的有所不同，一些科学家认为它们是原木船形象。像利涅夫斯基和布留索夫一样，阿德维纳特认为这些图案确实体现的是原木船，有些船可能带有外伸支架。当配备平衡浮筒时，这种船可以进行长距离扬帆或划桨航行；这项技术在最近的20世纪就已是卡累利阿船只传统的一部分（Advinatee，1966），但研究北极和北大西洋地区的专家几乎对此一无所知。

与白海船只图案相匹配的最佳考古发现是1934年在芬兰出土的一艘维汉提加板独木舟，伊特科宁研究该船后在一本关于芬兰原木船的著作中公布了该船的详细信息（Itkonen，1942：51）。维汉提船是在阿尔普安贾尔维（阿尔普安湖）发现的，该湖位于奥卢以南约100公里处，靠近波的尼亚湾（北纬64.41.66度，东经25.21.66度）。今天，阿尔普安贾尔维距离波的尼亚湾40公里，距离白海和瓦朗格峡湾大约500公里，通过河流和湖泊连接。在奥卢附近，古老的原木船被称为"拉宾文"（lapinvene），意思为"拉普人的船"（Itkonen，1942：32）。时任赫尔辛基芬兰国家博物馆馆长的伊特科宁写道：

在维汉提一个干涸的人工湖底发现了一艘埋在113厘米深的湖底泥炭中的铁器时代原木船（后来由芬兰国家博物馆进行的花粉分析表明，该船可以追溯到大约公元前500年或2500年前）。这艘原木独木舟很可能是白杨木的，由于泥炭而腐烂变色，船尾和中部都已损毁。第二年夏天，发现了一个大约120厘米长的腐烂的船首，它很快就碎裂解体了。该船好像有外加的木板，两边各一块（缝在原木上）。一个大约10

厘米长的"角"从船底凸出……像青铜时代岩刻中可见的斯堪的纳维亚双角船的形象。另外，还发现了针叶树木条（10~19毫米厚，4~9毫米宽），用大约100厘米长的桦树皮条包裹着。树皮包裹的木条可能用来密封缝在原木船上的木板的接缝。(Itkonen，1942：51-52)

后来在维汉提遗址的发掘中发现了一尊青铜雕像和一块石棉陶片，这表明该船比原先想象的要古老，可以追溯到新石器时代，因此该船是芬诺斯堪的亚发现的最古老的木板船之一。维汉提型船可能也曾在白海使用过，正如布留索夫等俄罗斯科学家所设想的，而且可能在维格贝洛莫尔斯克岩画中有记载。这些发现支持了克莱姆（Klem，2010）的说法，阿尔塔船只图案代表的是独木舟，似乎部分或大部分阿尔塔和维格贝洛莫尔斯克岩画图案描绘的是木船。

新扎拉夫鲁加兽皮船

新扎拉夫鲁加拥有卡累利阿已知的最大的一组船只图案，总共有428幅。这些船只图案出现在海洋狩猎的场景中，人们用标枪捕猎白鲸，用鱼钩和鱼线钓鱼。研究人员认为，这些描绘类似于兽皮船，阿德维纳特（Advinatee，1966）和卡累利阿教授尤里·萨瓦泰耶夫（Yuri Savateev，1991）认为岩石艺术描绘的是真实船只，或者至少是真实的船只形象。萨瓦泰耶夫在卡累利阿研究渔业和海洋哺乳动物狩猎，包括新石器时代、青铜时代早期和铁器时代的船只使用。他认为白海岩画是与考古发现的解释非常吻合的描绘。海洋狩猎和捕鱼是早期卡累利阿经济的重要特征，为贸易和造船提供油脂和兽皮。在新石器时代和青铜时代，公元前4000年至公元前1000年，沿着奥涅加和拉多加湖区以及白海一带开始捕猎环斑海豹、有须海豹、白鲸和海象。在此期间，海上狩猎的激增必然伴随着船只技术的飞跃，而这一技术并不局限于沿海地区，因为在所有主要河流和湖泊中都发现了鱼类和海豹。扎拉夫鲁加就是这样一个位于维格河口的地点。萨瓦泰耶夫（Savateev，1991）认为这里的图案代表爱斯基摩式的兽皮船，因为它们的底部龙骨略微弯曲，让人想到船架和成角的船尾。他指出，虽然有些船很小，只可容纳1~6人，但其他船只则可容纳12~24人（一些北美爱斯基摩人的乌米亚克蒙皮船可容纳30~40人）。最近，马提诺夫（Martynov，2012）也认为这些图像描绘的是兽皮船。

奥涅加湖贝索夫诺斯的船只图案

只有少数罕见的奥涅加湖岩画展示了船只。白海上的岩画展示的是高干舷的短船，与之不同，奥涅加湖的图案则展示了又长又低的船只。考古证据表明，奥涅加湖南部的新石器时代和青铜时代的族群可能与白海沿岸的族群有所不同：奥涅加湖以东的遗址中有斯珀林斯（Sperrings）鱼骨印纹陶器，而奥涅加湖北部和白海海岸的遗址则有"梳齿纹"陶器（Autio，1981）。这些岩画遗址（距今约3000年至4500年）位于方便船只下水的沙质阶地上，通常位于小湖边或奥涅加湖的狭窄湖湾，但很少出现在河岸上（Vitenkova，2003）。萨瓦泰耶夫（Savateev，1991）认为，低干舷的奥涅加湖船只图案描绘的是桦树皮船，这些岩画的创作时间晚于其他卡累利阿岩画作品。

在其经典著作《环北极石器时代》（The Circupolar Stone Age）中，古托姆·杰辛讨论了俄罗斯靠近白海西南岸的奥涅加湖和维格河的卡累利阿岩画。他认为维格河和白海的图案描绘的是兽皮船，而奥涅加湖的图案展示的是树皮船。杰辛写道，树皮船主要在"瑞典、芬兰最南端和奥涅加湖以南使用。……虽然白海岩刻中的船只显然是兽皮船，但同时代奥涅加湖岩刻中的船只则完全是另一种类型"（Gjessing，1944：15）。但是，杰辛还认为兽皮船是北极沿岸最重要的交通工具，兽皮船与石灯、脱柄标枪和乌卢（ulu）刀是他所认为的环北极石器时代的核心元素。艾拉·基维科斯基（Ella Kivikoski，1944）在她1942年至1943年进行的俄罗斯卡累利阿研究中得出了类似的结论，发现了奥涅加湖船型和白海船型之间的本质区别。

正如杰辛所说，白海船只图案显示的是宽而短的船，干舷高、长而低的奥涅加湖船型船头有凸出的动物头雕。基维科斯基认为，桦树皮船的使用区域从奥涅加湖延伸到芬兰中部，在这一区域的迈利兰皮（Mylylampi）、维塔莫萨尔米（Viittamosalmi）、萨拉卡利奥（Sarakallio）、乌特曼萨尔米（Uittamonsalmi）和鲁米皮亚（Ruomikpia）的岩画中可以看到类似的船型。

早期的研究者沃尔特·沃格尔（Walther Vogel，1912：4-6）认为，此处的岩刻显示的是树皮船。这种双角船图案出现在瑞典和挪威的北部海岸，特别是在今天瑞典的哥德堡以北的斯卡格拉克（Skagerrak）海岸博胡斯兰的岩画之中，在丹麦也发现了这类船的青铜雕像。沃格尔提到爱德华·哈恩的理论（Hahn，1907），即先有缝制的树皮船，后来在斯堪的纳维亚半岛建造了缝制的木板船。1938年，一艘年代不详的独木舟遗骸在离拉多加卡累利阿不远的芬兰塞马湖北部地区的朱瓦公社苏尔尼米被发现。根据口头描述（Itkonen，1942：48），该船由桦树皮覆盖制作而成。这可能是被卡累利阿人或萨米人叫作"托海因威尼"（tuohine veneh）的一种桦树皮船。克里斯特·韦斯特达尔（Westerdahl，1985a，1985b）记录了瑞典拉普兰的其他树皮船，这可能是内陆北方森林使用树皮船区域的最西端边界，这一区域曾经横跨东西伯利亚，穿过乌拉尔山脉，最后直达芬诺斯堪的亚的卡累利阿和萨米地区。

《卡莱瓦拉》诗歌中的兽皮船

马尔蒂·哈维奥（Martti Haavio）在《瓦纳莫宁》（*Väinämöinen*）中写道，《卡莱瓦拉》诗歌传统起源于芬兰西南部，并随着芬兰人的迁徙传播到白海西海岸（俄罗斯凯米地区芬兰人的维耶纳卡累利阿），一起带去的还有他们的北欧符文字母和诗歌。《卡莱瓦拉》诗歌逐渐成为卡累利阿的芬兰传统的一部分。这些诗句在芬兰多地被多人收集，特别是在卡累利阿，埃利亚斯·隆诺特在那里收集了大部分诗歌，作为口头传统，诗歌在那里比在芬兰其他地区保存得更久。隆诺特发现，一些古老的芬兰西南部诗歌仍然存在于卡累利阿人之间,这些诗歌记录了日常生活和传统,也包括公元1600年至1850年使用船只的情况。

《卡莱瓦拉》中的诗歌以大量的真实和虚构故事展现了古代芬兰人的世界观,但诗歌也呈现了中世纪的生活和工艺。这些诗歌既涉及创造宇宙这样的宏大叙事,也谈到了啤酒、捕鱼、金属加工和造船等微观事件,几乎《卡莱瓦拉》所有的诗歌中都出现了船只主题,因为卡累利阿(像芬兰和拉普兰)拥有欧洲最广阔的内陆和沿海水道,而且其族群不得不使用船只进行短途和长途旅行。

描述船只建造的最古老的《卡莱瓦拉》诗歌之一是由克里斯特弗里德·加南德(Christfried Ganander)手写的23行符文组成的档案片段。他于1789年出版了第一部《卡莱瓦拉》诗歌选集《芬尼卡神话》(*Mythia Fennica*)。这部选集用17世纪的芬兰书面语记录,向我们展示了兽皮船建造概貌[手稿可以追溯到18世纪60年代,但是哈维奥(Haavio,1950)认为其正字法出自更早的时期]。很明显,加南德手头有记录下来的笔记可以利用,这些笔记可能是17世纪在波的尼亚湾东北部,也可能是在凯米河流入大海的凯米教区记录下来的。这首诗的第一部分体现了兽皮船建造的基本原理,大意如下:

>史密斯·伊尔玛利宁(Smith Ilmarinen)用他的知识造了一艘船,
>通过唱歌造了一艘船。
>造好船身后,他用鱼皮蒙船,
>用赤睛鱼鱼鳞给船身涂上润滑油。
>当要做舷缘时,
>他缺少三个[魔法]词。
>于是他去找这些词,
>从安德拉·维普南(Andera Vipunen)的口中。
>维普南已经死了很久,

很久了，
安德拉早就不见了，
肩上长着一棵大白蜡树，
膝盖上是一座松鼠山，
下颚骨上长着一棵桤树，
一棵稠李树做了［木头］项圈，
在他的胡子上。（Haavio，1952：11）

在芬兰卡累利阿语的《卡莱瓦拉》中，这首诗的前几行如下：

Teki Seppoi Ilmarinen, teki tiedolla venetta.
Latoi purtta laulamalla, jonga satti tehnehexi.
Sen ketti kulun kadella, voiti sorvan suomuxella.
Puuttui colmia sanoa,
paras puita pannesahan. （Haavio，1952：134）

哈维奥讨论了加南德提到的鱼皮、船和作为芬兰人名字由来的"索米"（Suomi）之间的联系：

［加南德的诗中］这些诗句可能包含了对古代兽皮船的回忆，造船者用鱼皮（"凯西"）覆盖船只。"索穆斯"（suomus）是"索米"一词的派生词，最初的意思是"鱼皮"，正如劳里·哈库林（Lauri Hakulinen）所说，"索米"也成为芬兰及其人民的代名词。有些证据表明，古代拉普人使用类似卡亚克皮艇的兽皮船，瑞典拉普人的某些信息似乎证明了这一点，但我们不知道他们有鱼皮船。（Haavio，1952：110）

事实上，在波詹玛（Pohjanma）［在瑞典的厄斯特博滕（Österbotten）］

有关于兽皮船的考古证据，在那里，加南德收集了这首诗。伊特科宁在关于芬兰原木船的著作中讲道，在如今的瓦萨镇附近的拉普阿社区，发现了一艘年代依然不详的兽皮船残骸，其"肋拱和线缝"仍然可见（Itkonen，1942：48）。在这个沿海地区的凯米（Kemi）和伊利斯塔罗（Ylistaro），也发现了两个石器时代的轻桨；在芬兰东北部位于萨武科斯基社区的凯米约基河源头发现了其他古老的船桨［2005年与卡洛·卡蒂斯科斯基（Kaarlo Katiskoski）私人交流］，可能与内陆桦树皮船有关（Itkonen，1942：48）。哈里·卢克卡宁有两只哈里·马基拉（Harri Makila）测量并制作的年代可追溯到3500年前的复制的萨武科斯基船桨。此外，16~18世纪的文学作品通常将海豹皮称为"鱼皮"，因此，考虑到我们对造船的了解，对于提到用鱼皮造船的诗歌并无争议。这种用法也出现在符文《海豹起源》（"The Origin of the Seal"）中，1828年，在塞马湖北部的凯萨拉蒂社区，符文歌手朱哈娜·凯努莱宁（Juhana Kainulainen）口授给隆诺特，其文如下：

> 毛尼（Mauni）的儿子小瓦尼（Vaini）造了一艘帆船，用他的智慧通过唱歌造了一艘小船。造好船体后，他用鱼皮把船蒙起来，用海豹的油脂给船抹油，用赤睛鱼鱼鳞装饰小船。他沿着涅瓦河（the Neva River）缓缓划船，绕着涅瓦半岛（the Neva Peninsula）（"涅瓦"（Neva）意思为沼泽］转圈。惠高（Huiko）（岸边的一个旁观者）在山那边的陆地上大声喊道："谁的船在水上，谁的船在浪上？"是老瓦纳莫宁（Väinämöinen）的船，水中涟漪荡漾，北方的涟漪荡漾，是水面上树皮荡起的涟漪。有一个人从海里升起，从海浪中升起，他数着海中的小岛，看守水中的鱼。他手里有六朵花，每朵花的顶端又有六朵花，花里全是海豹油脂，从中凝结成了海豹。你若作恶，就要坦白承认，改恶从善，把你的仇恨带进黄色的肺里，带进甜美的肝里。（引自 Haavio，1952：110-111）

正如这个故事所表明的，早期的萨米和芬兰文学经常提到用鱼皮（海豹皮）造船，以及他们精神和经济生活中的海豹、海豹皮和海豹油典故。该段节选的结尾暗示了海洋生物在精神净化仪式中的作用。（该段节选中也提到了瓦纳莫宁，他是古代的神或英雄，是包括《卡莱瓦拉》在内的早期萨米和芬兰民间传说中的主要人物。）

在许多古老的卡累利阿、萨米和英格利亚地区发现了描述兽皮船建造的相似的诗歌，这可能表明在广阔的领土上建造这种船的范围是，从白海和波的尼亚湾海岸到塞马湖和拉多加湖。除了芬兰的西北海岸外，还从南部的卡累利阿地峡［萨科拉（Sakkola）和伦帕拉（Lempaala）］和卡累利阿［武基尼埃米（Vuokkiniemi）］东北部，即俄罗斯白海东海岸的维耶纳卡累利阿，收集到类似的诗歌，其中都提到覆盖着鱼皮的船只。

这些《卡莱瓦拉》诗歌也让人了解了兽皮船的木质船架和建造特点。加南德收集的诗歌提到了各种各样的树，如白蜡树、桤树和稠李树，它们都能用来造船。在芬兰稠李木也因有弹性、易弯曲，被用来制作马具［洛基（luokki）］。西西伯利亚的萨莫耶德人、汉特人和突厥鞑靼人［切尔坎人（Chelkan）］在桦树皮船中使用稠李树枝作为舷缘和肋拱（Belgibaev, 2004；Pelikh, 1972）。与《卡莱瓦拉》有关的符文还告诉我们，在船只建造中，鱼骨和鱼牙被用作销子或钉子：在英格利亚人居住的卡累利阿地峡（芬兰与俄罗斯旧国界的俄罗斯一侧）莱姆帕拉（Lempala）社区收集到的一块符文上写道："他用索米鱼鳞［鱼皮］和梭鱼牙齿造了一条船。"（Haavio, 1952：110）这个想法看似新奇，其实非常实用，因为鱼牙销子比铁钉更耐用。

隆诺特编写的《卡莱瓦拉》中，还收录了另一首关于造船的歌曲（第16首），其中包含了建造一艘木板船的信息。他可能至少有两个理由选录这首歌。第一，主要人物瓦纳莫宁自己动手造船，而不是传说中的铁匠伊尔玛利宁，他在加南德的诗中造过船。第二，盖瓦式叠板船（一种加板的延展原木船）在卡累利阿和芬兰比兽皮船更常见，因此隆诺特的读者会更熟悉。

综上所述，通过分析收集到并注释过的《卡莱瓦拉》诗歌，我们发现其中提到了兽皮船、延展原木船["哈皮奥"]以及缝合与钉成的盖瓦式叠板船。我们还没有在《卡莱瓦拉》皮船，但如果考察所有与《卡莱瓦拉》有关的手写诗歌，我们正如前文所述，桦树皮船的一个术语——"托海因威尼"确实利阿语言中。因此，我们可以自信地说，《卡莱瓦拉》提供了史的证据，其中包括几乎所有古代已知的主要船型。

诺夫哥罗德：波罗的海俄罗斯贸易联邦

诺夫哥罗德联邦于公元862年在伊尔曼湖（Ilmen Lake）[维（Ilmajärvi）]的北岸成立，伊尔曼湖是伏尔霍夫河（Volkhov）源头，流入拉多加湖，距离芬兰湾200公里。一个多世纪前，即公年，来自瑞典的东部维京人在通往诺夫哥罗德的途中，在拉多加湖南岸立了一个贸易站，后来被称为旧斯塔拉亚拉多加，以便他们可以从事毛皮贸易，并将军事活动扩展得更远，东至伏尔加河，南至拜占庭（Byzantium）和黑海。根据传说和诺夫哥罗德编年史（Walsh，1948），该联邦是由三个芬兰卡累利阿族群和两个斯拉夫族群建立的。经过长期争吵，他们邀请斯拉夫鲁斯人（Slavic Rus）的瓦兰吉安（Varangian）酋长鲁里克（Rurik）王子统治诺夫哥罗德联邦，而王子的兄弟锡内乌斯（Sineus）则成为伏尔加河源头周围的比埃洛奥泽罗（白湖）地区的主宰，统治当地的维普斯卡累利阿人。因此，诺夫哥罗德起初是芬兰波罗的海斯拉夫联邦，拥有瓦兰吉安鲁斯人的上层建筑和早期民主社会（Lind，2004）。正如C.雷蒙德·比兹利（C. Raymond Beazley）在其翻译的《诺夫哥罗德编年史（1016~1417）》(*The Chronicle of Novgorod, 1016-1417*)（Royal Historical Society，1914）的导言中所说，诺夫哥罗德联邦是一个贸易实体，其权力来源于迫使其治下的属民纳税的联盟，属民通常用毛皮纳税。诺夫哥罗德贸易基于两个实体：

诺夫哥罗德定居区及其附属国，以及在它殖民统治下的一个巨大的邻近区域。

随着时间的推移，北方芬兰族群在联邦事务中的作用逐渐减弱，诺夫哥罗德联邦与伏尔加河的芬兰梅尔加人（Finnic Merja）、穆罗姆人（Murom）和莫斯科公国俄罗斯人的商业联系不断增加。这些商业往来沿着两条运输路线进行：一条从奥涅加湖到白湖，然后到伏尔加河源头；另一条从伊尔曼湖出发，经穆斯塔河 [Musta（Msta）River] 向东，穿过一条连水陆路通道到达伏尔加河流域。通往梅津-伯朝拉森林最重要的毛皮供应区的主要路线是在德维纳河北部的一些连水陆路运输通道，这一地区居住着科米兹里安人、曼西人和萨莫耶德人（Kovalev，2002）。船运是诺夫哥罗德联邦称霸的关键。下文中我们将介绍诺夫哥罗德联邦对造船史的独特贡献：一类由木材、树皮和兽皮制成的最不寻常的复合材料船。

瑞典海军军官菲利普·约翰·斯特拉伦伯格在其《欧亚大陆北部和东部的历史地理综述》（*Historico-Geographical Description of the Northern and Eastern Parts of Europe and Asia*）（1738）中指出，海盗利用兽皮船劫掠定期行驶在波罗的海东部和诺夫哥罗德之间从事贸易的商船。斯特拉伦伯格对俄罗斯帝国很熟悉，因为他曾作为战俘被送往西伯利亚，在18世纪20年代作为 D. G. 梅瑟施密特（D. G. Messerschmidt）探险队的一员考察了西伯利亚。几年后，斯特拉伦伯格在寻找与东方的贸易联系时，了解到伯朝拉毛皮商人知晓亚洲，他们将之称为"印度"。在公元1150年前后诺夫哥罗德联邦开始统治西乌拉尔和伯朝拉河流域之前，伯朝拉商人就已经到达了白海和波罗的海。

铁器时代晚期复合杨树皮船

1960年，在建于1044年的诺夫哥罗德克里姆林（Kremlin）（要塞）的弗拉基米尔塔的墙壁下发现了三艘相似船只的残骸（见图4-2A-B），这些船很可能是在诺夫哥罗德联邦成为波罗的海强国时制造的。它们非同寻常的结构结合了当时已知的所有技术，对其中一艘延展原木船进行最详细的研究后发现，该船有用内部木船架支撑的缝合的木板，用树钉（木钉）把一层兽皮固定在内部木板上，木板外面粘上一层白杨树皮。

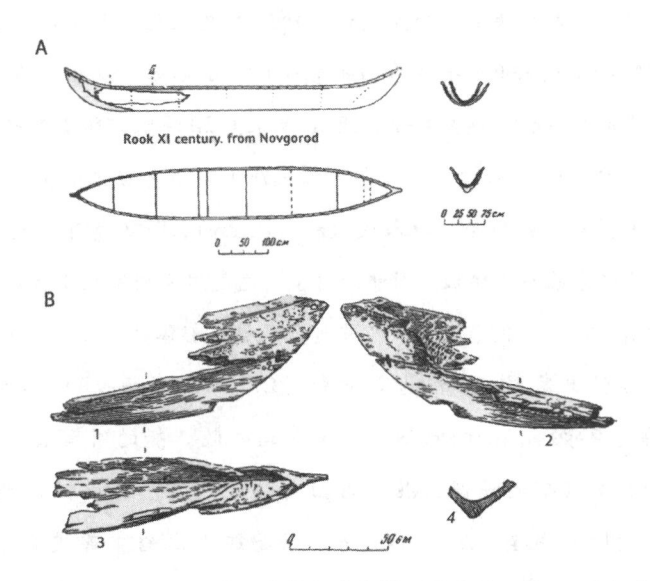

图 4-2　A. 1960 年在旧诺夫哥罗德的弗拉基米尔塔下挖出的一艘 11 世纪非比寻常的加板原木独木舟的构造复原图。B. 一侧船舷木板的残片，内表面覆着一层兽皮，外面粘着几片白杨树皮。（依据 Troyanovskiy and Petrov, 2018。）

根据詹姆斯·霍内尔（Hornell, 1940）关于船只历史的论文，树皮船首先出现，其次是独木舟和延展独木舟。诺夫哥罗德船只的出现挑战了这种传统的船只演变分类。根据霍内尔的分类，诺夫哥罗德船将被称为一个由独木舟船架加固的树皮船。但它也有兽皮成分，其构造包括一层兽皮。奥勒·克鲁姆林-佩德森可能会将之称为加板延展原木船，而克里斯特·韦斯特达尔可能会说这是一条缝合船，因为其框架和木板都是缝合的。事实上，它是三种船型的组合。研究诺夫哥罗德船的俄罗斯科学家 S. V. 特罗扬诺夫斯基（S. V. Troyanovskiy）和 M. I. 佩特罗夫（M. I. Petrov）详细描述了其中保存最完好的一艘船：

古船的三维尺寸为长 6.75 米，宽 90 厘米，高 55 厘米，船中心有个地方放一根小桅杆。……桅杆和帆原先会用缆绳系在船头和船尾上。原木船体由八根肋拱延伸而成，肋拱末端呈锥形。……从木板上的标记和船架的尺寸来看，肋拱伸展到离船舷侧板上边缘5厘米至7厘米的地方，低于舷缘。木板的上边缘有一个带着小矩形开口的小凸起，里面有直径为2毫米至3毫米的橡木钉。这些钉子相距18厘米至20厘米，环绕着整艘船。……还有另一系列的橡木钉，不是在原木底座上，而是在木板上。……在船头和船尾是另外一排钉子。原木底座和木板上的钉子不是齐平的，而是高出表面0.3厘米至0.4厘米。因此，钉子一定是用来固定0.3厘米到0.4厘米厚的没有保存下来的兽皮的，兽皮覆盖了整艘船体的外部。……

文物修复家G. N. 托马舍维奇（G. N. Tomashevich）鉴定了不同有机物的遗存痕迹，如松焦油、白垩和动物胶。船的所有表面都有松脂，而动物胶只在船的外部，混合着白垩油灰。在其他船只的残骸上也发现了动物胶和白垩。……用白垩质动物胶和木钉把兽皮牢牢地固定在原木船底上，这层兽皮保护着薄薄的木质船身。……在船头，一块木板用韧皮纤维绑在船身上。为了防止进水，船身和木板之间的连接处蒙了一块兽皮。（Troyanovskiy and Petrov，2018，第6~10段）

作者写道，《诺夫哥罗德编年史（1016~1417）》描述了11世纪三种不同类型的船只：简单型、"纳博耶诺"（naboynoy）型（铺板型）、适于航海型。"纳博耶诺"船型在船体上安装了额外的木板，这是在诺夫哥罗德发现的船型。在发现这种船型之前，在11世纪的诺夫哥罗德文化地层或其他俄罗斯城市中从未发现过这样的船只。西欧也没有类似的发现，那里已知的原木船没有用树皮或兽皮覆盖。

上述小型船只的复杂程度令人惊叹：外层树皮和内层兽皮、构造和装配的细节、销子和钉子的精确排列。同时，使用不同树木造船，即船体用白杨，框架用杉木，钉子用橡木，捆扎用椴树。所有这些细节都证明了诺夫哥罗德人的造船技术，以及他们10世纪在沃尔霍夫河（Volhov River）上游拥有的复杂的工艺技术。彼得·索罗金（Sorokin，1997）已经指出，维京铁器时代和中世纪，在诺夫哥罗德，带有缝合木板的延展原木船比铁钉船和独木舟更受欢迎。几百年来，那里没有建造铁钉船。诺夫哥罗德船似乎是建造原木船的一个长期传统的一部分，这种原木船的船舷缝合的木板用动物胶和木钉固定，而不是像同时代北欧维京传统那样用铁钉固定。在这些更为常见的船只背景下，非凡的诺夫哥罗德树皮和兽皮覆盖的木板原木船是一种反常现象，还是中世纪造船的主要技术路线？这仍然是一个只有未来考古发现才能解决的问题。

海洋波莫尔人：白海的俄罗斯猎人

A.J. 肖格伦（Sjögren，1828）研究了拉普兰和白海地区的芬兰人、萨米人、卡累利阿人和俄罗斯人（斯拉夫人）等族群，并论述了俄罗斯波莫尔人向北方迁移的情况（俄语中"Pomor"的意思是"沿海岸生活的人"）。这种迁徙始于13世纪40年代，蒙古人的进攻迫使人们进入蒙古马队不适宜穿越的北方森林。移民中有伏尔加居民，他们来到白海以南定居，在那里他们与当地的芬兰"丘德人"杂居融合（Spörer，1867）。随着时间的推移，波莫尔人的定义扩展到了所有的俄罗斯非土著居民，而白海以东的土著人仍然被称为丘德人，或者在白海海岸东部被称为科米兹里安人。在15世纪末，波莫尔人发现了斯瓦尔巴群岛（Svalbard）[斯皮茨卑尔根群岛（Spitsbergen）]。他们后来占据了该岛，比威廉·巴伦支1596年给这些岛屿命名早了100年。17世纪初，科米兹里安人和俄罗斯人杂居融合，被称为"波莫尔"毛皮猎人，他们是当时沿着北冰洋海岸到亚马尔半岛的北海航线（the Northern Sea Route）的贸易开拓者，最终到达白令海峡（Black，1988）。

白海渔业

白海南部海岸早期波莫尔人定居地的经济来源是捕鱼、海豹狩猎、制盐和毛皮贸易（Jasinski and Ovsyannikov，2010）。茂密的森林提供了燃料，波莫尔人用大金属锅煮海水提取盐，用来腌鱼和加工海洋哺乳动物皮。鲑鱼、鲱鱼、鳕鱼和其他海洋鱼类资源非常丰富，淡水鱼遍布湖泊和河流。包括竖琴海豹（学名：Phoca groenlandica）和海象在内的海洋哺乳动物也大量出现在沿海水域，而白鲸在夏季会游到河流下游，追逐包括鲟鱼在内的鱼类。其中，竖琴海豹最具经济价值，其脂肪和豹皮非常受欢迎，每年都有成千上万只海豹在春季的冰面上分娩和给幼豹断奶。因此，从中石器时代到现代，海豹一直是海洋猎人的捕猎目标。

1867年，俄罗斯波莫尔人在科拉半岛的摩尔曼斯克（Murmansk）海岸经营了41个捕猎鳕鱼、鲱鱼、鲑鱼和海豹的站点（Tengengren，1965）。在白海、卡宁半岛（Kanin Peninsula）、巴伦支海沿岸，远至新地岛和瓦加赫岛（见图4-3），还有更多。他们夏天捕鱼，随着冬天的临近，大多数渔民回到了他们在白海南部的家乡，向商人出售海洋哺乳动物皮和咸鱼干，商人把这些货物运到莫斯科、斯堪的纳维亚半岛和西欧。

图4-3　1899年，波莫尔猎手整装待发，准备在春季漂浮的白海海冰中猎杀竖琴海豹。［大天使省的莱辛格（Leitzinger）拍摄，由塔拉斯·丘普科（Taras Tyupko）提供。］

在白海捕猎海豹是一项规模宏大的活动，数千名猎人，包括波莫尔人、卡累利阿人和萨米人，从他们所在的挪威、瑞典和俄罗斯的内陆地区聚集到一起（Tenggren，1965）。如果打猎和捕鱼的地方远离家乡，人们就不得不在前哨站点过冬，他们把前哨站点作为其探险的集结地。19世纪初，猎人们在科拉半岛过冬，5月初出海捕鲸和海象。那些前往新地岛和斯皮茨卑尔根群岛的人猎杀北极狐、北极驯鹿、北极熊、海象和白鲸，在6月或7月乘船离开，几周后到达狩猎场。这些北极渔民的航行距离惊人，有时超过1900公里。这种航行可能早在15世纪就开始了。

1588年，英国驻俄罗斯使节吉尔斯·弗莱彻（Giles Fletcher）撰写了一篇关于在白海浮冰上捕猎海豹的报告。弗莱彻是最早在那里航行的西欧人之一，1584年大天使省建立后不久他就访问了此地。他的报告在塞缪尔·普查斯（Samuel Purchas）的百科全书式著作《普查斯的朝圣》（*Purchas His Pilgrim*）（1625年在伦敦出版）中被转载，提供了早期波的尼亚湾海豹捕猎的文献资料。提到弗莱彻的描述时，滕根仁（Tengengren）指出：

> 俄罗斯最重要的贸易品之一是从海豹脂肪中提取的油脂。夏末，当德维纳湾的最深处结冰时，海豹猎手们大量集结于此，在这里，他们把猎豹船拖上来存放，以备过冬。在冬末或初春，冰还没有裂开，猎人们就回到船上开始狩猎。他们把船拖到冰面上，在狩猎探险时睡在船上。由于海豹猎手数量庞大，17或18艘猎豹船组成一个船队，这些船队分成几个小组或几伙，每队5到6艘船。……
>
> 海豹成群结队地躺在冰上晒太阳，一群有4000或5000只。当一艘船上的猎手发现海豹时，他们就会点亮一个灯塔，其他船员就赶往现场。海豹被包围后，猎手用棍棒猛击海豹口鼻，将其打死。当海豹群注意到它们被包围后，就会聚集在一起，试图一起增加重量破冰。猎人必须经常涉水进入冰上形成的水池。屠杀之后，猎物在船员之间分配。从尸体上取下带着油脂的海豹皮，把尸体留在冰上，把海豹皮带

到陆地上。他们在海滩上挖 1.5 英寻*深的坑，然后一层海豹皮、一层烧红的热石头交替放在坑里，使得油脂熔化，和皮层分离。浮上来的海豹油品质参差不齐，在贸易站出售时用途也各不相同。(Tengengren, 1965: 450-452)

弗莱彻对海豹捕猎和巨大的海豹皮加工工业的描述提供了背景，说明了船只在白海和巴伦支海地区的海豹捕猎经济中的重要性，这一行业已经有数千年的历史了。这也解释了为什么船只在这个地区的古代岩画中如此突出。捕猎海豹当然具有实用价值，但在漂浮的春季海冰中追猎海豹是一项危险工作，因此在宗教仪式中需要给予庇佑和精神表达，其中包括岩画这种表现手段。

随着瑞典人铁器时代的祖先日耳曼农民沿着波罗的海西部向北扩张，他们取代了沿海的萨米族渔民和海豹猎手，也许蒙皮船的早期船型已经消失（Broadbent, 2010）。在芬兰西北部的奥斯特博顿，随着海上捕鱼和狩猎的减少，人们开始养牛和耕种土地。在白海地区，农业不是替代方案，只有在德维纳河以西的海岸才可进行农业生产。因此，白海海豹捕猎比波的尼亚湾持续时间长得多。滕根仁认为，白海渔业利润更高，规模更大，资金更充足，而且可能还受益于更丰富的自然资源。由于 17 世纪的过度捕猎，波罗的海和波的尼亚湾更为有限的资源日益枯竭。在这里，拉普人、卡累利阿人和芬兰人转为到内陆湖泊和河流捕鱼，但这些资源也在西方市场的压力下枯竭。这也是萨米人驯鹿放牧扩张的时期，这就要求牧民更加关注内陆地区。

波莫尔船只

人们对白海史前岩画中的船只的关注表明，数千年来，渔业一直吸引

---

* fathom，水深单位，1 英寻相当于 6 英尺或 1.8 米。——译者注

第四章　东北欧：波罗的海东部和西乌拉尔 / 149

着人们来到这里的海岸。尽管关于史前船只到底是蒙皮的框架船、延展独木舟还是木板船的讨论仍在继续，但岩刻清楚地表明了该地区古代船只的世系和传承（见第三章关于萨米人的一节）。这些岩画表明，有些船很小，而另一些则更大，能容纳6~10名桨手。到了中世纪，波莫尔猎人捕猎海豹的船只都加上了木板，并安装了雪橇滑道，这样就可以用人力将船拖过冰面。晚至20世纪初，波莫尔人使用了帆布覆盖的船只；一位只知其名为"大天使省的莱辛格"的摄影师在1897年或更早可能拍摄过这些船只的照片（见图4-4和图4-5），因为亚历山大·恩格哈德（Alexander Engelhard, 1899：297）的一本关于梅津海豹猎人的著作中有类似的照片作为插图，甚至可能这些照片拍摄的是相同的帆布覆盖的船只和波莫尔船夫。

图4-4　一张1899年的明信片显示，大约在1920年，俄罗斯波莫尔猎人拖着帆布覆盖的木板船在梅津附近冻结的冰上到达无冰开放水域的海豹捕猎场。（大天使省的莱辛格拍摄，由塔拉斯·丘普科提供。）

利用这些照片和其他照片，我们可以估计出典型的波莫尔船有6米到8米长，2米宽，1.2米到1.5米高。在舷缘下，船桨穿过最上面木板上的小端口。这些木船可能是用非常薄的木板或细纵梁做成的，照片显示船只表

图 4-5　猎人们在危险的冰面上成群结队地捕猎竖琴海豹，这张照片摄于 1899 年春。（大天使省的莱辛格拍摄，由塔拉斯·丘普科提供。）

面覆盖着帆布，可能是帆用帆布，上面涂着海豹油或是掺有焦油的油脂。

　　船体形状可能与 500 年或 1000 年前在同一水域航行的船只没有太大不同，尽管它们的构造和材料有变化。爱斯基摩人和科里亚克人的敞舱皮船和卡亚克皮艇也是如此。就如萨米卡累利阿丘德海豹猎人设计的船只一样，每当创造出一个好船型时，就有一种要把它代代相传的强烈趋势。卡累利阿人是熟练的造船者，他们既为自己制造船只，也出售船只；许多人在德维纳河口为俄罗斯人当造船工，既造大船，也造小船。这些传统甚至在他们为在白海和北冰洋航行而建造船只时仍在继续。直到 19 世纪，他们还在用维萨（vitsa）云杉根缝制木板来制造这些船只，因为用柔韧树根捆绑比铁钉更能承受冰的冲击，铁钉太硬，在寒冷的条件下容易断裂（Sorokin，1997）。

科米兹里安人：梅津-伯朝拉森林的毛皮猎人和商人

　　科米人的祖先最初居住在东北欧最大的森林区——梅津-伯朝拉卡马北方针叶林的乌拉尔山脉以西的卡马河（Kama River）中上游地区。根据《科米人学术词典》（Academic Dictionary of Komi People）（Komi People，2014），科米人与乌德穆德人［Udmurd，亦称沃蒂亚克人（Votyak）］是近亲，但在 1500 年至 2000 年前，科米人分裂为几个群体，其中一个群体迁移到维切格达河流域。在那里，他们与其他族群融合在一起，开始获得他们科米人（或科米兹里安人）的民族身份，而留在卡马河流域的人群则被称为科米佩尔米亚人（Komi-Permians）。他们东边的邻近族群是曼西人，北边的是涅涅茨萨莫耶德人，西边的是维普斯卡累利阿人。科米兹里安语与科米佩尔米亚语和乌德穆德语相近，都是芬诺乌戈尔语的佩尔米亚语（Permic）分支的一部分。

从 10 世纪到 15 世纪，俄罗斯人定居在北部德维纳河流域之前，科米人与北部德维纳河流域和维姆河（Vym River）流域的卡累利阿人接触。科米语中有许多来自卡累利阿语的借词和同源词，包括与农业、纺织、房屋建筑、食品、工艺品和服装有关的术语。许多世纪以来，科米人也采用俄语借词。现代科米族约有 34.5 万人，主要生活在俄罗斯的科米共和国。该共和国人口约由三分之一的科米人和三分之二的俄罗斯人构成。

科米兹里安人是整个欧亚大陆北部最杰出的毛皮商人之一，他们的贸易网络从白海一直到西西伯利亚和通古斯河。正如 A. M. 塔尔格伦（1934）所指出的，在公元 400 年至公元 500 年的卡马伯朝拉地区的铁器时代毛皮贸易期间，卡马河流域的佩尔姆兹里安人（Perm Zyrians）（生活在佩尔姆地区的兹里安人）出售曼西人和涅涅茨人在乌拉尔伯朝拉地区获得的貂皮和其他毛皮。科米人可能在德维纳河上游北部的大毛皮贸易中心乌斯特尤格拥有股份（J. Martin, 1983），并可能从 15 世纪中期开始与卡累利阿人在普斯托泽尔斯克的毛皮贸易中心合作。科米人在俄罗斯征服西伯利亚的早期阶段提供了帮助，并在奥多斯克的汉特要塞［现代萨勒哈德（Salekhard）］与汉特人、曼西人和涅涅茨萨莫耶德人的毛皮贸易活动中发挥了作用。在白海地区，科米兹里安人主要在梅津镇活动，参与商业捕鱼和海洋哺乳动物狩猎（后来被称为波莫尔贸易）。

科米兹里安人是陆地和海上的猎手，是极地海岸和西西伯利亚熟练的毛皮商人。在科米的后半段历史中，他们的主要交通工具是扩展的原木船和木板船，但他们早期的传统与兽皮船和桦树皮船有关联。他们可能是在佩尔姆地区与乌德穆德人一起生活时学会了延展原木船制造技术。在梅津附近的春季大型海豹捕猎作业中，科米人使用他们可以拖过海冰到达无冰开放水域或引道的船只。俄罗斯资料中经常把科米兹里安人描述为波莫尔人，而波莫尔人的海豹捕猎操作，包括他们使用的船只，也与科米兹里安人的相似。但在此我们的主要兴趣是从旧文献和后来的研究中收集到的科米桦树皮船及其构造和使用。大多数科米兹里安人和科米佩尔米亚人的邻近族群（如曼西人、汉特人和涅涅茨人）使用树皮船，科米人经常与这些族群在伯朝拉卡马地区交易毛皮时接触，所以很可能也同样使用树皮船。

科米桦树皮船

关于科米树皮船的最佳描述和历史可以在来自科米共和国的亚历山大·舒蒂金（Shutikhin, 2008）的文章中找到，我们撰写本章很大程度上要归功于他的学术成就和他在分享桦树皮船知识时的慷慨大方。

科米语和俄罗斯斯拉夫语的船只术语可能会产生误导，因为有些不是原始词，有些已经随着时间的推移而变化错讹，有时树皮船、木板船和原木船会根据时间、地点和说话人的不同而使用相同的名称。因此，据舒蒂金所说，在科米地区古树皮船以科米语和曼西语中的俄语外来词"乌什库姆"（ushkuem）、"科拉布"（korab）、"卡宇查克"（kayuchok）和"西莫德皮日"（syumodpyzh）的形式为人熟知，尽管俄语中桦树皮船的主要术语是"贝里斯坦卡"（berestyanka）。在伯朝拉森林生活的不仅有科米人，还有曼西人，他们最早的水上运输工具是"西莫德皮日"桦树皮船（Shutikhin, 2008：6）。如下文所述，"uskuem"或"ushkuy"的词义是兽皮船。尽管如此，俄罗斯学者 A. N. 普拉斯季宁（A. N. Plastinin）曾分析过西乌拉尔的语言、术语和船型，但他对科米内陆水域是否曾使用过兽皮船表示怀疑：

> 研究当地知识的基洛夫州学生 D. 扎哈罗夫（D. Zakharov）对 "ushkuy" 一词起源的思考使他想到 "乌什奎"（ushkuy）船是一种船身用撑开的牛皮蒙着的覆皮船（在科米语中，ya'sh=牛、小牛，osh=熊，ku=皮）。从语言学的角度来看，这也许是正确的，但历史资料告诉我们，"乌什奎" 船是一种延展原木船［odnoderevka］，在现代条件下，可以通过找到直径 1 米的白杨树来建造这种船。可能没有合适尺寸的原木是 "乌什奎" 船消失的原因之一。到公元第二个千年中期，过度的森林采伐导致古老木材资源枯竭，可能已经很难找到直径足够大和 18 米长的白杨树干。现在，建造一艘延展原木船，只能找到直径 30 厘米至 40 厘米、长度 6 米至 7 米的白杨树干。
>
> 关于斯拉夫语中 "ushkuy" 一词的由来，人们可以做出大胆而简单的假设，如人们在上乌斯特尤格的鲍里斯·尼古拉耶维奇·内姆迪诺娃（Boris Nikolayevich Nemdinova）的门廊下看到的，是一艘 "雕刻" 的延展原木船干燥后的形状，非常像动物卷曲的耳朵。从描述性的角度考虑，诺夫哥罗德人可能注意到软骨耳朵和白杨树皮船预制件在建造过程中被火烤干时的相似之处。在弗拉基米尔·达尔（Vladimir Dahl）的俄语词典中，有一个旧词，意思为 "船"，即 "ushkuy" 或 "ushkol"。在同一本词典中，延展原木船在大天使省被称为 "ushkan"，而在普斯科夫（Pskov）则被称为 "ushan"。……还有科米人的延展的小型桦树皮或白杨原木船［dolblenye］，被称为 "syumya" 或 "dpyzh"［桦树皮船］和 "pipupyzh"［白杨木船］，但是没有关于科米人蒙兽皮框架船的词语。（2008：5）

关于曾经在白海上使用骨架状兽皮船的可能性的其他提议是受到卡累利阿、奥涅加和贝洛莫尔（Belomore）（白海）岩画的启发，正如我们之前所述（Poikalainen，1999：64-67；另参见图4-1）。在这些图案中，描绘的船只显示有3~24名划船者（Shutikhin，2008）。大天使省的考古学家A.马提诺夫（A. Martynov，2012）在索洛维茨基（Solovetsky）修道院曾研究过驾驶木筏、延展原木船和兽皮船航行。他认为兽皮船是早期白海地区最有可能使用的船型，而在最近几个世纪才用帆布覆盖的木板船捕猎海豹。但像一只完整的科米树皮船或兽皮船那样的确凿证据，仍然不见踪影。而且据我们所知，文献中既没有描述，也没有插图。一个可能的结论是，科米人从很早以前就开始使用延展原木船进行内陆贸易探险，后来又采用了木板船进行海上冒险活动。

然而，我们确实有对乌拉尔山脉西侧的曼西桦树皮船进行的描述，这可能与科米船的历史有关。很久以前，安特罗波娃（Antropova，1961）的研究表明，特定民族使用的船只通常与其邻近族群的船只相似，特别是如果他们之间没有明显的文化或地理界线，例如有一条大河或山脉横亘其间。科米人和曼西人生活在乌拉尔山脉和白海之间的梅津-伯朝拉卡马北方针叶林中，他们之间没有这样的障碍。因此，很可能科米人和曼西人共享桦树皮船制造技术，正如舒蒂金和其他学者所设想的那样，两个族群沿着伯朝拉河和卡马河的支流建造了几乎相同的船只。可以进一步归纳一般的经验法则：同一海岸或同一森林中的族群倾向于制造相似的船只。这一原则同样适用于北美北极地区，那里的卡亚克皮艇类型从阿拉斯加西南部到格陵兰岛和拉布拉多地区之间只是逐渐变化（Rousselot，1994：图13-6）。

因此，写过卡马河上游索利卡姆斯克（Solikamsk）船只的乔安·戈特利布·格奥尔基（Johan Gottlieb Georgi）对曼西白桦树皮船的描述，也可能适用于科米人："他们用桦树皮制作渔船，用驼鹿筋缝合，然后用落叶松树脂处理接缝。"（Georgi，1776a：66）其他信息来自一本旧的莫斯科海关手册，书中描述了1655年至1656年，商人们乘坐5~7米长的桦树皮船出现在维切格达河沿岸的乌斯特尤格毛皮小镇，每艘船上有3~6个桨手和大量毛皮货物（Shutikhin，2003；另见本书第五章关于曼西人的一节）。

基于对树皮船的了解，亚历山大·舒蒂金（Shutikhin，2008）于2007年8月在基洛夫州波多西诺夫斯基区（the Podosinovskiy District）的普什马河（the Pushma River）上建造了一艘曼西族风格的树皮船（见图4-6、图4-7）。他用了两块大白桦树皮，用松根捆绑的云杉树枝做肋拱，只用刀、锥子和斧头造船。该船尺寸为4.5米×0.90米×0.30米，自重35千克，体积较大，可载两人，载重150千克。他和A. 马提诺夫通过在河流上划行成功地测试了这艘树皮船，甚至划着这艘船进行从索洛维茨基群岛到白海大陆40公里的试航（Martynov，2012）。

图4-6　2008年，在科米共和国的科特拉斯（Kotlas），亚历山大·舒蒂金和他复制的一只桦树皮船。（亚历山大·舒蒂金拍摄。）

图4-7 2008年亚历山大·舒蒂金划着他复制的科米树皮船。（亚历山大·舒蒂金拍摄。）

西希尔蒂亚人和伯朝拉丘德人：巴伦支海和喀拉海岸的前萨莫耶德人

1928~1929年，俄罗斯考古学家瓦莱瑞·N. 切尔内佐夫（Valerie N. Chernetsov）前往亚马尔半岛时，发现了一些捕猎海洋哺乳动物族群的遗迹，这些人曾在500~1500年前生活在那里。后来，当他把他的研究扩展到涅涅茨人时，涅涅茨人告诉他一个叫作西希尔蒂亚人的古老的前萨莫耶德族群曾经居住在涅涅茨人占据的土地上。他们关于西希尔蒂亚人的传说丰富多彩，也许是与丘德人（俄语中指"外邦人"或"恶魔"）相同的一个半神话族群，很快切尔内佐夫就把公元 500 年前后的铁器时代后期一种海洋导向文化的沿海考古发现与传说中的西希尔蒂亚人联系起来。他想知道这些人是否为早期欧洲探险家描述的在瓦加赫岛和新地岛遇见的驾驶着兽皮船的海洋哺乳动物猎手。

许多涅涅茨人传说都描述了西希尔蒂亚人。正如安德烈·戈洛夫涅夫（Andrei Golovnev）和盖尔·奥舍伦科（Gail Osherenko）所述："西希尔蒂亚人是传说中的小矮人，曾经消失在地下，现在仍生活在地下，被认为是涅涅茨人在苔原上的祖先，有时充满敌意，但通常较为友好。他们能在夜晚或薄雾中出现在地面上。在地下，他们放牧着陶土驯鹿，驯鹿'角'用来做他们地穴房屋的门把手。他们似乎是熟练的铁匠和魔术师，向人们展示铁器或青铜物品。"（Golovnev and Osherenko, 1999: 28）西希尔蒂亚人这样的故事有助于解释猛犸象牙以及海岸线和考古遗址中发现的腐蚀的金属制品。

切尔内佐夫的发现给了他理论启示，即西希尔蒂亚人可能与西伯利亚和阿拉斯加的爱斯基摩人有关。在 20 世纪二三十年代，北美的考古工作界定了图勒（Thule）（因纽特）文化和其他史前爱斯基摩文化，但尚未解决爱斯基摩人起源问题。一种类似古爱斯基摩人的文化可能起源于欧洲北极地区，并传播到白令海峡和北美，这一观点与 19 世纪爱斯基摩人起源于欧洲旧石器时代文化的理论产生了共鸣。尽管切尔内佐夫关于西西伯利亚的类似爱斯基摩人文化的假设后来被推翻（W. Fitzhugh, 1998, 2010），但正如他和后来的研究者指出的那样，两者确实存在相似之处，特别是在兽皮船和海上生存技术领域。

亚马尔的兽皮船：源于本地还是环北极爱斯基摩人？

切尔内佐夫首先提出的事实和理论说服了许多国家的科学家，他们考虑西希尔蒂亚人和爱斯基摩人之间有联系的设想，以及杰辛（Gjessing, 1944）、斯帕丁（Spaulding, 1946）、W. 菲茨休（Fitzhugh, 1975）等提出的更广泛的环北极和环北方文化联系问题。20 世纪 30 年代以来，学者们调查了爱斯基摩人在太平洋北部和白令海过去两千年的发展。解决爱斯基摩人起源问题，需要研究涅涅茨人和西希尔蒂亚人之间的关系（Erichsen and Birket-Smith，1936；Vasiliev，1979；Golovnev，1995；Khomich，1995）、西希尔蒂亚人考古身份（Pitulko，1991；Fedorova，2003；Kosintsev and Fedorova，2001），以及他们与爱斯基摩人的环北极联系、海上狩猎和兽皮船。

这类研究大多围绕着兽皮船和海洋哺乳动物捕猎展开。英国船长斯蒂芬·巴罗在1556年最早描述了巴伦支海中的卡亚克式兽皮船。8月1日，巴罗得知"大岛[瓦加赫岛]上……有叫作萨莫耶德的族群[涅涅茨人]，他们没有房子，只有鹿皮做的栖身处"。8月2日，他参观了一个萨莫耶德人的祭祀场所，在那里他看到数百个雕像沾满了献祭驯鹿的鲜血。8月3日，他提到"他们的船是用鹿皮做的，背着船上岸"（Burrough，1567；in Hakluyt and Goldsmid，1903：338-339）。皮埃尔·马丁·德·拉·马蒂尼埃在1670年前后前往巴伦支海的航行中记述了更多细节：

> 我们把他们（来自新地岛的人）和他们的船只一起带到我们船上，他们的船做成"贡多拉"（gondola）船的样子，长15英尺到16英尺[5米]，宽2.5英尺[0.76米]，非常巧妙地用鲸鱼或海象的骨头和皮制成。在船里面，兽皮缝成一个袋子状，从船的一侧延伸到另一侧。当人们坐在这样的船上时，一直到腰部都能防水，因为水不能渗透到船里。这种结构使人们在任何天气下都能安全航行[旅行]。(de La Martinière，1706：91)

弗朗斯·O. 贝尔亚夫斯基的《北冰洋之旅》（*A Trip to the Arctic Sea*）（参见图5-2）中出现了类似卡亚克皮艇的描述和图片：

> 奥斯蒂亚克人[汉特人]和萨莫耶德人[涅涅茨人]的船只类似于俄罗斯的普通船只，区别在于它们没有区分船头和船尾；船顶覆盖着清洗过的鲸鱼肠，鲸鱼肠在船中央收拢，类似于女式钱包的封口。

在洪水和暴风雨以及捕猎鲸鱼和海豹期间,需要非常熟练的动作。土著们上船后,系紧腰部防水裙的收紧绳。然后他们不仅沿着河流行船,而且会进入鄂毕湾和北冰洋沿岸,在那里他们会像海豚一样潜水,追逐鲸鱼和猎杀幼小海象,感觉非常安全。(Belyavsky, 1833:258)

在杰辛 1944 年的专著《环北极石器时代》出版并确定了北部海洋文化的共同特征之后,切尔内佐夫 1935 年撰写的报告《索维茨卡亚埃托格拉菲亚》(*Sovetskaya Etnografiya*)逐渐为人们所知,并提供了来自广阔、未知的俄罗斯北极地区的第一批考古数据。切尔内佐夫的工作是一个分水岭,引起了欧洲和北美学者的注意,他们开始尝试解决"爱斯基摩人起源问题"(参见第六章的进一步论述)。19 世纪的理论家曾提出爱斯基摩人起源于欧洲中石器时代的驯鹿猎人,他们在冰川消融后迁徙到北极海岸,并在冰河时代末期开始猎杀海洋哺乳动物。如果这一理论是正确的,那么从俄罗斯北极地区到白令海峡和北美洲应该有一系列考古证据。但除了类似爱斯基摩人的旧石器时代技术和北欧地区中石器时代猎杀驯鹿和海洋哺乳动物的证据之外,直到切尔内佐夫开始在亚马尔半岛进行研究,才发现了来自广阔的俄罗斯北极地区的证据。他在 1935 年的报告中指出了一种铁器时代的海洋哺乳动物狩猎文化,填补了这一领域的研究空白。

从这些[考古]记录中我们可以看到,在巴伦支海和喀拉海沿岸制造的兽皮船与楚科奇人和爱斯基摩人的兽皮船完全相似。此类船只的出现表明捕猎海洋哺乳动物的水平很高。……依靠[来自亚马尔半岛]的考古发掘和文献资料,我们可以确定古代海洋文化的主要特征。……从海象骨骼的丰富程度来看……我认为海象是最重要的捕猎动物之一。……重要的是要提到在那里广泛使用的标枪,它们在类型上与古亚洲人和爱斯基摩人的标枪样本相似。……[这些数据共同表明],在无冰开放海域中,对海洋哺乳动物的捕猎已经发展成熟,捕猎水平很高。(Chernetsov, 1935:131)

切尔内佐夫还指出，亚马尔半岛和最近确认的北美北极地区的图勒（因纽特人）文化有着特殊的相似之处："我们不能不推断，［巴伦支海］文化的主要特征，也是瑟克尔·马蒂亚森（Therkel Mathiassen）根据努德·拉斯穆森（Knud Rasmussen）在北美北极和格陵兰岛［1921~1924年第五次图勒］探险中收集到的数据确定的所谓图勒文化的特征。"（Chernetsov, 1935：132）他还对在确定亚马尔半岛考古发现与爱斯基摩人之间的联系时存在的问题进行了思考：

> 喀拉海和巴伦支海沿岸的数据极其稀少和零碎，使我无法完全重建西方海洋文化的所有形式，也无法详细讨论其与图勒文化的相似之处。然而，弗雷德里克·施密特（Frederick Schmidt）在这两种文化中发现的一些问题，例如标枪的使用、石器工艺、许多其他类型的工具和器具以及装饰图案的相似之处，现在可以用更多的数据来补充：亚马尔半岛使用的长箭头与施密特［在博苏伊奥列尼岛（Bolshoi Olenyi Island）］所描述的相似；一种接近古爱斯基摩人风格但在涅茨人的骨制品工艺中没有出现的装饰物；最后是马蒂尼埃报道的新地岛妇女的文身，与当代楚科奇女性使用的文身图案惊人地相似。不幸的是，从鄂毕湾到［欧亚］大陆东北端的北极海岸的广阔区域，从考古学的角度来看几乎完全是未知的。这种［地理上的分离］使我们无法涵盖沿着这一区域存在的古代海洋文化，也不能或多或少令人信服地谈论其东西两个最遥远文化版本之间的联系。目前，要确定这些古代亚马尔文化的传承者的民族背景似乎不太可能。（Chernetsov, 1935：132-133）

作为本书著者我们并不完全相信这些早期的描述，正如埃里克森（Erichsen）和伯基特-史密斯（Birket-Smith）在他们对切尔内佐夫的发现的总结中所报告的那样，即使是切尔内佐夫也对这些描述持谨慎态度，他指出："无论过去的描述说了些什么，那可能并不总是正确的，尤其是关于马蒂尼埃的描述。"（Erichsen and Birket-Smith，1936）其他学者也认为德·拉·马蒂尼埃的描述是有问题的，有些似乎是幻想，他可能描述了他从未见过的地点和事物。即使是17世纪和18世纪可靠的书面资料也很难做到没有错误。尽管如此，马蒂尼埃1670年对兽皮船和衣服的描述与巴罗早先的报告相符。德·拉·马蒂尼埃是一名训练有素的外科医生，于1653年在丹麦国王腓特烈二世（Frederick II）的资助下参加了丹麦北方贸易公司（the Danish Northern Trade Company）的一次考察，目的是发现自然资源和贸易机会。返回丹麦后，舰队报告了考察的地点，并向国王呈送了四名新地岛土著居民。这四名俘虏包括两个女人和两个男人，他们可能是涅涅茨人，但也可能是涅涅茨人的前辈——神秘的西希尔蒂亚人（见图4-8、图4-9）。

图4-8 法国医生和探险家皮埃尔·马丁·德·拉·马蒂尼埃的探险报告中有这样一幅插图：新地岛上的一位喀拉猎人带着他的标枪和船从欧洲人身边逃脱。（摘自 de La Martinière，1706：151。）

图 4-9 这些 17 世纪的新地岛猎人手持标枪和弓，穿着鸟皮衣服。探索东北航道的欧洲人急切地想从巴伦支海和喀拉海丰富的海豹、海象和北极熊中获利，这些资源已经被土著人开发利用，他们可能是西希尔蒂亚人或涅涅茨人。（摘自 de La Martinière，1706：151。）

俄罗斯考古学家列奥尼德·赫洛贝斯汀（Leonid Khlobestin，1990）、弗拉基米尔·皮图尔科（Vladimir Pitulko，1991）、威廉·菲茨休（Fitzhugh，1998）和娜塔莉娅·费多罗娃（Natalia Fedorova，2003）在切尔内佐夫研究的遗址上对亚马尔半岛进行的新发掘明确了这些问题。他们的发现证实了涅涅茨人的前辈——西希尔蒂亚人在春天和夏天用标枪猎杀海豹和海象，并在河流交汇处截获迁徙的野生驯鹿，但喀拉海遗址没有显示爱斯基摩标枪或其他文物的具体类型。这些学者将亚马尔半岛遗址追溯到铁器时代晚期和中世纪早期，在公元 500 年至公元 700 年和公元 1100 年至公元 1400 年，在集约型驯鹿放牧的传播使海上狩猎和长期的沿海定居点废弃之前。今天可以肯定的是，铁器时代的亚马尔人和他们的后辈西希尔蒂亚人、汉特人或涅涅茨人曾经在巴伦支海岸和喀拉海岸以及岛屿之间用兽皮船猎杀海洋哺乳动物。然而，有关北欧或西西伯利亚原始爱斯基摩文化的幻想已经消失。西希尔蒂亚人、丘德人和这些地区的其他早期民族确实发展形成了古代海上狩猎和捕鱼的适应性，但与爱斯基摩人及其高度专业化的卡亚克皮艇没有任何联系。

作为这段历史的结尾，2011年奥列格·卡达什（Oleg Kardash）发表了他在纳霍德卡湾（Nakhodka Bight）的西希尔蒂亚山口的发掘成果，西希尔蒂亚人的历史翻开了新的一页。在亚马尔半岛东南部，他发现了一个可追溯到13世纪20年代的大型地穴房屋定居点的遗迹。这个村庄长期被沿海居民占据，他们是猎人和渔民，没有驯鹿（Kardash，2011：11）。科学家们可能第一次发现了一个"西希尔蒂亚人"村庄，那里的居民猎杀海洋哺乳动物，而不放牧驯鹿。也许在这一遗址的永久冻土中会有关于他们船只的证据。

西希尔蒂亚人与丘德人之间的联系

前面的大部分描述也适用于早期文献中称为丘德人的族群，事实上，他们可能与西希尔蒂亚人是同一个民族。伊万·莱皮金（Ivan Lepekhin）和一位只知被叫作维尼亚明（Veniamin）的传教士收集了一些关于西乌拉尔北方针叶林区的西希尔蒂亚人和丘德人的最早资料。根据L.P.拉舒克（L. P. Lashuk）：

> I. 莱皮金院士（1806，参见Lepehkin，1774）了解欧洲北部关于"丘德人"的传说，试图以考古遗址的形式寻找他们的踪迹。根据当地的资料，他做出以下论述："在梅津地区的整个萨莫耶德人土地上，到处都是古老民族的简陋住所。在许多地方都能找到这些住所：湖泊附近、苔原带、森林、河流、山丘、有类似门的开口的洞穴（地穴房屋）。这些洞穴中的壁炉里有铁、铜和黏土制成的家用器具残片。"

涅涅茨人关于博尔谢泽梅尔（Bol'shezemel'）西希尔蒂亚人的故事没有被敏锐的传教士维尼亚明（Veniamin，1855）忽略。他写道："科罗泰哈河（the Korotaikha River）以其丰富的鱼类和丘德人的土穴而闻名，根据萨莫耶德人的传说，远古丘德人在古代就退居到土穴中。这些洞穴位于距离河口10俄里［11公里］的右岸山坡上，自古以来萨莫耶德人就把苏尔特西亚（Sirte-sya）称为'丘德山'。"（Lashuk，1968：180）

出生于德国的亚历山大·古斯塔夫·施伦克（Alexander Gustav Schrenk）是圣彼得堡皇家花园（Imperial Garden）的植物学家。他收集了更多有关西希尔蒂亚人和丘德人的详细信息。1837年，他穿越俄罗斯所属的西乌拉尔，从大天使省到梅津，然后到达伯朝拉河和普斯托泽尔斯克。作为一名自然科学家，他研究了动植物和沿途遇到的族群，即他穿越北方针叶林和苔原海岸时，以及在新地岛和瓦加赫岛上遇到的民族。他还从这些地区的科米兹里安人、萨莫耶德人、俄罗斯人和遇到的其他当地人那里收集到被称为丘德人和西希尔蒂亚人的古代民族的信息，包括他本人、萨莫耶德人或其他当地人研究或见过的对考古遗迹的描述。他还收集了关于西希尔蒂亚人和其他族群的萨莫耶德传说，他的日记（Schrenk，1848）是关于丘德人和西希尔蒂亚人历史的主要记录。

施伦克（Schrenk，1848）发现，被萨莫耶德人称为"生活（或消失）在地下"的西希尔蒂亚人和被俄罗斯人称为丘德人的是同一族群。他指出，喀拉河有一条名为锡尔特塔（Siirteta）河的支流，可能指向西希尔蒂亚人的原始位置。西希尔蒂亚人出现在科米兹里安人的传说中，居住在亚马尔北部的萨莫耶德人也知道他们。此外，施伦克认为伯朝拉河的名字与"佩什迈拉"（peschmera）（俄语中意为"洞穴"）有关，可能是指丘德人的"洞穴"或地下住所。

施伦克描述了古代丘德人遗址和地下住所，从梅津地区延伸到普斯托泽尔斯克，以及伯朝拉河下游和河口的河岸，再往东延伸到靠近亚马尔半岛的喀拉河。遗址和地下住所大多数位于河口,这样人们可以全年捕鱼和狩猎。施伦克得知,许多丘德家族很久以前就住在梅津附近,但被诺夫哥罗德军队杀害。从11世纪到15世纪,诺夫哥罗德的俄罗斯统治造成了与狩猎、捕鱼和猎获毛皮有关的战争,在此期间,丘德人和西希尔蒂亚人的数量减少了。但是在普斯托泽尔斯克以东,15世纪后期在芬兰丘德人建立的沿海毛皮狩猎村(Klingstädt,1769)里,施伦克遇到了一些人,他们自称是芬兰丘德人后裔。

据当地涅涅茨人说,在沿海地区,西希尔蒂亚人的房子不是建在地下,而是用浮木建造的,门朝东。他们的捕鱼和狩猎营地里有海豹和荨麻纤维制成的渔网的残骸,有些渔网带有铅坠或海象牙网坠。涅涅茨人因其名声而知道西希尔蒂亚人,施伦克报告了涅涅茨人的观点:"我们可以肯定地认为,西希尔蒂亚人和今天的萨莫耶德人(涅涅茨人)一样,都居住在海岸边,从事捕鱼和猎杀海洋动物活动。"(Schrenk,1848:377)萨莫耶德人还认为丘德人不是萨莫耶德人,他们讲着不同的语言,但其生活与萨莫耶德人相似。像萨莫耶德人一样,丘德人也是游牧民族,拥有驯鹿。甚至在那时,萨莫耶德人仍然可以在苔原上找到一个有古老的丘德人的地方,那里竖起了一个树皮或兽皮覆盖的帐篷。施伦克还介绍了在海岸、瓦加赫岛和新地岛上狩猎海洋哺乳动物的传统,包括狩猎白鲸,这种西希尔蒂亚人贸易形式由萨莫耶德人从事,后来由俄罗斯人和其他商业猎人在普斯托泽尔斯克继续从事。

关于西希尔蒂亚人和丘德人的起源,芬兰科学家马蒂亚斯·A.卡斯特伦所做的解释最气势恢宏、影响深远。19世纪30年代末,他执行一项俄罗斯科学院的任务,在从沿北极海岸的梅津到伯朝拉河的西乌拉尔旅行。他谈到了"丘德洞穴",并听到了科米兹里安人和萨莫耶德人关于西希尔蒂亚人的传说。但他的主要任务是对说芬诺乌戈尔语的族群进行语言和民族志研究。卡斯特伦(Castrén,1844)发表的关于生活在诺夫哥罗德地区说芬诺乌戈尔语的扎沃罗切丘德人(Zavoloch'e Chud)的论著,提出卡累利阿人的领土曾经包括白海南部和德维纳河北部,而古代的西希尔蒂亚人可能和丘德人一样,是与卡累利阿人或者是科米兹里安人有关联的族群。

然而,尤金·赫利姆斯基(Eugene Helimski)的现代语言学研究(Helimski, 2001, 2006)与安德烈·戈洛夫涅夫和盖尔·奥舍伦科(Golovnev and Osherenko, 1999:28)等的民族志研究表明,西希尔蒂亚人和丘德人与萨米人无关,但很可能是芬诺乌戈尔人,或者更准确地说,后来与涅涅茨人有联系的乌戈尔人(Tapani Salminen,与哈里·卢克卡宁的私人交流)。这也是弗拉基米尔·皮图尔科(Pitulko, 1991)的结论,他在瓦加赫岛和尤戈尔海峡(Yugor Strait)对岸的考古遗址中挖掘出了源自两种或两种以上海洋哺乳动物狩猎文化的骨器、石器、陶器、金属器具和木器。这些遗址及其多重占据地层可以追溯到近两千年前,这些遗址的考古发现与西西伯利亚其他地区的发现相似,比如 1949 年切尔内佐夫在萨勒哈德附近乌斯特-波鲁伊(Ust-Polui)的考古发现,也表明这些人是乌戈尔人,而不是萨米人(Chernetsov and Moszynska, 1974:part Ⅲ)。

根据考古证据,皮图尔科(Pitulko, 1991:33)写道,亚马尔半岛和喀拉海哺乳动物狩猎的历史要古老得多,大约始于公元前 1000 年之前。公元 1000 年前后,尤戈尔海峡遗址发生了文化变迁,与涅涅茨文化有关的文物增多。皮图尔科认为,乌戈尔文化和涅涅茨文化长期共存于鄂毕河下游和亚马尔半岛。涅涅茨人最终从乌戈尔人那里借鉴了季节性海洋狩猎经济模式,也许是通过同化乌戈尔人实现的,因为海洋哺乳动物狩猎后来才成为涅涅茨人经济体系的一部分。

这些语言和考古研究证实了切尔内佐夫最初的假设,即西希尔蒂亚人可能是乌戈尔人,来自海岸和大陆的大多数证据都指向这个结论。我们也可以得出这样的结论:伯朝拉丘德人是同一个或与之相关的乌戈尔族群,而且,由于居住地区有一些连续性,曼西人、汉特人或他们的一些海洋族群也可能包含在其中。这段历史在鄂毕河河口重现,汉特人在那里进行海上狩猎(参见第五章关于汉特人的一节)。同样清楚的是,正如弗拉基米尔·瓦西里耶夫（Vladimir Vasiliev，1979）所论证的那样，尤拉克萨莫耶德人（the Yurak Samoyed）（涅涅茨人）后来开始从事西希尔蒂亚人早期在巴伦支海岸和喀拉海岸以及瓦加赫岛和新地岛进行的海上贸易。因此，最终看来，涅涅茨驯鹿牧民同化了西希尔蒂亚人，继承了他们在亚马尔半岛、鄂毕湾和西乌拉尔季节性狩猎海洋哺乳动物的传统（参见第五章关于涅涅茨人的一节）。当涅涅茨人扩张到乌拉尔山脉以西时，他们很可能也同化了一部分丘德人。

（崔艳嫣　译）

第五章
西西伯利亚：鄂毕河和亚马尔半岛

乌拉尔山脉以东是辽阔的西伯利亚地区，它的俄语名字"西比尔"（Sibir）可能来源于额尔齐斯河（Irtysh River）流域的城镇或要塞的名字。1581年，著名的俄罗斯哥萨克（Cossack）领袖叶尔马克（Yermak）在那里击败了当地的一位蒙古可汗，为俄罗斯向东直至太平洋的征途开辟了道路。额尔齐斯河是鄂毕河左岸的主要支流，流经整个西西伯利亚地区，从哈萨克斯坦到北冰洋，从乌拉尔山脉到阿尔泰山脉（Altai Mountains）。它的重要特征之一是其适航性，在数百英里内几乎没有瀑布或急流阻拦。鄂毕河流域覆盖面积约300万平方公里，它1.5万公里的水道夏季大多可以通行，冬季能提供半年的冰面运输。围绕鄂毕河流域的低地和沼泽有大量的鱼类，包括以鱼肉和黑鱼子酱而闻名的鲟鱼，那里的森林和苔原地区盛产毛皮动物以及鹿、熊和其他动物。

鄂毕河流域非常辽阔，是许多土著文化的发源地，其中包括许多将在本章讨论的文化群体，如涅涅茨人、汉特人、曼西人、塞尔库普人、一些南萨莫耶德族群和阿尔泰山脉北部的突厥鞑靼人。由于鄂毕河中下游地势低且多为沼泽，水路运输在历史上必不可少。这里的造船技术从16世纪起就为人所知，反映了该地区的文化多样性以及欧洲和俄罗斯技术的影响，这促成了公元1500年后传统的树皮船和独木舟向木板船和驳船的转变。除了北极海岸外，鄂毕河流域也广泛使用树皮船。在北极海岸和苔原地区，涅涅茨人和其他驯鹿牧民在他们的鹿群每年向北或向南迁移时，使用树皮船和兽皮船捕鱼、过河。像巴伦支海沿岸的族群一样（见第四章），鄂毕河流域的族群用简单的克拉科尔式小皮船渡河，用卡亚克式皮艇沿着喀拉海岸捕猎海洋哺乳动物。如今的俄罗斯研究人员并不认同包括古托姆·杰辛（Gjessing，1944）和瓦莱瑞·N. 切尔内佐夫（参见 Mozhinskaya，1953）在内的早期人类学家的观点，即北美爱斯基摩式卡亚克皮艇和乌米亚克蒙皮船曾在喀拉海沿岸使用（参见西希尔蒂亚人一节）。本章将详尽讨论这些问题及其他相关问题，介绍鄂毕河流域族群的文化和语言历史（G. Anderson，2004）以及他们的树皮船、兽皮船和其他船只类型的技术特征。

涅涅茨人：鄂毕河下游的驯鹿牧民和海洋猎人

涅涅茨人主要居住在欧洲和西西伯利亚中属于俄罗斯的苔原、森林苔原和北方针叶林带，他们是所谓的俄罗斯北部少数民族中人口最多的族群，共有 41500 人（Janhunen，1996）。传统涅涅茨人以饲养驯鹿、狩猎、诱捕、捕鱼和采集为生。16 世纪至 20 世纪俄罗斯殖民时期，驯鹿养殖业繁荣发展，在很大程度上取代了涅涅茨人早期半定居半游牧的捕猎海洋哺乳动物和鱼类以及狩猎野生驯鹿的经济方式，由于与家养驯鹿竞争，野生驯鹿已在当地灭绝（Krupnik，1993）。在过去的 300 年里，饲养驯鹿和捕鱼是涅涅茨人的主要工作。

如今，饲养驯鹿对许多涅涅茨人来说是一种半游牧的职业，不过也有一些家庭继续着完全游牧的生活方式。生活在苔原和森林的涅涅茨人的主要不同在于驯鹿繁殖的经济周期和随之而来的迁移方式。苔原涅涅茨人的游牧需进行 200 公里至 300 公里（有时长达 600 公里）的长距离季节性迁徙，他们带领大批驯鹿群从北部森林边缘的越冬地出发，5 月穿过森林向苔原过渡的产犊地，夏季到达靠近北极海岸的苔原牧场。他们划船穿越沿途的鄂毕河和其他河流（见图 5-1）。苔原涅涅茨人通常在靠近俄罗斯村庄的北部森林边缘过冬，他们在那里有亲戚，并与那里的人进行经济往来。森林涅涅茨人（总人口约为 2000 人）牧群更小，迁移路线更短，住在大本营或季节性定居点的时间较长。他们会花大量的时间在夏季捕鱼，在冬季设陷阱诱捕毛皮动物。

图 5-1　在整个欧亚大陆北部，人们仍然使用小船运送露营装备，带领迁徙的驯鹿穿越水路。这些船最初是简单的树皮船或兽皮船，但是在最近几十年已被铝船或玻璃纤维船取代。这张照片（编号 RV-0144-28）展示了涅涅茨驯鹿队拖着满载物品的雪橇穿越亚马尔半岛的斯沃瓦哈河（Syoyaha River）。[布莱恩·亚历山大（Bryan Alexander）拍摄，经许可使用。]

渔业仍然是涅涅茨经济的一个重要组成部分，苏联政府在鄂毕湾定居的村庄建立了鱼类加工厂网络后，渔业成为一项重要的商业活动。1990 年后苏联（post-Soviet）时代以来，国家资助的驯鹿业和渔业的衰落使得狩猎和采集的重要性恢复到苏联之前时期的水平，不过现在涅涅茨人的驯鹿养殖业正面临亚马尔半岛大规模油气开发的挑战。涅涅茨人狩猎和诱猎的动物包括野生驯鹿、驼鹿、狼、水獭、麝鼠、狐狸、北极狐、鼬、紫貂、野兔、貂熊和棕熊。他们经济利益的新来源包括伯朝拉河下游的毛皮、蔬菜和畜牧业，在那里他们与科米人和俄罗斯人杂居融合（Golovnev and Osherenko，1999）。

涅涅茨人的造船和树皮船历史可能始于数千年前，当时他们的先祖居住在更往南的针叶林地区。在涅涅茨人掌握了驯鹿养殖技术，并被汉特人夺去针叶林区的领土之后，他们向鄂毕河下游和亚马尔半岛扩张，可能在那里遇到了早期神话故事中为人所知（参见第四章）、使用兽皮船捕猎海洋哺乳动物的西希尔蒂亚人。通过驯鹿拉雪橇这一运输方式，涅涅茨人把他们的沿海苔原领土扩展到东至叶尼塞河、西跨乌拉尔山脉至巴伦支海的区域，并将捕猎包括海豹、海象和白鲸在内的海洋哺乳动物作为其经济形式的一个组成部分。

涅涅茨人的桦树皮船

关于涅涅茨人的船只历史较少，他们在早期文献中被称为斯托尼人（Stony）或乌拉尔萨莫耶德人（Ural Samoyed）。大多数信息来自描述其与邻近族群（有时是敌人）汉特人和曼西人遭遇的文献记录，以及萨莫耶德人的早期历史。远古时代萨莫耶德人居住在鄂毕河和叶尼塞河之间的西伯利亚西南部（参见本章南萨莫耶德人起源讨论一节）。

在西伯利亚针叶林区，没有船就无法生存，桦树皮船对于狩猎、捕鱼、诱捕以及贸易、迁徙和战争都至关重要。直到大约公元1700年，当他们开始使用延展原木船之后，涅涅茨人才不再依赖桦树皮船，尽管他们比西西伯利亚的其他族群更晚采用原木船这种技术。塞尔库普人、南［阿尔泰山-萨彦岭（Altai-Sayan）］萨莫耶德人和汉特人的桦树皮船的构造可以增进我们对森林涅涅茨人树皮船的了解。据佩利希（Pelikh，1972）所说，塞尔库普人和汉特人的桦树皮船与更北边的涅涅茨人使用的船只相似。贝尔吉巴耶夫（Belgibaev）写道，突厥鞑靼人从萨莫耶德人和汉特人那里学会了建造桦树皮船，汉特人把桦树皮船称为"萨莫耶德船"（Belgibaev，2004：n.37，在线版本）。

1928年，乔治·斯塔切夫（Georgij Starcev）发表了一篇关于16世纪及以后西西伯利亚瓦赫河（Vakh River）奥斯蒂亚克人（汉特人）的研究

(Starcev，1988)。从树皮船的角度来看，最有趣的信息是关于涅涅茨人如何使用桦树皮船向汉特人发动战争的。16世纪，当驯鹿经济和俄罗斯毛皮贸易在西西伯利亚进一步开展时，在之前本来相安无事地从事狩猎、采集的族群之间突然爆发了争夺牧场和毛皮产地的战争，一直持续到18世纪。涅涅茨人攻击了汉特人和曼西人，这两个族群把他们的领土向北和向东扩展到了鄂毕河流域的萨莫耶德人的土地上，并沿着鄂毕河的支流延伸到叶尼塞河。大多数战争发生在夏天，在针叶林中的河流和湖泊上或靠近它们的地区开战。安德烈·戈洛夫涅夫（Golovnev，2000）写道，好战的涅涅茨人生活在北部的针叶林区和乌拉尔山脉树木茂盛的山丘中，他们利用桦树皮船袭击住在孔达河（Konda）和塔夫达河（Tavda）沿岸的曼西人，烧毁了他们在鄂毕河左岸的村庄。涅涅茨人运动战战术的重要一环是他们轻便的树皮船，强调突袭后快速撤退。这一战术奏效的原因是树皮船比曼西族追击者使用的较重的延展原木船更快，能够被直接携带着快速穿过追击者无法穿越的连水陆路通道。然而，涅涅茨人最终输掉了与汉特人的战争，芬兰科学家T. V. 莱蒂萨洛（T. V. Lehtisalo，1959：32）绘制的一幅标记了古时尤拉克萨莫耶德地区的地图显示，他们交出了鄂毕河东岸至苏尔古特（Surgut）的大片土地，其中包括一些主要村庄。斯塔切夫在关于针叶林区战争的总结中写道："据今日的汉特人的说法，桦树皮船是涅涅茨人失败的主要原因，因为汉特人可以射穿船体，使萨莫耶德船沉没。"（Starcev，1988：5）

鄂毕湾涅涅茨人和汉特人的卡亚克皮艇

涅涅茨人在针叶林战争中输给了汉特人之后，带着驯鹿撤退到亚马尔苔原，并沿着乌拉尔山脉西部的巴伦支海岸扩张。他们继续在鄂毕河和鄂毕湾捕猎海象、白鲸和海豹，汉特人扩张到海岸领土之后也开始了类似的捕猎。埃琳娜·佩雷瓦洛娃（Elena Perevalova，2003）在关于北汉特人形成的历史中讨论了他们的海洋和河流经济，以及汉特人和涅涅茨人在鄂毕河口的杂居融合。他们的海上捕猎传统可能来源于沿海的西希尔蒂亚人及其先祖建立的前涅涅茨和前汉特经济模式。汉特人沿鄂毕河北部逐渐渗透到涅涅茨人的领土上，在18世纪到达纳德姆河（Nadym River）。涅涅茨人和汉特人逐渐沿鄂毕河下游杂居，某种程度上通过通婚共享习俗、技术和语言。因此，被马蒂亚斯·A. 卡斯特伦（Castrén，1844）称作有汉特人血统的涅涅茨人可能从早期的萨莫耶德居民那里继承了兽皮船。

据佩雷瓦洛娃（Perevalova，2003）的解释，在对沿海猎场的长期竞争中，涅涅茨人同化了许多北汉特人，从而占据了上风。当莱蒂萨洛（Lehtisalo，1959）研究1910年至1911年的卡宁半岛（Kanin Peninsula）到塔兹河湾（Taz River and Bay）地区时，没有发现说汉特语的沿海居民，反而发现了许多说萨莫耶德语的尤拉克涅涅茨人。因此，沿海的汉特人似乎在19世纪后半叶使用萨莫耶德语；19世纪初，当卡斯特伦和贝尔亚夫斯基在游历中遇见涅涅茨人和汉特人时，他们还在使用不同的语言。

当贝尔亚夫斯基在19世纪初作为托博尔斯克医学委员会（Tobolsk Medical Commission）的成员访问北汉特人和涅涅茨人的领地时，他的主要目标是治疗梅毒和其他疾病。他见到了涅涅茨人和汉特人，并注意到他们在鄂毕河下游及河口使用相似的卡亚克式皮艇（见图5-2）。他还发现了展示前涅涅茨桨手的岩石艺术。看过贝尔亚夫斯基的插画后，安特罗波娃写道："在早期的绘画和雕刻中，从外观上来看，涅涅茨人的兽皮船给人以卡亚克皮艇的印象。"（Antropova，2005：33）此外，她补充说："显然，在一些早期的叙述中，涅涅茨人过去了解兽皮船。"贝尔亚夫斯基注意到覆盖着兽皮的萨莫耶德-奥斯蒂亚克（Samoyed-Ostyak）原木船的一些细节："在原木船中部的两侧，编织而成的绳状鲸鱼肠环牢牢地固定在木头上，又短又宽的桨插入环中，并绑在上面。当地人只用一只桨划水；当一只手划累时，用另一只手划第二只桨，因为他们觉得没有必要同时使用两支桨。"（Belyavsky，1833：259）这一描述表明，船是靠长桨而不是短桨推动前进的，但是这一描述或观察似乎有缺陷。船前进要么是靠桨架里的两支桨一起划动，要么是像单叶桨独木舟那样单桨划动。

图 5-2　这幅 19 世纪早期的水彩画 1833 年发表在弗朗斯·O. 贝尔亚夫斯基的《北冰洋之旅》一书中，描绘了鄂毕湾涅涅茨驯鹿放牧家庭的日常活动：照料鹿群、捕鱼归来、生火做饭。他们帐篷（chum）前面的卡亚克式皮艇有一个椭圆形的座舱，收拢在一起，便于船工系紧腰部的防水裙。汉特人、涅涅茨人和其他巴伦支海和喀拉海的族群用类似的卡亚克式皮艇捕猎海洋哺乳动物。（出自 Belyavsky, 1833：图 1-1；赫尔辛基芬兰国家图书馆提供。）

瓦加赫岛和新地岛的涅涅茨人

许多俄罗斯专家认为，乌拉尔萨莫耶德人（涅涅茨人）越过乌拉尔山脉，进入欧洲苔原地区的时间最晚在公元 1000 年，即在他们学会如何驾驭驯鹿，并能够在冬夏使用雪橇在针叶林和海边之间的苔原上自由通行之后。威廉·巴伦支（Willem Barents）和简·休斯·范·伦肖滕（Jan Huyghen van Linschoten）1595 年绘制的地图显示了伯朝拉河东部的萨莫耶德人的领地，这是他们开始攻击伯朝拉河口的普斯托泽尔斯克贸易站一个世纪后的领地范围（Linschoten, 1598；A. Schrenk, 1848）。考古研究表明，前涅涅茨海洋猎人在很久之前，约公元 1000 年的温暖的维京时期，就出现在巴伦支海和喀拉海岸，早于大规模放牧驯鹿时期（Pitulko, 1991）。尚不清楚这些人究竟是西希尔蒂亚人还是丘德人。

首次描述的涅涅茨兽皮船出现在巴伦支海岸。1556年英国海军上尉斯蒂芬·巴罗在探索和绘制北部水域地图时见到了涅涅茨人，他可能是第一个与涅涅茨人相遇的欧洲人，由熟知此地和当地居民的俄罗斯洛沙克（Loshak）上尉陪同。巴罗登陆瓦加赫岛（Vaigach Island，在欧洲资料中也被称为"Waigat"、"Waigatz"或"Weygats"）考察涅涅茨人在驯鹿献祭处竖立的木头人。洛沙克告诉他萨莫耶德人在大陆和岛屿之间划船往来。1556年8月3日星期一，巴罗在日志中写道："他们的船用鹿皮制作，上岸时他们背着船。"（Burrough，1567：77）

除了涅涅茨人，欧洲探险者在瓦加赫岛、新地岛、巴伦支海岸、亚马尔半岛等地遇见了西希尔蒂亚人（参见第四章）。瓦加赫岛因距离遥远且动物资源丰富而成为涅涅茨人的圣地。涅涅茨人在瓦加赫岛的冬季狩猎探险靠的是驯鹿拉雪橇在冰面上滑行，但他们主要是用狗拉雪橇前往更遥远的新地岛，因为在那儿没有足够的地衣供驯鹿食用（Lehtisalo，1932）。大陆和瓦加赫岛之间距离较短，夏天船只可以快速穿梭其间。由于这些岛屿是海象、海豹、白鲸和其他鲸鱼的绝佳猎场，其他族群，包括波莫尔猎人、卡累利阿猎人、挪威猎人和荷兰猎人，经常来此和附近大陆捕猎。

1595年巴伦支海远征队的中尉简·休斯·范·伦肖滕的一份文件向我们讲述了荷兰人与涅涅茨人相遇的一些事情（见 Linschoten，1598；Zeeberg，2005）。范·伦肖滕文件中的插图显示，人们在瓦加赫岛和新地岛海岸乘着大概是兽皮船的小船捕鲸（见图5-3）。1595年8月，当荷兰人在尤戈尔海峡遇到海冰时，他们与当地人取得联系，才得以上岸。在沙滩上，他们发现了涅涅茨人捕杀的5条鲸鱼。当涅涅茨人看到约有7艘船180人的舰队进入海湾时，他们将雪橇抛在身后逃走了。还有一次，荷兰人发现了9个带着弓箭的涅涅茨人，之后这9个人划着他们的小船跟在荷兰人的船只旁，并登船跟他们交易。

人们对涅涅茨人在巴伦支海岸和岛屿捕猎海洋哺乳动物所知不多。但是，亚历山大·古斯塔夫·施伦克提供了一些在瓦加赫岛捕猎白鲸的信息：

在新地岛，依据传统，（俄罗斯）猎手会去西南海岸的科斯汀马尔（Kostin Mar），或者更靠北的地方。在瓦加赫岛，他们每年都去拉姆支那湾（Lamchina Bay）捕猎白鲸，为此，驻扎在尤戈尔海峡的猎手来到这个岛屿。……猎手用横跨海峡的网捕鲸，或是从岸边或船上用长矛刺杀。……现在（1837年），捕猎白鲸的是伯朝拉（俄罗斯）猎人，萨莫耶德人（如果他们不为伯朝拉人工作的话）主要捕猎一种白鲑鱼（omyl）和海豹，主要是因为他们没有大型船只和设备，无法进行更大规模的商业捕猎。（Schrenk，1848：367-68）

图5-3　简·休斯·范·伦肖滕和威廉·巴伦支在1595年关于新地岛之旅的报告中描绘了在巴伦支海和喀拉海之间的瓦加赫岛，以及在萨莫耶德人帮助下的捕鲸过程。[引自Zeeberg，2007：145；贾詹·泽伯格（JaaJan Zeeberg）提供。]

北方海上航线

在巴罗（Burrough，1567）、范·伦肖滕（van Linschoten，1598）和德·拉·马蒂尼埃（de La Martinière，1706）到达瓦加赫岛和新地岛，并遇见了划兽皮船的西希尔蒂亚、萨米和涅涅茨的海上猎手之后，新的记述出现之前，我们要跳过很长一段空白期。这是因为在1619年之后，俄罗斯禁止欧洲人在白海和鄂毕湾之间航行，以阻止欧洲人与俄罗斯竞争毛皮贸易和向西伯利亚扩张。

1600年，俄罗斯人越过乌拉尔山脉向东扩张，占领被他们称作"西比尔"（现为西西伯利亚）的土地后不久，科米兹里安商人在塔兹河口建立了曼加泽亚（Mangazeya）毛皮贸易中心（Vizgalov，2005，2006）。后来，该中心由梅津波莫尔人（Mezen Pomor）帮大天使省政府经营，其使用的北冰洋沿岸的海上路线被称为"北方海上航线"。毛皮贸易为俄国和私营商人带来了巨大的财富。然而，这一优势很快就酿成祸端。毛皮贸易的收入、加诸当地埃内茨人（叶尼塞萨莫耶德人）和汉特人身上的税收，以及与大天使省进一步加深的贸易往来，最终导致涅涅茨人的反抗（Golovnev and Osherenko，1999）。

要想了解这些发展，重要的是要记住，梅津和曼加泽亚之间的交通往来都必须在短暂的夏季进行，那时的北方海上航线是不结冰的。在梅津，人们乘小型敞舱船去往卡宁半岛，在那里，他们通过一条小河和一条穿越其基地的连水陆路通道，把小船拖到巴伦支海。从那里，他们沿着海岸线到达亚马尔半岛，经陆上运输通道去往鄂毕湾。在这条路线上很容易受到涅涅茨人的攻击，他们会抢劫沿线的船只或杀害船上人员；在这个有史以来最有利可图的毛皮贸易路线上也容易受到荷兰人和英国人的干扰。当俄罗斯政府禁止外国船只沿着北极海岸驶往鄂毕湾后，任何跟随或驾驶外国船只在这条航线上航行的俄罗斯公民都被判死罪。但是很快，曼加泽亚地区的海象牙和紫貂资源相继耗尽，涅涅茨人为了抵制俄罗斯贸易政策，在1678年烧毁了曼加泽亚镇及其要塞。后来，一个名为新曼加泽亚（后来改名为图鲁汉斯克）的新毛皮贸易镇建立在更南边的图鲁汉河边（Turukhan River），靠近通古斯河和叶尼塞河的交汇处。

对欧洲船只和贸易的限制极大地减少了早期涅涅茨人和他们在北冰洋沿岸捕猎及使用兽皮船的记录。直到俄罗斯波莫尔人开始航行至白海以外，1757年前一直垄断白海捕猎和捕鱼的贸易公司在更东边建立了捕鱼和狩猎站，有关巴伦支海上的涅涅茨人的信息才再次出现。那时，俄罗斯文件中提到的大部分涅涅茨人（称作萨莫耶德人）都在为狩猎和捕鱼公司工作。

与涅涅茨人有关的英国人的旅行

有关萨莫耶德船的信息后来并没有完全消失。英国极地探险家弗雷德里克·杰克逊（Frederick Jackson）可能是最后一位记录北冰洋沿岸萨莫耶德兽皮船的欧洲人。1893 年至 1894 年冬，杰克逊从白海出发，到达喀拉海，与当地的萨莫耶德人住在一起；夏季，他划着一艘 2.1 米长的船穿越尤戈尔海峡到达瓦加赫岛。目前还不清楚这艘船是进口的帆布船还是当地的兽皮船。

杰克逊不是 1894 年唯一一位进入萨莫耶德人领地的英国旅行者。英国绅士奥宾·特雷弗-巴蒂（Aubyn Trevor-Battye）在科尔盖夫岛（Kolguev Island）打猎远足时和萨莫耶德人生活在一起，并记录下了他的经历（Trevor-Battye，1895）。在他回到伯朝拉河口以东的大陆时，他注意到有一种小而轻的萨莫耶德兽皮船，过河后可以背在背上。在几乎与杰克逊相同的地方，他遇到了带着这些小船的萨莫耶德人。这表明，19 世纪 90 年代巴伦支海岸的当地人经常使用蒙皮的或帆布覆盖的船只，其中一些船只至今仍在制造（见图 5-4）。

图 5-4　2008 年，一个涅涅茨男子和他的儿子，背后是他们在亚马尔半岛制作的以塑料管为框架的帆布船。（亚历山大·舒蒂金拍摄。）

汉特人：鄂毕-乌戈尔内陆和沿海的渔民

据切尔内佐夫和莫津斯卡娅（Chernetsov and Moszyńska, 1974）、索科洛娃（Sokolova, 1983），以及佩雷瓦洛娃（Perevalova, 2003）的记录，汉特人分为北部、南部和东部三大部落。他们占据了西西伯利亚的大片土地，沿着鄂毕河（起自托木河）和额尔齐斯河，从乌拉尔山脉的东坡向北到北冰洋以及鄂毕河和叶尼塞河之间的低地。他们的领地非常辽阔，加之他们与邻近族群杂居融合，因此很难界定其部落；更容易混淆的是，在俄罗斯帝国早期，这一地区的大多数族群都被称作奥斯蒂亚克人。直到18世纪确定了汉特语、曼西语和萨莫耶德语的区别后，真正的汉特人才更加为人所知（Donner, 1933a）。

学者们相信，鄂毕-乌戈尔汉特人的古老家园位于乌拉尔山坡的两侧，在那里住着说一种乌拉尔语的佩尔米亚人。大约在公元400年，那些说鄂毕-乌戈尔语的人与从南方草原迁徙到北方针叶林的伊朗牧牛人一起杂居。在两个族群杂居融合的后期，汉特人沿鄂毕河和额尔齐斯河西岸定居，向北、南、西扩张，直到他们在北部遇到萨莫耶德人，在南部遇到鞑靼人。16世纪早期，曼西人在与莫斯科公国俄罗斯人的一场战争后，重新定居在乌拉尔山脉东部，并将汉特人驱逐到鄂毕河东岸涅涅茨人的土地上。

因为迁移的连锁反应，也因为汉特人占领的土地在涅涅茨人和突厥人之间，公元1500年以后，汉特人不断地卷入争夺猎场、渔场和水道控制权的冲突之中。因为所有的往来都要横跨平坦且多为沼泽的鄂毕河流域的水道网，汉特人为了保护自己的村庄，在河岸水下放置了锋利的杆子，以抵御驾驶桦树皮船入侵的萨莫耶德人。汉特人的传说中有一种"大炮"，由巨大而坚固的弓——可能是带有重箭的弩——组成，可以远距离射穿来袭的桦树皮船（Starcev, 1988）。

汉特人（在某种程度上可称为曼西人，主要是乌拉尔山脉的猎人和养马人）一直走在西西伯利亚船只发展和使用的前沿。造成这一现象的原因有很多，主要原因是他们在整个西伯利亚鱼类最丰富的鄂毕河畔捕鱼。捕鱼是汉特人在鄂毕河和额尔齐斯河的小支流中的主要经济活动，狩猎作为其辅助方式。他们的迁徙与鱼类和陆地动物的季节性迁徙同步。因此，这些汉特人过着半游牧生活，他们的住所反映了其季节性移动的需求。整个夏季，他们的生活和水及水运联系在一起；冬季，他们在南方的土地上用狗牵引运输，在北方使用驯鹿雪橇，这是一项他们从涅涅茨人那里学到的本领。芬兰科学家 U.T. 西雷柳斯（U.T. Sirelius）研究了 19 世纪后期汉特人的捕鱼情况（Sirelius，1906）。他注意到他们有 200 多种捕鱼工具和其他捕鱼方法。没有船，捕鱼业就无法发展起来。对船只历史学家来说不幸的是，当西雷柳斯（Sirelius，1904）研究汉特人的家用桦树皮手工艺品时，他没有提及他们的树皮船。

汉特人的地理位置对于他们的造船史来说至关重要，他们在乌拉尔山脉西部的佩尔米亚族群和东部、北部的涅涅茨人之间，在北面的北冰洋和南面的突厥人之间。在乌拉尔山脉东部的西西伯利亚，鄂毕－乌戈尔族群有着和涅涅茨人以及基特人（the Ket）等叶尼塞族群一样的树皮船传统。切尔内佐夫和莫津斯卡娅（Chernetsov and Moszyńska，1974）、莫伯格（Moberg，1975）、费多洛娃（Fedorova，2003）关于丰富的乌斯特－波鲁伊文化的研究显示，在鄂毕河下游和鄂毕湾，鄂毕－乌戈尔人有很深的根基。他们与涅涅茨人有关海洋资源的冲突发生在公元 1500 年到公元 1700 年，那时，北汉特人将鄂毕河下游对海豹和白鲸的捕猎扩张到海洋区域（Golovnev，2000；Golovnev and Osherenko，1999：51）。

汉特人居住在乌拉尔山脉的东坡和西坡，这意味着他们与伏尔加河的芬兰人和佩尔米亚人进行贸易，并从他们那里了解到了延展独木舟技术。这项造船技术也许就始于北汉特人，并逐渐取代了他们的桦树皮船。关于北汉特人直到 19 世纪还在使用的兽皮船的记载，比关于南汉特人和东汉特人捕猎时所使用的树皮船的记载更为详尽；尽管关于树皮船的存在有所记录，但是很难找到它们的遗迹。17世纪后，汉特人主要使用由杨木、榆木、落叶松做的延展原木船。落叶松船在林区连水陆路通道中更受欢迎，因为它们的船体更耐用。长途旅行时，汉特人使用较大的加板原木船，用桦树皮铺上了部分甲板，汉特人用桨或帆推动船只前行，或者由人或狗从岸上拖着前进。

北部海域的汉特人及其兽皮船

研究汉特人和曼西人的考古学祖先的V. N. 切尔内佐夫和W. I. 莫津斯卡娅（Chernetsov and Moszyńska, 1954, 1974）就他们的传统船只成果论述如下：

> 毫无疑问，乌斯特-波鲁伊文化［距今约2000年，鄂毕河下游］中有船只。其最古老的船型……是一种小而窄的桦树皮船，在民间传说中和18世纪旅行者的描述中为人所知。彼得·西蒙·帕拉斯（Peter Simon Pallas）（18世纪德国博物学家）曾说，索斯瓦河南面右岸的曼西人有用挖空的树干建造的俄罗斯独木舟和他们自己的桦树皮船，桦树皮船用云杉根缝制，用落叶松的树脂处理接缝。……在鄂毕河下游的某些地区，树皮船一直保留到19世纪中叶。此外，在鄂毕河下游还有过兽皮船。(1954: 170)

法国地图绘制员约瑟夫-尼古拉斯·德里希尔（Joseph-Nicholas DeLisle）在1728年为俄罗斯科学院工作时，曾旅行到靠近索斯瓦河北部的地方，并在别列佐夫（Berezov）见到了汉特人和曼西人的树皮船，他的助理托比亚斯·科尼斯菲尔德将这些船画在一幅画中（参见图5-7、图5-8）。

一些科学家，包括戈洛夫涅夫、费多洛娃和克鲁普尼克（Krupnik）（与威廉·菲茨休的私人交流，2014），对切尔内佐夫关于汉特人兽皮船的说法提出疑问，因为在早期汉特人的定居点遗址贝丘中很少发现海豹骨，巴罗和德·拉·马蒂尼埃的报告或含糊其词或不可信。然而，有充分的证据可以表明，涅涅茨人和汉特人在喀拉海和鄂毕湾使用兽皮船捕猎白鲸和海豹。看来，可能因为白鲸皮和海豹皮比鹿皮更耐用更防水，他们就用这些动物皮蒙罩船身，但这一推测还得留待将来的考古调查证实。

马蒂亚斯·A. 卡斯特伦在1847年和1848年访问了奥多斯克（萨勒哈德）地区。作为研究汉特人和涅涅茨人游牧习惯的资深学者，他写道，奥多斯克汉特人分为两组：驯鹿牧民和渔民（Castrén，1967：223-224）。渔民住在鄂毕河和纳德姆河边，而驯鹿牧民在夏季向北迁移，进入苔原，与涅涅茨人密切接触。卡斯特伦说一些汉特渔民也有小型驯鹿群。在夏季，这些牧民兼渔民把家庭一分为二，有人照看驯鹿，有人住在渔场。夏季，驯鹿向海岸迁徙，寻找更凉爽的地方并躲避蚊子叮咬。汉特人与他们的驯鹿到达北冰洋海岸时，和当地的俄罗斯人和涅涅茨人一样，他们开始捕鱼，捕猎海豹、海象和北极熊。卡斯特伦写道，只有少数的汉特人在无冰开阔海域捕猎，但他并没有介绍他们的船只。

切尔内佐夫和莫津斯卡娅描述了大约1850年在鄂毕河和鄂毕湾捕猎海洋哺乳动物和捕鱼的情形：

> 鄂毕河分成了无数条小河，这些小河流入鄂毕湾的地方对用船闸捕鱼很有利。鄂毕湾海洋动物丰富，尤其是捕食河中丰富的鱼类资源的海豹和白鲸。根据伊万·莱皮金的说法，过去白鲸溯流而上，远至北索斯瓦河口的桦树林。据19世纪中叶著名的法国旅行家艾里耶（Eyriye）描述，白鲸在每年的6月中旬出现，有时像波浪一样前进，扩散至整个河面，大约5俄里[5公里]宽。汉特人知道如何处理这些动物皮，如加工后制成用作驯鹿挽具的皮带。（Chernetsov and Moszyńska，1954：167）

莱蒂萨洛（Lehtisalo，1932）在1910年和1911年沿着巴伦支海岸和鄂毕河口旅行，并在夏天游历了塔兹河，他从未见到过汉特血统的涅涅茨人，但他描述了在海岸上遇到的尤拉克涅涅茨人。似乎在20世纪初，苔原涅涅茨人完全同化了沿海的汉特人。除此之外，虽然莱蒂萨洛描述了塔兹河口的海豹和白鲸，但是涅涅茨的渔民并没有对其进行捕猎。几百年前还是用兽皮制作的萨莫耶德船（Balak，1581），但那时已经变成延展原木船或加板独木舟了。在塔兹河，莱蒂萨洛在岸边发现了一只顺流而下的小桦树皮船，一位当地涅涅茨人告诉他这是一艘埃文基船。

南汉特人：承受众多邻近族群的压力

俄罗斯科学家弗拉迪斯拉夫·M. 库莱姆津（Vladislav M. Kulemzin）和纳德日达·V. 卢基纳（Nadezhda V. Lukina）撰写了有关汉特历史和经济的文章。他们还描述了一艘延展原木船的制造过程，并对桦树皮船的建造进行了一些评论。他们观察到托博尔斯克地区的树皮加工过程：

> 托博尔斯克民族志学家娜塔莉娅·德米特里耶娃-萨多夫尼科娃（Natalya Dmitrieva-Sadovnikova）在20世纪初写过一篇关于妇女收割并加工桦树皮，做成器具，男人制作桦树皮帐篷的文章，他们在树林深处选择一棵长在高大的白杨树之间的桦树，树干又高又细又光滑。一开始，他们会先切一个深入韧皮层的垂直切口，接着再根据需要的长度在树皮和韧皮层之间切两个水平切口，然后用手把树皮剥下。……做器皿、狩猎诱饵、浮漂等。……他们会将树皮切成想要的形状。帐篷罩和船皮需要大块的有弹性的桦树皮。为了（制备树皮），先在水和油脂（鱼油）中煮，先折叠树皮，放到一个大锅里，用苔藓和杉树皮覆盖大锅。在火上要煮好几天，注意不能烧着树皮。……桦树皮最初是用幼小的鹿或麋鹿的肋骨制成的骨锥缝制在一起，后来就用一般的（金属）锥缝制。接缝处用稠李树树皮条缝合。（Kulemzin and Lukina，1992：35）

我们只找到两条关于南汉特人在靠近鄂木斯克的同一个地点的桦树皮船的描述。1886年6月，芬兰路德教牧师约翰内斯·格拉诺（Johannes

Granö）去照看被驱逐到西西伯利亚的本是芬兰公民的俄罗斯政治犯和罪犯，行至鄂木斯克北部汉特地区的塔拉（Tara）镇附近，在那里无边无际的西伯利亚森林开始生长。他写道，额尔齐斯河的两岸，除了树木什么也看不见。格拉诺为1886年8月29日出版的《芬兰晨报（赫尔辛基）》撰写了《从西伯利亚托木斯克寄给芬兰的一封信》，其中写道："在这片森林里……奥斯蒂亚克人进行季节性迁移，仍然把他的树皮船顶在头上，不受文明社会的影响……在那里，森林里的动物们可以平静生息。"

1892年，瑞典考古学家弗雷德里克·罗伯特·马丁（Fredrik Robert Martin, 1895）在都明（Tiumen）地区的托博尔河和额尔齐斯河收集了数百件汉特物质文化遗产，其中之一是一只50厘米×80厘米的桦树皮船模型（见图5-5a-b），现在收藏在斯德哥尔摩的瑞典民族志博物馆中。该船模提供了如何建造钝头船的证据：剪开一片树皮的末端，在船首和船尾折叠树皮，缝合重叠层。除了舷缘，制作这个模型的人并没有费心去制作通常的内部结构。这是一个新颖而简单的构造，为林区所独有。如果这个模型准确地反映了汉特树皮船的结构，它可能暗示了一种早期的、原始类型的树皮船结构的持久性。

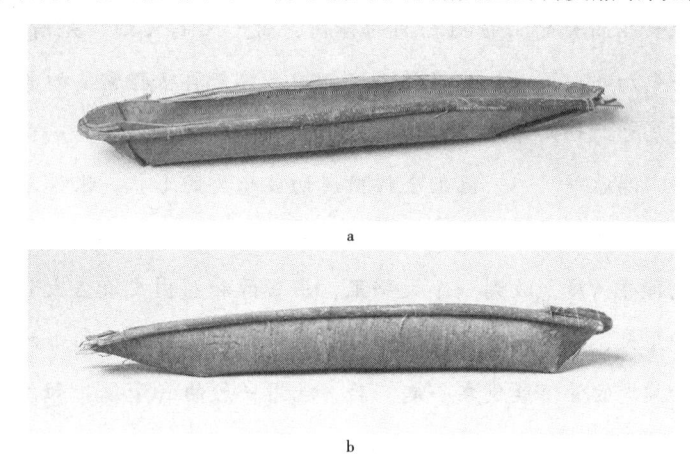

图5-5 a-b汉特人（奥斯蒂亚克人）桦树皮船模型（SEM 1892.03.0075），大小为50厘米×8厘米，1892年弗雷德里克·罗伯特·马丁在托博尔河上收集。其树皮的裁剪和缝合方法也可用于制作榆树皮和落叶松树皮船。（斯德哥尔摩瑞典民族志博物馆的马丁·舒尔茨提供。）

东汉特人及其树皮船

除了南、北汉特人部落，东汉特人也保留了他们在北西伯利亚森林的传统，包括使用独木舟。他们直到公元1700年仍在使用树皮船，也许是受来自叶尼塞河的基特人和通古斯族群以及南部森林的涅涅茨人的影响。这些族群那时都仍旧在使用树皮船。

17世纪末，出生于丹麦的俄罗斯驻华使节埃弗特·伊斯布兰特·埃德斯（Evert Ysbrant Ides），从丘索瓦亚河（Chusovaya River）出发离开欧洲，经托博尔河抵达西伯利亚，然后在额尔齐斯河乘坐驳船抵达纳雷姆。1695年7月，他在那里遇到了汉特人，他们穿着鱼皮衣服和鞋子，居住在从北冰洋到南部托木河的大部分鄂毕河流域。埃德斯在书中配了插图（见图5-6），描写了他们的树皮船和房子：

> 他们的船外面覆盖着缝在一起的树皮，里面的肋拱是很薄的木头；船有2英寻到3英寻［4.25米到6.4米］长，有1埃尔［71厘米］宽。即使在巨大的风暴中，他们也可以安全抵达岸边。……冬天，这些奥斯蒂亚克人完全生活在地下，除了在地表留下一个冒烟的洞外，没有任何进入他们洞穴的入口。如果像经常发生的那样下起了大雪，根据他们的习俗，他们会赤身裸体地躺在火堆旁睡觉，身体远离火堆的地方可能覆盖着两三指深的积雪。当他们感到寒冷时，会把远离火堆的那部分身体转过去取暖一会儿，就置之不理了，他们是非常耐寒的人。（Ides, 1706: 19-23）

几年后，一位在俄罗斯工作的瑞典军官洛伦兹·兰格（Lorenz Lange）陪同另一位前往中国北京的俄罗斯使节沿着鄂毕河前行。在从中国返回俄罗斯的途中，兰格在日记中记下了1721年秋纳雷姆附近的汉特人，也就是埃德斯曾经见过的那些人："在我们的驳船旁边总是有很多人架着树皮船，

图 5-6 1706 年的一本书记录了俄罗斯使节埃弗特·伊斯布兰特·埃德斯在 17 世纪 90 年代从莫斯科到中国的旅行，其中包括这幅描绘靠近纳雷姆的汉特人家庭的插图，图中有鲟鱼、死熊、夏季帐篷和船。（来自 Ides，1706：图 5。）

为我们提供了大量的鱼和野禽，各式各样，物美价廉。"（Lange，1806：142-143）桦树皮船看来是纳雷姆河和基特河汉特人最喜欢的船只，D. G. 梅瑟施密特也记载了汉特人对这类船只的喜爱。然而，兰格所见到的人的族群身份仍值得商榷，这些人在早期俄罗斯文献中被称作基特河奥斯蒂亚克人，实际上或许是塞尔库普人（奥斯蒂亚克萨莫耶德人）。

在 1721 年到 1725 年的旅行中，梅瑟施密特在夏、冬两季去了西伯利亚西部和东南部的大部分地区并多次遇到了汉特人。他注意到了居住在纳雷姆附近基特河沿岸的自称伊斯蒂亚克（Ysstiack）或埃斯蒂亚克（Asstiak）（奥斯蒂亚克）的人，以及奥斯蒂亚克船桨和船的当地方言词"luhp"和"re'eth"，"re'eth"很可能是指树皮船（Messerschmidt，1964：243、247）。他对于汉特桦树皮船的两条描述虽然都很简短，但是提到了在纳雷姆附近的基特河上古老的树皮船传统依然为人所知。"奥斯蒂亚克人乘坐桦树皮制成的小船来到这里，他们盘腿坐在里面……带来两只松鸡卖给我，我用秤称了称重量，然后做成了一顿饭。"第二条描述则说，在接近鄂毕河时，他的汉特向导找到了一艘桦树皮船，划着它去往他在纳雷姆的家（Messerschmidt，1964：231、242）。

在托木斯克（Tomsk）的俄罗斯人类学家嘉莉娜·I. 佩利希（Galina I. Pelikh）写过汉特人、塞尔库普人和涅涅茨人的物质文化以及他们之间的关系。她的论述中有一章专门描写了鄂毕河中游的汉特人、塞尔库普人和他们的一些邻近族群所使用的桦树皮船。她在总结自己的发现时，写道：

> 我们重造桦树皮船是基于鄂毕河中游不同地区的口头描述，这些信息是由瓦休甘河（Vasyugan）和瓦赫河下游的汉特人和鄂毕河的塞尔库普人提供的，在托木河和楚利姆河（Chulym River）流域进行考古发掘时获得。然而，所有的这些资料都指向了同一类型的桦树皮船。因此，我们可以假设，这些框架上都覆盖着桦树皮（pachzha）的船只，是古时候整个鄂毕河中游的土著居民所使用的。在纳雷姆附近，这类船直到最近仍在汉特人和塞尔库普人的领地上使用。(Pelikh，1972：67)

根据佩利希（Pelikh，1972）的说法，直到20世纪50年代，这个地区的人们仍然可以描述他们自己见过的汉特人和塞尔库普人的树皮船。有趣的一点是，汉特桦树皮船的双层船体设计，即大的树皮船中套着一只小的。因为希姆河（Sym）基特人把桦树皮船称为"hap-hap"，与鄂毕-乌戈尔树皮船的名称相呼应，所以这也可能是基特树皮船的模板——有着相同的形状和构造方式，但并非双层船体（Verner，1977：160）。

佩利希（Pelikh，1972：表32）介绍了汉特树皮船并提供了鄂毕河中游的其他树皮船的图纸，这与E. A. 贝尔吉巴耶夫（Belgibaev，2004）描述的塞尔库普人的南面邻居楚利姆鞑靼人的船几乎相同。根据他们的描述，鄂毕河的桦树皮船不同于叶尼塞河的船只，参见图2-2、图5-10a-b和图5-11。塞尔库普人、汉特人、曼西人、森林涅涅茨人和鞑靼人在鄂毕河流域使用的树皮船具有区域相关性，因此在这一区域他们可能既有共同的桦树皮船历史，也有共同的族群起源。

曼西人：乌拉尔森林的山区猎人

曼西人以前被称作沃古尔人，他们生活在乌拉尔山脉东部和西部的山坡上，一部分在欧洲，另一部分在西西伯利亚。曼西人在过去是个比现在大得多的民族，在地域上分为北部、东部、南部和西部族群或语言群体。鄂毕-乌戈尔的曼西人属于说乌拉尔语的更大的佩尔米亚族群，他们就像汉特人一样，在科米兹里安人在佩尔姆地区扩张的压力下，公元1000年以后迁移到东部。如上所述，在15世纪末与莫斯科大公国俄罗斯人的毛皮战争之后，大多数曼西族群定居在乌拉尔山脉东部、鄂毕河和额尔齐斯河以西，紧挨着汉特人。因此，汉特族群迁移到这些河流以东（Lehrberg, 1816）。

朱利叶斯·冯·克拉普斯（Julius von Klaproth, 1823）在《亚洲诸多语言》（Asia Polyglotta）中写过17世纪沃古尔人领地的边界，指出他们的定居点在乌拉尔山脉以西的维舍拉河（Vishera River）上游的卡马和索利卡姆斯克附近，科西瓦河（Kosva River）上游南面区域，并远至丘索瓦亚河的源头。在西伯利亚，他们住在艾赛特（Iset）南部、塔夫达河上游流域、孔达河流域和大、小沃古尔卡河（Vogulka River）流域；在北方，他们的领土延伸到了索斯瓦河流域。

研究曼西人的芬兰专家奥古斯特·阿勒克维斯特（August Ahlqvist）于1859年写了一篇文章描述曼西人的领土，让人们得以了解在亚洲北部边境最后一批欧洲毛皮猎人的生活。他报告说，与他们居住的大片领土相比，他们的人数很少，因为在托博尔斯克省只有900名曼西人，也许总共有5400人。在欧洲的佩尔姆省，总共有不到900名曼西人。因此，那时曼西人的总数约7000人。现在只有北部曼西人存活下来，人口约为7000人（Salminen, 2012）。根据阿勒克维斯特的观点，其人口如此之少的原因有很多：那时气候和生活条件都很艰苦，猎物减少使得森林猎人的生活尤其困难；性病很常见；居住在俄罗斯村庄附近，滥饮伏特加酒使得情况更糟。

北方针叶林的曼西猎人

1854年6月下旬，阿勒克维斯特穿过托博尔斯克和图林斯克（Turinsk）到达塔夫达河和佩林河（Pelym River）河口附近的佩林教堂。然后通过图拉河（Tura River）和南索斯瓦河找到北方针叶林的族群，研究他们的语言。他注意到索斯瓦河和洛斯瓦河（Losva River）的名称来源于科米兹里安人，而且俄罗斯人通过兹里安人向导知道这个地方（Ahlqvist，1859）。

图拉河和南索斯瓦河之间的土地上那时还是荒芜的森林，里面布满了沼泽。那里最常见的树有云杉、桦树、松树、冷杉、雪松、落叶松和柳树。这个地区最大的经济来源是动物毛皮：海狸（现在很少见）、狐狸（包括灰狐和北极狐）、紫貂（现在仍然很丰富）和松鼠。还有欧亚麋鹿（驼鹿）和常见的森林鸟类，包括榛鸡、黑琴鸡和松鸡，它们常被猎食。河流之中，尤其是索斯瓦河北部和鄂毕河，鱼类繁多，以至于阿勒克维斯特无法一一命名。

曼西人是定居的狩猎民族，在他们南部靠近洛斯瓦河和佩林河的地方，农业和畜牧业发挥了次要的作用。在北索斯瓦河沿岸，捕鱼十分重要。对曼西人来说，狩猎是最好的谋生手段，他们既可以在家里的圆顶帐篷中打猎，也可以在离家一到两天行程的小桦树皮帐篷中打猎。阿勒克维斯特（Ahlqvist，1859）讲述了他的经历，一周的跋涉后，他到达一个忙碌的狩猎村庄，这个村庄有50多顶桦树皮帐篷。狩猎季从夏末开始，目标是在沼泽地吃草的驼鹿。他们整个冬天都在捕猎紫貂，直到春天积雪太软，不足以支撑人和狗时才停止。每张紫貂皮的价格在4~10银卢布不等，按毛皮质量而定。曼西猎人还必须缴纳叫作"雅萨克"（yassak）的俄罗斯税，即一个家庭中每三人要交一只紫貂。"雅萨克"税在整个西伯利亚范围内征收，带来了巨额的收入，促进了俄罗斯帝国的扩张。另一种重要的捕猎动物是松鼠，在狗的帮助下可以全年追捕。狐狸、熊和森林鸟类用陷阱捕捉，通常是妇女捕鸟。春天，人们使用弓箭捕获大量水鸟。

在塔夫达河和其他小河上捕鱼并不是很赚钱，那里是在冬季捕鱼，通常是妇女在水中设围网。在北部的索斯瓦河，捕鱼量很大，而且曼西人在冰一融化时就开始捕捞，一直捕到 9 月。因此，秋季的驼鹿狩猎就没有那么重要了。通常是用围网捕鱼，阿勒克维斯特（Ahlqvist, 1859）说，那些从没见过索斯瓦河捕鱼的人恐怕很难想象这里巨大的捕鱼量。曼西人将不能立即吃掉的鱼都晾干或熏干，为冬天储备食物。

除了毛皮，曼西人还收集松子，既可以自己吃，也作为商品出售换钱，在喀山（Kazan）市场上以每普特（1 俄罗斯普特等于 16.4 千克）7 或 8 银戈比出售。所有曼西猎人共同拥有森林狩猎的领土，因此所有人都可以参与狩猎。在佩林河上，当地的曼西人常常拒绝让俄罗斯人单独在曼西人土地上打猎。按照协议，俄罗斯猎人不得不将他一半的猎物交给一个跟着他进入森林的曼西人。保护曼西渔场的规定更加严苛，俄罗斯人只有租用水道后才能捕鱼。

曼西人的树皮船

曼西人是东北欧森林中现存的最后一个较大的以狩猎为生的土著群体，一些曼西人直到今天仍保留着狩猎传统。卓娅·索科洛娃（Zoya Sokolova, 1983）研究曼西人反映在地名中的早期领地，发现曼西人曾经居住在西至德维纳河北部的地方。以前曼西人把紫貂、海狸、狐狸、熊和驼鹿的毛皮提供给科米佩尔米亚商人，1096 年后提供给在乌斯特尤格的诺夫哥罗德商人。在曼西人后期，约 1450 年后，莫斯科大公国从诺夫哥罗德联邦手中夺走了贸易权，曼西人将这些商品提供给切尔登（Cherdyn）的莫斯科大公国的俄罗斯商人（Tallgren, 1934）。因为曼西人使用树皮船，他们在东北欧的存在可以为该地区的船只历史提供线索。树皮船是针叶林毛皮猎人的主要运输工具，曼西人是其在欧洲和西西伯利亚最后的主要使用者，尽管树皮船在东部的使用时间更长。

曼西人也使用延展原木船和大型加板原木船，他们有时把船只连在一起，使其成倍扩大，但他们使用桦树皮船的时间似乎比汉特人长。他们生活在树林茂密、河流纵横的针叶林中，这样的环境让他们保留了树皮船传统，就像叶尼塞河的埃文基人一样。当需要不断迁徙的针叶林狩猎生活方式在18世纪后半叶消失时，树皮船的时代也随之结束；北索斯瓦河沿岸的别列佐夫地区可能是欧亚大陆西部最后一个能见到经常使用树皮船的地方。

毛皮贸易中的曼西树皮船

珍妮特·马丁（Janet Martin，1978，1983）讨论了莫斯科大公国在14世纪到17世纪向东北部的新扩张，包括从诺夫哥罗德联邦手中夺取毛皮贸易和市场。这些新占据领土的重要性有两方面：第一，增加了纳税人口和征兵数量；第二，在东北欧，巴米亚（Barmia）和尤格拉是毛皮的主要来源地。直到17世纪通往西伯利亚的道路开通之前，这是唯一可以用来交换外国进口商品的毛皮来源。因此，掌控这些土地提供了新的商机。早期的莫斯科大公国的扩张可分为两个阶段：第一个阶段是在14世纪最后25年，其在与诺夫哥罗德联邦的战争中吸纳了维切格达佩尔姆人（科米兹里安人）。第二个阶段在一个世纪之后，莫斯科大公国与维普斯人争夺毛皮交易市场乌斯特尤格镇，并将注意力转移到佩尔米亚韦鲁卡扬人（Permian Velikayans）（科米人）、尤格拉人（汉特人）和曼西人身上，征服了居住在东至鄂毕河的族群。

曼西人在之前描述的毛皮战争和乌拉尔山脉西部的贸易往来中非常活跃。他们控制着乌拉尔山脉从欧洲到西伯利亚的陆路通道，鄂毕河和西西伯利亚的毛皮只有通过这些通道才能到达欧洲市场。曼西人和后来的科米兹里安人，居住在东至鄂毕河口奥多斯克（萨勒哈德）的土地上，与涅涅茨人的土地相连。17世纪到18世纪，像古代一样，许多鄂毕河和东北欧的长途贸易要靠桦树皮船完成。亚历山大·舒蒂金在研究曼西人和科米人的接触以及毛皮贸易联系时，发现毛皮商人乘坐桦树皮船川流不息地前往乌斯特尤格市场：

> 维切格达河的海关记录收集了1655~1656年对从维切格达河、伯朝拉河或北德维纳河来的船只征收关税的数据，其中显示："9月接连3天从大天使省乘坐树皮船（bereshchanom）而来的佩尔米亚人那里征税……"伯朝拉河上游的桦树皮船容量很大。船上的桨手（Osnachikh）有3~6人，还有货物，很可能是毛皮。1655年9月22日到30日，15艘桦树皮船（kayukov，俄罗斯语/西伯利亚语中意为"船"）来自伯朝拉河，可能载着毛皮。每条小船［kayuchka］上有2~4个船工。(Shutikhin, 2008: 8)

鄂毕河上的曼西树皮船出现在巴黎印刷的一本书上（DeLisle and Königsfeld, 1768），其中的插图由托比亚斯·科尼斯菲尔德绘制，他是法国首都皇家学院地理学院的学生、法国制图师兼地图绘制师约瑟夫-尼古拉斯·德里希尔的助手，在1740年的一次天文考察中，他曾为俄罗斯政府绘制西西伯利亚的地图，目的是在别列佐夫观察金星凌日，他记录下了穿越曼西人和汉特人领土的旅程。他的画《从南岸看别列佐夫》（View of Berezov from the South Shore）（见图5-7）展示了在鄂毕河和索斯瓦河交汇处的汉特/奥斯蒂亚克树皮船。更多树皮船细节可见他1728年5月28日画的插画（见图5-8），用法语写的注释描述了这一场景（Zarisovski, 1949）。别列佐夫是曼西人在鄂毕河西岸的少数几个居住地之一，汉特人住在曼西人对面的东岸，这也许可以解释为什么插画家不能确定他们是汉特人还是曼西人。

科尼斯菲尔德的日记有以下陈述："5月12日，冰雪消融，几个奥斯蒂亚克人在索斯瓦［河］上划树皮船。"（DeLisle and Königsfeld, 1768: 118）插画中的树皮船末端比较宽，是鄂毕河船的典型特点，与汉特人和塞尔

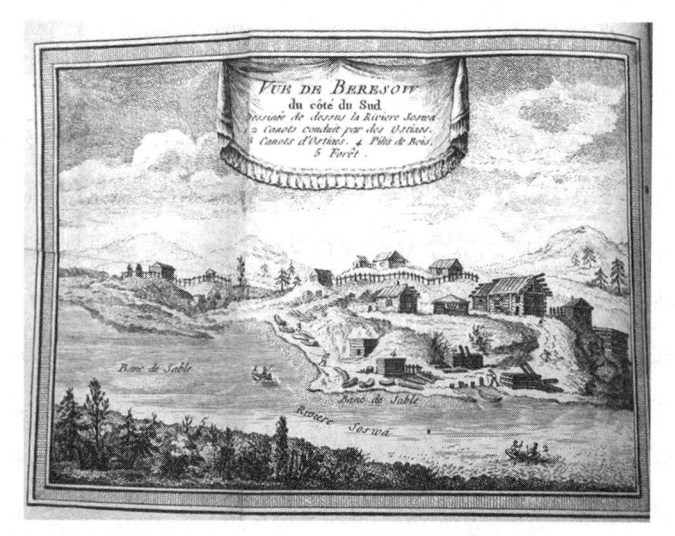

第五章 西西伯利亚：鄂毕河和亚马尔半岛 / 193

图 5-7 《从南岸看别列佐夫》。托比亚斯·科尼斯菲尔德绘制的 1740 年的鄂毕河和索斯瓦河交汇处的别列佐夫村庄，展示了那里的城镇以及河里和岸上的汉特/奥斯蒂亚克树皮船。(引自 DeLisle and Königsfeld, 1768: 113。)

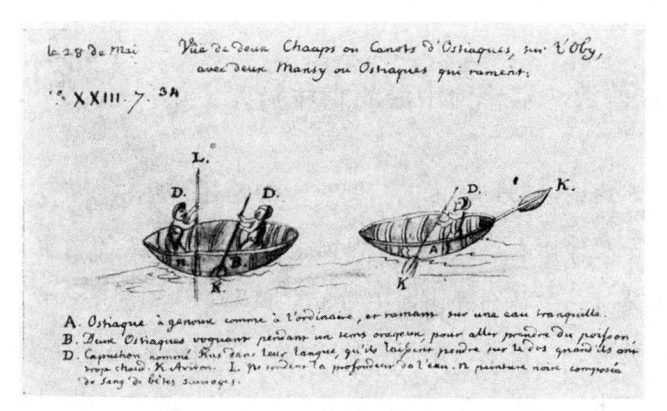

图 5-8 1728 年 5 月 28 日，托比亚斯·科尼斯菲尔德所绘，画中有法语注释："鄂毕河上的两只奥斯蒂亚克树皮船，桨手为曼西人或奥斯蒂亚克人。(a) 一个奥斯蒂亚克人在平静的水面上跪着划船。(b) 两个奥斯蒂亚克渔民在暴风雨中航行。(c) 一顶帽子（汉特语为 kus），戴帽子的人觉得太热时可以挂在背上。(?) 船桨。(?) 用杆探测水深。(?) 用野生动物血做的黑漆。"(引自 Zarisovski, 1949: 131。)

库普人的船只设计相似。每只船都有一根坚固的舷缘和八根肋拱，使船长达 3 米或 4 米。右边船上的桨手是跪姿，左边另一艘船上一个人用一根长杆测量水深，另一个人在划桨。宽桨叶是曼西船桨的特征，覆盖船身的树皮用动物血混合海豹油脂涂成红色。

阿勒克维斯特（Ahlqvist, 1859）指出，尤格拉自古以来就有毛皮贸易。在俄罗斯人到来之前，科米兹里安人控制那里的毛皮贸易，他们在19世纪50年代被迫与俄罗斯商人瓜分利益。在此之前，科米兹里安人交易的毛皮来自横跨乌拉尔山脉的两条供应线：奥多斯克和别列佐夫市场。南线从别列佐夫出发，沿着索斯瓦河，经过西格瓦河支流，然后穿过乌拉尔山脉，乌拉尔山脉在西格瓦河源头处的道路相当狭窄。从西格瓦河出发，驾驶驯鹿拉的雪橇经过一天行程可以到达伯朝拉河。在西伯利亚，所有的贸易都是以物易物，通用货币是松鼠皮。19世纪50年代，兹里安人和俄罗斯人之间的毛皮贸易开始通过放贷实现预先支付，货币的使用对曼西人的收入造成了毁灭性的打击，因为货币贬值，他们失去了以物易物交易中用毛皮换物资的优势。

塞尔库普人：鄂毕河中游的森林猎人

根据凯·唐纳（Kai Donner, 1933a）的论述，塞尔库普人有时被称作奥斯蒂亚克萨莫耶德人，讲萨莫耶德语，却有着汉特人的物质文化。今天，塞尔库普人是唯一生活在鄂毕河上游的萨莫耶德人；另一群萨莫耶德人生活在遥远的北方，在塔兹河附近。1989年，这两组人加起来约有3600人。他们生活在托木斯克州北部、克拉斯诺亚尔斯克边疆区（Krasnoyarsk Krai）、亚马洛-涅涅茨自治区（the Yamalo-Nenets Autonomous Okrug）和涅涅茨自治区（the Nenets Autonomous Okrug）（Norwegian Polar Institute，2006；Nenets）。

安东·希夫纳（Anton Schiefner）在俄罗斯科学院编辑了马蒂亚斯·A.卡斯特伦19世纪早期的作品集，在《萨莫耶德语语法》（*Grammatik der Samojedischen Sprachen*）（1969）中写了一篇关于萨莫耶德人的总结。在前言中，希夫纳描述了塞尔库普人和他们的领地，提到他们的领地不属于苔原带，而是属于鄂毕河及其支流在提姆河（Tym River）与楚利姆河之间的森林区域。卡斯特伦指出，塞尔库普人可按方言分为三组：北方（或下游）方言，包括提姆河与纳雷姆河的上游和下游；中游或基特方言；南方方言或楚利姆河上游方言（引自 Schiefner，1969）。这些河流都在现在的托木斯克市以北，鄂毕河上游的右边或东边。

塞尔库普人最有名的船只是延展原木船和更大的带帆加板河船（Donner，1915），但他们也使用两种不同类型或变体的桦树皮船。第一种和鄂毕河中游的船只相关，第二种船在基特河上（有一条较短的连水陆路通道连接叶尼塞河流域）发现，很可能是在与叶尼塞人，或者住在叶尼塞河上游对岸的南萨莫耶德人交往时改造的。在这一方面，塞尔库普人和埃文基人相同，埃文基人在勒拿河居住时只有一种典型的勒拿树皮船，后来迁移到叶尼塞河又开发了一种新式船（见下文）。

塞尔库普桦树皮船

嘉莉娜·I. 佩利希写的《塞尔库普人的起源》（*The Origins of the Sel'kup*）（1972）评论了塞尔库普人的桦树皮船，并引用了使用过或见过它们的人提供的证据。她复述了在鄂毕河流域的伊万卡村（Ivanka）和科尔帕舍沃村（Kolpashevo）三位传统传承人讲述的 20 世纪 50 年代还在使用的被称作"帕奇扎"（pachzha）（椭圆形船）的树皮船的故事。在鄂毕河流域的科尔帕舍沃村，当地人 B. A. 波塔波夫（B. A. Potapov）为她画了一幅他曾在祖父家的棚子里见过的树皮船，船的尺寸和小型延展原木船（oblaska）一模一样。佩利希注意到这只桦树皮船的形状和构造：船的框架由稠李木制成，舷缘弯成细长的椭圆形，船头和船尾变窄；呈半圆形交叉放置的稠李木肋拱，绑在上方舷缘上做船壳；船头和船尾并不尖，而是圆形的；树皮条绑在更大的上部舷缘上，自由悬挂在肋拱下面以起到加固作用；一只"复式船壳"插入第一只船体中，以确保外层树皮损坏时船不会沉没；船体底部铺着薄木板；船上没有座位；桨手坐在船中央，两边划桨（Pelikh，1972：16，269）。桨是用云杉和松木制成的，有两种样式：单叶桨和双叶桨的简单桨（lappu），以及用于大型船只的长桨（mogalappu）。佩利希在一篇描写这些船的文章中引用了鲍里斯·塔布尔金（Boris Tabolgin）的话，塔布尔金为她提供了鄂毕河亚历山德罗夫（Aleksandrov）圆顶帐篷的信息，文中引文如下：

"过去萨莫耶德人有桦树皮船。单壳船体（如果撕裂了）能有什么用呢？但如果是双壳船体，船就又结实又轻便。"［佩利希继续写道：］如果你在远处看到这样一个［双壳船体的］船，它看起来就像两个船头和两个船尾从水里伸出来——其中一个高于另一个。由 N. 沙霍夫（N. Shahov）绘制，在 V. N. 切尔内佐夫发表的古代汉特人的船只图画中展示了相似的结构，双层的船头和船尾，和上面描述的"帕奇扎"船很像。（Pelikh，1972：16-17）

本质上，塞尔库普人的桦树皮船可能是鄂毕河中游的典型船型，也是鄂毕河流域船只的主导设计模式。它有两个版本，单壳船和双壳船，第一种是只覆盖了一层树皮的小船。双壳船版本中，第二只树皮船插在第一只船里（见图5-9）。萨莫耶德人在鄂毕河中游和北部使用这两种船型。佩利希（Pelikh，1972）说，因为塞尔库普人传承了奥斯蒂亚克萨莫耶德人的船型，他们的桦树皮船与汉特船几乎完全相同，与塞尔库普人南面的邻居切尔坎人使用的船只相似。

佩利希的描述（Pelikh，1972：表32）和 E. A. 贝尔吉巴耶夫（Belgibaev，2004）关于楚利姆鞑靼人船只的描述几乎一致。

基特河的塞尔库普树皮船

历史上，一群塞尔库普人住在叶尼塞河以西、鄂毕河流域最东端的基

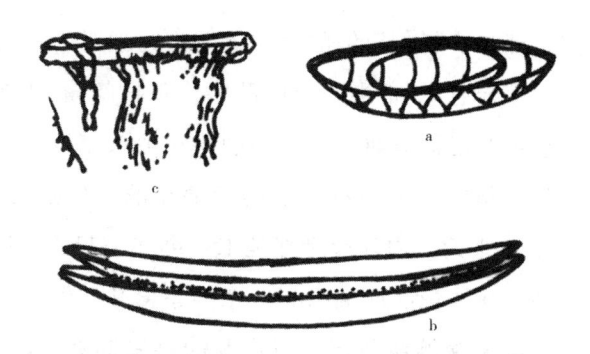

图 5-9　波塔波夫描绘的塞尔库普桦树皮船草图，a 有圆形的末端，内里有椭圆形的环状横梁；b 展示了双层桦树皮船壳的侧面图，上面的船套在下面的船里；c 展示了围绕在外舷缘和内舷缘的肋材，以及从外向内翻转的树皮向下垂到两条舷缘之间。（引自 G. I. Pelikh，1972，plate XXXII。）

特河上，毗邻汉特人、基特人和埃文基人。为了将他们与其他族群和其他奥斯蒂亚克人区别开来，这一塞尔库普族群在旧时俄罗斯书籍中有时被称作基特河奥斯蒂亚克人。在基特河只有一艘保存下来的塞尔库普桦树皮船。1911~1914 年，凯·唐纳在田野调查中将其收集并带到芬兰，并在 20 世纪 20 年代将其作为来自萨莫耶德地区的鄂毕-叶尼塞河传统树皮船的罕见样品，捐赠给赫尔辛基芬兰国家博物馆。唐纳树皮船（芬兰国家博物馆 KM 4934：256）在摄影师、插画师以及多本关于早期船只历史的图书的作者亨利·福塞尔（Henry Forssell）的照片中有所展示（见图 5-10a-b）。它的长、宽、高分别约为 5.4 米、0.75 米和 0.3 米。这种长船应该在小河和大河中都可以通行，甚至可以逆流而上，虽然叶尼塞河速度每小时约 10 公里的急流超过了轻型船只的承受力，但是在平缓的鄂毕河则轻松得多。树皮船和延展原木船像所有靠桨划动的船只一样，在这些河流的小支流中使用。在那里，许多人住在仅有一两户人家的村庄里。

　　船分为三段，每段长度占总长度的三分之一。底部的三张薄木板为满载的船只提供支撑。最大的纵梁（长 75 厘米）位于中间，那里的船底是平的；从那儿起船底向舷缘呈圆形缓缓弯曲。底部从中间向船头和船尾缓缓上翘，覆盖的树皮缝合齐整。深度和纵梁的比例使这艘树皮船看起来相当平，很像一只卡亚克皮艇。唐纳的塞尔库普树皮船带有两只双头桨，每只长约270厘米。该船有25根半圆形的肋拱，每根间隔22厘米。它们虽薄但胜在量多，使船光滑而弯曲。船尾的肋拱比船头稍宽，使船尾体积和浮力更大，但也使船体略显不对称。船的两端在舷缘处是尖的（见图5-10b）。舷缘几乎是水平的，内外舷缘都是末端绑在一起的单块构件，可能是云杉根做的绑绳。每个舷缘两端都有一个大系索孔，绳索在两端将舷缘绑在一起，并在舷缘末端缠绕数圈。树皮和肋拱尾部夹在内外舷缘之间，用木钉从外向里钉紧。这只树皮船有五个沿船身均匀分布的横梁。肋拱下直到舷缘的整个树皮表面覆盖着薄而窄的板条，额外增加了船的强度和硬度。

图5-10　a-b 塞尔库普人叶尼塞型树皮船的两张照片（芬兰国家博物馆 KM 4934：256），1911~1914年凯·唐纳在基特河上收集到这艘船，船由一张树皮制成。（1975年亨利·福塞尔拍摄。）

虽然这只树皮船很长，但它是由一大片桦树皮制成的。这相当不寻常，因为这种尺寸的桦树皮船一般是由两片或多片桦树皮缝制而成。有时为了通过河湖或者进行其他旅行，树皮船需要尽快制作完成，在这种情况下就要使用新鲜的桦树皮。但是如果一艘树皮船或一顶帐篷想要用超过一季或一个行程，必须精心准备桦树皮。基特人将制作船只或帐篷的桦树皮在大桶中煮两到三天，然后卷起来，用绳子捆好，将这捆树皮重新放入大桶中，在这卷树皮的顶部填入苔藓，防止蒸汽冒出来。每过几个小时他们就将树皮卷翻过来，淹没先前最上面的部分。这种煮法使树皮变得柔韧，更容易缝制。煮制后再烟熏，使树皮防水耐腐（Alekseenko，1976）。

南萨莫耶德人：阿尔泰山和萨彦岭的猎人和牧民

包括科伊巴尔人（Koibal）、马托尔人（Mator）、卡拉加斯人（Karagas）、索约特人（Soyot）和卡马斯人（Kamas）在内的南（山地）萨莫耶德人作为族群几乎都灭绝了，少量留存人口现今居住在西西伯利亚。尤哈·扬胡宁（Juha Janhunen）和 T. 萨尔米宁（T. Salminen）写道，卡马斯-科伊巴尔人和马托尔人通常被认为是一个特殊的分支，称为萨彦萨莫耶德人（Janhunen and Salminen，2000）。山地萨莫耶德人，也称作南萨莫耶德人，过去包括马托尔人和卡马斯人。虽然他们的原始语言已经灭绝，但这些人仍然生活在阿尔泰山-萨彦岭的现代哈卡斯族（Khakass）和图瓦人（Tuvan）中。山地萨莫耶德人的一个有名的后裔是拥有独特文化的东北图瓦人，被称作托发拉尔人（Tofalar）（Janhunen，2000）。

直到公元 400 年到公元 600 年突厥人进入阿尔泰山-萨彦岭北部和更往北的区域（Tomilov and Friedrich，1996），萨莫耶德人的土地从叶尼塞河和鄂毕河的源头向外扩展，南至靠近现在的蒙古国与中国的边界，北至北冰洋。萨莫耶德人是西西伯利亚最古老的土著族群之一，他们的船只历史十分重要，因为他们与入侵或毗邻而居的其他族群，包括尤卡吉尔人、汉特人、基特人、突厥鞑靼人和埃文基人分享了许多关于树皮船、木筏和原木船的知识。我们可以假设树皮船很早就在西伯利亚西南部的森林中由萨莫耶德人建造并使用，他们的地盘从南部的大草原与针叶林的边界延伸到整个北部针叶林带，那里盛产桦树皮。这个地区的民族多样性和历史复杂性可以从其树皮船的构造细节中看出端倪（见图 5-11）。

叶尼塞河流域的文化接触

首次记述萨莫耶德人是在 1775 年，约翰·戈特利布·格奥尔基（Johan

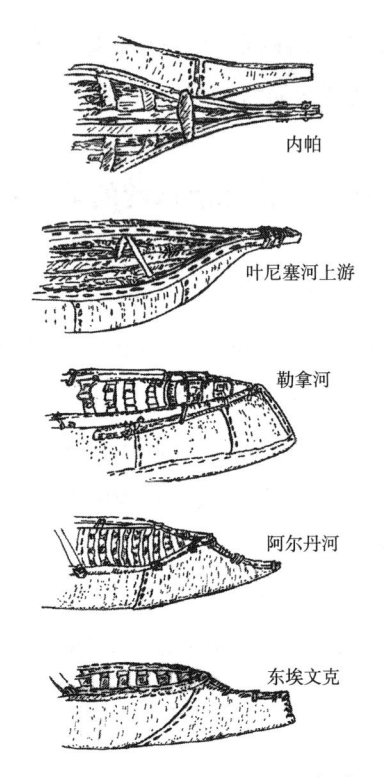

图 5-11 中西伯利亚和东西伯利亚树皮船的变化。阿尔泰山-萨彦岭地区是众多文化的发源地，此地的树皮船比欧亚大陆北部的任何地方都更加多样化，从内帕（Nepa）（下通古斯河）、泰伦佳夫（Tulum Dyav）（叶尼塞河上游源头）、维柳伊河（勒拿河支流）、乌达（Uda）（桑塔斯基湾）、贝加尔湖附近区域和叶尼塞河与勒拿河源头的树皮船不同船头样式就可以看出这一点。（哈里·卢克卡宁绘制。）

Gottlieb Georgi）在系列丛书中记录了俄罗斯帝国的所有民族（Georgi，1776a，1776b，1777）。他讲述了西伯利亚西南部一些非常小的萨莫耶德族群（现已灭绝），他们那时仍然使用自己的语言。这些族群包括科伊巴尔人，这是一个由放牧绵羊、山羊和牛的牧民组成的族群，生活在萨彦岭的叶尼塞河上游，即现代克拉斯诺亚尔斯克周围，带着他们的马群过着蒙古式的游牧生活。还有索约特人，他们是猎人、渔民以及驯鹿饲养者，住在萨彦岭北部和贝加尔湖周围。第三个族群是马托尔人，他们住在萨彦岭，叶尼塞河上游右岸，直到1609年俄罗斯人进入此地之前一直由蒙古金帐汗国（the Mongol Golden Horde）统治。最后是卡马斯人，他们生活在叶尼塞河东岸，沿着克拉斯诺亚尔斯克附近的坎河（Kan River）和曼河（Man River）居住。所有这些群体在与俄罗斯人接触之前都使用桦树皮船。船只多样性集中在一个相对较小的部位，既展示了阿尔泰山-萨彦岭的民族多样性，也展示了突厥人和蒙古人的扩张对这个曾经人口众多、地域辽阔的地区的影响。

贾科·哈基宁（Jaakko Häkkinen，2010）等讨论了萨莫耶德语的乌拉尔起源、萨莫耶德人的基因标记，以及萨莫耶德人与南西伯利亚和西西伯利亚其他民族的接触。哈基宁认为，原始萨莫耶德语的出现是乌拉尔语扩展到萨彦岭的结果。这一扩展的时间、地点和方向指向公元前2000年中期的塞伊玛-图尔宾诺（Seima-Turbino）青铜时代文化及其延伸到乌拉尔东部的贸易网。这一文化大部分在东乌拉尔方言区，而其中一个较小中心位于原始萨莫耶德地区，即萨彦岭西部，额尔齐斯河和鄂毕河之间。除了采用青铜器，或许是因为向西迁移，乌拉尔山脉东部的族群也说乌拉尔语。在哈基宁看来，在公元纪年开始之际，原始萨莫耶德语作为新方言或语言在萨彦岭北部的鄂毕河和叶尼塞河源头之间开始扩散。讲萨莫耶德语的人分为三大群体，主要按地理位置区分：北部（恩加纳桑人、埃内茨人、尤拉克人、涅涅茨人），或森林和苔原萨莫耶德人；中心（塞尔库普人），或森林萨莫耶德人；南部或山地萨莫耶德人（卡马斯人、科伊巴尔人、马托尔人、泰吉人、卡拉加斯人和索约特人）。

尤金·赫利姆斯基（Helimski，2008）主要从语言学的角度撰写了一篇关于萨莫耶德人研究的综述，其中讨论了原始萨莫耶德人可能的位置。根据语言和考古学发现，他指出托木斯克、叶尼塞斯克（Yeniseysk）和克拉斯诺亚尔斯克组成了一个三角地带。如果这一论断正确，那么原始萨莫耶德人后来分为三个群体，一组向北居住在叶尼塞河和鄂毕河沿岸，另一组南部萨莫耶德人居住在阿尔泰山和萨彦岭，第三组塞尔库普人留居在鄂毕河和叶尼塞河之间。他们可能是受到来自西面的汉特人和南面或西南面的鞑靼人施加的压力而被迫迁移。蒙古人、基特人（叶尼塞人）和其他民族的影响也很重要。同样在这里，靠近叶尼塞河的地方，萨莫耶德人可能在原始尤卡吉尔人撤退到勒拿河之前见过他们。尽管学者们在重构古代历史时很少提及树皮船，但桦树皮船技术很可能起源于鄂毕河和叶尼塞河之间的萨莫耶德人祖籍地，桦树皮船技术成为后来所有萨莫耶德人的一个传统，并一直保持到18世纪。

卡马斯人的桦树皮船：萨莫耶德人和叶尼塞人的共同遗产

德国历史学家G. F. 穆勒受雇于俄罗斯科学院，在其手稿《西伯利亚族群说明》中写到了卡马斯人，说他们用桦树皮船。这种树皮船在科伊巴尔语中叫"kimä"或"tos kimä"（Castrén，1857c：137）。那时，甚至更早，所有的阿尔泰山-萨彦岭的萨莫耶德人——马托尔人、卡拉加斯人、索约特人和科伊巴尔人，甚至在泰梅尔半岛上的塔夫吉（Tavgi）萨莫耶德人都可能使用过同样类型的船只。穆勒对萨莫耶德树皮船给出了最好的描述，它似乎是叶尼塞族群树皮船的原型：

> 树皮船有4.1米；中间宽0.71米，底部是平的。它们的最大长度为5.5米。桦树皮缝制在一起，接缝处涂有云杉树脂。桦树皮的白色部分缝在桦木或樱桃木做的肋拱上，连接起来形成一艘船，穿孔处也涂上油脂。树皮船纵向有3个木材构件［2条舷缘和1条船底龙骨］，横向有6或8根肋材，因此它们的间距超过1英尺或30厘米。在两端还有两块弯曲的木质构件［船首尾端头构件］，船桨只有一片桨叶。（摘自Potapov，1957：219-220）

克拉斯诺亚尔斯克边疆区地方传统博物馆（the Krasnoyarsk Krai Museum of Local Lore）研究西伯利亚西南部历史的专家米哈伊尔·巴塔舍夫

(Mikhail Batashev)在 2011 年 5 月 11 日给哈里·卢克卡宁的私人信件中提到了穆勒的描述：

> 17 世纪和 18 世纪，居住在叶尼塞河上游（在针叶林区和山地针叶林区）东部的人使用桦树皮船。此外，无论是通古斯、萨莫耶德还是叶尼塞等民族，其族群因素都没有影响树皮船的风格，起作用的主要因素是当地文化传统。西西伯利亚的萨莫耶德人制造了叫作"多尔布尼基"（dolbleniki）的［延展原木船］。萨彦岭萨莫耶德人制造了树皮船。叶尼塞河东岸的通古斯人制造了树皮船，在左（西）岸，制造了"多尔布尼基"。基特人制造了"多尔布尼基"。科伊巴尔人制造了树皮船。
>
> 现在我们可以谈谈科伊巴尔人。在 17 世纪上半叶，科伊巴尔人是坎河科特（Kott）部落土地上的一员；换言之，他们是叶尼塞人。17 世纪下半叶，他们搬到奥林（Arin）部落的土地上。奥林人和基特人一样，也说一种叶尼塞语。目前他们是哈卡斯人的一部分，因为从 18 世纪下半叶到 19 世纪初他们被突厥化（Turkicized）。因此我们可以假设科伊巴尔和科特部落利用桦树皮船进行河流运输，他们占据的区域南至萨彦岭东麓，北到安加拉通古斯（Angara Tungus）地区，从叶尼塞河往西到东布里亚特（Buryats）。马托尔和科伊巴尔部落占据了卡济尔河（Kazyr River）、基济尔河（Kizir River）和阿穆尔河（黑龙江）流域。卡拉加斯人［现为托发拉尔人］居住在乌达河、伊亚河（Oiá River）和奥卡河（Oka River）上游。

有关科伊巴尔人的信息证实了我们的假设，萨莫耶德人和说叶尼塞语的民族分享了他们的树皮船传统（见第六章）。当基特人、科特人、阿桑人、奥林人、尤克人（Yugh）、旁普科尔人（Pumpokol）从鄂毕河和叶尼塞河源头之间的亚洲内陆某处进入南西伯利亚，他们一定穿过了萨莫耶德人的土地。就像南部大草原和山区的人们（例如基特人）一样，他们并没有自己的树皮船，很可能是在新的针叶林环境中才采用的。

北阿尔泰山的鞑靼人：西伯利亚森林的山区猎人

北阿尔泰山脉位于西伯利亚的最南端。在阿尔泰山脉以南，俄罗斯与中国、蒙古国西部、哈萨克斯坦东部接壤。该地区比南西伯利亚的任何区域都更早有人居住；在最后一个冰河时代最寒冷的时期，这里成了文化和族群的庇佑所，随着苔原和森林地带延伸到它们今天的区域，这些文化和族群后来扩展到了北西伯利亚。在过去的1500年里，阿尔泰山脉的族群或者建立了庞大的帝国，或者被征服。作为这个区域的一部分，图瓦共和国1911年至1944年仍为独立国家。

苏联和俄罗斯的学者在"西伯利亚鞑靼人"的多民族组成问题上意见一致，认为他们居住在乌拉尔山脉和叶尼塞河源头之间。尼古拉·A.托米洛夫（Nikolai A. Tomilov, 2000）写道，从最普遍的意义上说，西伯利亚鞑靼人由乌戈尔人、萨莫耶德人和突厥人融合组成，在较小程度上还有伊朗人和蒙古人的血统。乌戈尔族群（匈牙利人、曼西人和汉特人的祖先）和说突厥语的基普切克人（Kipchaks）对巴拉邦人（Baraban，一个小族群）和托博尔-额尔齐斯鞑靼人的形成至关重要，其重要性就像萨莫耶德人和基普切克人对托木斯克鞑靼人的融合一样。在5世纪和7世纪之间，说突厥语的族群从阿尔泰山脉和萨彦岭到达西西伯利亚平原；后来，随着蒙古人的到来，在13世纪，来自中亚和哈萨克斯坦的突厥人大量涌入。因此，到了14世纪，西伯利亚鞑靼人的基本民族构成已经形成。在托米洛夫和弗雷德里希（Tomilov and Friedrich，1996）撰文的时候，他们认为西伯利亚大约有50万名鞑靼人，其中仅有20万名是西伯利亚鞑靼人，他们的祖先在16世纪末俄罗斯移民出现之前就一直生活在西西伯利亚。

突厥鞑靼人的船只历史非常有趣但鲜为人知，他们在阿尔泰山脉北部广泛使用桦树皮船,这可能来自一个更古老的萨莫耶德树皮船传统。它有两个已知变体,一个在阿尔泰东部,另一个在阿尔泰西部。10世纪的阿拉伯学者伊本·法德兰(Ibn Fadlan)长途跋涉、远征伏尔加保加利亚的时候进入了突厥鞑靼人的地盘,并描述了乘坐类似克拉科尔小圆舟的船横渡乌拉尔河[亦称雅甘迪河(Yaghandi River)]的经历:

> 我们一路向前,来到雅甘迪河。在那里,人们把用骆驼皮制成的皮船摊开,从土耳其骆驼上取货;因为船是圆的,他们把货物放进去直到船完全伸展开来。然后他们用衣物和器皿把船塞满。当每只皮艇装满时,五、六或四个人[原文如此]坐上船。他们手里拿着桦木,像桨一样不停用它划船,不让船沉水,船体不停地旋转前行,直到我们过河。(Fadlan引自Sinor, 1961:159)

切尔坎人的桦树皮船

阿尔泰州立大学的E. A. 贝尔吉巴耶夫(Belgibaev, 2004)研究了切尔坎人[亦称切尔坎茨人(Chelkantsy)]的文化和船只。贝尔吉巴耶夫写道,他们与库曼丁人(Kumandin)和图布人(Tube)[亦称图巴拉尔人(Tubalar)]一样形成了一个单一文化区域。他们的生活是基于一个与南部的阿尔泰人完全不同的经济模式。阿尔泰山北麓的族群主要是由他们所占据的山地和山谷景观以及当地的经济活动来界定的,这些经济活动包括狩猎、捕鱼、采集、耕种、锻造、编织,以及养殖绵羊、山羊和马。17世纪切尔坎人的故土在一个叫什切尔坎(Shchelkany)或什切尔坎斯卡亚沃洛斯特(Shchelkanskaya Volost)的地方。1642年,一部分切尔坎人搬到萨彦岭。根据贝尔吉巴耶夫的说法,切尔坎人使用各式工具,包括圈套、陷阱、自触发式箭和上膛枪猎捕熊、麋鹿、马拉赤鹿(阿尔泰山鹿)、野山羊、鹿等毛皮动物和野鸟。他们用渔具、渔网、围网和其他工具捕鱼,包括鲈鱼、鲷鱼和梭鱼。用鹤嘴锄进行刀耕火种，种植黍、小麦、大麦、黑麦、亚麻和大麻。养马并非其主业，是业余工作。切尔坎人在19世纪开始养蜂，在20世纪开始种植蔬菜。他们的房子和该地区的其他居民相似：两侧有桦树皮屋顶的独木屋、圆锥形蒙古包、谷仓和夏季厨房。他们的交通工具包括阿尔泰山-萨彦岭式滑雪板、用兽皮和桦树皮做的雪橇、树皮船、独木舟以及其他类型的船只。

1998年至1999年，贝尔吉巴耶夫对阿尔泰共和国图罗恰克斯基行政区的博伊卡（Biyka）、库尔马-拜格尔（Kurmach-Baigol）、苏拉纳什（Suranash）、麦斯基（Maisky）和图罗恰克（Turochak）等城的切尔坎人进行了田野调查，在那里和天鹅河（Cygnus）地区，人们使用桦树皮船。他写道：

> 在汛期，猎人们用桦树皮船［toskeve］克服交通障碍。树皮船的设计可以从一个著名的猎人切穆卡·坎达拉科夫（Chemuka Kandarakov）的故事中找到来源。在4月中旬［20世纪20年代］，这位猎人划着他在森林里"匆忙"做好的树皮船渡过了洪水泛滥的萨德尔河（Sadr River）。树皮船有稠李木做的舷缘，舷缘上装有横梁。在连接到横梁上之前，肋拱经过了火烤。从顶部看，这艘船像一具细长的半圆形骨架。桦树皮用从稠李树上剥下来的韧皮纤维缝合。桦树皮的边缘从舷缘外向内翻转，用韧皮纤维缝好固定。为了不让脚踩漏船底，底部放置了木块和树枝。船用单叶桨或单杆推动前进。切尔坎猎人使用树皮船两至三个季节后，将其扔到针叶林里。（Belgibaev, 2004）

楚利姆人和肖尔人的树皮船遗产

楚利姆鞑靼人和肖尔（Shor）鞑靼人住在北阿尔泰山脉的东面，在鄂毕河上游和叶尼塞河之间。安特罗波娃（Antropova, 1961）认为，肖尔人

[亦称肖尔茨人（Shortsy）]使用桦树皮船，这对他们的捕鱼和狩猎传统发挥了重要作用。也可以这样说，楚利姆人是肖尔人的近亲，居住在楚利姆河沿岸，在托木斯克州和克拉斯诺亚尔斯克边疆区，艾河（Yai River）和基伊河（Kii River）汇入楚利姆河。根据2002年的人口普查，楚利姆人大约有700人。

尼古拉·A.托米洛夫报告说，楚利姆人"在马背上、马车上或雪橇上前行，有时用一两只狗拉着前进，或者用'多尔布尼基'延展原木船、木板船和桦树皮船[kem]前进"（Tomilov, 2012a: 221）。他们的树皮船被称作"凯姆"（kem），这一点很有启发性，因为这个词可能将楚利姆-肖尔人与萨莫耶德人联系起来："kem"可能是南萨莫耶德语中的"树皮船"。1781年，在芬兰出生的俄罗斯科学院教授埃里克·拉克斯曼（Erik Laxman）在《西伯利亚简史》（"Sibirische Briefe"）一文中写道："科伊巴尔人[马托尔人]把叶尼塞河上游称为'凯姆'（Kem），意思为'河流'。"（Laxman, 1793: 12）后来楚利姆鞑靼人采用这一指称，也许揭示了叶尼塞河与树皮船的关系。另外，托米洛夫在另一篇文章中写道，居住在鄂毕河源头附近的阿尔泰山北部的鄂木斯克鞑靼人，称他们的延展原木船为"卡马"（kama）、"凯姆"（keme）或"基姆"（kim）（Tomilov, 2012b）。语言学家未来或许可以帮助解释船只命名、语言和族群之间的联系。与此同时，我们猜测"kem"作为树皮船的早期命名，或许来自伟大的凯姆河（Kem River）（叶尼塞河）的名字，树皮船最先在那里建造、使用和为人所知。当树皮船消失时，"凯姆"就成了取代树皮船的船只的名称，因此较大的原木船被叫作"卡马"、"凯姆"或"基姆"。

楚利姆-肖尔人的树皮船和"凯姆"这个术语之间的联系可以用他们的位置和起源来解释，他们是西西伯利亚乌戈尔人、萨莫耶德人和基特人的残存部落。列昂尼德·P.波塔波夫（Leonid P. Potapov）研究了阿尔泰山脉以南和以北两个区域阿尔泰族群。他发现南北两种文化区别显著："在阿尔泰山南部，主要交通方式为马和驮马，在北部，夏天为木筏和树皮船，冬天为滑雪板。"（Potapov，1969：19）阿尔泰山南部族群的口头民间传说是典型的史诗，反映了他们的狩猎生活方式，在北部则是关于家庭生活中的英雄人物和动物的故事。正如芬兰的《卡莱瓦拉》诗歌一样，我们可以从阿尔泰地区的口头文学中了解到关于船只及其使用的信息：阿尔泰山北部的传说提供了树皮船存在的证据，包括史诗《阿利普-马纳什》（*Alyp-Manash*），讲述一个旅行者乘着桦树皮船漫游的故事（Legends of Altai，2010）。《阿利普-马纳什》诗集从阿尔泰山北部奥洛特人（Oirot）之中收集，其中的诗歌和散文可以追溯到7世纪和8世纪，类似的传说和故事在整个突厥区域广为流传（Kuusi and Pertti，1985：76）。

鞑靼人与萨莫耶德人在西伯利亚西南部的接触

如上所述，桦树皮船技术，以鄂毕河船只为代表，起源于西伯利亚西南部，由曼西人、汉特人、基特人、萨莫耶德人和突厥鞑靼人的祖先发展传承，在他们中间这种船型广为人知。贝尔吉巴耶夫在一篇关于切尔坎人的景观和文化的论文中写道：

> 在民族志和民俗文学中，树皮船在说突厥语的肖尔人、托木斯克鞑靼人、基特人、鄂毕-乌戈尔族群和涅涅茨人以及东西伯利亚和阿穆尔河（黑龙江）的众多族群之中广为人知。纳雷姆塞尔库普人经常划着树皮船或"多尔布尼基"延展原木船在针叶林间的河流中航行，在水路间进行运输。切尔坎猎人也知道这种穿越针叶林的交通方式。在18世纪，库曼丁人乘着树皮船打猎。……在说突厥语的族群和南西伯利亚的鞑靼人中，树皮船的框架由稠李木制成。……在纳雷姆塞尔库普人和切尔坎人中，船由稠李木做框架，由桦树皮覆盖。在塞尔库普船只的基本框架中，长长的树枝弯成椭圆形，用肋拱固定在船底，肋拱是构成船只骨架的弯曲的窄板。桦树皮覆盖船只框架的内外两面；塞尔库普树皮船由双层树皮做成。在船的底部，薄木板放在肋拱底下

起保护作用。将纳雷姆塞尔库普人和切尔坎人的树皮船相比较，我们发现了许多共同点。除此以外，我们应该记住一个重要的事实：纳雷姆塞尔库普人设计的树皮船可以长期使用，而切尔坎人的树皮船只能使用两至三次。(Belgibaev，2004)

然而，贝尔吉巴耶夫也提供了针叶林树皮船可能来源于汉特人的证据："在民间传说资料中，瓦赫人和南部汉特人认为'多尔布尼基'延展原木船是他们自己独有的，与萨莫耶德人的桦树皮船不同。"(Belgibaev，2004)然而，这种基于民族志、民谣和语言分析的历史重构依赖相对较新的数据，可能是过去1000~2000年，而树皮船的考古证据同样受到时间限制。可以追溯到6000~8000年前的船桨和岩石艺术表明树皮船确实有古老的起源，但并没有为其起源提供科学依据，尽管我们可以假设，早在最后一次冰河时代结束之前，树皮船就已在欧亚大陆的森林地区被广泛使用。

（崔艳嫣　刘铭淇　译）

第六章
中西伯利亚：叶尼塞河和泰梅尔半岛

横贯西伯利亚的第二条向北流动的大河是叶尼塞河，它发源于蒙古国北部的阿尔泰山和萨彦岭，通过泰梅尔半岛以西的叶尼塞湾注入北冰洋。叶尼塞河流域占据了欧亚大陆中心的一大片区域，其主要支流的流域是贝加尔湖以西地区。叶尼塞河流域和鄂毕河流域一样，是一个巨大的地势较低的盆地，除了湿地、沼泽和茂密的森林，几乎没有什么地理屏障限制人类和陆栖动物的活动。在山区源流之下，除了春季破冰期，叶尼塞河及其支流很适合小船航行。在冬天，叶尼塞河水系实际上是冰上高速公路，几千年来，其干流和东西支流一直是移民和贸易的通道。在某些情况下，其支流的源头与鄂毕河或勒拿河流域相应河流只隔着一小段连水陆路。流域相邻，陆路相通，也促进了船型和技术的共享。

本章描述的叶尼塞河主要文化群体有恩加纳桑人、埃内茨人、多尔甘人、基特人、叶尼塞河埃文基人和布里亚特蒙古人（Mongol-Buryat）。他们的文化分布是从北极苔原的驯鹿牧民和猎人到叶尼塞河中游的河畔渔民，再到阿尔泰山和贝加尔湖地区的草原牧民。虽然该流域的经济和文化多种多样，但所有族群都一致使用叶尼塞型树皮船。和其他大型的西伯利亚水系一样，河流的共通促成了树皮船技术的共享。当新族群出现在这些流域时，他们通常不再使用家乡原来的船型，转而采用新定居地盛行的那类船只。

恩加纳桑人：泰梅尔半岛的北极苔原猎人

恩加纳桑人也被称为塔夫吉萨莫耶德人，是叶尼塞河北部或叶尼塞河东部支流上最靠北的族群。因为他们住在亚洲大陆最北端的泰梅尔半岛，所以虽然他们早在约 1650 年就因为靠近俄罗斯北部海上航线而被俄罗斯人征税，但是直到 20 世纪，他们还是欧亚大陆北部最与世隔绝的民族之一。约翰·G. 格奥尔基（Johan G. Georgi）的描述是关于该族群的最早记录之一，他将之称为塔夫吉人，并将他们的居住地定位在叶尼塞河和勒拿河下游之间（Georgi，1777：277）。他们是少数几个在与俄罗斯人接触后仍将狩猎野生驯鹿作为主要经济来源，并将其重要地位延续至今的欧亚大陆北方的族群（Chard，1963）。恩加纳桑人将驯鹿捕猎经济模式与尤卡吉尔人共享，这是西伯利亚苔原带上最后一种以狩猎和采集食物为主的生活方式。他们传统文化的主要变化始于 20 世纪 20 年代，那时多尔甘人、埃文基人、雅库特人和俄罗斯人等其他族群开始在泰梅尔半岛定居。

俄罗斯高北极地区的恩加纳桑人的狩猎文化一直是有关环北极科学文献的一个显著内容。美国北极考古学家切斯特·查德（Chester Chard，1963）认为，泰梅尔半岛的原始史前族群是西尤卡吉尔人的祖先。这种亲缘关系最近得到了沃罗科（Volodko）及其同事（Volodko et al.，2009）的证实。研究者将恩加纳桑人的 DNA 与居住在楚科奇西部的森林尤卡吉尔人的 DNA 联系起来。在遥远的过去，两者可能属于同一个群体，后来他们在叶尼塞河流域分开，取不同道路北上，恩加纳桑人到了泰梅尔半岛，尤卡吉尔人去往勒拿河流域并最终到达楚科奇。他们共同的历史也许包括使用同类船只和船只术语（Simchenko，1976b）。另外，最新研究表明，泰梅尔半岛的文化历史十分复杂，所以恩加纳桑人或尤卡吉尔人与全新世早期的拓荒者（他们也一定是造船者和该地区的现代居民）之间不太可能存在延续性（Khlobystin，2005）。

恩加纳桑人包括两个紧密关联的群体——阿瓦姆人（Avam）和瓦德耶夫人（Vadeyev），他们都说一种萨莫耶德方言。阿瓦姆人居住在泰梅尔半岛的西部，自叶尼塞湾及其河流至泰梅尔湖，瓦德耶夫人则住在泰梅尔半岛东部，沿哈坦加湾（Khatanga）（亦称 Chatanga）及其对岸远至阿纳巴尔河（Anabar River）。1989年，恩加纳桑人口总数约为1280人，其中83%的人懂一些当地萨莫耶德语（其他人说另一种当地语言或俄语）。他们在行政区划上属于克拉斯诺亚尔斯克边疆区泰梅尔自治区。

从划船角度来看，泰梅尔半岛环境相当恶劣：位于永久冻土带，完全在北极圈以内，那里的夏季无冰期短暂而寒凉。尽管如此，恩加纳桑人仍然同尤卡吉尔人一样在春秋两季使用原木船和兽皮船在河流渡口用长矛捕猎野生驯鹿（Gracheva, 2012），他们甚至将船只当作雪橇，由家养驯鹿拖行，这种做法也为涅涅茨人和萨米人熟知。因为这些原因，他们的船只历史与其他西伯利亚族群的船只历史不尽相同。

用于苔原狩猎和捕鱼的兽皮船

据有限的记录，恩加纳桑人使用两种船狩猎驯鹿和捕鱼。他们从汉特人和雅库特人（亦称萨哈人）那里获得了这些船，因为泰梅尔半岛没有造船所需的树木。安德烈·A. 波波夫（Popov, 1966）写道，恩加纳桑人并不喜欢汉特人的鄂毕型原木船，而是喜欢20世纪由俄罗斯贸易委员会（the Russian Trade Commission）提供的轻型雅库特船。瓦克拉夫·西罗斯泽夫斯基（Sieroszewski, 1993）相信，雅库特原木船（尤卡吉尔语为"vetki"、"vetka"和"anabuska"）实际上为尤卡吉尔类型的船只。因此，与森林尤卡吉尔人有渊源的恩加纳桑人很可能也采用了他们的原木船。

被称作"库昆贡渡"（kukhungondu）的恩加纳桑兽皮船一直使用到19世纪，最先由 A. A. 波波夫研究，后来由尤里·B. 辛琴科（Yuri B. Simchenko, 1976b: 138）进行研究，他们认为这种船类似于一种称为"库保渡"（kubaodu）的兽皮船，由埃内茨人用驯鹿皮制成。波波夫对其构造评价不高："恩加纳桑人说从他们的邻居多尔甘人和雅库特人［而不是上文提到的汉特人］那里借用了这种挖空独木舟［vetki，雅库特原木船］。混乱的船只历史可能反映了恩加纳桑人的多种起源。根据他们的口述史，恩加纳桑人不常走水路；他们用的不是木船，而是兽皮船，但是兽皮船太危险了，人们不会在大风天乘兽皮船下水，因为即使是一个小浪也会将船折成两半。"（Popov，1966：50）

辛琴科（Simchenko，1976a）展示了一幅恩加纳桑兽皮船-雪橇的组合图（见图6-1）。他注意到尽管那时框架蒙皮船（"库昆贡渡"）已经完全停用，其构造却比波波夫描述的要复杂得多：

> 直到最近，这些船还具有仪式性特征。它们在猎捕驯鹿的地方用来过河，也作为圣物（fala-koika）供奉于此。在这种情况下，船架起到了圣物的神奇作用。这些祭祀船的制作并不像波波夫的信息提供者说的那么差。当然，它们虽然不像雅库特原木船那样坚固，但其主要用途仍然可以实现，即运送用长矛猎杀驯鹿的猎人渡河。
>
> 船架的建造从龙骨木材开始。恩加纳桑船的龙骨并非"龙骨"这个词的确切含义所指。该船"龙骨"由船首和船尾的端头构件组成，这些木材构件看起来很像现代货运雪橇的滑行装置（balki），它们在中间稍微偏后的位置由一个普通榫接或槽口连接。不管榫接的类型如何，龙骨的船尾部分都置于船头构件部分之上。这是因为船只的重心（加上划船者）更靠近船尾，而龙骨木材在移动时垂直受力。
>
> 船底通常分为两半制作，当把这两部分连接到龙骨木材上时，这种结构产生了复杂的问题，因为驯鹿猎人既没有足够大的树来做整个船底，也没有制作大型平面所需的工具。船底的尺寸和比例（以及可用的木材）决定了整艘船的形状。传统的船长与船宽最大之比为10∶1。因此，一艘4.5米长的船在划船者坐着的地方宽度应为45厘

米。划船者的座位到船首的距离约为船长的三分之二。这使船具有更大的机动性，可以随时掉头，这在渡河猎杀驯鹿时是必要的。恩加纳桑人用筋制作的绳索或木钉将船底固定在龙骨上。……

船底的边缘为垂直船架［肋材］开孔，经典构造由五对对称的垂直肋材组成。垂直肋材从船底开口穿入，然后用肌腱包裹捆绑。有时在船首和船尾会插入额外的垂直支撑构件。……

"框架"船最重要的细节是其"V"形船头立柱，它连接了恩加纳桑"库昆贡渡"兽皮船所有的重要部分，被认为是船的灵魂所在。船头立柱由普通榫接或有切口的接头接到龙骨木材上。"V"形的船头立柱由落叶松的带根树桩制成，树桩上有对称的斜根，其上可绑纵梁。……

舷缘与船首和船尾立柱通过对角线接头连接，没有任何特殊的榫接。这些结合处用皮带和皮筋包裹起来，涂上鱼胶，晾干后再涂上油脂。舷缘内侧削平，并为安装垂直肋材骨架设置了浅槽口。纵梁插入船首和船尾立柱的槽口中，用皮带固定住。这就在船的前后两端形成了坚固的三角形，它们能灵活地承受［船弯曲时的］张力。底部的横梁增加了船架刚性。……船底和舷缘的最大宽度之比是1：2。从驾驶座到船头和船尾，船身逐渐变窄。……

船架覆盖着野生驯鹿皮，船皮全部用最好、最结实的秋季驯鹿皮制成。为了制作船皮，需要整张剥下驯鹿皮。这样剥下的鹿皮看起来就像一个口袋，在驯鹿前蹄和脖子部位有洞，一张船皮需要两大张鹿皮制成。为了防止弄破鹿皮，浸泡和刮削要非常仔细。有无法修补的洞和其他瑕疵的驯鹿皮被丢弃不用。驯鹿皮上会留下一层皮下脂肪，干燥后将整张驯鹿皮涂上油。两张鹿皮都在船架中间缝合，折叠在正中垂直的肋材上。一些资料称船皮是双层的。这些船也在狩猎时用作雪橇（或载在雪橇上）。(Simchenko, 1976a：35-37)

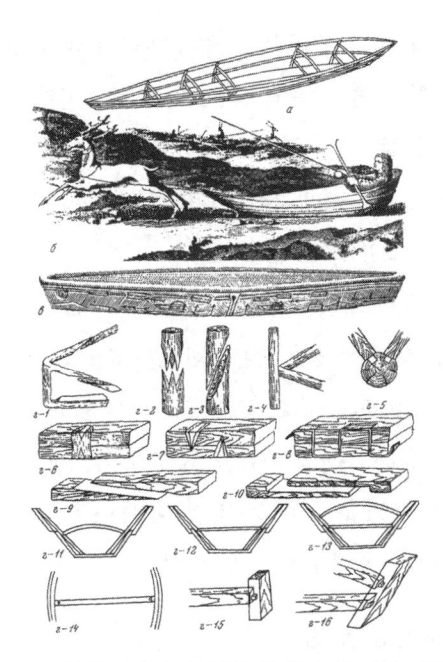

图 6-1　泰梅尔半岛的恩加纳桑"库昆贡渡"驯鹿皮船（约 450 厘米×45 厘米）是为了在船底安装雪橇滑行装置而建的，埃内茨人、涅涅茨人和尤卡吉尔人也制作了类似的兽皮船。（引自 Simchenko，1976a：141。）

也许因为用于苔原运输，恩加纳桑兽皮船相对较小，其明显缺点是船底木板间有缝隙。问题是，他们是否像与其联系密切的文化近亲埃内茨人过去在塔兹湾所做的一样，建造较大的兽皮船？如果像楚科奇敞舱兽皮船那样，使用更牢固的横撑连接底部龙骨木板和纵梁，就能建造较大兽皮船。

兽皮船从未消失，至少它一直存在于传说和宗教仪式中。辛琴科说这些以模型和复制品形式出现的船只直到近几十年仍然在各种仪式中使用。由于船只是用于旅行和狩猎的运输工具，它们需要与神灵交流的途径。有时是在船身上画上人物和动物，有时是在陆地举行祭祀时，用木头或石头雕刻人形神灵形象。这些神灵形象被认为是有助于狩猎的象征，其中一些放置在神圣的"祭祀船"（ritual boats）中（Simchenko，1976b：139-140）。有趣的是，画在这些船里面的图案模仿了纵梁和肋拱，也许是为了复刻他们祖先的兽皮船或框架船。在现代，这些祭祀用船是由一整块木头雕刻而成的，就像婴儿的摇篮一样，涂有黑色和红色的竖线。船里面是横梁，这在挖空独木舟中没有任何实际作用，但可能是一些古老工艺的残留。恩加纳桑人也有一种祭祀用船，兽皮覆盖了整艘船，包括甲板，一个人形圣像放置在船中央驾驶舱位置的敞舱里。

在圣彼得堡人类学和民族学博物馆中有一只船模（MAE 6724-3），是辛琴科于1975年在泰梅尔半岛乌斯特-阿瓦（Ust-Ava）（见图6-2）的一个祭祀遗址收集的。该船模是一艘鹿皮覆盖的挖空独木舟，上面装饰有雪橇、鹿、弓箭、人和眼睛样式的图案。在楚科奇东角（East Cape）附近的埃克文遗址（见图8-11）发现的一艘1500年前的白令海文化坟墓中的小象牙船，可能也是祭祀船模，并非代表真实船只。

驾船捕猎大雁和驯鹿

俄罗斯人类学家鲍里斯·O.多尔吉克（Boris O. Dolgikh）认为恩加纳桑人的狩猎方式与通古斯人、尤卡吉尔人和爱斯基摩人相似：

> 夏季，他们游牧至泰梅尔半岛腹地的苔原地区，在冬季返回南部森林的北部边界。他们的主要工作是狩猎野鹿、北极狐、大雁，饲养驯鹿和捕鱼。恩加纳桑人和奥列尼克（Olenek）通古斯人、阿纳德尔河和科雷马河下游的尤卡吉尔人、捕猎北美驯鹿（Caribou）的爱斯基摩人等其他族群一样，之前主要在秋季狩猎野鹿，他们聚集在河流渡口，从船上用长矛（fonka）猎杀野鹿。直到最近，他们仍会使用特制的兽皮网，猎人将鹿驱赶到网中。在夏秋两季，恩加纳桑人独自或成群结队地徒步狩猎野鹿。（Dolgikh，1962：220）

船只在捕获和寻回这些狩猎动物时非常重要。

A.A.波波夫还研究了集体狩猎野生驯鹿和大雁的方法，1937年他用俄

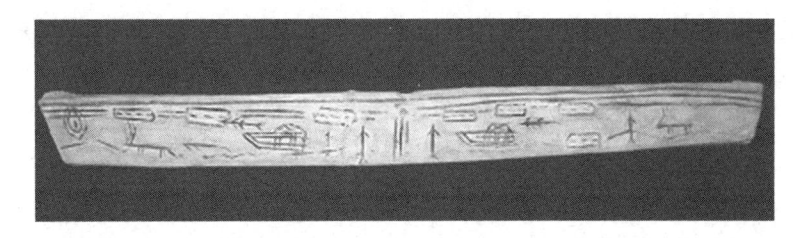

第六章　中西伯利亚：叶尼塞河和泰梅尔半岛 / 217

图 6-2　蒙皮祭祀船模（MAE 6724-3），可能是代表恩加纳桑兽皮船的萨满教物品，于 1975 年在泰梅尔半岛乌斯特-阿瓦的一个神窖中发掘。船上的标记包括黑色和红色的雪橇和驯鹿形象，以及模糊的图案和符号。（叶夫根尼亚·阿尼琴科拍摄，圣彼得堡人类学和民族学博物馆提供。）

语发表了关于多尔甘人的研究论文（Popov, 1964a, 1966），其中有一幅画是人们在池塘里驾船驱赶不会飞的大雁，恩加纳桑人和其他北方族群也使用这种方法狩猎（见图 6-3）。除此之外，在泰梅尔半岛，狗是猎雁和驯鹿的帮手。波波夫写道：

　　某些类型的集体狩猎在不远的过去曾具有巨大的经济意义，直到我们这个时代，恩加纳桑人还保留着这些狩猎形式。其中包括用网围猎和宰杀野生驯鹿。旗子（labaka）在狩猎中必不可少，其中包括挂在长棍顶端的长条状彩绘兽皮和白色鸥鸪翅膀。追逐野生驯鹿群的猎人会把旗子插成逐渐汇聚的两列，在通道狭窄的一端留出 4 米至 6 米的空隙。传令官（seriti）会躲在宽阔端的某排旗子附近。

　　最聪明的猎人会坐在两只家养驯鹿拉的雪橇上，把野生驯鹿群赶进两边逐渐变窄的漏斗形通道里。紧接着，传令官会跳起来高声呼喊，挥舞着衣服，把驯鹿赶进陷阱。在通道的窄端，驯鹿会被两三个手持弓箭的猎人射中。这些旗帜就如同篱笆，能有效阻止驯鹿跑出界线。这种狩猎方式被称为"恩加坦吉鲁"（ngatangiru）。如果驯鹿恰好在湖泊附近，那么旗子会插成一排，在这排旗子对面，隔开一定距离，猎人们会站在第二排旗子旁边把守。驯鹿就会被狗沿着这样形成的通道赶下水。湖对岸的猎人们立刻驾船前来，用长柄矛猎杀游动的驯鹿。

这种狩猎方式称为"索迪斯提班塔努"（suodisiti bantanu）。（Popov，1966：34-35）

图6-3　20世纪30年代，多尔甘人驾船猎捕换羽期的大雁，将它们赶至湖泊对面的网内。（引自Popov，1964a：图38。）

用狗驱逐的方法同样适用于捕猎换羽期的大雁，波波夫写道：

> 当现场只有少数几只大雁时，狗会沿着湖或河岸驱赶、追捕它们。用这种方法，几个带着狗的人躲在大雁聚集的湖边。一两个猎人在湖上划行，把大雁赶到远处的岸上。……当大雁到了岸边，埋伏在那里的猎人会带着狗追上来。通常这样的狩猎效果不好，因为有些大雁几乎总是会逃走。（Popov，1966：35）

关于泰梅尔半岛早期船只历史的推断

可能有人会问，如果恩加纳桑人使用兽皮船在叶尼塞河口捕鱼狩猎，那么阿瓦姆人居住在哪里？阿瓦姆人邻近埃内茨人居住，据芬兰探险家马蒂亚斯·A.卡斯特伦说，埃内茨人和塔夫吉人关系密切。埃内茨人是叶尼塞河口和塔兹河口的海上渔民，在欧洲人出现之前一直在使用兽皮船。弗里乔夫·南森（Fridtjof Nansen，1911）在报告中说，春季可能会收获颇丰，因为那时白鲸从叶尼塞河口向内河洄游200公里，远至杜丁卡（Dudinka）对面的莱文斯基比索［Levinsky Pesok，亦称莱文斯基沙滩（Levinsky Sands）］。就如第五章所述，萨莫耶德人和汉特人在鄂毕河口和塔兹河口捕猎白鲸，所以他们很可能也在叶尼塞河口捕猎，恩加纳桑兽皮船足以完成这一任务。

早期恩加纳桑人在到达泰梅尔苔原之前是否就已经拥有树皮船？A. A. 波波夫认为他们之前居住在更南面的地方，即叶尼塞森林区域，贸易记录证实了这一假设。波波夫写道："在曼加泽亚城'雅萨克'税（毛皮贡品）登记册的'摘录'中可以明显看到，恩加纳桑人用紫貂作贡品，而紫貂不在苔原生活，它们一定来自森林。"（Popov，1966：11）

马蒂亚斯·A. 卡斯特伦在叶尼塞河上下游旅行时曾造访泰梅尔半岛的萨莫耶德营地。他提到塔夫吉人的居住地，并推测了这些人以前的领地：

>　　图拉河流入比亚西纳（Pyasina）河的地方居住着叶尼塞萨莫耶德人的卡拉西纳（Karassina）族群，这里也有塔夫吉萨莫耶德人。另外两个塔夫吉部落出现在比亚西纳河上，在泰梅尔河上至少有五个塔夫吉人部落存在。……这些事实以及巴伊萨莫耶德（Bai Samoyed）部落的领土让我们有理由相信塔夫吉人，包括叶尼塞萨莫耶德人，之前居住在更西面；与1846年相比，叶尼塞萨莫耶德人过去在更南面的地方生活和狩猎。更西面居住着尤拉克萨莫耶德人（涅涅茨人）以及进入叶尼塞河地区的南萨莫耶德人。（Castrén，1856：236）

早期记述都和这个报告一样表示泰梅尔半岛有复杂的族群历史，其中提到这里至少有些族群使用过兽皮船。泰梅尔半岛东部的哈坦加河本是恩加纳桑瓦德耶夫人的传统家园，后来也成为埃文基人、萨哈人和多尔甘人中意的定居地。在瓦德耶夫塔夫吉人以年为周期的游牧生活中，他们跨越了一大片区域，迁徙到阿纳巴尔河和奥列尼克河的上游，邻近勒拿河流域。哈坦加湾盛产鱼类和海洋哺乳动物。正如尼尔斯·阿道夫·埃里克·诺登舍尔德（Nils Adolf Erik Nordenskjöld，1881）所报告的那样，1739 年在哈坦加湾地区度过整个冬天的北方大探险队（the Great Northern Expedition）的俄罗斯海上探险家哈利顿·拉普特夫（Khariton Laptev）中尉遇到了一个叫欧文人（Irvin）的埃文基族群。拉普特夫说，欧文-埃文基人没有驯鹿，他们用狗拉雪橇，靠海上捕猎为生，定居的楚科奇人也是如此。欧文人很可能有简易的兽皮船，就和其他苔原族群用来狩猎驯鹿和驶过湖泊、河流的船只一样。拉普特夫提到与"定居的楚科奇人"的接触很有趣，因为有些楚科奇人本来是内陆的驯鹿牧民，后来定居在海岸，并从爱斯基摩人那里学到了制作兽皮船和捕猎海洋哺乳动物的方法。恩加纳桑人和历史上其他一些曾经居住在泰梅尔半岛的族群也可能经历过同样的适应海岸生活的过程，包括使用兽皮船在河湖中捕猎驯鹿。

其他有关恩加纳桑人与楚科奇人可能有接触的证据在 1882 年由维也纳的科学家弗朗茨·R. 冯·蒙尼尔（Franz R. von Monnier）提供。他写了一个关于恩加纳桑人的传说，讲述了 17 世纪饥肠辘辘的楚科奇人是如何从科雷马河上的战争中绝望地逃亡到泰梅尔半岛的（参见第八章）。冯·蒙尼尔说，在东部更远的叶尼塞河和泰梅尔河下游，萨莫耶德人曾经不在海上捕猎，而是只在北至泰梅尔湖的区域追赶驯鹿，以防惊醒"沉睡"的人（即死去的楚科奇难民）。

塔兹河口和叶尼塞河口的埃内茨人

埃内茨人以前曾被叫作叶尼塞萨莫耶德人，相对来说鲜为人知，因为他们在 19 世纪中叶被涅涅茨人和恩加纳桑人同化。他们的亚群体之一是前塔兹萨莫耶德人，卡斯特伦（Castrén，1856）于1846年11月到1847年2月在叶尼塞河湾和河口研究过他们的语言和文化。虽然他们是一个生活在北极圈内的小群体，但是有关他们使用船只的记载使其在关于船只历史的本书中拥有了一席之地。

关于塔兹河兽皮船的首次记载——也许是西伯利亚所有兽皮船中最早的记录之一——是探险家奥利维尔·布鲁内尔1576年的报告，他乘坐欧洲船只到达西西伯利亚（参见Spies，1997）。布鲁内尔为俄罗斯和荷兰商业集团工作，寻找一条经由东北航道到达中国的航线。就在同一年，马丁·弗罗比舍（Martin Frobisher）从英国航行至加拿大北极地区，寻找到达中国的西北航线。在探险家约翰·巴拉克1581年写给著名地图绘制学家格拉尔杜斯·麦卡托（Gerardus Mercator）的一封信中，巴拉克说布鲁内尔于1576年进入鄂毕湾，在塔兹河口附近登陆，在那里他看见了划着兽皮船去往鄂毕河口的萨莫耶德人，他们告诉他一条沿着鄂毕河向南到达中国的路线。这次相遇表明萨莫耶德人（可能当时已经是埃内茨人或涅涅茨人）建造并使用可以长途旅行的兽皮船。他们的船配有许多桨手，可以运载较重的货物，能在盛产鱼、海豹和白鲸的鄂毕湾和塔兹湾及其河口进行海上捕猎。

埃内茨人在塔兹河和叶尼塞河之间的迁移路线

1845~1848年，距离布鲁内尔的旅行已经过去了近300年，卡斯特伦考察了西西伯利亚，研究了萨莫耶德人的语言、族群、风俗和从北冰洋到蒙古的贸易。1846~1847年，他从图鲁汉斯克到达托尔斯泰诺斯（Tolstoi Nos），拜访了在该地区过冬的族群和部落，并采访了他们的首领。卡斯特伦遇到了生活在叶尼塞河及其河口、泰梅尔半岛南部的比亚西纳苔原、塔兹河及其河口和海湾一带的埃内茨人，后者是他们的惯常居住地，他们可以在那里的河流、湖泊上驾驶舟船通行。基于第一手的资料，卡斯特伦写道：

叶尼塞萨莫耶德人主要是渔民，6月到8月大多住在叶尼塞河下游和河口的左岸［西岸］，冬季前往叶尼塞河附近的住所越冬。叶尼塞河左岸适合捕鱼和划船，因为河浅且水流平缓。只有卡拉西纳萨莫耶德人成群结队地前往叶尼塞河东部，去往图拉河的比亚西纳苔原，与塔夫吉萨莫耶德人［恩加纳桑人］和萨哈人一起狩猎狐狸、紫貂和野生驯鹿。……埃内茨部落或宗族沿河聚集在他们旧的过冬住所内，在那里向俄罗斯人纳税或缴纳"雅萨克"毛皮贡品。这些区域包括汉泰卡河（the Khantaika River）［汉泰卡萨莫耶德人，或叶尼塞-萨莫耶德语中的萨玛图人（Samatu）］，卡拉西纳河［卡拉西纳萨莫耶德人，或被称为蒙甘吉人（Mungandji）、莫加吉人（Mogadji）、莫卡斯人（Mokase）］和巴伊查河（Bajicha River）［巴伊或波德戈罗德尼耶（Podgorodnyje）萨莫耶德人（塞尔库普人）］。……卡拉西纳萨莫耶德人多为苔原猎人，巴伊部落和更大的汉泰卡部落是渔民，他们在夏季和冬季住在叶尼塞河边。……几十年前，叶尼塞萨莫耶德人在冬季住在汉泰卡河，在他们的冬季营地纳税——因而得名汉泰卡部落。巴伊部落在冬季留在图鲁汉斯克附近，因巴伊查村和巴伊查河而得名。（Castrén，1856：236）

当第一批俄罗斯人出现在西伯利亚时，卡斯特伦写道："历史记录显示莫加吉（莫卡斯）叶尼塞萨莫耶德部落生活在更西边的塔兹河。"（Castrén，1856：236）这一记录来自大曼加泽亚贸易城。它是整个西伯利亚最大、商品最丰富的毛皮贸易中心，建立在莫加吉（莫卡斯）人的领地上，他们为这个毛皮转运港命名（G. P. Vizgalov，与哈里·卢克卡宁的私人交流，2012）。建立曼加泽亚城使得埃内茨人和恩加纳桑人逐渐丢弃了他们本来的船只传统，转而使用俄罗斯"维特卡"（vetka）木板船。

卡斯特伦于1846年秋到达图鲁汉斯克，开始考察叶尼塞河北部地区，并记录了5月和6月到这里进行毛皮贸易的各个族群。在叶尼塞河北部，捕鱼是人们的主要生活方式。卡斯特伦提供了一些塔佐夫（Tazow）（亦称塔兹）萨莫耶德人（不是尤拉克萨莫耶德人或涅涅茨人）和卡拉西纳萨莫耶德人的信息。他注意到鄂毕河/塔兹河区域和叶尼塞河流域的游牧群体之间一直有往来："塔佐夫［塔兹］萨莫耶德人从塔兹河迁移到叶尼塞河，然后沿着昆达西河（Kundasei）及其支流和连水陆路通道到巴伊查湖和巴伊查河上游，最后到达图鲁汉斯克。北路从曼加泽亚到沃尔特尚卡河（Wolotshanka River）和拉蒂里查河（Ratilicha River）。……有时萨莫耶德人从塔兹河出发，经过纳雷米湖（Nalymye Lake）到图鲁汉斯克和叶尼塞河。"（Castrén，1856：236-237）

卡斯特伦的观察表明，在与俄罗斯人接触时，叶尼塞和塔兹萨莫耶德人（埃内茨人）使用的船只与恩加纳桑人使用的很相似，而且他们主要在海洋和河流中捕鱼。我们在前文关于恩加纳桑人的部分讨论了辛琴科（Simchenko，1976a）观察到他们直到19世纪初仍在使用小型兽皮船，埃内茨人和尤卡吉尔人也使用相似的船只。因此，我们可以说埃内茨人的兽皮船是萨莫耶德尤卡吉尔人沿北冰洋海岸从欧洲的巴伦支海到东西伯利亚的阿纳德尔河"皮船带"的一部分，他们的兽皮船于1576年首次被记载。埃内茨人的命运最终和其他许多小族群一样：他们的家园被入侵，他们死于饥饿或疾病，或被他们的邻近族群或征服者同化。当涅涅茨人后来从鄂毕河到叶尼塞河向东扩展他们的苔原领土时，埃内茨人中的许多人与涅涅茨人杂居融合。

多尔甘人：泰梅尔半岛的混血居民

历史上多尔甘人生活在叶尼塞河口和哈坦加河之间的泰梅尔半岛上，紧挨着恩加纳桑人、埃内茨人、涅涅茨人和萨哈人。当今多尔甘人约有5300人，是这一苔原地区数量最多的土著居民。他们说雅库特语，与埃文基人、雅库特人、俄罗斯人和埃内茨人融合之后，17世纪或18世纪来到这里。他们饲养驯鹿、狩猎野生驯鹿、捕鱼并设陷阱诱捕猎物，这与在苔原和北部森林边缘居住的邻近族群的经济形式十分相似。他们越过森林的北部边界进行季节性迁移，大多数人在西至比亚西纳湖、东至阿纳巴尔河下游支流的哈坦加森林过冬。夏季他们向北迁移到苔原，坐着由狗或驯鹿拉的滑板或雪橇，骑驯鹿、划树皮船渡过河流和湖泊（Antropova，1961）。在冬、夏两季，他们住在锥形帐篷里，主要穿毛皮衣服。

19世纪泰梅尔半岛最常见的船只类型是来源于针叶林南部区域的萨哈人的延展原木船。安特罗波娃（Antropova，1961）认为，恩加纳桑人、埃内茨人和多尔甘人的船只使用情况非常相似。他们通常用双叶桨划行，船只可以用来捕鱼、渡河，有时用于贸易和旅行，也用来捕鸟。如前文所述，A. A. 波波夫（Popov，1964a）附上一幅多尔甘人用船将不能飞的大雁驱逐进网的图画（见图6-3）。当成年大雁和其他水鸟蜕掉翅膀上的羽毛，而幼鸟仍需长羽毛时，它们无法飞行，会被大量捕获。

有趣的是，在这个没有树木的极地苔原上，没有建造桦树皮船和原木船所需的资源，有关落叶松树皮船的知识却保留了下来。1723年，D. G. 梅瑟施密特在北极圈以南约400公里的下通古斯河上游与泰梅尔河的交汇处，看到了一艘埃文基人制作的落叶松树皮船。落叶松是泰梅尔半岛上唯一的树木。通古斯人称落叶松树皮船为"伊拉克塔德约"（irakta-djau），1914年还在用来渡河，可能还用来捕猎。那年7月，英国旅行家莫德·多里安·哈维兰从克拉斯诺亚尔斯克沿叶尼塞河顺流而下，经过杜丁卡，最终到达叶尼塞河口的海港戈尔奇哈。在戈尔奇哈，她研究鸟类并收集鸟皮和鸟蛋，接着和一些多尔甘人一起进行了一次内陆旅行，来到了位于苔原埃内茨人的土地斯洛伊卡（Sloika）。她写了一篇自己驾着驯鹿雪橇在冻土苔原带旅行的故事，还讲述了一次不成功的树皮船过河之旅。

> 傍晚6点左右，我们从较高的苔原上沿着一个长且缓的斜坡走下来，进入一个河谷。……河虽然浅但很宽，风吹动水流，河中泛起一阵阵白色浪花。瓦西里（Vasilii）[她的导游] 在从雪橇上下来时摇了

摇头，从悬垂的堤岸下拉了一条小树皮船。他先试着和查普利卡（Czaplicka）小姐乘舟过河，她是我们当中最轻的一位，坐在瓦西里后面。他边小心翼翼地驾船前进，边用蹩脚的俄语命令乘客："坐着别动，要不会淹死！"让人又惊骇又揪心。但是很快我们就明白，过河无望。水流湍急，即使瓦西里用尽浑身解数划桨，也仅仅能使树皮船逆风而立，不至于横向漂流并在水中翻船。很快他就不得不放弃尝试，回到岸边。（Haviland，1971：210-211）

基特人（叶尼塞奥斯蒂亚克人）：中西伯利亚的船民

基特人可能是中西伯利亚最神秘的群体。他们的血统不得而知，尽管他们的语言和其他联系可能表明他们与阿拉斯加的纳德内人（Alaskan Na-Dene）有些许关联（Vajda，2010；Kari，Potter and Vajda，2011）。在他们的语言和文化广为人知之前，他们被称为奥斯蒂亚克人，后来为与鄂毕河的奥斯蒂亚克人（汉特人）区分开，他们被命名为叶尼塞奥斯蒂亚克人。基特人住在叶尼塞河流域的希姆河、库瑞卡河（Kureika River）、叶洛圭河（Yeloguy River）和石泉通古斯河上。叶尼塞河谷的中部在今天的克拉斯诺亚尔斯克边疆区的图鲁汉斯克和巴伊基特（Baikit）行政区。当俄罗斯人在17世纪首次抵达叶尼塞河流域时，基特人居住的区域更广，有些人住在叶尼塞河东部。

基特人的原始居住地似乎比现在的更往南一些。他们可能是一个离散的文化群体，来自起源于萨彦岭的杂居族群和叶尼塞河谷的土著群体（Flegontov et al.，2016）。基特人传统上认为他们的祖先是被"山地人"赶到北方的，必须穿越崇山峻岭才能到达西伯利亚。基特语属于古亚洲语系的基特阿桑（Assan）（叶尼塞）语族。科特语（Kott/Kot）、奥林语和阿桑语（亦称Asan）也属于古亚洲语系，但哈卡斯人、埃文基人和俄罗斯人同化了南西伯利亚说这些语言的人。基特人是西古亚洲语系中唯一幸存下来的群体。基特语的起源尚不清楚，但人们认为它与汉藏语系有关（Austin and Sallabank, 2015）。现存的基特人只有约1000人，其中只有少数人还在说他们的本族语。

直到20世纪中叶，基特人一直住在树皮帐篷和原木屋这样的永久夏季营地中，他们冬季住在临时营地中，主要靠夏季捕鱼、冬季狩猎鹿等一些毛皮动物生活。他们在捕鱼时使用的大型平底船也是夏季的栖身处。驯鹿饲养业（现已被遗弃）处于次要地位，饲养的驯鹿主要用作出行工具。基特人的现代经济活动包括动物饲养、小型园艺和奶牛养殖。

基特人的船只历史并不广为人知，但仍然很重要，因为它展示了融合的西西伯利亚针叶林传统。基特人（还有其他叶尼塞族群）在进入西西伯利亚针叶林和叶尼塞河谷之后，可能从萨莫耶德人那里学会了建造桦树皮船。当埃文基人（通古斯人）从东面进入叶尼塞河谷时，他们从基特人和其他族群那里借鉴了叶尼塞型树皮船。后来，勒拿河的西雅库特人也建造了相似的树皮船，基特族群在鄂毕河口也和汉特人接触。所有的这些群体都使用类似的叶尼塞型树皮船。如上所述，希姆河基特族群称他们的树皮船为"哈普哈普"（hap-hap），这一术语也是汉特人对他们的树皮船的称呼（Verner, 1977; Khelimski, 1982）。

基特人和其他叶尼塞族群的树皮船

基特人在叶尼塞河沿岸生活，住在从克拉斯诺亚尔斯克到邻近叶尼塞河口长达1500公里的带状区域内。这一地区毛皮资源丰富，是俄罗斯政府收入来源的重要组成部分，也是连接东西的重要交通枢纽。因此，在俄罗斯人统治期间，他们可以免于服兵役，作为交换，他们要在河上运送公务人员和货物。迪米特里·希金（Demitri Shimkin）写道：

18世纪70年代的记录讲述了奥林人［基特人］夏天住在桦树皮圆

帐篷里，冬天住在毡制的帐篷里。他们每年乘桦树皮船逆流而上两次，或是打猎，或是设陷阱诱捕。他们穿着滑雪鞋，在盛大的2月游猎中捕获驼鹿、驯鹿和紫貂。夏季他们主要从事捕鱼，但少数人从事小规模牛马养殖。1790年的记录讲述了那时已经皈依基督教的叶尼塞基特人在迁移时带着轻便的桦树皮圆帐篷，从事狩猎和捕鱼。夏天穿俄罗斯服饰，驾驶树皮船；冬天穿驯鹿皮衣，乘着狗拉雪橇旅行。那些住在基提河（Keti River）上的基特人养马。叶尼塞基特人的订婚仪式包括把俄罗斯商品，尤其是铜壶作为送给新娘的礼品。一旦双方同意订婚，就会在教堂完成仪式（如今所有的基特人都是基督教徒）。图鲁汉斯克地区总人口为4878人，其中有1205名基特人（男性652人，女性553人）。一些基特人住在城镇附近，另外一些人住在偏远的营地里，他们彼此之间和谐相处，也与俄罗斯人关系和睦。他们用毛皮交换谷物和其他物品，也须纳贡。（Shimkin，1996：1）

詹姆斯·福赛斯（James Forsyth）讨论了叶尼塞埃文基人，并提到V. A. 图戈卢科夫（V. A. Tugolukov）的一项研究。这项研究指出埃文基人经过源自贝加尔湖的安加拉河到达叶尼塞河，他们借鉴了基特人的文化元素，其中包括树皮船：

中西伯利亚的落叶松林是通古斯人生活的典型环境，但是他们为了找寻合适的猎场从他们本来的居住地——大概在贝加尔湖以东——四处迁移。在安加拉河中游地区，埃文基人在夏天除了系一条带流苏的鹿皮缠腰布外，什么都不穿，他们脸上涂上各种颜色，用狗做祭品，在桦树皮船上跪着使用双叶桨划船。这些不属于通古斯人的特征被认为属于这个地区先前的族群阿桑人和科特人，他们与基特人有亲缘关系，可能被埃文基人同化，或者被赶到西面，被赶出了叶尼塞河地区。（Forsyth，1994：52-53）

G. F. 穆勒在他的手稿《西伯利亚族群说明》中指出，卡马斯人有类似于叶尼塞科特人和奥林人的桦树皮船（参见第五章）。

基特人与萨莫耶德人在西伯利亚西南部的接触

基特人和其他叶尼塞族群在何处、于何时学会建造桦树皮船？这种常见的船只技术可能的源头是什么？据我们目前所知，这些族群原本并不是针叶林区居民，也不是来自西西伯利亚的南方平原。凯·唐纳（1930）认为他们从南方沿着托木河进入西西伯利亚，他们的大部分物质文化可能来自亚洲内陆的大草原和山区。这个假设基于他们语言的藏语根源（根据卡斯特伦1858年撰写的语法书和词典）、他们的物质文化和牲畜饲养的考古学证据，以及他们和邻近族群不同的外表。现代DNA研究为其亚洲内陆阿尔泰血统提供了令人信服的证据（Flegontov et al., 2016）。作为山区和平原的骑马族群，当他们首次进入靠近鄂毕河和叶尼塞河源头的西西伯利亚时，他们不可能有桦树皮船。平原和山区的其他族群，包括蒙古人、突厥鞑靼人和布里亚特人，在他们早期的家乡都没有使用过树皮船，所以突厥人只有在进入西西伯利亚的针叶林后才掌握了这项技术。

因此，要想研究叶尼塞族群树皮船的起源，就必须退一步，把重点放在早期叶尼塞族群与萨莫耶德人的接触上。如前所述，基特人和其他叶尼塞族群曾穿过萨莫耶德人的土地，所以他们可能从萨莫耶德人那里学会了建造桦树皮船，就像突厥鞑靼人那样（参见第五章）。唐纳（Donner，1930）写道，在17世纪，萨莫耶德人仍然对基特人影响深远，而基特人与住在同一区域的塞尔库普人联系密切；虽然他们使用不同的语言，但他们拥有相似的物质文化。

N. P. 马卡洛夫（N. P. Makarov）和M. S. 巴塔舍夫（M. S. Batashev）研究了叶尼塞河谷的迁移活动，他们写了一篇论文，阐明了基特人和其他叶尼塞族群的早期生活，以及他们抵达西西伯利亚时——很可能是在铁器时代——与萨莫耶德人和其他族群的接触（Makarov and Batashev, 2004）。因为我们知道阿尔泰山和萨彦岭北部的萨莫耶德人从早期直到 17 世纪初俄罗斯人出现以前一直建造桦树皮船,这篇论文对研究基特人树皮船的可能起源非常有价值。根据爱德华·瓦伊达（Edward Vajda）和安德烈·P. 德尔松（Andrei P. Dulzon）(2004) 的说法,使用叶尼塞语的人在大约 2000 年前进入南西伯利亚山中的针叶林区。他们将基特人向北迁移到额尔齐斯河与瓦休甘河分水岭的时间确定为接下来的几百年。马卡洛夫和巴塔舍夫认为其他叶尼塞族群,尤其是旁普科尔人和科特人,在此期间也沿叶尼塞河向北迁移（Makarov and Batashev, 2004）。其他说叶尼塞语的族群,例如奥林人,在 17 世纪 40 年代俄罗斯人到达时也出现在叶尼塞河和安加拉河流域（Flegontov et al., 2016）。

在 9 世纪和 10 世纪,突厥人的扩张把说基特语的人像他们说萨莫耶德语的邻居一样驱逐到鄂毕河和托木河流域。13 世纪的蒙古人入侵迫使基特人沿着叶尼塞河继续向北迁徙,这是叶尼塞族群的第二次北移。17 世纪,来自东部的埃文基人再次改变了局势,叶尼塞族群居住的领土继续减少。福赛斯（Forsyth, 1994）写道,当俄罗斯人到达时,除了带来用于交换毛皮的珍贵的贸易商品外,他们还带来了天花等疾病,基特人住在石泉通古斯河的汇流处附近,他们迫于埃文基人的压力搬到那里,而埃文基人则是在布里亚特蒙古人从贝加尔湖向东扩张的压力下搬迁到叶尼塞河流域。17 世纪 80 年代,叶尼塞河东部的基特人在文化上被埃文基人统治,成为一个独特的少数民族群体。根据福赛斯的说法,埃文基人、基特人和萨莫耶德部落最初生活在萨彦岭北坡的森林中。

巴赫塔河因巴特奥斯蒂亚克人的桦树皮船

几乎没有任何有关基特人使用桦树皮船的直接证据；基特人就像汉特人在鄂毕河做的那样（参见第五章）,在 17 世纪转而使用延展原木船和加板原木船,之后他们在叶尼塞针叶林区不常使用树皮船狩猎和捕鱼。但是我们找到了一个船模,它可能代表了叶尼塞针叶林东部、安加拉河以北的基特人的树皮船。1897 年,G. 古特（G. Gut）将其收集,现存于圣彼得堡人类学和民族学博物馆（见图6-4；MAE 382-21）；其前任收藏者的文件表明，它属于"奥斯蒂亚克人或通古斯人"。古特在安加拉河北部的金矿中工作，可能在那里与基特人有接触，因为这一区域是因巴特（Imbat）奥斯蒂亚克人（一个基特族群）的居住地，位于下通古斯河支流巴赫塔河（Bahta River）的因巴茨克（Imbatsk）。在他们被埃文基人同化或驱逐到叶尼塞河西岸之前，他们是河东的最后一群基特人。

这艘树皮船模型具有典型的叶尼塞建造风格，比如舷缘由两条内舷缘和外舷缘组成，树皮板紧紧压在它们之间。"弯翘"或者说翘起的船头和船尾是乌恰米（Uchami）地区下通古斯河树皮船的典型特征，尤其是后来由一群西部埃文基人——春雅人（Chunya）——建造的那些树皮船。当底部的纵梁向上弯曲形成船头或船尾时，就会产生弯翘。但是在这艘树皮船中，我们也看到了一些有别于埃文基树皮船的特征：在船两端垂直向上翘起的吃水线。在树皮船内部的船底从船头到船尾嵌入了几块又长、又宽、又薄的木板（而不是在其他区域的船只中发现的许多更薄更短的板条）。这些木板在肋拱下方，在船架形成之前就在树皮上组装好了。也许这种罕见的树皮船的形状和构造是古老的因巴特奥斯蒂亚克人狩猎时所用的树皮船最后的踪迹。

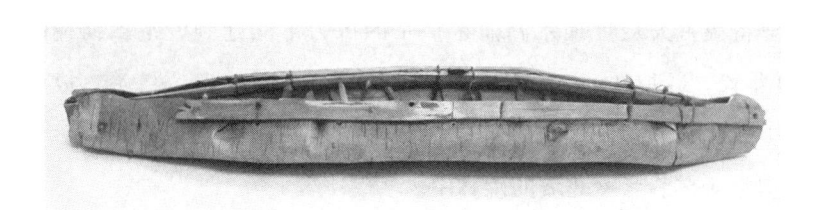

图6-4　这个桦树皮船模型（MAE 382-21）来源于叶尼塞河中游以东安加拉河北部的针叶林。G.古特在1897年将其收集，虽然在档案上该船归属"奥斯蒂亚克人或通古斯人"，但可能是由因巴特奥斯蒂亚克人建造的，他们在被西部埃文基人同化以前是最后一批居住在这里的基特人。（叶夫根尼亚·阿尼琴科拍摄；圣彼得堡人类学和民族学博物馆提供。）

在西伯利亚树皮船的分类中，这种底部平整、从中间向两端舷缘逐渐翘起的设计属于叶尼塞型树皮船，因为这在叶尼塞河流域十分典型

（Antropova，1961）。如前文所述，我们猜测萨莫耶德人影响了基特人的树皮船，在基特语中树皮船叫作"ti"或"tii"（Castrén，1858：234），而前文提到，南萨莫耶德人称他们类似的桦树皮船为"凯姆"（kem），这也是他们对叶尼塞河的称呼（参见第五章）。我们或许可以将"kem"意译为"叶尼塞船"。

反过来，基特树皮船也可能对东部区域产生了影响。根据西罗斯泽夫斯基（Sieroszewski，1993）的说法，勒拿河上游河谷的萨哈人（雅库特人）与叶尼塞河东面的基特族群有往来，并从他们那里学会了建造叶尼塞型树皮船。作为一名流亡在雅库提亚（Yakutia）的波兰人，西罗斯泽夫斯基研究了萨哈树皮船的结构和起源，并报告说萨哈人在进入勒拿河流域时没有他们自己的船只。根据卡斯特伦的语言学证据，他提出萨哈树皮船和它在勒拿河西部的名字"tyy"起源于基特人："叶尼塞奥斯蒂亚克人用同样的词'ti'和拖长的结尾'i'来称呼一艘中等大小的船，这个词和雅库特语中的'ty'［原文如此］有相同的含义。"（Castrén，1858：234）这种船名传播转移的假设，也许还有船只技术和类型的传承，也得到了安特罗波娃的证实。她写道："末端削尖的、切割整齐的桦树皮船（'叶尼塞型'）在西南部雅库特人（萨哈人）中普遍使用……被称为'tuos tyy'。"（Antropova，1961：110）

叶尼塞河的埃文基人：西部的通古斯人

在凯·唐纳的《西伯利亚：现在和过去的生活》（*Siberia: Present and Past Life*）（Donner，1933b）一书中，有一章描写了埃文基人（之前被叫作通古斯人，现在又被称为西通古斯人）的文化和历史。埃文基人曾经占据了西伯利亚的大片区域，从叶尼塞河到鄂霍次克海，包括外贝加尔湖（Transbaikal）地区和中国东北地区，这些地区被认为是他们的原始家园（Levin and Potapov，1964；Albova，1968a）。埃文基人在叶尼塞河东部支流有着悠久的历史，这些支流包括下通古斯河、上通古斯河和南通古斯河

（现在叫安加拉河）。叶尼塞河曾被埃文基人称作杰利西河（Jelissee River）。在俄罗斯人于17世纪初在安加拉河出现以前，埃文基人向布里亚特人纳税，后来他们向俄罗斯人纳税。

其他民族的迁移可能促使埃文基人扩张领土。基于俄罗斯科学院的档案资料，卡尔·希基什（Hiekisch，1879）指出，埃文基人最大的一次迁移发生在大约公元1200年之后，蒙古人统治了满洲和达斡尔（Dauria）地区（中国内蒙古的东部）。那时，布里亚特人和突厥人与蒙古人联手入侵南西伯利亚，萨哈人（雅库特人）在约公元1300年搬到勒拿河流域中部，占领了埃文基人的土地，将勒拿河流域埃文基人的领地一分为二。因此，西埃文基人向叶尼塞河谷迁移。

向西迁移并不容易：尤卡吉尔人也在迁移，而且在叶尼塞河流域，埃文基人发现叶尼塞族群和萨莫耶德族群占据了从萨彦岭向北到北冰洋的主要河谷。正如凯·唐纳所写，埃文基人和与基特人相关的族群之间在叶尼塞河谷和安加拉河谷东部一直在进行一场"无声的战争"。在俄罗斯人出现时，埃文基人占据了叶尼塞东岸的大部分领地（Donner，1979：210）。

叶尼塞埃文基树皮船

在俄国服役的瑞典军官阿尔布雷希特·多宾（Albrecht Dobbin）在西伯利亚生活了15年。他于1673年发表了首篇关于西伯利亚的概述，讲述了沿叶尼塞河居住的埃文基人："通古斯人［埃文基人］居住在大杰利西河沿岸，靠捕鱼为生，他们的船只是用桦树皮做成的，他们知道如何涂焦油防止船漏水，这些船可以快速行驶。"（Dobbin，1702：294）埃文基树皮船的形状和构造在叶尼塞河东部的各个河系中都不尽相同。因为一直使用到20世纪30年代，这些树皮船广为人知，它们在博物馆中也有记载。下面我们将描述这些不同类型的树皮船，以及在下通古斯河和石泉通古斯河之间发现的一些兽皮船。让我们从俄罗斯科学家G. M. 瓦西里维奇（G. M. Vasilevich）对在勒拿河西部的下通古斯河和石泉通古斯河、奥廖克马河和维柳伊河上使用的埃文基树皮船构造的概述开始：

> 桦树皮船（dyav）很小（仅容1~2人），用于快速的河流运输、搬运以及水上狩猎，也用于长矛叉鱼。准备树皮、缝合树皮、建造船架、将树皮套到船架上的方法在所有的埃文基人中都是相同的。按照传统，女人准备和缝制树皮，男人建造船架，套上树皮。春天，人们（多为女人，有时是男人）从树上剥下树皮。洗净蒸软的树皮悬挂晾干。他们用细木桩把三条树皮缝在一起形成一个所谓的"提斯卡"（tiska）。用这些细木桩把两张树皮沿着接缝钉在一起，用细稠李树根缝合接缝后移除木桩。如果没有稠李树根，就用肌腱皮筋缝合树皮。……一艘船的船皮需要三张至六张这样的"提斯卡"。……
>
> 为了建造船架，他们会事先准备自然弯曲的树枝，将其制成肋材，劈开的细木条作内外舷缘、横梁和覆材板条。用木钉将肋材钉在舷缘上，一两条这样的木条放在船底。三四个肋材（自然弯曲的细木棍）插入内舷缘的孔洞中。此后，他们铺上"提斯卡"制成的船皮，并将船皮固定在用劈开的细木条制成的内舷缘两侧。埃文基人将船皮边缘放在船头和船尾的内舷缘和外舷缘木条之间，然后把它们缝起来（在下通古斯河的中游和下游）；或者将内舷缘和外舷缘船皮末端离船头和船尾0.5米处连接起来后缝合（下通古斯河和石泉通古斯河的上游和下游）；或将劈开的木条向内弯曲，彼此连接（奥廖克马河东部）。然后将又长又窄的木条覆材插入树皮和肋材之间，这项工作完成后，所有的缝隙和小孔都用加热的落叶松树脂填补好。维柳伊河埃文基人用马毛将"提斯卡"缝到船上，再涂上用落叶松树脂、煤烟、灰烬和少量的水混合制成的胶水。（Vasilevich, 1969: 105）

下通古斯河的桦树皮船和落叶松树皮船

下通古斯河是叶尼塞河最长的支流，河口位于叶尼塞河口以南约1000

公里处的图鲁汉斯克。下通古斯河源头在贝加尔湖以北约 300 公里处，在那里这条河几乎和勒拿河上游交汇。虽然下通古斯河流经西伯利亚最偏远的一些地区，但它曾经（现在仍然）是一条重要的东西向水道，通过靠近内帕镇的源头的连水陆路通道连接叶尼塞河流域和勒拿河流域。1620 年俄罗斯人建立了新曼加泽亚（图鲁汉斯克）后，叶尼塞河西部的毛皮资源被控制，难以获取，此地开始以其丰富的毛皮资源而闻名。直到 20 世纪初期，下通古斯河流域对基特人、埃文基人、兹里安人和其他族群来说仍然是重要的毛皮贸易区。

1723 年，梅瑟施密特沿下通古斯河逆流而上，这是他在 1720~1725 年对西西伯利亚、南西伯利亚、东西伯利亚进行探险的一部分。梅瑟施密特在日记中评论了当地埃文基人、汉特人和其他族群的树皮船。他是描述西伯利亚落叶松树皮船的人中唯一一个训练有素的科学家。他的日记也是关于这个偏远地区最好的早期资料之一。因为他的日记在俄罗斯从未完整发表过，俄罗斯科学院的其他成员便乘机利用了他的研究发现。即使在今天，他的日记也只有 1964 年在东德（East Germany）（德意志民主共和国）印刷出版的五卷本德文版，因此，他的研究没有受到足够的重视。

在第二卷中，梅瑟施密特一行人从 1723 年 7 月到 8 月乘着两艘部分铺设甲板的木板船（kajuk）沿着下通古斯河前进，从新曼加泽亚逆流而上，到达伊林佩亚（Ilimpeya）河口，之后继续前往叶尼塞河流域和勒拿河流域之间的瓦西里埃瓦波德沃罗茨纳贾（Vasil'eva Podvolocnaja）的连水陆路通道（volok），在那里遇见了划着树皮船的埃文基人：

> 7 月 11 日，在乌恰米河和泰穆拉河之间的下通古斯河上旅行：我们大约在下午 4 点到达位于伊尔库茨克河［左］岸的通古斯毡包休息。……两个通古斯男孩和一个年长的母亲、两个年轻女人和一个光头的男孩子模样的女孩带着我乘树皮船［德语中为"纳亨"（Nahen）］过［河］，树皮船有 2 寻（klafter）长，0.5 寻宽，1/6 寻高或深［360 厘

米×90厘米×30厘米]。一些桦树皮制成的船叫"德斯奇尔班德约"（dschlban-djau），其他一些落叶松树皮船叫"伊拉克塔德约"（irakta-djau）。其中一只树皮船尽管只有两个座位，但最多能承载3人。

7月12日，泰穆拉河口：一条相当大的河流，就像[新]曼加泽亚附近的图鲁汉河一样大，从伊尔库茨克河[左]岸奔流而出，通古斯人就居住在那里。

7月16日，位于北纬64°7′，在布尔岛[Buhr Ostrov，亦称萨津岛（Sazin Ostrov）或萨辛（Sasin）石（byk = stone）]。我坐在一只用桦树皮缝制的很小的通古斯船上，船长5俄尺（arshin：一俄尺约等于71厘米），宽0.75俄尺，高0.25俄尺[约356厘米×53厘米×18厘米]，和我的通古斯[导游]一起划了1俄里[1公里]多一点。你必须像一根木头一样一动不动坐着，才能保持平衡，不至于翻船，当然那位通古斯导游可以很轻松地保持平衡。下船时我用一只手撑起身体，用另一只手保持船体平衡。

8月21日，位于北纬61°43′，塔夫隆卡河（Tavlonka River）和维奇纳贯亚科科马河（Vechnajaja Kocoma River）之间的一个河口。大约下午4点，一位通古斯人出现了，他建造了一顶"尤吉尔"（yugil）（俄罗斯人叫作帐篷）和一只轻便的桦树皮船（就像我在7月11日见过的那只一样），船能搭乘三个成人和一个小孩。我用一个俄罗斯秤称了那艘船的重量，发现它重55俄磅（funt），在医用秤上它是22.619千克。因为重量较轻，通古斯人能背着这船走上几英里也就不足为奇了。

8月26日，在萨莫耶德河（右）岸的诺瓦茨卡亚[Novatskaja，亦称安加特卡（Ungatka）]河口和在伊尔库茨克河一侧的泰泰亚河（Teteya River）。在下通古斯河的右岸有一座东南走向的山：大约在下午6点，我们在河岸上发现了一只通古斯船，或者称为"纳亨"，上面有一只通古斯狩猎长矛[德语中称为"哈尔玛"（halma）或"帕尔玛"（palma）]。通古斯人离开，到森林中去了。我让人从船上拿下长矛，并在船边放了一张桦树皮告示，指示他们沿着河流逆流而上才能取回他们的长矛。

9月16日，瓦西里埃瓦波德沃罗茨纳贾的连水陆路。此处为连水陆路通道，叶尼塞河和勒拿河之间的分水岭，从瓦西里埃瓦连水陆路通道到勒拿河的惯常旅行路线，河流之间的距离约为20俄里［21公里］。（梅瑟施密特日记，1723年7月至9月，引自Messerschmidt, 1964：86-135）

春雅埃文基人的树皮船和兽皮船

下通古斯河和石泉通古斯河之间的地形是典型的西伯利亚针叶林区，北纬60度和64度之间的两个亚寒带地区位于叶尼塞河流域西部的这两条主要东西走向的支流之间：一个是有松树、云杉、落叶松的靠北的寒带地区，另一个是有各种阔叶树和针叶树的靠南的亚寒带地区，就像斯堪的纳维亚中部一样。在这两条主要河流的东部区域，高山苔原海拔高达2000米，只有在幽深的河谷中才能找到寒带森林。这个地区叫伊林佩亚，因更靠东的一条伊林佩亚河而得名。1926年至1927年，极地人口普查小组成员对居住在那里的埃文基人进行了统计和描述，他们称这一地区为叶尼塞河流域最荒凉、最不为人所知的地区。地理位置偏僻、森林和山地混合地形、埃文基居民，以及其古老传统是徒步狩猎和捕鱼，所有这些都促成了整个西伯利亚地区最有特点的内陆船型的形成和发展，这种船型几乎一直沿用到现代。

当俄罗斯人首次来到这个地区时，他们在乌恰米毛皮贸易站附近遇见了春雅埃文基人，见到了当地松鼠猎人建造的卡亚克式鹿皮船。1927年N.P.瑙莫夫（N.P. Naumov）的照片记录了这些下通古斯河南部支流毛皮贸易站的半甲板式兽皮船（见图6-5），长约5米，制作精良，在它们独立支撑的、卡亚克式木船架上罩了一层鹿皮。1932年，一个我们只知其名为卡拉什尼科夫（Kalashnikov）的人在附近的一个地点拍摄了几艘部分覆盖着桦树皮的卡亚克式兽皮船。根据需要以及可用的原材料，这些船架可以与兽皮或树皮结合。在苔原地区，这种兽皮船覆有鹿皮或麋鹿皮；在针叶林区，则用桦树皮做船皮。这种富于变化的建造方式并不仅仅出现在针叶林区，也出现在阿穆尔河（黑龙江）地区。

图6-5 在下通古斯河左侧（南部）支流乌恰米河上见到的划卡亚克式鹿皮船的春雅人，他们属于西埃文基人。1927年N.P.瑙莫夫拍摄（CMC7930-1-25-08）。（克拉斯诺亚尔斯克边疆区博物馆提供。）

卡拉什尼科夫1932年的一张照片（见图6-6）展示了石泉通古斯河右侧（北部）支流的尼布勒河（Niblet）上几艘几乎一模一样的卡亚克式桦树皮船。据克拉斯诺亚尔斯克边疆区博物馆的米哈伊尔·巴塔舍夫说，和在下通古斯河上一样，这里居住的是春雅埃文基人（与哈里·卢克卡宁的私人交流，2012）。瑙莫夫和卡拉什尼科夫拍摄照片的地点间隔只有100公里至200公里。我们没有关于摄影师卡拉什尼科夫的任何信息，但是巴塔舍夫猜测他和一队西埃文基人一起工作；从20世纪20年代末到30年代初，他们从事土地耕种、交通运输和医疗工作。巴塔舍夫还写道，春雅埃文基人住在春雅河中游，现在的埃文基（Evenki）行政区（与哈里·卢克卡宁的私人交流，2012）。1925年秋春雅人首个永久定居地建立在一个由住在春雅河和泰穆拉河（二者都是下通古斯河的支流）流域中上游的春雅泰穆拉埃文基人控制的地方。1989年，那里的埃文基人口只有179人。

春雅船的形状和构造（大约500厘米×70厘米×30厘米）与叶尼塞河东

图 6-6 1932 年，一个只知其名为卡拉什尼科夫的人拍摄了尼布勒河上一群人驾驶的七只春雅埃文基半甲板式树皮船，尼布勒河是石泉通古斯河的右侧（北部）支流（KKM 028-009-2107）。（克拉斯诺亚尔斯克边疆区博物馆提供。）

部其他那些埃文基卡亚克式皮船（见图 6-7）非常不同。它的木骨架能独立支撑起来，使它看上去更像卡亚克皮艇而不是树皮船。首先制作完成木船架，然后套上兽皮或树皮。船架有内舷缘和外舷缘，兽皮或树皮夹在中间。船架中的肋材间隔 15 厘米，几根纵梁间隔 7~8 厘米，纵贯整个船体。船体前后都有半甲板，船首甲板盖可以通过在前横档的一个凹槽放置甲板桁条升高。船设计成船头和船尾翘起的形状，可以在波浪中划得更好，使其外观上更像卡亚克式皮艇。加丹加河（Katanga River）上的船只也有类似的建造风格，1907~1908 年 A. A. 马卡连柯（A. A. Makarenko）在此地收集了一艘无半甲板船（REM 1211-56；见图 6-8）。

建造春雅船的框架需要首先搭建带横梁的内舷缘，然后把狭窄的肋拱插入其钻好的孔洞中固定好。纵梁是用细木片或劈成两半的树枝制作的，长度不够时则将数根木条连接起来，然后将它们捆绑或缝在肋材上。底部中心类似龙骨的纵梁向内翻过船头和船尾，连接到位，形成上翘的两端，

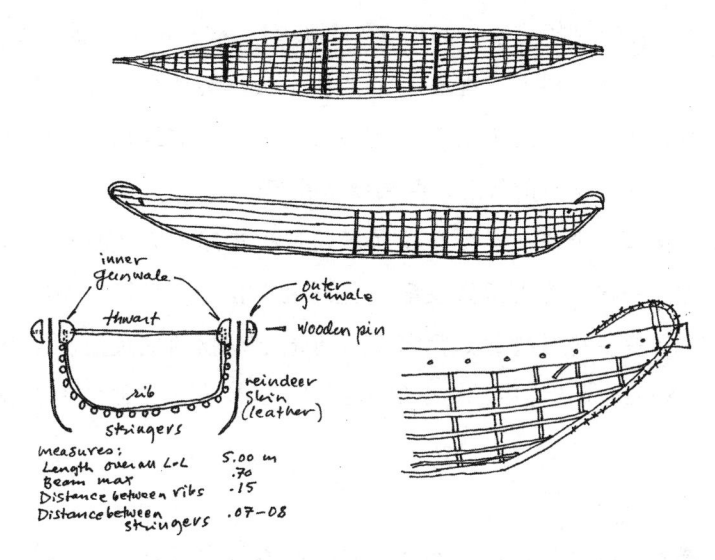

图 6-7 一艘叶尼塞埃文基船的构造图纸。(哈里·卢克卡宁绘图。)

图 6-8 1907~1908 年，A. A. 马卡连柯从加丹加河埃文基人那里收集了这艘叶尼塞埃文基船（REM 1211-56）。[I. 察琴科（I. Tkachenko）拍摄，俄罗斯民族志博物馆提供。]

如图 6-7 所示。最后，把绑在内舷缘上的鹿皮或桦树皮罩在船架上，然后用木钉把内舷缘和外舷缘钉在一起，如图 6-7 所示，并把多余的兽皮或树皮修剪得与舷缘齐平。

春雅船不同于东埃文基船，有不对称的船体，船尾更宽而且浮力更大，船头部分更为狭窄。这使船具有良好的水动力性能，能够在河流渡口以更快的速度用长矛狩猎野生驯鹿。船头和船尾的半甲板固定在舷缘上，为船体提供支撑强度且利于排水。和埃文基树皮船一样，船的肋拱和纵梁很窄，没有宽板条；然而，船底可能有一到两块木板作为座位，便于在多条肋材上均衡负载，尤其是当船上搭载人数超过一人时。舷缘从船首到船尾并不是笔直的，有一个微小的弧度，两端微微翘起。

春雅埃文基人准备驯鹿皮和驼鹿皮建造兽皮船的方法与准备兽皮做冬季帐篷的方法一样。兽皮留置发酵，直到毛发松动，可以用刮刀刮下。然后兽皮就和树皮一样处理，烟熏鞣革，再涂上动物油或鱼油。大卫·安德森（David Anderson）描述了泰梅尔半岛南部的埃文基人使用兽皮制作帐篷的情况：

> 在普陀兰（Putoran）地区，大多数人谈到圆锥形小屋覆盖着烟熏驼鹿皮或烟熏［野生或家养］驯鹿皮。这两种覆盖物在埃文基语中都可以称为"niuk"［复数形式为"niukil"］，在俄语中，一些人把驼鹿皮制成的皮制品称为"rovduga"，把驯鹿皮制成的皮制品称为"zamshcha"。目前看来，驯鹿皮覆盖物是古老故事中较为常见的一种，驼鹿皮则代表了埃文基行政区地方博物馆收藏的所有覆盖物类型，只有一个除外。（Anderson，2007：54）

接下来，准备船只和夏季锥形帐篷所需的桦树皮需要一个煮沸的过程，这和先前描述的其他群体的制作方法类似。

一种普遍的理论认为，海上兽皮船或卡亚克皮艇是从一个更古老的树皮船传统发展而来的（Zimmerly，1986；Jensen，1975），变化多样的春雅卡亚克式船可能是这种古老原型的幸存品，可为这一理论提供新的解释。可能树皮船和卡亚克皮艇在一些内陆地区都有使用，鹿皮船则是苔原和沿海最常见的样式，后来演变成爱斯基摩式皮船。楚科奇人（可能也包括西伯利亚爱斯基摩人）在沿海和内陆都使用卡亚克式皮艇。过去，西伯利亚卡亚克式船很可能使用范围更广，在内陆和流向北冰洋的河流中都有使用。克拉斯诺亚尔斯克边疆区博物馆的米哈伊尔·巴塔舍夫认为，下通古斯河和石泉通古斯河的春雅族群曾经生活在春雅河上，春雅河是维柳伊河的支流，向东流入勒拿河。因此，半甲板式的兽皮或树皮船可能也在勒拿河流域中游广为人知。春雅卡亚克式船类似于阿拉斯加的太平洋西北部美洲阿萨巴斯卡（Athapascan）桦树皮船与奥蒂斯·T. 梅森和梅里登·S. 希尔（Mason and Hill, 1901）描述的不列颠哥伦比亚省库特奈树皮船，二者都有半甲板式的船头和船尾。这些相似之处可能是巧合，但已有研究纳德内阿萨巴斯卡语和基特语之间联系的提议，使用基特语的族群在撤退至叶尼塞河西部之前曾经居住在春雅河附近的巴赫塔河（Vajda, 2010; Vajda and Dulzon, 2004），虽然最近的DNA研究并未证实这两种语言使用者之间的亲缘关系。

安加拉河的尼索维亚通古斯人

詹姆斯·福赛斯讨论了埃文基人及其迁移和往来接触，1693年，埃弗特·伊斯布兰特·埃德斯（Ides, 1706）也在安加拉河沿岸遇到了埃文基人。那年1月离开叶尼塞斯克镇之后，埃德斯到达安加拉河，经过瑞布诺（Rybnoi）［又名鱼岛（Fish Island）］。一周后，他来到伊尔尼［Ilni, 亦称伊利姆（Ilim）］并到达萨满斯基（Shammanskoy）（此城名称来源于住在沿河向上几英里处的一位著名埃文基萨满巫师）［又名内格罗曼蒂克急流城（Negromantick Rapid）］。在那里，船只必须被拖着走或用绞盘拉着走超过半英里的路。那里的人叫尼索维亚（Nisovian）通古斯人，他们的桦树皮船是为湍急的河流设计的，由双叶桨划动，从埃德斯的插图中可以看到，有桦树皮板的一艘大船载着几个桨手和一个巨大的、冒烟的火箱（见图6-9）。这幅插图记录了在西伯利亚毛皮贸易鼎盛时期，船又大又快，可以运载沉重的货物——时间与场景与17世纪中叶加拿大繁盛的毛皮贸易时代的库里斯德布瓦运输公司并无二致。埃德斯描述了这些船，称呼造船者为"下游的通古斯人"：

他们的船由缝好的桦树皮制成，能搭载七人到八人。这些树皮船

图 6-9　埃弗特·伊斯布兰特·埃德斯《从莫斯科到中国三载之旅》（*Three Years' Travel over Land from Moscow to China*）中的一幅插图（Ides，1706：插图 7），使人联想到法属加拿大库里斯德布瓦运输公司的场景，插图中在安加拉河尼索维亚急流处有一位埃文基桨手和一艘用于贸易往来的树皮船。

又长又窄，船上没有座位，桨手跪着划船。他们使用双叶桨，桨两端宽大，桨手握住中部划船，先划一端桨叶，再划另一端，当所有人一起划船时，树皮船可以快速前进。这种轻便的树皮船可以帮助他们抵御狂风暴雨。他们通常在夏天捕鱼，在冬天狩猎各种毛皮动物、雄鹿和母鹿等，以此维持生计。（Ides，1706：28）

希姆河和纳雷姆埃文基人

希姆河是叶尼塞河中游的一条左侧支流，是叶尼塞河以西为数不多的几个埃文基人的永久居住地之一，与瓦赫河和基特河一起共同形成了叶尼塞河和鄂毕河之间的两条水路。整个 19 世纪，该区域是埃文基人、基特人、塞尔库普人、汉特人、突厥鞑靼人和俄罗斯人的交通枢纽。

安特罗波娃（Antropova，1961：109）写道，希姆河埃文基人没有树皮船，他们使用原木船。这个观点经常在俄罗斯有关树皮船的文献中被引用，使得许多俄罗斯博物馆馆长相信在过去的 200~300 年里叶尼塞河西部不存在树皮船。然而，这一观点并不正确，希姆河埃文基人可能有过原木船，但他们一直到 19 世纪 20 年代还在使用桦树皮船。

19 世纪 40 年代，马蒂亚斯·A. 卡斯特伦（Castrén，1967）在一次从鄂毕河到瓦赫河的远足中到达了叶尼塞斯克的希姆河，那里的埃文基人和基特人集合在一起给俄罗斯官员纳税，还在河边的贸易市场出售他们的毛皮。卡斯特伦描述了他们的两大营地，二者之间有一定的距离，在那里人们和各自的首领一起，都住在用桦树皮或兽皮制成的帐篷里。在市场附近，一些小型的土著船只翻过来扣在岸上，在河边可以看到大量的叶尼塞式木板船（lodyas，俄语中意为"较大的木板船"）和小木板船（soima，俄语中意为"较小的木板船"）。与安特罗波娃的观点相反，卡斯特伦指出埃文基船用缝合的桦树皮制成，而基特人用挖空独木舟。

从俄罗斯的资料可知（例如，Forsyth，1994），16 世纪末期俄罗斯依靠军事力量开辟了通往西比尔汗国（the Sibir Khanate）的道路后，埃文基人在"西比尔"有一个小的永久定居点，这是俄罗斯人从蒙古人手中夺走的第一个西伯利亚殖民地。俄罗斯在西伯利亚的新政权雇用了埃文基猎人做侦察员，他们还带领第一批俄罗斯军队和毛皮狩猎队到达叶尼塞河和更东面的勒拿河，与沿途发现的更多族群进行贸易往来、向他们征税或实施抢劫。埃文基人向西最远到达鄂毕河的纳雷姆，甚至到达普斯托泽尔斯克，这可能是因为他们中有一些人为俄罗斯人当向导。唐纳（Donner，1933a）参考了早期出版的英语文献后写道，西埃文基族群在 17 世纪可能住在鄂毕河中游的纳雷姆，也许参与了欧洲毛皮贸易。据他所说，埃文基毛皮猎人穿过乌拉尔山脉，到达伯朝拉河水系，可能是为了进入普斯托泽尔斯克的兹里安-丘德毛皮贸易中心，他们在那里把毛皮卖给英国商人。

蒙古人：马背上的人的皮船、筏子和浮具

有关蒙古船只的讨论涉及一个关于定义的问题：我们是应该把曾经在蒙古人统治下的所有领土都包括在内，还是只介绍在蒙古帝国之前和之后的本土蒙古人或文化？前者任务艰巨，因为在大约公元1300年时蒙古人统治着印度以北、布达佩斯以东的大部分欧亚大陆。所以我们在这里只关注蒙古帝国之后的蒙古国及其附近区域。

列夫·古米列夫（Lev Gumilev，1997）研究了蒙古相关族群的历史，也许是因为与满族人的战争，他们在8世纪中叶从阿穆尔河（黑龙江）流域向西迁移到蒙古国北部。今天的蒙古人起源于一个与成吉思汗（Genghis Khan）[最初被称为铁木真（Temüjin）] 氏族和喀尔喀（Khalkha）蒙古族有关的一个小群体（参见W. Fitzhugh，Rossabi and Honeychurch，2013）。今天蒙古国有超过230万名喀尔喀蒙古人，总数约为300万人，喀尔喀蒙古族在蒙古国北部和西部的许多少数民族中占主导地位。超过30万名蒙古人被称为布里亚特人（他们说类似的语言，见下一节），生活在俄罗斯布里亚特共和国。其在贝加尔湖以东，与蒙古国北部接壤。除此以外，2500万名蒙古人住在中国北部的内蒙古自治区，和其他民族居住在一起，比如契丹人（Khitan）和达斡尔人（Daurian），他们都起源于蒙古人，说着蒙古语的变体。以上这些族群都曾是蒙古帝国的一部分，蒙古帝国由多个民族组成，包括突厥人、鞑靼人、契丹人和达斡尔人。今天，大量蒙古族人居住在西亚，其中包括卡尔梅克人（Kalmyk）和其他与蒙古相关的族群，他们要么在13世纪被入侵的蒙古人驱赶到西部，要么是在蒙古帝国崩溃后留在了那里。

黑龙江西部的内蒙古

蒙古人在中国唐朝的书籍中首次出现（7~10世纪），当时被称为"蒙兀"（Menu）和"蒙瓦"（Menva），但是很显然他们的起源更为久远，关于

他们的发源地也有颇多争议（Atwood，2004；Gumilev，1997）。一些人认为他们最初居住在贝加尔湖区和蒙古国东北部；另一些人则认为在黑龙江南岸与松花江的交汇处以西，黑龙江上游，靠近中国内蒙古的石勒喀河（Shilka River）和额尔古纳河（Argun River）的汇流处，邻近中国东北地区。《新唐书》（古代关于唐朝的记录）中提到蒙古人属于室韦族（Shivei），是一群生活在海兰江北岸的契丹人（Gumilev，1997）。

蒙古语中把皮船叫作"图鲁姆"（tulum），字面意思是"充满了空气的皮包或兽皮"；这种船在南西伯利亚、中国东北、西藏和中国其他地区广为人知（参见图9-19、图9-20、图9-21）。蒙古兽皮船的使用频率多高？蒙古人为自己建造了什么样的船只？丹尼斯·塞诺（Sinor，1961：158-63）回答了这两个问题：似乎蒙古人和他们的突厥骑兵战友一样，使用兽皮船主要是为了穿越溪流和河流，但很少把船只用于其他目的，例如运输、狩猎或捕鱼（也很少提到任何大型蒙古船）。蒙古人和突厥人都用柳条或木制船架建造克拉科尔式兽皮船，以及临时的带有充气兽皮浮具的船或筏子。他们的克拉科尔式兽皮船很可能和中国西藏的牦牛皮船相似，因为这些地区有共同的佛教信仰，宗教信仰与文化和技术一起从中国西藏传播到了蒙古人部族。12世纪的沙拉夫·阿尔-扎曼·塔希尔·阿尔-马尔瓦齐（Sharaf al-Zamān Ṭāhir Al-Marwazi）在他的著作中提到了居住在吉尔吉斯（Kirghiz）东部密林中的富里人［Furi，或称古里人（Quri）］，"他们用来运输货物的船只是用鱼皮和野生动物皮制作的"（引自Sinor，1961：161）。

蒙古人在黑龙江附近的活动使他们接触到了埃文基人和满族人，表明中西伯利亚和东西伯利亚普遍使用兽皮船和筏子。F.B. 斯坦纳（F.B. Steiner，1939）研究了雅库特兽皮船。他认为，蒙古人和他们的大约公元前200年到公元100年的匈奴祖先都使用兽皮船。马修·帕里斯［Matthew Paris，亦称马塔乌斯·帕里森西斯（Mathaeus Parisiensis）］在13世纪中叶写道："他们［蒙古人］有牛皮船，10~12人共用；他们能游泳，会驾船，能够毫无困难地跨过最大、水流最湍急的河流。"（引自Sinor，

1961：160）斯坦纳说中国《晋书》中提到了一个民族（公元 644 年至公元 646 年），可能说突厥语，住在中国东北部，制作过充气牛皮船。这些船只几乎只用来渡河。斯坦纳提到这种船时总结道：

> 黑龙江的兽皮船和鲜卑（Sien-pi）[族的] 船一样，与乌米亚克蒙皮船并无关联，而是中亚地区马和有角牲畜饲养者的文化成分，它肯定和蒙古人牲畜饲养的后期和杂交期的其他要素一起传到了东北部各个地区。雅库特 [萨哈] 地区的捕鱼设备明显受到蒙古人影响，渔网本身使用蒙古名称也证实了这一点。如果蒙古牛皮船一直向东北部传到黑龙江鄂温克（埃文基）人那里，我们必须假设这种船成功穿过了萨哈人的领地。(Steiner, 1939：180)

最后的评论很有趣，考虑到丹尼斯·塞诺的观察，突厥语单词"kayik"可能是爱斯基摩人借用的单词，源于突厥语中对小船的称呼。如果这种语言联系上的推断正确——对此一直存有争议（Fuentes, 2010）——其传播到北极海岸的途径可能是贝加尔湖至勒拿河通道，后来该通道遭到了突厥人和蒙古人的入侵。然而，历史年表并不支持这一传播时间，因为这必须发生在公元前第二个或第一个千年，才能说明为何在公元前白令海峡附近就有了先进的卡亚克皮艇。

由于信息的普遍缺失，我们无法知道蒙古人是否使用了树皮船。在黑龙江流域上游，众所周知，蒙古人住在结雅河口附近，靠近畜牧养马的埃文基族群 [有桦树皮船的比拉尔人（Birar）和马尼吉尔人（Manegir）]，所以一些蒙古人即使没有使用过树皮船，也一定对此有所了解。西村真次（Shinji Nishimura, 1931）注意到中国东北使用的蒙皮柳条船很像蒙古人使用的船只，但这些船的使用只是权宜之计。

耶利米·科廷（Jeremiah Curtin, 1908：131）翻译的一则蒙古神话中提到的一艘魔法船是用美洲落叶松（Larix laricina）树皮制成的。西村

(Nishimura，1931）认为美洲落叶松只长在美洲大陆，并不长在蒙古国，所以他猜测船皮一定是用其他种类的树皮制成的，比如柳树皮。然而，蒙古国确实有大量的落叶松和苦柳（紫柳），它们的木材和树皮可用于制作各式各样的物品，也可能包括船只。俄罗斯的一项研究报告说，阿穆尔河（黑龙江）流域的族群曾经建造桦树皮覆盖的树皮船（korevuyu）（Chepelev，2004）。

布里亚特人：养牛者和森林猎人的兽皮船

布里亚特人是一个现在有50多万人的蒙古族分支，他们的居住地东至俄罗斯贝加尔湖，其在蒙古国北部的库苏古尔湖（Khovsgul Lake）附近，北至安加拉河口和奥尔洪岛（Olkhon Island）。传统上布里亚特人和他们南面的蒙古族近亲一样主要是以养牛为生，其次是狩猎和捕鱼（Khanturgayeva，Khankhunova and Zhilkina，2003）。他们的文化和生活方式融合了蒙古大草原和西伯利亚苔原的传统和技术。

1855年至1859年，当古斯塔夫·拉德（Gustav Radde，1861）在贝加尔湖地区旅行时，布里亚特人使用着可能来源于中国的木板船。大型布里亚特船被叫作"奥贡"（oŋogo），在卡拉加斯语（Karagas）中叫"奥塔"（oŋota）（Castrén，1857b：232；Castrén，1857c：137）。有一些证据表明，布里亚特人也使用兽皮船。在贸易远征中，他们沿着勒拿河上游进行长途航行，在那里接触到了雅库特人。瓦尔德马尔·乔切尔森（Waldemar Jochelson）曾写过一个雅库特传奇故事，讲述了关于一个划着船的布里亚特人的传说："多年前那里住着一位叫奥霍诺姆（Ohonom）的雅库特富人，他有两个女儿，但是他只偏爱其中一个。一个叫艾尔亚/艾力（Elyai/Elliei）的布里亚特人常常划着兽皮船在勒拿河逆流而上拜访奥霍诺姆，他们是很好的朋友。奥霍诺姆许诺将自己的一个女儿许配给他，艾尔亚选了不受宠的那一位。"（Jochelson，1933：52）这只是故事的一部分，但是从中可以明显看出布里亚特人过去使用兽皮船。兽皮船可能是用牦牛皮、骆驼皮和马皮制成的；海豹皮也可以从贝加尔湖大量的贝加尔海豹（Pusa sibirica：一种淡水海豹，属于环斑海豹类）中获取。

如果布里亚特人就像乔切尔森所写的那样在勒拿河划兽皮船，那么他们可能在其他河流和贝加尔湖使用类似的船只。布里亚特人和住在贝加尔湖南面的蒙古族群接触密切，蒙古族牧民使用兽皮船渡河，布里亚特人可能从他们那里学会了这种造船工艺。蒙古兽皮船可能也影响到了居住在贝加尔湖南部和东部的埃文基人和萨哈人。G. A. 阿尔波娃（G. A. Albova，1968a）提出，奥罗奇通古斯人（Oroch Tungus）从蒙古人那里学会了如何骑驯鹿，或者至少学到了骑马和挽具的概念，以及建造兽皮船渡河的技术。

阿穆尔河（黑龙江）北部通古斯人占据着奥罗（Oro）这一区域，长久以来被称作奥罗奇人（即奥罗的居民）。据一则传说所述，他们中的一些人教野生驯鹿站在火边躲避苍蝇，这就是早期驯化驯鹿的开始……这些故事在埃文基人和埃德贞（Edzhen）的埃文人〔靠近阿尔丹河（Aldan River）的乌斯特玛雅（Ust-Maya）〕中流传；然而，在阿尔丹河-乌丘尔河（Uchur）一线东部，谢列姆贾语（Selemdzha）的数据（来自结雅河支流的族群）显示埃文基人的骑术是受畜牧的蒙古部落启发。……蒙古人为本来只穿鹿皮（rovduga）衣服的埃文基人提供纺织品……当他们成为驯鹿牧民时，外贝加尔湖的埃文基人开始骑马狩猎，而且丢弃了以前步行时所使用的〔背包〕板（ponyagu）和滑雪板。奥罗奇人从他们南部的（蒙古）邻居那里学会了把兽皮罩在木制船架上制作兽皮船，然后驾驶船渡河。（Albova, 1968c）

这些故事可能是杜撰而成的，但它们的确为研究船只历史提供了趣味十足的资料。

（崔艳嫣　刘铭淇　译）

第七章
东西伯利亚：勒拿河流域和外贝加尔

勒拿河是流向北冰洋的西伯利亚大河中的第三大河，最靠东，也是唯一一条完全在俄罗斯境内的河流。它发源于贝加尔湖以西仅几公里处，源头海拔1800米，向北延伸4400公里，到达拉普捷夫海（Laptev Sea）。它的主要支流是基陵加河（Kirenga River）、维柳伊河、维季姆河、奥廖克马河和阿尔丹河。阿尔丹河流经鄂霍次克海以西山区，使其成为从太平洋到东西伯利亚内陆的必经之路。然而，由于大部分勒拿河流域是丘陵地区，其水流比鄂毕河和叶尼塞河更快，河床也更浅，这就限制了它在古代和现代作为交通水道的重要性。位于勒拿河东北部的维尔霍扬斯克（Verkoyansk）山脉一直是进入楚科奇的陆路交通障碍，但并非难以克服，依然可以跋涉而行。然而因地形崎岖不平，人们往往习惯沿着低平的北极苔原带和勒拿河三角洲东部的海岸线通行。

约从公元1600年到现在，勒拿河流域分布着尤卡吉尔、楚凡（Chuvan）、勒拿和外贝加尔埃文基（Transbaikal Evenk）、埃文（以前被称为拉穆特）和萨哈（以前被称为雅库特）等传统文化。其中尤卡吉尔文化和楚凡文化类似于爱斯基摩文化，在过去的1000年里，由于他们的苔原狩猎、捕猎鱼类和海洋哺乳动物经济模式受到来自楚科奇驯鹿牧民扩张的压力，其人口和领地都大大减少。楚科奇人扩张的部分原因是贝加尔地区的蒙古人和萨哈养牛人的扩张。勒拿埃文基人是规模更大的埃文基民族语言群体的一部分，在过去1000多年或更长时间里，他们在勒拿河以东的山区从事非集约型放牧、捕鱼和狩猎活动。埃文人在语言和文化上与埃文基人密切相关，他们位于讲突厥语的萨哈人的东部，即鄂霍次克海和勒拿河之间的山区，从事放牧和狩猎。

在勒拿河流域，我们发现的桦树皮船种类多于西伯利亚其他任何地区。尽管勒拿型树皮船各种类之间在外形和构造上存在很大差异，但总体而言，这是欧亚大陆树皮船的第三种基本类型，与邻近的叶尼塞型和阿穆尔型树皮船迥然不同。1891年，理查德·马克在维柳伊河上收集了一个非常古老的船模，它用许多树皮片缝制而成，树皮在船首和船尾简单翻折，并带有易损的多段式舷缘（参见图7-2a-c）。另一种类型可能是在卡亚克皮艇或"尖头"树皮船的影响下发展起来的，船更长，两端封闭，部分座舱封闭，船型类似卡亚克皮艇（参见图7-1）。在贝加尔湖附近的勒拿河源头，埃文基人和萨哈人使用叶尼塞型树皮船，而生活在维季姆河和奥廖克马河以东的外贝加尔埃文基人，则偏爱类似于阿穆尔河（黑龙江）流域的小型树皮船。

尤卡吉尔人和楚凡人：像爱斯基摩人一样前途渺茫的民族

尤卡吉尔人之所以引起了人类学家的兴趣，是因为其文化与爱斯基摩人的文化相似，而且他们可能对爱斯基摩文化的发展做出了贡献。他们的领地曾经横跨从贝加尔湖到北冰洋的西伯利亚针叶林和苔原带的大部分地区，其文化包括狗拉雪橇、标枪和卡亚克皮艇，但不包括驯鹿饲养。作为杰苏普北太平洋探险（1897~1903）的一部分，瓦尔德马尔·乔切尔森（Jochelson，1910，1924，1926）研究了尤卡吉尔人。他发现17世纪和18世纪尤卡吉尔人口迅速减少，领地被放牧驯鹿的楚科奇人占领。现在，说尤卡吉尔语的人是一个很小的群体，我们对他们的早期历史知之甚少。然而，他们祖先曾经显赫的地位使其在西伯利亚东北部的造船史上颇具影响力。

娜塔莉娅·沃洛德科（Natalia Volodko）及其同事（Volodko et al., 2009）的一篇论文从考古学、民族志学和遗传学的角度概述了尤卡吉尔人的历史。尤卡吉尔人是铁器时代晚期传承蒙古和突厥语言和文化的驯鹿和驼鹿猎人的后裔。考古证据表明，在楚科奇西部从叶尼塞河到阿纳德尔河的苔原带和针叶林带居住着原始尤卡吉尔人。当俄罗斯殖民者在17世纪中期首次统计尤卡吉尔人时，他们的数量约为5000人，并分布在北极圈以北的约13个群体中。他们的土地从东部的阿纳德尔河延伸到西部的泰梅尔半岛，他们的近亲塔夫吉人（现在称为恩加纳桑人）就居住在那里。沿海苔原地区的尤卡吉尔人，即瓦杜尔（Vadul）群体，主要猎杀野生驯鹿，而针叶林带的居民主要猎杀麋鹿。

尤卡吉尔人后来因为与俄罗斯人接触，感染了天花和麻疹这类流行病，人口数量急剧减少。俄罗斯海军中尉加夫里尔·A. 萨里切夫（Gavril A. Sarychev）描述了他们的苦难，他参加了约瑟夫·比林斯（Joseph Billings）远征（1785~1795），并于1786年10月在科雷马河上游遇见了尤卡吉尔人（Sarychev，1805：67）。到20世纪初，尤卡吉尔族只剩下亚纳河和印第吉卡河下游支流阿拉泽亚河（Alazeya）和科雷马河上下游河道交汇处的少量残存群体，包括楚凡河的部落在内（Krupnik，2019），加起来一共不超过1000人（Jochelson，1910：2）。尤卡吉尔人在泰梅尔的土地被占领，剩下的尤卡吉尔人已经被邻近的雅库特人、埃文基人、埃文人、萨莫耶德人、楚科奇人和俄罗斯人同化了。现在，说尤卡吉尔语的只剩下不到100人。

船只是尤卡吉尔历史的重要组成部分，因为它们属于猎人和渔民的文化。尤里·B. 辛琴科（Simchenko，1976b）写道，19世纪末20世纪初的尤卡吉尔人有三种传统船型：延展原木船、类似于萨哈船的桦树皮船，以及借鉴于俄罗斯的木板船。居住在针叶林和森林带的尤卡吉尔人最后使用的船只可能是原木船，原木船也被萨哈人以及泰梅尔西部的恩加纳桑人采用，他们用白杨树干制造窄型原木船。辛琴科认为，涅涅茨语"ngano"、恩加纳桑语"ngondui"和尤卡吉尔语"ngolde"都指称"船",源于同一词根,在古代,这些人都使用相同类型的兽皮船,类似于恩加纳桑人的"库昆贡渡"(参见第六章有关恩加纳桑人的一节)。尤卡吉尔人在近代史上的大部分时间生活在森林地带,直到19世纪60年代他们一直使用桦树皮船。

北极海岸的卡亚克皮艇

当尤卡吉尔人最初沿勒拿河向北迁移并进入苔原地区时,气候可能比现在更温暖,但他们仍然要适应新的环境。根据辛琴科(Simchenko, 1976b)的说法,他们在那里使用了小型多功能敞舱兽皮船,但直到最近也没发现对尤卡吉尔族人皮艇的早期描述。但是,约翰·G. 格奥尔基(Johan G. Georgi)的探险报告(Georgi, 1776b:271)中的插图,很可能描绘的是尤卡吉尔皮艇(见图7-1)。插图中的场景包括湖或河上的三艘船,画面上有一个男子,在短皮艇中手持双叶桨,船头、船尾都是双分叉的。另外两名乘坐类似船只的皮艇手正在远处布置渔网或围网。远处的岸上是一个有圆锥形帐篷的土著村落,前景中一头公牛拉着雪橇,一名男子骑着另一头牛,这表明这些人可能是萨哈人或受萨哈养牛者影响的尤卡吉尔人。前景中的三个人都穿着相似的衣服,戴着相同的三叉帽。一群被称为扬迪尔(Yandyr)的被尤卡吉尔人同化的雅库特人在18世纪生活在勒拿河三角洲以东(Willerslev, 2007:5),因此该插图(尽管画家还画上了奇异的植被和动物)表明该地区位于勒拿河下游以东森林边缘附近。

该插图很有趣,但又难以解释,因为它可能代表的是地方、民族和时代的融合。18世纪的插图往往不能准确地展示技术细节,它们将主题和背景理想化,并以欧洲人的视角描绘当地土著。人们认为这不可能是"实景",也许是由一位插画师根据旅行者的书面/口头描述或现场草图绘制的,可能与尤卡吉尔人无关。然而,重要的是,这三艘皮划艇的叉状末端,类似于楚科奇和爱斯基摩敞舱皮船上延伸出的舷侧栏杆。在白令海峡的楚科

第七章　东西伯利亚：勒拿河流域和外贝加尔 / 253

图 7-1　约翰·G. 格奥尔基在讨论尤卡吉尔时就提到了这幅船头、船尾双分叉的皮艇插图，尽管它可能代表的是萨哈人。田园牧歌般的浪漫场景展现了圆锥形的帐篷、驯养的牛、戴着独特头饰的人在卡亚克式兽皮船上划水捕鱼。这些兽皮船与现代因纽特人的乌米亚克船和在楚科奇东角附近有着 1500 年历史的埃克文爱斯基摩遗址中发现的古代仪式船雕刻品（参见图 8-11）一样，有着相同的分叉式船首和船尾。(摘自 Georgi, 1776b：271。)

奇海岸发现的旧白令海文化考古皮艇模型（可追溯到公元 500 年）的船头和船尾也具有同样的分叉结构特征（参见图 8-11）。格奥尔基的插图是那段历史时期此类船的唯一已知图像。

爱斯基摩人和尤卡吉尔人在科雷马河口和附近地区直接接触的一些迹象（见下文）涉及尤卡吉尔人及生活在勒拿河口和阿纳德尔河之间的相关民族。我们从尤卡吉尔民族志中得知，他们的文化与爱斯基摩人的文化相似，而且两个部族都使用皮艇（Jochelson, 1926：375）。来自鲍里斯·O. 多尔吉克（Boris O. Dolgikh）的信息使米哈伊尔·巴塔舍夫确信，很多使用皮船的尤卡吉尔部落曾经生活在这片海岸上，包括扬迪尔、科伦比（Khoromboy）、奥利乌本（Olyuben）、阿莱（Alai）、奥莫克（Omok）、楚凡和阿努尔（Anaul）等部落（M. 巴塔舍夫与哈里·卢克卡宁的私人交流，2013）。根据雷恩·威勒斯列夫（Rane Willerslev, 2007）的说法，随着时间的推移，生活在该地区的尤卡吉尔人会与其他族群杂居融合，我们可以假设他们也都使用皮艇。这些群体有着不同的起源和历史，但他们共享技术，包括捕猎海洋哺乳动物的标枪和兽皮船。如前所述，扬迪尔部落是被尤卡吉尔人同化了的雅库特人；科伦比部落是通古斯－尤卡吉尔人（Tungus-Yukagir）；阿莱部落是尤卡吉尔埃文基人（Yukagirized Evenk）；楚凡部落是俄罗斯人同化的尤卡吉尔人。伊戈尔·克鲁普尼克（Krupnik, 1993）写道，楚凡人与埃文人、科里亚克人和其他尤卡吉尔族的几个家族以及俄罗斯农民和哥萨克后裔杂居融合。（我们没有关于奥利乌本、奥莫克或阿努尔等部落的信息。）

不管格奥尔基皮艇的信息来源是什么，其短而钝的船型设计可能并不低劣。早期船只设计专家哈维·戈尔登（Harvey Golden）评论道："它看起来像是一艘现代的河上皮艇，一艘嬉戏船，或是竞技皮艇。"（与哈里·卢克卡宁的私人交流，2015）这种类型的皮艇在波浪中非常稳定，在湍急的水流中也能快速转弯。因此，与现代同类产品"匕首状应力回旋型卡亚克皮艇"一样，特别适合在河流交叉口用矛刺杀驯鹿、捕猎鸭子或执行其他河流或海上任务，但在无冰的开阔海域中速度缓慢且使用受限。

在安义河上捕猎驯鹿

1820～1824年，俄罗斯海军中尉费迪南德·P.冯·兰格尔（Ferdinand P. von Wrangel）和他的旅伴海军候补军官F.F.马图什金（F.F. Matyushkin）在前往东西伯利亚的科雷马和楚科奇地区的一次长途远征中，遇到了尤卡吉尔人。兰格尔关于这段经历的著作（Wrangel, 1839）中约有20条有关兽皮船、卡亚克皮艇和树皮船的参考资料。马图什金写的一篇文章生动描述了8月和9月在科雷马河以东的安义河流域的普洛比什（Plotbische）捕猎驯鹿的情况。文章没有描述尤卡吉尔人的船只，但描述了船只的使用情况：

当我们到达普洛比什时，聚集在那里的人们正焦躁地等待着驯鹿的消息。最后，传言说第一批驯鹿群出现在安义河北部的山谷。所有会划桨的人立刻跑向他们的小船，快速划着船躲到［河］湾和［高高的］河岸［下面］，在那里等待猎物。

值得一提的是鹿群过河，在捕猎收成最好的年份，鹿群数量可能在50~100英里［80~160公里］宽的区域内达到数千只。虽然我一直觉得鹿群的规模不大，每群有200只或300只，但这些不同的鹿群经常一群群相继跟随，形成了一个庞大的鹿群。鹿走的路线几乎总是一样的。……为了过河，鹿通常会踏着比较干燥或者水比较浅的［安义］河床过河，也会选择在对岸一个不太陡的地方上岸。起初，整个鹿群都小心翼翼地挤在一起，然后领头的鹿先行，后面跟着几只鹿。头鹿昂首观察着周围的环境，觉得放心后，领头的鹿群先下水，随后是整个鹿群。几分钟后，游动的鹿群布满了整条河流。此时，猎人们驾着船从岩石和灌木丛后面出现，迎着鹿群进行突然袭击。先包围鹿群，并驱赶它们继续前进。与此同时，两三个最有经验的猎人，带着长矛和"波科瑞加米"（pokolyugami，一种长刀，连接在双头桨的一端）冲进鹿群，以惊人的速度刺向游动的鹿。通常，一次攻击就足以杀死一头鹿，或使其受重伤，只能游到对岸。

用长刀和长矛猎鹿让猎人身处险境，小船每时每刻都有在混乱的鹿群中倾覆的危险。这些鹿群想方设法保护自己不受伤害，雄鹿又咬又撞又踢，雌鹿则会用前蹄把船弄翻。如果鹿群弄翻了小船，猎人只有抓住一只强壮、没有受伤的鹿骑上去，才能上岸获救，否则必死无疑。然而，意外很少发生，因为尽管鹿群拼命挣扎，急欲逃生，但猎人们技艺高超，很少翻船。一个有经验的猎人可以在不到半小时内杀死100头或更多鹿。当庞大的鹿群变成分散的小鹿群时，长矛刺鹿会更方便、更安全。其他猎人则负责将死鹿或垂死的鹿绑在船上，猎物人人有份。（Wrangel, 1948：185-186）

高北极岛屿

尤卡吉尔人曾经居住在北冰洋的岛屿上，那里的海洋哺乳动物比在浅水、泥泞的内陆沿海地区更为丰富。雪橇和兽皮船利于尤卡吉尔人在岛屿和大陆之间有浮冰和无冰开阔水域的混合状况下通行。有些证据表明，尤卡吉尔人曾到勒拿河三角洲以北的拉普捷夫海中的新西伯利亚群岛（the New Siberian Islands）和科雷马河口外的贝尔群岛［the Bear Islands，亦称梅德韦德（Medved）群岛］之间进行狩猎探险。乔切尔森把浅海海岸看作西伯利亚大陆附近缺乏集约型海上狩猎的原因："科雷马河口与西维亚托伊角（the Sviatoi Cape）之间的海洋，在距海岸 10 英里或 20 英里［16 公里或 32 公里］的地方只有 7 米深。"（Jochelson，1910：4）关于贝尔群岛，他写道："地图测量专家安德烈耶夫（Andreyev）在 1763 年的第三列贝尔岛上发现了属于古代尤卡吉尔人的小屋遗迹……这些岛屿和北冰洋上的北极熊偶尔会被俄罗斯化的尤卡吉尔人和科雷马河口附近的其他居民猎杀，这些人会到贝尔群岛捕猎海豹作为狗食。这种情况发生在冬天，因为夏天捕获的鱼吃光了。"（Jochelson，1910：347，382）

尤卡吉尔人占据贝尔群岛，使人们对后来成为爱斯基摩研究主要问题的海猎和兽皮船的起源提出了疑问。最西边的史前爱斯基摩人定居点位于科雷马河以东的巴拉诺夫角（Baranov Cape）。这些遗址由加夫里尔·萨里切夫于 1790 年首次探索，最近阿列克谢·奥克拉德尼科夫（Alexei Okladnikov）进行了勘探（Sarychev，1805；Okladnikov and Beregovaya，2008）。根据前人的报告，阿尔博瓦（Albova，1968a）写道，铁器时代初期两种文化在此接触，其中一个群体是前尤卡吉尔人，他们自古以来就在雅库特森林和苔原带以打猎捕鱼为生。另一个群体是古爱斯基摩人，他们当时已经完全适应了海洋环境，驾驶兽皮船捕猎海洋哺乳动物，正沿着楚科奇北部海岸向西扩张。因此，爱斯基摩人与尤卡吉尔人的接触有可能促成了尤卡吉尔人建造皮艇，这就能解释格奥尔基皮艇插图与古代旧白令海船只模型存在相似之处，以及尤卡吉尔人和爱斯基摩人周期性地占领高北极群岛，包括发现约4000年前史前遗址的兰格尔岛（Wrangel Island）（Dikov, 1988）。

芬兰籍瑞典极地探险家 N. A. E. 诺登斯克尔德（N. A. E. Nordenskjöld, 1881）在其对维加（Vega）探险的叙述中写道，迈克尔·斯塔杜钦（Michael Stadukhin）于1644年在科雷马河附近从土著那里获得了关于拉普捷夫海存在大型岛屿（后来称为新西伯利亚群岛）的信息，这些岛屿富含海象象牙和猛犸象骨骼化石。斯塔杜钦还了解到，楚科奇人是乘坐雪橇从楚科奇海岸到达这里的。俄罗斯人最终在1770年4月到达新西伯利亚群岛，当时伊万·利亚科夫（Ivan Lyakhov）循着一个庞大驯鹿群的足迹从北方靠近，来到了最南端的两个岛屿——大小利亚霍夫斯基岛（Little and Great Lyakhovsky）。这些岛屿拥有大量的猛犸象牙，并有许多狐狸和其他毛皮动物在此生活。在1800~1805年，猎人雅科夫·桑尼科夫（Yakov Sannikov）发现了新西伯利亚群岛北部的岛屿，现在被命名为斯托尔博瓦岛（Stolbovoy）、科特尔尼岛（Kotelny）和法德耶夫斯基岛（Faddeyevsky）。

1809年3月，俄罗斯人派遣马特维·海登斯特罗姆（Matvei Hedenström）去研究这些岛屿，随行的还有桑尼科夫和另一个我们只知道叫科什文（Koschevin）的猎人（Mills, 2003）。在法德耶夫斯基岛，桑尼科夫发现了尤卡吉尔雪橇、石头刮皮器和一把巨大的象牙斧头。他得出结论，在俄罗斯人把铁器引入西伯利亚之前，就有人造访过这个岛屿。1811年，人们对新西伯利亚群岛进行了新的研究，桑尼科夫也参与其中。这一次，探险队乘坐驯鹿雪橇冒险穿越冰层来到科特尔尼岛，发现了已灭绝动物的骨骼，其中包括猛犸象、马、牛和羊。这些动物在古代气候温暖的情况下曾生活在那里。桑尼科夫还发现了被他称为"尤卡吉尔古民居"的遗迹，这表明来自大陆的人曾乘坐船艇和雪橇访问过该岛。1811年，在新西伯利亚群岛东北部发现了一片"蓝色薄雾"，他推测这是另一个岛屿，他的科学和地理贡献因此黯然失色。因为这只是一个海市蜃楼，桑尼科夫的名字虽未能与这片虚幻之地相连，他却因"桑尼科夫之地"作为各种虚幻计划和促销活动的代名词进入俄罗斯流行词语之列而变得非常出名。如今,这个词得到很好的传承,流行文化中指称歌曲、戏剧和电影中的浪漫幻想时就用"桑尼科夫"一词。

1820年开始远征楚科奇并绘制其领土和族群地图的兰格尔知道新西伯利亚群岛,但他从未访问或直接描述过这一群岛。在旅行中,他遇到了一位名叫约翰·邓达斯·科克伦(John Dundas Cochrane)的英国皇家海军上尉。科克伦是一位冒险家,曾在东西伯利亚服役,并发表了一本日记,生动记述了其历险活动(Cochrane,1829)。他报道说,生活在俄罗斯人与好战的楚科奇人边界上的科雷马尤卡吉尔人占据了中立地带,双方都将武器放在一边进行贸易。他从尤卡吉尔人和楚科奇人那里了解到了新西伯利亚群岛,并指出:"毫无疑问,新西伯利亚群岛已经有人居住,许多棚屋或毡房仍然存在。当受到迫害,或出现天花及其他疾病时,西伯利亚部落习惯放弃家园和土地,迁移到海外居住。"(Cochrane,1829:328)

在北美,兰格尔岛(位于楚科奇海和东西伯利亚海之间)因1914年罗伯特·巴特利特(Robert Bartlett)在此营救了一次海难中被困的卡鲁克的船员而闻名(Bartlett and Hale,1916)。最近,在20世纪90年代,该岛因其猛犸象遗骸再次扬名。由于海平面上升,猛犸象被隔离在兰格尔岛,并在那里生存到全新世中期,进化缓慢。这是地球上最后的猛犸象,于4500年前灭绝(Vartanyan,Garrutt and Sher,1993)。

科雷马河上游的桦树皮船

辛琴科(Simchenko,1976b)在其关于欧亚大陆北部驯鹿猎人的著作中写道,科雷马河上游森林区的尤卡吉尔人有一艘桦树皮船,他们将之称为"和田"(khotan),类似雅库特船,我们把它归为勒拿型树皮船。由于最后的尤卡吉尔人生活在勒拿河以东的科雷马河上游和下游,辛琴科的观察可能来自该地区。1826年被流放到雅库茨克(Yakutsk)的俄罗斯诗人和著名作家亚历山大·贝斯托热夫-马林斯基(Alexander

Bestuzhev-Marlinsky）在 1827 年创作并于 1838 年在德国出版的作品中也提到了尤卡吉尔桦树皮船，并指出了它们的位置（科雷马河上游）以及在狩猎中使用几十只桦树皮船。这是目前已知的唯一关于尤卡吉尔桦树皮船用于驯鹿狩猎的资料：

> 科雷马河的居民知道驯鹿的习性，他们乘着桦树皮"维特卡"小船从附近的营地聚集在驯鹿会游经的科雷马河上，然后在草丛中或在船上等待驯鹿。……早上，天一亮，就有传言说大群驯鹿已来，而且越来越近了。前排的驯鹿独自冲入水中，其他的驯鹿则环顾四周，动动耳朵，闻闻四周，而猎人们静静地待在原地不动。当驯鹿放心后，领头的鹿转身走向鹿群，这是过河的信号。驯鹿们跳入水中，毫无畏惧地开始游泳，背在水下，头在水上，骄傲地朝着对岸看去。当河中有大约 2000 头驯鹿时，猎人们大声喊叫着出现，后面的驯鹿试图掉头，但都被推入水中。……
>
> 现在开始屠杀，轻型船只攻击鹿群，切断了它们上岸的路，而船上的猎人们则试图让鹿群掉头逆流游水。熟练的猎人们穿梭在游动的鹿群中，左右开弓，用一把锋利的短矛刺杀驯鹿，刺的是驯鹿前腿后面的肺部和肝脏。河流冲走死掉的驯鹿，下游的船只帮忙将死鹿收集起来并带到岸上。而受伤的驯鹿则艰难地游到对岸，晕倒在地。
>（Bestuzhev-Marlinsky，1838：426）

科雷马当然不是尤卡吉尔人建造桦树皮船的唯一地区，但可能是其改用木板船之前最后使用树皮船的地方。1827 年，当贝斯托热夫·马林斯基在那里的时候，在萨哈人和埃文基人占领这些土地之前，桦树皮船在勒拿河中上游地区更为常见。乔切尔森访问了尤卡吉尔人并复制了他的一名线人提供的用炭笔画的图纸时，桦树皮船和木板船都在使用中（Okladnikova，1998：图 8-18）。

贝加尔湖的桦树皮船

遗传学、语言学和考古学证据表明，前尤卡吉尔人最初生活在西伯利亚南部贝加尔湖以北的叶尼塞河上，然后向东和向北迁移，最后定居在科雷马河地区。当我们试图建立尤卡吉尔人与叶尼塞河桦树皮船的联系时，这一证据至关重要。正如我们将看到的那样，这种树皮船曾在尤卡吉尔人和萨莫耶德人早期居住的南部大部分地区使用过。

有些证据是语言学方面的。赫尔辛基大学的雅可·哈基宁（Jaakko Häkkinen, 2010: 3）讨论了古萨莫耶德语在南西伯利亚萨彦岭的出现，并提出可能早在几千年前，萨莫耶德人和尤卡吉尔人就在此接触。他写道，古萨莫耶德语有东乌拉尔语的结构，在尤卡吉尔语中体现为外来词。前萨莫耶德人和前尤卡吉尔人后来在叶尼塞河和勒拿河流域之间的某个地方有接触，可以追溯到青铜时代。另一个表明前尤卡吉尔语在更往西的地区使用的证据来自其更早的外来词词基。

在总结尤卡吉尔早期历史时，瓦西里·V. 乌什尼茨基（Vasily V. Ushnitsky, 2008a）提到了瓦莱瑞·N. 切尔内佐夫。切尔内佐夫认为前尤卡吉尔文化形成于新石器时代末期，位于安加拉河和石泉通古斯河下游之间叶尼塞河东岸的某个地方，这与哈基宁提出的尤卡吉尔人与萨莫耶德人接触的时间和地点一致。在不断扩张的埃文基人和萨哈人的压力下，猎杀驯鹿的尤卡吉尔人最终到达了西伯利亚东北部。另外，考古学证据使得M. A. 基里亚克（M. A. Kiriak）得出结论，尤卡吉尔人更古老的起源地是更远的东部（Kiriak, 1993），位于勒拿河谷及其周边地区的伊米亚克塔克（Ymyyakhtak）新石器时代晚期文化和格拉茨科夫（Glazkov）青铜时代文化地区。来自贝加尔湖北部的格拉茨科夫文化研究的最新信息是：

> 贝加尔湖针叶林是公元前17世纪至公元前13世纪青铜时代格拉茨科夫文化区域。文化命名来自伊尔库茨克的一个郊区，在那里发现

了最早的铜和青铜墓葬。捕鱼对格拉茨科夫文化的族群具有重要意义。他们学会了用白桦树皮造船,这样的树皮船可以夹在腋下携带,而且比笨重的延展原木船[称为"多布朗基"(doblenki)]速度快得多。

丧礼在许多方面发生了变化。早期的墓葬是朝向太阳的方向(从东到西),而现在的墓葬是朝向下游。这证明了河流在格拉茨科夫文化中的特殊作用。河流不仅提供食物,而且,按照这些人的想法,还是他们死后游过的路,是通往未知的死亡之地的路。有趣的是,这一时期的一些墓葬采用了桦树皮船[奥莫罗茨基(omorochki)]形式。

格拉茨科夫文化与西伯利亚古代民族历史的复杂问题之一通古斯[埃文基]文化有关。科学家认为,埃文基文化起源于格拉茨科夫时代和纪念碑时代(在俄语中,这一术语意味着各种文化建筑)。……所有通古斯族群都有共同的特定元素……例如桦树皮船,适合用于水上狩猎和在山间溪流中漂浮,还有桦树皮做的木质摇篮和盘子。(Permyakova, 2007: 1-2)

在西伯利亚南部,尤卡吉尔人和萨莫耶德人在某种程度上并不是唯一继承格拉茨科夫文化传统的族群。从4世纪开始,来自外贝加尔[贝加尔湖以东,又称为达斡尔(Dauria)]、贝加尔湖地区和阿穆尔河(黑龙江)讲通古斯语、蒙古语和突厥语的人进入勒拿河、阿尔丹河、维柳伊河和奥廖克马河流域。大约在公元1000年,尤卡吉尔人在埃文基人、蒙古人或突厥人进攻的压力下沿着勒拿河向北撤退时,有些人被通古斯人(后来称为埃文人或拉穆特人)同化,而留在叶尼塞河流域的其他人可能被通古斯埃文基人同化。后来,萨哈人同化了勒拿河流域的一些尤卡吉尔族落。因此,长期以来,西伯利亚东部针叶林所有新来的族群都继承了尤卡吉尔树皮船技术和文化。

根据地名和语言数据,俄罗斯学者已经确定了原始尤卡吉尔人古代在南方所处的位置：贝加尔湖、叶尼塞河、石泉通古斯河上游、安加拉河、勒拿河、维柳伊河、奥廖克马河、阿尔丹河、阿穆尔河（黑龙江），甚至在鄂霍次克海沿岸，这些地方都曾是他们的原始家园。尤卡吉尔人与萨哈人或通古斯人杂居融合的大部分地方都有关于桦树皮船的资料。尽管尤卡吉尔的起源尚不清楚，但他们的祖先在因为突厥人或蒙古人的扩张而向北迁徙之前，一定是凭着桦树皮船生活在西伯利亚南部叶尼塞河或勒拿河流域。

勒拿河和外贝加尔埃文基人：东西伯利亚通古斯游牧民族

如果我们考虑到从前被称为通古斯人的埃文基人是东西伯利亚最成功的民族之一，他们曾经占据勒拿河流域周围的大片区域（Tugolukov，1963），其领地边界延伸到叶尼塞河、外贝加尔、阿穆尔河（黑龙江）、鄂霍次克海和北冰洋沿岸。没有其他土著群体拥有如此广阔的领土或适应如此多样化的环境和邻近族群的能力。18世纪初期以来，学者们就埃文基人的起源以及到达现在位置的方式和时间进行了理论分析。这些都是造船史的重要问题，因为桦树皮船在埃文基人的生活中起着至关重要的作用，在他们的家乡随处可见。大多数学者认为埃文基人位于贝加尔湖和阿穆尔河（黑龙江）之间的区域（Pakendorf，2007），也有一些学者认为其位置更靠西一点。瓦西列维奇（Vasilevich，1969）认为他们的民族起源和语言起源是在贝加尔湖以南的山脉与石泉通古斯河下游之间，而其他人则认为起源于贝加尔湖、安加拉河上游、维季姆河和奥廖克马河之间的外贝加尔湖地区。也许卡尔·希基什（Hiekisch，1879）的观点最为合理，他认为讲埃文基语和满语的民族最初生活在阿穆尔河（黑龙江）流域，当蒙古军队在13世纪开始进入阿穆尔河（黑龙江）流域的村庄时，他们从那里迁移到了外贝加尔和勒拿河。某些埃文基人在古俄罗斯文学中被称为奥罗奇人，他们可能早就进入了外贝加尔地区。

埃文基人的早期历史很难从考古学上确定，因为骑驯鹿的游牧猎人和渔民几乎没有留下什么物质遗迹。大多数历史学家（如 Duggan et al., 2013）了解他们在贝加尔湖和阿穆尔河（黑龙江）中游周围地区的起源，认为埃文基人在大约公元 1000 年进入勒拿河流域时，便将勒拿河中游河谷的一些尤卡吉尔人同化了，而其余的尤卡吉尔人则向北撤退。然后，当萨哈人从贝加尔湖进入勒拿河流域时，埃文基人要么与新来的族群杂居融合，要么向北退回到勒拿河河口，向西退回到维柳伊河和叶尼塞河流域，要么向东退到阿尔丹河与玛雅河流域。作为森林游牧民族，勒拿河流域和通往北冰洋的其他河流沿岸的埃文基人在很大程度上依赖桦树皮船进行夏季运输。下面，我们先描述勒拿河向西维柳伊河沿岸地区的船只，再描述东边阿尔丹河和玛雅河沿岸的船只，最后描述南部贝加尔湖地区的船只。像他们在奥列尼克河和阿纳巴尔河上的近亲一样，一些勒拿埃文基人也使用兽皮船。

勒拿桦树皮船

勒拿河流域覆盖了东西伯利亚内陆的大部分地区，从北冰洋到南部的贝加尔湖，再到东部的斯塔诺夫山脉（外兴安岭）。在西部，维柳伊河与下通古斯河平行并在毗邻叶尼塞河流域处与其合二为一。勒拿河及其众多支流是东埃文基族群的传统家园。他们作为森林猎人和渔民，直到 19 世纪仍在使用桦树皮船。埃文基人是阿穆尔河（黑龙江）以北的西伯利亚最后一个使用延展原木船或木板船的大型群体。因此，他们的树皮船在这片广袤地区所有土著民族中最为有名。

埃文基人和萨哈人都使用勒拿树皮船。正如安特罗波娃（Antropova, 1961）指出的那样，东埃文基人使用了在东西伯利亚发现的叶尼塞型、勒拿型和阿穆尔型三种主要的树皮船类型。尖尖的勒拿型树皮船，有长长的船底延伸部分，是勒拿河流域东埃文基人最典型的船型。她认为，勒拿型桦树皮船可能从贝加尔湖地区扩散到了勒拿河、维季姆河、奥廖克马河、维柳伊河、阿尔丹河、玛雅河，以及勒拿河流域的其他河流。

在东埃文基人占据的整个地区，桦树皮船被称为"戴夫"（dyav）（Vasilevich，1969）。典型的埃文基树皮船两头尖尖的，但与大多数西西伯利亚树皮船不同，它们是通过延伸船的下半部并加长船底而形成的，而船首上部向船体中部倾斜。这一特征可能反映了阿穆尔型树皮船更强调向内倾斜的船头和船尾设计的影响。这种勒拿型船只在萨哈人居住的地区占主导地位。他们与居住在勒拿河沿岸及其东部流域的埃文基人是近邻。萨哈人把他们的船叫作"通古斯提塔"（Tungus tyyta），即"通古斯船"，这一称谓也反映了该类船型的起源。在叶尼塞河流域，西埃文基人所使用的叶尼塞型树皮船是该地区的典型代表，与勒拿型船只有所不同。勒拿型船只在下通古斯河被称为"德约"（djau）（Messerschmitt，1964），在贝加尔湖被称为"雅乌"（jau）（Georgi，1775：252）。

根据安特罗波娃（Antropova，1961）的研究，在中国东北地区，直到19世纪，使用勒拿型和阿穆尔型树皮船的地区之间的边界大致沿着勒拿河和黑龙江之间的分水岭延伸：在斯塔诺夫山脉（外兴安岭）北部，发现了勒拿型船只，而南部则使用阿穆尔型树皮船。在西部，两种树皮船的使用区域以维季姆河和奥廖克马河为边界，西部以叶尼塞型树皮船为主，东部则以勒拿型为主。后来，特别是在阿穆尔地区，当贝加尔埃文基人迁移到东部的新区域时，树皮船类型之间的边界发生了相应的变化（参见第九章关于阿穆尔埃文基人的章节）。

维柳伊河的树皮船

维柳伊河是勒拿河最大的西岸支流，河长约 2600 公里，其西部源头乔纳河（Chona River）几乎与叶尼塞河流域的石泉通古斯河相连。1889 年，德国科学家奥托·赫尔兹（Otto Herz）由陆路沿乔纳河行驶了 30 公里，前往雅库特地区采集昆虫，但返回勒拿河时，他的团队就需要船只了。一位住在布亚苏拉（Buja-ssura）的当地埃文基人为他们建造了桦树皮船。关于乔纳河和维柳伊河上的树皮船只有几篇报道，赫尔兹在日记中写下了其中的一篇：

天天下雨，如果我们不是要等着返程所需的通古斯桦树皮船做好，我们［就不会］待在这里了（从我们所在的乔纳河到维柳伊河30俄里［32公里］）。因此，当雅库特向导通知我们，返程所需的船和所有的东西都准备好了时，我们很高兴。很快，10条由桦树皮制成的小船准备从乔纳河出发，1889年8月28日上午10时，我们这支小小船队开始行动。(Herz, 1898: 230)

后来，来自波罗的海的德国科学家理查德·马克研究了该地区的动植物。他旅行的一个成果，是在俄罗斯圣彼得堡人类学和民族学博物馆里存放的1891年他在维柳伊河上收集的一艘通古斯桦树皮船模型（见图7-2a-c）。这可能是维柳伊和勒拿盆地最古老的树皮船之一，显示了一种古老造船方式的持久性，这种方式可能已经主导该地区几个世纪了。奥蒂斯·T.梅森和梅里登·S.希尔将北美库特奈河的树皮船与勒拿河和阿穆尔河（黑龙江）上发现的树皮船——包括马克收集的埃文基树皮船模型——进行了比较：

通古斯模型虽然看似笨拙，却由五部分组成。五片树皮中间弯曲，边缘结合形成船体。四个接缝延伸至整个船体，并用沥青密封。船由一系列扁平肋拱塑型。这些肋拱在船内从头至尾排列，几乎一条挨着一条。在船身外部，沿着船底，一片很宽的树皮被缝得整整齐齐，船内侧的针脚很长，外侧的则较短，穿过两层厚的树皮，连同内侧扁平的肋拱，整个固定在一起。船两端线条较平直，稍微向内倾斜，这样底部就稍微有点尖。船首尾的两层树皮缝合在一起。树皮的两侧都缝上了木条，形成内外舷缘。除了船的横梁外，再无其他顶板。此处，舷缘的边条是凹进去的，以便在中间给船顶帽材留出空间。……靠近船中部的两个实心部件用作支撑杆。这些支撑杆的两端穿孔并绑在帽材末端的舷缘，以将所有部件牢牢地固定在一起。通古斯船又宽又浅，是出色的货运船。(Mason and Hill, 1901: 536-537)

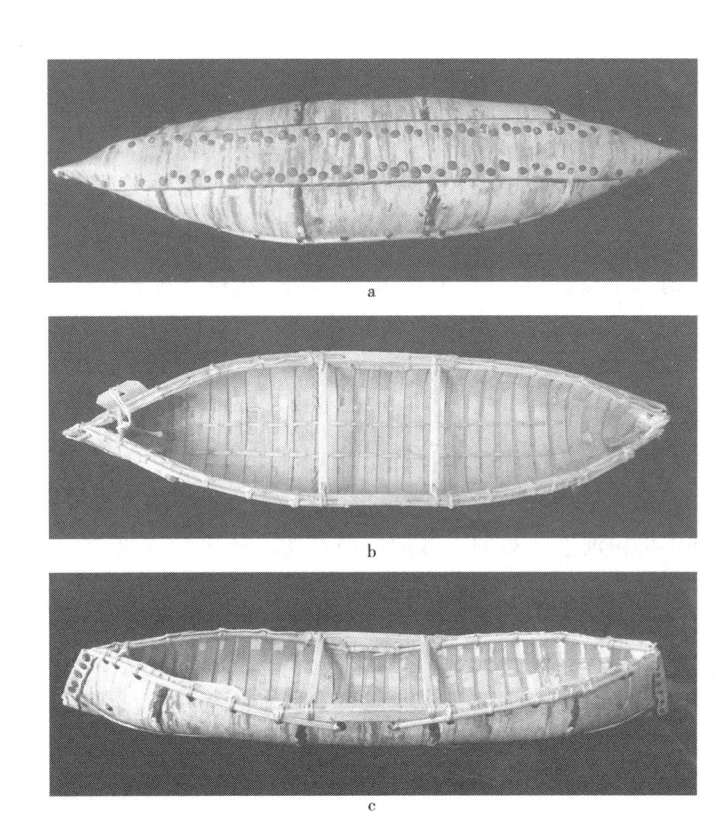

图 7-2　a-c 理查德·马克于 1891 年考察了勒拿河地区，并从维柳伊河流域的埃文基人那里收集了这种桦树皮船模型（MAE 334-77）。几年后，史密森学会民族志学家奥蒂斯·T. 梅森从俄罗斯圣彼得堡人类学和民族学博物馆借用了这个模型，并在他的树皮船和卡亚克皮艇的比较研究中对其进行了描述。虽然船模通常展示的细节很少，但是这一船模展示了构造细节，例如清晰的树皮缝线。（叶夫根尼亚·阿尼琴科拍摄，俄罗斯圣彼得堡人类学和民族学博物馆提供。）

埃文基树皮船的设计与萨哈树皮船相似，但它只有一片桦树皮从头到尾覆盖整个船底，而不是将几片较小的树皮缝在一起。

奥列尼克河和阿纳巴尔河兽皮船

一些埃文基族群居住在奥列尼克河和阿纳巴尔河上游的叶尼塞河和勒拿河之间的苔原与针叶林边界地带，他们可能就是曾经住在维柳伊河上的埃文基人。他们的起源不详，但他们似乎在驯鹿迁徙期间曾使用兽皮船穿越河流。正如安特罗波娃所述的：

> 19世纪末，埃文基人仍然使用一种叫"梅雷克"（mereke）的特殊兽皮船，其制作方法如下：将两根杆子两端绑在一起，形成船的轮廓。两根杆子中部用几根横梁撑开。将一张缝制好的驼鹿皮拉伸覆盖在船架上，形成一条浅浅的小船。在舱内肋拱上放置木板，以支撑货物和船员。造这种兽皮船是为满足临时所需，用完后船架被丢弃，驼鹿皮回收再用于船只或用来覆盖帐篷。勒拿河以东的阿尔丹河、结雅河和乌丘尔河埃文基人以及住在奥列尼克河和阿纳巴尔河源头地区的伊林佩亚埃文基人也使用类似的兽皮船。（Antropova，2005：9）

在20世纪50年代，苏联人类学家对奥列尼克河和阿纳巴尔河的族群起源进行了激烈的讨论。这些族群在民族志地图上显示为埃文基人，主要是因为他们饲养和放牧驯鹿（Michael，1962）。鲍里斯·O. 多尔吉克（Dolgikh，1960）、伊利亚·S. 古尔维奇（Ilya S. Gurvich，1963）和高野弘树（Hiroki Takakura，2012）在奥列尼克河和阿纳巴尔河上游进行了田野调查，非常不赞同这一观点，认为这些人是萨哈人，是亚洲唯一饲养驯鹿的雅库特人。在大多数饲养驯鹿的埃文基人死于天花之后，萨哈人搬到了奥列尼克河和阿纳巴尔河流域，同化了其余的埃文基人，于19世纪中叶之前取代了埃文基人并传承了他们的驯鹿经济。这些萨哈人说雅库特语，自称通古斯人。但这并不是故事的结局。多尔吉克和古尔维奇认为，最初在奥列尼克河和阿纳巴尔河流域使用兽皮船的是尤卡吉尔人，他们后来被埃文基人同化。未来的DNA研究无疑将阐明这些族群的血缘关系。

阿尔丹河和玛雅河树皮船

在埃文基人和随后的萨哈人入侵之后，雅库特族群居住在勒拿河流域东部，一直到鄂霍次克海，而与尤卡吉尔人杂居融合的埃文基人退居到高出勒拿河谷约 500 米的山区，那里的高原对这些骑驯鹿的人来说，是一个不错的猎场。在南面，一条经由阿尔丹河和结雅河、越过斯塔诺夫山脉（外兴安岭）的连水陆路通道连接了勒拿河和阿穆尔河（黑龙江）流域，供萨哈商人与满族人和汉族人做生意。

在勒拿河和鄂霍次克海之间进行贸易和迁移时，生活在阿尔丹河流域（沿阿尔丹河、阿姆加河和玛雅河）的埃文基人和萨哈人使用了勒拿型树皮船，而居住在更南部的人则使用阿穆尔型船只，这两种船都主要由埃文基族群建造。这些船可能很像阿穆尔埃文基船（参见图 9-17、图 9-18）。然而，由于萨哈人是阿尔丹河与结雅河地区到阿穆尔河（黑龙江）连水陆路通道的主要运营者，他们的勒拿型船只在那里也很出名。这一商业活动得到了满汉边防部门文件的证实，雅库特人曾在 17 世纪末乘坐桦树皮船到达黑龙江。

乌斯特玛雅船

对玛雅河上一个村庄的树皮船有早期和晚期两种描述。早期描述来自俄罗斯海军军官加夫里尔·萨里切夫，他于 1788 年 6 月乘坐比林斯船长远征军的补给列车从雅库茨克前往鄂霍次克。在阿尔丹河与玛雅河汇流处，萨里切夫遇到了通古斯或雅库特猎人：

> 我们在此发现了通古斯族群，之所以将其称为通古斯人，是因为他们没有驯鹿，乘着小型桦树皮船［Kähner von Birkenrinde］在河上旅行，住在桦树皮屋里，完全以捕鱼为生。他们被称为通古斯人，但他们并不是，而是雅库特人，并且我们发现他们中很少有人说通古斯语。我带了其中一个人做向导，通过他了解所有河流、河岸和岛屿的名称。
>
> 雅库特人的桦树皮船非常小，在河流和湖泊上使用。船体由长枝条和充当肋拱的细柳条枝制成，然后用白桦树皮覆盖船体。雅库特人使用牛奶基质的腻子，处理船身的小孔缝。(Sarychev，1805：125)

1788年9月，萨里切夫乘坐原木船沿着玛雅河和尤多玛河（Yudoma River）向北行驶，并在一个叫维塔（Veta）的地方经由连接水路和陆路的通道到达奥霍塔河（Okhota）源头。他写道："我们乘坐桦树皮船沿着鄂霍次克河顺流而下。水流太快了，以至于在6个小时内我们行驶了70俄里［75公里］，到达了靠近鄂克索克［镇］［Okthosk（town）］的海岸。"（Sarychev, 1805：134-135）

以下报告与一艘大型桦树皮船遗骸有关，2001年6月该船由谢尔盖·阿巴库莫夫（Sergey Abakumov）发现。他是A.N.波波夫的一名学生，也是一位业余考古学家，发现地点是阿尔丹河上玛雅河口的乌斯特玛雅村附近。这艘船因其长度而引人注目。它可能起源于埃文基人，因为这些河流的流域和斯塔诺夫山脉（外兴安岭）的西坡主要是埃文基人的领土。阿巴库莫夫写道："在探险中我们发现了一艘古老……船只的残片，船长15米，由桦树皮和木棍制成。这条船的用途是沿河运货。船宽70厘米，可以沿着河流快速行驶。"（Abakumov, 2001：5）

这是整个欧亚大陆北部已知的最大的桦树皮船，与18世纪和19世纪加拿大毛皮贸易时代伟大的法国和印第安人的树皮船一样代表着桦树皮船的建造成就。其70厘米的宽度表明它具有典型的阿穆尔型构造，阿穆尔型树皮船的长度各不相同，但船宽都大约有70厘米。我们可以假设这艘树皮船的建造者是20世纪末从阿穆尔河（黑龙江）流域进入阿尔丹河和玛雅河地区的，否则如果更早的话，船架就会腐烂（尽管桦树皮船皮可以保存很长时间）。不幸的是，没有留下图片或照片。

恩格拉船

在南雅库特（萨哈共和国）的内云格里（Neryungri）历史博物馆档案中，有对1997年在当地建造的桦树皮船（见图7-3）的描述，这在勒拿型或阿穆尔型树皮船中很不常见：俯视时，它的船头和船尾的末端呈凸锥形，从侧面看则是一个正方形剖面。博物馆对此描述如下：

埃文基船［dyav］，长326厘米，宽80厘米，高39厘米，由木材、桦树皮、树脂和柳条制成……由两个单独制造的部件组装而成，即由纵向板条和横向肋拱组成的骨架及桦树皮船皮。船首和船尾末端树皮聚拢，并高于船底板线。船皮是由缝好的树皮片制成的，其接缝用树脂密封。两侧船舷顶部边缘用木制内外舷缘加固。船内的底部有两块宽木板，切割成与船体适合的形状。船中段顶部的两根木制横梁连接在舷缘上，并在其两端的孔中穿入绑扎带。制作的船只用来在河流上快速行驶，捕猎鸟类和其他动物，或捕捞鱼类。由博物馆于内云格里区伊恩格拉村（Iengra）购得。（内云格里历史博物馆目录条目，1997年9月8日，NMCP 25-456 E-209）

内云格里历史博物馆树皮船的船底是一条缝在形成船体的树皮上的长树皮片，就像梅森在1899年研究的船只一样（参见图7-2；Mason and Hill, 1901）。因此，尽管其船头和船尾的形状有所不同，但这种树皮船仍遵循了老式勒拿型船只的传统。

图7-3 这只最近制作的桦树皮船（NMCP 25-456 E-209），在萨哈（雅库特）共和国南部内云格里地区的伊恩格拉村收集，并于1997年被内云格里历史博物馆收录。它有典型的勒拿埃文基树皮船特征——由两层具有完整长度的树皮制成，却不是常见的尖头船。（内云格里南雅库特历史博物馆提供。）

贝加尔埃文基船

水流湍急的安加拉河是贝加尔湖的出口，流入叶尼塞河。因此，我们本可以在第六章中就讨论贝加尔湖及生活在其中的埃文基族群。但是，勒拿河流域的河流围绕着贝加尔湖的两侧：在西北部，基陵加河离贝加尔湖如此之近，以至于一些地图显示它发源于贝加尔湖；在东北部，勒拿河的另一条支流维季姆河流经一片山地。由于贝加尔湖与勒拿河和外贝加尔地区的双重连接，贝加尔湖通常被视为东西伯利亚的一部分。我们还认为埃文基人和贝加尔湖是东西伯利亚树皮船历史的重要组成部分，因此将其放在本章讨论。

哪个民族声称贝加尔湖是他们的领地？哪个群体或民族与这个湖泊有着最密切的联系？这些问题不易回答。自古以来，许多族群就居住于此。多学科的贝加尔湖与北海道考古项目（Weber, Katzenberg and Schurr, 2011）研究了该地区的史前史和骨骼生物学。然而，与往常一样，考古和生物学证据并没有解决历史上的种族复杂性问题。在其历史的早期，据说尤卡吉尔人生活在叶尼塞河和安加拉河的南部。他们可能和埃文基人一样，与格拉茨科夫文化有关。萨莫耶德人早期可能居住在叶尼塞河南部以西；后来，南萨莫耶德人居住在贝加尔湖以西的萨彦岭东部。约翰·G. 格奥尔基写道，萨莫耶德人经常造访贝加尔湖西岸："在通基斯凯奥斯特罗格（Tunkiskoi Ostrog）［要塞］也有一个萨彦鞑靼人部落来到这里，他们自称'索约特'（Soyot），属于叶尼塞河北部的异教徒鞑靼人。"（Georgi, 1775：153）在阿尔泰山脉的另一边，托木河谷，居住着肖尔人，他们后来被不断扩张的突厥人同化。据 L.P. 波塔波夫（L.P.Potapov）介绍，这里的肖尔人制作了名为"托斯凯贝"（toskebe）的桦树皮船（Potapov, 1936：82-83）。

在缺乏明确考古数据的情况下，试图从这些零星信息中分析民族构成极其不妥。但是，数千年来，贝加尔湖已成为各个族群和文化交汇融合的大熔炉，这是不争的事实。土耳其人肯定知道通往贝加尔湖海岸的路线。生活在布里亚特共和国贝加尔湖以西和以南的布里亚特人，是当今俄罗斯西伯利亚最大的少数民族群体。蒙古人和达斡尔人长期生活在贝加尔湖以南，即现在蒙古国北部的平原和山区。还有叶尼塞族群，其中包括基特人、科特人、阿桑人和阿林人，他们从最初假定的中亚地区来到叶尼塞河流域定居，主要居住在叶尼塞河-安加拉河-贝加尔湖三角洲。最后还有萨哈人（在俄罗斯不被视为"少数民族"），他们沿勒拿河中游漂流到了未来的家园;汉族人,他们把西安加拉河称为"纳纳嘎拉"(Nana-ga-la);还有维吾尔族人,根据书面资料,他们为了战争和贸易穿越了这个南西伯利亚的枢纽地区。

由于其中心位置以及居住在该地区或穿越该地区的许多族群,贝加尔湖比东西伯利亚任何内陆地区更能引起科学家们的研究兴趣。人类学家认为,贝加尔湖是创新的摇篮,滑雪板和滑雪鞋等重要发明就是发源于此,驯鹿繁育也从此地开始,并传播到整个西伯利亚(Vainstein, 1980),甚至可能传到了欧洲。贝加尔湖也可能是桦树皮船向外传播的源头,通过贸易或移民传播到伯朝拉河、鄂毕河、叶尼塞河、勒拿河和阿穆尔河(黑龙江)等河流的流域。该地区的战略文化意义很早就被约翰·G. 格奥尔基和古斯塔夫·拉德等研究人员所认识。

1772年夏天,格奥尔基考察了贝加尔湖地区,从伊尔库茨克镇开始了他的旅程,他划着帆船环湖考察,以绘制流入贝加尔湖的河流的地图。他描述了湖岸边恶劣的气候、寒冷的夏夜、晨雾,以及8月的第一场霜冻。在森林深处的一些峡谷里,他发现了在短暂的夏季里永不融化的冻土和坚冰。已是1773年的4月,湖面仍然覆盖着100~140厘米厚的冰。大多数埃文基人聚集在布里亚特人占据的奥尔洪岛以北、贝加尔湖东北端的上安加拉河出口的大型捕鱼营地中。格奥尔基参观了许多这样的营地,1772年6月和7月,他写了一篇文章,描述了他们的雪橇和树皮船:

> 他们的手动雪橇"托尔戈基"(tolgoki)很窄,长达5英尺[1.5米],类似于奥斯蒂亚克人的"纳塔"(nartta)。他们自己拉,或者拴上驯鹿或狗来牵引它们。所有森林通古斯人和通古斯渔民[埃文基人]都装备有桦树皮制成的小船"雅乌"(jau)。船很窄,却长达3寻[5.4米]。为了加固树皮船皮,船舷和船底加有薄板条。通古斯人缝合的树皮很结实,接缝处用针叶树树脂填塞。船桨长1.5寻[2.7米],有两个桨叶,通古斯人左右交替划桨,速度之快让它看起来像一个旋

转的风车。……该船最多可搭载四名人员及其装备。他们［通古斯人］可以驾船行驶3~4俄里［3~4公里］，包括直接穿过大海湾。这种船一个人就能携带。……在贝加尔湖也有许多根据俄罗斯船型建造的小木船。(Georgi, 1775: 252)

考察了贝加尔湖之后，格奥尔基描述了外贝加尔埃文基人的狩猎和捕鱼情况，以及他们的树皮船：

> 为了捕鱼，夏季通古斯人［埃文基人］在河、湖和水道之间迁移，他们只是短期狩猎。为了捕鱼，他们在一个地方待的时间比打猎时待的要长，而且他们给每个家庭都分配了固定的水域。在水上旅行时，他们使用小船，船架由轻型木结构制成，用树根捆绑固定，覆盖着桦树皮船皮，船皮缝得很紧，不会漏水。这种船船底平、两头尖，船长为1.5~3寻［2.7~5.4米］，船顶宽度为1.5~2.5英尺［46~76厘米］，重30~50磅［13.3~22.5千克］。然而，它仍然足够坚固，足以在湍急的河流或相当大的湖泊上载四五个人，或在远离湖岸的贝加尔湖中冒险……
>
> 他们用挂在船外的鱼钩和叉状铁矛"克伦基"(keronki) 捕鱼。叉状铁矛有三个手指长的矛尖，矛尖之间相距1英寸［3厘米］，被固定在1寻［1.8米］长的木轴上。夜间，他们在岸边或池塘里借助燃烧的松木薄片来捕鱼，或乘着树皮船在水面上到处移动。他们的技术如此之高，以至于只要是被看到的鱼就很难逃脱他们的铁矛。春天，当鳟鱼群沿着一些河流逆流而上进入贝加尔湖时，他们在鱼群必经之地靠近湖岸的地方，围起一道栅栏，并站在鱼游过的水中，由于游过的鱼数量众多，他们可以徒手抓到鱼，然后扔到岸上。(Georgi, 1777: 314-315)

近一个世纪后，我们还看到了古斯塔夫·拉德（Gustav Radde, 1861）记载的贝加尔湖的另一种经济状况。他于1855年8月在湖东岸遇到了两个埃文基家庭。他们捕食海豹，海豹是他们的全部食物来源。捕猎海豹在埃文基人和布里亚特人中很流行，他们都把海豹肉当作一种奢侈的食物。大多数海豹发现于奥尔洪岛南部，并在夏季迁徙到贝加尔湖南岸。19世纪50年代，埃文基人居住在贝加尔湖东部，直到巴尔古津河（Barguzin River）河口，以及湖面以北的地区，在那里他们定期进行季节性迁徙。他们完全是游牧民族，生活在森林里，在打猎和捕鱼旅行中从一个地方迁徙到另一个地方，在不同的地方安营扎寨。丈夫打猎，妻子负责其他一切：家务、驯鹿和在营地附近捕鱼。没有妻子，猎人就无法生存。

埃文基人用桦木和桦树皮做了他们所需的大大小小的所有家庭用品，包括船皮。他们的帐篷（Radde，1861：haran；Georgi，1775：aran）由15~20根柱子组成，顶部形成一个圆锥形，上面覆盖着桦树皮。桦树皮被称为"提斯卡"（tischa）（格奥尔基：tisa），格奥尔基记录说，有些桦树皮长达5法登（faden）[10.7米]，宽1~1.5俄尺[0.7~1.05米]。通常将三张煮软的单片树皮缝成一张长片覆盖小船。

拉德（Radde，1861：236-238）记录了埃文基人在狩猎或旅行时所需的七种装备：捕熊长矛（gidda）、燧石步枪（pakterauen；格奥尔基：pokterahon）、马尾蝇拍（arpuk；格奥尔基：arpok）、带打火石和钢制点火灭火器的中国烟斗（ulla）、用于支撑背包的薄板（panange；格奥尔基：ponagna）、捕鱼用的三叉铁鱼叉（keronki；格奥尔基：heronki）和桦树皮船（tschauf；格奥尔基：jau）。拉德将最后一件物品描述为一艘缝制的桦树皮船，长3米，由一根两端都有狭窄桨叶的"平衡杆"推动前进。这些树皮船，大多数底部只有一个长缝和三条十字缝，用沥青固定或用糨糊处理，使接缝具有防水性。树皮船的两端用白桦树枝捆在一起。一艘这样的新船大约需要2卢布。树皮船为小湖和沼泽交错分布的当地所有地形提供了必要的交通服务。尽管河水湍急，埃文基人却已经掌握了安全、快速航行的特殊技能；有时，拉德看见三个人在一只摇摇晃晃的小船里笔直地站着，齐心协力划桨。

内帕河和基陵加河：去往勒拿河的通道

俄罗斯科学院的科学家费迪南德·F. 穆勒（Ferdinand F. Müller）1873年在东西伯利亚进行了一次长途旅行，沿着河流，经由连水陆路通道，从叶尼塞河到达勒拿河上游，在雅库特（现称萨哈共和国）东北部的亚纳河结束了他的旅行。他的一段旅程从贝加尔湖以北的基陵加河开始，5月31日，他到达下通古斯河的内帕村。18世纪初，下通古斯河是通往勒拿河的繁忙水道。内帕村附近的俄罗斯村庄前布拉申斯克（Preobrazhenskoe）是一个贸易中心，向附近的人们供应各种制成品，人们用毛皮、鱼、驼鹿和驯鹿肉进行交易。同样，石泉通古斯河上游大多数村庄的存在，也要归功于该地区丰富的毛皮和猎物，其中包括约公元1800年建立的交易黑貂的耶尔博戈坦村（Yerbogotan）。

穆勒乘坐的是平底俄罗斯船，这和他在西德维纳河和他的家乡拉脱维亚的里加（Riga）看到的船相似。在离开东西伯利亚之前，他让人做了一只桦树皮船，确切地说，是以后可以组装船只的零部件：

> 我们有一艘桦树皮制成的小船，是艘捕鱼船，必要时可载4~5人，我们从蒂尼古斯卡（Tiniguska）（通古斯）河的蒙杰洛什村（Monjerosh）带来了材料。树皮船由盖尔（Gele）和乌沃特格利恩（Uwotgcliän）（他的埃文基向导）组装好，准备使用。埃文基人很清楚如何进行这项工作，因为他们在通古斯河上使用树皮船，尽管那些船要小得多；我们的船是为我们的探险队特制的［大］船。一个人拿着双叶桨就足以开动这艘船。（Müller, 1882：84-85）

由于其是叶尼塞河和勒拿河之间往来的必经之路，以及与之相关的货运和毛皮贸易很繁荣，内帕村此后很久仍然是一个重要的地点。直到1930年，帕维尔·科罗希克（Pavel Khoroshikh）拍摄这些树皮船（见图7-4a-b）

时，那里还在继续制造埃文基桦树皮船。此处显示的内帕村埃文基桦树皮船可能是同类中最后一批中的一只船，但正如我们从照片中看到的，它仍然是该地区树皮船中的杰作。从上面穆勒的描述中，我们可以重新构建这种树皮船的建造过程。它是由三层桦树皮制成的，这些树皮可能已经在大金属桶里煮了两天，可能还经过了很长时间的熏制，以使它们具有皮革的特性。一片片的树皮用木钉钉在一起，然后再和稠李树根缝在一起做成一个大的船皮，接缝处用松树或落叶松沥青防水。船内可能还会有另外一张树皮，以增加其强度。木制的内外舷缘，以及宽大的板条，都是在装配前预制好的。先制作内舷缘，它的两端用一条宽的树皮带绑起来。中间加了一个横撑，使船头和船尾具有典型的形状。然后把肋拱放在内侧舷缘的孔里。框架上覆盖着树皮，并将其固定在内外侧舷缘之间；肋拱固定好后，用木钉将其上端固定在舷缘上。最后，为了增加强度，在船底和船舷的肋拱下面嵌入薄板条。成品是经典的长宽5∶1形式的精美树皮船，大约5米长，1米宽。科罗希克拍摄到宽阔的船只底部平坦，表明该船在河上使用，可能用来在内帕村和贸易站之间运输货物。

图 7-4　1930年下通古斯河的内帕村一名村民正在建造桦树皮船。a. 立桩裁出树皮；b. 成品树皮船的内部构造。（帕维尔·科罗希克拍摄，克拉斯诺亚尔斯克边疆区博物馆提供。）

埃文人：鄂霍次克海岸的拉穆特通古斯民族

埃文人（以前称为拉穆特人，因其语言中"大水或湖泊"一词而得名）

是俄罗斯通古斯语族群，目前有 17000 人，其中约一半人作为分散的少数民族居住在萨哈共和国东北部。其余的埃文人生活在楚科奇-科里亚克西部、马加丹-奥克鲁格（行政区）和哈巴罗夫斯克（伯力）地区北部；堪察加半岛中部也有一块小飞地（Norwegian Polar Institute, 2006）。很难在埃文人和他们的近亲，尤其是与奥罗奇埃文基人之间划定界限，后者居住在埃文人南面，沿鄂霍次克海从阿延河（the Ayan River）到萨哈林岛（库页岛）的地区。利奥波德·冯·施伦克（Leopold von Schrenk）将这些与通古斯族群相关的人称为奥罗奇人（Schrenk, 1881: 21-23）。在山区，大多数埃文人过着游牧生活，饲养驯鹿，打猎，捕鱼，设陷阱捕猎。但也有少数人在河道和沿海地区过半游牧生活。

埃文人的早期历史可能开始于勒拿河上游，那里的原始通古斯埃文人生活在公元 1000 年前后。大约在公元 1500 年以后，蒙古人和雅库特人进入了勒拿地区，埃文人的祖先被驱赶到了鄂霍次克海。在 17 世纪的俄罗斯地图上，显示了西伯利亚民族的分布，埃文人的领地位于鄂霍次克海沿岸，大约从阿穆尔河（黑龙江）口延伸至现在的马加丹镇（Magadan）。埃文人与科里亚克人争夺这块土地，后者试图阻止他们进入传统的狩猎场。在南部，他们的邻居是内陆的埃文基人以及尼夫赫人，他们在尚塔尔群岛（Shantar Islands）的阿穆尔河（黑龙江）口以北和沿海地区以及萨哈林岛（库页岛）北部捕鱼和捕猎海洋哺乳动物。后来，萨哈人也进入了鄂霍次克海岸（Levin and Vasilyev, 1964）。

考古学家们讨论了与史前鄂霍次克海洋文化（公元 800 年至公元 1300 年）和科里亚克人、尤卡吉尔人、西伯利亚爱斯基摩人民族志有关的埃文人历史。A. A. 布瑞金（A. A. Burykin, 2001）写道，埃文人在公元 1700 年前后出现在鄂霍次克海沿岸，比之前人们认为的要晚，在那里他们遇到了鄂霍次克文化和古老的科里亚克海洋文化的幸存者（另见 Duggan et al., 2013）。埃文人的一些海上狩猎设备，包括标枪和油灯，与爱斯基摩人和科里亚克人以及萨哈林岛（库页岛）上的尼夫赫人使用的设备相似。在埃文人出现之前，鄂霍次克海岸似乎很可能是古科里亚克人的领土，而在埃文人到达之后，在17世纪中叶与南科里亚克人杂居融合，同时与莫提克利河（the Motykley River）以南的北科里亚克人保持距离（Lebedintsev，1998）。

1860年，亚历山大·斯比格纽（Aleksander Sbignew）研究了鄂霍次克海沿岸的埃文人。他指出，他们既有游牧驯鹿牧民，也有定居的沿海渔民和海洋哺乳动物猎手，而且游牧群体规模较大，全年都在针叶林和山区狩猎。这两个群体之间没有绝对的界限，因为沿海群体由失去驯鹿的个人和家庭组成，他们被迫在海上谋生。狩猎为内陆族群提供了食物和做衣服用的毛皮，并向俄国人缴纳毛皮税，剩下的毛皮卖给商人。驯鹿用来骑行，也当成驮畜，一个富人可能拥有数百只驯鹿。驯鹿牧民以两到三个家庭为一组游牧，很少在一个地方停留三天以上（Sbignew，1867）。

当一家人在针叶林游牧时，通常是男人先步行，走出一条路让驮畜跟着走。根据斯比格纽（Sbignew，1867）的说法，当过河时，他们会建造一个木筏或"维特卡"。"维特卡"是由白桦树皮制成的平底船，内部由一排细细的肋拱支撑。船非常轻，也很容易划，1萨金（sajen）到2.5萨金（2.1~5.3米）长。长1.75萨金（3.7米）、宽2.5英尺（76厘米）的"维特卡"可以载4个人。最重的船不超过2普特（33千克），可以由一个人携带。考虑到埃文人位于马加丹和科雷马河之间的针叶林地带，他们的"维特卡"可能类似于尤卡吉尔人或萨哈人的船只（请参阅本章中的小节）。船的两端可能也是尖尖的，树皮在桦木舷缘上由外向内翻折，由于缺少大型白桦树，船的底部和侧面用几片树皮缝制而成。

"凯尤基"和卡亚克皮划艇

19世纪60年代，在斯比格纽研究期间，定居的埃文人数量相当少，他们生活在南部塔伊湾（Tayi Bay）和北部吉希加镇（Gizhiga）之间的鄂霍次克海岸（Sbignew，1867）。因为一个埃文人的财富是以他拥有的驯鹿的数量来衡量的，而他们拥有的驯鹿数量很少，所以人们认为海边的埃文人非常贫穷。他们以鱼、鸟、海豹和海狮为食，也吃白鲸的皮和其他部分。定居的埃文人不常在内陆狩猎，因为他们太穷买不起枪。所以狩猎陆地动物时，他们大多使用陷阱。俄罗斯人开始在海岸定居后，他们同化了部分埃文人。斯比格纽指出了一个例外：居住在塔伊湾的奥拉村（Ola）和阿尔曼村（Arman）的埃文人。港口距马加丹约100公里，在美国文献中被称为陶斯克（Tausk），是美国捕鲸船在19世纪去往西伯利亚海岸的基地。在繁忙的一天中，可能有多达30艘捕鲸船到场。那里的埃文人都被美国人同化，其服装鞋帽、家用设备以及木板房屋全部美国化。其他定居的埃文人，在小河旁边建一所房子避暑，在避风的地方再建一所房子过冬。

历史上没有保存多少关于埃文兽皮船的证据。公元1800年前的口述历史涉及一个叫作海耶基（Heyeki）的部落，在欧洲捕鲸船到达之前，他们居住在鄂霍次克海岸，并与沿海定居的科里亚克人有联系（Burykin，2001），他们可能是埃文人。1988年夏天，埃文民俗学专家瓦萨·耶戈洛夫娜·昆德尔（Vassa Yegorovna Kundyr）在马加丹北部的埃文村庄吉希加接受布瑞金（Burykin）采访时这样说：

> 海耶基人住在海边的房子里，房子的框架和椽子是用鲸肋和鲸骨做成的。他们猎杀海洋动物，并用它们的皮缝制衣服。为了祭拜大海，他们把死鲸的骨头堆在陆地上举行特别的仪式。……死去的鲸鱼不会被焚烧，而是埋葬在海边的岩石中。海耶基人用海洋动物皮制成了非常好的船，他们把这些船带到邻居那里去换取驯鹿。他们把这些船叫作"凯尤基"（keyukey）。（引自Burykin，2001：3）

海耶基人可能是捕猎海洋哺乳动物的鄂霍茨克文化族群的幸存群体。布瑞金（Burykin，2001）认为"凯尤基"这个名字与爱斯基摩人的"kayak"（卡亚克）一词有关。下文我们将看到埃文人也有皮艇。虽然这一证据没有具体说明他们使用的兽皮船类型，但现存的两种描述确实提供了线索。其中一个是 1854 年来自阿延角（Cape Ayan）的，详细介绍了兽皮艇的建造及其设备；另一个讲述了 1785 年在鄂霍次克一个沿海城镇使用数百艘本土小船猎雁的故事。这些例子表明，早期鄂霍次克沿海族群使用的兽皮艇符合该地区后来的船只传统，它们的使用范围很广，所有当地沿海居民，包括埃文人和萨哈人都使用兽皮艇。

1854 年 7 月 7 日，克里米亚战争期间，英国皇家海军军官 J. M. 特隆森带着他的中队沿着鄂霍次克海岸驶向萨哈林岛（库页岛）西北的玛丽角（Cape Marie），执行封锁任务。舰队继续前往阿延港，特隆森在那里遇到了埃文人或奥罗奇人狩猎营，该营地在欧洲人接近时被匆匆抛弃了。除了营地装备和残余食物外，特隆森还发现了一支老式步枪、一支标枪和一只"小船"，从他的描述中我们可以看出这艘小船是一种爱斯基摩或科里亚克兽皮艇：

> 这只小船是整洁的完美典范，它由一个 9 英尺 [3 米] 长、两端尖锐的轻型框架构成，上面覆盖着某种动物皮，毛发被去掉了。船的中间有一个圆孔，被一个狭窄的架状结构环绕着，以围住坐在船里渔民的腰部。船的两侧系着两个环，可以用来放脱柄标枪，还可以放双叶桨，推动船只前进……
>
> 脱柄标枪是一种奇特的杀伤性工具，有一根周长 2 英寸 [5 厘米]、长 4 英尺的轻型柄。脱柄标枪顶端是一块骨制件，中心有一个狭缝，用来安装带倒钩的尖头。尖头是铜质的，长约 2 英寸，一端呈楔形，另一端有倒钩；铜质尖头的中间由两条肠线连接，这两条肠线从连接处分开；夹头两端整齐地绑在柄上，距任一端约 1 英尺 [30 厘米]。投掷标枪还需一块长 1 英尺的投掷手板，手板套在手上，并有放拇指的孔，中间有一个浅槽和一个凸出的象牙挡板。投掷标枪时，手水平举过头顶，标枪与挡板附近的凹槽吻合，投掷时用拇指保持平衡，手板起杠杆作用。倒钩在击打鸟类时脱离手柄，被受伤的动物或鸟类拖走，直到碰到岩石、树枝或其他障碍物。(Tronson, 1859: 125-126)

如果这是一艘典型的埃文海船,而不是由一个科里亚克人在埃文领地内狩猎而留下的一艘船,那么通常使用的短的、科里亚克型皮艇和狩猎装备一定已经传播到南边的阿延湾。特隆森见到的皮艇和装备最令人惊叹的是,被他详细描述的技术组合——皮艇、脱柄标枪和投掷板——在每一个细节上都有爱斯基摩人技术特征,而对如何操作标枪的解释也与爱斯基摩人的技术如出一辙。

在鄂霍次克海的西海岸,兽皮艇的出现也能让人理解比林斯探险队的秘书马丁·绍尔(Martin Sauer, 1802)在 1785 年观察到的猎鸭活动。在这次捕猎过程中,50 只船出海,将换羽期的鸭子赶到浅滩和海岸上,在那里,200 多只船上的猎人将其宰杀。绍尔只是生动描述了猎鸭活动,并未提供这些船只的细节,但在这种解冻的开阔海域行驶,不可能使用敞舱船。

萨哈人:雅库特次北极地区的突厥养牛人

直到 20 世纪中叶还被称为雅库特人的萨哈人,如今是勒拿河流域最大的族群。他们大约有 47.8 万人(根据 2010 年俄罗斯人口普查),集中在东西伯利亚的雅库茨克市。17 世纪,当俄罗斯人出现在那里时,萨哈人主要生活在作为阿尔丹-勒拿河水系一部分的维柳伊河上,还有较小的萨哈族群居住在奥廖克马河口和亚纳河上游。萨哈人在公元 5 世纪到 8 世纪从西亚中部迁徙而来,并在 14 世纪扩展到目前的边界,他们乘木筏漂流到勒拿河中游地区,那里当时居住的是尤卡吉尔人和埃文基人。根据詹姆斯·福赛斯的说法,雅库特牛马饲养者在"勒拿河北部河道拐弯处附近的低地及其东部支流阿尔丹河下游找到了理想的住所,那里的落叶松林中有一片草地,可以为他们的马和牛提供牧场和干草"(Forsyth, 1994:55)。在与尤卡吉尔人、埃文基人和埃文人杂居融合并获得当前的民族名称后,萨哈人生活在现在萨哈共和国的中部,泰梅尔半岛的东部,勒拿河三角洲,奥列尼克河、阿纳巴尔河和亚纳河上,西部维柳伊河沿岸,以及鄂霍次克海岸上。18

世纪之前，雅库特人使用的树皮船和兽皮船与邻近族群相同，主要继承自尤卡吉尔人和埃文基人。后来，他们使用独木舟和木板船，其中一些是他们改进的俄罗斯船型。

勒拿河流域的萨哈树皮船

1899年，奥蒂斯·T. 梅森（Otis T. Mason）研究了亚历山大·冯·米登多夫于1846年在东雅库特收集的雅库特-勒拿型桦树皮船（MAE 701-51）的模型，该模型是他从俄罗斯圣彼得堡人类学和民族学博物馆借来的（见图7-5）。梅森和希尔写道：

> 雅库特尖头船是……由桦树皮制成的几个部分组成，其中，在本文研究的模型中，有四部分，从一侧舷缘到另一侧舷缘，重叠并缝合在一起。船底从头到尾添加宽大的树皮条来加固，并在边缘处缝合。雅库特皮船的两端呈长鼻状，线条从底部向上弯曲。末端的接合处非常简单，将树皮的边缘切割成形并缝合在一起。舷缘是由翻过来并缝好边的树皮捆扎而成的，内外都会露出边。皮船的两根横梁通过绑扎其两端，并穿过树皮那面来将其固定住。皮船的形状是由扁而宽的肋拱支撑的，肋拱的末端隐藏在舷缘的树皮下。雅库特树皮船较宽，更适合货物运输，而不强调速度。此处描述的模型比展出的其他模型更粗糙，较大的模型可能具有更好的构造元素。(Mason and Hill, 1901: 537)

在这里，我们要谈一谈梅森和希尔提到的一个细节：舷缘使用这种包边的方法而不是把树皮翻折过其中一个舷缘的方法，这削弱了树皮船对纵向张力的耐受力，从而限制了负载量和船的大小。很可能只有很小的船可以用这种方法建造，较大的船使用这种方法则会散架。在旧式勒拿型通古斯尖头树皮船中，船舷被做得更坚固，以避免这样的问题。另

图 7-5 梅森和希尔（Mason and Hill，1901）说明的另一个圣彼得堡人类学和民族学博物馆模型（MAE 701-51）是亚历山大·费多罗维奇·冯·米登多夫于1846年在东雅库特的勒拿河谷收集的雅库特-勒拿型模型。这个模型有着典型的阿穆尔型船的尖头，尽管船的形状在生活在阿穆尔河（黑龙江）以北的萨哈人中并不明显。（叶夫根尼亚·阿尼琴科拍摄，圣彼得堡人类学和民族学博物馆提供。）

外，俄罗斯圣彼得堡人类学和民族学博物馆中的小型米登多夫模型可能不是精确的复制品，因为萨哈人以建造坚固的树皮船而闻名遐迩。安特罗波娃在20世纪50年代中期研究萨哈文化和树皮船时，详细解释了梅森和希尔提及的小船模，她写道：

> 在雅库特南部，桦树皮船的分布范围比在雅库特北部大。它通常被称为"白桦树皮船"（tuos tyy）或"通古斯船"（tongus tyyta）。根据安德烈·波波夫的说法，有时它也被称为"怪船"（omuk ongochoto）。它的形式和结构类似于埃文基船。西南部的萨哈人使用首尾尖状、船底削切变小的桦树皮船，类似于叶尼塞河地区常见的船型；但雅库特人更具特色的是一种船底伸长的桦树皮船，尖尖的首尾向船身内倾斜，这在勒拿地区很常见。（Antropova，2005：9）

1896年，流亡到雅库特的波兰无政府主义者瓦克拉夫·西罗斯泽夫斯基（Wacław Sieroszewski，1993：526）研究了萨哈船的结构并推测了它们的起源。他写道，萨哈人可能已经从基特人那里学到了如何建造西叶尼塞桦树皮船。他的结论基于马蒂亚斯·A. 卡斯特伦（Castrén，1858：234）语言研究中提到的有关船只名称的借用词：萨哈树皮船的名字是"tyy"或"ty"，而叶尼塞奥斯蒂亚克人（基特人）同样的船的名称是"tii"或"ti"。另外，西罗斯泽夫斯基发现，萨哈人的延展原木船基于尤卡吉尔船型。

原始雅库特人，即雅库特人的直系突厥祖先，从南部进入勒拿河流域时，穿越了南部萨莫耶德人的土地。2009年，在圣彼得堡人类学和民族学博物馆举办的雅库特展上，一个标签表明了雅库特人从萨彦萨莫耶德人那里学会制作"乌拉萨"（urasa）（一种覆盖着桦树皮的圆锥形帐篷）的观点。这种联系还表明，雅库特桦树皮船可能起源于早期的萨莫耶德地区。不仅萨哈人的船是叶尼塞式的，而且他们也借用了说叶尼塞语的基特人的"bark canoe"（树皮船）一词。

杰哈德·梅德尔男爵（Baron Gerhard Maydell）先是任雅库特州州长，后来从1868年至1870年在俄罗斯科学院工作，绘制了广阔的雅库特行政区的地图。该行政区从叶尼塞河以东，向北延伸至北冰洋和鄂霍次克海。他还写了雅库特土地上的俄罗斯探险家、最先出现在那里的武装团伙和猎人以及土著族群的历史，并将他的研究分三卷出版（Maydell，1896）。梅德尔记录了他在东西伯利亚所看到的一切，包括制造"维特卡"。"维特卡"重量轻，易于操作，那时仍然被广泛使用。一个人就可以把这种三人用的桦树皮船扛在肩上，也可以由一个人用双叶桨在激流中划行，而在激流中即使是最轻的木船也不能使用。在维尔霍扬斯克山脉以北，人们不再使用树皮船，因为那里没有足够大的树木制造这类船。要建造一艘"维特卡"，需要一大块没有树枝的桦树皮。如果要使用多张树皮，造船者就用长条落叶松根把它们缝在一起，用补丁盖住孔洞和不牢固的部位。准备好树皮船皮后，造船者开始建造框架。两根笔直的5厘米粗的桦树枝做成舷缘，其末端用落叶松根绑在一起；两侧舷缘之间有两处嵌入了71厘米长的横梁，将框架撑开，形成了树皮船的外形。然后，制造者把树皮片缝在舷缘上。接着，把从松树或云杉上劈下来的8~10厘米宽的薄木板弄弯，用以支撑船的圆形底部，木板的两端固定在舷缘下面。一旦制作完成，需要用树脂混合物给树皮船填缝；萨哈人将一片片薄薄的桦树皮在牛奶中煮成蜡状的黑色沥青，用来密封接缝和孔洞。

梅德尔（Maydell，1896）还告诉我们，他在雅库特的河流和湖泊之间的长途旅行中，经常在渡口处的灌木丛中发现被丢弃的船只。这些被遗弃的船只通常状况良好，只需要用"桦木蜡"进行处理，使其不漏水，即可继续使用。在东西伯利亚森林的旅行中，梅德尔只有一次需要做只树皮船；他的三个萨哈同伴在一天之内就做成了。图7-6和图7-7为雅库茨克博物馆收藏的两艘大型萨哈桦树皮船。在没有合适的桦树皮的地方，梅德尔发现了人们使用三块木板做成的平底船：一块木板做成底部，另外两块木板做成船的侧面。这些木板船在维尔霍扬斯克和科雷马地区随处可见。

图7-6 雅库茨克博物馆的一艘大型桦树皮船（no. 2）沿袭了叶尼塞风格，又长又窄，舷缘一直延伸到树皮船身之外。（雅库茨克北方历史、文化与民族博物馆提供。）

图 7-7　与雅库茨克 2 号船（见图 7-6）不同，这艘船有弯曲的船首柱，从龙骨升起，凸出船头和船尾，就像叶尼塞河水系下通古斯河的阿穆尔和春雅埃文基半甲板船一样。在拍摄这张照片之前，船从狭窄的存放地点移到了户外的雪地上。（雅库茨克北方历史、文化与民族博物馆提供。）

勒拿河流域和鄂霍次克海的兽皮船

雅库特人是牛马饲养者，也是活跃的商人和掮客，其足迹遍布东西伯利亚。他们住在包着桦树皮、兽皮或毡子的圆顶帐篷里，并且可能总会有马皮、牛皮、牦牛皮，以及其他哺乳动物（如海豹、驯鹿和驼鹿）的兽皮，这些都是他们通过狩猎、贸易或战争获得的。

在书面资料中，我们发现许多关于雅库特兽皮船的文献。这些兽皮船大多来自靠近勒拿河的内陆地区，那里人口聚集。我们知道勒拿河东部有一艘皮艇，属于雅库特人影响下的叫扬迪尔的尤卡吉尔部落；在西面，在阿纳巴尔河和奥利尼克河上游，萨哈人既使用兽皮船，也养殖驯鹿。最后，居住在鄂霍次克海尚塔尔群岛（以前是尼夫赫人的土地）的沿海萨哈人可能会使用兽皮船进行海上狩猎和贸易。1844 年，米登多夫（Middendorff, 1856）报告说，他在鄂霍次克海——这可能是整个西伯利亚海岸上最丰富的海洋哺乳动物猎捕地之一——看到数千头迁徙的鲸鱼，他乘坐一艘由雅库特人或阿延港当地其他海员建造的大型敞舱兽皮船（10 米×2.7 米）从阿延港前往尚塔尔群岛对面的乌达湾。同时代的卡尔·冯·迪特马尔（Karl von Dittmar）写的日记中解释了米登多夫船的起源和构造。他写道,大约在 1855 年,当他访问俄罗斯阿延港时,他发现在海军陆战队和海军官兵中有一个通古斯人、雅库特人和阿留申人组成的小队,他们带着"拜达尔"船,被带到那里为俄罗斯人捕鱼(Dittmar,1890b:54)。因此,米登多夫的大型兽皮船要么来自通古斯人,要么来自雅库特人,抑或来自阿留申人。

在由荷兰旅行家、地图绘制者、作家尼古拉斯·维特森(Nicolas Witsen)编撰的俄罗斯驻华使节埃弗特·伊斯布兰特·埃德斯的旅行日记中,我们发现了欧亚大陆北部大部分地区和民族的概况。埃德斯的接触范围从巴伦支海岸的萨莫耶德人到东西伯利亚和阿穆尔海岸的埃文基人、尤卡吉尔人、萨哈人、蒙古人、鞑靼人、楚科奇人和科里亚克人。埃德斯注意到许多土著船只,包括勒拿河上的兽皮船。维特森评论说:"邻近的异教徒或鞑靼人,都使用小皮船……速度非常快。"(Ides,1706:105)这里提到的鞑靼人可能是非基督教民族,比如雅库特人、尤卡吉尔人、埃文基人或蒙古人。如果约翰·G. 格奥尔基(Georgi,1776b:271)的那幅图(参见图 7-1)是正确的,那么尤卡吉尔人和雅库特人在勒拿河流域使用的就是一种卡亚克式小型皮船。到了 17 世纪,雅库特人已经到达了勒拿河口和北冰洋地区,在那里他们与生活在勒拿河和亚纳河之间的说尤卡吉尔语的扬迪尔人杂居融合(Willerslev,2007)。格奥尔基的尤卡吉尔卡亚克皮艇可能来自这个地方,因为图中的一些特征与雅库特人有关联——包括骑牛的人,尤卡吉尔人不可能骑牛。

瓦尔德马尔·乔切尔森(Jochelson,1933)写了一个关于雅库特的传说,讲述了一个布里亚特人或蒙古人,乘坐着兽皮船出现在勒拿河上游,遇到了一个富有的雅库特人,并与他成为朋友。这可能表明从南到北,沿勒拿河的大部分地区都发现了兽皮船,使用兽皮船的是雅库特人,以及这个内陆地区的埃文基人、尤卡吉尔人、蒙古人和布里亚特人。其与南部地区的联系是布拉格科学家 F. B. 斯坦纳(F. B. Steiner)的关注点。他撰写了一篇论文,探讨了雅库特兽皮船的起源。在论文中他解释说:"最初的通古斯桦树皮船是雅库特唯一一类设计符合亚北极狩猎文化的船型，如果该地区有兽皮船，那么这些船来自西南部；最后，雅库特语中的'xayik'，如果可以［指］除了欧洲船以外的任何船只，那么肯定不会指兽皮船。"（Steiner，1939：183）

（侯　丽　译）

第八章
太平洋西伯利亚：楚科奇、堪察加半岛和千岛群岛

乔治·W. 斯特勒（Georg W. Steller）在1774年出版的著作中描述了维图斯·白令（Vitus Bering）第二次北太平洋堪察加半岛探险（1740~1742）的发现，美国人类学家詹姆斯·W. 万斯通（James W. VanStone，1959）在斯特勒著作译本的序言中总结了这位德国博物学家关于美洲人是从亚洲迁徙而来的观点。斯特勒是最早提出北美印第安人起源于亚洲人的学者之一，依据是他所熟悉的西伯利亚土著族群（包括楚科奇人、科里亚克人、伊特尔曼人和西伯利亚的尤皮克爱斯基摩人）与他在阿拉斯加遇到的爱斯基摩人和阿留申人之间的相似性。斯特勒关于白令海峡两岸族群关系的理论已得到证实（参见第十章），证据之一是其对生活在白令海峡两岸族群使用的兽皮船的观察，即卡亚克皮艇和俄罗斯人称为拜达尔的敞舱皮船。关于爱斯基摩人的船只，斯特勒写道：

> 他们的船（卡亚克皮艇）的构造与其需求高度契合，易于在陆地上携带，而且在水中速度很快。卡亚克皮艇由覆盖着海豹皮的木头或非常细的鲸鱼肋骨制成，中间是敞舱座舱，座舱有鲸骨或木头制成的凸起边缘，以防止进水。这样的座舱仅容一人，双腿能向前伸开。坐

在座舱里的人全身围上固定在舱缘上的兽皮，这样可以保证身体不沾水。他们在接缝处涂上一种据称是由海豹油制成的焦油或糊状物。在这些船上，他们携带着捕猎鲸鱼、海马（海象）、独角鲸、海豹等所需的所有设备。这些小型船只供男性使用，船头船尾都是尖的，大约20英尺［6米］长，18英寸［46厘米］或2英尺［61厘米］宽。船上只有一支船桨，船桨两端扁平，用于交替划水。除了这些小船，他们还有其他更大且无防水设施的船只，由妇女划桨。这些船（拜达尔船或乌米亚克船）与其他船只一样，由相同的材料制成，并且足够大，可容纳二十多人。（引自 VanStone，1959：102）

西伯利亚东北端是山区，与中西伯利亚和西西伯利亚的低地河谷几乎没有相似之处，此地湍急的溪流与河流相对较短，很少有湖泊或大面积的沼泽与湿地。多山的地形导致其内陆族群人口密度较低，而沿海和近海岸的北极苔原地区有富饶的驯鹿放牧牧场和丰富的海洋哺乳动物，因此人口更集中。这里主要的北向河流是亚纳河、印第吉卡河、奥莫隆河（Omolon River）和科雷马河。楚科奇半岛有几条中等大小的河流，如阿纳德尔河和彭日纳河（Penzhina River），但河段短，坡度陡，因此河流运输不如渡河那么普遍；只有在冬季，这些河流的下游才能用作交通要道。

与西伯利亚的森林地区不同，苔原海岸和山区的开阔地带适合楚科奇人乘坐驯鹿雪橇以极快的速度进行长途旅行。大约1500年前，尚未开始使用驯鹿雪橇，海岸和河流是主要的交通和运输通道，为依赖海洋产能的文化提供海洋资源和贸易渠道。正是在那里，我们发现了欧亚大陆技术最先进的船艇：卡亚克皮艇和敞舱兽皮船。几千年来，这些船只由那些依靠轻便、高效、易于修理的船只谋生的族群不断完善，能在波涛汹涌的大海中和季节性结冰的海面上航行。

在1.5万到2万年前第一批西伯利亚人进入北美以来，亚洲和阿拉斯加之间的接触就开始了。堪察加半岛和阿留申群岛之间的史前接触可能早在

5000年前就已发生，考古学家在圣劳伦斯岛（St. Lawrence Island）和阿拉斯加大陆发现了可追溯到公元3世纪或4世纪的亚洲的铁和青铜。本章记录了楚科奇人、尤皮克爱斯基摩人、克里克人、科里亚克人、伊特尔曼人和库什/阿伊努人的造船传统；这些族群从16世纪开始就与俄罗斯探险家、波莫尔水手和哥萨克军事干部联系；这些联系的证据来自阿拉斯加的考古遗址，其形式为玻璃珠、烟草和其他来自俄罗斯和中国的货物；这些货物被用来交换阿拉斯加的毛皮、玉石、象牙和其他产品。这些东北亚民族的祖先深入参与了此类早期横跨白令海峡的贸易活动，这是通过几百年来海船和航海技术的发展而实现的。由于阿拉斯加既是目标市场，又是跨越90公里宽的白令海峡的贸易商品、人员和技术的来源地，我们在结语中将对欧亚造船史的讨论扩展到阿拉斯加。过去1000年里这些联系很多是由来自楚科奇和西伯利亚尤皮克中间商促成的。

楚科奇人：放牧驯鹿的勇士和贸易商

楚科奇人生活在俄罗斯东北部楚科奇省的楚科奇半岛，他们先是击退了俄罗斯支持的哥萨克人，后又击败俄罗斯陆军和海军的进攻，经过长期的反抗后才成为远东地区最后一个被俄罗斯政权征服的土著部落。即使在19世纪20年代，当俄罗斯海军中尉费迪南德·P.冯·兰格尔（Ferdinand P. von Wrangel）探索北冰洋海岸时，俄罗斯人也未能完全进入楚科奇人的领地。在楚科奇人统治时期之前，尤卡吉尔人作为楚科奇人和俄罗斯人之间的中间商曾经繁荣昌盛，但俄罗斯人的推进和楚科奇人的竞争很快使尤卡吉尔人惨遭灭顶之灾。楚科奇人的贸易和军事才能使其邻近族群（西伯利亚爱斯基摩人、埃文人、科里亚克人和尤卡吉尔人）既敬且怕，这也给他们带来了财富、领土和威望。19世纪，在俄罗斯的统治下，楚科奇人在西伯利亚东北部建立了一个广泛的贸易网络，其基础是内陆驯鹿雪橇交通以及能将他们带到阿拉斯加的海岸航行。

瓦尔德马尔·博戈拉斯（Waldemar Bogoras，1904-1909），尼古拉·迪科夫（Nikolai Dikov，1977，1978），谢尔盖·阿鲁蒂乌诺夫（Sergei Arutiunov）和威廉·菲茨休（Arutinnov and Fitzhugh，1988），安娜·科图拉（Anna Kerttula，2000），伊戈尔·克鲁普尼克（Krupnik，1993），克鲁普尼克和米哈伊尔·克列诺夫（Mikhail Chlenov）（Krupnik and Chlenov，2013），博戈斯洛夫斯卡亚（Bogoslovskaya）、斯拉宾（Slugin）、萨格勒宾（Zagrebin）和克鲁普尼克（Bogoslovskaya, Slugin, Zagrebin and Krupnik，2016）都描述了楚科奇的文化和历史。西伯利亚爱斯基摩人先于楚科奇人至少2000年来到白令海和楚科奇海的西伯利亚地区。楚科奇人向阿纳德尔低地的扩张可能始于公元1000年的后期。在公元1100年到公元1700年，楚科奇人借助驯鹿雪橇这种快捷交通工具，与邻近族群发生了长期的武装冲突。迪科夫认为，气候变化促进了爱斯基摩海洋经济的发展，特别是捕鲸业。与此同时，楚科奇驯鹿牧民开始向西伯利亚东北部的苔原带和北冰洋沿岸迁移。中世纪气候适宜期（The Medieval Climate Optimum）使得在森林苔原边缘放牧驯鹿具有不确定性，因为冬雨可能会导致驯鹿牧场结冰。当楚科奇人到达北极海岸时，他们发现了一个新的尤卡吉尔和爱斯基摩市场，那里有来自俄罗斯和中国的金属、珠子、烟草和其他贸易商品。楚科奇人开始实现技术和经济的多元化，将爱斯基摩人的适应能力融入他们的放牧、贸易和战争技能中，并采用了爱斯基摩人的文化元素，例如防水肠衣、油灯、脱柄标枪、卡亚克皮艇，以及大型、轻便的敞舱兽皮船。楚科奇人一旦接触到白令地区的文化和自然资源，就成为一股变革的力量，在欧洲人到达之前的几个世纪里掌控了楚科奇的大部分地区，并开始直接与亚太沿岸和阿拉斯加部落进行贸易。

如今，科学家们发现迪科夫的气候刺激理论过于简单化，但在阿拉斯加和西伯利亚东北部的发掘证实了他对过去1500年中楚科奇人的扩张和多元化与爱斯基摩人海洋集约化生产的概述（Bronshtein, Dneprovsky and Savinetsky，2016）。到了19世纪，楚科奇部落取代或同化了白令海沿岸和科雷马河与白令海峡之间楚科奇海沿岸的爱斯基摩人的许多定居点。例如，楚科奇人取代了居住在科雷马河以东所谓的谢拉吉人（Shelagi）。谢拉吉人可能是已知的最西部的爱斯基摩人部落。在远至西部的施密特角（Cape Schmidt）和靠近科雷马河的贝尔群岛发现了前爱斯基摩人占领的考古证据（Okladnikov and Beregovaya，2008；Dikov，1977）。兰格尔（Wrangel，1839）记录了一个传说的口述史，大约1650年被称为"安基隆"（Onkilon）的西伯利亚爱斯基摩人在楚科奇人到达西伯利亚海岸之前航海到了阿拉斯加。这一口述史进一步证实了这些前爱斯基摩人西部领土的存在（Krauss，2005）。

古代海洋适应

楚科奇人在楚科奇海岸定居后，就采用了爱斯基摩人的海上狩猎技术，包括他们的大型兽皮船和海上卡亚克皮艇。约1500年前，楚科奇人可能还没有建造过海上兽皮船，因此他们没有为早期爱斯基摩人船只的发展做出贡献；后来，越来越多的楚科奇人和爱斯基摩人杂居融合，他们依照爱斯基摩人的船型，制造了大型敞舱兽皮船和卡亚克皮艇。根据尤金·阿里马（Arima，1987）和贾莫·坎卡安帕（Kankaanpää，1989）的研究，安特罗波娃（Antropova，1961）发现楚科奇人和爱斯基摩人的敞舱船在设计和构造上相似，并且他们用于内陆和海上的皮艇也有相同特点。

在楚科奇北极海岸的佩格特梅尔（Pegtemel），一系列引人注目的岩画直观地记录了那里古代沿海的狩猎经济和生活方式。迪科夫（Dikov，1999，2004）认为雕刻始于青铜时代晚期至公元第一个千年，而弗拉基米尔·皮图尔科（Pitulko，2016）则认为这些雕刻的年代约为公元1000年。佩格特梅尔的岩石艺术（见图8-1）描绘了春天人们使用滑雪板与狗一起狩猎驯鹿，秋季在河流渡口划着双叶桨的卡亚克皮艇狩猎，用兽皮船和标枪捕鲸。在这些岩画中，最为显著的是头上长着大蘑菇形状物体的人物形象，迪科夫认为这是对致幻蘑菇崇拜的证据。这一见解并不像看起来那么奇怪：楚科奇人和其他北极西伯利亚人举行的仪式包括，在驯鹿吞食致幻的鹅膏蕈

(Amanita muscaria）毒蘑菇（盛夏时在苔原上大量生长）后，饮用驯鹿尿液诱发恍惚迷离状态。然而，在中亚发现的显示类似"蘑菇人"的岩画，远在这种蘑菇种类生长范围之外，因此，佩格特梅尔的图像很可能只是描绘了一种广泛存在的头饰风格。

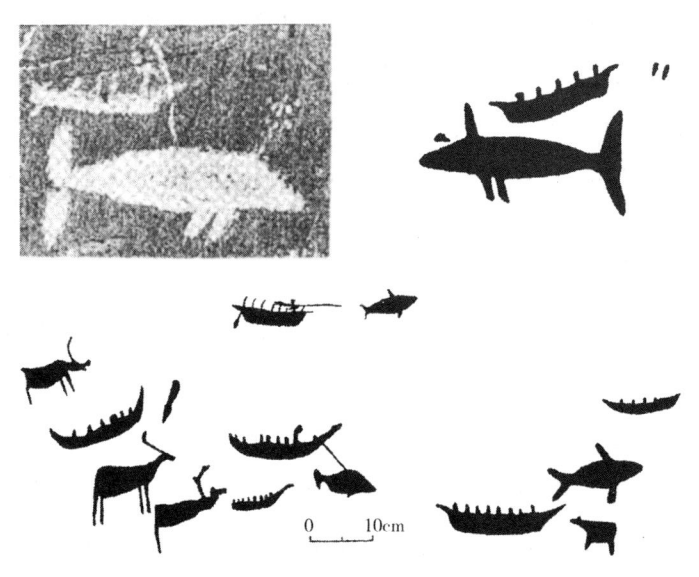

图 8-1　楚科奇北极海岸佩格特梅尔河上的岩画描绘了猎人用脱柄标枪刺向北美驯鹿，并用敞舱兽皮船［安吉亚皮特（angyapit）］捕鲸的情景。其他图画显示，人们戴着蘑菇状的头饰，这在西伯利亚东北部铁器时代的岩画中很常见。（摘自 Dikov，1999；由玛西娅·巴克里改编的合成图像。）

楚科奇卡亚克皮艇

塔潘·埃德尼对西伯利亚和美国的船只都很感兴趣。他制作了一些西伯利亚船只模型。它们现收藏于弗吉尼亚州纽波特纽斯的海员博物馆。因为研究卡亚克皮艇不是埃德尼的专业，他书中的相关讨论部分由霍华德·夏佩尔撰写，但书中确实包含了有关楚科奇卡亚克皮艇的少量内容：

白令海峡西伯利亚这边的楚科奇人使用的卡亚克皮艇与阿拉斯加

诺顿湾（Norton Sound）发现的皮艇模型相同。楚科奇皮艇仅在船头船尾有所不同，其船头船尾功能齐全，没有区别于阿拉斯加船型的把手［不正确，楚科奇皮艇确实有把手，译者注］。还有一艘粗糙的楚科奇内河卡亚克皮艇，上面覆盖着驯鹿皮，但在美国博物馆的藏品中却没有这样的设计。（Adney and Chapelle, 1964：195）

安特罗波娃（Antropova, 1961）指出，与其他类型的船只相比，带龙骨的兽皮船使用范围更为有限，仅在西伯利亚东北部使用，主要是沿着科雷马河到鄂霍次克海的海岸行驶。卡亚克皮艇和更大的敞舱兽皮船这两类船型都存在于同一地区。不过，她评论道，卡亚克皮艇的分布情况不均匀，到20世纪初已经从所有主要的捕鲸区域消失，只在鄂霍次克海、堪察加半岛、阿纳德尔河中游和楚科奇海西部使用。因其在20世纪初很少见，所以尽管较早的时候在西伯利亚整个爱斯基摩人领土上曾被使用过，但西伯利亚（尤皮克）爱斯基摩卡亚克皮艇并不为人所知。对西伯利亚爱斯基摩皮艇的少数描绘之一是瓦尔德马尔·博戈拉斯根据1901年的一张照片（Bogoras, 1904-1909：图47c）出版的一幅素描（见图8-2c），照片是在楚科奇爱斯基摩人的乌特恩村（Wute'en）［现称为塞里尼基（Sireniki）］拍摄的。博戈拉斯简短地评论道，这只皮艇有15英尺长，类似于楚科奇皮艇（135）。他的插图显示了一个圆形的驾驶舱，正好位于皮艇中间位置的后面。

楚科奇人曾经建造过两种卡亚克皮艇，一种用于捕猎海洋哺乳动物，另一种用于在河流或湖泊渡口用标枪刺杀野生驯鹿。博戈拉斯还提供了他测量和绘制的一艘用于猎杀驯鹿的楚科奇皮艇的资料，还有该船的船桨（见图8-2b）。这艘船是用鹿皮而不是海豹皮制成的，有一个泪滴状座舱，而且，由于是在河流和湖泊上使用，没有防浪裙。双叶桨的桨叶是圆形的"杨树叶"状叶片，一端附有猎鹿标枪。坎卡安帕对博戈拉斯的图画评论道：

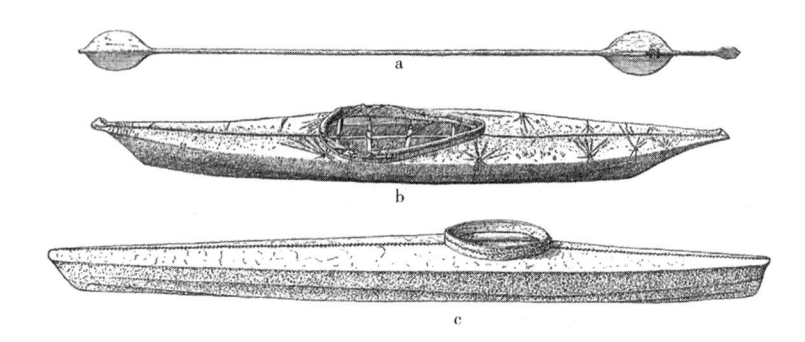

图 8-2　瓦尔德马尔·博戈拉斯关于楚科奇专著里的插图。a. 楚科奇捕猎驯鹿的桨/标枪；b. 根据模型绘制的驯鹿皮皮艇；c. 一艘罕见的西伯利亚爱斯基摩海豹皮皮艇。根据野外拍摄的照片绘制。（摘自 Bogoras，1904-1909：图 44。）

> 这幅画［图 8-2b］……展示了一艘相当短且又宽又高的船，其特征是泪滴状座舱和陡然翘起的船首和船尾，与内龙骨形成一个锐角。舷缘看起来很结实，肋拱和桁条也很细。底部桁条的数量从图中看不出来，但由船皮可以发现使用了三根船舭［导致船体在横截面上出现角度变化的纵桁条，参见术语词表］。甲板平坦，看起来几乎没有曲度；看不出龙骨线的形状和甲板纵桁的数目。根据著作中的语言表述可知，船皮是驯鹿皮。船头和船尾都出奇的扁平；然而，这幅画基于模型而非全尺寸皮艇绘制，因此结构细节和比例可能并不准确。（Kankaanpää，1989：18）

用于猎杀驯鹿的楚科奇皮艇因两个全尺寸模型也为世人所知。其中一个是由 N.I. 索科尼科夫（N.I. Sokolnikov）在 1904 年至 1907 年为圣彼得堡俄罗斯民族志博物馆收集的（见图 8-3a）。罗塞洛特（Rousselot，1994：250，图 13-5）描述并提供了慕尼黑弗尔瓦尔克昆德（für Völkerkunde）博物馆中第二艘全尺寸用于猎杀驯鹿的楚科奇皮艇（编号 99-120）的线条图，该皮艇也覆盖着驯鹿皮，可能是在同一时间收藏的。大卫·齐默里关于索科尼科夫皮艇（Zimmerly，1986：图 11）的记录（如图 8-3b 所示）表明这些皮艇类似于楚科奇人海上使用的皮艇，但具有更适合在河流和湖泊中使用的特点，特别是用于运输和用标枪捕猎游泳的北美驯鹿。这些皮艇由鹿皮制成，比海豹皮更轻，但防水性较差。它们只能在短时间内使用，之后必须将其晾干，因为船皮会因水浸泡而松弛。

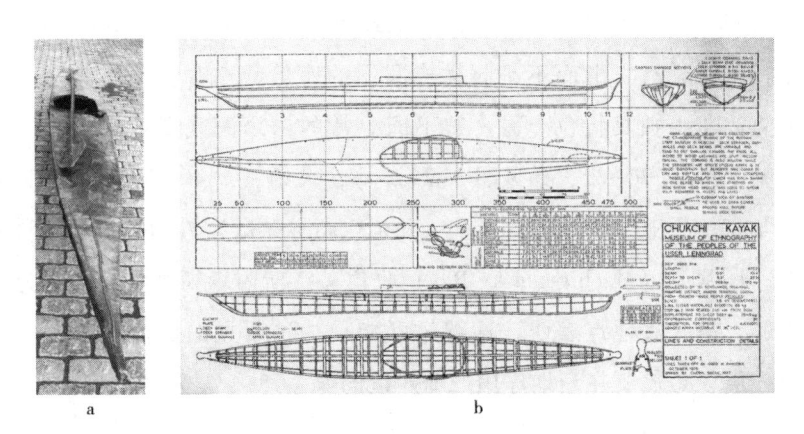

图8-3　a. 索科尼科夫在1904年至1907年为圣彼得堡俄罗斯民族志博物馆收集了一艘驯鹿皮皮艇（RME 6779-46），当时他正与猎杀驯鹿的楚科奇人一起工作。b. 大卫·齐默里的文献记录（Zimmerly，1986：图11）显示了索科尼科夫皮艇的船头和船尾把手凸出部分、"V"形船底和泪滴状座舱。这种皮艇轻巧易操纵，但是驯鹿皮很快就会被水浸湿，因此该船只能在短时间内使用，然后必须将其晾干。（图a由I. 察琴科摄影，俄罗斯民族志博物馆提供；图b由大卫·齐默里提供。）

楚科奇内陆皮艇的设计保留了一些特征，这些特征在格奥尔基提供的可能是勒拿河以东北冰洋海岸上的尤卡吉尔皮艇插图中可以看到（Georgi，1776a；另参见图7-1）。这两种皮艇都是全甲板的，有一个小的出入孔。皮艇覆盖着鹿皮或海豹皮，而且相当短，长度不超过3米或4米。这些相似之处表明，即使它们起源不同，也至少在一定程度上具有设计连续性。尤卡吉尔人从勒拿河、科雷马河和阿纳德尔河地区的一个早期家园沿北冰洋海岸向西迁移，从而可以解释这种相似性（参见第七章关于尤卡吉尔人的小节）。尤卡吉尔人、爱斯基摩人和楚科奇人的皮艇表明，来自埃克文遗址的东角旧白令海文化模型（参见图8-11A）并不是凭空想象出来的，而是代表建造楚科奇皮艇的古老传统。

1879年冬天，瑞典探险家 N.A.E. 诺登斯克尔德在 1878 年至 1880 年的瑞典维加远征中收集了一艘罕见的楚科奇海上皮艇。这艘卡亚克皮艇现收藏于斯德哥尔摩的瑞典民族志博物馆，被称为"安娜库亚"（ana'kua），齐默里后来对它进行了拍照和测量，并记录下重要数据（见图 8-4a-b）。该皮艇甲板平直，有方形而不是收拢成圆形的座舱，这些特征使其在白令海峡卡亚克皮艇中独具特色。另一艘不同寻常的白令海爱斯基摩皮艇是一个皮艇模型（MAE 20-22；参见图 8-21a-b），大约于 1840 年由俄罗斯裔美国民族志学家伊利亚·沃斯内森斯基（Ilya Vosnesensky）在白令海峡楚科奇海岸梅奇门斯基湾（Mechigmensky Bay）收集。沃斯内森斯基将其描述为科里亚克皮艇，但收集地点表明，这艘船可能是一种罕见的西伯利亚尤皮克爱斯基摩皮艇，是皮艇在当地停用之前建造的。

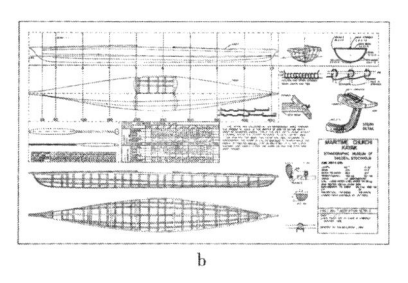

图 8-4　a. 这艘海上楚科奇皮艇（SEM 1880.4.1255）是 1879 年冬天 N.A.E. 诺登斯克尔德在维加远征中收集的。如果该艇完整，那么作为唯一已知的没有收拢成圆形的座舱，或没有把航海皮大衣或防浪裙固定到船体上的北极皮艇，它值得关注。像内陆皮艇一样，它有加长的船首和船尾把手以及"V"形船体。b. 大卫·齐默里关于这艘皮艇的文献记录。（图 a 由大卫·齐默里拍摄［75ZM32-22］，斯德哥尔摩瑞典民族志博物馆提供；图 b 来自 Zimmerly，1986：图 10，经许可使用。）

充气的皮格皮格兽皮浮舟

楚科奇人和尤皮克人除了卡亚克皮艇外还有其他类型的水上交通工具。有些木筏和浮舟可能是他们从南方民族那里继承下来的，而其他水上工具，比如驯鹿雪橇做成的木筏，可能是他们自己发明的。1915 年至 1916 年，在阿纳德尔的楚科奇地区旅行时，萨卡里·帕尔西（Sakari Pälsi）记录了兽皮船的使用情况，他看到用作浮舟的充气海豹皮，被称为皮格皮格（pyg-pyg）浮舟。当海冰开始融化时，几个"皮格皮格"绑在一起，就可以把一个雪橇、一个人和他的狗送到安全的地方。类似的兽皮浮舟用于渡河（Nefedkin，2003：78）。帕尔西拍摄了一张照片，显示冰上狩猎无功而返的人们在开阔的水面上划着一只用兽皮浮舟托起的狗拉的雪橇（见图8-5）。这个简单的充气筏子类似于蒙古国和中国的皮筏（参见第六章和第九章中的讨论）。19世纪加拿大萨德勒米特人（Sadlermiut）（因纽特人）在加拿大北极地区使用的类似浮舟出现在乔治·弗朗西斯·里昂1824年在哈德逊湾北部探险的一幅著名插图中（Lyon，1825）。

图8-5　当没有合适的兽皮船时，西伯利亚爱斯基摩人和楚科奇人，以及加拿大因纽特人，使用皮格皮格海豹皮浮舟，比如这张照片里的浮舟，是萨卡里·帕尔西于1915年或1916年在西伯利亚海岸拍摄的（1917-VKK157）。（由芬兰国家文物委员会提供。）

卢德米拉·阿伊纳娜（Ludmila Ainana）在史密森博物馆举办的"大陆间的交叉路口——西伯利亚/阿拉斯加展"中提到了古老的诺坎（Naukan）爱斯基摩传统，包括使用兽皮船和皮格皮格浮舟：

我们的整个生命都来自大海。爱斯基摩人定居在冬天水域不结冰的地方，在那里海象、鲸鱼和海豹靠近海岸，附近还有鱼群或鸟群。即使一个地方对人类来说不太便利，但只要那里猎物丰富，人们也会在那里定居。……

风、洋流、浮冰、雾、暴风雨、潮汐，所有这些都是爱斯基摩人的生活内容，而海洋哺乳动物、鱼类和鸟类占据中心地位。爱斯基摩人的日常生活、文化和语言中充满与海洋牢不可破的联系和默契。脱柄标枪是我们海洋文化的基本元素之一。另外两个元素是充气海豹皮浮舟和安吉亚皮克敞舱兽皮船（俄语中为 baidara），这种兽皮船带有木制框架，用筋绑在一起，上面覆盖着海象剖层皮。这些发明无疑可以追溯到两千多年前，决定了亚洲爱斯基摩人的历史。(Ainana, Archirgina-Arsiak and Tein, 1996: 22-23)

楚科奇战争与贸易中的敞舱兽皮船

19 世纪 20 年代，兰格尔从科雷马河到楚科奇探险，他进入楚科奇领土以西的尤卡吉尔地区。在此之前，俄罗斯人还不能安全地进入楚科奇人的领地，尤卡吉尔地区被视为俄罗斯人与楚科奇人之间交流和交易的中立地带。楚科奇人还进行长途海上航行，与阿拉斯加和西伯利亚地区的人进行货物贸易。通常，一场贸易冒险往往会演变成武装突袭。后来，兰格尔（Wrangel, 1839）成为一名海军上将，并担任阿拉斯加俄美贸易公司的负责人，他写了一篇关于阿拉斯加领土及其族群的文章，描述了两个大洲之间的楚科奇贸易。

楚科奇敞舱兽皮船（见图 8-6）的大小不同，以适应当地的需要。如图 8-7A-B 所示，尽管这两个模型中的楚科奇皮船更加精简，为容纳数量更少的船员而设计，但楚科奇人和爱斯基摩人的安吉亚皮克皮船的结构却几乎完全相同。格子状的框架是由浮木制成的，有时还辅以鲸骨，船皮是海象的剖层皮。从考古发现来看（见下文），在过去的 2000 年里其技术发展缓慢，今天的兽皮船和它们的古代原型没有明显区别。大型敞舱船被用来在解冻的开阔水域猎杀鲸鱼和海象，也用于营地搬迁和贸易航行。小型船只用来捕鱼，还可以在漂移的浮冰上捕猎鸟类和海豹，有时这就需要猎人独自一人把船带到浮冰上。

图 8-6 这幅详细的插图是由美国自然历史博物馆的一位艺术家为瓦尔德马尔·博戈拉斯有关楚科奇的专著绘制的。插图的风格为报道楚科奇和爱斯基摩敞舱兽皮船的许多其他作家和艺术家树立了榜样。（摘自 Bogoras，1904-1909：pl. 44a-c。）

安特罗波娃（Antropova，1961）根据博戈拉斯的文献，描述了 19 世纪楚科奇敞舱兽皮船及其最近的使用情况。这些在楚科奇被称为"伊吉特维特"（iygytvet，意为普通船只）的船只，是沿海楚科奇人的主要海洋运输工具，直到 20 世纪初，当捕鲸船、金属斧头和规划工具到达此地后，木板船才得以使用。较大版的船只配备了船帆，有时船上也有舵。后来，在 20 世纪中叶，又增加了舷内和舷外发动机。

谢尔盖·博戈斯洛夫斯基（Sergei Bogoslovsky）展示了楚科奇敞舱兽皮

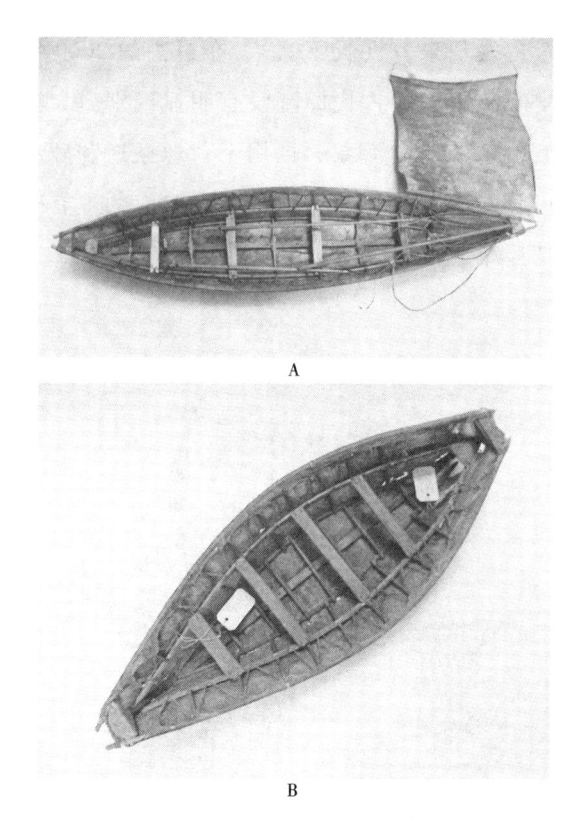

302 / 欧亚大陆北部的树皮船与兽皮船

A

B

图 8-7　这两艘敞舱兽皮船被俄罗斯人称为"拜达拉"或"拜达尔",被楚科奇人称为"伊吉特维特"(iygytvet)(A),被西伯利亚尤皮克爱斯基摩人称为"安吉亚皮克"(B)。两艘船的设计几乎相同,可能是因为约在 1500 年前楚科奇人从内陆来到北极海岸时,他们船只的设计(MAE 407-20)模仿了西伯利亚尤皮克船型(MAE 4211-28)。这两艘船与圣劳伦斯岛和阿拉斯加大陆上的爱斯基摩船只几乎一模一样。尼古拉·洛沃维奇·冈达蒂(Nikolai L'vovich Gondatti)在 1898 年收集了楚科奇的安吉亚皮克模型。(叶夫根尼亚·阿尼琴科拍摄,俄罗斯圣彼得堡人类学和民族志博物馆提供。)

船及其索具的结构图(见图 8-8)。亚历山大·奈菲金(Aleksandr Nefedkin)在他关于楚科奇战争的著作中描述了这种船只:

楚科奇船[拜达尔]非常轻巧,便于携带,船体结实,在水上行驶非常平稳。该船用海象皮覆在木制框架上制成,有船桨和斜帆,木

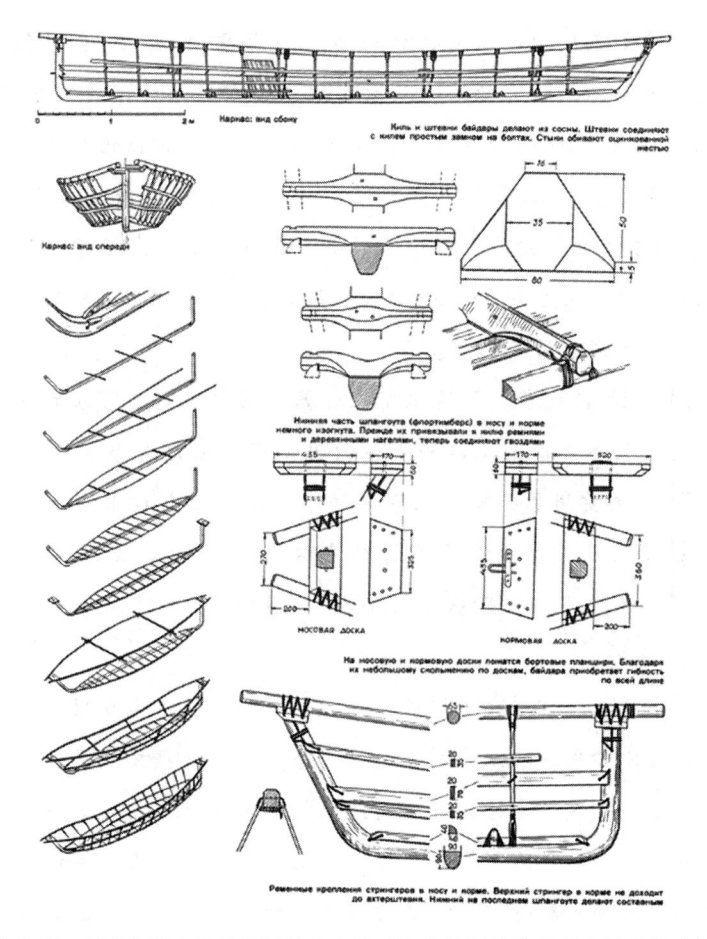

图 8-8 谢尔盖·博戈斯洛夫斯基绘制的来自楚科奇塞里尼基的楚科奇敞舱兽皮船结构图。（摘自 Bogoslovskaya，2007：233。）

架由覆盖着海象皮的细杆组成……这艘可乘坐 8 人的狩猎船长 6.1 米，宽 2.3 米，重 130~160 千克。……可容纳 20~30 人的大船则有 15 米长。制作一艘拜达尔船平均需要 4~6 张兽皮，这取决于船的大小。兽皮经过特殊处理和干燥，然后软化，包裹在一个木框架上，然后再进行干燥处理，使其与木材紧密贴合。干燥处理后随时可用的兽皮船底部呈半透明状，发出的声音像敲击手鼓。海象背部皮最厚，用来包裹拜达尔船的龙骨。……因为很容易变脆破碎，海象皮船皮必须每年更换一次，如果使用仔细，也可每隔 2~3 年更换一次。总的来说，拆卸兽皮船很容易，如有必要，甚至可以缩小船的尺寸。这些兽皮船从 18 世纪到 20 世纪初一直在使用，至今一些楚科奇村庄仍在使用。

全体船员的位置如下：船主拿着钩子坐在前面［推开挡道的浮冰］，桨手坐在后面使用短的单叶桨。在拜达尔船上纪律严明，人们同时划船，每小时休息 5~10 分钟。［战时，］士兵们坐在船底板上，拉着绑在桨端的绳子帮助划船。

到了 18 世纪末，拜达尔船上开始使用兽皮制成的方形帆，但主要的推动力仍然是船桨。这种类型的兽皮船（爱斯基摩人称为"安吉亚皮克"）主要用于捕猎大型海洋动物。在海上长途航行时，［爱斯基摩人］使用了一种特殊类型的拜达尔船。到 19 世纪末，矩形帆开始使用。相比之下，爱斯基摩人早在 19 世纪 30 年代就使用了带帆的大型兽皮船。

楚科奇人经常把火带进船里，放在一盒沙子或草皮里。当逆流而上时，船可以由狗或驯鹿牵引。关于军事交通，根据文献资料，楚科奇人将拜达尔与一艘"奥德诺德列夫斯基"（odnoderevki）［延展原木船］一起使用。……后者长 3.7~5.8 米，宽 53~70 厘米，高 53~62 厘米，适合在浅河和湖泊上航行。……这种船不平稳，一旦有浪，就会被淹没，因此，这对平时不会游泳的猎人来说很危险。（Nefedkin，2003：78-79）

楚科奇人和爱斯基摩人的乌米亚克船的船皮在水中浸泡一到两天后必须使其干透。图 8-9 中一群楚科奇人在他们翻过来的船下休息或露营过夜，等待船变干变紧后再继续航行。图 8-10 是帕尔西 1917 年在楚科奇附近海域拍摄的 13 名楚科奇桨手的照片之一。1898 年，尼古拉·洛沃维奇·冈达蒂在楚科奇进行民族志研究时，收集了一个带有兽皮帆的楚科奇安吉亚皮克船模；该模型保存在圣彼得堡人类学和民族学博物馆（见图 8-7，MAE 407-20）。

第八章　太平洋西伯利亚：楚科奇、堪察加半岛和千岛群岛 / 305

图 8-9　覆盖着海洋哺乳动物皮（最好是雌性海象的剖层皮）的船只仅可使用 2~4 天，然后船皮就会浸水，开始松弛并渗漏。在长途航行中把这些船从水中拉出晾干时，可用作临时住所（REM 318-297）。（由俄罗斯民族志博物馆提供。）

图 8-10　楚科奇人和爱斯基摩人的敞舱兽皮船非常适合航海，可以载着许多人和货物沿着风雨交加的海岸航行或横渡白令海峡进行贸易、战争和移民。大多数从西伯利亚到阿拉斯加的新迁入人口可能是乘坐兽皮船抵达的。萨卡里·帕尔西于 1917 年拍摄到这艘载有 13 人的楚科奇船驶离楚科奇（VKK157_ 60）。（由芬兰国家文物委员会提供。）

西伯利亚尤皮克人：白令海峡和楚科奇的爱斯基摩兽皮船能手

俄罗斯海军中尉费迪南德·P.冯·兰格尔，波罗的海的德裔人，他是1821年至1824年从科雷马河到楚科奇长途旅行中第一个探索北冰洋海岸的人。沿着海岸，他发现了古代"安基隆"人（爱斯基摩人）建造的古老的石头和泥土房屋的遗迹。诺登斯克尔德（Nordenskjöld，1881）在1878年穿越东北航道的维加航行中记录下类似的遗迹，在那里他遇到了那时迅速成为北极海岸的新主人的楚科奇人。兰格尔和诺登斯克尔德的发现以及后来关于安基隆岛的信息表明，早期的前楚科奇定居者是爱斯基摩人或类似爱斯基摩人的族群，他们已经消失或被沿海楚科奇人同化。

正如罗伯特·阿克曼（Robert Ackerman，1984）所言，科雷马湾的贝尔群岛是西伯利亚爱斯基摩人的西部边界，至少在公元500年，爱斯基摩人就开始使用敞舱兽皮船和狗拉雪橇猎杀海洋哺乳动物。考古学家将西伯利亚和阿拉斯加爱斯基摩人的历史理解为过去3000~4000年在北太平洋和白令地区演化的一系列独特文化（Fitzhugh and Crowell，1988；B. Fitzhugh，2016；见Frisen and Mason 2016年的其他文章）。这片区域面积足够大，也极具多样性——从开阔的亚北极海岸到季节性冰封的北极海岸，在生态、动物物种、天气模式以及各个地区的邻近族群之间存在着巨大的差异——以至于几个与爱斯基摩人有关的文化和语言群体可以于任何时期在白令海峡地区同时并存，从而形成多分支的历史网络，而不是单一的文化进化序列（W. Fitzhugh，2009）。爱斯基摩人占领西伯利亚东北部的最早证据可以追溯到奥克维克-旧白令海（the Okvik-Old Bering Sea）时期，距今1000年到2000年。那时，有效捕杀海洋哺乳动物所需的所有重要技术——主要是脱柄标枪、标枪浮具装置和兽皮船——可供人们在冰面边缘、解冻的开阔水域或冰冷海洋中使用。在海上狩猎时，爱斯基摩人使用各种类型的脱柄鱼镖、标枪、渔网和其他工具；在陆上狩猎和捕鱼时，他们使用弓箭，有

第八章 太平洋西伯利亚：楚科奇、堪察加半岛和千岛群岛 / 307

多个尖头的捕猎鸟和鱼的脱柄标枪，以及手拉或狗拉的雪橇。

西伯利亚爱斯基摩人，从文化和语言来看实际上属于尤皮克人，曾经生活在从北冰洋的科雷马河到纳瓦林角（Cape Navarin）的楚科奇半岛上，可能还包括更南边的白令海岸。这些相同的民族拥有相同的语言和文化，现在也占据了阿拉斯加的圣劳伦斯岛，他们在文化和语言上与阿拉斯加西南部的中部尤皮克人、苏厄德半岛（the Seward Peninsula）和阿拉斯加北部的伊努皮亚特人（Iñupiat）有许多共同点。这些文化、语言和生物联系指向白令海峡地区的共同起源，但这一点至今还不为人所知。

随着这些文化发展出"爱斯基摩"特征，过去的 3000 年发生了许多变化。首先，创造了新型标枪和船只，为爱斯基摩文化提供了稳定的经济基础；而后，爱斯基摩商人从西伯利亚引进了陶器（后来又引进了青铜和铁）；后来，经由西伯利亚引进了玻璃珠和烟草，但这一次是由楚科奇人带来的，他们机智地战胜了爱斯基摩中间商。随着西伯利亚与阿拉斯加之间的贸易联系不断加强，横跨白令地区的战争也变得普遍。在过去的几百年里，由于这些冲突和楚科奇人的同化，说尤皮克语的西伯利亚爱斯基摩人的领地和人口不断减少。19 世纪中期以来，气候、经济和政治的变化也侵蚀了西伯利亚爱斯基摩人捕猎海洋哺乳动物的生活方式，而鲸鱼和海象的数量则因 20 世纪美国和俄罗斯的商业捕猎而大量减少。最后，贸易商和捕鲸船输入的欧洲疾病导致了尤皮克和楚科奇人口数量的减少。

在所有欧亚民族中，爱斯基摩人与兽皮船和标枪技术联系最为密切，从而使其海洋经济成为可能。西伯利亚爱斯基摩人建造了大型敞舱兽皮船和卡亚克皮艇，但在过去的 2000 年里，他们并不总是同时使用这两类船只。建造和操作大型敞舱兽皮船用于捕猎海象和鲸鱼，需要专门的船只设计和数百年来积累的木工技能；同样重要的是，船主需要详细了解海洋状况和航海知识，以及成功进行大型海洋哺乳动物捕猎、从事跨白令海峡贸易和应对战争风险的领导能力。

有关爱斯基摩兽皮船起源的理论

"爱斯基摩问题",即爱斯基摩文化在西伯利亚、阿拉斯加、加拿大和格陵兰的起源和发展问题,一直是一个多世纪以来国际研究的主题(Krupnik,2016;W. Fitzhugh,2016)。这项研究已经产生了数百篇科学论文和几十种理论,涉及发展阶段、跨越广阔极地地区的大规模迁徙、狩猎方法和工具——例如脱柄标枪,当然还有爱斯基摩人的兽皮船和卡亚克皮艇——的演变。需要回顾的理论太多,此处我们仅对最可行的理论进行简要总结。

关于爱斯基摩人起源的一种流行理论认为,古爱斯基摩人从亚洲内陆迁徙到西伯利亚东北部——或许是从蒙古国、南西伯利亚、贝加尔湖周围地区,或是全新世早期鄂霍次克海岸(H. Collins,1940;Rudenko,1961;Arutiunov and W. Fitzhugh,1988;W. Fitzhugh,2008;Dikov,2004;Rubicz and Crawford,2016)。爱斯基摩人的先祖,如楚科奇人、科里亚克人、伊特尔曼人和阿伊努人,就像他们石器时代的祖先一样,起初是从事捕鱼、狩猎和采集的内陆族群。他们在河流和湖泊中捕鱼,猎杀麋鹿和驼鹿,或者借助于桦树皮船,在河流交叉口追捕野生驯鹿。在贝加尔湖及其湖滨,他们捕猎海豹。

在日本北部有 6000 年历史的沿海遗址中,发现了已知最早的脱柄标枪,这表明技术朝着爱斯基摩文化和技术的方向发展。古爱斯基摩人的脱柄标枪第一次在考古中发现,是在距楚科奇北部海岸 150 公里的兰格尔岛南岸的公元前 1500 年契尔塔夫奥弗拉格(Chertav Ovrag)遗址,在那里如果没有兽皮船,就不可能有爱斯基摩式生活(Dikov,1988)。这种兽皮船,连同脱柄标枪、海豹皮绳、浮具和标枪投掷器,都是高效海上狩猎的技术必需品。随着时间的推移,原始爱斯基摩人成为专业的海洋哺乳动物猎手。随着技术进步,他们能够捕获更大的猎物,如海象,以及后来的鲸鱼。同时,他们建造兽皮船和卡亚克皮艇的技能也得到了提高,到公元 700 年至公元 800 年,属于白令海峡普努克(Punuk)文化的爱斯基摩人已经成为弓头鲸和灰鲸的高效捕猎者。随着这些技术的发展,爱斯基摩文化向南传播到堪察加半岛和鄂霍次克海，向西沿北冰洋海岸传播到科雷马河，向东穿过白令海峡到达阿拉斯加南部和北部，公元1200年后传播到加拿大和格陵兰岛，使爱斯基摩人成为继欧洲人之后世界上第二个分布最广泛的民族（W. Fitzhugh, 2008）。

兽皮船在这一显著的文化扩散和人口扩张中起到了关键作用。史密森学会的保罗·约翰斯顿在他的综合性著作《史前航海术》（Seacraft of Prehistory）一书中指出："从俄罗斯西伯利亚使用的各种船只中可以看到某种范式……白令海峡和阿拉斯加周围或附近所谓的古西伯利亚人、阿纳德尔湾北部的楚科奇人、堪察加半岛的科里亚克人和堪察加人、许多岛屿群［千岛群岛、普里比洛夫岛（Pribilof）、努尼瓦克岛（Nunivak）、圣劳伦斯岛、科迪亚克岛（Kodiak）和阿留申群岛］的阿留申人和爱斯基摩人使用过被称为'拜达尔'或'拜达尔卡'的兽皮船。"（Johnston, 1980: 33）与早期斯堪的纳维亚人的解释一致，约翰斯顿认为巴伦支海的萨莫耶德和拉普兽皮船是一个独立的传统，有别于白令兽皮船，这种传统有可能与树皮船建造有关，也可能无关。他认为这两个西方民族先是使用兽皮船，后来又改用树皮船。

理论是好的，但是我们有什么证据证明西伯利亚东北部民族是如何以及何时获得他们的大型敞舱兽皮船和卡亚克皮艇的呢？下面我们提供了三种证据，证明兽皮船起源于北美北极地区、楚科奇和堪察加半岛以及鄂霍次克海周边地区，包括萨哈林岛（库页岛）和阿穆尔河（黑龙江）口。

俄罗斯考古学家尼古拉·迪科夫和其他人认为，楚科奇的北极海洋经济始于内陆狩猎和捕鱼文化，以在湖泊和河流渡口捕猎驯鹿为基础，随着时间的推移，他们逐渐适应了在海岸捕猎海洋哺乳动物。这一想法基于延伸至楚科奇半岛的勒拿河下游石器时代晚期的考古发现。迪科夫（Dikov, 1979: 157-159）认为，在内陆猎人和渔民熟悉了阿纳德尔-美因-彭日纳河河谷低地的海洋哺乳动物后，他们把狩猎场扩大到了解冻的开阔海域，在那里他们使用其技术捕猎海豹和海象。这一理论有很多可取之处，因为众所周知，兽皮船在西伯利亚的所有主要河流上都使用过，通常与树皮船一起协同使用。

第二种理论认为，北方族群对海洋的适应始于对更温暖的南方水域的逐渐调整。俄罗斯西伯利亚考古学先驱阿列克谢·奥克拉德尼科夫（Alexei P. Okladnikov, 1957）提出，在阿穆尔河（黑龙江）口附近或阿穆尔河（黑龙江）口的鄂霍次克海和萨哈林岛（库页岛）周围，或许在日本列岛（Japanese archipelago）的开阔水域上的狩猎发展，先于楚科奇的北方海洋狩猎。许多种类的海洋哺乳动物和小鲸鱼，以及无数的溯河产卵鱼类，在这些河流中来回迁徙。如第九章所述，阿穆尔河（黑龙江）沿岸的尼夫赫人（Nivkh）和萨哈林岛（库页岛）上的阿伊努人（Ainu）用脱柄标枪捕猎海豹、海狮和小鲸鱼，他们可能使用兽皮船。然而，正如阿克曼（1984）所言，这一理论依据的民族志文化模式不够古老，无法阐明北极海洋哺乳动物捕猎的起源，这种起源可以追溯到8000年前的斯堪的纳维亚半岛，在阿拉斯加科迪亚克和日本北海道，属于绳文文化（Jōmon-culture）的族群在6000年前就开始使用脱柄标枪（Yamaura, 1998）。另外，从楚科奇到萨哈林岛（库页岛）的敞舱兽皮船和卡亚克皮艇的存在，凸显了白令海和鄂霍次克海沿岸早期南北文化接触的可能性。一项DNA研究表明，堪察加半岛的科里亚克人和伊特尔曼人的DNA最接近阿穆尔河（黑龙江）与萨哈林岛（库页岛）地区的一小部分人口。这一研究进一步强化了北太平洋西北海岸南北文化和生物连续性的观点（Schurr, Sukernik, Starikovskaya and Wallace, 1999）。

第三种理论认为爱斯基摩人起源于阿拉斯加，基于美国考古学家亨利·柯林斯（Henry Collins）、威廉·S. 拉克林（William S. Laughlin）和唐·杜蒙德（Don Dumond）在阿留申群岛、阿拉斯加西南部和白令海峡的研究发现。通过重构2000年来白令海峡中的圣劳伦斯岛上持续发展的爱斯基摩文化，柯林斯（Collins, 1940）发现到公元1年爱斯基摩文化就已经得到了充分的发展，表明海洋哺乳动物捕猎技术和兽皮船的起源要早得多。位于楚科奇西伯利亚海岸以北的兰格尔岛上的契尔塔夫奥弗拉格遗址的年代，将基于脱柄标枪的北极海洋哺乳动物狩猎的年代又向前推移了1500年，推至3500年前。拉克林（Laughlin, 1963）认为，缺失的爱斯基摩人海洋适应的早期阶段发生在白令陆桥（the Bering Land Bridge）南缘和阿拉斯加西南部，当时海平面在上一个冰河时代末期上升，原始爱斯基摩人划着兽皮船，带着脱柄标枪沿着阿拉斯加海岸向北迁移到白令海峡。杜蒙德（Dumond，1977）持有相似的观点，但他认为爱斯基摩文化起源于阿拉斯加半岛和科迪亚克岛附近的阿拉斯加西南部，基于大约公元前5000年早期海洋海湾文化中海洋哺乳动物狩猎技术早期发展和海洋适应性证据。

汉斯-乔治·班迪（Hans-Georg Bandi，1969）阐述了柯林斯和拉克林的观点，认为在2000年至4000年前，受西伯利亚新石器时代和青铜时代文化的影响，在白令海峡兴起独具特色的爱斯基摩文化。在海峡沿岸，这一族群学会了在冰冷的海水中捕猎大型海洋哺乳动物，尤其是海象和海狮，到了公元早期的几个世纪，奥克维克和旧白令海文化繁荣起来（Bronshtein, Dneprovsky and Savinetsky，2016）。在公元600年至公元1200年的普努克时代，白令海峡的尤皮克爱斯基摩人划着乌米亚克船，用脱柄标枪和浮具捕杀大鲸鱼。在这个发展序列中，兽皮船最早的实物证据来自公元500年旧白令海文化坟墓中发现的代表卡亚克皮艇的象牙模型（参见下文）。到公元800年，人们就使用类似于历史上爱斯基摩人乌米亚克船的大型敞舱兽皮船，这种船在阿留申群岛被称为"拜达拉"，在科迪亚克被称为"安吉亚克"；如果没有这种船，也不可能发现并占据这些岛屿。最近，在阿拉斯加州巴罗（Barrow）[现在称为乌恰格维克（Utqiagvik）]附近的伯尼克（Birnirk）文化遗址中发现了乌米亚克船的残片，可追溯到公元800年至公元1000年（Anichenko，2013，参见结语）。阿拉斯加起源理论的问题在于，爱斯基摩人是美洲最像亚洲人的民族，他们的生物起源在6000~8000年前的亚洲，远远早于美洲印第安人的祖先到达北美之时。另外，相继受到来自东亚和东北亚的新石器时代、青铜时代和铁器时代的影响，爱斯基摩文化本可以随着亚洲新移民的涌入而在阿拉斯加西南部得到发展。

瓦伦蒂娜·安特罗波娃在其撰写的兽皮船史中，将这个问题转向了另一个方向，从广义的北极适应理论转向了对不断演变的船只构造的详细考古研究：

> 人类学文献中几乎从未涉及西伯利亚土著使用的各类船型的起源及其分类问题。我们先考虑一些棘手的问题，再尝试得出初步结论。……由此可见，只有西伯利亚土著人的龙骨船才与专业化海上运输和海洋哺乳动物狩猎的发展有关。……龙骨船的起源显然与沿海文化有关。在楚科奇半岛的早期旧白令海遗址（约公元 100 年）中就发现了卡亚克皮艇的遗骸或残片，而在早期普努克遗址（大约公元 1000 年）中就有兽皮船。过去，龙骨船在西伯利亚的分布范围显然比 20 世纪初要广。有报道指出，过去在更远的西部沿北冰洋海岸有兽皮船，但它们的构造尚未被描述。在一些早期的岩刻中，涅涅茨人的兽皮船给人一种卡亚克皮艇的印象。（Antropova，2005：33）

叶夫根尼亚·阿尼琴科现在正开展这种技术性的船只研究（参见第十章）。

安特罗波娃的提议的问题在于一直缺乏早期船只遗骸或者详细的模型或图像。无论是在白海和巴伦支海地区，还是在北太平洋、白令海和楚科奇海岸，考古证据的缺乏和岩画人物的模糊性，是解决兽皮船起源问题的巨大障碍（请参见公元 500 年至公元 1500 年的佩格特梅尔岩画；以及图 8-1）。目前，没有明显的迹象表明这两个海洋哺乳动物狩猎区域的文化之间存在联系（W. Fitzhugh，1998）。2000 年前，由于铁器时代北欧族群转而使用木板船，再加上没有漫长的、必须使用兽皮船的冬季浮冰期，北欧兽皮船的发展似乎中断了。6000 年来脱柄标枪的使用、丰富的大型海洋哺乳动物资源和兽皮船技术证明，北太平洋区域，包括其北部海域，更有利于发展海洋哺乳动物捕猎，兽皮船技术足以让人们在公元前 4000 年前后定居中阿留申群岛，在公元前 2500 年定居遥远的阿留申群岛西部（Veltre，1998）。因此，敞舱兽皮船和卡亚克皮艇似乎是在阿穆尔河（黑龙江）、楚科奇和阿拉斯加西部之间的北太平洋广阔的弧形地带发展起来的，那里海洋哺乳动物资源丰富，而且一年中有很长一段时间是冰冷的海洋环境。受到用于在北方河流交叉口捕猎驯鹿和在河口捕猎海洋哺乳动物的树皮船启发，进而开发出带甲板的兽皮船,这是卡亚克皮艇发展的可行途径。有了先进的脱柄标枪技术,就能在解冻的开阔水域中捕猎大型海洋哺乳动物,因此,带有重型龙骨、船架和舷缘的大型敞舱兽皮船被开发出来。

所有这些关于兽皮船发展的讨论都假定它是在北太平洋、楚科奇海和白令海地区演化而来的,在那里这一传统一直延续到现代。最近的学术研究忽视了兽皮船在北欧或西伯利亚西部海岸发展的可能性。鉴于新石器时代原木船发展的证据以及对白海岩画中类似爱斯基摩人船只的早期想法的重新评价,最近对船只研究的批判性思考强调,想要研判16世纪探险家对兽皮船的观察,还需要更多科学证据和怀疑态度。也许未来欧亚大陆西部的考古发现（例如在楚科奇发现的埃克文象牙船,下文将介绍）将产生有关东西方兽皮船起源的新思想。

埃克文卡亚克皮艇模型

人们对西伯利亚爱斯基摩卡亚克皮艇的历史所知甚少。以尤皮克皮艇为例,我们甚至没有从早期探险家那里得到有关它的详细描述,因为西伯利亚爱斯基摩人的经济在图勒文化时期（公元1000年至公元1500年）已经从使用卡亚克皮艇狩猎海豹转变为使用搭载多人的大型敞舱"安吉亚皮克"捕杀海象和鲸鱼。就亨利·柯林斯、弗罗里希·雷尼（Froelich Rainey）和奥托·盖斯特（Otto Geist）的遗址发掘来看（参见第十章）,难以在冰冻的古代爱斯基摩人村庄遗址发现的许多木质文物中辨认出船只部件,这也阻碍了对早期卡亚克皮艇和敞舱兽皮船的研究。另外,最近在阿拉斯加西南部白令海岸奎纳加克（Quinhagak）约公元1600年的努纳勒克尤皮克（Nunaleq Yup'ik）遗址发掘出大量船只部件和许多儿童玩具船模（Knecht, 2019）。

然而,在20世纪60年代苏联考古学家的发掘中,一项重要的考古发现证明爱斯基摩卡亚克皮艇至少存在于1500年前。当时,在白令海峡西北角的杰日尼奥夫角（Cape Dezhnev）附近的埃克文遗址,挖掘人员在具有1500年历史的旧白令海文化遗址工作时,在墓地的众多墓葬中发现了一个14厘米长的象牙皮艇模型（见图 8-11A-C）。座舱位置上有一张面具似的人脸，甲板上显示的是两条鲸鱼（或充气的拖船），可能象征被神奇"捕获"的动物。这件船雕当然不是玩具，而是作为祭祀品，可能是为了确保墓主来世狩猎成功。就船只历史而言，更重要的是这艘船的形状：它的扁平船体类似于楚科奇和尤皮克皮艇的船体（参见图 8-3 和图 8-4），而船首和船尾分叉则让人想起爱斯基摩人敞舱兽皮船的设计特点。有人会问："这个模型应该代表什么？乌米亚克（安吉亚皮克）敞舱兽皮船，还是猎人的封闭式皮艇？"船模兼具两者的特点。在埃克文发现了捕鲸用的脱柄标枪，这很可能

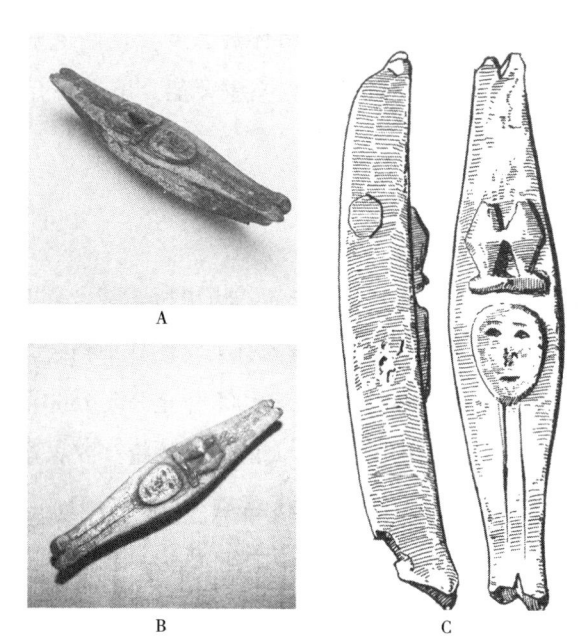

图 8-11 这只 14 厘米长的祭祀船象牙模型（A）是 20 世纪 60 年代在楚科奇杰日尼奥夫角（以前称为"东角"）附近的埃克文遗址中一个具有 1500 年历史的旧白令海文化坟墓中发现的。它和埃克文的第二个例子（B）是迄今为止已知最早的爱斯基摩人兽皮船的三维效果图。该船模代表卡亚克皮艇还是敞舱船，对此尚无定论，因为它兼具两者的特征（简图 C）：双叉舷缘延伸部分和整体比例表明它是一只"安吉亚皮克"（乌米亚克），而覆盖甲板、驾驶舱位置上的人脸和两个看起来像鲸鱼的海洋哺乳动物（但也可能是充气的海洋哺乳动物皮制作的浮具），使它看起来像卡亚克皮艇。该船模是在 10 号/11 号埃克文墓穴中发现的祭品，因此可能具有象征意义而非现实意义。（叶夫根尼亚·阿尼琴科拍摄，摘自 Arutiunov and Sergeev, 2006：插图 48。）

具有重要意义，因此至少在公元 500 年，此地就开始捕获大型鲸鱼了。在 1000 多年后，人们在格奥尔基于 18 世纪绘制的 17 世纪的双叉尤卡吉尔皮艇插图中也看到了这种双叉船型（参见图 7-1）。

西伯利亚尤皮克兽皮船

佩格特梅尔和东北亚海岸其他地方的岩画表明，使用敞舱兽皮船有组织捕鲸的历史很悠久。然而，由于缺少公元 500 年以前的考古资料，捕鲸历史发展的年代变得模糊不清；捕鲸标枪、浮具和敞舱兽皮船部件直到后来才开始出现在白令海峡两岸的普努克和图勒考古遗址中（见第十章）。迄今为止，只有在白令海峡西南角楚科奇努利格兰村（Nunligran）附近的乌宁（Un'en'en）遗址发现了捕鲸和兽皮船的早期证据。2007 年，俄罗斯考古学家谢尔盖·古塞夫（Sergei Gusev）在那里挖掘出一座满是鲸鱼骨头的房屋，他的团队发现了一件鲸鱼骨制品，上面刻着五个猎人在一艘类似敞舱安吉亚皮克兽皮船或乌米亚克兽皮船上，一只被标枪叉中的鲸拖着这艘船（见图 8-12；阿拉斯加大学，Fairbanks，2008）。在房屋地板上发现了鲸鱼骨制品，两面刻有相同场景，房屋经放射性碳年代测定约为公元前 1000 年。然而，考古学家质疑了这一日期和背景，因为在公元 1000 年的白令海峡和加拿大普努克、图勒文化遗址中发现了类似风格的雕刻品，而且鲸骨本身还没有被确定年代。虽然问题还没有解决，但乌宁鲸鱼骨雕可能记录了使用敞舱兽皮船捕杀大型鲸鱼（后来的爱斯基摩文化传统的典型特征）的历史，比我们之前所认识到的要早 1500 年。

兽皮船的发展当然不局限于西伯利亚海岸，我们可以认为，阿拉斯加西部族群也在这项技术的出现中扮演了重要角色。爱斯基摩人及其在西伯利亚东北部和阿拉斯加的前辈们隔着狭窄的、季节性冰封的白令海峡保持着密切的联系，两岸族群早在公元前 4000 年就展现了海洋哺乳动物捕猎技术的进步，日本绳文文化的脱柄标枪和科迪亚克岛用于猎杀海洋哺乳动物的梭镖投掷板（atlatl）就证明了这一点（W. Fitzhugh，2008）。使用敞舱兽皮船捕猎海象和鲸鱼的西伯利亚尤皮克猎人在圣劳伦斯岛上居住了至少1500年，他们可以轻松地在该岛和楚科奇岛之间坐船来回穿梭，因为他们和邻近族群讲同一种语言，并与他们有着共同的血缘。尤皮克人和阿拉斯加北部的伊努皮亚特爱斯基摩人之间的接触较少，但在过去的500年里，他们之间偶尔会发生战争、抢劫和贸易，大多是由尤皮克人或楚科奇人发起的。

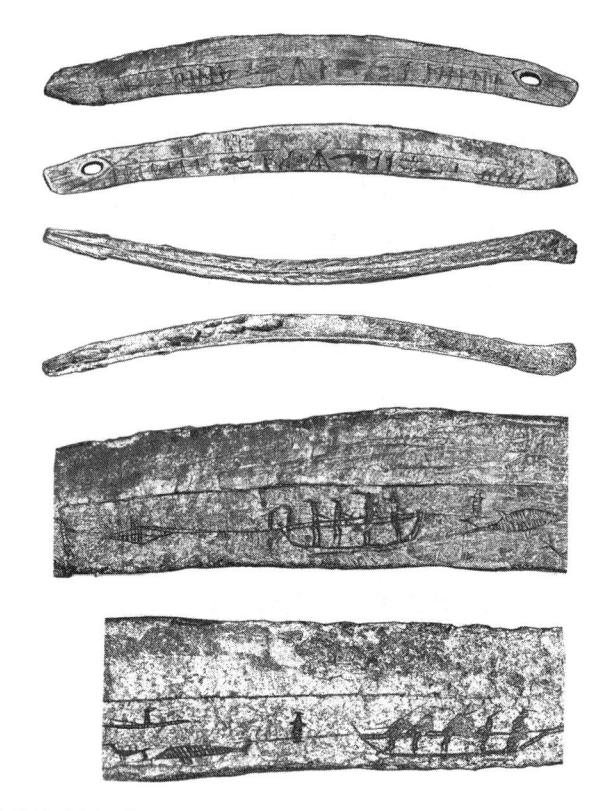

图8-12　这件鲸骨雕刻工艺品是2007年在楚科奇乌宁具有3000年历史的爱斯基摩人遗址发现的，上面有捕鲸猎人用标枪击中鲸鱼的场景。类似的场景可以在鄂霍次克文化的针线盒（参见图9-3）以及在阿拉斯加和加拿大约公元1000年的普努克和图勒文化工艺品上发现。据推测，所有这些工艺品上描绘的都是兽皮船，因为苔原环境中没有树木。如果在乌宁发现的鲸鱼骨雕与该遗址一样古老，那么就可以证明捕鲸技术和敞舱兽皮船的使用比公元500年的埃克文遗址早了1500年（见图8-11）。（由谢尔盖·古塞夫提供。）

第八章　太平洋西伯利亚：楚科奇、堪察加半岛和千岛群岛 / 317

博戈拉斯（Bogoras，1904-1909）和安特罗波娃（Antropova，1961）研究了龙骨船（敞舱兽皮船和卡亚克皮艇），并且都写过关于敞舱兽皮船的文章。兽皮船有一个由纵梁（内龙骨）、肋拱、侧拱和辅助构件组成的框架（见图8-13），覆盖着海洋哺乳动物皮（通常是海象的剖层皮），并由数名桨手划行，或在与欧洲人接触后用船帆助力。根据船首和船尾结构差异，西伯利亚有楚科奇型和堪察加型两种兽皮船。安特罗波娃的分类认可了这些变体的文化基础。爱斯基摩人和后来的楚科奇人使用的是楚科奇型兽皮船，船头船尾都有分叉（延伸的舷缘栏杆），而堪察加型兽皮船，船首宽而低，船头周围有弯曲的舷缘栏杆。白令海峡两岸使用的几乎是相同类型的

图8-13　这艘全尺寸尤皮克爱斯基摩敞舱兽皮船或"安吉亚皮克"（REM 8412-1）是1974年多里安·谢尔盖夫（Dorian Sergeev）在白令海峡西伯利亚海岸的塞里尼基村收集的，该船设计简单且坚固，采用蒙皮和绑扎的工艺，因此，这类船在重载和海洋压力下会弯曲但不会断裂。（I. 察琴科拍摄，由俄罗斯民族志博物馆提供。）

爱斯基摩人敞舱兽皮船。图8-14是芬兰人类学家萨卡里·帕尔西于1917年在白令海峡西伯利亚海岸拍摄的照片，照片上是海峡西北边缘东角（杰日尼奥夫角）附近海滩上的两艘大型诺坎爱斯基摩人兽皮船。

图8-14 这张照片（VKK157_155）显示，1917年来自阿拉斯加进行贸易远征的诺姆（Nome）伊努皮亚特爱斯基摩人在西伯利亚的杰日尼奥夫角（东角）登陆。在欧洲人到来之前，跨越白令海峡的移民、贸易和抢掠已经进行了数千年。为了在波涛汹涌的海面上载货航行，爱斯基摩人在舷缘上方绑扎兽皮、加高干舷，在舷缘外系上充气的海豹皮浮具。（萨卡里·帕尔西拍摄，由芬兰国家文物委员会提供。）

以下是安特罗波娃对亚洲爱斯基摩人的敞舱兽皮船的描述：

> 亚洲爱斯基摩人的兽皮船……代表了俄罗斯土著民族的最高技术成就。在结构方面，兽皮船和卡亚克皮艇都接近龙骨船。……
>
> ［敞舱］兽皮船的格状框架的底部是一根末端上翘的长横梁［内龙骨，译者注］。船底是由横梁笔直的部分和两侧弯曲的木板组成的，木板的两端在其开始弯曲的位置固定在中心横梁上。这些木板上固定着横向肋拱，形成了框架的侧面。……所有部件都用皮带捆扎在一起。

框架上覆盖着海象皮。在船皮的外表面,一块由鲸鱼肋骨(或颌骨)制成的板状缓冲器被固定在船底,防止船被拖进和拖出水面时磨损船皮。……兽皮船的尺寸各不相同,从一艘可供两人乘坐的小艇到长11~11.5米、宽1.5~2米,载货量为2吨的大船。大型船只的横档宽度可容纳6~8名桨手 [最大的兽皮船通常可载15~20人,还有货物——编者按]。19世纪末,人们使用宽短型和长窄型两种桨,长窄型似乎是模仿捕鲸船的长桨。爱斯基摩人经常从美国捕鲸者和商人那里获得现成的船桨。操舵桨的桨叶很宽;19世纪末,简陋的舵取代了操舵桨。

兽皮船上装有桅杆以支撑矩形帆,有时使用两张帆,一张在另一张之上。19世纪末,(进口)三角帆也开始使用。船帆用棉质斜纹布制作,但以前用精心加工的驯鹿皮制成。为了在大风中稳住船只,人们把充气的海豹皮系在船舷上。

兽皮船比许多用于近海旅行的木船有更大的优势。船很轻,但很稳定,船架用皮带捆绑,很有弹性,很容易在冰块之间移动,避免浮冰撞击时受损。船吃水很浅,能够在重载的情况下驶过浅水区,并在激浪中靠近海岸。在自给自足的经济条件下,这些特征使兽皮船成为捕猎海洋哺乳动物不可或缺的工具。(Antropova,2005:14-15;另见Bogoras,1904-1909)

西伯利亚的尤皮克人在整个20世纪都使用安吉亚皮特船来捕猎海象、海豹和鲸鱼,并在白令海峡沿岸旅行。到了20世纪中叶,这些船被改装,增加了方向舵,以及穿过船底且可安装舷外发动机的内井。20世纪60年代以来,研究人员就对这些安吉亚皮特船的建造和使用进行了详细的研究(Ainana,Tatyga,Typykhkak and Zagrebin,2003;Bogojavlensky,1969;Braund,1988),使尤皮克敞舱兽皮船成为北方世界被描述得最好的传统船只类型之一。这类研究的一个例子是斯蒂芬·布朗德(Braund,1988)的《阿拉斯加圣劳伦斯岛的兽皮船》(*The Skin Boats of Saint Lawrence Island*,

Alaska），此书是对尤皮克敞舱兽皮船的建造、使用和社会背景进行的最广泛的研究。该书记录了阿拉斯加圣劳伦斯岛萨沃加（Savooga）的船只，并提供了从与外来文化接触前到现代的船架结构和船体设计变化的详细信息（见图8-15A-B）。在博物馆中收集和维护兽皮船一直具有挑战性，但在2017年，史密森国家自然历史博物馆获得了一艘8.5米（28英尺）长的安吉亚皮克船，20世纪50年代该船由圣劳伦斯岛尤皮克人建造和使用（参见图10-14）。

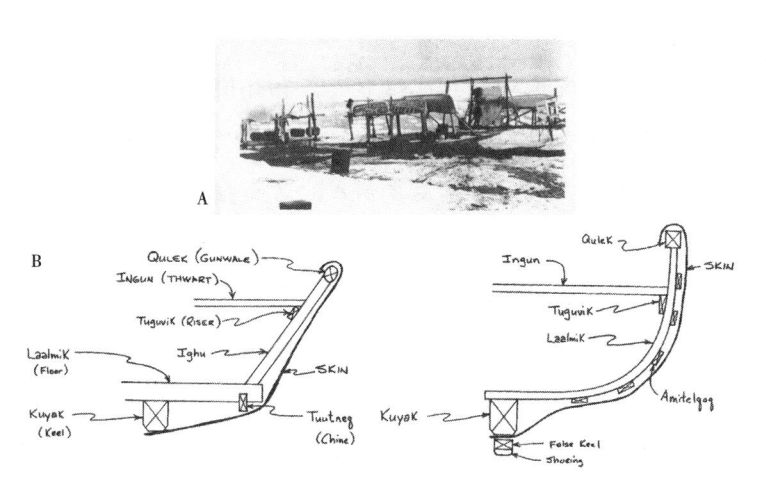

图8-15　A. 来自阿拉斯加州萨沃加的圣劳伦斯岛民使用安吉亚皮特船猎杀海象和鲸鱼已经超过1500年。不用的时候，船放在架子上晾干，这也可以防止狗吃掉船皮。B. 来自圣劳伦斯岛和楚科奇的传统平底安吉亚皮克船（左图；参见图8-13），侧面带有倾斜舷缘线的云杉浮木框架是合适的，因为船仍由桨或橹推动。但在20世纪，从欧洲人或美国人那里获得的更坚固的船首和船尾桁条以及弯曲的橡木肋拱做成了用于舷外发动机推进所需的圆形船壳（右图）。(图A摘自Braund，1988：图10，李·斯皮尔斯拍摄；图B和图C摘自Braund，1988：图24；均由斯蒂芬·布朗德提供。)

尽管西伯利亚尤皮克爱斯基摩人在19世纪中后期已经不再使用卡亚克皮艇，但皮艇模型可能仍然存在，大约在1840年，该模型（在本章前面讨论过）由伊利亚·沃斯内森斯基在白令海峡西伯利亚一侧的梅奇门斯基湾收集（MAE 20-22；参见图8-21a-b）。如前所述，虽然沃斯内森斯基将这种模型描述为"科里亚克"，但其位置表明它是爱斯基摩人的船只。如果是这样的话，并且如果船模准确呈现了原船，那么在这类船只被弃用，人们转而使用更适合捕猎海象和大型鲸鱼的敞舱兽皮船之前，该船模是白令海峡尤皮克/爱斯基摩人皮艇的唯一一个已知的代表。

克里克人：白令海西部的沿海居民

克里克人现在是一个小得几乎灭绝的土著群体，生活在白令海西部海岸和从北部盖卡岬（Geka Spit）到南部奥利图尔斯基角（Cape Oliutorsky）之间的岛屿上，方圆900多公里。他们最近灭绝的语言属于楚科奇-堪察加（古亚洲）语系，说这种语言的还有楚科奇人、科里亚克人、伊特尔曼人，他们的传统文化已基本消失。最初，克里克人可能是内陆猎人和渔民，而当他们周围是更大的人口群体时，他们适应了沿海地区的新经济，包括海上狩猎和使用兽皮船。与许多北方民族不同，他们可能没有使用敞舱兽皮船的悠久历史，可能从其南部邻居科里亚克人，或者北部的爱斯基摩人那里学到了必要的技能。

因为当民族志学家在19世纪中后期到来时，他们的文化已经在衰落，我们对他们的生活和风俗知之甚少。主要信息来源是弗拉德琳·莱昂特耶夫（Vladilen Leont'yev）用俄语写成的《克里克民族志和民俗》（*Ethnography and Folklore of the Kereks*），其中的摘录发表在挪威极地研究所的俄罗斯土著民族概要中：

他们的传统文化包括……捕鸟、捕鱼、陆地狩猎、海洋哺乳动物狩猎、诱捕动物获取毛皮和驯鹿养殖。……根据1897年的人口普查，克里克人大约有600人。到20世纪初，许多克里克人已被同化，其中大部分人被楚科奇人同化。克里克人由处于两个区域的两个族群组成：伊朱拉拉克库（Yjulallakku）［纳瓦林湾（Navarin Bay）的"上克里克"（Upper Kerek）］和尤蒂拉拉克库（Iutylallakku）［哈提尔卡河

(Khatyrka River)的"下克里克"(Lower Kerek)]。今天，克里克剩余人口居住在迈斯纳瓦林（Mys Navarin）地区的梅尼佩尔吉诺村（Meynypelgino）和楚科奇自治区奥克鲁格（Okrug）的其他村庄。……

捕鸟和猎捕小动物通常在春天开始。人们用弓、箭和用鲸筋[paynintyn] 织成的网来捕鸟，把网从鸟类筑巢的悬崖上放下来。夏天，他们用标枪、鱼钩和棍子捕捉红鲑鱼、座头鲑鱼、西伯利亚鲑鱼、泥鳅等。秋天，他们猎捕野生驯鹿、野绵羊和熊，并在沿海猎捕海豹和海象。冬天，狐狸、狼獾、北极狐等毛皮动物是其主要猎物。采集海白菜、海藻、蛤蜊、雪松果和浆果等食物是副业。……主要水运工具是拜达拉兽皮船，比楚科奇人和尤皮克爱斯基摩人的船只更短更宽。他们还使用狗拉雪橇，他们称为"乌鸦的滑雪板"的雪鞋和楚科奇人的很相似。……克里克人与楚科奇人、科里亚克人，以及在较小程度上与尤皮克人［爱斯基摩人］的交流产生了大量的语言借用。(Norwegian Polar Institute, 2006: Yupik)

克里克人的起源

亚历山大·奥列霍夫（Alexander Orekhov）对白令海西南海岸的史前拉赫蒂纳（Lakhtina）文化的研究，提供了关于那里可能是原始或早期克里克文化起源的信息（Orekhov, 1998）。他认为，当内陆狩猎和捕鱼族群（例如楚科奇人）开始适应沿海条件、经济、兽皮船使用和贸易时，通常会发生变化，而拉赫蒂纳文化就是这种变化的典型。就克里克文化而言，他认为这一过程始于3000多年前，一直延续到17世纪：

关于大约3000年前拉赫蒂纳文化早期阶段的海上运输尚无证据。从民族志来看，克里克人熟知的覆盖着海象皮的科里亚克型拜达尔船，很可能从西伯利亚爱斯基摩人那里借鉴而来。然而，不能排除船只外观（在克里克文化中）独特而又趋同的可能性。在早期，仅靠拖拉捕猎海象、海豹和海狮。……然而……没有水路运输，捕鲸是不可能的。尽管关于科里亚克型拜达尔船的民族志数据在克里克文化中出现较晚，但史前的捕鲸证据表明［拜达尔船肯定］出现更早。(Orekhov, 1998: 184)

哥本哈根大学的迈克尔·福特斯库（Michael Fortescue）研究了爱斯基摩语和楚科奇半岛的语言关系。2004年，他记录了克里克人与其邻近族群之间的语言接触，并解释了地区相似性，包括兽皮船的使用和形式以及海上狩猎技术：

> 爱斯基摩人在克里克海岸的存在对那里楚科奇人口特定的影响，从他们在克里克语中留下的语音痕迹中看得最清楚。……因此，幸存下来的克里克语言变体……可能在很大程度上是［白令海］普努克爱斯基摩人语言迁移的结果，因为他们与已经占据海岸的说楚科奇语的族群杂居融合在一起。……我们可以肯定的是，爱斯基摩人在"更早的时候"就从事贸易（Bogoras, 1904-1909: 12），远至最南端的纳瓦林角（Cape Navarin），那里是克里克人最靠北的居住地。那么，数量相对较少的中西伯利亚讲尤皮克语的强大的捕鲸者是否会在白令海的克里克海岸北部定居下来，与土生土长的克里克人通婚并在语言上被他们同化，以至于只有他们独特的（和负有盛名的）口音还保留在逐渐广泛使用的克里克语中？
>
> 至于土生土长的克里克人本身，其起源是一个更复杂的问题：该地区的考古表明有一个从大约4000年前的旧克里克（拉赫蒂纳）文化到现代一直延续的传统，因此，在任何直接的种族或语言意义上，该传统几乎不可能是"爱斯基摩"（Orekhov, 1998: 166ff）。在很长一段时间内，这些人口与遥远的内陆地区隔绝，其祖先似乎与堪察加塔里亚（Tarya）新石器时代文化的传承者相同。迪科夫（1979, 2004）和其他人认为这种文化代表了伊特尔曼人的祖先，后来在公元500年前后

与来自更远的西部、与南方断绝联系的科里亚克人杂居融合。……这些［塔里亚］新来者可能带来了发展成克里克语的基础语言，因为克里克语更接近科里亚克语而不是伊特尔曼语。很久以后，在其领土的最北端，奥列霍夫（Orekhov，1998：166ff）注意到来自技术更先进的普努克文化的强大影响。……居住在陡峭崎岖的海岸上的克里克人，其生存方式几乎和远在北方的爱斯基摩人和沿海的楚科奇人一样，完全适应了捕猎海洋哺乳动物的生活方式。……其最后的历史，即导致克里克语最终灭绝的……是来自北部和西部的内陆楚科奇人对其领地的侵犯。（Fortescue，2004：179-180）

克里克敞舱兽皮船

克里克敞舱兽皮船是科里亚克-堪察加传统的一部分，这种关系可以从萨卡里·帕尔西1917年拍摄的一艘克里克船的设计和结构中看出来（见图8-16）。这艘船类似于堪察加半岛东海岸的卡拉加湾（Karaga Bay）的船只，那里的族群可能是伊特尔曼与科里亚克（或阿普卡）的混合族裔。在卡拉加湾，敞舱兽皮船有一个相当宽的船头，就像在俄罗斯民族志博物馆和人类学和民族学博物馆的船只模型中看到的那样（参见图8-18a-c和图8-19），与船体形状更为对称的典型的科里亚克船只不同，克里克船的这种宽船头非常明显。帕尔西于1917年在克里克南部的阿留特（Alyutor）地区记录的那艘船大约是4.5米×2.0米×0.5米，船的宽长比例为1：2.8，从而使这种类型的船只在所有已知的西伯利亚东北部大型敞舱船只中与众不同。如图8-16和图8-18所示，船只内部的横撑板把船头撑开。当帕尔西在阿留特（奥柳托尔斯基）河口乘船遇到巨大的海浪，被冲到沙滩上时，他戏剧性地亲身体验了这种不寻常的宽船头的道理。宽阔的船头和0.5米的高度使船不致被淹没。西雅图华盛顿大学伯克博物馆（Burke Museum）收藏的一艘相似船只的模型上面有精心装扮的桨手（见图8-17）。这个模型被记录为科里亚克船，并带有欧式舵。如果文件记录准确，其宽而低的船头和泪滴形状表明它是克里克船只或受克里克影响的船只。克里克人和科里亚克人在堪察加半岛以北的阿留特区域毗邻，可能也有共同的船只风格。

图8-16　这张于1917年在堪察加和阿纳德尔之间的阿留特海岸上拍摄的克里克兽皮船的照片（VKK157_57）显示出其与楚科奇和爱斯基摩兽皮船的设计差异。特别值得注意的是宽而圆的船首，这有助于在白令海和北太平洋海滩的海浪中下水和着陆。（萨卡里·帕尔西拍摄，由芬兰国家文物委员会提供。）

图8-17　这个模型（BM 2-715）显示的是一群克里克或科里亚克人在一艘敞舱兽皮船上，该船有"V"形船尾、欧式舵和宽而低的克里克船头。到了19世纪中叶，大多数敞舱船只配备了船帆。（由西雅图华盛顿大学伯克博物馆提供。）

科里亚克人：彭日纳湾和堪察加半岛的民族

如今，科里亚克人约有 9000 人，生活在鄂霍次克海和太平洋沿岸的堪察加半岛。其语言属于古亚洲语系，其 DNA 反映他们早期与阿穆尔河（黑龙江）流域有接触（Schurr, Sukernik, Starikovskaya and Wallace, 1999; Rubiscz and Crawford, 2016）。17 世纪俄罗斯人首次到达他们的领地时，一些自称为"查夫库"（chav'cu）或"驯鹿牧民"的科里亚克人住在游牧营地，而另一些自称"尼莫洛"（nymol'o）的科里亚克人则定居在小村庄里。当埃文人从勒拿河出现在鄂霍次克海沿岸时，他们与科里亚克人杂居融合，形成了新的群体，有共同的甲板式卡亚克皮艇和大型无甲板兽皮船的造船传统和技术（Burykin, 2001; Tronson, 1859）。在历史文献中很难追溯到这段科里亚克历史，因为 150 年前的俄罗斯文献把居住在鄂霍次克海北部和堪察加半岛的大多数人称为科里亚克人。克里克人也是如此，他们与科里亚克人常常被混为一谈，并常被描述为科里亚克人。

西雅图华盛顿大学的本·菲茨休（Ben Fitzhugh）参考亚历山大·列别金采夫（Aleksandr Lebedintsev）、瓦尔德马尔·乔切尔森和亚历山大·奥列霍夫的著作，讨论了关于三四千年前在鄂霍次克海北部海域出现的拉赫蒂纳文化和旧科里亚克文化的海洋适应性：

> 在马加丹附近的鄂霍次克海北部，内陆人口仅在大约 3000 年前定居在沿海和近海岛屿上，在那里他们似乎已发展出独特的海洋传统（Lebedintsev, 1998）。最终，这个族群在鄂霍次克海东北部周围扩张，从而定居在堪察加半岛北部，建立了该地区最早的考古特征明显的航海传统：旧科里亚克文化（Jochelson, 1905）。
>
> 在白令海西海岸以北，堪察加半岛和阿纳德尔河口之间，距今约 3500 年的第一个沿海和海洋生活方式也出现了（Orekhov, 1998）。……

综上所述，西北太平洋亚北极附近海岸和海洋适应的最早证据表明，鄂霍次克海南部及其温和的南部海岸之间在全新世的早期海洋利用方面存在明显的年代差异，包括偏远的千岛群岛在内的更远的北部地区仅在距今约 4000 年之后，对海洋资源的关注才明显地独立出现在几个地点。(Fitzhugh, 2016: 258)

如果这些地区的海洋适应性发展是在距今 3500 年后才开始的，那么这就意味着距今 3500 年是卡亚克皮艇和敞舱兽皮船功能完备之时，这个时间与兰格尔岛的切尔托夫·奥夫拉格遗址的年代吻合。然而，有人假定考古工作将发现更早的海洋模式证据，因为众所周知，早在 3000 年前这种模式就在日本北部和阿拉斯加东南部出现。

科里亚克敞舱兽皮船

安特罗波娃和乔切尔森的研究是有关科里亚克兽皮船信息的基本来源。安特罗波娃大体比较了科里亚克敞舱兽皮船和爱斯基摩人及楚科奇人的敞舱兽皮船：

> 科里亚克主要捕猎船（kultaytvyyt）(Korsakov, 1939) 的字面意思是"用髯海豹的皮制成的船"，结构上类似于爱斯基摩人和楚科奇人的乌米亚克船，但在重要细节上有所不同。科里亚克船比爱斯基摩人的乌米亚克船短得多，但也宽得多，其长度很少超过 10 米，宽度约为 2.5 米。因此，科里亚克船的长宽比为 4:1，而楚科奇人或爱斯基摩人的乌米亚克船的长宽比为 11.5:1.5，或约为 8:1。科里亚克船舷缘末端由附加支架支撑，形成半圆形的船首和船尾，而爱斯基摩人的乌米亚克船，两端都是尖的［每个舷缘分别凸出］。……科里亚克船的船皮用髯海豹的皮（Erignatus barbatus）制成，比爱斯基摩人和楚科奇人使用的海象皮还要薄。……大型船只有八名桨手和一名舵手。船只由穿

过充当桨架的圆环的单叶桨推动。舵桨的桨叶比划桨的宽。船在顺风航行时，还可使用船帆。(Antropova, 2005: 16-17)

我们从亚当·拉克斯曼 (Adam Laxman) 中尉1790年写给他在芬兰出生的父亲埃里克·拉克斯曼的一封信中得知，大型科里亚克兽皮船可以长距离行驶并且速度非常快。亚当·拉克斯曼的父亲是俄罗斯科学院的教授，也是俄罗斯地理学会资助比林斯探险队的董事会成员 (Lagus, 1880: 209-211)。在以贸易谈判代表身份前往日本之前，亚当·拉克斯曼曾驻守在北鄂霍次克海彭日纳湾的吉希加镇。1789年夏天，他和三个哥萨克人乘坐一艘大型兽皮船沿海岸旅行，划桨的是七名科里亚克人，其中两名是妇女。彭日纳半岛位于鄂霍次克海的北端，当时是科里亚克人口中心。拉克斯曼的任务包括观察自然和寻找矿物。在几天的航行中，科里亚克人以海豹为食，每天划行50~70俄里（53~75公里），在泰戈诺斯角 (Cape Taigonos) 附近一个半岛的西部登陆。科里亚克人把拉克斯曼带到了一个遍布岩石的海岸，那里有一处朱砂晶体的矿床，拉克斯曼把它叫作水银白垩土。他报告说，在秋季暴风雨将海岸上的岩石击碎之后，科里亚克人就收集这种矿物来给他们的标枪上色。

瓦尔德马尔·乔切尔森对科里亚克敞舱兽皮船进行了最为详细的描述，作为杰苏普北太平洋探险队的一分子，乔切尔森进行了民族志学研究。他的专题论文《科里亚克人》("The Koryak") (Jochelson, 1908) 是田野民族志学的一部力作，其中有好几页都是关于科里亚克兽皮船的，包括对科里亚克人称为"马蒂夫"（matyv）的敞舱兽皮船的详细描述。他的描述由埃德尼和夏佩尔概括解释如下：

乔切尔森所绘制的科里亚克乌米亚克船技术先进，与美洲船只相比，其框架相当轻巧。从侧面看，船头是一条很长的倾斜曲线，船尾要短得多；因此，与上部舷缘的长度相比，船底相当短。俯视时发现舷缘在船头和船尾呈圆形，几乎形成了一个半圆。在船头，舷缘围绕着一个用榫头钉在船舷上部的水平船头板弯曲，但是在船尾没有船头板。曲度适中，线条优美。两侧的弧度很大，船底横向上呈现小"V"形，还有一个贯穿首尾的细长摇杆。结构与阿拉斯加乌米亚克船相似，不同的是科里亚克的乌米亚克船在两侧的中间有双舭纵梁和双立管或纵梁。立管不像舷缘线那样有连续的纵梁支撑；而是在侧架构件内部绑扎了三根短杆。侧纵桁伸不到船头和船尾。四根横梁位于船尾，第一根和第二根横梁之间的空间比其他两根横梁之间的空间大得多，用于载货。两个桨手在一块横梁上划船。船皮以前是剖开刮薄的海象皮，但最近开始使用髯海豹皮［因为海象在当地被欧洲人和俄罗斯人捕猎殆尽——编者按］。鹿皮制成的长方形帆有时绑在帆桁上，放在船中部的三脚桅杆上。桅杆的两根支腿固定在一边的舷缘上；剩下的一条支腿绑在对面的舷缘上。从乔切尔森的制图来看，这艘乌米亚克船可能是当今所有已知船只中最优美的一艘了。（Adney and Chapelle，1964：182）

乔切尔森得到一艘敞舱船的精致模型（见图 8-18a），连同其他数百种科里亚克民族志物品一起运回纽约市的美国自然历史博物馆，其中包括他委托制作的许多刺绣精美的科里亚克葬礼长袍。在其专著中对模型进行了分类和描述后，乔切尔森将该船和获得的其他科里亚克、楚科奇物品的样本转移到了众所周知的圣彼得堡人类学和民族学博物馆。乔切尔森让美国自然历史博物馆的管理员复制了船的木质框架，并在他的专著中描述了所有关键部件的功能（见图 8-18b-c）。其中一个有趣的特征是船头有一个"Y"形标枪座，用来在攻击鲸鱼之前放置标枪。在有些船上，这种标枪座呈"人"形，为船只和船员提供精神保护。阿拉斯加乌米亚克船上也使用了类似的捕鲸吉祥物，表明与捕鲸有关的宗教信仰在北太平洋和白令海广泛分布（W. Fitzhugh and Crowell，1988：图 210）

1913 年 F. M. 戈柳什金（F. M. Golyushkin）还在卡拉加地区为俄罗斯民族志博物馆收集了一个奇特的敞舱兽皮船模型（见图 8-19）。其出处在该博

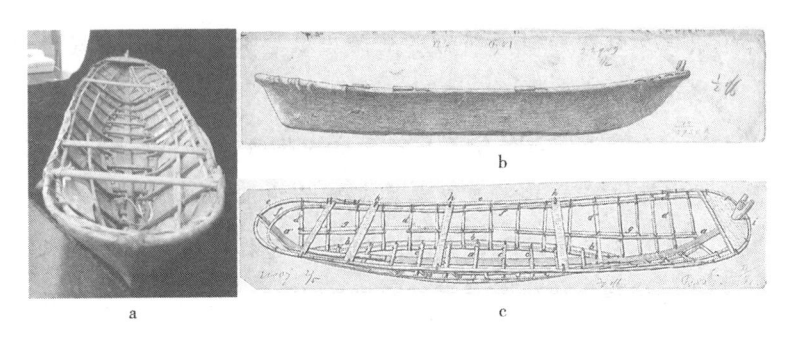

图 8-18　大约在 1900 年，瓦尔德马尔·乔切尔森在杰苏普北太平洋探险时，从科里亚克人那里收集了这个 105 厘米长的船模。该模型船首宽阔，向船尾方向逐渐变窄，形成狭窄的"V"形船尾，可能是为了适应堪察加太平洋海岸解冻的开阔水域和海浪（图 a，MAE 956-263）。乔切尔森绘制了这个模型的草图，并复制了船架（图 b 和图 c）展示其框架（AMNH 70/3756）。（叶夫根尼亚·阿尼琴科拍摄，Jochelson, 1908：图 80、图 81；美国自然历史博物馆提供。）

图 8-19　此敞舱兽皮船模型（REM 3964-113）是 F. M. 戈柳什金于 1913 年在卡拉加地区收集的，该船有一个不同寻常的特征，即其外部保留着海豹的毛皮，从未有人解释过保留毛皮的功能。（I. 察琴科拍摄，由俄罗斯民族志博物馆提供。）

物馆记录中被列为"科里亚克",船的特征表明是科里亚克船和克里克船的融合,这无疑是由于卡拉加地区位于阿留特人/克里克人和堪察加科里亚克人领土之间的边界。与典型的科里亚克船相比,该船船头非常宽(宽长比为1∶2.5),船的两端更加对称。如果说卡拉加模型反映了船只的实际构造,那么它的奇怪之处在于用作船皮的是未经加工的动物毛皮,毛发仍然留在外面。这个模型看起来很独特,我们还不知道任何关于毛皮覆盖的皮船的描述。1910年,A.A.波波夫从堪察加的卡拉根斯基地区为俄罗斯民族志博物馆收集了一艘类似的科里亚克船模型(去除了毛皮)(REM 2246-91)。

科里亚克皮艇

与科里亚克的敞舱兽皮船一样,科里亚克皮艇在某些细节上与爱斯基摩人的版本有所不同(Antropova,1961),尽管其结构使其仅适合在开阔水域的短途航行。和爱斯基摩皮艇一样,科里亚克皮艇有格子框架,中间有一个圆形的舱口,其上覆盖着髯海豹皮。科里亚克皮艇比爱斯基摩和楚科奇皮艇更短且宽,圆形出入口的开口更宽。像爱斯基摩人一样,科里亚克人通过在舱口边缘安装兽皮防浪衣,或者桨手穿的防水皮大衣下摆,来防止水进入船内。乔切尔森收集的科里亚克皮艇(见图8-20a-b;Jochelson,1908:图83)长255厘米,宽72厘米,高19厘米,有双叶桨或两只单手划的单叶桨。当猎人需要悄悄接近猎物时,这种桨也用于阿穆尔河(黑龙江)上的小型树皮船。

安特罗波娃(Antropova,1961)指出,堪察加半岛西海岸的皮艇比东海岸的皮艇显得更原始。20世纪初,当卡拉加、阿留特以及阿普卡(Apuka)的科里亚克人开始使用步枪代替标枪捕猎海豹时,他们就不再使用网和皮艇了。然而,与此同时,传统的海豹狩猎设备和皮艇仍在彭日纳湾使用;甚至在20世纪30年代初,彭日纳科里亚克人还在使用渔网猎捕海豹。传统技术的持续存在有其道理:标枪不会像枪声那样吓跑晒太阳的海豹,捕猎者在海豹繁殖地追捕它们时更喜欢声响不太大的皮艇。虽然兽皮船在沿海地区很受欢迎,但在堪察加河捕鱼、旅行和打猎

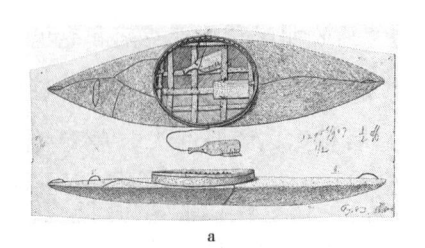

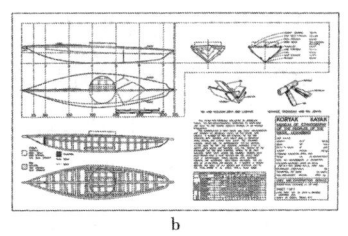

图 8-20 在杰苏普探险中，瓦尔德马尔·乔切尔森收集了一艘科里亚克海豹皮皮艇，美国自然历史博物馆（70/3358）后来把该船出售给了俄罗斯圣彼得堡人类学和民族学博物馆，在那里重新登记为 MAE 956-49a-c。乔切尔森发表的插图（a）显示它的长、宽和高的尺寸都不大（255 厘米×72 厘米×19 厘米），使其成为已知最小的传统狩猎皮艇。(b) 皮艇由大卫·齐默里记录。(a：摘自 Jochelson，1908：图 83，由美国自然历史博物馆提供；b：摘自 Zimmerly，1986：图 7，由大卫·齐默里提供。)

时，人们更喜欢原木船。

彭日纳湾的科里亚克人使用的卡亚克皮艇是皮艇类型中的极端个例，至少在尺寸方面是这样。乔切尔森的杰苏普北太平洋探险皮艇长 2.69 米，高只有 28 厘米，宽 79 厘米。船体吃水很浅，底部呈"V"形。船首和船尾处有扶手。弯曲且不够结实的扁平肋拱支撑着三个类似的扁平底部桁条；然而，其中只有内龙骨贯通首尾。船首和船尾有三根甲板纵梁，但只有两根甲板横梁。其他已发表的关于这艘船的描述在纽约和伦敦激起了关于科里亚克皮艇内部结构的讨论（Birket-Smith，1929：5，pt. 2：78；Adney and Chapelle，1964：195；Arima，1975：67-69；Kankaanpää，1989：16）。埃德尼和夏佩尔写道："奇怪的是，亚洲皮艇展示了北极东部和西部皮艇的结构，原始的、小型的科里亚克皮艇有着 3 个板条的'V'形船底，而楚科奇皮艇的构造方式如同白令海峡东侧的皮艇。皮艇的甲板是非常轻的结构；通常有两根厚实的横梁来支撑出入舱口，前后各有一到三根轻横梁。"（Adney and Chapelle，1964：192）看起来，科里亚克皮艇遵循了一般模式，但也有地方特色。宽大的驾驶舱让人想起阿拉斯加努尼瓦克岛的皮艇，这似乎是最近才出现的一种创新。从追溯到 1840 年的科里亚克皮艇模型来看，它有一个狭窄的出入孔和一个后置把手，该模型由沃斯内森斯基为俄罗斯

第八章　太平洋西伯利亚：楚科奇、堪察加半岛和千岛群岛 / 333

圣彼得堡人类学和民族学博物馆收集（见图8-21）。然而，如前所述，该模型的来源——楚科奇的梅奇门斯基湾——意味着它很可能是尤皮克/爱斯基摩皮艇，而不是科里亚克皮艇。

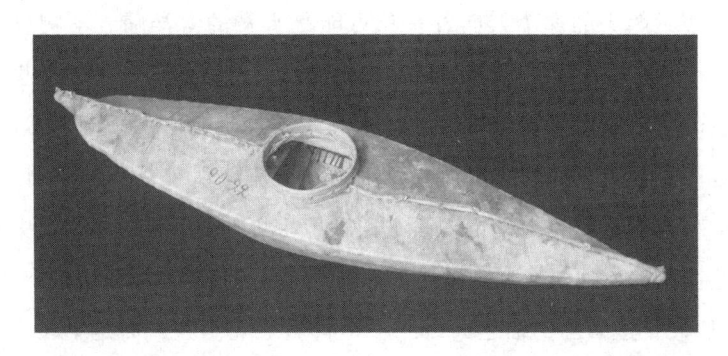

图8-21　这个皮艇模型（MAE 20-22）由伊利亚·沃斯内森斯基大约在1840年为俄罗斯圣彼得堡人类学和民族学博物馆收集，其起源据记载是位于科里亚克领土以北的楚科奇半岛上的梅奇门斯基湾。这是所有博物馆中最古老的皮艇模型之一。如果模型的来源地点准确，并且忠实代表其所属类型，那么它可能不是科里亚克皮艇，而是白令海峡尤皮克/爱斯基摩皮艇模型的罕见示例。（叶夫根尼亚·阿尼琴科拍摄；圣彼得堡人类学和民族学博物馆提供。）

这艘小型科里亚克皮艇不仅在彭日纳湾到堪察加半岛东部的地区有名，而且在靠近尼夫赫人领土的鄂霍次克南部海域也为人所知。英国海军军官J. M. 特隆森（Tronson，1859）看到阿延角的埃文人也使用类似的船只捕鸟（参见第七章关于埃文人的章节）。因此，科里亚克皮艇可能比更大的爱斯基摩-楚科奇皮艇使用的地理范围更广泛。

一般来说，人们认为科里亚克只有单座皮艇。然而西村真次（Nishimura，1931：158-159）指出，仙台的著名学者大浦正二（Bansui Otsuki）描述了1794年6月一艘日本船只前往"昂德雷茨克"（Ondereitske）（可能靠近阿纳德尔）的航行。他们的船不能运行了，被救起后他们和船员一起回到了阿纳德尔，船员们在描述阿纳德尔附近岛屿上纳茨卡人（Naatska）的风俗时提到了一种叫"凯塔拉"（kaitara）（"拜达拉"）的双人皮艇。大浦在他的作品 *Kwan-Kai-Ibun* 中绘制了这样一条船；西村在他的《日本古代船舶研究》（A Study of Ancient Ships of Japan）第四部分"兽皮船"（Nishimura，1931：192）中将其复制为版画 XIX（见图 8-22；另见图 8-23 和图 8-25）。插图上是两个留着胡须的猎人，他们穿着带有防浪裙的皮大衣，坐在双人皮艇上。靠近船头的那个人向着一只可能是水獭的海洋哺乳动物投掷标枪，另外的标枪装在枪筒里，固定在船的一侧。西村将这艘船归类于科里亚克船，认为该船的使用地点可能位于阿纳德尔和堪察加半岛南部之间。然而，这幅画的内容却有着明显的阿留申风格，因为双人皮艇从来都不是亚洲东北部海洋哺乳动物狩猎活动的一部分，而科里亚克人也不使用装在标枪筒中的标枪，所有这些反而都是阿拉斯加阿留申和科迪亚克岛狩猎技术的一部分（参见第十章）。因此，这幅画中描述的可能不是科里亚克猎人，而是早在 1774 年就被俄美公司（RAC）从科迪亚克岛和阿留申群岛东部引进的阿留申（尤南干：Unagan）或科迪亚克（阿鲁提克：Alutiiq）猎人，他们在千岛群岛捕猎海獭。

图 8-22　这幅日本人绘制的插图出现在大浦正二的 Kwan-Kai-Ibun 中，标题为"一幅科里亚克皮艇的日本古画"。此图后来在西村真次 1931 年出版的《日本古代船舶研究》中被复制。这幅画存在许多问题，包括标题将皮艇和划桨者识别为科里亚克，因为传统上东北亚人不使用双人皮艇。胡须说明画中人物可能是阿伊努人或科迪亚克阿拉斯加人，但双人皮艇和标枪筒证实，他们的原型是俄美公司 19 世纪初引入千岛群岛从事商业海獭捕猎工作的科迪亚克岛或阿留申群岛的数百名岛民。（摘自 Nishimura，1931：plate 19。）

瓦莱瑞·舒宾（Valerie Shubin，1994）描述了这段历史以及他在南千岛群岛乌鲁普岛（Urup Island）上发掘的阿留申/科尼亚格-阿伊努村。他的报告指出，不时有来自阿拉斯加的科尼亚格人（Koniag）（科迪亚克人，现为阿鲁提克人）入境。然而，从 1828 年到 1868 年，俄美公司在千岛群岛殖民，形成了包括科尼亚格人和阿伊努人在内的贸易定居点。大浦正二的图画很可能说明了千岛群岛上关于科尼亚格爱斯基摩人历史上鲜为人知的故事，这些故事发生在罗曼·希区柯克（Roman Hitchcock，1891）开始在那里进行人类学调查前一个世纪。

《大日本的产品》（*Products of Greater Japan*）（1887）是一本由歌川广重（Hiroshige Utagawa）在 19 世纪 70 年代后期制作的画册，画册中的插图可以更确切地证实这一解释。其中一幅画（见图 8-23）展示了两只阿留申风格的三人皮艇，由头戴平顶云杉根编织帽的男子划着，这是科迪亚克岛的阿拉斯加科尼亚格人（阿鲁提克人）和附近威廉王子湾（Prince William Sound）的苏皮亚克人（Sugpiaq）的特征。涩泽荣一基金会（Shibusawa Foundation）的小泽五美（Uzumi Koide）指出，这本书在 1877 年出版时，上野（东京）正举行一个大型工业贸易博览会（Koji Deriha，与威廉·W. 菲茨休的私人交流，

图 8-23　这幅图（1-4265-2）可能使我们解构西村那幅问题插图（见图 8-22）的不寻常特征：双人皮艇、标枪投掷器和木制箭筒。这张图片显示的是有三个出入孔的阿留申式皮艇上的人（后面的船没有中间桨手），他们挥舞着长矛，戴着阿拉斯加科迪亚克岛的科尼亚格人（阿鲁提克人）典型的平顶编织帽。这幅图画来自日本艺术家歌川广重（1842~1994）于 19 世纪 70 年代创作的一系列绘画作品《大日本的产品》。俄美公司的船只停泊在背景中，这个地点很可能是南千岛群岛的乌鲁普岛上的俄美公司驻地附近。［早稻田大学（Waseda University）图书馆提供。］

2018）。这幅画的原始标题描述了捕猎海獭的"土著人"和他们的狩猎方法，但没有讨论划船者的种族是千岛群岛阿伊努人、尤南干人（阿留申人）还是科尼亚格人（阿鲁提克人）。皮艇的船头附有刨花（inau），表明这些阿拉斯加猎人采用了阿伊努人的习俗，即船上使用刨花敬神，并提供海上精神庇护。岩石遍布的海岸表明了千岛群岛的环境，而俄罗斯船的存在清楚表明，海獭捕猎在俄美公司的监督下进行，很可能在俄美公司基地乌鲁普岛捕猎。西村还描述和图解了乔切尔森的敞舱兽皮船模型和他认为属于科里亚克和堪察加（伊特尔曼）民族的单人皮艇（1931：图42、图43；另参见图8-25）。

伊特尔曼人：堪察加火山的渔民和猎人

伊特尔曼人，俄罗斯人将之称为堪察加人（Georgi, 1777），大约在公元1690年俄罗斯殖民者首次出现之前，伊特尔曼人就居住在堪察加半岛的大部分地区。伊特尔曼人的领土从堪察加半岛南部（当时阿伊努人也曾占据或到访过此地）延伸到北部的乌卡河（Uka River）和提吉尔河（Tigil River），毗邻科里亚克人的领土。他们的主要人口集中在半岛中东部的堪察加河流域。堪察加半岛盛产貂皮和其他毛皮，并拥有高产的鲑鱼和包括海洋哺乳动物在内的海洋渔场。历史上，生活在入海河流沿岸的主要是渔民，而在东西海岸，伊特尔曼人捕猎鲸鱼，堪察加半岛南端的伊特尔曼人和阿伊努人也是如此。

伊特尔曼语被认为是古亚洲语系的较大的一部分，被称为楚科奇-堪察加语族，但它们之间的确切关系尚不清楚，因为这种语言几乎已经灭绝，而且相对来说还没有得到研究。根据舒尔（Schurr）、苏克尼克（Sukernik）、斯塔里科夫斯卡娅（Starikovskaya）和华莱士（Wallace）的研究，伊特尔曼人的DNA最接近科里亚克人，而与楚科奇人和爱斯基摩人的不同（Schurr, Sukernik, Starikovskaya and Wallace, 1999）。他们的研究还表明，大陆的埃文基和埃文部落向鄂霍次克海北部的扩张，很可能形成了科里亚克人和伊特尔曼人的祖先，而从阿穆尔河（黑龙江）下游和萨哈林岛（库页岛）迁移来的人口起了次要作用。

伊特尔曼的船只也鲜为人知。由于领地毗邻和经济模式相似,通过分析与其邻居科里亚克人和阿伊努人的关系最易了解伊特尔曼船只。我们可以考虑把俄罗斯人进入堪察加半岛时的情形作为研究出发点,当时伊特尔曼人、科里亚克人和阿伊努人之间的接触可能已经进行了几个世纪。1697年,堪察加半岛的伊特尔曼人有近1.2万人。其中有6900名布林人(Burin);伊特尔曼-科里亚克群体约1200人;其余约3800人,属于居住在千岛群岛附近的伊特尔曼-阿伊努族群(Zuev,2012:16)。17世纪末到18世纪初,在楚科奇人口不断增加的压力下,埃文人穿越科里亚克人的领土,进入堪察加半岛,成为内陆驯鹿牧民和猎人。18世纪后期,堪察加河上的许多伊特尔曼人死于俄罗斯人带来的流行病,或因1770年至1771年反抗俄罗斯人的战争失败而丧生,半岛上各种土著群体的混合残存者被称为堪察加人或伊特尔曼人("住在这里的人")。2002年的俄罗斯人口普查数据显示,伊特尔曼族总人口为3180人,其中只有少数人仍然说伊特尔曼语。

关于伊特尔曼人的早期描述

德国博物学家乔治·W. 斯特勒(Steller,2003)在俄罗斯地理学会组织的维图斯·白令1733年至1743年的远征中到达堪察加半岛。他考察了整个半岛,并造访了阿拉斯加和科曼多尔群岛(Commander Islands)。在返回航程的起点堪察加半岛时,他们在白令海峡遭遇海难,包括白令在内的许多船员死于坏血病和饥饿。幸存者建造了一艘较小的船,并返回彼得罗巴甫洛夫斯克(Petropavlovsk),在那里,斯特勒继续他先前对伊特尔曼人、堪察加人和科里亚克人的观察。他对堪察加人的自然历史和民族特别感兴趣,并描述了他们的旅行,狩猎行程和方法以及船只的使用。他指出,堪察加半岛的伊特尔曼人、千岛群岛的库什人(阿伊努人)以及彭日纳湾的一些科里亚克人是经验丰富的海洋哺乳动物猎人,他们乘坐"拜达尔"船只旅行,其中最大的船有13米长。

当另一位德国人卡尔·冯·迪特马尔在1851年至1855年探索堪察加半岛为俄罗斯人寻找矿产资源时，他遇到了伊特尔曼人，并在许多地点观察了兽皮船。在1890年他写道，其中有些船长12米。我们没有这些"拜达尔"船的图片，但可以相当有把握地说，由于伊特尔曼和科里亚克两个民族距离近、联系密切，伊特尔曼船很像科里亚克船。乔切尔森于1909年至1911年在同一地点研究堪察加人时，没有发现多少人，他指出他们的兽皮船和古老的海上狩猎传统已经消失。

堪察加半岛中部的船只

根据经济和地理位置的不同，不同的伊特尔曼群体对船只的使用各不相同，这里有已知的所有标准船型：原木船、木板船和树皮船。在堪察加半岛北部，可能还有敞舱兽皮船和带甲板的卡亚克皮艇。堪察加半岛的森林提供了建造原木船和树皮船所需的所有北方树木。我们对这些船艇的了解有限，主要是由于早期与俄罗斯人的频繁接触，在他们的船只传统被详细记录下来之前，他们的人口和经济，特别是海洋经济就遭到了毁灭。

在内河捕鱼、打猎和旅行时，伊特尔曼人使用名为"拜特"（bat）的原木船；对于重型河流运输，尤其是在波涛汹涌的水域，他们建造双体或三体原木船。虽然我们有一些关于18世纪在堪察加河上使用原木船的信息，但对伊特尔曼桦树皮船的使用几乎完全缺乏了解，尽管这种船只肯定是古老的伊特尔曼森林文化的一部分。有一段历史记载（Woss，1779：188）指出，伊特尔曼人用桦树皮做的小船装满鱼的内脏，作为捕获海豹的诱饵。

关于伊特尔曼人使用兽皮船的情况，我们所知不多。本杰明·菲茨休（Benjamin Fitzhugh，2012）写道，在堪察加半岛中部和南部，从海洋动物的石雕形象中可以看出，距今3500~4000年，在内陆出现了向海洋经济的转型。在河流入海口，原木船应该是伊特尔曼人航海的理想选择，就像南部的阿伊努和阿穆尔族群使用木板原木船进行远洋旅行和贸易一样。伊特尔曼人与千岛群岛的阿伊努人保持经常性联系，如下文所述，后者使用船舷加有木板的传统原木船，也可能使用兽皮船，但我们没有一手资料证明在埃文人（拉穆特人）进入该地区之前，延展原木船就已存在。

阿伊努人占领了千岛群岛和堪察加半岛的南端，在那里他们与伊特尔曼人杂居融合，并可能影响了伊特尔曼人。在德国很早进行的对堪察加半岛的研究中，阿伊努人被称为库什人，从事海上贸易和捕猎海洋动物。正如我们从北海道和千岛群岛的插图（Ohtsuka，1999：图53-2、图52-3）中所了解的那样，阿伊努型原木船的船头和船尾都高高地向上翘着，干舷较低，因此与伊特尔曼人用于内河和河口的传统低舷船不同。舷侧没有木板的阿伊努原木船不适合海上长途航行，而是主要用于沿海旅行和在流入大海的河流中捕鱼（参见第九章中对阿伊努人的讨论）。为了进行长途航行，阿伊努人使用大型的两侧有木板并带有船帆的原木船。

图8-24展示的是一艘伊特尔曼人带甲板的原木船，这是一种皮划艇，可能配备了防浪裙和双叶桨，是乔治·W.斯特勒《堪察加半岛历史》（*History of Kamchatka*）（2003）一书的卷首插图。画中描绘的内容基于他在1741年至1742年白令探险时的观察。然而，这幅图画缺乏细节，可能只是艺术家将皮船和皮艇元素融为一体的幻想中的重构。西村出版的另一幅素

图8-24 乔治·W.斯特勒的《堪察加半岛历史》一书中描绘了堪察加半岛内部一个让人印象深刻的场景：冒烟的火山、土著人的小屋，以及一个男子坐在小船或木板船上用双叶桨划船，可能还穿着防浪裙。（摘自Steller，2003：卷首插图。）

描可能是兽皮船（见图 8-25），描绘了一个留着长发和胡子、在堪察加半岛划着兽皮船的"科里亚克"男子。

库什人和千岛群岛的阿伊努人：太平洋西北部的岛民

涉及千岛群岛阿伊努人（另参见第九章有关阿伊努人的一节）的资料揭示了对历来占据堪察加半岛南端和千岛群岛北部的民族身份某种程度的困惑。在 17 世纪和 18 世纪的千岛阿伊努-堪察加贸易的全盛时期，堪察加半岛南部是千岛群岛阿伊努人作为季节性定居者和访客出现的地区。这个地区早期的探险者不是民族志学家，也不能直接与他们遇到的大多数人交谈，这种困难在文化边界处尤甚，在库什人的例子中可以明显体现出来。

据鲍里斯·O. 多尔吉克（Dolgikh, 1960）估计，在 18 世纪早期，在堪察加半岛的南端和千岛群岛（位于堪察加半岛和日本之间的一系列岛屿）上居住着几千名航海人，在古俄罗斯的记录中，被称为库什人（Kushi）或千岛人（Kuril）[后来被称为"南部岛民"（the Southern Insulaners）]。人们对这些人知之甚少，几乎可以肯定他们是阿伊努人，部分原因在于 19 世纪 50 年代迪特马尔（Dittmar, 1890b）遇到他们时，他们已经从堪察加大陆撤退到更偏远的千岛群岛，以躲避俄罗斯人的入侵。他们划船史上最有趣的是他们对大海的掌控，以及使用可能属于科里亚克-堪察加类型的大型敞舱兽皮船和不同于科里亚克类型的皮艇。库什-阿伊努千岛群岛族群的生活方式和位于大陆海岸的其他部落和民族大不相同，可能与居住在阿拉斯加到堪察加半岛之间阿留申群岛上的伊特尔曼人或阿留申人最为相似。

1774 年斯特勒（Steller, 2003）以及后来的迪特马尔（Dittmar, 1890b）记录了堪察加半岛南部的民族。根据 J. G. 格奥尔基（Georgi, 1777）的说法，"岛民"包括千岛群岛南部岛民和东部岛民，是生活在西伯利亚和美洲之间，从白令海峡到阿留申群岛上的海洋民族。这两个群体有着相似的生活方式：生活在海边，居住在孤岛上，使用兽皮船。

千岛的海洋环境

当迪特马尔探索堪察加半岛时，他发现了属于库什人（可能是伊特尔曼-阿伊努人的混血族群）的大型敞舱兽皮船，这些船只使他们能够从一个岛屿航行到另一个岛屿与俄罗斯人进行毛皮贸易。尽管千岛-库什人（即阿伊努人）和伊特尔曼人没有武器，但他们是让敌人胆战心惊的勇士，因为他们拥有能致人痛苦死亡的毒箭。正如迪特马尔所写的：

> 千岛群岛居民是一个几乎灭绝的族群，为数不多的残存者乘着"拜达尔"船在群岛间漫游。他们生活在陆地上，但居无定所，只要某地有狩猎需要，或者要过冬，他们就建造浮木圆顶帐篷，想离开某地就会离开。他们是使用"拜达尔"船的游牧民族，经常前往千岛群岛中最大的帕拉穆希尔岛（Paramushir Island）。每年他们都会为位于北部的舒姆舒（Schumshu）和南部的乌鲁普的两家俄美公司的分公司捕猎[海獭]以获得毛皮。(Dittmar, 2004: 17)

格奥尔基描述了那时仍占据堪察加半岛最南端的千岛-库什人（阿伊努人）：

> 这些岛民并不都使用同一个名称来称呼自己，他们的思想观念和语言也各不相同。大多数人称自己为"库斯基"（Kuschi），"库什"（Kushi）就是由此而来的，"库里利"（Kurili）（民族及其岛屿的名称）又源于"库什"这个名字，而最南部的岛民通常被称为"基库里伦"（Kikkurilen）。一些岛民在语言、思想观念和生活方式上与日本人相似；另一些岛民接近堪察加人（伊特尔曼人），而其他一些岛屿则由这两个群体共同居住。北部的一些岛屿承认俄罗斯的统治，南部的一些岛屿承认日本的统治，其他许多岛屿则独立自主。……那些形式上属于俄罗斯或日本统治的岛民只是徒有其名，他们并非每年都缴雅萨克税。当他们确

实要缴税时，所代表的纳税人数各不相同，因此他们的人口不得而知。1776年，所有俄罗斯统治下的人只有262人（户主）缴纳雅萨克税。

真正的千岛人和日本人很相似：他们个头很小，脸又圆又平，头发乌黑，但皮肤多毛。他们的行为举止很人道，他们友好、诚实、坚定，而且总是彬彬有礼……但有自杀倾向……男人们捕捉鸟类、海象等，也打猎和捕鱼。他们的爱斯基摩皮艇（纳亨：nahen）用浮木和森林中的木头制成，桨的两端都有桨叶。妇女们负责做饭、缝衣服等，北部的人口纺织荨麻线［用来织布制衣］。……南方的岛民比北方的更聪明，他们与日本进行鲸油、毛皮、鹰羽毛［用于制造箭羽］和管轴贸易。作为交换，他们可以得到日本的金属、漆杯、壶、标枪和其他各种东西，比如手镯、刀、烟草。……他们住在堪察加人那样的地下小屋里，但比较干净，里面有部分日本家居用品。他们的食物全是野生动物——鸟类和鱼类——野生根茎、水果和海藻（Fusi sp.）；而在南方，他们喜欢吃日本美食，比如糖。……北方［岛民］的衣服与埃文基人相似，是由天鹅、水鸟和海豹皮以及海洋和陆地动物的毛皮制成的。他们的头发不剪，垂在脖子上。他们的帽子是用芦苇编的。南方的岛民留着大胡子，不剪头发，嘴唇也被涂成灰色。他们的衣服很长且具有中国风格，并饰以皮草。（Georgi，1777：354-356）

斯特勒提供了更多关于千岛群岛阿伊努人海上狩猎和捕鲸的信息：

考虑到鲸鱼这种海洋动物体形庞大，堪察加半岛有许多令人惊讶的捕鲸方式。在洛帕特卡角（Cape Lopatka）和千岛群岛周围……当地人乘坐"拜达尔"船出海，寻找鲸鱼休息的地方。无论在哪里找到这些动物，他们都会用装有毒箭的弓射杀它们，毒箭很快就会使它们身体肿胀起来，发出可怕的尖叫和咆哮声，迫使鲸鱼进入深水区。过了一段时间，其中一些，但不是全部，可能会被风和海浪抛上岸。（Steller，2003：71）

库什阿伊努兽皮船和卡亚克皮艇

本章开头引用的斯特勒的描述，来自他对阿留申群岛和阿拉斯加南部爱斯基摩人皮艇和乌米亚克船，以及他在堪察加半岛所见到的其他船只的观察。正如上文所述，伊特尔曼人建造了大型的兽皮船，但他们的皮艇几乎无人知晓。然而，一位名叫森田近藤（Morisige Kondo）的日本武士于1804年写了一本关于堪察加半岛地理的书，其中描述了当地民族使用的兽皮船，西村也将他的报告收录进自己的《日本古代船舶研究》中：

> ［兽皮船的］骨架上覆盖着一层皮，或者说是裹着一层兽皮。船架装在这个球形的皮套里，这个皮套看起来有点像钱袋，其颈部通过细绳打开或闭合，顶部的开口紧紧地闭着，以防止在恶劣的天气里有水涌进来。阿伊努人称这艘船为"tondo-chip"，而俄罗斯人将它称为"迈塔尔"（maitare）［即"拜达拉"——编者按］。
>
> 根据阿伊努人的说法，库鲁穆斯（Kurumusé）［指堪察加人及其族群在德川（江户）时期（1603~1868）由叶佐（Yeso）（北海道）人使用的日语名称——编者按］或堪察加半岛的原住民乘坐这样的船只在乌鲁普岛［南千岛群岛］捕鸟时，他们习惯于左右划桨，从而在手握弓箭追逐猎物的同时将船向左右推来推去。据推测，他们是利用设置在绳子上的某种装置用脚划桨。（Nishimura，1931：107；也见脚注126）

但西村接着就纠正了对推进方法的这种描述，描写了关于图8-25中看到的场景：

> 如图所示，该船是由穿孔桨划动，而不是使用任何其他装置或机械。图片中所示的兽皮船只能容纳一个人，并且只有一个出入孔。船的形状类似于科里亚克兽皮船。船上的人显然是阿伊努人（因为留着

长胡子），但这是画家无知或图片具有欺骗性的情况，画中展示的应该是堪察加人。（Nishimura，1931：167）

西村几乎没有提供关于这幅画出处的信息，如果它确实展示的是乘坐兽皮船的阿伊努人，这对学者们来说将是革命性的。然而，除了西村之外，没有人知道这幅插图，而且最近的日本学者也没有对其进行研究，因此，难以确定画中人是否为阿伊努人。图片中的不一致之处包括，堪察加船上的阿伊努人不可能有这种外貌，并且使用的是橹而不是桨，这在小型皮艇中是不现实的。这幅画很有可能是基于对科里亚克、伊特尔曼或库什阿伊努船不完整描述的一种艺术再现（Koji Deriha，与威廉·W. 菲茨休的私人交流，2018）。

图 8-25 就像西村的双人皮艇的插图（见图 8-22）一样，这幅大胡子男子——因此外表上像阿伊努人——划着一艘兽皮船的插图，引发了质疑。这幅画似乎是科里亚克皮艇简图，其船皮以防浪裙的形式环绕在男人的腰部。与图 8-22 和图 8-23 所示的船不同，此船由橹推动。就像对早期萨米人的描绘（请参见图 3-12），这种兽皮船证据带来的问题比它解决的问题要多：这名男子和皮艇究竟归属库什阿伊努人、伊特尔曼人，还是科里亚克人？艺术家可能从未见过真人和实物，而是根据第二手或第三手的资料创作了这幅画。（摘自 Nishimura，1931：图 43，玛西娅·巴克里改编。）

在此，我们还应指出上述对图 8-22 和图 8-23 的讨论与俄美公司在 18 世纪和 19 世纪后期从阿拉斯加向南千岛群岛输入阿留申人（尤南干人）或科迪亚克人（阿鲁提克人）作为契约海獭猎手之间的相关性。其中一些阿拉斯加土著人居住在千岛阿伊努人旁边的村庄里（Shubin, 1994），他们在千岛群岛上的出现能够解释日本画家绘制的双人皮艇和穿阿拉斯加服装、使用阿拉斯加技术的猎人的看似不可思议的图画。

千岛群岛传统船只的终结

关于 19 世纪末千岛群岛及其居民的最好资料之一是美国捕鲸船船长亨利·詹姆斯·斯诺（Henry James Snow）的著作。斯诺曾在俄罗斯和日本海域航行多年，了解包括萨哈林岛（库页岛）在内的当地岛民和岛屿，他还不幸在千岛群岛中的一个岛上遭遇海难，并在阿伊努人地区生活了数月。

斯诺（Snow, 1897）描述了北千岛群岛居民（库什人）使用兽皮船的情况，而南千岛群岛的阿伊努人则使用更大的木板原木船航行。他写了俄美公司试图利用堪察加半岛工人和阿留申群岛的阿留申人，从千岛群岛鱼类、海洋哺乳动物和林业中获利。俄美公司在此持续运营到 1875 年，那年在达成一项关于俄罗斯将千岛群岛交给日本以换取萨哈林岛（库页岛）南部的协议之后，该公司放弃了千岛群岛。千岛群岛的大多数居民被驱逐到堪察加半岛，他们乘坐俄罗斯船只，只能随身携带很少的物品；其他人则撤退到北海道或阿拉斯加。斯诺是这次悲惨事件的目击者，他报告说，他们的家园、船只和渔具都被遗弃了，结束了数千年来传统船只的使用者生活在这个火山岛链上的历史。

在那个历史时期，甚至更早的时候，千岛群岛上是否存在"拜达尔"兽皮船和卡亚克皮艇？这个问题的答案仍然模棱两可。日本方面对于这些船只的零星信息，以及斯诺零星的相关叙述，具有一些启发性，但只能让我们对兽皮船有合理的推测，至少对北千岛群岛，也可能是堪察加半岛的伊特尔曼人是这样。科里亚克型的兽皮船在堪察加半岛很常见，它们对阿伊努人和伊特尔曼人以及对阿留申群岛的阿留申人一样有用。看起来，千岛群岛库什人的敞舱兽皮船似乎确实存在，但目前尚缺乏令人信服的历史和考古文献。

我们确实知道，当俄罗斯人将阿留申人引入千岛群岛从事伐木和捕猎时，阿留申人带来了他们的兽皮船，他们需要这些船只捕猎海豹和海獭。1892年，北海道函馆（Hakodate）博物馆收藏了一个三孔带甲板的"堪察加皮艇"（尺寸为6.5米×0.55米），是从毗邻北海道的色丹岛（Shekotan）收集的。与格陵兰因纽特桨手（及其卡亚克皮艇）在苏格兰变成"芬兰人"（参见第三章）的情况类似，阿留申-爱斯基摩皮艇及其桨手通过俄美公司前往千岛群岛和日本，正如苏格兰传教士兼民族志学家约翰·巴彻勒（John Batchelor, 1892: 184）拍摄的照片所记录的那样。不幸的是，当我们将目光转向远东海域时，堪察加半岛和千岛群岛关于兽皮船的这种模棱两可状态仍在继续。远东地区的树皮船在内陆环境中数量众多，但如果那里有过兽皮船的话，也因为原木船和木板船出现较早，兽皮船还没来得及被记载就在沿海消失了。

（侯　丽　译）

第九章
远东：中国东北、萨哈林岛（库页岛）和日本北部

我们关于欧亚大陆北部树皮船与兽皮船调查的最后一章专门介绍阿穆尔河（黑龙江）下游和鄂霍次克海南部沿海地区。考古证据表明，早在1.4万年前，甚至在最后一个冰河时代结束之前，人们就定居在阿穆尔河（黑龙江）下游的村庄里，住在半地下式的大房子里，制作陶器，捕捞鲟鱼和其他鱼类，并猎杀河流中溯流而上的海洋哺乳动物。到1.3万年前，堪察加河乌什基（Ushki）遗址的定居点都集中在鲑鱼捕捞点（Dikov，1996；Goebel，Waters and Dikova，2003）。海洋资源丰富的本州岛（Honshu）和北海道都有年代相当久远的遗址，到8000~9000年前，阿穆尔河（黑龙江）下游和日本绳文文化族群，或许还有其他族群，已经开发了用于捕获大型鱼类和海洋哺乳动物的标枪（Yamaura，1978，1998；Habu，2004，2010）。所有这些发展都需要使用船只进行内河或沿海航行。到距今2000年，鄂霍次克和西北太平洋沿岸的贸易已经将盛产象牙的白令海文化与东亚使用金属的农业社会及其精英阶层联系起来。在维图斯·白令、乔治·W.斯特勒（Steller，2003）和斯特潘·克拉申宁科夫（Stepan Krasheninninkov，1755）等早期探险家到达后不久，堪察加半岛和白令海的土著社会开始遭受欧洲疾病的侵袭。然而，已知的证据足以表明，这些民族的民众都是经验丰富

的造船者和航海家，他们习惯于穿越白令海峡，甚至可能从堪察加半岛穿越到阿留申群岛（尽管最近的DNA研究并不支持堪察加-阿留申群岛之间的联系）。

遗憾的是，该地区关于船只的文献证据几乎全部来自民族志博物馆的物品、照片和公元1700年后带有模棱两可插图的探险报告。我们所知的唯一考古物证是两个具有1500年历史的象牙皮艇模型（先前已讨论过；参见图8-11）和雕刻在鄂霍次克文化的骨质针盒上具有1000年历史的捕鲸者形象（参见图9-3）。这些发现表明，兽皮船技术在这一时期已经非常先进，早期的鄂霍次克猎手有能力猎杀大型鲸鱼，很可能使用的是兽皮船。历史记载指出堪察加半岛的克里克人、科里亚克人和伊特尔曼人有使用兽皮船（见上一章），日本的报告和古老的插图暗示了兽皮船在千岛群岛和萨哈林岛（库页岛）的使用，在那里，适应了海洋的、类似爱斯基摩人的鄂霍次克文化大约一直到公元1200年都很繁荣。这些数据不足以证明鄂霍次克南部水域存在着土著兽皮船传统，尽管在俄罗斯人、中国人和日本人引进木板船和阿拉斯加海獭猎人使用双人皮艇之前，可能就已经有兽皮船存在了。

以下各节描述尼夫赫人、那乃人、乌德盖人、奥罗奇人、涅吉达尔人、满族人、阿伊努人和阿穆尔-埃文基人的船只传统及其使用情况，以及使用皮筏和牛皮船进行河流运输的汉族人和藏族人。不可否认，最后一部分篇幅很短，因为我们无法获得大量有关本土船只的中国文献。然而，很明显，阿穆尔河（黑龙江）地区有着独特的船只历史，而且阿穆尔Ⅰ型和Ⅱ型桦树皮船构成了欧亚大陆北部的第四种树皮船传统。

尼夫赫人：鄂霍次克海南部和萨哈林岛（库页岛）的海洋猎人

尼夫赫人［以前称为吉利亚克人（Gilyak），他们自称格里姆人（Grimin）］（Lattimore，1962：351）现在居住在靠近阿穆尔河（黑龙江）

口、鄂霍次克海沿岸和萨哈林岛（库页岛）北部的地区，被认为是他们现居地新石器时代族群的直系后裔（参见 S. Nelson，2006）。尽管萨哈林岛（库页岛）早在全新世时期就有人类占据，但俄罗斯考古发现表明，萨哈林岛（库页岛）尼夫赫人的祖先大约在 3000 年前和 4000 年前分两批次到达这里（Kuzmin et al.，2004）。在阿穆尔-埃文基人和涅吉达尔人占领这些土地之前，尼夫赫人在西伯利亚大陆的领土一直延伸到西北部的乌达河，包括尚塔尔群岛。鲑鱼和淡水鱼是尼夫赫人主要生活来源，他们使用渔网、围网、栅栏和陷阱捕鱼。萨哈林岛（库页岛）和阿穆尔河（黑龙江）口的尼夫赫人也用标枪和棍棒从船上、岸边和冬天的海冰上捕猎海豹和海狮。在 1897 年的俄罗斯人口普查中，尼夫赫族有 4649 人，其中 1744 人居住在萨哈林岛（库页岛）上（VanStone，1985）。奥罗奇-埃文基人生活在图格尔河（Tugur River）沿岸，在乌达河口的尼夫赫人附近。埃文人居住在北边的阿延角附近区域，那是他们从尼夫赫人手中夺来的领土。尼夫赫人是阿穆尔河（黑龙江）下游-萨哈林岛（库页岛）地区唯一与通古斯人或说满族语民族无关的大型族群；相反，他们的 DNA 显示他们与中世纪统治阿穆尔三角洲地区的阿伊努人密切相关。尼夫赫人主要是鄂霍次克海南部和北海道鄂霍次克海洋文化的后裔。

在阿穆尔河（黑龙江）流域捕鱼和狩猎

芬兰自然科学家阿瑟·诺德曼（Arthur Nordmann）于 1857 年至 1860 年到访阿穆尔河（黑龙江）地区，以继续波罗的海-德国博物学家利奥波德·冯·施伦克的工作，施伦克于 1854 年至 1856 年在执行俄罗斯科学院的一次任务中一直待在阿穆尔河（黑龙江）地区。在那里，诺德曼（Nordmann，1867）研究了尼夫赫人的捕鱼和狩猎活动，并收集了有关桦树皮船的信息。尼夫赫人通常被描述为萨哈林岛（库页岛）和亚洲大陆之间的鄂霍次克海沿岸和鞑靼海峡（Tatar Strait）的海上猎手，他们使用船只进行狩猎、捕鱼和贸易。诺德曼也提供了关于他们内陆经济的信息，并且像施伦克

(Schrenk，1881：207-208) 一样，认为他们最初是内陆人，流离失所，并与萨哈林岛（库页岛）北部的阿伊努人部分融合。桦树皮船对尼夫赫人的运输极为重要，对于那乃人和奥罗克人也是如此（参见本章关于阿穆尔-埃文基河的章节）。在俄罗斯民族志博物馆的藏品中，来自阿穆尔河（黑龙江）下游帕奇村（Pachi）的一艘大型尼夫赫桦树皮船的残骸（见图9-1）显示，它有非常坚固的双舷缘，并且比典型的阿穆尔树皮船还要宽，其宽度约为70厘米。

图 9-1　在阿穆尔河（黑龙江）发现的部分树皮船非常长，可以容纳几个人。1910 年至 1911 年，V.N. 瓦西里耶夫（V.N. Vasiliev）在阿穆尔河（黑龙江）下游的帕奇村收集了一只尼夫赫船桨和一只桦树皮船的中间部分（REM 6762-50）。这是一个重要的发现，因为较早研究尼夫赫人的列夫·施特恩伯格（Lev Shternberg）声称他们没有树皮船。(I. 察琴科拍摄，俄罗斯民族志博物馆提供。)

20 世纪 20 年代，诺德曼到访之后约 60 年，俄罗斯民族志学家列夫·施特恩伯格作为政治流放者来到萨哈林岛（库页岛），继续诺德曼的研究。他发现尼夫赫人不再使用树皮船，也不知道如何制作。在这段时间里，似乎在 19 世纪后期通过与中国人和俄罗斯人接触而获得的木板船取代了树皮船。研究中国的文化地理学家欧文·拉铁摩尔（Owen Lattimore，1962）报道称，那乃地区也发生了类似的变化。萨哈林岛（库页岛）南部最后一批尼夫赫或阿伊努树皮船出现在 20 世纪 20 年代。从树皮船到木板船的转变也可能导致了沿海地区兽皮船的消失。

阿穆尔河（黑龙江）及其支流以盛产鱼类而闻名。在夏季，尼夫赫人乘坐树皮船捕鱼，主要用荨麻纤维织成的网，他们把网放在固定的位置，或者让它随水漂流。冬季捕鱼需要在冰层下张网。尼夫赫人用一种鲑鱼做狗粮，在冬天把其他鲑鱼晒干做人类的食物。当鲑鱼沿着阿穆尔河（黑龙江）及其支流逆流而上时，人们用陷阱、钩子和标枪捕捞，并将鲑鱼在盖着白桦树皮屋顶的棚子里晾干。也有人用标枪从船上捕到梭子鱼。诺德曼在一篇精彩的文章中这样描述道：

> 在炎热晴朗的夏日里，当吉利亚克人［尼夫赫人］无事可做时，他会乘坐一艘由桦树皮制成的所谓"奥莫罗茨卡"（omorochka）船。船驾驶起来非常轻便，驶向水流平静的支流，那里的河底铺满了水草。在那里，尼夫赫人试图捕捉一些浮在水面晒太阳的梭子鱼和其他大型鱼类。吉利亚克人的装备是一个固定在长柄上的三刃标枪。当靠近晒太阳的鱼时，鱼就会慢慢地游开，水面上留下的小波纹或波浪显示鱼的位置和方向。吉利亚克人可以根据平静水面上的小波浪，判断鱼藏身的准确位置，即使在看不见鱼的情况下，也能用标枪将其叉中。（Nordmann，1867：338）

诺德曼还看到人们从一艘树皮船上用标枪叉鱼，船头伸出一个铁支架，上面有一个燃烧的桦树皮火炬。住在鞑靼海峡沿岸巴伊的尼夫赫人也在小海湾里使用这种方法捕鱼。

尼夫赫人在春天也捕猎麋鹿和驯鹿，特别是在阿姆贡河、戈林河

（Gorin River）和乌苏里江附近的山区。当雪很深的时候，穿雪鞋或滑雪板的猎人能够比动物跑得快，并用长矛或枪将其猎杀。在春天，当地面的冰盖阻碍猎物逃跑时，他们也会用狗拉雪橇捕猎。秋天，当驼鹿聚集在浅水区吃草和水生植物时，尼夫赫人会驾船猎杀它们。在漆黑的夜晚，猎人们乘船穿过高高的草丛，直到距离足够近，驼鹿将头埋在水下食用水草时，他们就开枪或用矛刺过去。

诺德曼（Nordmann，1867）和渡边（Watanabe，2013）描述了海岸上的白鲸（重要的肉类、皮革和油脂来源），它们季节性地游至阿穆尔河（黑龙江），追逐鱼类，溯流而上长达400俄里（427公里）。当白鲸在春天成群结队地进入阿穆尔河（黑龙江）时，尼夫赫人用带钩的标枪将其叉住，标枪又与绳子和兽皮连在一起。猎人会一直跟踪有标记的受伤的白鲸，直到它衰竭为止。然后，他们用矛杀死白鲸，再系上更多的绳子，将其拖回家。欢迎白鲸的仪式过后，村里举行了盛宴，把白鲸的灵魂送上了天。许多北太平洋民族也有类似的"送葬仪式"，他们相信，尊重动物的灵魂将确保未来有充足的猎物供应。俄罗斯人到来后，尼夫赫人开始使用由六名男子划船的木板船在解冻的开阔水域捕捞白鲸。到1860年，俄罗斯人在普伊尔角（Cap Puir）成立了一家公司，用网捕捞，开展捕鲸业务，与尼夫赫人竞争，就像波莫尔人在白海中所做的那样。不用说，俄罗斯人根本不尊重他们捕获动物的灵魂，这是对动物的冒犯，尼夫赫人和其他土著族群认为这是后来白鲸数量减少的原因。

然而，对尼夫赫人来说，在利曼（Liman）和鞑靼海峡沿岸进行的海豹捕猎比猎鲸更为重要。他们用网捕猎海豹，并在遍布岩石的海岸用棍棒和长矛伏击海豹。另一种最受欢迎的猎物是海狮，尼夫赫人在春天的海冰上捕猎海狮，乘船靠近并用矛或枪杀死他们，就像波莫尔人在春季猎杀竖琴海豹时所做的那样。

萨哈林岛（库页岛）上的兽皮船

对尼夫赫皮船的描述根据来源和时期的不同而有所不同。例如，施特恩伯格（Shternberg, 1933：chap. 12, 538）认为他们不用树皮船。历史和考古资料提供了有关兽皮船的信息，因为尼夫赫人使用兽皮船来猎捕阿穆尔河（黑龙江）口和鄂霍次克海丰富的海洋动物。但安特罗波娃显然不知道或不相信兽皮船曾在萨哈林岛（库页岛）南部使用过，对尼夫赫和乌尔奇船艇提出了这种直截了当的看法："尼夫赫和乌尔奇海船实际上是河船，仅部分改装以供在沿海地区使用。在这种情况下，功能的改变并未改变结构。"（Antropova, 1961：112）

日本仅有的几本用英文写成的兽皮船资料之一是西村真次所著《日本古代船舶研究》的第四部分"兽皮船"（Nishimura, 1931）。西村是早稻田大学的日本古代史教授，于1928年至1931年出版了一系列有关船史的书籍，其中包括兽皮船。他认为，在与西方接触之前，从萨哈林岛（库页岛）一直延伸到堪察加半岛，曾经有一批兽皮船使用者，可能还遍及鄂霍次克海和日本北部。乔切尔森（Jochelson, 1928：57-60）在研究了科里亚克兽皮船后，也倾向于对尼夫赫人得出类似的结论，但他从未发现任何物证证明其假设，也没有找到阿伊努人使用兽皮船的物证（参见阿伊努人部分）。在萨哈林岛（库页岛）旅行时，西村偶然发现了两艘旧的兽皮船，提供了此类船只在鄂霍次克海南部使用的罕见物证。西村著作的"兽皮船"部分中包括一张照片（Nishimura, 1931：图60, 157, 236），照片太暗，看不清楚船型；然而，对其结构的解释表明其结构和船皮与其他北太平洋敞舱兽皮船类似（见图9-2a-b）。

萨哈林岛（库页岛）上的古船

与楚科奇一样，萨哈林岛（库页岛）的考古发现也提供了历史记录和民族志物品所缺失的确凿物证，这一证据来自公元700年到1200年位于鄂霍次克海南部海岸的鄂霍次克文化。1907年，坪井正五郎（Shogoro Tsuboi）在萨哈林岛（库页岛）南部的苏苏亚河（Susuya River）对一个大型的鄂霍次克文化贝丘进行发掘时，发现了21个鸟骨针盒，其中一些刻有航海和捕

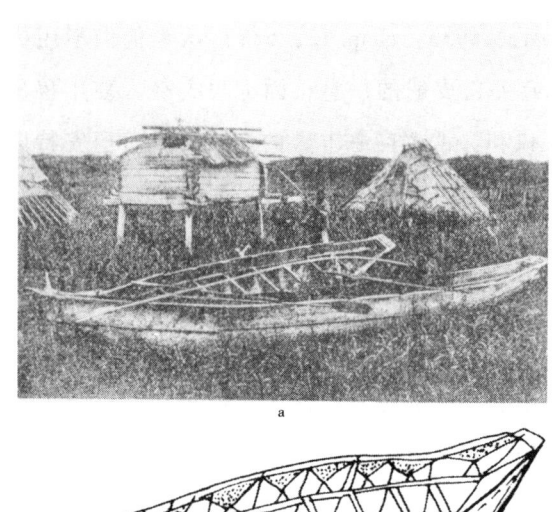

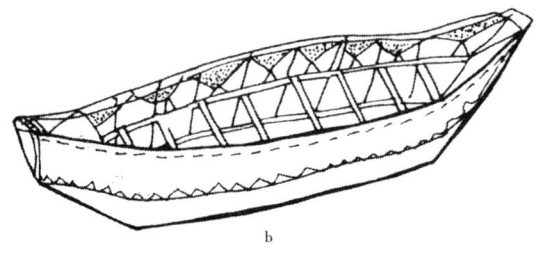

354 / 欧亚大陆北部的树皮船与兽皮船

图 9-2 西村真次在萨哈林岛（库页岛）拍摄的两艘兽皮船照片印刷质量不佳（图 9-2a），仔细研究照片后，哈里·卢克卡宁重构这两艘船的大体特征（图 9-2b），此类船与北太平洋族群的敞舱兽皮船相似，包括将兽皮船皮绑在舷缘上的方法。（图 9-2a 摘自 Nishimura，1931：图 60；图 9-2b 由哈里·卢克卡宁绘制。）

鱼场景。其中一幅展示了一艘由七名桨手驾驶的船，他们用标枪和拖曳浮舟捕获了一条须鲸（见图 9-3；另见 Nishimura，1931：pl. XVIII）。从这些插图中，坪井得出了关于鄂霍次克文化中人们的船只、标枪和海事能力的结论（Nishimura，1931：154-56）。1924 年夏天，西村前往被日本人称为"卡拉富托"（Karafuto）的萨哈林岛（库页岛），为他的著作收集人类学资料。他重访苏苏亚河遗址，发掘出陶器、石器和动物骨头，但由于找不到雕刻的针盒而感到失望。但是，鲸椎的存在证实了坪井的观点，即鄂霍次克文化是具备深海狩猎能力、完全适应海洋的文化模式。后来，研究人员在其他鄂霍次克文化遗址的针线盒上发现了捕鲸场景，并确定鄂霍次克文化区域曾经包括北海道北部、萨哈林岛（库页岛）和千岛群岛南部

(B. Fitzhugh, Shubin, Tezuka, Ishizuka and Mandryk, 2002; W. Fitzhugh and Dubreuil, 1999：图 3-19)。西村称赞坪井对鄂霍次克捕鲸的见解，但认为坪井对针线盒上的船只图案关注不够。他特别指出雕刻中显示船员数量较多，并指出这些船不可能是树皮船，而肯定是敞舱兽皮船，就像他在萨哈林岛（库页岛）上看到的那些兽皮船一样。他认为这些船很像爱斯基摩人的"安吉亚皮克"船和"乌米亚克"船。

图 9-3 1907 年，坪井正五郎发掘萨哈林岛（库页岛）鄂霍次克文化苏苏亚遗址时发现了这种针盒，上面刻有人们驾着船用类似标枪的武器捕鲸。坪井和西村认为日本的先民是日本人的先祖。后来，考古学家在北海道内木罗（Nemuro）附近的本滕托（Bentento）鄂霍次克文化遗址中发现了雕刻的针盒。本滕托遗址的针盒和苏苏亚遗址一样，也显示了捕鲸的场景，并且可以追溯到公元 700 年至公元 1300 年。其年代和在北部地区的分布表明，阿伊努人的先祖实际上是鄂霍次克人，而不是日本人。（摘自 Fitzhugh and Dubreuil, 1999：图 3-19；由北海道大学植物园和博物馆提供。）

苏苏亚遗址的发现令日本人着迷，因为它证实了阿伊努神话中一个被称为"克鲁波克鲁"（Koro-pok-guru）的民族的故事。这些传说中的"小矮人"制作陶器，使用燧石工具，住在地下房子里，乘坐轻得可以背在背上的兽皮船旅行。坪井认为克鲁波克鲁人不是阿伊努人的祖先，因为他们的海上特征都无法与 20 世纪北海道贫困的内陆阿伊努人相提并论。相反，他认为使用兽皮船的克鲁波克鲁人有可能是爱斯基摩人的祖先。西村没有看出鄂霍次克人与爱斯基摩人的直接联系，但他支持坪井关于克鲁波克鲁人曾经使用过兽皮船的观点。于是，西村也成了日本人曾经是使用兽皮船的海洋民族这一观点的早期支持者。西村写道：

很明显，在苏苏亚遗址发现的陶器与在北海道或本州偶然发现的石器时代的陶器大不相同。然而，生活在萨哈林岛（库页岛）的吉利亚克人有一种兽皮船，他们擅长加工鱼皮并制作成各种各样的东西；居住在堪察加半岛北部的科里亚克人拥有兽皮船；阿留申人有用兽皮做船的风俗；爱斯基摩人有他们的卡亚克皮艇……综上，可以推断在苏苏亚贝丘中留下雕刻工艺品的民族一定是这些部落中的某一个，而刻在其中一根骨管上的船代表着一艘属于他们的船只。（Nishimura, 1931：151-153）

尽管与古老的爱斯基摩人有着共同的特征，包括捕鲸、敞舱兽皮船、坑屋、定居的沿海生活和集约型海洋经济，但没有考古学、DNA 或语言证据表明鄂霍茨克人与爱斯基摩人有直接接触。考虑到这两个族群相距 2500 公里，彼此间隔着许多其他文化，这不足为奇。然而，与 100 年前相比，坪井和西村的观点在今天得到了更多的支持。大多数研究过东北亚史前史的考古学家现在看到了阿穆尔-鄂霍次克地区和白令海地区数千年来广泛互动的证据。（Chard, 1974; Ackerman, 1984; Arutiunov and W. Fitzhugh, 1988; Dumond and Bland, 1995; Habu, 2004, 2010; S. Nelson, 2006; Vasilevsky and Shubina, 2006; B. Fitzhugh, 2016; Cooper et al., 2016）。如果这些族群本身没有向北迁移，至少他们的一些海事技术向北传播到了居住在白令海附近的爱斯基摩族群那里。

那乃人和乌尔奇人：阿穆尔河（黑龙江）、乌苏里江和松花江流域的族群

正如研究阿穆尔族群的民族志学家贝特霍尔德·劳费尔（Berthold Laufer）为杰苏普北太平洋探险队研究了这个文化复合体后写的那样："以上提到的部落，没有一个是单凭自己的文化就可以完全理解的，因为单个部落相互影响已达到如此程度，即一般来说，所有部落目前都表现出了几

乎相同的物质文化状态。他们之间的主要区别在于他们的身体类型和精神生活。"（Laufer，1900：297；另见 Laufer，1898，1917）同理，如果细究单个阿穆尔族群的树皮船，就可大致了解整个阿穆尔地区的此类船只，但是要了解船型的差异，就非得悉数研究不可。

这一观点也适用于俄罗斯阿穆尔州和中国黑龙江省的黑龙江下游以及乌苏里江和松花江的那乃人（赫哲族）。过去，这些族群使用的是俄罗斯人、埃文基人或中国人给他们取的族名或部落名称，由此产生的命名复杂性使我们对船只的研究变得复杂，因此很难将船只类型与族群联系起来，因为族群通常是由其语言从属关系来界定的。

乌尔奇人和奥罗奇人也与那乃人有密切关系，那乃人包括一个名叫萨马吉尔（Samagir）的群体，他们生活在乌苏里-吉兰（Ussuri-Girin）地区。在中国东北地区，赫哲族生活在乌苏里江和松花江与黑龙江的交汇处。在这里，几个亚群组成了较大的赫哲族，他们在 19 世纪早期主要以定居渔民的身份生活，种植人参出售给汉族人。当时，那乃人的俄文名字是戈尔德（Goldi，亦为 Golde 或 Gold），这一民族名称也常用来指乌尔奇人、奥罗奇人和涅吉达尔人。俄罗斯人和中国人还将那乃人（赫哲族）通俗地称为"鱼皮鞑靼"（Lattimore，1962），因为他们用鞣制的鲑鱼皮做袋子、衣服、夏季雨衣和船帆。经过适当地去鳞和加工，鱼皮具有防水、耐用、美观的特点；当鱼鳞留在鱼皮靴的靴底时，鱼皮靴就像滑雪屐一样，在下坡行走时起到逆向牵拉作用。中国古代文献，如《尚书》指出，早在约 2000 年前，赫哲族就喜欢使用鱼皮。

今天，那乃人（赫哲族）和与其密切相关的群体约有 1.6 万人，其中约 2500 人属于俄罗斯一个叫乌尔奇人的群体；大约 9000 人居住在俄罗斯哈巴罗夫斯克地区，2500~4000 人生活在中国。在阿穆尔地区，那乃人是数量最多也最有名的土著船民。他们称自己的船为"德扎伊"（dhzai）[或"扎伊"（dsai）]；乌尔奇人则称"载"（zai）。由于那乃人与满族有密切关系，本章还将介绍满族"查雅"（chzhaya）树皮船。

阿穆尔河（黑龙江）以北的那乃船只

参考利奥波德·冯·施伦克（Schrenk，1881）关于研究阿穆尔河（黑龙江）地区族群和船只的文献以及他对史密森学会从圣彼得堡借来的几种船模的观察，奥蒂斯·T. 梅森和梅里登·S. 希尔这样描述那乃人（戈尔德人）和乌尔奇人的阿穆尔树皮船：

> 用桦树皮覆盖木质船架制成的船比阿穆尔河（黑龙江）下游的奥尔察人（Oltscha）[乌尔奇人]和戈尔德人的独木舟更为常用，通古斯人在阿穆尔河（黑龙江）支流和斯塔诺夫山脉（外兴安岭）的溪流中也使用这种船。一般说来，这一区域各处的此类船只两端都有类似的尖头，奥尔察人和戈尔德人将之称为"扎伊"，其轮廓和比例呈现出许多特点。然而，与奥尔察人和戈尔德人称为"古尔巴"（gulba）和"奥通戈"（otongo）的两种独木舟几乎相对应，有两种树皮船船型：一种相较而言更窄更深，通常船头和船尾处用树皮做一小段甲板[阿穆尔Ⅱ型树皮船]；另一种为较宽较浅的敞舱船，首尾弯曲上翘的幅度很大[阿穆尔Ⅰ型树皮船]。冯·施伦克为阿穆尔Ⅰ型树皮船提供了一幅石版画，阿穆尔Ⅱ型树皮船则是一幅木刻画，展示了乌苏里江河口的一位那乃人坐在他的"扎伊"船上。前者通过其轻巧的外形和船头上方的甲板来防止浑浊的水流溅入船舱，更适用于河流上游。相反，后者为捕鱼和狩猎装备以及猎物提供了更多空间。这类船的操作方式与"奥通戈"和"古尔巴"独木舟完全相同。
>
> 奥尔察船长 18.5 英尺 [5.64 米]，中间宽 2.5 英尺 [0.76 米]，船深 11 英寸 [28 厘米]。在操作这些轻便小船时，阿穆尔-通古斯人、乌尔奇人、戈尔德人和其他部落，就像他们的西伯利亚同族一样，掌握了一定的技能和灵巧性，有时，在湍急汹涌的溪流中，这种技能与

第九章　远东：中国东北、萨哈林岛（库页岛）和日本北部 / 359

灵巧让人想起驾乘"拜达尔卡"船的阿留申人的刚毅与敏捷。还与阿穆尔河（黑龙江）口和萨哈林岛（库页岛）上的吉利亚克人（尼夫赫人）的迟缓与谨慎形成强烈对比。……此外，比拉尔人和马尼吉尔人的树皮船的形状和结构与"扎伊"船相同，但船长是"扎伊"的两倍，宽度相同。施伦克看到了比拉尔人和马尼吉尔人的一般树皮船，长35.5英尺［10.8米］，宽只有2英尺2英寸［0.66米］。这种船就像有几个出入口的阿留申人的"拜达尔卡"兽皮船，更像是有名的"曼格"（mango）船。这些船由撑杆或两三个双叶桨推进，由男子在左右两侧交替划桨，以极快的速度向前推进。

在阿穆尔河（黑龙江）上游的所有土著部落中，也发现了这类尖尖的独木舟和桦树皮船。因为这些主要是靠狩猎为生的游牧民族，他们只是偶尔从猎场和支流下到干流捕鱼，这些简单、易于维修且有时易于携带的船只在激流或静水中都可使用，足以满足他们所有的需要。不仅可以看到像"奥通戈"或"扎伊"这样的窄型船只，还可以看到大尺寸的船只。他们乘坐这种船在冬季的住所和夏季的住所之间来回迁徙，运送的不仅是妇女和儿童，还有大量的工具和器具。在圣彼得堡帝国科学院博物馆（the Imperial Academy of Sciences of St. Petersburg）里，有三个尖头船模，都是用桦树皮做成的。（Mason and Hill，1901：535）

梅森和希尔提到的三个那乃桦树皮船模型中，最早的一个由利奥波德·冯·施伦克于1840年收集（MAE 36-241），已经损坏，两个尖头已失。第二个模型（MAE 313-2），收集于1896年，也已受损。第三个（MAE 1765-281a）是完整的，于1910年由列夫·施特恩伯格收集，带有双叶桨和三齿鱼叉（见图9-4），是典型的阿穆尔Ⅰ型船，在 M.G. 莱文（M.G. Levin）1927年的插图（见图9-5）和哈巴罗夫斯克地区博物馆的阿穆尔Ⅰ型船复制品（见图9-6）中可以看到翘起的船首和船尾。

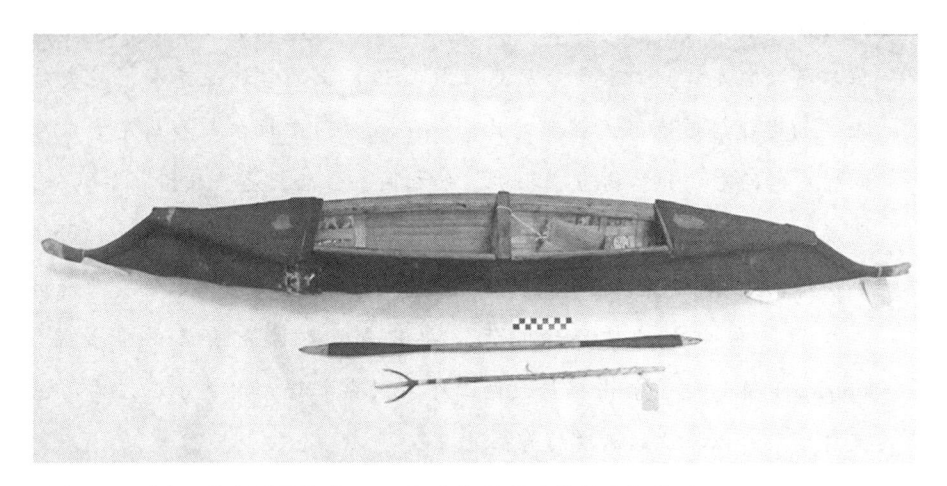

图 9-4 列夫·施特恩伯格在 1910 年收集的那乃桦树皮船模型（MAE 1765-281a）展示了阿穆尔 I 型船的典型特征：龙骨向上凸出，船首和船尾有部分甲板，以及双叶桨。（叶夫根尼亚·阿尼琴科拍摄，由俄罗斯圣彼得堡人类学和民族学博物馆提供。）

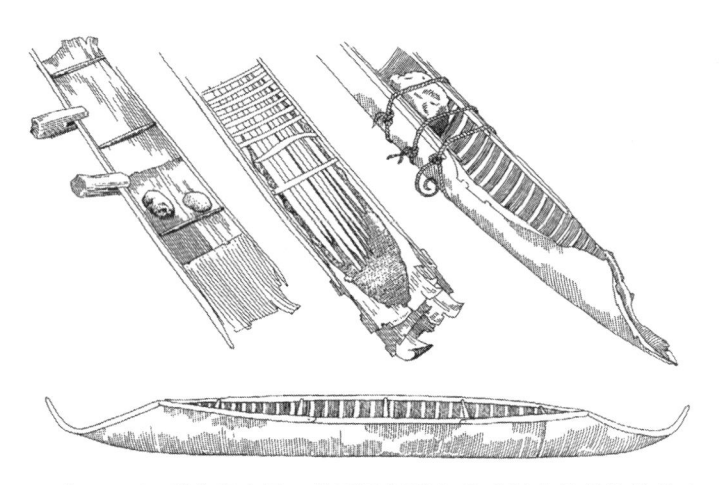

图 9-5 1927 年，M.G. 莱文研究了一艘那乃阿穆尔 I 型树皮船的结构特点，包括建造尖头尖尾的方法，用弯曲的、覆盖树皮的木支架连接到龙骨延长板上。底部长纵梁纵贯首尾。大多数那乃船都很窄，只有 70 厘米到 80 厘米宽。这幅插图是莱文 1927 年画作的一部分，后来发表在《蒂勒》（*Thiele*）上（1984：图 6）。（由柏林民族学博物馆提供。）

图 9-6 在哈巴罗夫斯克地区博物馆（KP-6623）展出的这艘那乃阿穆尔 I 型船复制品中，可以看到一种不同的制作船头船尾的方法。其上翘的船首和船尾凸出部分从甲板顶部的舷缘延伸，并与上翘的龙骨相连。坚固的舷缘栏杆使如此长的船只坚挺，不易变形。和大多数阿穆尔船只一样，其船头和船尾都有桦树皮做成的甲板。（哈巴罗夫斯克地区博物馆提供。）

大约在 1870 年，美国旅行家托马斯·W. 诺克斯（Thomas W. Knox）在一次穿越亚洲的探险中造访了阿穆尔地区，并对那乃和北美地区的桦树皮船做了一番有趣的比较：

> 除了木质的小船，戈尔德人还用桦树皮做船，中间很宽，船头船尾处都形成一个尖。从总体上看，这些船很像佩诺布斯科特人（Penobscot）和加拿大印第安人的船。当地人坐在船中间，用双叶橹推动。……这些船是平底的，很容易倾覆。这样的小船只能一人乘坐，但在紧急情况下可以两人乘坐。当一个当地人坐在其中一条船上叉鱼时，他只移动手臂，身体则一动不动。
> 在俄罗斯的戈林村（Gorin），有一名"伊斯普拉夫尼克"（Ispravnik）[当地行政人员——编者按]。他管理着一个有 19 个村庄和大约 1500 名居民的地区。……"伊斯普拉夫尼克"非常友善，给了我一个大约 18 英寸

[0.46米]长的戈尔德船模型……由阿纳卡·卡托诺维奇（Anaka Katonovitch）制作，他是一个古老的戈尔德家族的首领。……这只船造型优美，充分体现了设计者的技巧。我小心翼翼地将其装箱，然后寄到尼古拉耶夫斯克（Nicolayevsk），运往美国。（Knox，1871：155-156）

诺克斯在这里把那乃和佩诺布斯科特的桦树皮船做了比较，但并不靠谱。虽然它们有着共同的桦树皮船皮、舷缘、肋拱和船底板条，但它们的船头、船尾甲板和船的两端却截然不同。然而，施伦克和诺克斯的观察得到了安特罗波娃（Antropova，1961）的支持，她说那乃树皮船不同于阿穆尔-埃文基树皮船，主要是因为它的船头船尾向上弯曲的幅度很大。那乃人使用双叶桨正常划行，在需要安静划行的特殊情况下，使用较小的单叶手摇桨；在浅水区，他们用竿撑船。虽然乌尔奇人使用鱼皮做的帆，但河上行驶很少使用船帆。他们的树皮船大小不一，但以长5米至6米、宽0.7米（中间最大宽度）、深0.3米的船为主。俄罗斯人把那乃桦树皮船称为"奥莫罗切克"（omorochek）或"奥莫罗茨卡"。

在俄罗斯远东地区工作的俄罗斯科学院研究员 V. R. 切佩列夫（V. R. Chepelev，2004）提及了尼夫赫人和那乃人曾经在阿穆尔河（黑龙江）下游和萨哈林岛（库页岛）使用的木板船、独木舟、桦树皮船和兽皮船。除原木船外，阿穆尔河（黑龙江）下游族群还使用桦树皮船和兽皮船。切佩列夫注意到桦树皮船可能已经取代了更古老的"科列维叶"（korevuye）船，该种船由通古斯-满族（埃文基）人的祖先用针叶树的树皮制成（关于落叶松树皮船的更多信息，请参阅本章关于阿穆尔埃文基人的小节）。桦树皮船主要分布在阿穆尔河（黑龙江）的北侧或北部支流，那里的河流相对平缓，适合这种不结实的船只。切佩列夫详细描述了其中一艘阿穆尔桦树皮船的建造过程：

通常在7月，人们用锋利的刀从桦树上切下树皮，放在树冠下晾干

[如图 1.1 和 9.12a]。然后从云杉或落叶松木材中刨出长木条，将木条在水中浸过之后，用非常耐用的黏合剂——由鱼的膀胱制成的"卡鲁日戈"（kaluzhego）——固定在船的边缘，待干后，一块大约 1 米宽的修剪过的树皮薄片被黏合成两层。为了使两层黏合得更持久，用小木钉或金属钉固定桦树皮条。在船的中间，加上一条额外的树皮，跟船一样长，以增加底部的强度。为了同样的目的，他们在船的底部放置一排排通常由落叶松制成的单根木条，然后［在船内］安上由云杉制成的弯曲肋拱，这些肋拱用在水中浸泡了半天的云杉木制成。为了让"奥莫罗茨卡"在清澈的河流或溪流上无声地滑行，粗糙的船底要在松木屑火堆上烤制。经过烤制，树皮变成棕色，有光泽，好像上了漆。船的两侧有时饰有动物图案。颜料由草和深蓝色的"恰卡卡"（chachaka）花制成。颜料与鱼胶混合，使颜料经久耐用，而且颜色可以和"奥莫罗茨卡"船体一样持久。（Chepelev，2004：151）

切佩列夫还写道，那乃桦树皮船有多种形式，大多数是敞舱船，但那乃人也制造船首和船尾带有部分甲板的船只，几乎和爱斯基摩人或阿留申人的卡亚克皮艇一样（见图 9-7）。"奥莫罗茨卡"的首尾通常会稍微翘起，这样船就可以轻松地滑过水面。船上有时顶部只有一个方形出入口，几乎和船一样宽，可以容纳一个人。切佩列夫指出，在危险的时候，猎人可以把他的船翻过来，呼吸船内的空气。那乃人也有用来载重的桦树皮船。尽管这些船看起来不够结实，但有些可以运载一两具驼鹿尸体。切佩列夫提到，住在中国东北松花江畔的人们使用的是一种柳枝柳条骨架的覆皮船，形状与树皮船相似。

尽管许多欧亚民族制造桦树皮船，但那乃人是无与伦比的造船大师。他们用桦树皮船打猎，用钩子和鱼叉捕鱼，在营地之间穿梭。对于那乃人来说，树皮船就相当于蒙古战士或俄罗斯农民的马匹。几乎每个家庭成员都按自己的身高和体重定制了一艘"奥莫罗茨卡"。那乃人小心呵护他们不

图 9-7 这艘白杨木结构的阿穆尔Ⅱ型桦树皮船是赫哲族在松花江打猎和捕鱼时使用的船型，是一种可供一两个人使用的小型船，尺寸为 209 厘米×46 厘米。它与图 9-8 中一幅古老的清代绘画里的船只相似。（出自 Ling，1934：图 101。）

算结实的"奥莫罗茨卡"，却处处用到它们。他们以装饰船只的雕刻和图案而闻名，他们用芦苇和藤垫制作座椅，让船更舒适。猎人和他的船形影不离：用它捕鱼打猎，旅行时睡在船下，下雨时用它遮雨。根据欧文·拉铁摩尔（Lattimore，1962）等见证人的说法，有时整个那乃船队都乘坐桦树皮船在林间溪流中旅行。切佩列夫说，如今很难找到"奥莫罗茨卡"，因为那乃人已经用覆盖着帆布的框架船取代了它们。

乌苏里江上的那乃船

乌苏里江从南向北流，然后进入俄罗斯哈巴罗夫斯克市附近的阿穆尔河，它是俄罗斯普里莫斯基边疆区（Primorsky Krai）［又称"普里莫雷"（Primor'e），可译成"海洋省"（Maritime Province）］和中国黑龙江省东部的边界。乌苏里江的上游有两条东部支流，分别是比金河（Bikin River）和伊曼河（Iman River），这两条河都有重要的考古遗址被发现。尼古拉·克拉丁（Nikolay Kradin）及其同事（Kradin et al.，2009）写道，在 18 世纪，那乃人和满族人居住在比金河和伊曼河的下游，而乌德盖人（见本章的下一节）则生活在中游和上游地区。这些族群人数不多，只有几百人，但该地区曾经是早期的定居中心。

萨哈林岛（库页岛）和阿穆尔河（黑龙江）口以南，今天的普里莫雷地区的定居生活始于公元前1.6万年，那时在这些河流上首次出现了渔村。伊曼河和比金河的几个遗址可追溯到新石器时代，青铜时代和铁器时代的遗址则更多（A. N. Popov and Yesner，2006）。中世纪时期也有很好的代表遗址，现代的猎人、渔民和农民可以追溯到那个时代。如此丰富的考古历史使人们认为桦树皮船在这一地区一定有着悠久的历史。切佩列夫（Chepelev，2004）引用了阿纳托利·德雷维扬科（Anatoli Derevyanko）、阿列克谢·P. 奥克拉德尼科夫和克拉夫迪亚·迈尔尼科娃-福什泰恩（Klavdia Mylnikova-Forshteyn）的研究，认为桦树皮船从公元前第一个千年就开始在这里使用，而且可能早在新石器时代（公元前5000年至公元前2000年）就出现了。事实上，它们的历史一定能追溯到更新世晚期，只有这样才能解释此地河流捕鱼遗址能追溯到更新世晚期的考古事实；这些遗址的渔民肯定会使用船只，而且船只很可能由桦树皮制成，因为在整个阿穆尔地区都可以找到桦树皮，且桦树皮是最容易加工的树皮类型，还因为像斧子和凿子这样的木工工具还未出现，无法用来制造延展原木船和木板船。

俄罗斯海军军官尼古拉·普热瓦尔斯基（Nikolai Przhevalsky）是记录乌苏里江沿岸桦树皮船的探险家之一。1867年至1869年，他在远东旅行，收集了1860年《北京条约》将东乌苏里地区并入俄罗斯后新的中俄边界的信息。在他1869年出版的关于测绘探险和他在乌苏里江河谷遇到的汉族人、赫哲族人、奥罗奇人和朝鲜族人的书中，他评论了那乃树皮船：

戈尔德人［那乃人］一生中有很大一部分时间是在水上度过的，他们为自己设计了一款特殊的船，称为"奥莫罗茨卡"。这艘船长2.5～3塞格尼［5.3～6.4米］，但宽只有1俄尺［0.7米］，首尾弯曲高翘，露出水面。"奥莫罗茨卡"的框架由薄木条和结实的舷缘制成，并覆盖着缝制的白桦树皮,因此该船很轻盈,船桨轻轻一划,就能顺利地前进,但还要有防水的甲板,这样使用起来就安全了。戈尔德人用一条长长的桨在船的两边熟练地划动,船像鸟一样飞驰起来。但如果需要划船没有声响,就需收起长桨,手持用木板做桨叶的两个小桨,小心划行,无声无息地滑过平静的水面。(Przhevalsky,1869:29)

1868年和1869年,普热瓦尔斯基在乌苏里江源头之一的兴凯湖逗留,有机会得以观察那里的那乃白桦树皮的生产情况:"白桦树皮能用来制作各种物品,经过常规的制备过程(浸泡在热水中,然后在火上熏制),树皮可以用来覆盖临时住所,如圆顶帐篷、树皮船和不同的器皿等。"(Przhevalsky,1869:14)(参见图1-1)他还记录了狩猎方法,描述了那乃人如何乘着树皮船在河边埋伏,等到成群的山地绵羊穿过时,猎人会用标枪攻击它们。

普热瓦尔斯基的叙述中有两个有趣的细节。一个是当需要安静地操纵船只时,那乃人使用小的手桨(如上所述),这让人想起了科里亚克人推进其短甲板皮艇的情形(参见图8-20和第八章)。涅吉达尔人和阿穆尔埃文基人也使用手桨(见图9-8)。另一个是将树皮浸泡在热水中,然后在火上熏制的技术(大多数桦树皮船制造者都是这样做的),这种鞣制过程耗时数天,但这样做可以使树皮具有防水性能。

乌尔奇树皮船

安特罗波娃(Antropova,1961)写道,在20世纪初,乌尔奇人有类似于那乃人的船只:一种桦树皮船(称为"载")、两种类型的独木舟、一种由三块木板制成的船,以及一种更大的装有帆的木板船,类似于尼夫赫船。与那乃人不同,乌尔奇人进行海上旅行和海洋哺乳动物狩猎。目前他们大约有3200人,主要生活在阿穆尔河(黑龙江)下游。挪威极地研究所关于俄罗斯族群的数据库这样描述乌尔奇人:

第九章 远东：中国东北、萨哈林岛（库页岛）和日本北部 / 367

图 9-8 这幅画来自清朝（1644~1911）的一本书，描绘了一个恰喀拉（Qahala）赫哲族男子在汹涌的水面上划着一只桦树皮船。值得注意的是，该船很短（桑加里那乃船的典型特征），男子携带了两支短桨和一支鱼叉，用来在黑龙江和松花江流域捕鱼。（摘自 Ling，1934：图 103。）

乌尔奇人过着主要以捕鱼为生的定居方式，其次是狩猎和诱捕。……捕鱼是一项全年性活动，在鲑鱼迁徙期间达到高潮。鲑鱼的洄游路线也决定了阿穆尔河（黑龙江）主河道右岸乌尔奇村落的分布。传统的捕鱼工具包括渔网、装在长杆上的鱼钩（zaezdkas）和各种鱼叉。鱼不仅是人的主食，还是狗的主食，狗是他们大量饲养的役畜。

狩猎居于次要地位，他们大多捕猎毛皮动物，主要是黑貂，但也捕猎黄鼠狼、松鼠、水獭和狐狸。在引进枪支之前，他们使用的武器是弓、箭和标枪。俄罗斯和中国的商人对皮草的需求量很大。19 世纪末，当黑貂在阿穆尔地区变得稀少时，乌尔奇的猎人为了找到它们，就前往萨哈林岛（库页岛）、阿姆贡河、戈林河和图们江流域进行长途探险。猎人们一年到头都在捕猎驼鹿和野生驯鹿。人们可以在鞑靼海峡的海岸捕获海洋哺乳动物，特别是水獭和海狮。乌尔奇人成群结队地穿过基齐湖（Lake Kizi）去往那里。……

夏季的主要交通工具是船：木板船、"乌格达"（ugda）船、皮船、"奥莫罗茨卡"和小桦树皮船；冬天，乌尔奇人使用阿穆尔式的滑雪板和狗拉雪橇，它们又窄又轻，滑轨弯曲。（Norwegian Polar Institute, 2006：Ulch）

西方文献只对乌尔奇（Ulch，也拼写成"Ulcha"、"Ulchi"和"Oltscha"）树皮船或它们的尺寸进行了简短评论。利奥波德·冯·施伦克写道，乌尔奇桦树皮船长 5.4 米，宽 0.76 米，深 0.28 米，大约是阿穆尔型船的平均尺寸［1881；梅森和希尔（1901：535）也重申了这一点］。安特罗波娃（Antropova, 1961）也认为船长 5 米到 6 米，宽 0.7 米。

阿穆尔河（黑龙江）以南的那乃和满族船只

20 世纪初，在中国东北，赫哲族的大部分人口生活在黑龙江和其主要支流松花江之间。他们的桦树皮船叫"乌末日沉"，体积小，速度快，是双头船。欧文·拉铁摩尔曾在 20 世纪 20 年代与记录这一罕见船只遗产的中国科学家会面。他写道，到 100 年前，那乃桦树皮船的传统已所剩无几：

第二次去富锦时，我发现有两位中国民族志学家来到这里，正在对戈尔德船进行深入研究。南京中央研究院的尚博士和凌博士正在收集大量的样本，其中包括像桦树皮船这样的大物件。那时已没有人用桦树皮做船，但他们找到了一位老者，他懂得如何制作树皮船，于是送他到最近的一个长着高大白桦树的森林里，准备在那里为他们做一只树皮船。（Lattimore, 1962：340）

在黑龙江省旅行期间，拉铁摩尔寻找了赫哲族人，其在中国也被通俗地称为"鱼皮鞑靼"。因为那时赫哲族在满族和汉族的影响下已开始建造原木船和木板船,所以他几乎找不到他们的树皮船。根据拉铁摩尔的说法,"松花江下游看不到树皮船,但仍有人记得它。他们说在黑龙江和乌苏里江上仍然可以看到树皮船,在那里人们用鱼叉捕鱼时,就会用到树皮船,用双桨推进。取代树皮船的是三板船"(Lattimore,1962:364)。

20世纪初,有更多的赫哲族人和船只出现在松花江上。切佩列夫观察了当年中国东北地区兽皮船的建造过程:"应该提到的是,在松花江畔生活的赫哲族人还使用了另一种骨架船,这种船是用柳树和家畜的皮,以及驯鹿、麋鹿或驼鹿的皮制成的。显然,在结构上,它们与桦树皮船几乎没有什么不同。"(Chepelev,2004:152)

1865年至1867年,美国商人佩里·麦克唐纳·柯林斯(Perry McDonough Collins)曾试图推动修建一条经由白令海峡从美国到欧洲的电报线路,但失败了(参见P. Collins,1962)。1856年至1857年,他从芬兰湾穿越俄罗斯到太平洋沿岸。他就是受这次旅行的启发而投身于修建电报线路这项事业的。1867年跨大西洋电报线路竣工后,柯林斯陆上电报线路项目失败了。然而,柯林斯此次乘坐一艘俄罗斯木筏沿着石勒喀河和阿穆尔河(黑龙江)前往阿穆尔河(黑龙江)口的尼古拉耶夫斯克(Nikolaevsk)(庙街),陪同他的还有出生于芬兰的俄罗斯陆军上尉卡尔·哈拉尔德·费利克斯·弗鲁赫耶姆(Karl Harald Felix Furuhjelm)。在结雅河和松花江口之间的阿穆尔河(黑龙江)两岸,柯林斯看到了那乃桦树皮船,做了对本书有用的观察:

> 当地人在这里以及整个阿穆尔河(黑龙江)上,都使用桦树皮船。桦树皮船非常轻便,制作精美,当地人乘坐树皮船打猎和捕鱼。树皮船通常只能运载一个人,并且随时都可以通过连水陆路通道搬运。当地人坐在船的中间,船底是平的。……这些树皮船就像我国的印第安人在北部湖泊和河流上使用的船只一样,只不过这些船大多是一人或

最多两个人乘坐的，而密歇根湖、休伦河和苏必利尔湖上的树皮船则常常用来运载全家人和所有家当或作为住所。但船只的构造和我国印第安人的一样。（Collins，1962：265）

中国人也知道小的赫哲树皮船。1934年，与拉铁摩尔（Lattimore，1962）在富锦相识的凌纯声（Ling Chunsheng）博士，出版了一本关于松花江下游赫哲族的书，被认为是中国第一本关于当地文化的民族志学研究的著作。幸运的是，凌博士记录了赫哲族人的船只，包括他们的桦树皮船（见图9-8）和牛皮船，这也许是中国现存的唯一关于赫哲船的描述：

夏日赫哲人在水上的交通，乘坐桦皮船，赫哲语名"五米日沉"[umirətʃ'ən]……长208.5cm，阔45.5cm，船骨用杨木构成，外包以桦树皮。船之头尾形尖，船身又轻，故行驰甚速。桨有两种：一为长桨，……长284cm，短桨……长162cm，其使用法：在船之左右分划……每船常备长短桨各一副，在中流时用长桨，靠岸时用短桨。桦皮船非常轻便，一人能负之行，遇水即渡，然质脆，不结实，近多废弃不用，改用木舟。（Ling，1934：81）

凌博士指出，当时正在使用的其他老式赫哲船中最有趣的是切佩列夫（Chepelev，2004）也曾提到过的牛皮船，还有用木板制成的叫作"未一户"（weiyihu）或"威呼"（weihu）的平底船，这是在阿穆尔河（黑龙江）和东西伯利亚许多其他地方取代桦树皮船的最新船型：

除此以外，在赫哲的故事中，尚看到许多其他交通的方法。水行有："特莫特肯"[te'mtk'iŋ]*，小板船，用三块木制成，可坐七八

---

* 安特罗波娃（2005：21）文中拼写成"temchien"——译者注

人。"未一户"［wεihu］，用三块松板制成，较"特莫特肯"更小，可坐一二人。"牛皮船"，用柳条做成船骨，以牛皮帐套其上，使水泄不通，即可乘坐。"吉拉船"［gila］，长三丈，宽六尺，前头用十六人执桨划船，后一人执舵，行极速，似吉拉虫，故名。风船，即有帆的船；飞船，即俄人用之轮船等等。（Ling，1934：81-82）

乌德盖人和奥罗奇人：乌苏里江和鞑靼海峡的族群

乌德盖人也称乌德赫人（Udehe），和奥罗奇人是两个关系密切的民族，生活在乌苏里江流域和鞑靼海峡之间的海边山区。在本节中，我们首先描述乌德盖人，他们的船只与奥罗奇人的船只几乎相同；两个民族之间的主要区别是奥罗奇人或多或少是定居在沿海的人，而乌德盖人在乌苏里江流域从事森林狩猎和捕鱼。他们跟与其有联系的许多其他民族有着共同的造船传统。

我们之前关于那乃人起源的讨论同样适用于乌德盖人和奥罗奇人，我们只知整个阿穆尔地区族群起源的大致轮廓，对于乌德盖人和奥罗奇人的特定祖先，我们几乎一无所知。与大多数民族一样，乌德盖人的文化是多层次的，其古老传统有悠久的历史。一些人类学家，如利奥波德·冯·施伦克认为，他们起源于中国东北地区或更远的南方，而其他人则认为他们起源于北方，受到埃文基人/通古斯人的影响（Nikolaeva and Tolskaya，2001：12）。8世纪、9世纪、12世纪、16世纪和17世纪的中世纪通古斯王国也影响了乌德盖人的民族历史。2002年，乌德盖人口为1665人，奥罗奇人口为884人。今天，只有一小部分乌德盖人仍然说他们的母语，而很可能俄罗斯人或其他的阿穆尔民族很快就会同化这些族群。

在乌苏里江的内陆水域，小型平底木板船和原木船逐渐取代了树皮船，就像欧亚大陆西部地区发生的那样。在滨海边疆区以及乌苏里江和黑龙江流域，满族和汉族的技术进步促进了过去大型木板船的发展，也可能对当地传统产生了重要影响。在此期间，又长又窄的中式木板船取代了萨哈林岛（库页岛）上尼夫赫人的大型"拜达尔"兽皮船。类似的船只也可能是乌德盖人和奥罗奇人传统的一部分，因为沿海的奥罗奇人捕鱼和捕猎海洋哺乳动物，可能在萨哈林岛（库页岛）水域活动。

定居的奥罗奇人比乌苏里乌德盖人更多地从事捕鱼活动，因为他们生活在鞑靼海峡沿岸、流入鞑靼海峡的河流沿岸，以及萨哈林岛（库页岛）的西海岸。挪威极地研究所关于其的简介如下：

> 奥罗奇人散居在哈巴罗夫斯克边疆区的南部，特别是图们江下游[乌斯杰卡（Usjka）、乌斯杰卡-罗斯卡亚（Usjka-Russkaya）]，也分布在阿穆尔河（黑龙江）和科普河（Kopp）上。在阿穆尔河（黑龙江）下游和鞑靼海峡之间的广大地区，曾经有许多奥罗奇人的小定居点，供冬季和夏季使用，分为五个区域和群体。为了寻找更好的渔场和狩猎森林，19世纪，奥罗奇人向阿穆尔河（黑龙江）和萨哈林岛（库页岛）迁移。……奥罗奇人的传统谋生手段是捕鱼和打猎，在沿海地区，奥罗奇人也捕猎海洋动物。……奥罗奇人或多或少是一个定居的民族，其中只有猎人较多过着游牧生活。这使他们与其游牧同胞乌德盖人有明显的区别。以前，由于捕鱼和狩猎的季节性，需要在夏季和冬季定居点之间往返。（Norwegian Polar Institute, 2006：Oroch）

到19世纪末，奥罗奇人和乌德盖人都放弃了最适合山区河流的敞舱桦树皮船（Antropova, 1961），取而代之的是在沿海和河流中都使用的半甲板式兽皮或树皮划艇。他们的单桨划艇类似于河上的卡亚克皮艇，尽管是按阿穆尔型桦树皮船的样式建造的。

涅吉达尔人：阿姆贡河的皮船渔民

涅吉达尔人（Negidal，也拼写为"Negital"、"Negda"或"Nigidalza"）是讲满语-通古斯语的埃文基人，他们生活在哈巴罗夫斯克地区的阿姆贡河谷，与尼夫赫人、乌尔奇人和那乃人杂居融合在一起。在俄罗斯的人口普查中，涅吉达尔人数有时不到1000人，而现在不足500人。首先对涅吉达尔人进行研究的是亚历山大·冯·米登多夫。他是俄罗斯著名的德裔研究员，于1844年对西伯利亚东北部进行了考察。他描述了涅吉达尔人，收集了他们的一些故事，简述了他们的一些手工艺饰品，并且是第一个测量和记录他们桦树皮船的人。施特恩伯格在1933年更完整地描述了这些树皮船。

2006年，俄罗斯科学家德米特里·V. 扬切夫（Dmitry V. Yanchev）也研究了涅吉达尔人，指出他们主要在阿穆尔河（黑龙江）尼古拉耶夫斯克（庙街）地区的水塘里和乌代尔湖（Udyl Lake）上狩猎和捕鱼。这些人早期居住在鄂霍次克海沿岸，像他们的邻居尼夫赫人一样，捕鱼和猎杀海洋哺乳动物。扬切夫报道说，E. P. 奥尔洛娃（E. P. Orlova）在20世纪60年代末发表的文章《涅吉达尔人》（"Negidals"）（我们一直无法获得此文）描述了涅吉达尔人在苏联集体猎场和渔场使用的传统"奥莫罗茨卡"船的制作方法。关于他们在内陆和沿海的狩猎和贸易，扬切夫写道：

> 涅吉达尔人的经济以狩猎毛皮动物为基础，正如中国的《史记》记载的那样，这一活动有着悠久的古老渊源。19世纪中期，阿穆尔地区被并入俄罗斯后，毛皮的市场价值增加了。在前俄罗斯时代，人们很重视猎鸟。在针叶林中，涅吉达尔人猎杀山地猎物：松鸡、西伯利亚云杉松鸡和黑松鸡；在河流和湖泊上，他们捕捉大雁和野鸭。在20世纪初，他们前往鄂霍次克海岸，并带着贵重的贸易货物返回。在俄罗斯管辖的南部地区，主要是对尼佐夫斯克（Nizovsk）的涅吉达尔人

来说，海上狩猎非常重要。将海洋哺乳动物皮制成衣服、鞋子、头饰和包装袋，肉和脂肪被储存起来过冬使用。涅吉达尔人的目标主要是海狮和小海豹。在春季末期，他们建立合作社进行捕鱼和狩猎，并来到鄂霍次克海岸或阿穆尔河（黑龙江）口，用枪支和标枪捕杀海豹。(Yanchev, 2006：12)

施特恩伯格（Shternberg, 1933）声称，涅吉达尔人学会了自己制作桦树皮船。他们的"奥莫罗茨卡"船长9米到10米，大到可以承载300条鲑鱼，外加一家人和他们所有的家当。他说，他们的邻居埃文基人把"奥莫罗茨卡"造得很差，但毕竟是他们自己做的，而尼夫赫人根本就没有造过树皮船。然而，后一种观点是不正确的，尼夫赫人和其他阿穆尔人一样，也制作过树皮船，但当他们转而建造中国式带木板的河船时，就不再建造树皮船了。

人们对涅吉达尔人的船只所知甚少，但它们可能类似于尼夫赫人的船只和更近代的木板船。当米登多夫研究涅吉达尔树皮船时，他描述了比尼夫赫船小得多的船只："桦树皮船长20英尺 [6.1米]，宽只有1.5英尺 [0.46米]，并且船头船尾的上面铺有甲板，原因有两个：一是挡住来袭的海浪，二是保持船内物品干燥。他们的方法简单却实用，就是将树皮夹在劈开的薄木板条 [内外舷缘] 之间，而不是把它缝在框架周围。"（Middendorff, 867, vol.4 [2]：1534-35）船头和船尾甲板以同样的方式安装在舷缘上。米登多夫看到的树皮船很窄却不短，类似于涅吉达尔阿穆尔Ⅱ型树皮船（见图9-9）。这样的一艘船只能容纳一两个人，速度应该非常快，接近卡亚克皮艇的速度。施特恩伯格目睹了这种"奥莫罗茨卡"的构造，但他的描述却模棱两可。具体如下：

将每片长达6米的三片白桦树皮展平，用木钉仅将中间那片的边缘嵌入舷缘中。长者们准备硫黄（而不是沥青），然后，他们把硫黄涂在孔洞和不太结实的地方，再用桦树皮薄片覆盖。底部覆盖着长木板，这些木板是用落叶松制成的板条，被称为"丘利"（chully）。接着，他

第九章　远东：中国东北、萨哈林岛（库页岛）和日本北部 / 375

们插入用浸泡了一整夜的松木做的十字肋拱，再用特殊的夹子把它们弄弯。之后，将"奥莫罗茨卡"的中间部分用皮拉紧捆在一起。……下一步是在侧板之间插入船首木板（chilyhi）。船首木板的两端聚拢在一起并系好；树皮在船首处折叠并用夹子固定。然后，在超出这些木板末端的 15 厘米到 20 厘米处，将树皮切直。长长的悬垂的这一端固定在中间船首凸出位置，船首凸出部分末端的分叉伸出 2 米。分叉的末端被包裹起来，并用木钉固定，木钉穿过分叉的末端和两片树皮。然后，将劈开的木板插入侧板藏住的边缘内，木板向外翻，达到几乎要断裂的程度，并沿着船两侧的外表面展开。船头的桦树皮用引燃的桦木加热，整个船首组件用一系列夹子和木钉固定。（Shternberg, 1933: 538；叶夫根尼亚·阿尼琴科译）

作者的描述不尽如人意，特别是缺少插图和合适的船舶术语，但这是我们找到的唯一描述。

图 9-9　2008 年在圣彼得堡人类学和民族学博物馆举办的一个展览中，有一张由 A. 波列沙耶夫（A. Polezhaev）拍摄的照片，照片中是一名涅吉达尔渔民，他使用带有机械钩子的长矛，站在狭窄的阿穆尔 II 型船旁边，从阿姆贡河中捕鱼。（俄罗斯圣彼得堡人类学和民族学博物馆。）

满族人：中国东北地区和黑龙江流域的主人

中国东北地区南与朝鲜接壤，东与俄罗斯的滨海边疆区接壤，西与蒙古国接壤，北与俄罗斯接壤。满族是中国东北地区最大的少数民族，人口约1000万，但会讲满语的人数极少（Janhunen，1997）。有许多古老的资料让人们了解满族人的船只，这些船只与那乃人的船只相似。

在俄罗斯科学院工作的德裔波罗的海科学家卡尔·希基什（1879）在其埃文基民族志学研究成果中写道，根据满族的历史，他们的共同祖先是一个很大的群体，称为女真，在俄罗斯历史上被称为"Diucher"，在英语文献中被称为"Dutchery"。他们的家园位于长白山，靠近松花江的源头，紧靠沿海的鸭绿江和图们江，那里是大多数满族人居住的地方。在10世纪，当几个王朝统治着现在的中国领土时，女真人从属于其西部邻居辽国。1125年，女真人击败了契丹辽国，在黑龙江、松花江和乌苏里江流域建立了短暂的女真金王朝，该王朝在1234年开始由成吉思汗的蒙古帝国统治。

17世纪初，满族（他们把女真族视为祖先）联合了中国东北地区东部的较小部落；他们的首领努尔哈赤（被追尊为清太祖）称可汗后，称其统治下的所有民族为满族。几代满族统治者将他们的领土扩展到黑龙江和松花江流域。1644年，明朝降将吴三桂要求他们帮助镇压北京的起义军，联合起来的满族军队进军明朝。满族人成为中国新的统治者，建立全国性政权清朝（1644~1911）。清朝时期，有多达40%的中国官方文件和图书是用满语写的。这些文件现在中国存档，也许有一天我们从中会发现详细的满族树皮船和兽皮船的历史。然而，就目前而言，我们不得不依靠欧洲的二手资源。

满族树皮船

18世纪和19世纪，中国东北地区使用了许多船型，因为水运是中国经济的支柱。今天的满族船大多是用木头和金属制成的，都是中式风格，包括大型木板船、小平底船以及在中国东北部最偏远的黑龙江流域逐渐取代桦树皮船的又长又窄的木板河船（见图9-11）。

满族的树皮船有很多名字。安特罗波娃（Antropova，1961）引用的是"查雅"，类似于那乃语中树皮船的名称"德扎伊"。拉铁摩尔（Lattimore，1962）说，赫哲族有时称树皮船为"威呼"，指任何一种小船，据他说，那大概是受汉语发音影响的满语词。满族称树皮船为"托伦威呼"（tolhon weihu）。在《满德词典》中（Hauer and Corff，2007）也发现了桦树皮船的同义术语，将其解释为"tolhon"（意思为桦树皮）和"weihu"（船）的组合。

希基什（Hiekisch，1879）汇编了有关早期俄罗斯人与满族人交往的信息，这有助于我们确定一些使用满族桦树皮船的地方。正如鲍里斯·O.多尔吉克（Dolgikh，1960）证实的那样，各种各样的满族人，包括女真人和纳吉人（Natki），居住在黑龙江南部和北部，以及沿松花江和乌苏里江一直到达斡尔（现在的内蒙古）的大片地区。他们是定居在河流附近的民族，从事农业、养牛、采矿和贸易，渔业和狩猎只占他们经济的一小部分。他们可能有很多种船只，但和他们的近亲赫哲族人和乌尔奇人一样，他们肯定也知道树皮船。希基什写道，一些索伦人（Solon）（也是埃文/通古斯人和满族人的亲戚）在13世纪蒙古人进入后，就离开了他们定居的家园，在北部森林地区避难，开始了新的狩猎生活。当俄罗斯人在19世纪90年代进入他们的土地时，大多数索伦人、达斡尔人（靠近结雅河）和纳吉人转而向南迁移，正如希基什所写，"宁愿与部落兄弟生活在一起，也不愿接受外族人统治的命运"（Hiekisch，1879：40），因此他们选择在中国东北地区避难。

满族是使用兽皮船的民族吗？

满族的历史，由于蒙古族人、俄罗斯人和汉族人的介入，出现了许多地理上的错位。他们的多次迁徙可以解释为什么关于满族树皮船的记载如此之少。但是在这些迁徙发生数百年之前，他们可能已经使用了兽皮船。

西村（Nishimura，1931）研究了在先进的独木舟和木板船普及之前阿穆尔河（黑龙江）流域内陆水域树皮船的使用者。他推断，因为朝鲜族和日本民族与中国东北地区的埃文基人有联系，日本群岛的树皮船也可能与埃文基人有联系。他认为，在大约公元1000年木板船出现之前，满族人就使用兽皮船进行海上贸易，尼夫赫人或者阿伊努人也是如此。据西村报道，关于满族兽皮船的证据是在与朝鲜和阿穆尔河（黑龙江）有关的古老编年史中发现的：

> 一本古老的朝鲜编年史上有一段关于尼琴人（Nyö-chin）（满族人）来到朝鲜的记录，据记载，他们乘坐"皮孙"（兽皮船）抵达朝鲜。他们乘坐的皮船材料是［桦树皮］还是兽皮，尚不清楚，但满族人使用的兽皮船可能是柳编船架上覆盖着兽皮，因为在满族人中兽皮船比树皮船更常见。西清是清朝满族人，是《黑龙江外记》（*Journal of Travel in the Amur*）的作者，他写道，"查哈"是一艘载有两三个人的小船，它的航行速度比"威呼"还要快。据说，墨尔肯的一个长官行经此地，途中遇到了一条河（黑龙江），河水泛滥，很难渡过。于是，一个名叫纳的下属用马皮制作了一条小船（"查哈"），乘坐这条船，他们渡过了湍急的河流，到达了对岸。之后，一个名叫玉的人正是按照纳的"查哈"的样式，用白桦树皮做成一只小船。（Nishimura，1931：134-135）

显然，满族对东西伯利亚树皮船建造的影响有着悠久的历史。从他们相似的树皮船可以看出，所有黑龙江流域的土著族群都是其满族祖先的受益者。但是，尚不确定这些民族是否也使用同样的兽皮船，还需要文献或考古方面的新证据。

清朝对黑龙江地区和中国北方的部落产生了巨大的影响。除了把中国统一在一个中央政府之下，满族统治阶层还采用了汉族的文化和技术，其结果之一就是树皮船的消失。1689年签订《尼布楚条约》后，赫哲族人丧失了大部分黑龙江以北的北部猎场和渔场——额尔古纳河、石勒喀河和乌苏里江流域——导致许多部落居民迁移到黑龙江以南的中国东北地区。在18世纪，为抵制俄罗斯的影响和军队并增加黑龙江以南的人口基数，满族当局解禁了东北地区，允许汉人定居在古代满族的土地上。汉人的涌入改变了人口结构，并加速了黑龙江以南船只技术的变化。

阿伊努人：虾夷和萨哈林岛（库页岛）的海洋猎人、渔民和商人

阿伊努人的独特之处在于其是北欧亚大陆唯一一个在岛上生活了数千年的族群（W. Fitzhugh and Dubreuil, 1999；B. Fitzhugh, Shubin, Tezuka, Ishizuka and Mandryk, 2002；B. Fitzhugh, 2016）。他们在鄂霍次克海南部周围的广阔海域，曾经包括堪察加半岛南部、千岛群岛（参见第八章）、北海道大部分地区、本州北部和萨哈林岛（库页岛）南部。从1.2万年前的绳文文化时代早期开始，他们的生活就依赖于该地区丰富的渔业。他们的海事能力包括造船和航海技能，这是捕捞鱼类、海洋哺乳动物、海藻、贝类和其他水生资源所必需的。这些技能是在约3.5万年前旧石器时代晚期的人们来到这些区域后开始发展起来的，那时海平面比现在低92米，这些岛屿是一块由萨哈林岛（库页岛）与亚洲大陆相连合并起来的弧状大陆。

1.2万年前海平面开始上升，使日本群岛与大陆隔绝，因此人们在岛上活动或到达大陆的唯一途径就是乘船。地理上的隔离促进了依赖海洋资源的经济、造船和航海技术的发展，以及与大陆的海上贸易。这些成就——在公元1200年至1800年阿伊努文化的鼎盛时期——在寒冷的陆地和海洋气候中达到顶峰。每年冬季海冰都会出现在鄂霍次克海，并到达萨哈林岛（库页岛）南部和北海道北部，阿伊努人的领地经常会积雪。在这些方面，阿伊努领地的生活和文化条件与欧亚大陆另一端的斯堪的纳维亚和芬兰相似。

这些早期的古西伯利亚人——包括阿伊努人的祖先和他们的绳文文化

祖先——从事海上狩猎，建造榆树皮船、兽皮船和原木船。后来分散到不同的方向和地区，形成了近几个世纪在该地区已知的各种阿伊努部落。考古、遗传和语言数据显示，阿伊努人在日本北部和鄂霍次克海南部有着悠久的历史，可以追溯到 1.2 万多年前绳文文化的起源。遗传数据显示，其与萨哈林岛（库页岛）上的尼夫赫人有关（B. Fitzhugh, Shubin, Tezuka, Ishizuka and Mandryk, 2002; B. Fitzhugh, Gjesfjeld, Brown, Hudson and Shaw, 2016; Takase, 2016）。阿伊努文化的具体形成发生在 12 世纪前后的北海道，融合了之前的擦文（Satsumon）文化和鄂霍次克文化（Irimoto, 2012）。15 世纪到 18 世纪，阿伊努人占据了整个千岛群岛和堪察加半岛南部地区（B. Fitzhugh, Shubin, Tezuka, Ishizuka and Mandryk, 2002; B. Fitzhugh, Gjesfjeld, Brown, Hudson and Shaw, 2016; Takase, 2016），使其具备了远洋作战能力。他们使用在原木底部建造的厚木板船（见下文），在北千岛群岛，可能也使用敞舱兽皮船。

阿伊努 "亚奇普" 桦树皮船

西村（Nishimura, 1931）指出，阿伊努人的基本船型是一种被称为 "奇普"（chip）的独木舟，很像古代与埃文基人有关的日本人的独木舟。除原木船外，阿伊努人还使用被称为 "莫奇普"（mochip）的组合船，即把树干挖空，然后把木板缝在独木舟的两侧，以提供更高的干舷（Ohtsuka, 1999）；更大的航海船被称为 "伊岛玛奇普"（itaomachip）。在萨哈林岛（库页岛），这些阿伊努原木船和木板船一直使用到 19 世纪，切佩列夫（Chepelev, 2004）研究了这些船只和远东的其他木船。西村（Nishimura, 1931）还写道，在公元 700 年之后，阿伊努人开始受到日本文化的影响之前，除了原木船和木板船外，还有被称为 "亚奇普"（yachip）的树皮船。1931 年，附属于札幌北海道帝国大学的自然历史博物馆（现为北海道大学植物园和博物馆）展出了一个阿伊努桦树皮船的模型（见图 9-10），该模型看上去与日本已知的同时代的其他船只完全不同；穿越森林时，这艘全尺寸的树皮船被用来通过湖泊或河流：

> 树皮船［模型］主要由桦树皮制成，长度为 0.95 尺（日本的长度单位——译者注）［28.8 厘米］……其宽度从中部的 0.28 尺［8.5 厘米］到船尾的 0.17 尺［5.2 厘米］不等。该船由单张白桦树皮制成，在它的四个角都切了凹痕（见图 9-12a-b）。树皮接缝处填满了塞在凹痕里的泥沼的苔藓，然后用细绳缝合在一起，细绳是由日本榆树内皮纤维制成的，这种材料同样用于制作阿伊努人穿的衣服"阿图什"（attush）。然后，为了使这条无框架的船具有适当的纵向和横向张力，船内衬有柳树枝，纵横交错，形成格子，而在船外，则用绑在舷缘顶部的竹竿把船弄得又紧又结实。此外，为了保持船的形状，或者更确切地说，为防止船开裂和散架，船舷左右两侧的顶部，有两处都绑有结实的绳索（"绳索横梁"）。（Nishimura，1931：204-206）

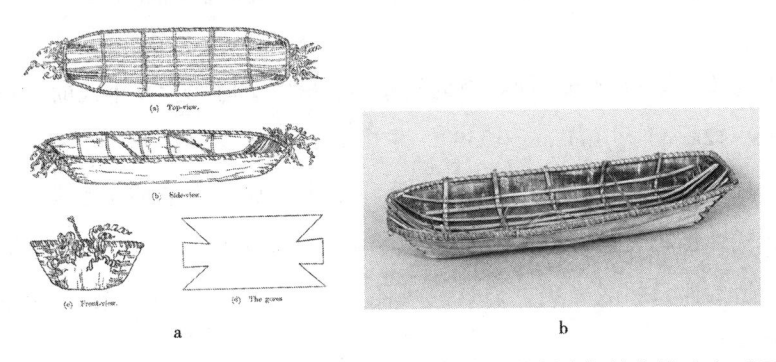

图 9-10　1931 年，西村真次发表了一艘椭圆形的阿伊努桦树皮船的草图（a）（HUBGM 9633；Nishimura，1931：图 47，plate XXII），这是他 20 世纪 20 年代在日本札幌北海道帝国大学自然历史博物馆看到的。该船至今仍在展出（b），但船上的仪式性刨花已失。（由北海道大学植物园和博物馆提供。）

北海道大学植物园和博物馆还有一艘阿伊努白桦树皮船，其结构更为简单（见图 9-11），没有肋拱船架，而是在船顶上有一个方形框架，该框架连接到一个由坚固的弯曲木棍组成的似舷缘的椭圆形环上。树皮被固定在椭圆形的几个点上。平行的树枝垫在船底，保护船底的树皮。这是我们在欧亚大陆北部见过的最简单的树皮船，可以想象成框架树皮船演变的早期原型。

图 9-11　阿伊努榆树皮船 19 世纪早期的小型版本（请注意，该模型实际上是由白桦树皮制成的）。该模型（HUBGM 9634）有一个方形框架，支撑着一个由弯曲的木棍做成的椭圆形舷缘，树皮就固定在上面。（北海道大学植物园和博物馆提供。）

北海道大学植物园和博物馆的档案馆收藏了 20 世纪 60 年代的大量照片（见图 9-12a-d）（Inukai，1939）。它们记录了建造阿伊努树皮船的过程：砍倒一棵大树并剥下树皮，插入肋骨和舷缘，制作完成船头船尾，填缝，并用仪式性刨花装饰其船首和船尾。尽管这种船可能不如 19 世纪阿伊努造船者所造的船只那么完美，但这些可能是现存唯一详细记录榆树皮船制造过程的照片。

最后，我们要注意关于阿伊努船只的一个奇特的数据来源：在阿伊努"伊库帕苏"（ikupasuy）上发现的微型雕刻。"伊库帕苏"被 19 世纪的收藏家称为"胡子棒"，但今天被称为"祈祷棒"或"奠酒棒"。在阿伊努人的清酒祈祷仪式中，"伊库帕苏"用来向空中抛几滴清酒，向神灵祈福；当男人从漆杯中啜饮清酒时，会用"伊库帕苏"撩起胡须。伊库帕苏上有精美的装饰，包括重要物品和动物的雕刻，如船只、熊和海洋哺乳动物。数以

第九章　远东：中国东北、萨哈林岛（库页岛）和日本北部 / 383

图9-12　这组照片由犬饲哲夫（Tetsuo Inukai）于1937年拍摄，记录了一位名叫卡巴（Kaba）的阿伊努工匠用北海道的一棵黄柏树（Phellodendron amurense）建造树皮船。造船过程包括：（a）剥树皮；（b）插入肋拱和舷缘；（c）完成；（d）展示两艘已完成的船，并配以仪式性刨花。（a：HPN-30734，b：HPN 50097，c：HPN 50087，d：HPN 61028；均由北海道大学植物园和博物馆提供。）

百计的"伊库帕苏"——其中一些可以追溯到19世纪早期——展示了原木船和木板船的示例。其中一个（见图9-13；HUBGM-09512）似乎显示的是一艘首尾上翘呈圆形、内部有框架的船，看似树皮船；然而，从北海道大学的加藤正郎（Masaru Kato）那里获得高清照片后，我们同意日本学者的看法，这艘船不是树皮船，而是一艘有着方形船尾的木板船。

关于萨哈林岛（库页岛）阿伊努兽皮船的问题

由于阿伊努人在公元1600年与阿穆尔人有着广泛的贸易往来，阿伊努人的船只可能与阿穆尔河（黑龙江）流域更广泛的大陆树皮船有相似之处，

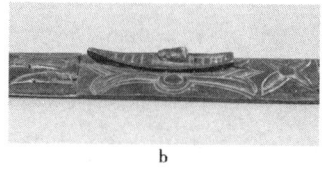

图 9-13 在世界各地博物馆收藏的数百根阿伊努"伊库帕苏"（"胡子棒"）中，北海道大学植物园和博物馆（HUBGM-09512）的这件（a），上面有一件雕刻品，看起来像一只两头上翘的树皮船。然而，仔细检查（b）发现，这是一艘方尾带肋骨框架的木板船。（加藤正郎拍摄，由北海道大学植物园和博物馆提供。）

也与更早生活在鄂霍次克海和堪察加半岛的族群的兽皮船类似。关于兽皮船的关系，最好的例子可能是西村于1924年在库页岛的尼夫赫地区拍摄的一张兽皮船照片。阿伊努人也可能在日本人统治该地区期间或之前使用过这类船只（参见图9-2；另参见 Nishimura，1931：图60）。我们对这一时期知之甚少，因为从1643年到1853年，日本幕府对欧洲国家实行闭关锁国政策，拒绝与欧洲国家进行贸易往来，不准外国人登陆。当俄罗斯人探索日本群岛附近的鄂霍次克海时，日本政府正在俄罗斯水域或附近以及萨哈林岛（库页岛）周围收集情报。

虹本高史（Takashi Irimoto，2012）注意到松田登久（Matsuda Denjuro）在1799年至1822年所写的《北海道纪事》（Record of Ezo）中提到了萨哈林岛（库页岛）。这项研究报告说，大津子人（Orotsuko-jin）［尤尔塔人（Uilta）或奥洛克人（Orok）］饲养的驯鹿用于骑乘和载货，苏梅伦古鲁人（Sumeren-guru）（尼夫赫人）养狗，夏天用狗把船从海上拉到岸边，冬天用狗在雪地上拉雪橇。桑坦人（Santan-jin）是阿穆尔河（黑龙江）下游沿海地区说通古斯语的埃文基人，每年都会到北海道的萨哈林岛（库页岛）和曾屋（Soya）与阿伊努人进行贸易，而萨哈林岛（库页岛）的阿伊努人和在山里打猎的桑坦人则乘船前往阿穆尔河（黑龙江）附近的德雷（Deree 或 Deren），满族人在那里设有贸易点。在那里，他们用河豚、海獭和狐狸皮换谷子、大米、清酒和烟草。在曾屋，阿伊努人用水獭、狐狸和貂子毛皮交换丝绸织锦、蓝色玻璃珠（颈饰）、烟斗、漆杯和碗，以及其他商品。虹本高史再次指出，这些记录不仅揭示了亚洲大陆沿海地区和萨哈林岛（库页岛）（与清朝有关的地区）的毛皮贸易状况，还揭示了萨哈林岛（库页岛）的桑坦人和阿伊努人在与北海道阿伊努人的贸易中充当了中间人的角色。这种贸易大多是用兽皮船进行的。

当俄罗斯人从中国人手中夺走萨哈林岛（库页岛）、阿穆尔河（黑龙江）和乌苏里江流域后，日本人在此地的探险就不太多见了。只有在1904年至1905年的日俄战争之后，即日本吞并萨哈林岛（库页岛）南部直至北纬50度时，日本科学家才能进入该岛研究阿伊努人。如前所述，西村确信古代萨哈林岛（库页岛）居住着一群人，他们生活在海上，捕杀鲸鱼，乘坐兽皮船旅行。他的观点不仅基于早先报道的雕刻针盒的考古发现，还基于阿伊努民间传说中提到的克鲁波克鲁人制作覆皮船的信息（参见有关尼夫赫人部分和图9-3）。西村认为这些人是日本人的祖先，但今天大多数学者都把他们看作阿伊努鄂霍次克文化的祖先（Hanihara, Yashida and Ishida, 2008）。

1877年至1941年，圣公会传教士约翰·巴彻勒与北海道的阿伊努人生活在一起，他是阿伊努文化的坚定支持者。他在《日本的阿伊努人》（*The Ainu of Japan*）一书中提供了阿伊努人使用兽皮船与阿穆尔地区族群进行贸易的罕见记录：

> 后来，阿伊努人与北部国家［北海道北部］的贸易中断了，在日本与日本人进行了易货贸易。后来，在日本人闯入叶佐之后，函馆和松美（Matsumaye）在这个岛上成为易货贸易的主要中心。阿伊努人在与日本人交战时与满族人进行贸易，只有在他们被日本人征服后才与日本人进行贸易。满族人的货币是目前在阿伊努人中发现的唯一满族文物。用海豹皮和海狮皮制成的西伯利亚狗拉雪橇和皮船，用于与满族人的贸易往来，仍然可以在千岛群岛和萨哈林岛（库页岛）看到。人们可以在函馆博物馆中看到这些船只样本。（Batchelor, 1892: 182）

巴彻勒的资料提供了千岛阿伊努人使用兽皮船的最有力证据。鄂霍次克骨头做的针线盒描绘了人们乘坐能载 5~8 个人的船猎杀鲸鱼，但不能保证这些船是兽皮船；相反，它们可能像历史上阿伊努人使用的加板独木舟。此外，发现雕刻针线盒的贝丘遗址可以追溯到公元 700 年到公元 1200 年的鄂霍次克文化时期，其北方后裔可能成为尼夫赫人，而南方后裔则成为阿伊努人。萨哈林岛（库页岛）北部的尼夫赫人和南部的阿伊努人地域毗邻、环境相似以及存在贸易关系表明，这两个族群之间有密切联系，并且，如前所述，我们有理由相信尼夫赫人获得木板船之前，使用的是树皮船或兽皮船。在取得更多数据之前，断言阿伊努造船传统类似于尼夫赫造船传统还为时过早。但是图 9-10、图 9-11、图 9-12 清楚地说明了他们使用桦树皮船和榆树皮船在内陆水道上运输的情况。

与坪井和西村相反，现代考古学和 DNA 研究表明，在公元 1200 年前后鄂霍次克文化开始衰落之后，鄂霍次克人和阿伊努人之间存在着密切的历史和生物学关系。考古学家再也不把阿伊努文化中没有坑屋或海上经济，或者没有使用大船的事实看成缺乏文化连续性的标志。相反，随着鄂霍次克文化开始瓦解，阿伊努人与本州北部的擦文移民融合在一起。在日本人与满族人之间作为中间贸易商占据了几个世纪的主导地位之后，阿伊努人被日本人的入侵所征服。随后的军事失败以及人口、土地、贸易和海洋资源流入日本，导致阿伊努人被边缘化，他们的物质文化、定居形式、贸易联系和造船传统发生了巨大变化。尽管如此，在 15 世纪到 16 世纪的鼎盛时期，阿伊努人乘坐由原木建造的木板船，活动于本州岛、黑龙江、千岛群岛和堪察加半岛，还乘坐榆树皮船或桦树皮船在河流中穿梭。尽管他们很可能在北千岛群岛使用敞舱兽皮船或卡亚克皮艇，但在北海道和南千岛群岛是否也曾如此，仍是一个悬而未决的问题。

阿穆尔埃文基人：回到满族家园的通古斯人

在讨论阿穆尔河（黑龙江）流域的埃文基树皮船时（另请参阅第六章

和第七章中关于叶尼塞和勒拿埃文基人的讨论），人们必须注意有关奥罗奇人的原始资料问题，奥罗奇人居住在阿穆尔河（黑龙江）流域和东西伯利亚的大片地区。在1917年以前的文献中（例如，Hiekisch，1879），今天的阿穆尔州和雅库特州南部的外贝加尔湖地区的埃文基猎人和驯鹿牧民也被称为奥罗奇人，或中国所称的鄂伦春族（Tugolukov，1963）。结果，人们对描绘这些地区树皮船的早期插图中的人物形象感到困惑。虽然这一区分不够完善，但人们可以将埃文基文化视为包含众多附属群体的"母文化"，其中一个群体是奥罗奇人或奥罗什人。在中国文献中也存在同样的问题，在过去和现在，中国北方的一些埃文基族群被称为鄂伦春族（Oroqen或Elunchun）。

今天，阿穆尔埃文基人生活的区域边界明确，西接外贝加尔地区，北与斯塔诺夫山脉（外兴安岭）相邻，南至阿穆尔河（黑龙江），东到鄂霍次克海岸。他们可能在19世纪末迁移至此，早在几百年前，其语言同宗埃文人已经扩展到鄂霍次克海岸（见第七章）。纳德日达·埃莫洛娃（Nadezhda Ermolova，1984）写道，阿穆尔埃文基人大部分来自雅库特南部，他们从雅库特人那里获得了许多物质文化元素。詹姆斯·福赛斯（Forsyth，1994）说，在1850年以前，阿穆尔埃文基人和其他族群为了逃避俄罗斯的统治和毛皮税，从外贝加尔和叶尼塞河流域来到阿穆尔地区。

埃文基人主要生活在阿穆尔河（黑龙江）上游的左岸（北部）支流上，而不是在那乃人、乌尔奇人和满族人居住的干流上。在鄂霍次克海岸，他们生活在乌达河和塔尔达河（Tarda River）之间，与尚塔尔群岛隔海相望。福赛斯（Forsyth，1994）指出，从17世纪开始，埃文基人就有很强的蒙古族成分，主要是达斡尔埃文基人，他们是蒙古化的通古斯人，说蒙古语。居住在结雅河与阿穆尔河（黑龙江）交汇处的达斡尔人和讲满语-通古斯语的女真人可能在雅库特以北的阿尔丹河上拥有狩猎权。17世纪中叶，随着俄罗斯人的出现，一些埃文基人迁移到了阿穆尔河（黑龙江）的南岸，来到了中国的满族聚居区，在那里他们被称为鄂伦春人。

大多数阿穆尔埃文基人是马匹饲养者，他们主要从事农业，以狩猎和捕鱼为辅。只有住在斯塔诺夫山脉（外兴安岭）的埃文基人有驯鹿。到达阿穆尔河（黑龙江）流域后，埃文基人从他们的邻居，主要是海岸上的那乃人和尼夫赫人那里学会了打猎和捕鱼。到19世纪末，这些沿海埃文基人约有1000人。另一个埃文基族群，即马尼吉尔埃文基人［由于在库马拉河（Kumara River）流域居住而在古书中称为库马人（Kumarchen）］，和他们的近亲伯拉（Birarchen）埃文基人一样，都是养马的民族。马尼吉尔埃文基人主要生活在奥罗奇埃文基人旁边的结雅河谷，以及中国境内的黑龙江以南。

阿穆尔埃文基人制造的桦树皮船与其他阿穆尔船相似，他们将之称为"乌穆里春"（umurechun）（见图9-14），用于在小支流上捕鱼。阿穆尔埃文基人还继续制作他们居住在阿尔丹河和马加河（Maja River）沿岸的雅库特时制造的勒拿河风格的尖头树皮船。根据亚历山大·冯·米登多夫在1844年探索该地区时所收集的文献，有一些证据表明他们也有较大的拜达尔船。米登多夫有时乘坐其中一艘由雅库特人在俄罗斯阿延港（Ayan）建造的兽皮船。

图格尔河上的奥罗奇人树皮船

在鄂霍次克海沿岸斯塔诺夫山脉（外兴安岭）南部的图格尔河上，米登多夫有机会研究阿穆尔埃文基人（更确切地说是奥罗奇人）所使用的桦树皮船。他描述了两种船型（见图9-15），一种具有较窄的横梁和较高的侧面，适用于湍急的水流，另一种具有较宽的横梁和较低的侧面，以提高船的稳定性和承载能力。米登多夫（Middendorff, 1856：1357）写道："通古斯（埃文基）人无愧为山地骄子，我们不知道最应该钦佩何时的他们，是当他们在深谷中手持船桨搏击急流时，还是当他们用两根短杆（muketschi'）撑船逆流而上时？"他还提供了适用于湍急水流的埃文基桦树皮船的建造细节：

图 9-14　理查德·马克 1859 年的插图，对阿穆尔河（黑龙江）流域和附近的满族地区常见的马尼吉尔埃文基船只和渔具的主要特征进行了分类。15 号显示了马尼吉尔阿穆尔 II 型树皮船（1629036）。（纽约公共图书馆提供。）

在通古斯船艇中，仍然可以看到更多的轻型结构。树皮船的框架由柔韧而结实的木材制成，而外壳则由白桦树皮制成，就像制作帐篷那样。……［树皮］……要先煮沸，之后就会像皮革一样，表面光滑，将树皮片修剪后，与薄薄的雪松和云杉根缝合在一起……三棵白桦树的树皮足以制作一个皮船。皮船用脂肪和黏土制成的油灰防水。这样的树皮船重量不超过 50 磅［23 千克］，但能承载合理的重量，通古斯人用高超的技巧在湍急的水流中划着小船；桨……两端都有桨叶。在较宽的水域中，用不到这些船只，因为它们重量轻，无法保持航向。（Middendorff, 1856: 1357）

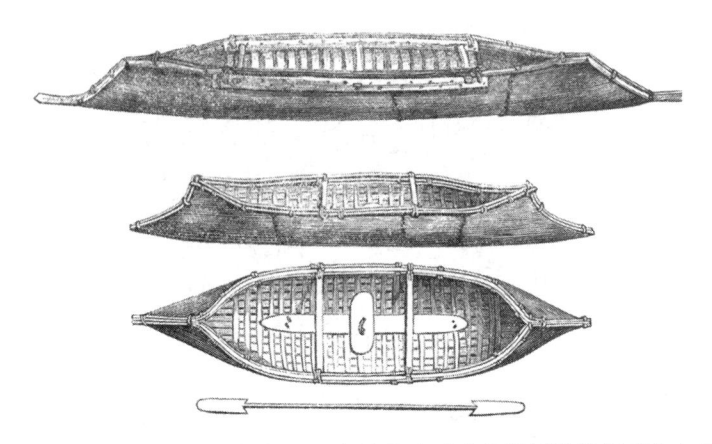

图 9-15 亚历山大·冯·米登多夫 1856 年的报告描述并举例说明了图格尔河上的两只奥罗奇或阿穆尔埃文基桦树皮船。一种长而窄，用来运送人（阿穆尔 I 型）；另一种短而宽（阿穆尔 II 型），用来运送货物。（摘自 Middendorff, 1856。）

结雅河谷的马尼吉尔树皮船

S. M. 希罗科戈罗夫（S. M. Shirokogorov）是 20 世纪初的俄罗斯民族志学家。他研究了中国东北地区的通古斯人，并在日本和中国的大学任教。他记录了马尼吉尔人，并很好地概述了马尼吉尔埃文基（通古斯）社会的树皮船传承：

> 由白桦树皮制成的马尼吉尔通古斯船是居住在白桦树皮丰富地区的人们的杰出发明之一。实际上，通古斯人居住地区的大多数河流都不适合航行，河流经常被难以穿越的大瀑布阻断。然而，有大瀑布阻断的几段河流的距离不长，除此之外，这些河流可能很适合划浅舟。桦树皮船很轻，可以载三个人和一些货物，不能使用时可以很容易地由两个人抬着走。通古斯人非常了解河流、急流、瀑布等所有的情况，因此能够非常安全地驾乘桦树皮船。尽管这类树皮船很古老，但在其他交通方式都比较困难的通古斯部落所处区域中保留下来。例如，库马人在库马拉河和塔加河等河流沿岸使用桦树皮船，但他们的邻居伯

拉人却不使用,因为阿穆尔河(黑龙江)太大,无法使用这种树皮船。满族地区的驯鹿通古斯人只在打猎、过河,以及去阿尔贡河和阿穆尔河(黑龙江)两岸时才使用桦树皮船,在这种情况下,他们会把驯鹿留在原地,继续赶路。然而,许多族群更喜欢用桦树皮船来捕猎经常以水生植物为食的麋鹿[驼鹿]。猎人可以乘一个非常小的单人船不声不响地靠近动物。因此,保留这种形式的树皮船出于对实用性的考虑。(Shirokogorov,2010:第27节)

利奥波德·冯·施伦克看到了"乌穆里春"小船,并在1881年出版的书中对其进行了描述。他说,比拉尔人和马尼吉尔人(参见图9-14)的树皮船的形状和结构与那乃人的"扎伊"相似。马尼吉尔树皮船的长度是那乃船的两倍,而宽度相同:施伦克看到了一艘长35.5英尺,宽2英尺2英寸[10.8米×0.67米]的马尼吉尔船。1864年收集的一个同样大(8米长)的阿穆尔埃文基树皮船现存于哥本哈根的丹麦国家博物馆(见图9-16)。

图9-16 这艘巨大的阿穆尔埃文基Ⅱ型树皮船,于1864年由丹麦国家博物馆收藏,出现在1981年奥勒·克鲁姆林-佩德森发表的文章(1981:6)里。船长8米,一些阿穆尔树皮船的长度可能已超过10米。这艘船可能是现存最大的桦树皮船之一。(由奥勒·克鲁姆林-佩德森提供。)

鄂霍次克海岸的敞舱兽皮船

1844年7月，在为俄罗斯科学院进行考察时，米登多夫前往阿穆尔河（黑龙江）口以北的尚塔尔群岛，来到鄂霍次克海岸的阿延港。在那里，俄罗斯指挥官（后来成为海军上将）索沃伊科（Savoiko）借给他一艘覆盖着海洋哺乳动物皮的大型拜达尔船，尺寸约10.0米×2.7米。他还借给米登多夫划桨的雅库特水手，这些水手可能为索沃伊科造了这艘兽皮船（Middendorff，1856：1354-1355）。他们沿着海岸向南行驶，直到到达尚塔尔群岛对面的乌达湾。俄罗斯驻中国使节埃弗特·伊斯伯兰特·埃德斯（1706）在他的日记中写道，这些岛屿曾经可能是尼夫赫人的领土，但后来被勒拿河的雅库特人占领，他们猎捕海洋哺乳动物和毛皮动物。

乌达湾的兽皮船之所以如此有趣，是因为这个海湾可能是西北太平洋最富饶的鲸鱼猎场之一。用标枪或毒箭猎鲸需要船，北太平洋的大多数民族都为此目的而使用兽皮船。米登多夫（Middendorff，1867：930）写道，当他在1844年7月初从乌达河进入乌达湾时，他看到了数以百计的鲸鱼（可能是座头鲸）；一天之内，他计数了30群到40群，总计约800只鲸，向西北方向游动。大量聚集的巨鲸使谢尔盖·A.阿鲁蒂乌诺夫和多里安·A.谢尔盖夫（Arutiunov and Sergeev，2006：205）认为尚塔尔群岛附近的鄂霍次克海岸可能是爱斯基摩人或准爱斯基摩人的最初家园，他们在穿过堪察加地峡沿白令海定居之前学会了在那里捕猎巨鲸。

在图格尔湾岸边的图格尔河上，米登多夫让他的雅库特水手给他做了一艘尺寸只有3.4米×0.9米×0.4米的兽皮船，他说这艘船"像坚果壳一样"乘风破浪（1867：1354-1356）。他和一位名叫瓦格诺夫（Waganov）的军官用它来探索图格尔湾，很快他们就发现自己在距离陆地5俄里（5公里）的汹涌大海中，处境极其危险。船很轻，救了他们一命，他们得以上岸。一年后，当米登多夫探索勒拿河口时，他让人用60张雅库茨克的牛皮，仿照他在阿延港使用的船只模型，为他建造兽皮船。不幸的是，由于兽皮质量差，这些船无法使用。相反，他自己做了一艘单人兽皮小船，驾着它向北行驶了很远。

这样的报告提出了许多解读方面的问题。米登多夫、西村和特隆森对鄂霍次克南部海域族群使用兽皮船的观察可能会让人相信，从阿延角南部到阿穆尔河（黑龙江）北部支流、萨哈林岛（库页岛）和堪察加半岛的海岸上，都存在着拜达尔型兽皮船或卡亚克皮艇。遗憾的是，包含这种思路的文献很难评估。考虑到不同民族的杂居融合，以及俄罗斯远征队和海军使用科里亚克和爱斯基摩人的兽皮船，这种船可能偶尔出现在最南边的尚塔尔群岛和萨哈林岛（库页岛），在此与在沿白令海岸捕猎海象的北方人进行象牙贸易。同样，来自阿拉斯加的阿留申卡亚克皮艇和敞舱兽皮船向南一直划到加利福尼亚的罗斯堡（Fort Ross），这是俄美公司"海獭探索"项目的一部分。在从中国档案馆或考古成果中获得详细信息之前，谨慎的做法是将这些现象视为孤例，而不是将其视为南部造船传统的证据。

松花江流域的鄂伦春-奥罗奇人

理查德·诺尔（Richard Noll）和史昆（Kun Shi）写道，中国的奥罗奇人历史上"生活在满族区域北部小兴安岭、大兴安岭和伊勒呼里山的林间和河上"（Noll and Shi，2004：142）。在文化和种族方面，中国的奥罗奇人与埃文基人相似（Janhunen，1997：130-133）。鄂伦春-奥罗奇人是一个混合群体，可能是由两个民族的成员合并而成，从19世纪开始人们用"Elunchun-Oroch"这个带连字符的名称来指代。鄂伦春-奥罗奇人住在中国黑龙江省的黑龙江以南，直到20世纪90年代还在建造桦树皮船，部分是为了吸引游客。

在中国，鄂伦春-奥罗奇人的生活经历了重大的转变，就像俄罗斯阿穆尔河（黑龙江）以北的埃文基人一样。贾德·李-达菲（Jade Lee-Duffy，2005：13-14）将上一代奥罗奇人描述为中国内蒙古林地最后的猎人。传统上，他们是制作桦树皮船和放牧驯鹿的林区民族（奥罗奇的意思是"驯鹿民族"）。李-达菲写道："在18世纪，部落适应了牧马生活，马匹那时更为珍贵。……然而，在过去的五十年中，鄂伦春人已被推向现代化，不得不定居在黑龙江省和内蒙古自治区的少数民族乡镇和村庄。"根据李-达菲的说法,"鄂伦春人传统上依靠森林生存,因此桦树皮是他们生活中不可或缺的部分。他们用这种材料制作树皮船、水罐、鱼篓等各种东西"。1994年,当诺尔到达什巴干村（Shibazghan）（位置不确定,但很可能位于内蒙古）时,桦树皮船的重要性就显而易见了,他发现鄂伦春人萨满撮那栓（孟金福）（Chuonnasuan）和他的母亲及兄弟在前院建造桦树皮船。他们接到100艘船的订单（每艘价格为1500元人民币）,然后作为旅游展品送到"民族村"。

如今,用于旅游目的的树皮船建造延续了鄂伦春人建造船只的悠久传统。中国社会科学院考古研究所（2014）进行的一项研究描述了中国内蒙古和东北海拉尔地区*的奥罗奇-鄂伦春遗产,并记录了中国埃文基桦树皮船。考古所描述的树皮船之一是一艘五节船,尺寸为7.34米×0.68米×0.27米,其设计与叶尼塞型树皮船的设计相似,表明了最近的文化联系（见图9-17）。

图9-17　这艘奥罗奇（鄂伦春）埃文基桦树皮船的大小与其他大型阿穆尔树皮船相似（7.34米×0.68米×0.27米）,来自嫩江以西的内蒙古自治区呼伦贝尔（Chinese Academy of Social Sciences, 2014: 图9385）,在船首和船尾结构中采用叶尼塞和贝加尔风格船只形式。(中国社会科学院提供。)

---

* 原著有误。原著所引用的中国社会科学院考古研究所著《呼伦贝尔民族文物考古大系》中所指的地区应为呼伦贝尔地区（原称海拉尔市）,为中国东北地区的最西北处,而不是原著中所称的"中国最西北部"。原著中的Hailan应为Hailar（海拉尔）的误写。中文版已做更正。——译者注

第九章　远东：中国东北、萨哈林岛（库页岛）和日本北部 / 395

鄂伦春桦树皮船已在另一本书（Na Min, 2011）中有记载，这本书是献给生活在呼玛河（库马拉河）上的树皮船建造大师郭宝林的（见图9-18）。在黑龙江省，鄂伦春-奥罗奇人也被称为库马人或马尼吉尔人（Noll and Shi, 2004）。与其他地区一样，这里的桦树皮船是用来打猎、捕鱼和过河的。桦树皮船行驶安静，便于携带，成为人们用网捕鱼和用标枪狩猎的理想选择。奥罗奇树皮船的形状不同于阿穆尔河（黑龙江）流域的其他树皮船，有一个宽阔、开放的中央主体，船头和船尾略微向上倾斜。船不深，中心深度只有25厘米左右，底部几乎是平的，因此适合流速缓慢的河流。另外，鄂伦春树皮船类似于海拉尔地区的呼伦贝尔树皮船。

图9-18　（a）中国学术界提供了一些关于正在消失的树皮船传统的文献资料，例如，这本关于黑龙江省呼玛地区的奥罗奇埃文基树皮船建造者郭宝林的著作（Na Min, 2011）。（b）俄罗斯民族志博物馆的藏品中有一艘类似的船只（REM 28-2009-36），但其来源尚不清楚。（I. 察琴科拍摄；俄罗斯民族志博物馆提供。）

费迪·古德（Ferdy Goode）在2009年拍摄的一段视频（现已下线）显示，一位鄂伦春-奥罗奇男子用一把刀、一把斧头和一把锯，从一棵白桦树上砍下了一大块树皮，并劈开一根原木，然后制成了舷缘和细而柔韧的纵梁。他将6米长、1米宽的树皮铺在地上，里面朝上，用石头和木桩把它钉住，使其平整。然后他用木钉或木栓从里到外把树皮外壳固定在内外舷缘之间，从中间开始，一直到两端。为了制成船首和船尾的凸出部分，他加热了桦树皮使其柔韧，然后将其折叠成上翘的船首和船尾。最后，他从头到尾依次放置长木条，覆盖树皮内侧，并在内外舷缘之间设置了宽肋拱。这种技术——在树皮船的首尾将树皮向内折叠——也可以在阿姆贡河的阿穆尔埃文基落叶松树皮船模型（见图9-19；MAE 5334-34）的详细图片以及附带的结构图中看到（参见图2-3）。

图9-19 这种罕见的落叶松树皮船模型（MAE 5334-34）是由佛司汀-迈尔尼科娃（Forshtein-Mylnikova）在1935年从阿姆贡河上的阿穆尔埃文基人那里收集的。这个模型类似于勒拿河上游和贝加尔湖地区的埃文基树皮船。(叶夫根尼亚·阿尼琴科拍摄，由俄罗斯圣彼得堡人类学和民族学博物馆提供。)

呼玛河（库马拉河）上的鄂伦春-奥罗奇树皮船大小不一，从大型贸易船到仅可容纳一个人的小船（Na Min, 2011）。大型船只长8米至10米，宽达1.5米，需要许多树皮，承载能力大，得由几个人划桨或撑船。中型船只，长6米到7米，适合在狭窄的河流和湍急的水域使用。仅有4米长的小型树皮船速度缓慢，用于当地的交通以及孩子们的玩耍和训练。每只树皮船都有一个或多个双叶桨和两个短杆，用于浅水区。在阿穆尔河（黑龙江）流域，埃文基皮艇的标志性特征是使用类似于奥罗奇皮艇的短杆。

鄂伦春-奥罗奇树皮船最有趣的特点是其独特的设计，这不同于在其他阿穆尔埃文基人中发现的典型的阿穆尔型或勒拿型树皮船。正如埃德斯（Ides，1706）从莫斯科到北京的旅途中所注意到的那样，鄂伦春-奥罗奇树皮船类似于叶尼塞树皮船，可能起源于17世纪西埃文基人从贝加尔/阿穆尔地区迁移到叶尼塞山谷之前叶尼塞和阿穆尔埃文基人共同的早期船只原型。后来，当俄罗斯吞并阿穆尔河（黑龙江）以北地区时，许多埃文基族群向南撤退到中国的土地上。最有可能的是，这些大约300年前在叶尼塞地区建造船只的埃文基人的残余人口，后来成为松花江流域的鄂伦春-奥罗奇人，居住在中国东北黑龙江以南，保持着古老叶尼塞桦树皮船传统。

汉族和藏族：河流商人和旅行者的皮筏与"克拉科尔"小圆舟

中国的文化、政治和经济活动对东北亚人口较少民族及其文化有巨大影响。数以亿计的汉族人，和主要生活在这个庞大国家的55个少数民族，构成了一个多元化的格局。中国的长城在历史上为抵御蒙古军队从北部的突袭提供了一定程度的保护，这使得中国的水路作为贸易、货物和军队运输的动脉更加重要。正是沿着这些水道，中华文明的主要中心得以发展。其河流系统连接着用于灌溉和运输的运河和沟渠水网。中国的水路推动了早期造船和航海业的发展，并最终在1421年郑和下西洋的大规模航海探险中达到顶峰，郑和的航海探险向西探索了近半个地球，但正如加文·孟席斯（Gavin Menzies，2003）所言的，其从未到达美洲。

中国所有较大的河流都发源于喜马拉雅山和青藏高原的其他山脉。长江和黄河在其上游的深谷中奔流，入海前进入四川盆地、华中平原和沿海平原时变得非常宽阔。这种地理条件要求人们开发出两种船系，在河流下游的航道上，主要是大型的驳船式木板船，还有供个人使用的小型平底木板船，但人们也使用小型皮筏或小船在山间河流旅行和过河。因此，中国兽皮筏和兽皮船主要分布在边境地区，那里有湍急的河流，中国历史上大多数少数民族都生活在那里。如下所述，河流的地理位置也是西藏保留牦牛皮筏的原因。

高原和平原的划分并不是中国船只使用的唯一特征。在1689年签订《尼布楚条约》和1858年签订《瑷珲条约》之间，满族人一直掌控着西伯利亚南部，远至外贝加尔的额尔齐斯河和鄂毕河的汇合处，以及北部的黑龙江和乌苏里江山谷，一直到鄂霍次克海。因此，阿穆尔河（黑龙江）流域从事桦树皮船建造的族群都在中国范围之内。除满族外，还有许多中国少数民族与通古斯-满族人（如赫哲族人、奥罗奇人、乌尔奇人和尼吉达尔人）一起生活在黑龙江的森林和山区，并熟悉乌德盖-奥罗奇、尼夫赫和阿伊努等邻近族群。汉族的造船技术对这些森林和沿海地区的民族产生了重大影响，随着时间的推移，他们采用了原木船或更流行的中式木板船。

上一节涉及中俄边境阿穆尔地区的船艇，现在我们简单介绍汉族及南方少数民族使用的皮筏和小船。总的来说，这些船艇类似蒙古人建造的兽皮船（见第六章），但只有在南部地区发现的某些类型的船只类似于日本和朝鲜曾经使用过的船只。

黄河流域的皮筏

1923年，瑞典考古学家J.G. 安德森（J. G. Anderson）（Chen, 2003: 170）在中国甘肃省进行调查时，挖掘、收集和购买了数以千计的古代文物，包括彩陶。他认为，在新石器时代，近东和远东有着密切的关系，黄河流域受到了西亚的强烈影响。为了把他的藏品运到最近的城市，他委托别人建造了大型皮筏。有许多可供选择的皮筏，因为在中国已经使用了好几类皮筏。有些是由充气羊皮袋支撑的简单的木框架（见图9-20），另一些是用羊毛填充的缝得不透水的牛皮筏。后者有一个坚固的木平台，安装在巨大的气囊上，由两端的长桨操控。凌纯声描述了这两种工艺：

第九章 远东：中国东北、萨哈林岛（库页岛）和日本北部 / 399

中国的皮筏以黄河流域的最为闻名。黄河共长两千五百英里[4023公里]，自西宁至包头间的七百英里[1127公里]通行皮筏。黄河的皮筏有用羊皮吹气膨胀而成的皮筏和牛皮塞羊毛的皮筏两种。羊皮小筏用十二至十五只羊皮编成，载货大筏则多至五百只。至于牛皮常用120只始成一筏者。（Ling，1934：82）*

图9-20 直到20世纪初，充气动物皮筏一直是黄河上运送货物和牲畜的常用交通工具。这个大皮筏用了12张羊皮，里面装满了羊毛和空气，绑在一个木架上。（摘自Forbes，2008。）

为什么要使用羊毛或稻草填充的牛皮或马皮浮具呢？小羊皮气囊必须用气泵充气，而且容易漏气，特别是在重载情况下，需要频繁地充气，但是装有羊毛或稻草的大皮囊保持了其形状且不需要高压，因此由它们支撑

---

* 此处实际引自凌纯声1970年的《中国远古与太平印度两洋的帆筏戈船方舟和楼船的研究》（1970：37），而非引自凌纯声1934年的《松花江下游的赫哲族》（1934：82）。——译者注

的筏子可以长距离漂浮,并承载重物。

正如我们在第六章所讨论的那样,蒙古草原向中原地区输送了各种绵羊皮、马皮、骆驼皮和黄牛皮,其中大部分是运往黄河流域,用于制筏业。沿着黄河,带有羊毛漂浮物的皮筏可以行驶很远的距离,之后这些毛皮和羊毛会被重复使用或出售。从某种意义上说,这些筏子构成了一个水上商队,从蒙古草原向中国平原地区的城市供应皮革、羊毛和其他产品。实际上,连接西方和中国的丝绸之路都是陆路和水路商队路线。

中国的古代记录通常提到兽皮船、充气皮囊船和木筏,但都没有详细说明(Herron, 1998)。陈星灿认为,这些木筏大部分起源于中国西部和西南部的幽深河谷,甚至对木头或竹子制成的、包着兽皮或"把兽皮缝在一起制成船"(Chen, 2003: 178)的观察也来自这些地区。类似的观察结果来自云南省保安市,还有一些来自今四川和青海之间的一个叫附国的地方,或者来自今西藏昌都地区的东女国。在黄河和长江上游也使用类似的船。在所有这些高原地区,陆路运输困难,河流湍急,因此兽皮船很有用。

皮筏在中世纪特别流行,但是上游河道上的皮筏制造者需要稳定的兽皮供应才能制造皮筏。一艘载着乘客或货物的皮筏会顺流而下几百公里,而制造皮筏的人将永远失去它,因为只有领航员会返回上游的出发地,引导其他皮筏顺流而下。为了解决兽皮供应问题,汉族人求助于其北方邻居蒙古人,他们拥有大量的绵羊、山羊、奶牛、牦牛、骆驼和马。

在过去 2000 年的大部分时间里,包括成吉思汗的孙子忽必烈建立的元朝(1271~1368),蒙古人发现自己处于汉族人的势力范围内。尽管蒙古人只能向汉族人提供种类有限的有用原材料,例如马、羊毛、羊绒和动物皮,但他们想要交换的商品范围广泛,包括布料、金属制品、武器、毛皮和名贵物品。除了通往西方的陆上丝绸之路商队路线外,河流运输是将货物运到中原的首选方式,因为地势险峻,道路不畅,也很危险。你可以顺着甘肃的渭河或黄河向东走,那里充气的山羊皮筏至今仍在使用,也可以顺着铁尔梅兹(Termez)地区的乌浒河(Oxus River)(阿姆河)向西走。在这些水路运输的货物中,有珍贵的毛皮,包括黑貂、白色鼬皮、狐狸皮和貂鼠皮,以及大黄,大黄的根被认为是一种能调理肠道的补药。价值较低但也从河西走廊和内蒙古运到中原地区的是用于制作盔甲的马皮,以及制造用于黄河和中国北方其他河流的"克拉科尔"式小圆舟。圣物,如佛像、文物、宗教经卷,当然还有通俗书籍,也从西方通过商队进入中国,或从印度穿越帕米尔高原进入中国。

川藏交界地区的兽皮船

西村1931年出版的著作再次帮助我们了解中国。他认为,兽皮船在中国东北、朝鲜和蒙古地区有着深厚的渊源,兽皮船技术是由埃文基人传到日本的,他认为埃文基人是日本人的远祖。如今,考古学家和语言学家将埃文基人的影响归因于突厥人在公元700年前后的扩张,但在日本,船只(包括动物皮的种类)的发展肯定要早得多,即绳文时代(Habu,2010),当然也要早于公元第一个千年中期原始日本人从朝鲜半岛来到日本之前。西村还认为,来自蒙古草原和中国东北地区的通古斯人把兽皮船介绍给了藏族人。他回忆起一本明朝(1368~1644)的汉语词典,其中提到了一种"克拉科尔"式小圆舟类型的兽皮船:"兽皮船是用牛或马的皮制成的,牛皮或马皮在竹子或木头的框架上拉伸,形状像箱子或盒子。这样做成的船在火上烤干,就可以漂浮在水上。一张兽皮做成的船只能载一个人,而两张兽皮做成的船可以载三个人。"(引自Nishimura,1931:137)陈星灿(Chen,2003)也曾写过中国川藏交界地区使用的、用兽皮覆盖的"克拉科尔"小圆舟和篮式牛皮船,中国民族志学的先驱之一凌纯声研究过这种船(见图9-21)。

李约瑟(Joseph Needham)和鲁桂珍(Gwei-Djen Lu)(Needham and Lu,1962)研究了中国及周边西部地区船只的演变,他们认为篮形框架包上兽皮或皮革就是"克拉科尔"小圆舟(另见Sinor,1961)。他们还认为,这种船在时间和空间上的分布比已经注意到的要广泛得多,因为它可能出现在早期的亚述(Assyria)和美索不达米亚(Mesopotamia),并且是发源于

图 9-21　在北半球的许多地方都可以找到临时过河用的船只，圆形的小圆舟由弯曲的木头框架制成，上面包着牛皮或水牛皮（在北美平原称为公牛船）。这张照片是 1970 年由民族志学家凌纯声在川藏交界地区拍摄的。（摘自 Chen，2003：188。）

西藏的大河的湍急源头的典型船只：

> 在巴塘附近，雅砻江、长江上游和湄公河上游澜沧江发现了兽皮覆盖的"克拉科尔"小圆舟。西方和中国的旅行者们经常描述这些小船，例如 1845 年的姚英和最近的金顿·沃德（Kingdon Ward）。在中国，它们被称为"皮船"，但除了西藏边界外，它们现在只在中国东北察哈尔地区和朝鲜使用。西村认为它们是日本传说中提到的"柳条船"（浆果船）。在［4 世纪晚期］葛洪所著的《抱朴子》中，还提到了有一个人自己划着"篮舟"穿越宽阔的河流；早在公元前 4 世纪，庄周就提到了一个人就可以带走的船，因此很可能是小圆舟。葛洪之后不久，公元 386 年，后燕第一位国王慕容垂在黄河流域的军事行动中大量使用牛皮做的小圆舟，以牵制敌人。在千佛洞隋洞的墙壁上画着三只小圆舟。有很多证据表明，蒙古人在 13 世纪的征战中使用过这种船。但是，在中国文化领域，这种船从未发展成爱斯基摩人和西伯利亚北部民族的那种细长的覆盖动物皮的甲板船。（Needham and Lu，1962：386）

F. B. 斯坦纳（Steiner，1939）曾写过中亚民族的兽皮船，他对中国的兽皮船很感兴趣（尽管西伯利亚的雅库特人是他的主要研究对象）。斯坦纳在古文献中发现蒙古人和匈奴人使用这种船，匈奴人与蒙古人有血缘关系。匈奴人在2000年前创建了一个强大的帝国，从北京以北的长城一直延伸到哈萨克斯坦东部。马塔乌斯·帕里森西斯在13世纪中叶报道说，匈奴船是用牛皮制成的，10人或12人共用一只，这一信息使斯坦纳认为这些船仅作临时用途。他在谈到汉族和满族的兽皮船时说："《后汉书》的《南匈奴传》谈到了南匈奴（公元1世纪至公元2世纪）的马皮船。《晋书》（晋史）（写于644~646年）中的《慕容垂载记》提到了另一个居住在中国东北地区的鲜卑族，可能说突厥语，在一次战役中有几艘牛皮船。"（Steiner，1939：n.23）在丹尼斯·塞诺1961年的文章《论欧亚大陆中部的水路运输》（"On Water Transport in Central Eurasia"）中，我们可以找到更多关于这些"克拉科尔"小圆舟和兽皮船的古代参考资料。

西藏牦牛皮筏船

在亚洲兽皮船中，西藏的皮筏可以单列为一类，它们在我们所描述的船只中是独一无二的，但从某种意义上说，它们应该与欧亚大陆北部的船只归为一类，因为西藏的皮筏——或者像戴安娜·阿尔特纳（Diana Altner）所说的某种"克拉科尔"小圆舟（与哈里·卢克卡宁的私人交流，2008）——在海拔4000米左右、气候类似于北西伯利亚的地方使用。藏传佛教在8世纪后通过传教僧人传播到蒙古国和中国内蒙古，一起传播过去的或许还有用牦牛皮做的西藏皮筏或类似技术，这些船在色楞格河源头使用，因此也在叶尼塞河流域使用（参见第六章）。

人们对西藏古老的兽皮船传统知之甚少。阿尔特纳在她2008年的信中写道，她正在寻找西藏南部和中部的捕鱼社区，并对他们的日常生活、物质文化以及他们在西藏社会中的地位感兴趣。她发现该地区只剩下一个捕鱼社区，并把她的研究重点放在那个村庄上。她发现当地居民在很多方面都依赖牦牛皮船，还发现这些人传统上用来运输食物、人、建筑材料以及捕鱼的西藏"克拉科尔"小圆舟数量的减少是过去十年社区经济变化的一个关键指标。

根据戴安娜·阿尔特纳（Altner*，2009）的研究，西藏有几种兽皮船类型。许多用来过河的、可载两三个人的中型圆舟，是由棍棒框架制成的，连接在一个环形的木质舷缘上，外面覆盖着几张牦牛皮。一些较大的船有覆盖着兽皮的四角木架，木板船底缝在肋拱上，肋拱末端用榫卯固定在舷缘上。这些船在水中时，它们的船舷会向内弯曲，因为它们没有水平的横梁。正如阿尔特纳书中的图纸和图片所展示的，这些船的大小、结构和形式都有很大差异，因为每艘船都是根据用户的个人需求和喜好建造的（见图9-22）。

图9-22 西藏人把木头绑在一个方形的框架里，做成了过河、旅行和钓鱼的筏子，筏子上覆盖着一层牦牛皮，并固定在舷缘上。这只皮筏很轻，戴安娜·阿尔特纳的女儿可以很容易地搬起来。戴安娜·阿尔特纳在其2009年的博士学位论文中研究了西藏皮筏。（图片由戴安娜·阿尔特纳提供。）

---

* 原著中误为 Altner Lange，中文版已做更正。——译者注

西藏是世界上平均海拔最高的山区，许多湍急的河流在没有很多道路和桥梁的深谷中穿过。在农村，旅行通常沿河而行，而皮筏运输早就成为一种吸引人的交通方式；从历史上看，皮筏可以在很短的时间内运送人、动物产品和鱼类，也可以减少陆地运输造成的磨损。阿尔特纳描述了一位藏族水手的生活，他把筏运与生计和贸易结合起来，用一两个短桨或长桨驾驶一条牦牛皮船在河里旅行或钓鱼。旅途中，他会用线或网捕鱼，直到到达村庄或集市。一到那里，他就把鱼卖掉，把皮船背在背上，然后把它带回了家，这一旅程可能需要一天或更长时间；为此，西藏渔民把他们的皮船做得尽可能小而轻（Altner，2009：43-47）。

小结：东西方相遇

我们以一个问题结束本章：为什么树皮船和兽皮船在欧亚大陆东北部和远东地区的历史与大陆西北端、波罗的海和白海附近的历史如此不同？换句话说，为什么在过去的1000年中，在北欧被记录下来的极为实用的船只如此之少，几乎没有一种能延续到近代历史时期，而在东方，直到20世纪，树皮船和兽皮筏仍然主导着沿海和内陆水道？

答案部分取决于可用记录的类型。芬诺斯堪的亚的书面记录只能追溯到中世纪，考古发现大部分是船桨。在铁器时代，树皮船和兽皮船在很大程度上被取代了，挖掘出来的船只很少有能追溯到铁器时代开始之后1500年的。在东西伯利亚及其北极和亚北极海岸，树皮船和兽皮船的使用一直持续到近代。两者都得到了研究和记录，皮筏一直持续到20世纪。在欧洲，皮筏在铁器时代也消失了，取而代之的是木制驳船。毫无疑问，汉语和满族语文献中有可追溯到铁器时代的丰富数据，但这些信息对于不具备汉语或满语语言能力的研究者来说是无法获得的。

在西欧和东北欧这两个地区，树皮船和兽皮船不易保存一直是主要因素，因为这类船只通常只保存在水下或潮湿的土壤中。但是，除了考古研究中的船只保存问题，还涉及其他因素。2000年前，受西亚和地中海地区发展的推动，北欧人引进了用铁钉在龙骨上钉木板的方式建造木板船，而不是在原木基础上建造（Crumlin-Pedersen，2010）。盖瓦式叠板船有着相互交叠的木板（起初通过缝合固定，后来，在维京时代用钉子固定），既坚固又轻便，可以按照一种基本船体设计建造各种尺寸的船。对于一个或几个人来说，这种较小型号的船比树皮船或兽皮船更耐用，因此更安全，并很快取代了它们。铁钉和铁制切割工具问世后，到公元1500年，木板原木船和盖瓦式叠板船取代了波罗的海地区的桦树皮船和落叶松树皮船，不久之后，它们取代了欧亚大陆西部北极海岸的兽皮船。

在阿穆尔河（黑龙江）流域较安静的水域，不像在北欧，树皮船一直用于打猎、捕鱼和旅行，直到20世纪。桦树皮很容易获得，只需几天就可以制成狩猎或捕鱼用的树皮船，效率和小规模部落经济的持续存在是树皮船继续使用的主要因素。他们在远东地区的持续存在也是由于与维持传统生活方式和定居模式有关的社会、经济和政治因素，特别是远离沿海和主要河流的地区缺乏工业化和商业化造船方式。与欧洲一样，在阿穆尔河（黑龙江）流域水流平缓的水域，钉有或缝有木板的船只开始取代树皮船，但直到19世纪，这种变化才影响到北部内陆地区的族群。与此同时，不论猎人在草原以北森林的什么地方，他们必须在急流中航行，在湖泊和支流之间来回运输。树皮船易于建造，几乎不需要工具或钉子，由零成本材料制成，而且非常轻，所以一直是客货用船的首选，直到20世纪木板船才取代了树皮船。

树皮船一直是将北欧、楚科奇和远东各地区民众团结在一起的一个重要因素。它们很可能在一万多年前冰河时代的冰川最终消失之前就遍布欧亚大陆北部，而且肯定是伴随着第一批亚洲移民来到北美的。欧亚大陆的针叶林有着广阔的沼泽和水道，如果没有树皮船，人们可能无法生活。树皮船的使用一直持续到帆布、玻璃纤维和铝取代了树皮和木制框架。然而，即使使用了新材料，遵循古老设计模式的树皮船仍然是北方和北部温带森林地区，甚至是北部森林以南地区现代生活不可或缺的一部分。

第九章　远东：中国东北、萨哈林岛（库页岛）和日本北部 / 407

兽皮船和卡亚克皮艇对北方沿海民族的重要性不亚于树皮船对北方人民的重要性。从构造的角度来看，兽皮船肯定是从人们早些时候在森林地带建造树皮船时学到的技能演变而来的。在北部海洋环境中，兽皮船是在波涛汹涌、冰雪覆盖的水域中旅行、迁徙、狩猎和捕鱼的唯一可行方式。目前尚不清楚整个欧亚大陆北极地区是否共享单一兽皮船技术，但是毫无疑问，在2000多年前，白令海爱斯基摩文化对其进行了改进之后，兽皮船作为一种单一的传统传播到了北美北极地区和格陵兰岛。这项技术是前工业时代航海设计（特别是在阿鲁提克人和尤南干人中看到的）最好的例子之一。

如今，树皮船工匠，例如亨利·瓦尔兰科特（Henri Vaillancourt）（出现在约翰·麦克菲的《树皮船的传承》一书中）和许多兽皮船制造商，以及研究人员詹姆斯·霍内尔、哈维·戈尔德、大卫·齐默里、克里斯特·韦斯特达尔、乔治·戴森、瓦伦蒂娜·安特罗波娃、奥勒·克鲁姆林-佩德森、亚历山大·舒蒂金、米哈伊尔·巴塔舍夫和叶夫根尼亚·阿尼琴科等人都按照传统的土著设计继续生产、描述树皮船和兽皮船，并促进树皮船和兽皮船的研究和使用。埃德尼和夏佩尔关于北美树皮船与兽皮船的论著不断重印出版，证明了学者、船艇爱好者和皮船/卡亚克皮艇建造者持续的热情和不竭的兴趣，他们赞美北方工匠的创造力和他们的船艇对人类历史的深刻影响。欧亚大陆北部的能工巧匠们最初受到桦树皮和兽皮的启发，掌握了建造树皮船和兽皮船的创新技术，把江河湖海变成了通衢大道，进而能够发现并开发新大陆。早在人类双足之外的大多数交通工具出现之前，树皮船和兽皮船就把各个民族和文化联系在一起了。欧亚大陆北部树皮船与兽皮船之所以能够传承，原因是：它们在人类发现并定居美洲的过程中发挥了重要作用，而且在此后的岁月里，仍然是重要的交通和娱乐工具，很可能在遥远的将来也会如此。总之，就像马和内燃机一样，这些小的树皮船和兽皮船确实是改变世界的一项了不起的发明。

（侯　丽　译）

第十章
后记：阿拉斯加和欧亚大陆
——白令海峡两岸的差异与延续

叶夫根尼亚·阿尼琴科

在白令海峡最窄处，东北亚和北美仅相距85公里，人们使用任何一种交通工具都可以在较短时间内穿越这段路程。现代远洋船在不到三个小时的时间内就可以横渡。经验丰富的皮划艇手可以在一两天内到达遥远的海岸，徒步穿越冰冻的海峡虽有些危险，但可能也只需两周时间。

然而，从历史上看，地理上的邻近并没有促使两个大陆之间持久的文化统一。相反，白令海峡过去是、现在仍然是一个不断变化的过渡性区域，既连接又分裂了两岸的文化和政体。一方面，白令海峡促进了多次重要的洲际人口迁移和文化交流，包括美洲的最初定居；另一方面，除了西伯利亚尤皮克人之外，居住在海峡两岸的亚洲和美洲的土著族群属于不同的文化群体，说不同的语言（Krupnik and Chlenov, 2013）。

东北亚和北美的考古和民族志学文化之间的异同，产生了大量关注物质文化、民俗和语言学各个方面的学术研究（W. Fitzhugh, 1994；W. Fitzhugh and Crowell, 1988）。尽管学者们已经进行了许多敏锐的观察，提出了很多有趣的理论，尤其是关于卡亚克皮艇技术的，但这些研究很少专门对两大洲的土著船只进行比较分析。然而，有人可能会说，作为一种主要的交通方式，土著船只可能是我们理解不同文化之间关系的关键。船是为旅行而设计的，是一种出行方式和重要的交流证据。了解史前和民族志时代的船只技术和使用，可以并且无疑将有助于阐明导致白令陆桥及其周边地区确立共同特征的过程。这一领域的研究还很不成熟，很少能得出肯定的结论。本书结语总结了关于东北亚和北美土著船只关系的一些观察和假设，并展望了未来研究的方向。

比较基准

北太平洋地区的第一批俄罗斯和西欧探险家就发现了欧亚大陆东北部和阿拉斯加兽皮船的相似之处（见图10-1）。白令海峡最早的关于敞舱兽皮船（或称为乌米亚克船）的书面记录是俄罗斯商人库尔巴特·伊万诺夫（Kurbat Ivanov）的报告，他于1659年在阿纳德尔湾的阿纳德尔河口和克里斯塔湾（Kresta Bay）之间遇到了有九艘楚科奇乌米亚克敞舱皮船的船队（Vdovin, 1965：108）。楚科奇的探险大多是海上探险，所以对于西方的"开拓者"来说，了解沿海和洲际海上路线的本土知识至关重要。探险家们提到了当地水手的技巧和船只的巧妙设计，这些船只在欧洲船只到达之前就已经在这片水域航行了很久，不仅频繁还令人钦佩。马丁·绍尔在观察乌纳拉斯卡岛（Unalaska Island）的卡亚克皮艇时评论道：

> 如果说完美的对称、流畅和匀称是美的要素，那么卡亚克皮艇就是美的化身；对我来说，我所见过的任何事物都无法与之比拟。……当地人看到我们对他们的敏捷和技艺感到惊讶，就划着水走到齐胸的白浪中间，把拜达尔船带到水底下。他们在水中嬉戏，与其说像人，不如说像两栖动物。这一场景让我的头脑灵光乍现，立刻想起了莎士比亚在《暴风雨》中的表达——
>
> 不管浪涛怎样和他作对，

他凌波而前,

尽力抵御着迎面而来的最大的巨浪。(Sauer,1802:157-158)

图10-1 20世纪中叶,阿拉斯加圣劳伦斯岛上的尤皮克爱斯基摩人在岸边的冰面上屠杀一头小鲸(UAF 4393-223)。尽管圣劳伦斯岛民生活在美国领土上,但他们与西伯利亚的尤皮克人有着密切的联系,在地理、语言和文化上的联系比他们与更远的阿拉斯加上著人更为密切。他们的船艇义化是所有北极民族中研究得最好的。(由阿拉斯加大学费尔班克斯分校提供。)

俄罗斯人对探索白令海峡以外的土地的兴趣,除其他因素外,还受到楚科奇土著族群乘坐兽皮船航行故事的启发。1711年,被派去楚科奇征税的俄罗斯哥萨克人彼得·波波夫(Petr Popov)采访了当地的长者马卡奇金(Makachkin)。后者向他描述了"伟大的土地"(现在阿拉斯加的昵称),这片土地就在"阿纳德斯基诺斯"(Anadyrsky Nos)[楚科茨基角(Cape Chukotsky)]正东方,坐船一天就可以到达。据报道,这片土地上有大量的毛皮动物,居住着脸颊上插着乳白色"牙齿"(指的是使用唇钉)的民族,楚科奇人与他们交过战(Timofeev,1882:458-459)。这些盛产毛皮而又看似容易到达的土地的前景促使俄罗斯进行了勘探，并最终导致维图斯·白令在1741年"发现"了阿拉斯加。

除了将阿拉斯加海岸的一部分标注在地图上，第二次白令探险队（1741~1742）首次尝试比较分析西伯利亚和阿拉斯加的土著文化。同样，土著船只在这一过程中发挥了突出作用。探险队的博物学家乔治·W. 斯特勒第一个指出白令海峡毗邻亚洲和美洲海岸，土著船只和熟练的桨手在连接这两个大陆方面发挥着重要作用，这也促成了当时流行的关于美洲居民从哪里来的争论。"如果那些大船上的海员们的勇气和好奇心像那些驾着拜达拉船和小艇从一个地方划到另一个地方的楚科奇人的呼声和勇气一样大的话，人们早就知道了这一点（楚科奇和阿拉斯加很接近）。"他接着提供了七个观察结果，在他看来，这些观察证实了美洲人是亚洲人的后裔，尤其是科里亚克人的后裔，其中第一项观察结果即为"美国人在海上使用的船只与我们在科里亚克人那里发现的船只一样"（Steller，2003：191）。

可惜，斯特勒英年早逝。二十年后，摩拉维亚教会的牧师大卫·克兰兹（David Crantz）出版了他的《格陵兰史》（*History of Greenland*），他在书中详细描述了格陵兰乌米亚克船和卡亚克皮艇（Crantz，1820：148-150；另见Gessain，1960：19），并认为格陵兰因纽特人与中亚的蒙古人有关，是从亚洲经由白令海峡来到这里的。这本书成为18世纪和19世纪北极探险家船上图书馆的必备读物，并被证明对环北极土著文化，尤其是对兽皮船的认知和论述产生了持久的影响。1778年，詹姆斯·库克船长留下了他与威廉王子湾的丘加赫苏皮亚克人（Chugach Sugpiaq）首次相遇的描述：

> 昨天天气不好的时候离开我们的那些土著人，今天早上又来拜访我们；第一批是乘小船来的，后来其他人坐着大船来了，其中一艘船上除了儿童外，还有20名妇女和1名男子。我一边听着克兰茨（Crantz）给我描述格陵兰妇女的船只，一边仔细地检查了面前的这些

船,发现格陵兰船只和面前的船只都是用同样的方法建造的,除了船首和船尾的形状之外,其他的部分没有什么不同;尤其是格陵兰船的船头,和鲸头有些相似。(Cook,1967:348-349)

库克的观察是首次发表的对两种地理位置不同的兽皮船传统的比较分析,由于他的第三次航行记录的普及,这种方法开启了一个船只比较的辉煌时代。几乎所有19世纪的记载都提到了不同的环北极兽皮船传统之间的相似性。绍尔(Sauer)对比林斯1785年至1793年远征的描述中就包含了这样一个概述:他的一个题为"白令海峡两大洲的土著人使用的拜达尔船"的章节里有一幅乌米亚克兽皮船的插图(Sauer,1802:pl. IX)。

事实上,环北极地区是几十个土著民族的家园,他们的船只虽然相似,但也表现出多样性,正如对土著卡亚克皮艇的研究所表明的那样。仅举几个例子:詹姆斯·霍内尔(Hornell,1946:166-174)的综合研究列出了六类主要皮艇;尤金·阿里马(Arima,1975:67-86)区分了九种皮艇变体;大卫·齐默里(Zimmerly,2000)列出了阿拉斯加和西伯利亚的11个类别;让-卢普·罗塞洛特将美国北极海岸的所有皮艇分为28种"民族志"类型(Rousselot,1994:图13.6);哈维·戈尔登(Harvey Golden,2006:26)仅在格陵兰岛就确定了13种类型的皮艇。致力于乌米亚克敞舱皮船和桦树皮船的研究人员,虽然明显较少,但也展现出丰富的地区特色。

船只形态的多样性超越了种族的分类,反映了船只丰富的经济和文化意义。在过去,许多文化群体的全部造船技能包括许多不同的设计风格,其中许多在未被记录下来之前就消失了。这些船型中有一些是根据特定的生存和运输需求而演变的。例如,19世纪楚科奇海的伊努皮亚特族群制造并使用了两种类型的乌米亚克兽皮船:一种是更小、更灵活的捕鲸船,另一种是更大、更重的用于贸易和长途旅行的船只。其他船只变体的存在归因于某些信仰和文化习俗。在格陵兰岛南部,有一种特殊的卡亚克皮艇,叫作"皮亚奇亚克"(piaaqqiiaq),是为那些死去哥哥的男孩们建造的

(Petersen，1986：51）。它有独特的上翘的船头船尾，由"卡萨拉克"（qassallak）木建造，卡萨拉克木是一种"红色软木"，通常不用于制造卡亚克皮艇或其装备。人们相信这样的小艇有抵抗邪恶灵魂的作用，卡萨拉克木常被绑在船架上作为护身符（18）。

最后，同一土著群体，他们的船只通常有着区域性变体。即使在可能只代表了部分古老传统的现存民族志记录中，尤皮克皮艇也有两种变体，努尼瓦克-胡珀湾（Nunivak-Hooper Bay）皮艇和诺顿湾皮艇。伊努皮亚特皮艇有三种不同的类型：国王岛型、楚科奇海型和内陆努纳米特型（Zimmerly，1986）。当与那些仍在从事传统造船的社区土著居民讨论这些船只时，就会出现外人往往不会察觉到的细微差异。例如，霍普角（Point Hope）的人们认为他们的乌米亚克兽皮船与巴罗（Barrow）的有所不同，因为其尺寸以及乌米亚克表皮上缝制髯海豹皮的方式略有不同。作为其独特身份的一部分，一个特定群体船只的特征被其成员所珍惜和重视。有人可能会认为，在过去，当这种身份具有更强烈的政治含义时，他们发挥着更重要的作用。

区域多样性和复杂相似性并存，使得对北极和亚北极地区土著船只技术的研究既诱人又颇具挑战性，特别是对不同大陆的传统进行比较时。洲际比较揭示了两种文化的亲近性。第一种文化亲近性与地缘上邻近有关，因历史联系和适应相似环境条件而共享大量文化传统。考虑到欧亚大陆的西伯利亚尤皮克人和楚科奇人与阿拉斯加的伊努皮亚特人之间进行军事斗争和贸易往来的历史（Bogoras，1904-09：126；O. K. Mason，2009），以及他们对有组织的集体捕鲸活动的共同关注，他们有相似的敞舱兽皮船也就不足为奇了。有趣的是，这些群体的卡亚克皮艇，彼此之间没有任何相似之处。这些小船更适合一人狩猎，可能未用于贸易、突袭或探险，因此受这些交流的影响较小。

第二种文化亲近性是指下面这类情形：不同族群在地理上虽相距遥远，但其船只之间却具有相似性。阿留申群岛的敞舱兽皮船和堪察加半岛的科里亚克兽皮船之间的相似性，科里亚克和东格陵兰皮艇之间可能存在的联系，以及阿穆尔河（黑龙江）地区的一些树皮船和加拿大不列颠哥伦比亚省的一些树皮船之间的相似性，都是这种文化亲近性的例子。是什么导致了这些相似之处？它们是在适应类似环境条件和资源的过程中发生的，还是它们代表了民族之间的历史关系？虽然第一批探险者的评论很大程度上是基于粗略的观察，并反映了一般的特征，如制作材料、大小和船体的一般形状，但最近的兽皮船研究着眼于更精细的细节，并试图结合民族志和考古证据。

民族志证据

现代阿拉斯加人由九个土著族群组成：伊努皮亚特人、尤皮克人、西伯利亚尤皮克人、尤南干（阿留申）人、苏皮亚克人、阿萨巴斯卡人（Athabascan）、埃亚克人（Eyak）、特林吉特人（Tlingit）和海达人（Haida）。伊努皮亚特人的家园包括博福特海（Beaufort）和楚科奇海的阿拉斯加海岸，向南延伸到诺顿湾，在那里它与中部尤皮克人的土地接壤。国王岛和迪奥米德群岛（Diomede）也居住着伊努皮亚特人，而圣劳伦斯岛是西伯利亚尤皮克人的家园，他们与楚科奇的西伯利亚尤皮克人保持着密切的联系。伊努皮亚特人、西伯利亚尤皮克人和中部尤皮克人有血缘关系。

约9000年前，位于圣劳伦斯岛南部和尤皮克地区中部的阿留申岛链，是尤南干（阿留申）人暴风肆虐的家园。尽管在语言上与其他爱斯基摩人不同，但尤南干人与科迪亚克岛和威廉王子湾的苏皮亚克人有许多共同的生存技巧和物质文化倾向（Dumond，1977：55）。遗传和考古证据表明，随着阿拉斯加半岛的人口向西迁移，6000年前尤南干人和苏皮亚克人的先祖可能就已融为一体了（Crawford, Rubicz and Zlojutro, 2007：713；Zlojutro, Rubicz, Devor and Spitsyn, 2006；Dumond, 1977：59）。或者，这些文化和基因的联系可能是长期贸易和战争的结果。

苏皮亚克人由两个主要群体组成：科迪亚克岛及其周围小岛的阿鲁提克人（以前称为科尼亚格人）和威廉王子湾的丘加赫人（Crowell, Steffian and Pullar, 2001：30）。两个族群关系密切，传统上双方都维护自己的主权，并与对方进行贸易往来和军事斗争。阿鲁提克人/科尼亚格人和丘加赫苏皮亚克人都与同样居住在库克湾（Cook Inlet）的德奈纳阿萨巴斯卡人（Denai'na Athabascans）定期交往。再往南，在雅库塔湾（Yakutat Bay）附近，丘加赫人与埃亚克人和特林吉特人接壤，他们都与海达人（阿拉斯加最南端的土著）为邻，海达人大约300年前才从加拿大内陆移民到海岸。

由于其历史、地理和文化的多样性，阿拉斯加的土著船只传统既丰富又复杂。一般来说，兽皮船是因纽特人、伊努皮亚特人、中部尤皮克人、西伯利亚尤皮克人、尤南干人和苏皮亚克人主要的传统海上运输方式。阿萨巴斯卡人使用树皮船，而埃亚克人、特林吉特人和海达人使用独木舟。然而，这种划分也有一些例外，三种类型的船——树皮船、兽皮船和独木舟——经常一起出现（见图10-2）。科泽布湾（Kotzebue Sound）的伊努皮亚特人熟知树皮船，因为科布克河（Kobuk River）将他们与内陆的阿萨巴斯卡人联系在一起。在白令海峡以南，育空河（Yukon River）和库斯科奎姆河（Kuskokwim River）在阿萨巴斯卡树皮船传统和尤皮克人的兽皮船遗产之间提供了类似的联系。两个族群都使用桦树皮船，带有部分甲板，其框架与皮艇的非常相似（见图10-3）。叶尼塞河流域东部的春雅埃文基皮艇也有类似的结构（参见图6-7、图6-8）。

德奈纳阿萨巴斯卡人既有卡亚克皮艇，又有敞舱兽皮船，与苏皮亚克的兽皮船非常相似（见图10-4）。语言资料和口头传说表明，尽管这种形式可能是借用的，但德奈纳人自己建造了这些船，而不是通过贸易获得的（Kari and Fall, 2003：102-104）。20世纪早期的一个传说讲述了伟大的德奈纳酋长杰科内斯托斯（Jaconestus）的故事，他在图克西尼湾（Tuxedni Bay）修建了一座水坝来捕捉海豹，海豹皮用来制造30英尺（9米）长的皮船。根据这个传说，杰科内斯托斯和他的手下绘制了图克西尼湾的岩画，其中有多个船只图案，以记录他们的"事迹和功绩"（Alexan，Chickalusion，Kaloa and Karp，1981：49）。

图 10-2　在育空三角洲的季节性迁徙中，人们既使用乌米亚克兽皮船，也使用桦树皮船。这对立体模型（1975-0178-34）来自 20 世纪中叶，名为"马勒穆特印第安人搬迁营地"（实际上是因纽特人，而不是印第安人），显示了一只桦树皮船旁边是一个覆盖着兽皮的乌米亚克船。当猎人需要把肉从内陆捕杀点运到下游时，他们通常会用新鲜的驼鹿皮做成临时的乌米亚克船或"克拉科尔"小圆舟。（阿拉斯加大学费尔班克斯分校的立体图片图书馆藏。）

图 10-3　尤皮克人有时会制作类似这种模型船的桦树皮船，这与阿萨巴斯卡（库特奈）人的桦树皮船非常相似。这一模型（IVX57）是在 1907 年到 1917 年在阿拉斯加的伯特利（Bethel）或奎纳加克收集的，舷缘装饰花哨，船头甲板上绘有尤皮克爱斯基摩人的圆点图案。船桨上的图案是所有权标志。[由阿拉斯加锡特卡谢尔登·杰克逊博物馆（Sheldon Jackson Museum, Sitka, Alaska）提供。]

图 10-4 这艘大约 1800 年的德奈纳阿萨巴斯卡双人皮艇（CCM 1984.48.1）有分叉的船头和阿鲁提克与尤南干皮艇、乌米亚克皮船的其他构造细节，展示了阿拉斯加西部和南部邻近土著和其他爱斯基摩文化许多共同传统中的一个特征。[由加拿大船只博物馆（Canadian Canoe Museum）提供。]

反过来说，丘加赫苏皮亚克人的船只传统并不局限于他们的兽皮船，口头传统（Birket-Smith, 1953：110-111）和考古证据都表明他们也使用了独木舟。在帕鲁塔特（Palutat）的墓穴中发现了几个这样的独木舟（De Laguna, 1956：239, 245-249），它们与埃亚克船的相似性表明后者可能激发了丘加赫独木舟的灵感（Birket-Smith, 1953：50）。

爱斯基摩人的兽皮船和印第安人的船艇传统之间也可能相互影响。特林吉特人的一个传说讲述了食人者的故事，这个食人者居住在雅库塔湾，当时"渡鸦教人们用兽皮做船"。当食人者屠杀自己的兄弟们时，他的孩子们吓坏了，于是孩子们用受害者的皮做了一只大船，用人的头发缝合，然后坐上船就去为他们的叔叔报仇："这是第一艘皮船。……如今，这些船只是由各种各样的皮制成的，但所用的头发始终是人类的头发。"（De Laguna, 1972：330）

太平洋西北部的土著群体中使用兽皮船的痕迹，是在远至南部的不列颠哥伦比亚省发现的。努特卡湾（Nootka Sound）马考人（Makah）捕鲸船的一些结构特征和装饰细节表明这些船只与敞舱兽皮船有联系。与其他独木舟不同，努特卡船有平坦的船底、垂直的船尾、向外张开的船舷，以及在船头或船尾不相交的舷缘，这使得它的形状，根据威尔逊·达夫（Duff, 1981：201）的说法，与"爱斯基摩人"的乌米亚克兽皮船非常相似。努特卡船用弯曲的刻线或绘线装饰，这些线条缺乏功能意义，但却是"一艘好船的重要元素"（Duff, 1981：201）。这些线条位于内表面，就在舷缘下面，以及在船首和船尾，类似于兽皮船外皮的绳索（见图10-5）。达夫在努特卡船的船尾形状上看到了相似之处，在他看来，船尾很像乌米亚克兽皮船的垂直船尾柱，上面装有船头板。同样，他认为努特卡船的船首参照了乌米亚克兽皮船凸出的舷缘和标枪架。达夫还指出，乌米亚克船和努特卡船都用来捕鲸，并且"经常在船的两侧画上图案，描绘一种结合了蛇和狼属性的神异动物"（Duff, 1981：203）。对他来说，这些相似之处表明乌米亚克兽皮船是努特卡船的祖先，两者都是同一祖先捕鲸活动的一种装备，由于乘坐乌米亚克船迁徙，这种船也从阿拉斯加传播到太平洋西北海岸（Duff, 1981：206）。虽然易于获得木材改变了造船的材料，但"文化的保守和稳定"确保了原始船只的某些特征得以保留。

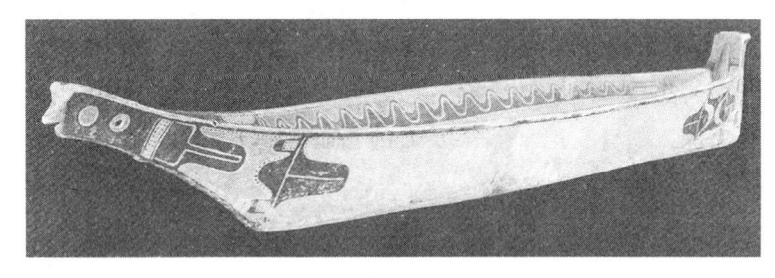

图10-5 威尔逊·达夫（Duff, 1981）报道了土著船只技术中最奇怪的远距离关联之一：阿拉斯加西部的爱斯基摩人乌米亚克兽皮船与不列颠哥伦比亚省南部的努特卡船之间惊人的设计相似性。相似之处包括一般的船形、直立的船尾线、向前延伸的舷缘、用作标枪支架的船首支架。而最令人信服的是，在努特卡船舷缘下方绘制的锯齿形设计模仿了用来保持乌米亚克船外皮紧绷的绳索。两艘船都是捕鲸船。相似之处尚无法解释；不知何故，船只作为阿拉斯加整套捕鲸设备的关键要素，在一个遥远的地理环境和不同的文化中找到了新的归宿。（摘自Roberts and Shackelton, 1983：105。）

努特卡船的具体设计特点与阿拉斯加西部和阿留申群岛的尤皮克和尤南干乌米亚克兽皮船的设计特征惊人地相似，垂直的船尾、分开的舷缘，以及画在两侧船舷的似蛇或似龙的神异动物，都是一种文化联系的特别有力的标志，因为这些设计特征与船只本身的功能无关（见图10-6）。然而，需要注意的是，尤皮克人家乡的海岸离鲸鱼迁徙路线相当远，就历史和考古记录所知，捕鲸从来不是他们主要的谋生方式。

图 10-6　尤皮克乌米亚克兽皮船模型（AMHA 1983.152.100）的侧面图，于1910年前后从阿拉斯加的白令海岸收集。注意图10-5所示的努特卡船直立的船尾柱和画在舷缘下方的船皮绳索。[由安克雷奇历史艺术博物馆（Anchorage Museum of History and Art）提供。]

地理位置不同，船只传统之间却可能存在联系，另一个这样的有趣案例是尤南干和科里亚克敞舱兽皮船之间的相似性。与大多数环北极地区的乌米亚克船有笔直的在船头船尾被船头板分开的舷缘不同，尤南干和科里亚克船的舷缘是弯曲的，形成一个圆形的船头和船尾。然而，科里亚克船有一个半圆形的板附着在艏柱上（参见图8-18c），而尤南干乌米亚克船完全没有船头板（见图10-7）。

无论是科里亚克船还是尤南干乌米亚克船，都没有合适的船头柱：船首位置上使用的木材是龙骨的延伸，龙骨在距离船尾大约四分之三处，弯成一个长长的上翘形状，形成这两种船船底的船舼（船底纵梁）框架构件，在同一点上连接龙骨。因此，船的前四分之一有一个尖锐的"V"形，这有助于提高船只的速度和灵活性（Durham，1960：21）。同时，弯曲的舷缘使船的上部呈宽椭圆形，有助于形成浮力和增加载货容量。据报道，一艘尤

图 10-7 尽管缺少船首和船尾的船头板，但两侧高，船头张开并且没有船尾柱，使得这艘 19 世纪末来自阿留申群岛的尤南干乌米亚克船（NMNH E73019）更像是科里亚克船或克里克船，而不是白令海乌米亚克船。堪察加半岛和阿留申群岛之间是否因为族群或漂浮的船只残骸存在着海上联系（Quimby, 1947）？（由史密森国家自然历史博物馆提供。）

南干乌米亚克船最多能容纳 60 人，并能在白令海波涛汹涌的海面上运送 10 吨货物。

从 19 世纪和 20 世纪初的记录中我们知道，科里亚克和尤南干乌米亚克兽皮船的框架由切割的细长木条建成，一些肋拱似乎已经弯曲，这对于乌米亚克船结构来说也不常见。所有的木材都用动物的筋或鲸须捆绑在一起，做成一个轻巧而灵活的船架。尤南干敞舱兽皮船结构一个值得注意的细节是，所有船底的横木都由两条与船舷平行的生牛皮绳绑在一起。这种结构加固了船底，并将船首和船尾系在一起，充当反舯拱装置（防止纵向弯曲）。生牛皮绳起到第二对船舷的作用。科里亚克乌米亚克兽皮船中也出现了第二对船舷，但由木头制成。有趣的是，在作者所知的任何其他环北极乌米亚克船中都找不到加强这些船型之间联系的结构元素。

这些船只传统之间的相似性自从首次被指出以来就一直困扰着研究人员。比尔·达勒姆（Bill Durham, 1960：25）认为，由于科里亚克船"相对来说不用于海运"，他们可能借用了尤南干人的船只设计。瓦尔德马尔·乔切尔森在 20 世纪早期将科里亚克的乌米亚克船描述为笨重且不太适合航海（1908：534-536）。然而，雅科夫·林道（Yakov Lindau）在他的《18

世纪上半叶西伯利亚族群说明》(*Description of the Peoples of Siberia in the First Half of the 18th Century*) 中注意到,科里亚克敞舱兽皮船被用于捕鲸和贸易,甚至到达了阿留申岛链的尼尔群岛(Near Islands)的长途旅行(1983:103-104)。然而,在这些民族与俄罗斯人接触之前,尤南干和科里亚克船之间的"基因联系"是有问题的,因为在尼尔群岛上没有与外来文化接触前的考古遗址,也没有基因组联系。

俄罗斯人类学家罗莎·利亚普诺娃(Roza Liapunova)提出了另一种解释。她认为俄罗斯商人和殖民者在18世纪下半叶将科里亚克船引入了阿留申群岛,而与外来文化接触前的尤南干乌米亚克船与苏皮亚克乌米亚克船类似,都带有他们特有的分叉船首。事实上,科里亚克人经常在俄罗斯人前往阿留申群岛的航行中担任水手,而俄罗斯毛皮商人在阿留申群岛的经营中使用了土著兽皮船技术(Liapunova, 1975:98),但是用一种本土船型完全取代另一种似乎不太可能,也没有必要,因为俄罗斯人同样有可能使用传统的尤南干敞舱兽皮船达到其目的,就像他们在科迪亚克岛周围使用的苏皮亚克"安吉亚特"(敞舱兽皮船)一样(Anichenko, 2012:168-169)。此外,在阿留申群岛西部卡纳加岛(Kanaga Island)上一个与外来文化接触前的洞穴遗址里发现了乌米亚克船的一块木头残片,很可能是船头柱,看不出有分叉,但因为有船头板的凹口,显示出与科里亚克船型有某种密切关系(W. Nelson and Barnett, 1955)。使问题进一步复杂化的是,尤南干人和科里亚克人的卡亚克皮艇非常不同,但与其他族群的皮艇表现出某种密切联系。尤南干皮艇有多船舷船体、凸起的甲板和分叉的船首,与苏皮亚克皮艇有着密切联系,而科里亚克平甲板皮艇,仅有一对纵梁,与北极东部的皮艇具有一些相似之处,下文将对此进行讨论。

同样复杂的还有"鲟鱼鼻"船,这是一种特殊形式的树皮船,有着类似公羊的船首和船尾特征,船底比舷缘长,明显呈梯形。根据约翰·詹宁斯(John Jennings)的说法,这种船形"速度快,但不太稳定,用于没有急流的河流和湖泊"(Jennings, 2002:20)。正如梅森和希尔(Mason and Hill,

1901）最初观察到的那样，在北美，这种船型只有不列颠哥伦比亚省南部和华盛顿北部的库特奈人和萨利希人（Salish）制造和使用，没有同类的北美树皮船（见图10-8）。但是，西伯利亚阿穆尔河（黑龙江）地区的尼夫赫人、那乃人、萨哈人和埃文基族群的船形和结构与之基本相同（参见图9-14）。唯一的区别是，库特奈人和萨利希人的树皮船用云杉、白松或雪松树皮制作，而阿穆尔型树皮船用桦树皮制成（Mason and Hill，1901：525-537）。

图10-8 在这张照片（L97-25.45）中，可以看到卡利斯佩尔人（Kalispel）1908年在华盛顿彭德奥利尔河（Pend Orielle River）的西西阿溪（Cee Cee Ah Creek）的桦树皮船上钓鱼。树皮船的"鲟鱼鼻"结构与其他北美树皮船不同，它沿袭了阿穆尔Ⅱ型树皮船的风格，梅森和希尔于1901年首次研究了这种船只的相似性，引发了有关阿萨巴斯卡人与阿穆尔族群联系的问题。［由美国西北艺术文化博物馆（Northwest Museum of Arts and Culture）提供。］

虽处太平洋两岸的同一纬度，但阿穆尔土著族群与库特奈和萨利希印第安人的家园相隔数千英里。他们书面和口述的历史中没有任何直接互动的迹象，但通过研究德内-叶尼塞（Dene-Yeniseyan）的语言联系，发现可能存在一种更广泛和更古老的关系，这可能将库特奈人和萨利希人这样的西方邻居的祖先与南西伯利亚的古代族群联系起来（Potter，2010：1-24）。

这种相似性可能不是基于基因或共同祖先的联系，而是基于对整个北太平洋沿海地区相似环境条件的适应。船只设计的一些元素可以从一个文化群体传播到另一个文化群体，甚至可以跨越树皮船、独木舟和兽皮船之间的界限。例如，在阿拉斯加东南部的土著群体中存在着一个有趣的类似于萨利希和库特奈树皮船的"公羊"船头的例子。雅库塔湾的特林吉特人和埃亚克人猎捕海豹的独木舟船头的下部也有类似的形状，向前延伸至吃水线以下。据说这些船的分叉船头有助于避开冰山（Grinnell，2007：161-162）。此外，居住地与雅库塔湾接壤的苏皮亚克人的敞舱兽皮船，也有一个延伸的船头，但船头不是三角形的，而是像鲸鱼头一样的圆盘状，正如上面引用的库克船长日记中提到的那样（见图10-9）。

图10-9 这艘苏皮亚克人（之前为威廉王子湾爱斯基摩人）敞舱兽皮船，在阿拉斯加南部的科迪亚克和阿留申岛链的尼尔群岛被称为"安吉亚克"，也有着在苏皮亚克和尤南干卡亚克皮艇上看到的分叉船头。这个精美的模型（NMNH E1130）是史密森学会收藏的最早的艺术品之一。船上的桨手身着礼服，船上装饰着彩色纱线。（由史密森国家自然历史博物馆提供。）

阿拉斯加和北太平洋土著族群的兽皮船、树皮船和原木船传统之间边界的相对模糊性表明，土著族群船只富于动态变化，既有内部创新，又有外部影响。这反过来又引发了对这样一种观点的思考，即土著船只可能会随着时间的推移而不断改变（Dyson，1986：5），并且"文化稳定性"或"传统"并没有阻止造船者进行创造性的反思和对他们的船只不断地进行微调。土著传说中有很多关于这种对造船的试验态度的记载。例如，在楚科奇半岛西伯利亚的一个叫塞里尼基的尤皮克人村庄，人们通过追逐一只最小的小海雀来测试新制造的乌米亚克兽皮船。如果船的速度跟不上小鸟的速度，据说它会被重新组装和改进，直到能赶上小海雀（Bogoslovskaya, Slugin, Zagrebin and Krupnik，2016：166）。育空河上的鲁比村（Ruby）记录了一个阿萨巴斯卡人的故事，讲述了"经历一切的人"创造第一艘船的一系列试验：

> 他来到一个河流环行的地方，弯道之间的连水通道很短。他拿起一块云杉树皮，扔到水里，走上连水通道。他等着那块云杉树皮顺流漂过来，等了又等。树皮没有漂过来，一定是沉没了。于是，他坐下来思考。然后他拿起白杨树皮，把它扔在水里，然后再走上连水通道等着它，但没看到那块杨树皮漂浮过来。他试过许多种树皮，最后来到了白桦树前，把剥下的树皮扔到河里，再次走上连水通道，这次树皮真就漂了下来。所以他想，这就是制造树皮船的材料。于是他找到了一些足够长的树皮来做他的小船，他找来一些云杉树根。但他不知道怎么让前面的部分卷起来。于是他杀了一只鹰，取下下颚，然后量了量。但不合适。他对猫头鹰也是这样一番操作。最后，他找到了一只云杉鸡，取下了下颚，然后用它做了个样本，这次很合适。（引自 De Laguna and DeArmond，1995：190）

许多区域船只研究表明，在相对较短的时间段内，船只建造发生了一些重大变化。例如，特林吉特人和海达人的独木舟在18世纪末经历了一次重大的转变，当时他们的大头船，拥有方形的船首、向上弯曲的船尾和

第十章　后记：阿拉斯加和欧亚大陆 / 425

"V"形横截面，被类似于南部诺特坎（Nootkan）和萨利希船的船只所取代（Holm, 1987: 145）。同样，对18世纪和19世纪尤南干卡亚克皮艇的图像和模型进行的比较分析显示，其分叉的船首形状发生了显著变化（Heath, 1987: 94-95）。

在阿拉斯加北部，与商业捕鲸者的接触和舷外马达的试验先后启发了国王岛居民和圣劳伦斯岛尤皮克人，他们把传统的平底乌米亚克船改为类似木制捕鲸船的圆底兽皮船（Bogojavlensky, 1969: 215; Braund, 1988: 112-113; 另请参见图 8-15B 和图 10-14）。枪支的引入产生了更为巨大的影响，特别是对楚科奇海伊努皮亚特人的卡亚克皮艇。传统的皮艇专为提高速度而设计，与外来文化接触前，为当时的狩猎方法提供了很好的交通工具，允许猎人接近动物，达到标枪投掷的距离。标枪头连在一条绳子上，以便可以取回猎物。引入枪支后，传统的皮艇失去了主要的隐身目的。现在可以从更远的距离射击动物，所以没有必要快速而安静地接近猎物。因此，到了 20 世纪 20 年代，传统细长的"老式"皮艇被更短更轻的皮艇所取代，主要目的是在被射杀的海豹沉没前，提供一种有效的方法从解冻的开阔水域把它取回来（R. Nelson, 1969: 307）。到了 20 世纪 60 年代，铝质小艇出现，能够取代皮艇找回猎物。于是，卡亚克皮艇就在日常使用中消失了。

这些持续的变化使重建土著船只的历史和史前史的尝试变得更加复杂，特别是当这样的尝试仅仅基于现存的民族志数据时，阿拉斯加和东北亚也只有距今不超过 200 年的民族志资料。从考古记录中可以进一步了解不同土著船只之间的关系。虽然数据既零散又不完整，但兽皮船和原木船还有据可查，树皮船却无数据。这既令人遗憾又令人惊讶，因为一些桦树皮制品确实存在于考古记录中。未来的考古发现可能会进一步阐明博大精深的树皮船历史的某些方面。

考古证据

由于兽皮船和树皮船易腐烂的特性，以及阿拉斯加北极沿海地区的后冰川期洪水，北美最早的船只使用历史可能仍将是猜想。作为亚北极地区海上生存的一个关键因素，人们第一次进入北美时可能与船只为伴。最近的海洋移民理论表明，第一批来自欧亚大陆的移民可能是沿着其南部沿海边缘乘船航行，而不是在距今1万年至2万年间步行穿过白令陆桥的（Fladmark，1979；Dixon，1999；Fagundes et al.，2008），但这些早期船只的直接考古证据从未被发现。

距今大约1万年时，人们已经定居在没有船艇就无法到达的阿拉斯加的一些地区，例如阿留申岛链中的阿南古拉岛（Aigner，1977；Laughlin，Heath and Arima，1991：187）和威尔士王子岛（Prince of Wales Island），在那里发现了阿拉斯加第二个最古老的人类遗骸（Kemp et al.，2007）。在诺顿湾登比格角（Cape Denbigh）距今3000年的考古遗址发现的脱柄标枪头间接暗示了海上运输的存在，J. 路易斯·吉丁斯（J. Louis Giddings）认为，这一发现"有力地说明了在大量浮冰中狩猎时的划船技巧"（Giddings，1964：241）。从克鲁森斯特恩角（Cape Krusenstern）公元前1800年到公元前1500年的遗址可以推断出乌米亚克船的使用，那里有大型捕鲸标枪、长矛刃和大量的鲸骨，再加上永久性定居地，表明了这是集体捕鲸的地点（Giddings，1967：242）。在距楚科奇海岸140公里的兰格尔岛上有3500年历史的切尔托夫·奥夫拉格遗址发现了一条脱柄标枪，表明对海洋哺乳动物的狩猎（Dikov，1988：85），考虑到该岛的位置，这可能表示已有适合航海的船只。

然而，关于环北极地区兽皮船最早的直接考古证据既不是来自亚洲东北部，也不是来自阿拉斯加。在格陵兰岛西部迪斯科湾（Disko Bay）东南部的一处萨卡克（Saqqaq）文化的魁克塔苏苏克（Qethertasusuk）遗址中发现了一根具有4300年历史的平底船木质肋拱（Grønnow，1994：19，221）。这个"U"形碎片只有35厘米宽、22厘米高，具有三角形横截面，有助于确认它是皮艇肋骨（见图10-10）（Arima，2004：49）。

在欧亚大陆的东北部，迄今为止发现的最早的船只代表来自斯帕法耶夫

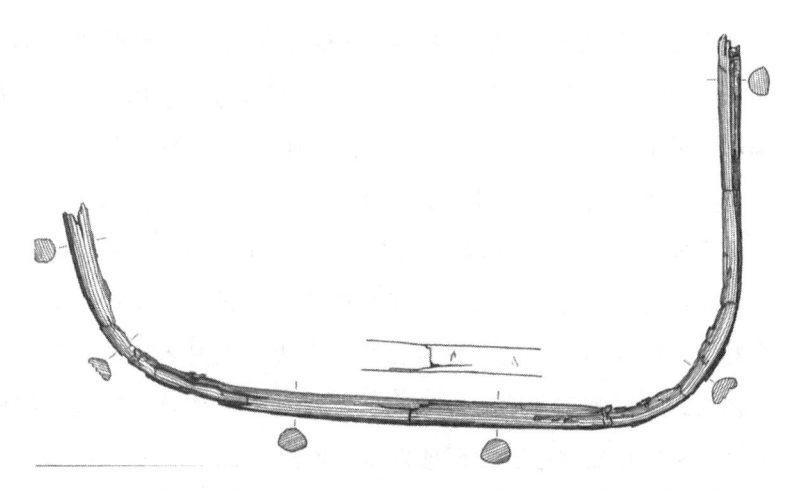

图 10-10 这根平底卡亚克皮艇上的木质肋拱是北极地区最古老的船只考古发现之一，它是从格陵兰岛西部迪斯科湾一处冰冻的具有 4300 年历史的萨卡克文化的魁克塔苏苏克遗址出土的。（摘自 Grønnow，1994：19，221。）

岛（Spafar'ev Island）的托卡列夫文化（Tokarev-culture）遗址，该岛距离鄂霍次克海北部海岸 1.5 海里（2.8 公里）。该遗址可追溯到公元前第一个千年的下半叶，还出土了一艘 15 厘米长的微型骨雕船，船首凸出，有点线图案的刻痕。俄罗斯考古学家亚历山大·列别金采夫认为它代表的是卡亚克皮艇（Lebedintsev，1998：300，302），尽管其整体形状更像是一艘独木舟（见图 10-11）。

图 10-11 这可能表现的是东北亚的早期船只，是一件神秘的圆底雕刻品，顶部平直，脊弧明显，且船头凸出，船身上布满雕刻的图饰。发现于公元前 500 年至公元 1 年的鄂霍次克海北部的斯帕法耶夫岛上的托卡列夫文化遗址，这艘船可能是一艘卡亚克皮艇或独木舟，其图饰让人想起图 6-2 泰梅尔船模型上的仪式化标记。（摘自 Lebedintsev，1998：300，302。）

另一个在白令海峡俄罗斯一侧的兽皮船证据是一件鲸骨雕刻品，是2007年在白令海峡俄罗斯一侧的努利格兰村（Nunligran）附近的乌宁遗址考古发掘时发现的。该文物是从一栋经放射性碳年代测定大约为公元前1000年的房屋地板上挖出的，上面刻着猎人在船上用标枪捕杀大鲸鱼的图片（Witze，2008；参见图8-12）。考虑到该遗址的位置———一个没有树木的楚科奇海岸环境——这件文物是一艘兽皮船的假设是合理的，但并不确定，因为对于斯堪的纳维亚和白海岩石艺术中表现的是木船还是兽皮船存在争议。在捕鲸标枪和东角附近的埃克文墓葬兽皮船的首次直接证据出现之前，从标枪和兽皮船这些直接证据再向前追溯1500年，在阿拉斯加有着3500年历史的科利斯（Choris）遗址发现了关于兽皮船的间接证据（参见图8-11），它是以象牙标枪支架的形式出现的，类似于后来在乌米亚克皮船上使用的支架。有人质疑乌宁遗址的发现具有干扰性，因为类似的船只和被标枪捕获的鲸鱼的场景只有在公元500年以后的鄂霍次克文化、普努克和图勒爱斯基摩遗址中发现，还因为乌宁遗址的骨骼本身还没有进行放射性碳年代测定。如果发现的背景是可靠的，则该图案是使用敞舱兽皮船和对大型鲸鱼进行有组织的集体捕猎的最早证据，其历史可追溯到埃克文遗址考古发现之前1500年。

在佩格特梅尔河口东南60公里处的河岸悬崖峭壁上的岩画中，可以看到关于使用楚科奇船只的有趣的图形证据（参见图8-1）。那里所有的石壁画包括76个单人船和32个载有大批船员船只的图像（Kiriak，2007：246）。一些图像展示了捕猎鹿、雁和海洋哺乳动物的场景。这些图案的年代和作者的族群身份仍有待考证。尼古拉·迪科夫认为它们是楚科奇人的祖先在公元前1000年到公元700年创作的，但他也指出，有些图像可能是后来添加的，可以追溯到15世纪（Dikov，1999：86，53）。M.A.基里亚克（M.A.Kiriak）将他的理论建立在与更现代的爱斯基摩艺术进行风格比较的基础上，将佩格泰梅尔岩画的年代上限延伸到17世纪，并认为这些图像反映了三个民族：尤卡吉尔人、楚科奇-科里亚克人和爱斯基摩-阿留申人

(Kiriak，2007：256-263)。虽然没有确切的证据，但考虑到没有树木的环境和有可能利用的海洋哺乳动物皮，这些图像很可能描绘的是兽皮船，但有些人声称，它们表现的是木板船和独木舟（Kiriak，2007：257)。在埃克文遗址发现的象牙和木船微型模型（参见图 8-11；Arutiunov and Sergeev，2006；Bronshtein and Dneprovsky，2009)证明了到公元 1 世纪，在楚科奇半岛上同时使用了乌米亚克兽皮船和卡亚克兽皮艇。船很可能被用于捕鲸，在公元 2 世纪到公元 4 世纪和公元 6 世纪到公元 7 世纪，捕鲸的高峰至少出现两次（Savinetsky，2002)。在公元 1000 年至公元 1200 年鄂霍次克文化的针盒上经常可以见到人们可能是在兽皮船上捕鲸的图案（参见图 9-3)。

在科泽布湾的科利斯遗址发现的、可追溯到约 3000 年前的象牙卡亚克皮艇模型和乌米亚克标枪架，是阿拉斯加使用兽皮船的第一批确凿证据（Giddings，1967：214)。卡亚克皮艇和乌米亚克兽皮船的存在是从阿拉斯加西部诺顿文化和奥克维克文化（Giddings，1967：126；Bandi，1969：69-70)的象牙甲板配件、标枪和标枪架推断出来的，并且通过旧白令海文化中的船模、船架和船桨残片进一步确定（H. Collins，1937：253)。位于圣劳伦斯岛的库库利克（Kukulik）遗址，可追溯到公元前 200 年至公元 1879 年，里面有 400 多块船只残片。考古资料表明，到公元 1 世纪，白令海峡两岸都积极而广泛地使用了兽皮船。

这种证据在公元第一个千年末及以后变得越来越丰富。在阿拉斯加，兽皮船部件的考古记录出现在科泽布湾的迪林（Deering）遗址（公元 821 年至公元 1200 年）和巴罗角（Barrow Point）附近的伯尼克（Birnirk）遗址（图 10-12）与其他遗址（公元 500 年至公元 1300 年)（Ford，1959：156-160)。在原来的伯尼克遗址所发现的乌米亚克兽皮船和卡亚克皮艇残片的数量证明了海上生存和运输的重要性。与其他发现一起，该遗址还出土了几十件木质船架的遗骸，它们属于一艘大约公元 1015 年的单人乌米亚克船（Anichenko，2013：24-25)。13 世纪，图勒人从阿拉斯加西北部出发开始迁移，横跨加拿大北极地区，一直到格陵兰岛，形成了今天因纽特人分布格局的基础。图勒文化以惊人的速度传播了近4000公里,可能在一两代人之内完成,这至少应该归功于这些民族的船艇,还有他们的狗拉雪橇。

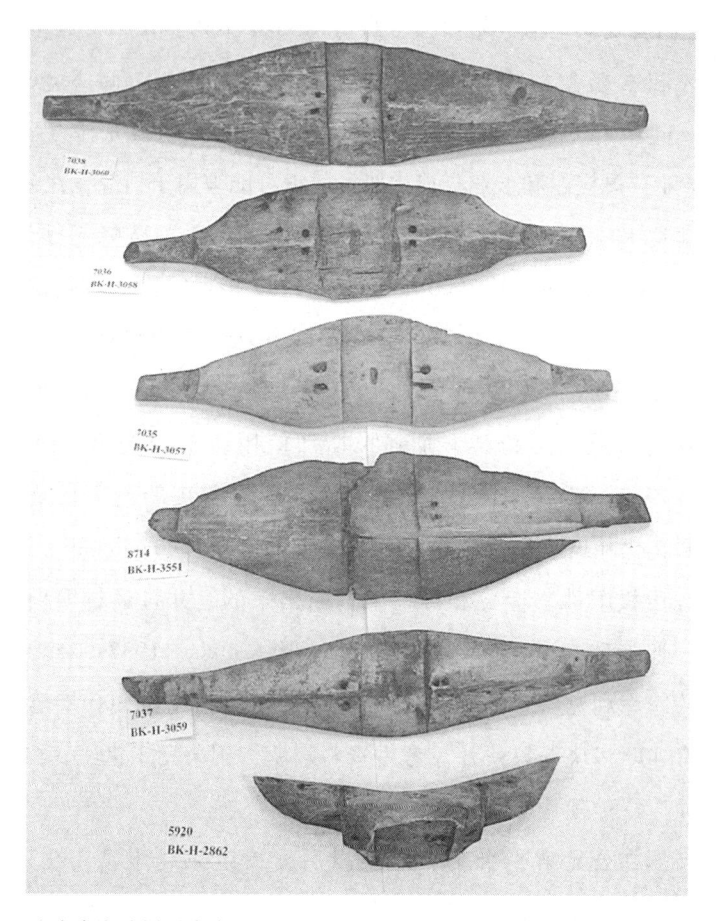

图10-12　在白令海峡周围冰冻的爱斯基摩人遗址中,有大量关于公元500年后船只(尤其是乌米亚克船)的考古证据。这些横梁(从上到下:NMNH 7038、7036、7035、8714、7037、5920)来自阿拉斯加州巴罗角附近的伯克克(Birkirk)遗址,可追溯至公元500年至公元1300年,可能全部来自一艘单人敞舱兽皮船。(由史密森国家自然历史博物馆提供。)

阿拉斯加西部和中南部的考古遗址也发现了船只。2008年至2011年,在育空-库斯科奎姆三角洲的努纳勒克遗址(追溯到公元1300年至公元1650年)的挖掘中发现了大量被解释为船只遗骸的木质工艺品(Britton et al., 2013)。卡亚克皮艇和乌米亚克船的残片都是在阿留申群岛的卡加米尔岛（Kagamil）和卡纳加岛的洞穴遗址（890~1667年）（W. Nelson and Barnett, 1955: 387-392）和昂加岛（Unga Island）的一个洞穴中发现的（Dall, 1878: pl. 8）。科迪亚克岛上的卡鲁克（Karluk）遗址（1300~1700年）（Knecht, 1995）和威廉王子湾的帕鲁塔特洞穴（1700~1800年）的兽皮船遗骸（De Laguna, 1956: 65, 239, 245-249）为我们提供了与外来文化接触之前后期苏皮亚克船只传统的冰山一角。

起源、传播和演化理论

考虑到环北极船只数据既零碎又复杂，对其分析产生了各种各样的假设和理论不足为奇，特别是关于环北极船只的演变以及树皮船、兽皮船和独木舟传统之间的关系。大多数研究者认为这三种船只传统都起源于欧亚大陆，然而，关于这些不同船只类型及其演变形式之间的关系和进化联系的问题，众说纷纭。

乔治·戴森（George Dyson）提出，卡亚克皮艇从用于过河的充气动物皮浮舟演变而来，"经历了航海兽皮船的逐步发展，当陆上猎人面对海平面上升和海上猎物日益增长的诱惑时，这种船可能会不断发展"（Dyson, 1991: 262）。在戴森看来，乌米亚克兽皮船是卡亚克皮艇发展的产物。卡亚克皮艇的进一步发展是由一个围绕着卡亚克皮艇、猎人和猎物的不断扩大的循环推动的：

> 建造另一艘卡亚克皮艇时，需要一艘皮艇为猎人提供赖以生存的猎物和衣物，而这又需要寻找材料来建造其他皮艇：因此皮艇进化的要素每年都在循环。皮艇在速度、隐秘性和持久力方面与各种两栖脊椎动物竞争——包括和平时期和战争时期的同类皮艇。（Dyson, 1991: 263）

另一种观点认为，乌米亚克兽皮船先于卡亚克皮艇出现，并影响了卡亚克皮艇的发展。齐默里分析了楚科奇埃克文墓地的一个已有2000年历史的卡亚克皮艇模型（参见图8-11），船头和船尾处分叉的舷缘显示出一些乌米亚克船的特征，这表明"卡亚克皮艇是乌米亚克船的后代"（Zimmerly，1986：3）。阿里马也认为乌米亚克船会影响卡亚克皮艇的设计，特别是在白令海卡亚克皮艇和尤南干（阿留申）卡亚克皮艇特有的分叉船头的情况下，但并不排除卡亚克皮艇独立发展的可能性（Arima，2004：137-138）。

尤南干人的土著传说也支持卡亚克皮艇是从敞舱兽皮船发展而来的观点。根据卢西安·特纳（Lucien Turner）在阿留申群岛上记录的一个传说，在战争加剧导致航海不安全的时候，猎人的单人甲板船是从较大的敞舱家庭兽皮船演变而来的（Turner，2008：2）。格陵兰岛也有类似的传说，"据说很久以前，卡亚克皮艇是一艘敞舱船，没有甲板，框架覆皮，用骨钉把兽皮固定在舷缘板的顶部"（Petersen，1986：15）。此外，一个有关苏皮亚克人起源的故事说，他们的第一艘船是一艘双舱口卡亚克皮艇（Doroshin，1866：369-370）。

考古学家威廉·拉克林推测，皮艇起源于大约1万年前的阿拉斯加西南部。据他介绍，从欧亚大陆穿越白令陆桥的早期移民到达美洲后，使用的是敞舱兽皮船。但是他提出了异议："究竟是使用了'克拉科尔'小圆舟或敞舱打捞船开发利用冰缘或裸露的夏季海岸上丰富的海洋资源，还是使用了原始形式的乌米亚克船，目前还无定论。"（Laughlin, Heath and Arima, 1991：184）遗憾的是，他没有解释卡亚克皮艇是如何以及何时来到欧亚大陆的，而且由于普遍缺乏支持性证据，这一想法无法得到进一步发展。

詹姆斯·霍内尔提出，乌米亚克船是从亚洲小圆舟演变而来的。根据他的说法，这种演变发生在"早期的一群人被南方更强大部落的压力逼向北方时"（Hornell, 1970：177）。一旦小圆舟出现在北冰洋沿岸，"缺乏木材，加上小圆舟不适合在暴风肆虐的北方水域使用，激发了某些部落的创新能力，于是就产生了乌米亚克船，它适合运送家庭成员和为数不多的财产，后来……用于追捕鲸鱼"（Hornell，1970：177）。一些学者把科里亚克乌米亚克船的圆形船首和船尾看作从小圆舟进化而来的证据（Arima，2002）。

在霍内尔看来，卡亚克皮艇的建造与乌米亚克船或小圆舟无关，而是从树皮船中发展出来的（Hornell，1946：179）。这一理论主要基于两组不相关的证据：不列颠哥伦比亚省和阿穆尔河（黑龙江）的"公羊"或"鲟鱼鼻"树皮船之间的相似性，以及所谓卡亚克皮艇式树皮船的存在。霍内尔认为"鲟鱼鼻"树皮船演变成卡亚克皮艇，与小圆舟演变为乌米亚克船的情况类似——这是对无树环境的适应，以及从内陆到开放海洋水域后进行调整的需要。他进一步指出："萨哈部落和那乃部落使用双桨这一事实，进一步说明了阿穆尔树皮船与卡亚克小艇的祖先亲缘关系，因为双桨推动是卡亚克皮艇的突出特征。"（Hornell，1946：180）然而，从他的讨论中尚不清楚"鲟鱼鼻"式树皮船是如何以树皮船的形式进入北美的。按照他的逻辑，一旦完成向兽皮船的转换，跨越海洋到阿拉斯加的船一定是卡亚克皮艇。为了能说明不列颠哥伦比亚省和阿穆尔地区树皮船之间相似性的成因，这种卡亚克皮艇本该在它来到北美的某个时刻向树皮船进行逆向过渡。

卡亚克树皮船和卡亚克皮艇之间的相似之处在于框架的构造方式。埃德尼和夏佩尔将这种树皮船描述为"狭窄的平底船，船舷扩张，近乎笔直，有一条船舭或船舭直接弯折"（Adney and Chapelle，2007：154）。树皮船广泛应用于美国西北部，从育空河到麦肯齐河流域和不列颠哥伦比亚省。一些区域性船只变体的船首和船尾的两侧舷缘之间都有树皮覆盖的部分甲板，增强了与卡亚克皮艇的相似程度，尤其是在有单一船舭的变体中，例如格陵兰和楚科奇以民族志方式记录的船型。这种结构上的相似性对于某些研究者来说似乎太强了，并促使他们提出了一种传承关系（Mason and Hill，1901；Hornell，1946）。然而，这种关系的方向、性质和时机仍然是人们讨论的话题。更有可能的说法是，卡亚克型树皮船是模仿卡亚克皮艇进化而来的，而不是相反。

追踪皮艇和皮艇式树皮船的关联的困难之一是，虽然平底皮艇与皮艇式树皮船相似，但在使用这些树皮船的地区却没有记录。阿拉斯加和加拿大西部的所有以民族志方式记录的卡亚克皮艇都具有典型的半圆横截面的多船舷船体。已知的仅有一对船舷的平底皮艇来自加拿大东部（拉布拉多和巴芬岛北部）和格陵兰岛（Adney and Chapelle，2007：154；Kankaanpää，1989：27）。

约翰·希思指出，俄罗斯远东的科里亚克人、加拿大东北部的内陆科珀因纽特人（Copper Inuit）和格陵兰因纽特人的皮艇在结构配置上有一个有趣的相似之处：这三个地理位置不同的土著民族都有平甲板的皮艇。这一观察结果构成了他将所有皮艇分为两类的基础：第一类是白令海和阿拉斯加南部的脊状甲板型皮艇，其特点是甲板凸起，舷缘薄，驾驶舱与船架融为一体；第二类是其他北极和亚北极地区的平甲板型皮艇。希思认为，第二类出现在因纽特人居住地的外缘，这一事实"可能表明存在着一种古老的原型，所有皮艇都是从这种原型演化而来的"（Heath，1978：22）。根据他的说法，这两种类型的形成发生在爱斯基摩人迁移到北美的时候，苏厄德半岛（Seward Peninsula）助了一臂之力，这个半岛充当了"游牧海洋文化的岔道口，因为人们倾向于沿着海岸向北或向南迁移"（Heath，1978：20）。

贾莫·坎卡安帕对这些观察结果进行了完善和重新评估，指出希思的分类基于两个结构特征：甲板组合和构成卡亚克船体的纵向构件。坎卡安帕认为这两个特征都是构型成分——"复合结构特征，因其不可或缺，最容易成为无意识的固定观念，这种构型观念一旦确立就非常牢固，只有受到外部强烈影响冲击时才会改变"（Kankaanpää，1989：24）。他进一步指出，这些特征可以为我们在更大的地理和时间范围内理解船艇发展提供基准。根据这些标准，历史上的所有卡亚克皮艇可分为三大类：

1. 船体由两条船舷和一个龙骨构成的平甲板皮艇：例如，加拿大东部和格陵兰型皮艇、科里亚克型皮艇；

2. 具有多条船舷的平甲板皮艇：例如，科珀和卡里布（Caribou

因纽特型皮艇（在阿拉斯加北极地区的楚科奇海沿岸）；

3. 脊状甲板类型皮船，其外倾角或倾斜船舷增加了船体强度和排水能力，有多个船舱：例如，白令海和南阿拉斯加型皮艇。

麦肯齐和驯鹿楚科奇皮艇这两类被排除在外，因为"不能直接归入任何一组"（Kankaanpää，1989：36）。根据这些类型的结构复杂程度和地理分布，坎卡安帕认为第一组代表加拿大东部最古老和最原始的皮艇类型。考古发现——例如巴芬岛北部努古维克（Nunguvik）遗址 76 号房的皮艇肋拱，其年代可追溯到公元 4～6 世纪（未经校准；Mary-Rousselière，1979）——表明了其与多塞特（Dorset）文化的联系。这种皮艇类型可能是多塞特人或其前辈在加拿大发展起来的，也可能是在西伯利亚进化而来的——于是有了科里亚克变体——由北极小工具（Arctic Small Tool）传统而流传到北美，该传统通过最早的前多塞特文化，在大约 5000 年前到达阿拉斯加，4000～4500 年前到达加拿大东北部和格陵兰岛（Kankaanpää，1989：33-34）。坎卡安帕认为平底皮艇很早——或许甚至是从登比格角——就传播到楚科奇半岛的内陆民族，在那里，它可能被用作驯鹿狩猎船，后来被科里亚克人用于海上行驶。在这种情况下，驯鹿楚科奇人的内陆皮艇可能是最古老的民族志意义上已知的皮艇（Kankaanpää，1989：37），而不是从沿海的尤皮克人那里采用的简化形式（见第八章）。

根据坎卡安帕（Kankaanpää，1989：37）的说法，第二类由带有多条船舱的平甲板皮艇组成，与图勒文化有关，并在公元 12 世纪和 13 世纪开始传播到加拿大和格陵兰岛。该结论主要基于詹姆斯·福特对伯尼克遗址皮艇模型的分析，这些模型看起来有圆形的底部。然而，同一遗址的皮艇肋拱则表明船底是平的（Ford，1959：159）。

第三类是有脊状甲板的圆船体皮艇，其起源时间和地点仍然未知。迄今为止最古老的脊状皮艇的甲板横梁是在阿留申群岛的卡加米尔岛上发现的，大致可以追溯到公元 890 年至 1667 年（Coltrain, Hayes and O'Rourke,

2006：540；Dall，1878：318，pl. 8），还有在诺顿湾纽克雷特（Nukleet）遗址发现的，大致可以追溯到15世纪（Giddings，1964：83）。卡加米尔洞穴的发现还包括细而圆的木质残片，可能是弯曲的皮艇肋拱。尽管这些日期相对较近，坎卡安帕仍提出，脊状甲板皮艇和多船舱皮艇都"起源于阿拉斯加半岛-科迪亚克岛地区或阿留申群岛"，也许早在公元前6700年。他认为，形成这种结构是为了适应高耗能环境下的远洋狩猎，"因为脊状甲板能防止船架在涌动的海浪中因受力承压而凹陷"（Kankaanpää，1989：31）。他还认为，这种皮艇技术传播到阿拉斯加西部相当晚，可能只是在公元第一个千年末期，并在苏厄德半岛的南部边缘停止了传播，因为普努克和图勒文化对捕鲸的重视使远洋皮艇不再是必需的。因此，苏厄德半岛和阿拉斯加北部的皮艇保留了他们的平甲板（Kankaanpää，1989：38）。

虽然坎卡安帕对皮艇类型学和文化史的研究为不同皮艇类型之间的联系提供了重要的见解，但有限的考古和民族志数据留下了许多未解之谜。同样的问题总体上也影响了土著船只研究的进展。尽管有许多敏锐的观察和大胆的想法，但在发现并全面分析考古证据以及生活传统和民族志学、遗传学、语言学以及环境记录之前，关于欧亚大陆和北美洲不同土著船型之间关系的大多数结论仍将是推测性的。

同样重要的是，对于不同船型之间的形态相似并不需要指明"传承"关系。适应相同的环境条件和狩猎策略，催生了类似的造船方案。例如，在开阔的海域，脊状皮艇的甲板是追捕猎物的必要条件，而在堪察加半岛、阿拉斯加北部、加拿大北极群岛以及格陵兰岛冰冷的水域和河口，则允许平甲板出现在狩猎皮艇上，因为在那里他们不需要破浪前进。皮艇的使用情况也决定了其船体的比例。较长的皮艇速度更快，更适合在开阔水域航行；短船身增强了坚固性和可操纵性。船体的宽度与狩猎方法有关：宽大的船体为猎人提供了稳定性，这是必需的，因为这样猎人在等待猎物靠近时可以保持静止（Birket-Smith，1924：318-320）。狭窄的船体使皮艇的阻力减到最小，当狩猎的成功取决于追捕速度时，便采用这种船体，比如在狩猎北美驯鹿和白鲸时（Arima，1975：99-100；Arima，1987：60）。多船舷船脊，像白令海和阿留申皮艇，使船舱更深，更能运输货物和乘客（Heath，1991：6），而带有较少船舷的平底皮艇重量较轻，更适合长时间的海上航行。然而，虽然环境因素在船艇设计发展中起着重要作用，但仅凭环境限制并不能解释区域差异（Rousselot，1994：253）。

不断变化的船：未来展望

除了更大的数据集之外，环北极土著船只的研究还需要理论和方法有所扩展的研究框架。这项研究最初受到土著实践的优点和独创性的启发，目前集中在博物馆藏品中保存的全尺寸船只和模型上，因为一般公众和研究人员都认为这种传统已经从当代世界消失了。因此，这种研究关注点决定了研究问题和解决问题的方法。

船皮残片，尽管不如船架残片常见，但在民族志和考古记录中确实存在，对这些材料的分析将有助于我们理解土著传统及其相互关系。然而，由于博物馆收藏的皮艇大多缺少兽皮船皮，兽皮船研究的主流都集中在框架分析上，很少关注对船皮的研究，这与兽皮船建造和使用的实际情况形成了鲜明的对比。精心打造的框架可以使用几十年，而船皮每两年就要更换一次，这意味着大多数船只的维护都集中在确保获得、准备和缝制船皮上。卡亚克皮艇和乌米亚克敞舱兽皮船的船皮都包含着仪式和信仰，因为它们对使用这些船的人的生存具有直接影响。"男人的生命就在女人的针尖上"，这是人们在阿拉斯加巴罗与当代的乌米亚克船皮缝纫师交谈时听到的一句话（见图10-13）。在过去，制作船皮伴随着特殊的仪式。例如，在努尼瓦克岛，当一个新皮艇的船皮缝到最后一针时，船主会脱下衣服，为他的新皮艇唱一首分娩之歌（Curtis，1930：12-15）。妇女有时会在旧船皮上分娩（Blue，2003：33-35），皮艇经常陪着猎人下葬（Himmelheber，2000：139）。如今，人们认为缝制乌米亚克船皮的妇女保持快乐心情非常重要。

尽管船皮缝纫师在乌恰格维克（巴罗）和霍普角的传统捕鲸社区中仍然发挥着重要作用，但白令海峡两岸当代北极村庄兽皮船传统的消失，往往被归咎于当地缺乏兽皮缝纫技能。

图 10-13　妇女在北方船只文化中的作用常常被忽视。她们加工桦树皮和其他树皮制成船皮和帐篷盖，她们辛苦劳作，制备并缝制皮革，将皮革拼接到船架上。这张照片展示的是 20 世纪 30 年代一位霍普角的妇女正在修复破损的乌米亚克船上的海象皮。（由安克雷奇博物馆提供。）

土著船只研究的另一个模式是，在进行较大的跨地区类比时，倾向于关注特定的形式。绝大多数的环北极土著船只研究是针对卡亚克皮艇的。虽然已经有人尝试将卡亚克皮艇与树皮船、乌米亚克敞舱兽皮船与独木舟联系起来，但仍缺乏对环北极地区的乌米亚克船和卡亚克皮艇传统相结合的综合分析。这样的分析将会特别有趣，因为不同族群卡亚克皮艇之间的相似性并不总是与乌米亚克船之间的相似关系一致。例如，科里亚克皮艇，类似于加拿大东部和格陵兰的形式，而科里亚克人的乌米亚克船（参见图 8-18 和图 8-19）与阿留申群岛的敞舱兽皮船具有相同的特征。与此同时，阿留申人的皮艇与苏皮亚克人的皮艇相似，但这些群体的敞舱兽皮船却有着显著差异。这种情况很耐人寻味，因为卡亚克皮艇和乌米亚克船在环北极的土著历史背景下是紧密结合在一起的，人们可能会认为，类似（如果不是完全相同的话）的过程推动了同一个北极族群的卡亚克皮艇和乌米亚克敞舱兽皮船的发展。只有将卡亚克皮艇和乌米亚克皮船置于同等条件下考虑时，才能全面地了解这一发展趋势。

在概念层面上，土著船只研究的一个关键问题是变化问题。如上所述，关于不同船型之间关系的许多结论都是基于假定的土著造船保守主义和（还是假设的）不同船只彼此隔离的基础上得出的。土著船只通常被视为当地的生存工具，按照代代相传的古老模式制造，在相当有限的地理区域内使用。然而，船是为航行而造的，环北极族群的生活中也有许多关于长途航行的故事。航行使相邻族群和地理上偏远的族群之间的接触成为可能。贸易航行和军事远征不仅传播了贸易商品和战利品，还传播了技术思想和工程概念。作为土著文化中最具流动性的手工制品之一，船既是催化剂，本身也在不断变化，受到从气候和社会变化到新材料的引入和新族群的接触等许多因素的影响（见图10-14）。正如戈尔登雄辩地指出的那样，土著船只的变化"既微妙又缓慢，但也会突然发生变化，这是由于使用了新的工具和材料，甚至是模仿了一个特别成功的猎人的设计"（Golden，2006：117）。虽然传统在人们如何建造和使用他们的船只方面发挥了重要作用（还会继续发挥作用），但在任何给定的时间，船只的发展都没有达到一个最佳的状态，并未固化。

最后，土著船只研究中最重要和最紧迫的需求之一是纳入现存的生活传统。某些形式的船只已经从土著民族的当代实践中消失了，其他船只仍存在于实际使用或口头传说中。阿拉斯加最后的树皮船建于20世纪50年代；尽管大约50年前，卡亚克皮艇在白令海峡两岸消失了，但现在它们又作为教育和休闲船只重现。乌米亚克敞舱兽皮船是阿拉斯加最具适应力的土著船只形式，目前被乌特乔维克（巴罗）、霍普角、阿拉斯加甘贝尔

图 10-14 史密森国家自然历史博物馆于 2017 年从俄勒冈州立大学收购了保罗·詹森（Paul Jensen）的"安吉亚皮克"船（NMNH E436141），上面覆盖着海象剖层皮。这艘船可以追溯到 20 世纪 50 年代，当时它被用来在圣劳伦斯岛捕鲸。后来詹森买下了它，和尤皮克猎人一起环游圣劳伦斯岛。该船的设计反映了 20 世纪中期由于引进舷外发动机而发生的变化，这种发动机安装在舷内井中，并且有弯曲的木质肋拱以增加强度。船的外表被漆成白色，这有助于保存船体表皮，并将船伪装在浮冰中（见图 8-14）。（由俄勒冈州立大学和史密森国家自然历史博物馆提供。）

(Gambell) 和楚科奇塞里尼基的捕鲸者所使用。这些社区是欧亚大陆和北美使用兽皮船的最后代表。就在 50 年前，数十个村庄从事兽皮船的生产和使用。在接下来的 50 年中，活跃的兽皮船传统总体上可能会从北美和环北极地区完全消失。今天，当务之急是记录和保存这一传统，尽管最后一批传承者仍生活在我们中间，古老的树皮船和兽皮船仍然装点着遥远的西伯利亚和阿拉斯加的海岸和河岸。

（侯　丽　译）

附录
有关欧亚大陆树皮船和兽皮船的文献

在此，我们简要概述欧亚大陆北部树皮船和兽皮船历史的主要资料来源。此处讨论的所有资料，包括按地理区域、水道和文化类别分组的主要内容和资源，都在史密森学会北极研究中心维护的"欧亚大陆北部树皮船和兽皮船"数据库中，可供进一步研究使用。

原始日记、书籍和论文

本书最重要的资料来源是探险家们的第一手资料和插图，他们展示了欧亚大陆北部的族群及其故土上的船只。这些早期的旅行者包括勘测员、牧师、士兵、商人和科学家。他们通常都在寻找毛皮、金属和矿物的过程中，绘制了所穿越的地貌的地图和到达的未经勘探的北部水域的海路图。他们描述了旅途中的所见所闻，从周围环境中收集信息，并且在很多情况下，采访当地人和旅伴。最早进入欧亚大陆北部的外来游客中有准军事性质的哥萨克人，他们征服了当地人，以获取毛皮形式的"雅萨克"（贡品），并将他们转化为未来的纳税人。他们的意图，就像该地区大多数早期旅行者一样，是开发土地、水资源和人力资源。

从15世纪到19世纪，毛皮在国际贸易中是一种非常有价值的货物，首先在斯堪的纳维亚半岛和西乌拉尔获得毛皮，然后是西西伯利亚和东西伯利亚。

毛皮商人的日记、书籍和论文涵盖了将近450年的船只历史，这些丰富的数据为我们提供了对欧亚大陆北部树皮船和兽皮船的宝贵见解。然而小船和其他类型的船只通常不是这些叙述的重点，因此相关信息的质量和数量不一。关于这些旅行者与使用兽皮船和树皮船的土著族群相遇的记述大多很简短，尽管一些非常详细，有些甚至包括草图或素描。然而，这些原始报告中只有一小部分在船只文献中被引用。关于兽皮船的最古老的书面资料可能在中国的资料来源中能找到，而西方直到最近才知道这些资料（Chen，2003）。近代以来，照片被证明是关于树皮船和兽皮船构造的最佳资源，博物馆里的船只和船模与照片相辅相成，使照片所反映的信息更为丰富。

在古老的西方文献中，我们看到一种区域性的趋势，揭示欧亚大陆北部的兽皮船和树皮船是如何以及何时逐渐为学界和公众所知的。一种趋势始于16世纪的欧亚大陆西北部海洋探险时代，另一种趋势则是由哥萨克人领导的俄罗斯帝国的领土扩张，从西向东征服西西伯利亚的新领土，这一过程也始于16世纪。18世纪初，远赴阿拉斯加的海上探险成为俄罗斯政策的主要组成部分，这种趋势一直持续到19世纪中期。在这场大国领土竞争的最后阶段，19世纪50年代解决与中国和日本的边界争端后，俄罗斯在远东确立了其存在和地位。

兽皮船最早出现在16世纪后半叶的历史记载中，当时出现了有插图的地图和北冰洋海岸最早的旅行记录。英国船长斯蒂芬·巴罗（Burrough，1567）提到在瓦加赫岛附近海岸的萨莫耶德人和他们的鹿皮船，以及他们肩上扛着船上岸的习惯。1576年，荷兰商人奥利维尔·布鲁内尔在探索通往中国的海路时报告说，在鄂毕湾一些萨莫耶德人划着敞舱兽皮船离开塔兹半岛（Spies，1997）。18世纪，法国医生皮埃尔·德·拉·马蒂尼埃作为丹麦探险队的一员，两次航行到新地岛和瓦加赫岛。他首次很好地描述了带海豹皮甲板的卡亚克皮艇（Martinère，1706），并提供了巴罗提到的一艘兽皮船的插图。最早关于桦树皮船的信息可能包含在军官A.多宾对西伯利亚的第一次书面描述中。1673年，他写道："在大叶尼塞（杰利西）河上生活着通古斯人，他们以鱼为食；他们的船是用桦树皮制成的，他们知道如何涂上焦油使船完全不渗

水，这样的船只速度明显很快。"（Dobbin，1702：301）

从前，西伯利亚地区只包括现在称为西西伯利亚的部分；叶尼塞河以东的地区大多不为人知。关于西伯利亚兽皮船和树皮船的可用信息在 18 世纪急剧减少，可能因为这些船只在内陆水域和沿海地区变得稀少，在那些地方探险者最有可能看到它们。后来，当一批批主要受雇于俄罗斯科学院和俄罗斯地理学会的训练有素的科学家着手绘制俄罗斯及其资源和族群的地图时，有关西西伯利亚这类船只的信息骤然增加。这些科学家及其信息包括丹尼尔·G. 梅瑟施密特（Messerschmidt，1964）、格哈德·F. 穆勒（Müller，1957）、迪米特里和哈利顿·拉普特夫（Dimitry and Lapter，1739）、彼得·S. 帕拉斯（Pallas，1776）以及约翰·G. 格奥尔基（Georgi，1775，1776 a，1776b，1777）。他们的旅行报告和日记包含了丰富的数据，包括见到的不同船只的信息。梅瑟施密特是 1721 年至 1728 年第一位在西伯利亚旅行的训练有素的科学家，尽管他的论文如今最不为人所知。他为俄罗斯科学院撰写了一份五卷本的报告，提到了他在下通古斯河看到的落叶松树皮船和桦树皮船，但该报告直到 1964 年才全文印刷出版。作为一个职位较低的科学家，梅瑟施密特被遗忘了，他从来没有被俄罗斯科学院正式聘用过。哈利顿·拉普特夫中尉是一名海军军官，他绘制了从勒拿河到泰梅尔半岛东部的海路图，在哈坦加河发现了一个完全适应海洋生活、使用兽皮船的混血族群。这一信息后来在 G. F. 穆勒的论文中得到了证实。帕拉斯把曼西树皮船定位在乌拉尔山脉东坡；格奥尔基记录了贝加尔湖的通古斯树皮船，他的团队在勒拿河流域为一艘尤卡吉尔卡亚克皮艇绘制了插图，这是迄今为止唯一一艘有图画的尤卡吉尔兽皮船。

主要资料来源

乔治·W. 斯特勒（Steller，2003）和加夫里尔·A. 萨里切夫（Sarychev，1805）可能首次记录了西伯利亚东北部海上兽皮船。斯特勒是 1741 年至 1742 年白令海峡探险队的科学家，考察了北太平洋沿岸，包括阿留申群岛、阿拉斯加南部的部分地区和堪察加半岛；白令海峡考察船在白令岛失事后，他在堪察加半岛记日记。正因为他的记录，我们对堪察加半岛的伊特尔曼人和科里亚克人有了更多了解，例如，他们中还有一些土著人用现已灭绝的大海牛的一整张皮覆盖他们的大船。后来，卡尔·冯·迪特马尔（Dittmar, 1890a, 1890b, 2004）、瓦尔德马尔·乔切尔森（Jochelson, 1908）和瓦伦蒂娜·V.安特罗波娃（Antropova, 1961）对伊特尔曼人、科里亚克人及其兽皮船进行了研究。在比林斯准将的指挥下，萨里切夫上尉（Sarychev, 1805）率领的海军远征队中的艺术家们在西伯利亚海岸绘制了有关族群及其船只的插图，这些作品为我们提供了更多关于白令海峡附近爱斯基摩人卡亚克皮艇的信息。比林斯远征队的秘书马丁·绍尔（Sauer, 1802）生动地记述了在鄂霍次克海的一个村庄，当远征队在那里为航行做准备时，一支土著海鸟捕猎队驾船捕鸟的见闻。

19世纪的探险和文献提供了关于整个西西伯利亚和东西伯利亚以及远东地区的族群及其船只的更直接的信息，阿穆尔半岛、萨哈林岛（库页岛）和鄂霍次克海岸首次与西方世界相连。和以前一样，主要的科学家来自德国。他们曾在俄罗斯科学院寻求工作机会，但此时俄罗斯、芬兰、美国和英国的旅行者也在做出贡献。

附录-1　欧亚大陆北部树皮船和兽皮船的文献来源

旅行所处世纪	北欧和东北欧	西西伯利亚、中西伯利亚和南西伯利亚	包括贝加尔湖在内的东西伯利亚和太平洋西伯利亚	包括阿穆尔河（黑龙江）、萨哈林岛（库页岛）和堪察加半岛在内的远东
1500s	Magnus 1555 Burrough 1567 Linschoten 1598	Brunel, travel in 1576 Balak 1581	—	—
1600s	de La Martinière 1706	Dobbin 1702		
1700s	Chydenius 1753	Pallas 1776	Laptev 1739 Georgi 1776a Pallas 1776 Messerschmidt 1964	Müller 1957 Krasheninnikov 1755 Sarychev 1805 Steller 2003

附录　有关欧亚大陆树皮船和兽皮船的文献 / 445

续表

旅行所处世纪	北欧和东北欧	西西伯利亚、中西伯利亚和南西伯利亚	包括贝加尔湖在内的东西伯利亚和太平洋西伯利亚	包括阿穆尔河（黑龙江）、萨哈林岛（库页岛）和堪察加半岛在内的远东
1800s	von Diiben 1873	Belyavsky 1833 Castrén 1857b Orlov 1858 Radde 1861 Müller 1882	Wrangel 1839 Tronson 1859 Middendorff 1875 Nordenskjöld 1881 Dittmar 1890a, 1890b Sieroszewski 1993	Sauer 1802 Reclus 1882 Orlov 1858 Przhevalsky 1869 Knox 1871 Schrenk 1881 Mason and Hill 1901
1900s	Zagoskin 1910 Reid 1912 Trebitsch 1912 Itkonen 1942 Gjessing 1944 Whitaker 1954, 1977 Foss 1948 Haavio 1952 Troyanovskiy and Petrov 2018 Johnston 1980 Westerdahl 1985a Burov 1996 McGrail 1998	Nansen 1911 *Sushilin photograph, 1926* Naumov 1927 *Khoroshikh, Library of Congress photograph collection, 1930* Lehtisalo 1932, 1959 Donner 1933a, 1979 Chernetsov and Moszyńska 1954 Popov 1964a, 1964b Haviland 1971 Tugolukov 1985 Starcev 1988 Golovnev and Michael 1992	Jochelson 1908, 1924 Brindley 1919a, 1919b, 1919c Palsi 1929, 1983 Steiner 1939 Antropova 1961 Rudenko 1961 Adney and Chapelle 1964 Bandi 1972 Jensen 1975 Johnston 1980 Zimmerly 1986 *Kankaanpää 1989* *Neryungri Museum of History 1997* McGrail 1998 Orekhov 1998	Antropova 1961 Levin 1984 Thiele 1984 Gumilev 1997
2000s	Burov 2000 Shutikhin 2003, 2008	Golovnev 2000 Perevalova 2003 Belgibaev 2004 Krauss 2005 Sirina 2006 Permyakova 2007 Turov 2008 Altner 2009 Irkutsk Museum 2010	Nefedkin 2003 Abakumov 2001 *Kunstkamera Museum 2009*	Chen 2003 Chepelev 2004 Noll and Shi 2004 Lee-Duffy 2005 Yanchev 2006

注：只有直接提到树皮船、兽皮船、船桨考古发现或岩画中的船只的文献才被列入本表之内，包含有用的插图或照片的文献用斜体字表示，本表中提及的博物馆显示了考察的目录条目和考察年份。

在西西伯利亚，弗朗斯·O. 贝尔亚夫斯基（Belyavsky, 1833）游览了鄂毕河口，写了一篇关于奥斯蒂亚克（汉特）皮船的记述。芬兰语言学家和民族志学家马蒂亚斯·A. 卡斯特伦（Castrén, 1857a, 1857b, 1857c）的足迹遍及整个区域。他访问了从亚马尔半岛和泰梅尔半岛到贝加尔湖和蒙古草原的几乎所有萨莫耶德（涅涅茨）族群和叶尼塞奥斯蒂亚克（基特）族群，确立了他们的语言原则，编纂了民族历史和地理，并在长达4800页的十二卷文集中出版了他的研究成果。多亏卡斯特伦的研究，使我们对过去使用古老船只的族群有了更多的了解。他还记述了在叶尼塞河遇到的使用树皮船的族群。E. P. 冯·奥尔洛夫（Orlov, 1858）和古斯塔夫·拉德（Radde, 1861）循着J. G. 乔治（Georgi, 1775, 1776a, 1776b, 1777）的足迹，为俄罗斯地理学会研究了贝加尔湖地区和阿穆尔河（黑龙江）流域，并给我们提供了许多关于埃文基（通古斯）人及其树皮船的描述。奥尔洛夫中尉还研究了阿穆尔河（黑龙江），并详细描述了涅吉达尔桦树皮船的制造过程。F. F. 穆勒（Müller, 1882）为俄罗斯科学院工作，记录了他从贝加尔湖乘船到勒拿河流域东部亚纳河的漫长的内陆旅程，他将桦树皮船作为辅助船只旅行。

东西伯利亚在19世纪得到了较充分的研究，由于许多杰出的探险家和科学家的介入，人们对兽皮船及其使用者有了更多了解。俄罗斯海军上尉费迪南德·冯·兰格尔（Wrangel, 1839）和他的同伴F. F. 马图什金少尉进行了一次冒险旅行，穿越了东西伯利亚苔原带和海岸，遇到了尤卡吉尔人、埃文基人和楚科奇人，并对他们的旅行做了精彩的描述。他们的日记是第一份用俄语撰写和出版的重要科学报告，以前主要的俄罗斯报告都是用德语撰写的，因为德语当时是欧洲科学研究的通用语言。德国科学家亚历山大·冯·米登多夫（Middendorff, 1875）对勒拿河口和阿尔丹河进行了探索，他用图纸记录了桦树皮船，并试图使用兽皮船进行沿海航行，但没有成功。多亏了瑞典芬兰人N. A. E. 诺登斯克尔德（Nordenskjöld, 1881），我们对北冰洋的动植物以及楚科奇半岛的敞舱皮船和卡亚克皮艇有了更多了解。克里米亚战争期间，英国海军军官J. M. 特隆森中尉（Tronson, 1859）

在鄂霍次克海岸巡逻，在阿延遇到了一些海岸埃文人（拉穆特人），并写了一篇关于他们的卡亚克皮艇的罕见报告，而波兰政治流亡者瓦克拉夫·西罗斯泽夫斯基（Sieroszewski, 1993）研究了萨哈（雅库特）桦树皮船、原木船和木板船，并提出雅库特树皮船起源于基特人的观点。

19 世纪，阿穆尔河（黑龙江）地区被俄罗斯吞并，此后这片鲜为人知的土地及其族群逐渐被人们了解。E. G. 拉文施泰因和 A. H. 基恩编辑了埃利西·勒克吕 1882 年的巨著《地球及其居民》(The Earth and Its Inhabitants)，其中第 5 卷和第 6 卷讲述了俄罗斯早期征服远东地区之事，揭示了阿穆尔河（黑龙江）流域和萨哈林岛（库页岛）通古斯满族人、汉族人和阿伊努人的船只使用传统。在乌苏里江流域，俄罗斯情报官员尼古拉·普热瓦尔斯基（Przhevalsky, 1869）绘制了俄罗斯与中国边界的地图，并写下了他的旅行记录，包括与乌尔奇树皮船建造者的会面。在执行俄罗斯科学院一次阿穆尔河（黑龙江）考察任务中，德国科学家利奥波德·冯·施伦克（Schrenk, 1881）探索了这片土地，并细致记录了那乃（戈尔德）树皮船和其他树皮船及原木船的建造传统。

美国人托马斯·W. 诺克斯（Knox, 1871）游历了西伯利亚，出版了有关其经历的著作，书中描述了一只那乃树皮船，他将其与美国印第安人的树皮船做了比较。后来，奥蒂斯·T. 梅森和梅里登·S. 希尔（Mason and Hill, 1901）撰写了一篇论文，比较了不列颠哥伦比亚省库特奈河和阿穆尔河（黑龙江）流域建造的尖头树皮船，指出了设计上的相似之处。梅森根据冯·施伦克写的旅行日记和他从圣彼得堡人类学和民族学博物馆的收藏中借来的树皮船模型，确定了北美树皮船与西伯利亚树皮船的相似之处。关于树皮船和卡亚克皮艇最丰富的描述可以在瓦尔德马尔·博戈拉斯和瓦尔德马尔·乔切尔森的民族志著作和其他著作中找到，他们是 1897 年至 1903 年弗朗茨·博格斯的杰苏普北太平洋探险队的俄罗斯成员，这一探险活动由美国自然历史博物馆开展。

基于多种资源的研究

在 20 世纪，获得兽皮船和树皮船的直接现场信息变得更加困难，因为除了在西伯利亚和阿穆尔河（黑龙江）的一些很小的区域外，这些船只变得越来越稀少。因此，转而使用新方法研究船只，考古学、民族志学、语言学和民俗学方面的专业人士开始开展这类研究项目。这一变化产生了一批论文和研究，都是从多个方面采用间接方法进行的，这种研究趋势一直持续到今天。随着树皮船和兽皮船逐渐从部落生活中消失，延展船和木板船的作用越来越大，博物馆开始收藏更多的树皮船和兽皮船。大约在公元1900年之前，博物馆里只收藏了几艘土著船只，但不久之后，在全球各大博物馆中船只的数量就不断增加。其中一个例子是凯·唐纳（Donner，1915）在叶尼塞河收集的长540厘米的基特树皮船，他将其运到了赫尔辛基（参见图5-10a-b）。由于采用了摄影技术，过去这些年也收集到了更多关于树皮船和兽皮船的资料：1926年的N.苏林和1927年的N.P.瑙莫夫提供了他们在上、下通古斯河记录的西西伯利亚皮船，或者说卡亚克式船的珍贵照片（参见图6-5），P.霍罗什克（Khoroshikh，1930）在下通古斯河源头内帕村拍摄了关于埃文基兽皮船建造的精美照片。

在考古学方面，我们仅举几个例子。俄罗斯考古学家M.E.福斯（Foss，1948）研究了奥涅加湖东部地区和白海沿岸的新石器时代定居点，并提供了早期海洋猎人捕猎海豹、海象和鲸鱼的信息，这些活动也记录在维格河岩画之中。大约20年后，格里戈里·布鲁夫在西乌拉尔、维切加河和科米共和国进行了实地考察，他在维斯一号遗址中发现了一整套猎人的工具，包括弓箭、石器和大约8400年前全新世早期的船桨残片。瓦莱瑞·N.切尔内佐夫（Chernetsov，1935）在亚马尔半岛北端发现了海象猎人的遗址和可能是卡亚克皮艇的残骸，这些考古发现激发了关于西西伯利亚可能与"爱斯基摩人相关"的活跃的学术讨论（W. Fitzhugh，1998）。

史密森学会的船只研究

1964年，史密森学会出版了埃德温·塔潘·埃德尼和霍华德·夏佩尔合著的《北美树皮船与兽皮船》（参见图0-1），其中还提到了一些东西伯利亚船只，主要是萨哈人、西伯利亚爱斯基摩人、楚科奇人和科里亚克人的船只。这一著作首创了一种研究各大洲土著船只的方法，并为未来关于土著树皮船和兽皮船的著作确立了一个标准。这不是史密森学会对欧亚大陆北部船只研究的唯一或首次贡献；如上所述，奥蒂斯·T. 梅森和梅里登·S. 希尔于 1901 年出版了《库特奈和阿穆尔尖头树皮船》。美国对东西伯利亚兽皮船研究的贡献是大卫·齐默里 1986 年出版的《西伯利亚和阿拉斯加的卡亚克皮艇》。该书概述了卡亚克皮艇的历史，并配有插图和照片加以说明。就像史密森学会 1964 年出版的埃德尼与夏佩尔的著作和 1901 年出版的梅森与希尔的著作一样，齐默里的著作提出了两个大陆树皮船和兽皮船进化的共同来源。最近对科迪亚克岛阿鲁提克"尼加拉"船或"安吉亚克"（俄语为"拜达拉"）船和圣劳伦斯岛"安吉亚皮克"船的研究为土著海洋技术和历史研究带来了现代视角（Anichenko，2012，2017）。

欧洲人对欧亚大陆北部树皮船和兽皮船历史研究的贡献胜在翔实，这要归功于许多德国旅行者，但专门的论文和著作数量却不多。除了少数例外，没有从整个大陆的角度进行研究。其中一篇不可多得的论文是 1911 年奥地利人鲁道夫·特雷比奇写的《兽皮船和木筏》，也许这是发表的首篇关于兽皮船全球分布的论文，涵盖了多个大陆和许多文化。特雷比奇查阅了他能找到的大多数主要资源，千方百计地寻找出现兽皮船和其他浮具的相关书面或图片资料。特雷比奇提到了早期和现代的档案资料，并讨论了在世界各地进行的研究。他提出了一个令人信服的事实，即在过去的许多欧洲地区，以及在北亚（当时这只是一个不确定的设想，今天已经有了更清晰的研究焦点）、南亚、南北美洲和格陵兰岛，多种兽皮船广为人知。他用图片和全球地图来说明其发现，将北欧兽皮船信息总结如下：

> 当我们回顾过去欧洲兽皮船的分布时，我们得出以下结论：……兽皮船分布在大不列颠（以及爱尔兰、威尔士和苏格兰）凯尔特人地区、西班牙、意大利北部、斯堪的纳维亚的拉普地区和俄罗斯东北部

的萨莫耶德地区，兽皮船可能也在德国北部和法国以及多瑙河沿岸地区为人所知。(Trebitsch，1912：180)

欧洲人对北方树皮船和兽皮船历史的第二个重大贡献是俄罗斯民族志学家瓦伦蒂娜·V. 安特罗波娃撰写的对土著船只全面调查的文章，1961年作为列文和波塔波夫的《西伯利亚历史和民族志地图集》中的一章出版。这篇重要的论文实际上是一部造船史，使用了俄罗斯科学院从各种渠道收集的信息。它涵盖了整个西伯利亚和居住在勒拿河流域、楚科奇半岛、阿穆尔河（黑龙江）和阿穆尔半岛的所有土著族群，尽管论文对叶尼塞河以西的西伯利亚地区的详细描述较少，安特罗波娃的论文仍然是关于西伯利亚土著族群建造和使用的船只（包括桦树皮船、敞舱兽皮船、卡亚克皮艇和原木船）的最佳专题资料来源。她一个地区接一个地区、一个族群接一个族群地简明介绍了这一庞大的信息，很好地描绘了土著船只在欧亚大陆北部一半地区的扩散情况，最后总结了树皮船和兽皮船的类型，包括它们的区域分布和各种船只的部落名称。她指出，桦树皮船在所有民族中都深深根植于西伯利亚的针叶林景观，直到最近，一些阿穆尔地区的族群还在使用这类船只。安特罗波娃得出结论，内陆兽皮船或者说卡亚克皮艇与树皮船在苔原带附近的更高纬度地区共存。她还介绍了楚科奇半岛、堪察加半岛和萨哈林岛（库页岛）海洋民族的兽皮船、他们的部落习俗和贸易，以及他们的兽皮船建造方法之间的差异。

欧洲人的另一个贡献是保罗·约翰斯顿（Johnston，1980）的船只通史《史前航海术》。该著作提供了关于欧亚大陆北部兽皮船的重要早期信息（尽管关于树皮船的信息大多缺失），并包括了15世纪以来在不列颠群岛北部和斯堪的纳维亚地区收集的关于早期兽皮船的极佳数据，这类船只被认为起源于北美洲或格陵兰岛。与格雷厄姆·克拉克和斯图亚特·皮戈特认为芬诺斯堪的亚族群和文化起源于西欧不同，约翰斯顿认为早期与萨米人相关的文化起源于东方，并通过白海沿岸到达挪威。因此，克拉克和皮戈特认为奥涅加湖、维格湖和卡累利阿船只雕刻是斯堪的纳维亚船只传统的一部分。然而，从叶尼塞河口和勒拿河口发现了类似的雕刻，进一步证明了芬诺斯堪的亚的船只图像是环北极兽皮船传统的一部分（Johnston，1980：32-33）。

约翰斯顿还论述了东西伯利亚的兽皮船，指出它们主要由楚科奇人、科里亚克人、阿留申人和爱斯基摩人使用，但他并没有指明其起源。关于东西伯利亚和西西伯利亚或欧洲兽皮船之间的关系，约翰斯顿认为，巴伦支海西部的萨莫耶德人（涅涅茨人）和拉普人（萨米人）的兽皮船和卡亚克皮艇是一个单独的传统，可能与树皮船的建造有关，也可能无关。他还推测，在西方，人们首先使用兽皮船，后来转用树皮船。今天，考古学证据表明，至少从全新世中期开始，加板原木船就已经被制造出来，当时北部海岸附近的森林已经十分茂盛，木工工具，如石凿、斧子和锛子开始出现。

我们还应该注意到最新的贡献之一，彼得·罗利-康威（Rowley-Conwy，2017）的文章涉及的证据可能支持英国中石器时代斯塔卡遗址中发现的树皮船。然而，该文主要关注环境分析，而不是树皮船的直接证据。这些发现再次凸显了研究早期船只传统的学者面临的中心问题：证据转瞬即逝，可供研究和比较的资源库还不够充分。人们只能惊叹于目前的物证与人类6万年前到达澳大利亚和1.5万年至2万年前到达北美洲的事实之间的差距。这一差距很可能与树皮船或兽皮船有关。简而言之，尚有很多未知等待我们去发现、去探索！

（崔艳嫣　译）

术语词表

独木舟和船的术语

See individual chapters for cultural and linguistic terms relating to specific kinds of boats.

有关特定种类船只的文化和语言术语，请参阅个别章节。

adze：Woodworking tool with asymmetric blade mounted crossways to handle, with beveled cutting edge on distal face, making it suitable for carving interiors of log boats or planing logs and planks

锛子：一种木工工具，具有横向安装在把手上的不对称的刀口，刀口在远端有斜面，适合于切削原木船内部或刨平原木和木板

aft：Toward the rear of a boat

艉：船的尾部

angyapik（Siberian Yupik）：Open skin boat（Alutiiq：*angyak*；Inupiaq：*umiak*；Russian：*baidar*）

"安吉亚皮克"（西伯利亚尤皮克语）：敞舱皮船（阿鲁提克语：*angyak*；因纽皮亚克语：*umiak*；俄语：*baidar*）

axe：Woodworking tool with blade edges sharpened on both sides；used to fell trees and split wood

斧子：两边刃口锋利的木工工具；用来砍树和劈开木头

baidar/baidara（Russian）：Open skin boat

"拜达尔" / "拜达拉"（俄语）：敞舱皮船

baidarka（Russian）：Kayak

"拜达尔卡"（俄语）：卡亚克式皮艇

ballast：Weight carried low in boat to increase its stability

压舱物：当船载重较低时增加其稳定性

bast：Fibrous inner tree bark used for caulking planks and making cordage

韧皮：纤维状的内层树皮，用来填塞船板缝隙和制作绳索

beam：Widest dimension of a boat's hull

船宽：船体最宽的尺寸

bilge：Lowest inner part of a boat

舱底：船内最低部分

bow：Front end of a boat

船头：船的前端

camber：Crossways curvature of a boat's topsides that helps drain water and adds rigidity to hull

梁拱：船只顶部结构的横向曲度，有助于排水并增加船体的刚性

carvelle：Type of outer hull planking in which the sides of planks are butted flush and close together to form a smooth exterior

船壳外板齐平：一种船壳外部铺板类型，船板的两边对接齐平并紧密地连接在一起，以形成光滑的表面

chine：Junction of side and bottom planking, or a member backing this junction. *Double-chine* hulls have an additional junction between chine and sheer (junction of side and deck or gunwale), giving the hull a more rounded look. *Hard-chine* hulls have a single distinct bottom/side planking junction. *Multichined* hulls have one or more additional plank angle changes between bottom chine and deck

船舷：船舷和底板的接合处，或支撑此接合处的构件。双船舷船体在

船舭和船弧（船舷和甲板或舷缘的接合处）之间另外有一个接合处，使船体看起来更圆。尖舭船体有一个单独的船底/船舷船板接合处。多船舭船体在船底船舭和甲板之间额外有一个或多个的船板角度变化

chip（Ainu）：wooden dugout boat. See also *mochip*

奇普（阿伊努语）：木质挖空独木舟。另请参见"摩契"词条

clinker：Type of boat in which upper plank overlaps plank below to form exterior much like house siding. Also called *lapstrake* construction

盖瓦式叠板船：一种船型，上面的木板和下面的木板重叠，形成船的外部很像房子的壁板，也被称为盖瓦式叠板构造

coracle：Round boat with frame of bent withies and hide cover, commonly used to cross rivers

克拉科尔式蒙皮小船：一种圆形船，船架由弯曲的树枝做成，外面蒙皮，通常用于过河

dolblenka（Russian）：expanded log boat

多伦卡（俄语）：延展原木船

double-ended canoe：Boat whose side planks come together at both ends

双首尾船：两侧船舷的木板在船头和船尾汇拢在一起的船只

draft：Distance from waterline to vessel's deepest point, or depth of water a boat can travel over without hitting bottom

吃水深度：从吃水线到船舶最深点的距离，或船在不触碰船底的情况下可以通过的水深

dugout：Boat created by digging out one side of a tree trunk; often basis for an expanded log boat

挖空独木舟：从树干一面挖空的船；通常是延展原木船的基础

dyav（Evenk）：birch-bark canoe

戴夫（埃文基语）：桦树皮船

expanded log boat：Boat made from hollowed-out log whose sides have been expanded by soaking in water, heating with hot rocks, and gradually forcing apart sides with timbers wedged in crossways

延展原木船：用原木制成的船，将其侧面浸水，用热岩石加热，并用横向楔入的木料逐渐将其扩展

forward: Toward front end, or bow, of boat

艏：船的前端或船头

frame: Rib of boat's hull framework

船肋骨：船体骨架的肋拱

freeboard: Portion of boat's side above surface of water

干舷：水面以上船舷的一部分

garboard: Plank adjoining keel; also called *garboard plank* or *strake*

桁板：与龙骨相邻的木板；也称为桁板或边条

gunwale: Upper structural members running from bow to stern on each side of a boat, to which ribs attach

舷侧：在船的两侧从船头到船尾的上部结构构件，肋拱附在上面

hogging: Describes a boat that humps upward at its middle and has a lower bow and stern; sometimes a purposeful design feature but often indicates aging and insufficient longitudinal rigidity

中拱：描述一种中部向上拱起的船，船首和船尾较低；有时是有目的的设计特征，但通常表示老化和纵向刚度不足

inwale: Part of gunwale inside canoe

内舷缘：独木舟内侧舷缘的一部分

kayak: Eskimo skin boat with covered deck

卡亚克：爱斯基摩人皮船，盖有甲板

keel: External structure extending along bottom of a vessel that strengthens its hull; in a sailing vessel, provides upright stability and prevents side-slippage

龙骨：沿船底延伸的加强船体的外部结构；在帆船中，提供直立稳定

性并防止侧滑

keelson：Fore-and-aft spine at bottom of hull to which ribs attach. External keelson projects through boat's bottom and provides extra rigidity better tracking, and less side slippage in crosswinds

龙骨：船体底部从船头到船尾的船脊，肋拱连接其上。外部龙骨从船底凸出来，提供额外的刚性、更好的航向，减少侧风中的侧滑

knee：Crossways-angled brace or reinforcement, usually strengthening junction between hull's bottom and its sides or transom

横撑：横向斜撑或加固物，通常用于加强船体底部和船舷或横梁之间的连接处

lapstrake：Having planks whose edges are overlapped to form an irregular exterior, like siding on a house. Called *lapstrake* because upper plank overlaps next lowest plank. Also called *clinker*

盖瓦式叠板船：有边缘重叠形成不规则外观的木板，如房屋的墙板。将之称为盖瓦式叠板，是因为上面的木板和下面的木板重叠。也叫 clinker

lodya（Russian）：Large planked river boat

"罗迪亚"（俄语）：大型铺板内河船

loft：To build a boat from design plans and measurements

船样：根据设计图和尺寸建造一艘船

log boat：Boat made from a log, or whose bottom is based on a hollowed-out log whose sides were expanded and to which planks were added

原木船：由原木制成的船，或其底部是以圆木为基础，其侧面被延展，并加上木板

longitudinal：Hull framing member running length of a boat (e.g., chine, keel, sheer, or batten)

纵向构件：延伸到整个船长的船体框架构件（例如，船身、龙骨、舷弧或板条）

mast step: Socketlike depression into which base of a mast or spar is inserted

桅座: 插入桅杆底部的插座状凹陷处

matyv（Koryak）: Open skin boat

"马提夫"（科里亚克语）: 敞舱皮船

mereke（Even and Evenk）: Flat-bottomed birch-bark boat

"梅雷克"（埃文语和埃文基语）: 平底桦树皮船

mochip（Ainu）: Dugout with stitched plank sides

"摩契"（阿伊努语）: 带缝合木板船舷的挖空独木舟

oarlock: Originally one or two thole-pins (see below); more recently a metal O-or Y-shaped pin that holds oar in place. Also called *rowlock*

桨架或桨叉: 最初是一个或两个销子（见下文）; 近来是一个金属"O"形或"Y"形的固定桨的销子。也称为 rowlock

omorochka（Russian）: birch-bark canoe

"奥莫罗茨卡"（俄罗斯语）: 桦树皮船

outwale: Gunwale strip on outside of canoe

外舷缘: 独木舟外侧的舷缘条

painter: Line made fast to bow of a boat

缆绳: 系在船头的缆绳

pitch: Fore and aft motion of a boat in heavy seas

纵摇: 船在大海上的前后运动

port: Left side of a boat when one is looking forward. See also *starboard*

左舷: 向前看时船的左边，另见"右舷"

rocker: Fore and aft curvature of a boat's bottom

龙骨线曲率: 船底的前后弯曲度。

roll: Side-to-side motion of a boat in crossways seas

横摇: 船在横渡海面时的侧向运动

rowlock: Mechanism to hold oar in place on gunwale. Also called *oarlock*

桨架：把桨固定在船舷上的装置。也称为 oarlock

rudder：Vane at stern that steers boat

舵：在船尾操纵船的轮叶

sheathing：Outer planks or strips of wood fastened to a boat's ribs or frame

护板：固定在船的肋拱或框架上的外层木板或木条

sheer：Side profile of boat marked by junction of sides and deck or gunwale. A boat with high sheer has its side higher at bow and stern than at center; in a low-sheer vessel, sheer arc is closer to a straight line

舷弧：以船舷和甲板或舷缘的接合处为标志的船舷弧度。高舷的船，其船首和船尾的船舷比中心高；在低舷的船上，船弧更接近直线

shoal：Shallow water

浅滩：浅水区域

soima（Russian）：Planked boat

"索伊玛"（俄语）：木板船

spar：Mast or upright member projecting above hull

桅杆：伸向船体上方的桅杆或直立构件

square-sterned：Having a flat rather than a pointed stern

方尾船：有扁平的而不是尖的船尾

starboard：Right side of boat when one is looking forward; term originated from Old Norse *styrbord*, steering board (rudder) attached to a Norse ship's right side, forward of stern. See also *port*

右舷：向前看时在船的右边，这个术语起源于古诺尔斯语的 styrbord，固定在诺尔斯船右舷上的舵，在船尾前面。另请参见"左舷"

stem：Structural member that rises from keel to which side planks attach at bow or stern

船首尾的端头构件：从龙骨翘起的结构构件，在船首或船尾，侧板与之相连

stern: Rear end or part of a boat

船尾：船的尾部或部分

strake: Single line of planking extending from bow to stern

舷侧板：从船首延伸到船尾的一条木板线

stringer: Thin strip of wood running fore and aft, crossing ribs, and providing extra longitudinal rigidity in addition to keel and gunwales

边板：一种薄的木条，从船头延伸到船尾，与肋材交叉，与龙骨和舷缘一起提供纵向刚度

strip planking: Planking method that uses strips of wood installed longitudinally outside ribs

条状铺板法：将木条纵向安装在肋拱外面的铺板方法

styrbord (Norse): Steering board or oar positioned near stern on right side of a boat; origin of English *starboard*

"斯泰尔伯德"（诺尔斯语）：位于船右侧靠近船尾的操纵板或桨；英国"右舷"的起源

thole-pin: Wood or metal pin, sometimes used in pairs, set vertically into gunwale and serving as an oarlock

桨栓：木栓或金属栓，有时成对使用，垂直安装在舷缘，用作桨架

thwart: Crossways structural member running from gunwale to gunwale to provide lateral rigidity

横梁：从舷缘到舷缘的横向结构构件，以提供横向刚度

tiller: Bar or handle attached to rudder. In large boats, steering wheels replace tillers

舵柄：连接在舵上的杆或手柄。在大船上，舵轮代替舵柄

transom: Crossways flat surface forming aft (stern) end of a boat

横梁：形成船尾部的横向平面

umiak (North American Inupiaq and Inuit): Open skin boat used for voyaging and whaling (Siberian Yupik：*angyapik*)

乌米亚克（北美因纽皮亚克语和因纽特语）：用于航行和捕鲸的敞舱皮船（西伯利亚尤皮克语：安吉亚皮克）

地理、文化和其他术语

boreal forests：Northernmost forests in both the New and Old Worlds between temperate zone and Arctic tundra zone；consists largely of birch, aspen, pine, and spruce in North America and birch, pine, and Siberian larch in Eurasia

北方森林：新大陆和旧大陆最北端的森林，位于温带和北极苔原带之间，主要由北美的桦树、白杨、松树和云杉以及欧亚大陆的桦树、松树和西伯利亚落叶松组成

Chukotka：Political jurisdiction of northeastern Siberia east of Kolyma and Anadyr rivers, including Chukchi Peninsula lands

楚科奇：西伯利亚东北部的行政辖区，位于科利马河和阿纳德尔河以东，包括楚科奇半岛的土地

Cossacks：Russian paramilitary forces who brought Siberia under Russian rule from 16th to to 19th centuries

哥萨克：从16世纪到19世纪把西伯利亚置于俄国统治之下的俄罗斯准军事力量

Dauria (Manchu)：Eastern part of Inner Mongolia

达斡尔（满族）：内蒙古东部

Fennoscandia：Area comprising both Scandinavia and Finland

芬诺斯堪的亚：包括斯堪的纳维亚半岛和芬兰

Heilong Jiang (Manchu and Chinese)：Amur River *jiang* (Chinese)：river

黑龙江（满族和汉族）：阿穆尔河

Karafuto (Ainu and Japanese)：Sakhalin Island

卡拉富托（阿伊努人和日本人）：萨哈林岛（库页岛）

Kunstkamera: Original (and still popular) name of Museum of Anthropology and Ethnology, St. Petersburg, Russia

昆斯特卡迈拉：俄罗斯圣彼得堡人类学和民族学博物馆的原名（至今仍然使用）

Paleo-Asiatics: Ancient Ice Age cultures of Asia

古亚洲学：亚洲古代冰河时代文化

Paleolithic: Early human technology and cultures dating before the end of the Ice Ages circa 12,000 years ago

旧石器时代：大约12000年前冰河时代结束之前的早期人类技术和文化

petroglyph: Carving or inscription on rock

岩刻：岩石上的雕刻或铭文

Saami: Natives of northern Fennoscandia. Known formerly as Lapps or Laplanders, and as Lappalaiset in Finland, as Finns in Norway and as Lapar in Russia

萨米人：芬诺斯堪的亚北部的土著人。以前被称为拉普人或拉普兰人，在芬兰称为拉帕莱塞特人，在挪威称为芬兰人，在俄罗斯称为拉帕尔人

Siberia: Territory of northern Russian northeast of Ural Mountains

西伯利亚：位于乌拉尔山脉东北部的俄罗斯北部领土

Transbaikal (Russian): Lands beyond (east of) Lake Baikal

外贝加尔湖（俄罗斯）：贝加尔湖之外（以东）的区域

tundra: Vegetation zone north of boreal forest where climate does not permit trees to grow, although shrubs such as willow and alder might grow there

苔原：北方森林北部的植被带，那里的气候不允许树木生长，尽管那里可能生长柳树和桤木等灌木

Western Urals: European term for Russian lands west of Ural Mountains

乌拉尔西部：欧洲对乌拉尔山脉以西的俄罗斯领土的称呼

yassak: Tribute or taxes paid to Russian Cossacks following their subjugation of Siberian Native peoples

雅萨克：西伯利亚土著民族被俄罗斯哥萨克征服后向他们支付的贡品或税款

Yezo（Early Japanese）：Hokkaido（also Ezo, Yeso, and Yesso）

叶佐（早期日语）：北海道（亦称为 Ezo、Yeso 和 Yesso）

（崔艳嫣　译）

致　谢

哈里·卢克卡宁：如果没有很多朋友和同事的帮助，没有他们牺牲自己的时间、分享他们的经验和对船只的兴趣，我就不可能顺利准备并完成这项研究。如果没有他们慷慨相助，提供船只收藏的相关信息，查找稀有而晦涩的档案和图书馆资料，以及评论早期草稿，这本关于船只历史的著作就无法顺利完成。

首先要特别感谢威廉·菲茨休，感谢他在漫长的研究和写作过程中给予的陪伴和良好建议。令人心潮澎湃的首次会面以及之后的友谊、合作和信任使本书写作计划得以顺利进行。挪威科技大学的克里斯特·韦斯特达尔（Christer Westerdahl）教授在早期的写作过程中给予我指导，并为我提供良机，在2008年特隆赫姆举行的一次北方海洋会议上，向挪威先驱人类学家古托姆·杰辛（Gutorm Gjessing）教授介绍我的船只项目概要。已故奥勒·克鲁姆林-佩德森（Ole Crumlin-Pedersen）教授是一位研究维京船只的专家。他亲切友善，指导我研究延展原木船，帮助我开展树皮船和兽皮船项目。乌克兰塞瓦斯托波尔大学的格里戈里·布鲁夫（Grigori Burov）是东北欧船只研究的专家。他帮助我解决了俄罗斯资料来源阐释中出现的问题，并分享了他的详细知识。克拉斯诺亚尔斯克边疆区博物馆的研究员米哈伊尔·巴塔舍夫（Mikhail Batashev）对西西伯利亚和东西伯利亚的民族和地区信息了如指掌，他在许多与土著族群地点有关的问题上为我提供了建议，并告知在哪里可以找到照片档案和文献来源。叶夫根尼亚（杰尼娅）·阿尼琴科［Evgenia (Jenya) Anichenko］是阿拉斯加兽皮船研究专家，为本书写了一篇关于亚洲和北美洲白令海兽皮船的后记。阿尼琴科还在圣彼得堡找到了博物馆藏的样本和档案，翻译了一些俄语文本资料，拍摄船只和模型照片，并协助从俄罗斯方面获得授权和许可。当然，我要感谢史密森学会图书公司的主管卡罗琳·格里森（Carolyn Gleason）多年来在手稿撰写过程中的耐心。

还要特别感谢圣彼得堡俄罗斯科学院的彼得·索罗金（Petr Sorokin）指导我完成撰写斯拉夫和芬兰族群的原木船历史这项艰巨任务，并分享有关诺夫哥罗德联邦历史的知识。科米共和国科特拉斯的亚历山大·舒蒂金（Alexander Shutikhin）曾写过关于树皮船的论文，这也是我研究桦树皮制备过程的最佳资料来源；他还分享了在复制和使用桦树皮船方面的经验。布赖恩斯克大学的阿瑟·丘伯（Arthur Chubur）和内夫特尤甘斯克历史文化遗产中心的乔治·维兹加洛夫（Georgy Vizgalov）和叶卡捷琳堡的奥列格·V.卡达什（Oleg V. Kandash）也对原木船研究感兴趣，并分享了相关资料。大天使省的塔拉斯·丘普科（Taras Tjupko）是研究波莫尔人的专家。他向我介绍了白海地区的族群和船只。同样，塔尔图大学的亚杜·穆斯特（Aadu Must）在阿穆尔河（黑龙江）地区的船只方面给予了我指导。位于格但斯克的波兰海洋博物馆的杰瑞·利特温（Jerzy Litwin）主任和科学家瓦尔德马尔·奥索夫斯基（Waldemar Ossowski）向我提供了波兰原木船历史的相关信息。

衷心感谢慕尼黑巴伐利亚国家文物保护局的蒂姆·韦斯基（Timm Weski）、柏林洪堡大学的戴安娜·阿尔特纳（Diana Altner）以及不来梅哈芬的德国海事博物馆总编辑埃里克·霍普斯（Erik Hoops），感谢他们努力帮助我获得晦涩难懂、鲜为人知的文献。感谢中国社会科学院考古研究所所长陈星灿翻译并提供了重要的中文论文和插图。同样，感谢伦敦大学学院考古研究所所长斯蒂芬·申南（Stephen Shennan）和伦敦大英博物馆民族馆副主任布莱恩·杜勒恩斯（Brian Durrans）让我使用他们的档案资料。

纽卡斯尔大学的理查德·伯明汉（Richard Birmingham）分享了他对木船建造和设计的观点。荷兰格罗宁根大学的彼得·乔丹（Peter Jordan）帮我获取了关于西伯利亚族群的文件。塔斯马尼亚的海军建筑师道格·哈里斯（Dougal Harris）和斯德哥尔摩的尤尔根·萨斯（Jurgen Sass）帮助我根据旧照片绘制3D图纸，但最终这项任务对这本书来说要求太高，只能遗憾地搁置了。

在项目进行过程中，我与许多朋友和同事进行了有益的讨论。非常感谢一起划船的哥本哈根老朋友约翰·林德（John Lind），他提供了有关诺夫哥罗德的信息。斯特拉斯堡的帕特里克·亨利（Patrick Henry）翻译了法语论文。我还要感谢澳大利亚国立大学的阿索尔·安德森（Athol Anderson）。我的朋友玛丽莲·沃格尔（Marilyn Vogel）是费城美国船只协会的成员。她对我2007年的树皮船和兽皮船草稿提出了重要的建议。伊斯坦布尔大学的穆罕默德·布卢特（Mehmed Bulut）告诉我土耳其的船只研究情况。我的美国热爱船只的朋友休·霍顿（Hugh Horton）和哈维·戈尔登（Harvey Golden）总是会鼓舞人心，他们慷慨大方地提供了各种信息来源。

在芬兰，一些人以不同的方式支持这项研究。赫尔辛基大学的文件管理员塔帕尼·萨尔米宁（Tapani Salminen）博士帮助我确定了许多芬诺乌戈尔语族群。亨利·福塞尔（Henry Forssell）是一位船史作家，分享了他拍摄的基特树皮船的照片，并帮助我辨认出一些白海的海豹捕猎船。罗瓦涅米的北芬兰地区博物馆馆长汉努·科蒂沃里（Hannu Kotivuori）告诉我新发现的船桨。感谢捷瓦斯基拉大学的贾恩·维尔库纳（Janne Vilkuna）提供了关于芬兰古代船只的信息。坦佩雷理工大学的彭蒂·凯图宁（Pentti Kettunen）为我提供了关于芬兰早期金属时代的建议。安德烈·科科夫（Andrei Kokov）在解释俄罗斯船只术语方面提供了帮助。芬兰国家图书馆斯拉夫分馆的馆长梅尔·阿霍（Maire Aho）和芬兰语言研究所的安娜-丽萨·克里斯蒂安森（Anna-Liisa Kristiansson）帮助我找到了稀有的俄语书籍。还要感谢考古学家米卡·萨尔基宁（Mika Sarkkinen）分享了他的知识，感谢弗雷德里克·科维萨洛（Frederik Koivusalo）撰写的一本关于延展原木船的启发灵感的著作，感谢劳里·波哈卡利奥（Lauri Pohjakallio）分享了他对芬兰原木船考古发现的研究。赫尔辛基大学的研究员劳诺·劳哈坎加斯（Rauno Lauhakangas）（2013）和特罗姆索博物馆和大学的克努特·赫尔斯科格（Knut Helskog）通过分享他们的照片施惠于我。在国家考古委员会，许多科学家帮助我收集有关旧船桨和船只的考古发现和照片等数据资料。在芬兰国家文物委员会，我要感谢保管员亚娜·奥纳苏（Jaana Onatsu）、皮尔科·哈卡拉（Pirkko Hakala）、里斯托·哈科马基（Risto Hakomaki）、伊迪科·莱赫蒂宁（Idiko Lehtinen）、卡洛·卡蒂斯科斯基（Kaarlo Katiskoski）、卡里·瓦米奥（Kari Varmio）和伊斯莫·马利宁（Ismo Malinen）。

最后，非常感谢我在芬兰的热爱小船和划船的朋友们。他们对我撰写的造船历史表现出了浓厚的兴趣和好奇心，并在许多方面给予我帮助。我尤其感谢里斯托·莱蒂宁（Risto Lehtinen），是他最初鼓励我准备一项关于芬兰古代船只的研究，让我走上这条研究道路。里斯托还为我翻译了一些重要的俄语书籍和论文，他还负责我的电脑和通信系统。哈里·马基拉（Harri Makila）复制了石器时代的几条船桨，测试这些复制船桨使我们能够对可能使用这种桨的船只得出结论。塔帕尼·帕卡里宁（Tapani Pakarinen）和马蒂·图南宁（Matti Tuunanen）是讨论研究发现和解释照片与旧文献信息的好伙伴。最后，我的妻子萨里（Sari）和儿子奥索（Otso）、利奥（Leo），在整个项目中都给予了大力支持；看到本书最终付印，他们可能是所有人中最引以为傲的人，他们也为本书完工倍感欣慰！

威廉·W. 菲茨休：完成一个长期而艰巨的项目总是苦乐参半。经过许多年，人生中充满挑战的一章结束了，以往的工作关系开始淡漠，取而代之的是新人、新问题和新目标。撰写这本有关树皮船和兽皮船的著作在我的日常研究中可以说是一次令人感到愉快和意外的旅程，完成本书体现了我个人生活和职业生涯的方方面面：我酷爱船只，热衷探险旅行，致力于俄罗斯研究。当我发现哈里·卢克卡宁对欧亚大陆船只历史的研究时，以上所有这些因素都促使和吸引我参加这个项目。哈里的好奇心、他的研究和写作技能，以及他坚持不懈的顽强精神，使他成为合著一本书的完美搭档，如果没有我们两人的偶然相遇和史密森学会出版的埃德尼和夏佩尔关于北美土著船只的著作，本书就无法完成。就像生活中的许多事情一样，机遇不可预知，但结果皆大欢喜。

我非常感谢哈里在基础研究和他早期撰写本书草稿时的顽强精神。我的职责是提供人类学和考古数据，修订和编辑本书，并在我们试图深入研究船只演变史时增加一定程度的谨慎研究。由于现有的考古资料很少，我们关于古代树皮船与兽皮船起源的理论基本上还只是假设。即使岩石艺术似乎提供了有形的久远历史的证据，但我们的研究基础也不够坚实。然而，我们的著作可能至少是一个关于树皮船和兽皮船使用的民族志基础，偶尔会涉及不太久远的史前史。如果没有哈里的激励和埃德尼与夏佩尔开创性的著作为先例，就不能完成本书。

像哈里一样，我也得到了很多人的帮助。杰尼娅·阿尼琴科是一位出类拔萃的合作伙伴，她撰写的本书最后一章后记中的对比分析，较好地将我们的船只历史研究与北美和梅森和希尔、沃夫、埃德尼和夏佩尔的著作和研究联系起来。她对来自巴罗和圣劳伦斯岛的史密森学会考古收藏品的研究表明，考古工作在船史研究方面大有可为（Anichenko, 2017）；她在圣彼得堡博物馆和档案馆的调查也表明，在俄罗斯各地的收藏工作将产生许多新的船只考古发现。阿尼琴科还帮助翻译文献，联系俄罗斯博物馆和档案馆获取插图，并帮我从哈里大量的插图中筛选出一套合理适当的插图用于本书。

衷心感谢我的同事伊戈尔·克鲁普尼克（Igor Krupnik）对这个项目的鼓励和支持。他敏锐地意识到出版一本关于俄罗斯北方文化的英文著作，必须付出非同寻常的努力和心血，哈里和我非常感激他在支持有关船只历史的单一主题著作方面的耐心。伊戈尔意识到，因为不通晓俄语，缺乏对俄罗斯人类学的深入理解，哈里和我都无法客观公正地对待俄罗斯民族志和历史，于是他慷慨相助，审阅了手稿，并纠正了许多不当之处。哈里和我还受益于弗拉基米尔·皮图尔科（Vladimir Pitulko）和娜塔莉娅·费多罗娃（Natalia Fedorova）对手稿几部分的评论。人类学家安德烈·戈洛夫涅夫让我了解了俄罗斯北部（尤其是亚马尔半岛）的民族志和历史。我还感谢曲枫博士的帮助。他审读了一些有关远东造船史的材料，联系并安排人类学家张敏杰（中国船只文化专家、黑龙江省民族博物馆副馆长，已退休）进行审阅。本·菲茨休（Ben Fitzhugh）、加藤正郎（Masaru Kato）、德治浩治（Koji Deriha）和高濑胜典（Katsunori Takase）帮助我们从北海道大学自然历史博物馆和植物博物馆收集了照片和信息。安德烈·普塔辛斯基（Andrei Ptashinsky）促成了对佩特罗帕夫洛夫斯克博物馆藏品的参观。我们强调，这些学者都不对我们的错误或缺点承担任何责任。

其他人大多在插图和本书出版方面给予了我帮助。史密森图书公司主管卡罗琳·格里森（Carolyn Gleason）从一开始就对这个项目极感兴趣，在编辑克里斯蒂娜·威金顿（Christina Wiginton）的协助下全程提供编辑指导，并在这一过程中使用"胡萝卜加大棒"方式促成本书出版。我们非常感谢她的协调以及文本编辑马丁·埃德蒙兹（Martin Edmunds）和朱丽安娜·弗洛格特（Juliana Froggatt）在我们难懂的初稿中创造出的奇迹。本书的终审编辑劳拉·哈格（Laura Harger）的工作可圈可点，确保了文本一致性和准确性。感谢船史专家大卫·齐默里（David Zimmerly）、斯蒂芬·布朗德（Stephen Braund）和哈维·戈尔登（Harvey Golden）允许使用他们的资料和插图。

玛西娅·巴克里（Marcia Bakry）创作了本书的大部分插图，并将许多其他插图转化为高质量的图像，进行这项长期艰苦的工作时她不失优雅和幽默。船只类型图和一些造船细节插图是玛西娅对哈里原图的改编和翻版。史密森学会的制图师丹·科尔（Dan Cole）绘制了地图，介绍了本书每个章节涉及的地区，并确定了正确的地点与名称对应的地名学系统。把大量材料整合成一本连贯的著作并付梓的任务由值得信赖的一些办公室助理负责：

劳拉·弗莱明·夏普（Laura Flemming Sharp）；然后是梅根·穆尔克林（Meghan Mulkerin），她在凯瑟琳·利奥（Katherine Leo）、乔丹·博根（Jordan Boggan）、卡拉·里夫斯（Cara Reeves）、玛格丽特·利顿（Margaret Litten）、玛丽·梅塞尔（Mary Maisel）、吉娜·雷特纳尔（Gina Reitenauer）的协助下协调了本书的提交工作；还有迈克尔·姆林尼克（Michael Mlyniec），负责阅读书目注释，查找插图文件，获得许可，并承担项目协调工作。像哈里一样，我撰写本书也依赖足智多谋的图书管理员：玛吉·迪特莫尔（Maggie Dittemore）和布兰迪·沃沙姆（Brandee Worsham）追踪了无数晦涩难懂的图书资料，柯蒂斯·多齐尔（Curtis Dozier）帮助翻译了古拉丁语文本。扎博里安·佩恩（Zaborian Payne）负责处理账目，热情支持本书的撰写出版。在项目即将结束时，北极研究中心办公室主任南希·肖里（Nancy Shorey）是一位不可或缺的助手。最后，我要感谢我的妻子林恩·菲茨休（Lynne Fitzhugh），我本应和她一起维护我们位于华盛顿特区国会山的"农舍"和佛蒙特州费尔利的山间别墅，但我忙于撰写本书，无暇他顾，她通常只能看到我伏案工作时的背影！

（崔艳嫣　译）

参考文献

Abakumov, S. 2001. "Po Sledu Orla. Iz Istorii Ulusov Yakutii" [Following the Eagle: The History of the Uluses of Yakutia]. Culture and tourism website, Ministry of Culture of the Republic of Sakha. http://npeople.ucoz.ru/publ/4-1-0-50 (accessed May 9, 2018).

Ackerman, R. 1984. "Prehistory of the Asian Eskimo Zone." In D. Damas, ed., *Handbook of North American Indians*, vol. 5: *Arctic*, 106–18. Washington, DC: Smithsonian Institution Press.

Adney, E. T., and Chapelle, H. I. 1964. *The Bark Canoes and Skin Boats of North America*. Washington, DC: Smithsonian Institution Press.

———. 2007. *Bark Canoes and Skin Boats of North America*. New York: Skyhorse Publishing. Repr. 1964 ed.

Advinatee, Y. A. 1966. "Nekotorye Voprosy Izucheniya Naskal'nykh Izobrazheniy Karelii" [Some Questions in the Study of Rock Art in Karelia]. In G. A. Pankrushev, ed., *Novyye Pamyatniki Istorii Drevney Karelii* [New Monuments in the History of Karelia], 44–96. Leningrad: Nauka.

Ahlqvist, A. 1859. *Muistelmia Matkoilta Venäjällä Vuosina 1854–1858* [Memories of Travels in Russia, 1854–1858]. Helsinki: G. W. Edlund.

Aigner, J. 1977. "Anangula: An 8,500 BP Coastal Occupation in the Aleutian Islands." *Quartär Jahrbuch für Erforschung des Eiszeitalters und der Steinzeit* 27–28: 65–102.

Aikio, A. 2006. "On Germanic-Saami Contacts and Saami Prehistory." *Journale de la Société Finno-Ugrian* 91: 9–55. www.sgr.fi/susa/91/SUSA91.pdf (accessed March 26, 2018).

Ainana, L., T. Archirgina-Arsiak, and T. Tein. 1996. "Asiatic Eskimo." In V. Chaussonnet and I. Krupnik, eds., *Crossroads of Continents: Cultures of the Indigenous Peoples of the Far East and Alaska*, 22–23. Washington, DC: Arctic Studies Center, Smithsonian Institution.

Ainana, L., V. Tatyga, P. Typykhkak, and I. Zagrebin. 2003. *Umiak: The Traditional Skin Boat of the Coast Dwellers of the Chukchi Peninsula*. Trans. R. L. Bland. Anchorage: Shared Beringian Heritage Program, US National Park Service.

Albova, G. A. 1968a. *Zhizn' i byt Tungusov v 13–16 Vekakh* [Daily Life of the Tungus in the 13th to 16th Centuries]. www.protown.ru/information/hide/6543.html (accessed March 26, 2018).

———. 1968b. *Zhizn' Buryatov i Yeniseyskikh Kyrgyzov v 13–16 Vekakh* [Life of the Buryats and Yenisei Kyrgyz in the 13th to 16th Centuries]. www.protown.ru/information/hide/6541.html (accessed March 13, 2019).

———, ed. 1968c. "Zhizn' i byt Yakutov v 13–16 Vekakh" [Daily Life of the Yakuts in the 13th–16th Centuries]. In *Istopya Cibirii* [History of Siberia], pt.1, chap. 8. Leningrad: Nauka. www.protown.ru/information/hide/6543.html (accessed June 19, 2019).

Alekseenko, E. A. 1976. "Narodnaya Technika Obrabotki Dereva u Ketov" [Traditional Techniques in Ket Woodworking]. In I. S. Vdovin, ed., *Materialnaya Kultura Narodov Sibirii i Severa* [Material Culture of the Peoples of Siberia and the North], 156–72. Leningrad: Nauka.

Alenius, T., T. Mökkönen, and A. Lahelma. 2013. "Early Farming in the Northern Boreal Zone: Reassessing the History of Land Use in Southeastern Finland through High-Resolution Pollen Analysis." *Geoarchaeology* 28, no. 1: 1–24.

Alexan, N., S. Chickalusion, A. Kaloa, and B. Karp. 1981. *The Last Indian War in Tyonke and Other History*. Edited by J. Standifier and C. Chickalusion. Fairbanks: Alaska Bilingual Materials Development Center.

Altner, D. 2009. *Die Verkleinerung der Yakhautboote: Fischerkulturen in Zentral- und Südtibet im Sozioökonomischen Wandel des Modernen China* [The Decline of Yak-Skin Boats: Fishing Cultures in Central and Southern Tibet and Socioeconomic Change in Modern China]. Wiesbaden, Germany: Harrassowitz Verlag.

Anderson, D. G. 2007. "Mobile Architecture and Social Life: The Case of the Conical Skin Lodge in the Plutoran Plateau (S. Taimyr) Region." In S. Beyries and V. Vaté, eds., *Les civilisations du renne d'hier et d'aujourd'hui: Approches ethnohistoriques, archéologiques et anthropologiques* [The Reindeer Civilizations of Yesterday and Today: Ethnohistorical, Archaeological, and Anthropological Approaches], 43–63. Antibes, France: Éditions Association pour la Promotion et la Diffusion des Connaissances Archéologiques, 27th International Meeting of Archaeology and History.

Anderson, G. D. S. 2004. "The Languages of Central Siberia: Introduction and Overview." In A. Vajda, ed., *Languages and Prehistory of Central Siberia*, 1–123. Amsterdam: Benjamins. http://citeseerx.ist.psu.edu/viewdoc/download?doi=10.1.1.739.1049&rep=rep1&type=pdf (accessed May 27, 2019).

Anderson, W. B., ed. 1936. *Sidonius: Poems and Letters*. Loeb Classical Library 1. Cambridge, MA: Harvard University Press.

Anichenko, E. 2012. "Open Skin Boats of the Aleutians, Kodiak Island, and Prince William Sound." *Études/Studies/Inuit* 36, no. 1: 157–81.

———. 2013. "The Birnirk Umiak: A Glance at Prehistoric Arctic Boat Technology." *Arctic Studies Center Newsletter* 20: 24–25.

———. 2017. "Reconstructing the St. Lawrence Island Kayak: From Forgotten Watercraft to a Bering Sea Maritime Network." *Alaska Journal of Anthropology* 15, no. 1: 1–23.

Antropova, V. V. 1961. "Lodki" [Boats]. In M. G. Levin and L. P. Potapov, eds., *Istoriko-Etnograficheskiy Atlas Sibiri* [*Historical-Ethnographic Atlas of Siberia*], 107–29. Moscow and Leningrad: Institute of Ethnography, Russian Academy of Sciences.

———. 2005. "Boats." Edited by I. Krupnik. Trans. H. Michael from Antropova 1961. Manuscript. Arctic Studies Center Archives, Smithsonian Institution, Washington, DC; Rock Foundation, Edmund Carpenter Collection, Smithsonian National Anthropological Archives, Washington, DC.

Arbin, S. von. 2012. "Byslättsbåten är Från Bronsåldern" [Byslättsbåten in the Bronze Age]. Blog post, *Divers Community Scandinavia*. January 11. www.dykarna.nu/dyknyheter/byslattsbaten-daterad-1411.html (accessed May 18, 2018).

Arbin, S. von, and M. Lindberg. 2017. "Notes on the Byslätt Bark 'Canoe.'" In J. Litwin, ed., *Baltic and Beyond: Change and Continuity in Shipbuilding: Proceedings of the 14th International Symposium on Boat and Ship Archaeology Gdańsk 2015*, 245–50. Gdansk, Poland: National Maritime Museum.

Arima, E. Y. 1975. "A Contextual Study of the Caribou Eskimo Kayak." Canadian Ethnology Service Mercury Series Paper 25. Ottawa: National Museums of Canada.

———. 1987. "Inuit Kayaks in Canada: A Review of Historical Records and Construction." Canadian Ethnology Service Mercury Series Paper 110. Ottawa: Canadian Museum of Civilization, National Museums of Canada.

———, ed. 1991. *Contributions to Kayak Studies*. Canadian Ethnology Service Mercury Series Paper 122. Ottawa: Canadian Museum of Civilization.

———. 2002. "Building Umiaks." In J. Jennings, ed., *The Canoe: A Living Tradition*, 138–57. Toronto: Firefly Books.

———. 2004. "Barkless Barques." In J. Jennings, B. W. Hodgins, and D. Small, eds., *The Canoe in Canadian Cultures*, 43–61. Winnipeg, MB: Natural Heritage/Natural History Inc.

Armstrong, T. 1984. "In Search of a Sea Route to Siberia, 1553–1619." *Arctic* 37, no. 4: 429–40.

Arnold, B. 2014. *Les pirogues "kapepe," l'espace nautique du bassin de la rivière Malagarasi (Tanzanie) et quelques observations sur les pirogues en écorce d'Afrique orientale* ["Kapepe" Canoes, the Nautical Space of the Malagarasi River Basin (Tanzania), and Some Observations on the Bark Canoes of East Africa]. Paris: Le Locle, Éditions G d'Encre.

Arntzen, M. S. S. 2007. "Bilder på Sten" [Pictures in Stone]. Master's thesis. Archaeology, Faculty of Social Sciences, Tromsø University, Tromsø, Norway.

Arutiunov, S. A., and W. W. Fitzhugh. 1988. "Prehistory of Siberia and the Bering Sea." In W. W. Fitzhugh and A. L. Crowell, eds., *Crossroads of Continents: Cultures of Siberia and Alaska*, 117–29. Washington, DC: Smithsonian Institution Scholarly Press.

Arutiunov, S. A., and D. A. Sergeev. 2006. *Ethnohistory of the Bering Sea: The Ekven Cemetery*. Trans. R. L. Bland. Anchorage: Shared Beringian Program, US National Park Service.

Atwood, C. P. 2004. *Encyclopedia of Mongolia and the Mongol Empire*. New York: Facts on File Library of World History.

Austin, P., and J. Sallabank. 2015. *The Cambridge Handbook of Endangered Languages*. Cambridge: Cambridge University Press.

Autio, E. 1981. *Karjalan Kalliopimokset* [*Karelian Rock Drawings*]. Keuruu, Finland: Routledge.

Backer, W. S. 1965. "Dartmouth down the Danube." *National Geographic Magazine* 128, no. 1 (July): 34–79.

Balak, J. 1581. "Puteshestvie v Sibir na Reku Ob, Izlozhtnnoe v Pisme k Gerardu Merkatoru" [Journey into Siberia and to the River Ob, as Described in a Letter to Gerard Mercator]. Trans. M. P. Alexeeva. Blog post. www.vostlit.info/Texts/rus16/Merkator/brief_balak_20_02_1581.htm (accessed May 13, 2018).

Bandi, H.-G. 1969. *Eskimo Prehistory*. Fairbanks: University of Alaska Press.

———. 1972. "Archäologische Forschungen auf der St.-Lorenz-Insel, Alaska" [Archaeological Research on St. Lawrence Island, Alaska]. *Polarforschung* 42, no. 1: 35–41.

Bartlett, R., and R. Hale. 1916. *The Last Voyage of the Karluk*. Toronto: McLelland, Goodchild, and Stewart.

Batchelor, J. 1892. *The Ainu of Japan*. London: Religious Tract Society.

Belgibaev, E. A. 2004. "Chelkantsi Landshaft i Kul'tura" [Chelkantsi Landscape and Culture]. In M. I. Tseremisina, ed., *Yazyki Korrenykh Narodov Sibiri* [*Indigenous Languages of Siberia*], vol. 17: *Chelkan Collection*, 102–26. Novosibirsk and Barnaul, Russia: Altai State University. http://severberesta.ru/articles/313-chelkancy-landshaft-i-kultura-ea-belgibaev-barnaul-altajskij-gosudarstvennyj-universitet.html (accessed March 5, 2018).

Belov, M. I. 1956. *Arkticheskoye Moreplavanie s Drevneyshikh Vremyen do Serediny XIX Veka* [*Arctic Navigation from the Earliest Times to the Middle of the 19th Century*]. Moscow: Publishing House Morsko 1 Transport.

Belyavsky, F. O. 1833. *Poezdka k Ledovitomy Moryu* [*A Trip to the Arctic Sea*]. St. Petersburg: Lazarev Institute of Eastern Languages.

Bestuzhev-Marlinsky, A. 1838. "Russland—Sibiriens Licht- und Nacht-Seiten" [Russia—Siberia's Light and Night Sides]. In J. Lehmann, ed., *Magazin für die Literatur des Auslandes* [*Magazine of Foreign Literature*], vols. 13–14. Berlin: A. W. Hayn.

Birkely, H. 1994. *I Norge har Lapperne Først Indført Skierne* [*In Norway, the Lapps Were the First Skiers*]. Indre Billefjord, Norway: Indut.

Birket-Smith, K. 1924. "Ethnography of the Egedesminde District, with Aspects of the General Culture of West Greenland." *Report of the Fifth Thule Expedition, 1921–24.* Meddelelser om Grønland 66. Copenhagen: Gyldendalske Boghandel, Nordisk Forlag.

———. 1929. "The Caribou Eskimos: Material and Social Life and Their Cultural Position." *Report of the Fifth Thule Expedition, 1921–24*, vol. 5, pt. 2. Copenhagen: Gyldendalske Boghandel, Nordisk Forlag.

———. 1953. *The Chugach Eskimo*. Copenhagen: National Museum Publication Fund.

Black, L. 1988. "The Story of Russian America." In W. W. Fitzhugh and A. L. Crowell, eds., *Crossroads of Continents: Cultures of Siberia and Alaska*, 70–82. Washington, DC: Smithsonian Institution Scholarly Press.

Blue, L. 2003. "Maritime Ethnography: The Reality of Analogy." In C. Beltrame, ed., *Boats, Ships, and Shipyards: Proceedings of the Ninth International Symposium on Boat and Ship Archaeology, Venice, 2000*. Oxford: Oxbow Books.

Boas, F. 1903. "The Jesup North Pacific Expedition." *American Museum Journal* 3, no. 5: 72–119.

———, ed. 1904–09. *The Jesup North Pacific Expedition*, vol. 7, pts. 1–3. *Memoirs of the American Museum of Natural History* 11. Leiden, Netherlands: E. J. Brill; New York: G. E. Stechert. Repr. 1975, New York: AMS Press.

———, ed. 1957. *Handbook of American Indian Languages*, vol. 2. Washington, DC: Bureau of American Ethnology.

Boehmer, G. H. 1891. "Prehistoric Naval Architecture of the North of Europe." *Annual Report of the United States Museum*, 527–647. Washington, DC: Smithsonian Institution.

Bogojavlensky, S. 1969. *Imaangmiut Eskimo Careers: Skinboats in Bering Strait*. PhD diss. Department of Anthropology, Harvard University, Cambridge, MA.

Bogoras, W. 1904–09. "The Chuchkee." In F. Boas, ed., *The Jesup North Pacific Expedition*, vol. 7, pts. 1–3, *Memoirs of the American Museum of Natural History* 11. Leiden, Netherlands: E. J. Brill; New York: G. E. Stechert. Repr. 1975, New York: AMS Press.

———. 1913. "The Eskimo of Siberia." In F. Boas, ed., *The Jesup North Pacific Expedition*, vol. 8, pt. 3. *Memoirs of the American Museum of Natural History* 12. Leiden, Netherlands: E. J. Brill; New York: G. E. Stechert.

Bogoslovskaya, L. S. 2007. *Osnovy Morskogo Zveroboinogo Promysla* [*Handbook of Marine Mammal Hunting*]. Moscow and Anadyr: Russian Institute of Cultural and Chukotka Institute of Teacher Training and Natural Heritage.

Bogoslovskaya, L. S., I. V. Slugin, I. A. Zagrebin, and I. Krupnik, eds. 2016. *Maritime Hunting Culture of Chukotka: Traditions and Modern Practices*. Anchorage: Shared Beringian Heritage Program, US National Park Service.

Borgos, J. I., and T. Torgvaer. 1998. "Samer og Båtbygging" [The Sami and Boatbuilding]. In S. Haasum and I. Kaijser, eds., *Människor och Båtar i Norden* [*People and Boats in the Nordic Countries*], 104–15. Stockholm: State Historical Museum.

Braund, S. R. 1988. *The Skin Boats of Saint Lawrence Island, Alaska*. Seattle and London: University of Washington Press.

Brindley, H. H. 1919a. "Notes on the Boats of Siberia." *Mariner's Mirror* 5, no. 3: 66–72.

———. 1919b. "Notes on the Boats of Siberia: Part 3." *Mariner's Mirror* 5, no. 5: 130–42.

———. 1919c. "Notes on the Boats of Siberia: Part 4." *Mariner's Mirror* 5, no. 6: 184–87.

Britton, K., et al. 2013. "Maritime Adaptations and Dietary Variation in Prehistoric Western Alaska: Stable Isotope Analysis of Permafrost-Preserved Human Hair." *American Journal of Physical Anthropology* 151, no. 3: 448–61.

Broadbent, Noel. 2010. *Lapps and Labyrinths: Saami Prehistory, Colonization, and Cultural Resilience*. Washington, DC: Arctic Studies Center and Smithsonian Institution Scholarly Press.

Brøgger, A. W., and Shetelig, H. 1951. *The Viking Ships: Their Ancestry and Evolution*. Oslo: Dreyers Forlag.

Bronshtein, M., and K. A. Dneprovsky. 2009. "Archaeology at Ekven, Chukotka." In W. W. Fitzhugh, J. Hallowell, and A. L. Crowell, eds., *Gifts from the Ancestors: Ancient Ivories of Bering Strait*, 94–95. New Haven, CT, and Princeton, NJ: Yale University Press and Princeton University Art Museum.

Bronshtein, M., K. A. Dneprovsky, and A. B. Savinetsky. 2016. "Ancient Eskimo Cultures of Chukotka." In T. M. Frisen and O. K. Mason, eds., *The Oxford Handbook of the Prehistoric Arctic*, 469–88. Oxford: Oxford University Press.

Bubrikh, D. V. 1947. *Proiskhozhdenie Karelskogo Naroda* [*Origin of the Karelian People*]. Petrozavodsk, Russia: State Publishing House of the Karelian Finnish SSR.

Burov, G. M. 1989. "Some Mesolithic Wooden Artifacts from the Site of Vis-1 in the European North-East of the U.S.S.R." In C. Bonsall, ed., *The Mesolithic in Europe*, 391–401. Edinburgh: John Donald Publishers.

———. 1996. "On Mesolithic Means of Water Transportation in Northeastern Europe." *Mesolithic Miscellany* 17, no. 1: 5–15.

———. 2000. "Baltic Region Inhabitants' Inland Waterborne Trade with Communities in the Urals Area in the Mesolithic and Neo-Eneolithic." In H. von Schmettow, ed., *Schutz des Kulturerbes Unter Wasser* [*Protection of Underwater Cultural Heritage*]. *Beiträge zur Ur- und Fuhgeschichte Meclenburg-Vorpommern* 35: 21–34. Schwerin, Germany: Archäologische Landesmuseum Mecklenburg-Vorpommem.

———. 2001. "Ancient Wooden Objects and Structures in Oxbow Peat Bogs of the European Northeast (Russia)." In B. A.

Purdy, ed., *Enduring Records: The Environmental and Cultural Heritage of Wetlands*, 213–32. Oxford: Oxbow Books.

Burrough, S. 1567. "The Navigation and Discovery toward the River of Ob, Made by Master Stephen Burrough, Master of the Pinnesse Called *The Serchthrift*, with Divers Things Worth Noting, Passed in the Yere 1556." In R. Hakluyt and E. Goldsmid, eds., *The Principal Navigations, Voyages, Traffiques, and Discoveries of the English Nation*, vol. 2, 322–44. 1903 ed., Glasgow: James MacLehose and Sons. www.perseus.tufts.edu/hopper/text?doc=Perseus%3Atext%3A1999.03.0070%3Anarrative%3D73 (accessed May 18, 2018).

Burykin, A. A. 2001. "Sledy Kultury Eskimosov na Okhotskom Poberezh'e po Archeologicheskim, Etnograficheskim, Folklornim, i Lingvisticheskim Dannym" [Traces of Inuit Culture on the Coast of the Okhotsk Sea through Archaeological, Ethnographic, Folkloric, and Linguistic Data]. Blog post, *Sibirskaja Zaimka* [History of Siberia in Scientific Publications]. www.zaimka.ru/ethnography/burykin9.shtml (accessed June 20, 2019).

Carpelan, C. 2006. "On Archaeological Aspects of Uralic, Finno-Ugric and Finnic Societies before 800." *Slavica Helsingiensia* 27: 78–92.

Castrén, M. A. 1844. "Om Savolots Tsud" [About the Savoy Tsud]. In *Tidskrift i Fosterländska Ämnen Fjärde Årgången* [*Journal of Patriotic Subjects, Fourth Volume*], vol. 4, 3–22. Helsinki: Finska Litteratursällskapets Förlag.

———. 1856. *Nordische Reisen und Forschungen* [Nordic Travel and Research], vol. 2: *Reiseberichte und Briefe aus den Jahren 1845–1849* [Travel Reports and Letters from the Years 1845–1849]. St. Petersburg: Kaiserlichen Akademie der Wissenschaften.

———. 1857a. *Nordische Reisen und Forschungen* [Nordic Travel and Research], vol. 4: *Ethnologische Vorlesungen über die Altaischen Völker Nebst Samojedischen Märehen und Tatarischen Heldensagen* [Ethnological Lectures on the Altaic People along with Samoyed Stories and Tatar Heroic Legends]. St. Petersburg: Kaiserlichen Akademie der Wissenschaften.

———. 1857b. *Nordische Reisen und Forschungen* [Nordic Travel and Research], vol. 10: *Versuch einer Burjatischen Sprachlehre nebst Kurzem Worterverzeichniss* [A Buryat Language Grammar with a Small Dictionary]. St. Petersburg: Kaiserlichen Akademie der Wissenschaften.

———. 1857c. *Nordische Reisen und Forschungen* [Nordic Travel and Research], vol. 11: *Versuch einer Koibalischen und Kragassischen Sprachlehre nebst Wörterverzeichnissen aus den Tatrischen Mundarten des Minussinschen Kreises* [A Koibal and Karagas Language Grammar with Dictionaries of the Tatar Dialects]. St. Petersburg: Kaiserlichen Akademie der Wissenschaften.

———. 1858. *Versuch Einer Jenissei-Ostjakischen und Kottischen Sprachlehre* [A Yenisei Ostyak and Kottian Language Grammar], vol. 8. Edited by A. Schiefner. Moscow: Russian Academy of Sciences.

———. 1967. *Tutkimusmatkoilla Pohjolassa* [Research Trips in the Nordic Region]. Porvoo, Finland: WSOY.

Chard, C. S. 1963. "The Nganasans: Wild Reindeer Hunters of the Taimyr Peninsula." *Arctic Anthropology* 1, no. 2, 105–21.

———. 1974. *Northeast Asia in Prehistory*. Madison: University of Wisconsin Press.

Chen, X. 2003. "Where Did Chinese Animal Skin Rafts Come From?" *Bulletin of the Museum of Far Eastern Antiquities* 75: 170–88.

Chepelev, V. R. 2004. "Traditional Means of Waterway Transportation among Aboriginal Peoples of the Lower Amur Region and Sakhalin." *Study of Maritime Archaeology* 5, no. 5: 141–61.

Chernetsov, V. N. 1935. "Drevnyaya Primorskaya Kul'tura na Poloustrove Yamal" [An Ancient Maritime Culture of the Yamal Peninsula]. *Sovetskaya Etnografiya* 4–5: 109–33.

Chernetsov, V. N., and W. I. Moszyńska. 1954. "V Poiskakh Drevney Rodiny Ugorskikh Narodov" [In Search of the Ancient Land of the Ugrian Peoples]. In G. B. Fedorov, ed., *Po Sledam Drevnikh Kultur: Ot Volgi do Tikhovo Okeana* [On the Tracks of Ancient Cultures: From the Volga to the Pacific Ocean], 163–92. Moscow: State Publishing House of Cultural-Educational Literature.

———. 1974. *Prehistory of Western Siberia*. Trans. H. N. Michael. Translations from Russian Sources 9. Montreal: McGill-Queens University Press; Calgary: Arctic Institute of North America.

Chernigov, H. V. 2000. "The Tracks of Ancient Boats in Karelia." Unpublished paper delivered at "Conference on Man, Nature and Society—Vital Problems." St. Petersburg. December.

Chinese Academy of Social Sciences. 2014. "Oroqen Autonomous Banner." *Hulunbuir Ethnic Cultural Relics and Archaeology Series*. Bejing: Institute of Archaeology and Scientific Press.

Christensen, A. E. 2000. "Ships and Navigation." In W. W. Fitzhugh and A. L. Crowell, eds., *Vikings: The North Atlantic Saga*, 86–97. Washington, DC: Smithsonian Books.

Christie, W. F. K. 1837. "Om Helle-Ristninger og Andre Indhugninger i Klipper, Især i Bergen Stift" [On Helle-Ristninger and Rock Art, Especially in the Bergen Region]. *Norsk Antiqvarisk-Historisk Tidskrift* 1: 91–97. Bergen, Norway: Bergen Museum.

Chydenius, A. 1753. "Den Amerikanska Näverbåten" [American Bark Boats]. Master's thesis. Åbo Akademi, Turku, Finland.

Clark, G. 1968. *Prehistoric Europe: The Economic Basis*. Stanford, CA: Stanford University Press.

Cochrane, J. D. 1829. *A Pedestrian Journey through Russia and Siberian Tartary: To the Frontiers of China, the Frozen Sea, and Kamchatka*, vol. 1. Edinburgh: Constable and Co.

Collins, H. B. 1937. "Archaeology of St. Lawrence Island, Alaska." *Smithsonian Miscellaneous Collections* 96, no. 1: n.p.

———. 1940. "Outline of Eskimo Prehistory." *Smithsonian Miscellaneous Collections* 100: 533–92. Washington, DC: Smithsonian Institution.

Collins, P. M. 1962. *Siberian Journey down the Amur to the Pacific, 1856–1857*. Edited by C. Vevier. Madison: University of Wisconsin Press.

Coltrain, J. B. M. G. Hayes, and D. H. O'Rourke. 2006. "Hrdlicka's Aleutian Population Replacement Hypothesis: A Radiometric Evaluation." *Current Anthropology* 47, no. 3: 537–48.

Cook, J. 1967. *The Journals of Captain James Cook on His Voyages of Discovery: The Voyage of the* Resolution *and* Discovery, *1776–1780*, vol. 3, pt. 2. Edited by J. C. Beaglehole. Cambridge: Cambridge University Press for the Hakluyt Society.

Cooper, H. K., et al. 2016. "Evidence of Eurasian Metal Alloys on the Alaskan Coast in Prehistory." *Journal of Archaeological Science* 74: 173–83.

Crantz, D. 1820. *The History of Greenland: Including an Account of the Mission Carried on by the United Brethren in That Country*. London: Longman, Hurst, Rees, Orme, and Brown.

Crawford, M. H., R. C. Rubicz, and M. Zlojutro. 2007. "Origins of Aleuts and the Genetic Structure of Populations of the Archipelago: Molecular and Archaeological Perspectives." *Human Biology* 82, nos. 5–6: 695–717.

Crowell, A. L., A. F. Steffian, and G. L. Pullar, eds. 2001. *Looking Both Ways: Heritage and Identity of the Alutiiq People*. Fairbanks: University of Alaska Press.

Crumlin-Pedersen, O. 1981. Introduction. In J. S. Madsen and K. Hansen, eds., *Barkbåde. Vikingeskibshallen i Roskilde* [Bark Boats in the Roskilde Viking Ship Museum]. Roskilde, Denmark: Viking Ship Museum.

———. 2004. "Den Udspaenda Båd" [The Expanded Boat]. Manuscript. Provided by author to HL.

———. 2010. *Archaeology and the Sea in Scandinavia and Britain: A Personal Account*. Maritime Culture of the North 3. Roskilde, Denmark: Viking Ship Museum.

Crumlin-Pedersen, O., and A. Trakadas, eds. 2003. *Hjortspring: A Pre-Roman Iron Age Warship in Context*. Maritime Culture of the North 5. Roskilde, Denmark: Viking Ship Museum.

Curtin, J. 1908. *The Mongols. A History*. Boston: Little Brown.

Curtis, E. 1930. "The Alaskan Eskimo." In *The North American Indian: Being a Series of Volumes Picturing and Describing the Indians of the United States and Alaska*, vol. 20. Cambridge: Cambridge University Press.

Dall, W. H. 1878. "On the Remains of Later Pre-Historic Man Obtained from Caves in the Catherina Archipelago, Alaska Territories and Especially from the Caves in the Aleutian Islands." *Smithsonian Contributions to Knowledge* 22, no. 318. Washington, DC: Smithsonian Institution.

Davidson, D. S. 1937. "Snowshoes." *Memoirs of the American Philosophical Society* 5. Philadelphia: American Philosophical Society.

De Laguna, F. 1956. *Chugach Prehistory: The Archaeology of Prince William Sound, Alaska*. Seattle and London: University of Washington Press.

———. 1972. *Under Mount Saint Elias: The History and Culture of the Yakutat Tlingit*. Smithsonian Contributions to Anthropology 7. 3 vols. Washington, DC: Smithsonian Institution Scholarly Press.

De Laguna, F., and DeArmond, D. 1995. *Tales from the Dena: Indian Stories from the Tanana, Koyukuk, and Yukon River*. Seattle and London: University of Washington Press.

DeLisle, J. N., and Königsfeld, T. 1768. "Extrait d'un voyage en Sibérie, M. DeLisle & journal de M. Königsfeld." In Prévost d'Exiles (Abbé) Antoine François, ed., *Histoire générale des voyages*, vol. 72, 84–217. Paris: Didot/Chez Roset.

Diiben, G. von. 1873. *Om Lappland och Lapparne* [Lapp Country and People]. Stockholm: P. A. Norstedt unt Söners Förlag.

Dikov, N. N. 1977. *Arkheologicheskie Pamiatniki Kamchatki, Chukotki i Verkhnei Kolymy (Aziia na Styke s Amerikoi v Drevnosti)* [Archeological Sites of Kamchatka, Chukotka, and Upper Kolyma (Asia at the Crossroads with America in Antiquity)]. Moscow: Nauka.

———. 1978. "Ancestors of Paleo-Indians and Proto-Eskimo-Aleuts in the Paleolithic of Kamchatka." In A. L. Bryan, ed., *Early Man in America from a Circum-Pacific Perspective*, 68–69. Occasional Papers of the Department of Anthropology 1. Edmonton: University of Alberta.

———. 1979. *Drevnie Kultury Severo-Vostochnoi Azii: Aziia na Styke s Amerikoi v Drevnosti* [Ancient Cultures of Northeastern Asia: Asia at the Crossroads of America in Antiquity]. Moscow: Nauka.

———. 1988. "The Earliest Sea Mammal Hunters of Wrangel Island." *Arctic Anthropology* 25, no. 1: 80–93.

———. 1996. "The Ushki Site, Kamchatka Peninsula." In F. Hadleigh-West, ed., *American Beginnings: The Prehistory and Paleoecology of Beringia*, 244–50. Chicago: University of Chicago Press.

———. 1999. *Naskalniye Zagadki Drevney Chukotki (Petroglify Pegtymelya)* [Mysteries in the Rocks of Ancient Chukotka (Petroglyphs of Pegtymel)]. Trans. R. L. Bland. Anchorage: Shared Beringian Heritage Program, US National Park Service.

———. 2004. *Early Cultures of Northeastern Asia*. Trans. R. L. Bland. Anchorage: Shared Beringian Heritage Program, US National Park Service.

Dittmar, K. von. 1890a. "Über die Koräken und die ihnen sehr nahe verwandten Tschuktschen [On the Koryaks and the Neighboring Chukchi]." Electronic ed. for *Siberian Studies*. Repr. from German ed. of 1858. www.siberian-studies.org/publications/PDF/Dittmar1858.pdf (accessed May 17, 2019).

———. 1890b. *Reisen und Aufenthalt in Kamtschatka in den Jahren 1851–1855*. St. Petersburg: Kaiserlichen Akademie der Wissenschaften. www.siberian-studies.org/publications/PDF/Dittmar1890.pdf (accessed April 9, 2019).

———. 2004. "Auszüge aus dem 1. Teil mit Ethnographischem Bezug" [Excerpts from Part 1 with Reference to Ethnography]. www.siberia-studies.org (accessed June 19, 2019).

Dixon, E. J. 1999. *Bones, Boats, and Bison: Archeology and the First Colonization of Western North America*. Albuquerque: University of New Mexico Press.

Dobbin, A. 1702. "Generale Beschreibung von Sibirien" [General Description of Siberia]. In J. A. Brand, ed., *Reysen Durch die Marck Brandenburg, Preussen, Churland, Lieflandt, Pleskovien, Gross-Naugardien, Tweerien und Moscovien etc. Anbei eine Seltsame und Sehr Anmerkliche Beschreibung von Siberien [Travels through the Marck Brandenburg, Prussia, Churland, Lieflandt, Pleskovia, Gross-Naugardia, Tweeria and Moscovia, Etc., Including a Strange and Very Remarkable Description of Siberia]*, 294–302. Wesel, Germany: Heinrich Christian von Hennin. http://digital.bibliothek.uni-halle.de/hd/content/titleinfo/631402 (accessed April 7, 2019). First published 1673.

Dolgikh, B. O. 1960. "Rodovoi i Plemennoi Sostav Narodov Sibiri v XVII Veke" [Clan and Tribal Composition of the Siberian Indigenous Peoples in the 17th Century]. Moscow: Nauka.

———. 1962. "On the Origin of the Nganasans—Preliminary Remarks." In H. N. Michael, ed., *Studies in Siberian Ethnogenesis*, 220–99. Toronto: University of Toronto Press.

Donner, K. 1915. *Siperian Samojeedien Keskuudessa Vuosina 1911–1913 ja 1914* [Among the Siberian Samoyeds in the Years 1911–1913 and 1914]. Helsinki: Kustannusosakeyhtiö Otava.

———. 1930. *Siperia, Elämä ja Entisyys*. [*Siberia, Present and Past Life*]. Helsinki: Otava.

———. 1933a. *Ethnological Notes about the Yenisey-Ostyak (in the Turukhansk Region)*. Suomalais-Ugrilaisen Seuran Toimituksia 66. Helsinki: SKS.

———. 1933b. *Siperia: Elämä ja Entisyys* [*Siberia: Present and Past Life*]. Helsinki: Kustannusosakeyhtiö Otava.

———. 1979. *Siperian Samojedien Keskuudessa 1911–1913 ja 1914* [Among the Samoyed of Siberia 1911–1913 and 1914]. Yale University Human Relations Area Files. Helsinki: Otava.

Doroshin, N. 1866. "Iz Zapisok Vedennyh v Russkoi Amerike" [From Notes Taken in Russian America]. *Gornyi Zhurnal* 3: 365–99.

Drake, S. 1918. *Västerbottenlapparna under Förrä Hälften av 1800–Talet* [*Västerbottens Lapps in the Later Half of the 1800s*]. Etnologiska Studier. Uppsala: Almqrist & Wiksell.

Duff, W. 1981. "Thoughts on the Nootka Canoe." In D. N. Abbot, ed., *The World Is as Sharp as a Knife: An Anthology in Honor of Wilson Duff*, 201–06. Victoria: British Columbia Provincial Museum.

Duggan, A. T., et al. 2013. "Investigating the Prehistory of Tungusic Peoples of Siberia and the Amur-Ussuri Region with Complete mtDNA Genome Sequences and Y-Chromosomal Markers." *PloS ONE* 8, no. 12: e83570. doi:10.1371/journal.pone.0083570.

Dumond, D. 1977. *The Eskimos and Aleuts*. New York: Thames and Hudson.

Dumond, D. E., and R. Bland. 1995. "Holocene Prehistory of the Northernmost North Pacific." *Journal of World Prehistory* 9: 401–52.

Durham, B. 1960. *Canoes and Kayaks of Western America*. Seattle: Copper Canoe Press.

Dyson, G. 1986. *Baidarka: The Kayak*. Edmonds: Alaska Northwest Publishing Co.

———. 1991. "Form and Function of the Baidarka: The Framework of Design." In E. Y. Arima, ed., *Contributions to Kayak Studies*, 259–317. Canadian Ethnology Service Mercury Series Paper 122. Ottawa: Canadian Museum of Civilization.

Elert, C.-C. 1997. *Språket i Södra Skandinavien under Bronsåldern: Finsk-Ugriskt, Baltiskt* [*The Language of Southern Scandinavia in the Bronze Age: Finno-Ugric and Baltic*]. PhD diss. Studier i Svensk Språkhistoria 4. Institutionen för Nordiska Spark, Stockholms Universitet, Stockholm.

Ellmers, D. 1996. "The Beginnings of Boatbuilding in Central Europe." In R. Gardiner and A. E. Christensen, eds., *The Earliest Ships: The Evolution of Boats into Ships*, 11–23. Conway's History of the Ship. London: Conway Maritime Press.

Engelhard, A. P. 1899. *A Russian Province of the North (Archangelsk)*. Westminster, UK: Archibald Constable and Co.

Erichsen, M., and K. Birket-Smith. 1936. "En Gammel Kystkultur På Yamal Halveen" [An Ancient Coastal Culture on the Yamal Peninsula]. *Geografisk Tidsskrift* 39: 164–67.

Ermolova, N. V. 1984. *Evenki Priyamurya i Sakhalina: Formirovaniye i Kulturno-Istoricheskiye Svyazy, XVII- Nachalo XX Vekov* [*The Evenks of Amur and Sakhalin: Formation and Cultural-Historical Connections: From the 17th to the Beginning of the 20th Century*]. PhD diss. Institute of Ethnography of the Soviet Academy of Sciences, Leningrad Division. www.dissercat.com/content/evenki-priamurya-i-sakhalina-formirovanie-i-kulturno-istoricheskie-svyazi-xvii-nachalo-xx-vv (accessed March 5, 2018).

Erslev, E. 1885. *Nye Oplysninger om Brødrene Zenis Rejser* [*New Information about the Travel of the Brothers Zenis*]. Copenhagen: Hoffensberg & Traps.

Eskerød, A. 1956. "Early Arctic-Nordic Boats: A Survey and Some Problems." *Arctica (Ethnographica Studia Upsaliensia)* 11: 57–87.

Evers, D. 2004. "Hunters and Planters, Prehistoric Scandinavian Rock Carvings." Blog post, *StoneWatch*. http://freemedia.ch/downloads/006.pdf (no longer online).

Fabricius, O. 1962. "Otto Fabricius' Ethnographical Works." In E. Holtved, ed., *Meddelelser om Grønland* 140, no. 2. Copenhagen: C. A. Reitzel.

Fagundes, N. J. R., et al. 2008. "Mitochondrial Population Genomics Supports a Single Pre-Clovis Origin with a Coastal Route for the Peopling of the Americas." *American Journal of Human Genetics* 82, no. 3: 583–92.

Fedorova, N. 2003. "Treasures of the Ob in the History of the Western Siberian Middle Ages." In Y. K. Chistov and T. A.

Popova, eds., *Treasures of the Ob: Western Siberia on the Medieval Trade Routes: Catalog of the Exhibition*, 19–28. Salekhard and St. Petersburg: Shemanovsky Museum and Russian Academy of Sciences, Urals Branch.

Fitzhugh, B. 2012. "Hazards, Impacts, and Resilience among Hunter-Gatherers of the Kuril Islands." In J. Cooper and P. Sheets, eds., *Surviving Sudden Environmental Change: Answers from Archaeology*, 19–42. Boulder: University of Colorado Press.

———. 2016. "The Origins and Development of Arctic Maritime Adaptations in the Western Subarctic." In T. M. Friesen and O. K. Mason, eds., *The Oxford Handbook of the Prehistoric Arctic*, 253–78. Oxford: Oxford University Press.

Fitzhugh, B., E. Gjesfjeld, W. Brown, M. J. Hudson, and J. D. Shaw. 2016. "Resilience and the Population History of the Kuril Islands, Northwest Pacific: A Study in Complex Human Ecodynamics." *Quaternary International* 419: 165–93.

Fitzhugh, B., V. O. Shubin, K. Tezuka, Y. Ishizuka, and C. A. S. Mandryk. 2002. "Archaeology in the Kuril Islands: Advances in the Study of Human Paleobiogeography and Northwest Pacific Prehistory." *Arctic Anthropology* 39, nos. 1–2: 69–94.

Fitzhugh, W. W. 1975. "A Comparative Approach to Northern Maritime Adaptations." In W. W. Fitzhugh, ed., *Prehistoric Maritime Adaptations of the Circumpolar Zone*, 339–86. International Congress of Anthropological and Ethnological Sciences. The Hague: Mouton.

———. 1994. "Crossroads of Continents: Review and Prospect." In W. W. Fitzhugh and V. Chaussonnet, eds., *Anthropology of the North Pacific Rim*, 27–51. Washington, DC: Smithsonian Institution Scholarly Press.

———. 1998. "Searching for the Grail: Virtual Archaeology in Yamal and Circumpolar Theory." In R. Gilberg and H. C. Gulløv, eds., *Fifty Years of Arctic Research: Anthropological Studies from Greenland to Siberia*, 99–118. Publications of the National Museum, Ethnographic Series 18. Copenhagen: Danish National Museum.

———. 2006. "Settlement, Social and Ceremonial Change in the Labrador Maritime Archaic." In D. Sanger and M. A. P. Renouf, eds., *The Archaic of the Far Northeast*, 47–82. Orono: University of Maine Press.

———. 2008. "Arctic and Circumpolar Regions." In D. M. Pearsall, ed., *Encyclopedia of Archaeology*, 247–71. New York: Academic Press/Elsevier.

———. 2009. "Notes on Art Styles, Cultures and Chronology." In W. W. Fitzhugh, J. Hollowell, and A. L. Crowell, eds., *Gifts from the Ancestors: Ancient Ivories from Bering Strait*, 88–93. Princeton, NJ: Princeton University Art Museum.

———. 2010. "Arctic Cultures and Global Theory: Historical Tracks along the Circumpolar Road." In C. Westerdahl, ed., *A Circumpolar Reappraisal: The Legacy of Gutorm Gjessing (1906–1979)*, 87–109. BAR International Series 2154. Oxford: Archaeopress.

———. 2016. "Solving the 'Eskimo Problem': Henry B. Collins and Arctic Archaeology." In I. Krupnik, ed., *Early Inuit Studies: Themes and Transitions, 1850s–1980s*, 165–92. Washington, DC: Smithsonian Institution Scholarly Press.

Fitzhugh, W. W., and A. L. Crowell, eds. 1988. *Crossroads of Continents: Cultures of Siberia and Alaska*. Washington, DC: Smithsonian Institution Scholarly Press.

Fitzhugh, W. W., and C. O. Dubreuil, eds. 1999. *Ainu: Spirit of a Northern People*. Seattle and Washington, DC: University of Washington Press and Smithsonian Institution Scholarly Press.

Fitzhugh, W. W., M. Rossabi, and W. Honeychurch, eds. 2013. *Genghis Khan and the Mongol Empire*. Washington, DC: Arctic Studies Center, Smithsonian Institution.

Fitzhugh, W. W., and E. Ward, eds. 2000. *Vikings: The North Atlantic Saga*. Washington, DC: Smithsonian Books.

Fladmark, K. R. 1979. "Routes: Alternative Migrations Corridors for Early Man in North America." *American Antiquity* 44, no. 1: 55–69.

Flegontov, P., et al. 2016. "Genomic Study of the Ket: A Paleo-Eskimo-related Ethnic Group with Significant Ancient North Eurasian Ancestry." *Scientific Reports* 6, no. 20768. www.nature.com/articles/srep20768 (accessed November 4, 2018).

Ford, J. A. 1959. "Eskimo Prehistory in the Vicinity of Point Barrow, Alaska." *Anthropological Papers of the American Museum of Natural History* 7, no. 1.

Forster, J. R. 1784. *Geschichte der Entdeckungen und Schiffahrten im Norden: Mit Neuen Originalkarten Versehen* [History of the Discoveries and Seas in the Nordic Countries: With New Original Maps]. Frankfurt: Carl Gottlieb Strauß.

Forsyth, J. 1994. *History of the Peoples of Siberia: Russia's Northern Asian Colony, 1581–1990*. Cambridge: Cambridge University Press.

Fortescue, M. 2004. "How Far West into Asia Have Eskimo Languages Been Spoken, and Which Ones?" *Études/Studies/Inuit* 28, no. 2: 159–83. www.erudit.org/en/journals/etudinuit/2004-v28-n2-etudinuit1289/013201ar (accessed June 5, 2019).

Foss, M. E. 1948. "Kulturniye Svyazy Severa Vostochnoy Evropy vo II Tysyachiletnii do Nashey Eri" [Cultural Relations of Northeastern Europe from the Turn of the Millennium until Our Era]. *Sovetskaya Etnografiya* 4: 23–35.

Friesen, T. M., and Mason, O. K., eds. 2016. *Oxford Handbook of the Prehistoric Arctic*. Oxford: Oxford University Press.

Fuentes, J. A. A. de la. 2010. "Urban Legends: Turkish Kayık 'Boat' and 'Eskimo' Qayaq 'Kayak.'" *Studia Linguistica Universitatis Iagellonicae Cracoviensis* 127: 1–24. www.wuj.pl/UserFiles/File/Studia%20Linguistica123/Studia%20Linguistica%20127/Art1.pdf (accessed June 21, 2019).

Georgi, J. G. 1775. *Bemerkungen Einer Reise im Russischen Reich im Jahre 1772*, vol. 1. St. Petersburg: Kaiserliche Academie der Wissenshaften.

———. 1776a. *Beschreibung Aller Nationen des Russischen Reichs* [Descriptions of All Nations of the Russian Empire], vol. 1: *Nationen vom Finnischen Stamm* [The Finnish People]. St. Petersburg: Schnoor, Johan Cark.

———. 1776b. *Beschreibung Aller Nationen des Russischen Reichs* [Descriptions of All Nations of the Russian Empire], vol. 2: *Tatarische Nationen* [The Tatar People]. St. Petersburg: Carl Wilhelm Muller.

———. 1777. *Beschreibung Aller Nationen des Russischen Reichs* [Descriptions of All Nations of the Russian Empire], vol. 3: *Samojedische, Mandshurische und Östliche Siberische Nationen* [The Samoyed, Manchurian, and East Siberian Peoples]. St. Petersburg: Weitbrecht und Schnoor.

Gessain, R. 1960. "Contribution à l'anthropologie des Eskimo d'Angmagssalik" [Contributions to the Anthropology of the Angmassalik Eskimo]. *Medelelser om Gronland* 161, no. 4.

Giddings, J. L. 1964. *The Archaeology of Cape Denbigh*. Providence: Brown University Press.

———. 1967. *Ancient Men of the Arctic*. New York: Alfred A. Knopf.

Gjerde, J. M. 2010. *Rock Art and Landscapes: Studies of Stone Age Rock Art from Northern Fennoscandia*. Tromsø, Norway: Tromsø Museum.

Gjessing, G. 1936. *Nordenfjelske Ristninger og Malinger av den Arktiske Gruppe* [Rock Engraving and Painting of the Arctic People]. Oslo: Instituttet for Sammenlignende Kulturforskning.

———. 1944. *The Circumpolar Stone Age*. Copenhagen: Ejnar Munksgaard.

Goebel, T., M. R. Waters, and M. Dikova. 2003. "The Archaeology of Ushki Lake, Kamchatka, and the Pleistocene Peopling of the Americas." *Science* 301: 501–05.

Golden, H. 2006. *The History and Development of the Greenland Hunting Kayak, 1600–2000*. Portland, OR: White Horse Grocery Press.

———. 2007. "Circum-Polar Kayak Types: An Illustration of What Is (and Was) Where." Blog post. www.traditonalkayaks.com/kayakreplicas/types.html (no longer online).

———. 2015. *Kayaks of Alaska*. Portland, OR: White Horse Grocery Press.

Golovnev, A. V. 1995. *Govorlaskchie Kul'tury: Traditsii Samodiitsev i Ugrov* [Talking Cultures: Samoyed and Ugric Traditions]. Ekaterinburg: Russian Academy of Sciences, Urals Branch.

———. 2000. "Wars and Chiefs among the Samoyeds and Ugrians of Western Siberia." In P. P. Schweitzer, M. Biesele, and R. K. Hitchcock, eds., *Hunter-Gatherers in the Modern World: Conflict, Resistance, and Self-Determination*, 125–49. New York and Oxford: Bergham Books.

Golovnev, A. V., and H. N. Michael. 1992. "An Ethnographic Reconstruction of the Economy of the Indigenous Maritime Culture of Northwestern Siberia." *Arctic Anthropology* 29, no. 1: 96–103.

Golovnev, A. V., and G. Osherenko. 1999. *Siberian Survival: The Nenets and Their Story*. Ithaca, NY: Cornell University Press.

Gracheva, G. N. 2012. "Nganasan." In *Countries and Their Cultures*. Trans. P. Friedrich. www.everyculture.com/Russia-Eurasia-China/Nganasan.html (accessed March 24, 2015).

Granö, J. 1886. "Suomalaisten Elämästä Siperiasta" [A Letter to Finland from Tomsk, Siberia]. *Finland's Morning Paper*, August 29. www.migrationinstitute.fi/files/pdf/suomalaiset_siperiassa/pastori_granon_kirjeita.pdf (accessed March 5, 2018).

Gray, E. G. 2007. *John Ledyard: Empire and Ambition in the Life of an Early American Traveler*. New Haven, CT: Yale University Press.

Great Britain Naval Intelligence Division. 1920. *A Handbook of Siberia and Arctic Russia*, vol. 1. London: H. M. Stationery Office.

Grenier, R., M.-A. Bernier, and W. Stevens, eds. 2007. *The Underwater Archaeology of Red Bay: Basque Shipbuilding and Whaling in the 16th Century*. 5 vols. Ottawa: Parks Canada Publishing and Depository Services.

Grinnell, G. B. 2007. *The Harriman Expedition to Alaska Encountering the Tlingit and Eskimo in 1899*. Fairbanks: University of Alaska Press.

Grønnow, B. 1994. "Qeqertasussuk—The Archaeology of a Frozen Saqqaq Site in Disko Bugt, West Greenland." In D. A. Morrison and J.-L. Pilon, eds., *Threads of Arctic Prehistory: Papers in Honor of William E. Taylor, Jr*, 197–238. Archaeological Survey of Canada, Mercury Series Paper 149. Ottawa: Canadian Museum of Civilization.

Gumilev, L. 1997. "Mongols and Mogolian Warfare: Mongolia in the First Half of the 13th Century." In L. Gumilev, ed., *History of the East: The East in the Middle of the 13th Century A.D.*, chap. 4. Online publication (Russian), http://gumilevica.kulichki.net/HE2/he2401.htm (accessed June 21, 2019).

Gurina, N. N. 1987. "Main Stages in the Cultural Development of the Population of the Kola Peninsula." *Fennoscandia Archaeologica* 4: 35–48.

Gurvich, I. 1963. "Current Ethnic Process Taking Place in Northern Yakutia." *Arctic Anthropology* 1: 86–92.

Haavio, M. 1950. *Väinämöinen: Suomalaisten Runojen Keskushahmo* [Väinämöinen: The Central Character of Finnish Poems]. Porvoo, Finland: WSOY.

———. 1952. *Väinämöinen Eternal Sage*. 2 vols. Folkore Fellows Communications 144. Helsinki: Suomen Tiedeakatemia.

Habu, J. 2004. *Ancient Jomon of Japan: Case Studies in Early Societies*. Cambridge: Cambridge University Press.

———. 2010. "Seafaring and the Development of Cultural Complexity in Northeast Asia: Evidence from the Japanese Archipelago." In A. Anderson, J. H. Barrett, and K. V. Boyle, eds., *The Global Origins and Development of Seafaring*, 159–70. Cambridge: McDonald Institute for Archaeological Research.

Hahn, E. 1907. "Über Entstehung und Bau der Ältesten Seeschiffe." In *Zeitschrift für Ethnologie*, 42–56. Berliner Gesellschaft für Anthropologie, Ethnologie und Urgeschichte. Berlin: Behrend & Co.

Häkkinen, J. 2010. "Johdatus Samojedikieliin" [Introduction to Samoyedic Languages]. Teaching guide, Helsinki University. www.elisanet.fi/alkupera/Samojedi.pdf (accessed June 21, 2019).

Hallström, G. 1960. *Monumental Art of Northern Sweden from the Stone Age: Nämforsen and Other Localities.* Stockholm: Almqrist & Wiksell.

Hämet-Ahti, L. A., A. Palmén, P. Alanko, and P. Tigerstedt. 1989. *Suomen Puu-Ja Pensaskasvio [Finnish Trees and Plants].* Helsinki: Suomen Dendrologinen Seura.

Hauer, E., and O. Corff. 2007. *Handwörterbuch der Mandschusprache [Hand-Dictionary for Manchu Language].* Wiesbaden: Harrassowitz.

Hatt, G. 1916. "Moccasins and Their Relation to Arctic Footwear." *Memoirs of the American Anthropological Association* 3, no. 3: 147–250.

Haviland, M. D. 1971. *A Summer on the Yenisey.* 2nd ed. New York: Ayer Publishing.

Hawkes, E. W. 1916. *The Labrador Eskimo.* Geological Survey Memoir 91, Anthropological Series 14. Ottawa: Canada Department of Mines.

Heath, J. 1978. "Some Comparative Notes on Kayak Form and Construction." In D. W. Zimmerly, ed., *Contextual Studies of Material Culture*, 19–26. Canadian Ethnology Service, Mercury Series Paper 43. Ottawa: National Museum of Man.

———. 1987. "Baidarka Bow Variations." In *Faces, Voices, Dreams: A Celebration of the Centennial of the Sheldon Jackson Museum, 1888–1988*, 93–96. Fairbanks: Division of Alaska State Museums.

———. 1991. "The King Island Kayak." In *Contributions to Kayak Studies*, 1–18. Canadian Ethnology Service, Mercury Series Paper 122. Ottawa: Canadian Museum of Civilization.

Helimski, E. 2001. "Samoyedic Studies: A State-of-the-Art Report." *Finnisch-Ugrische Forschungen* 56: 175–216.

———. 2006. "The 'Northwestern' Group of Finno-Ugric Languages and Its Heritage in the Place Names and Substratum Vocabulary of the Russian North." In J. Nuorluoto, ed., *The Slavicization of the Russian North: Mechanisms and Chronology*, 109–27. Slavica Helsingiensia 27.

———. 2008. *Taymir, Lower Yenisey in the Early XVII Century: Notes of G. F. Miller in Ethnology, Ethnonyms and Toponyms in Mangazeya Country.* http://helimski.com/Muelleriana/M507-2Taimyr.rtf (no longer online).

Hellmann, I., et al. 2013. "Tracing the Origin of Arctic Driftwood." *JGR Biogeosciences* 118, no. 1: 68–76. https://doi.org/10.1002/jgrg.20022 (accessed June 5, 2019).

Helskog, K. 1985. "Boats and Meaning: A Study of Change and Continuity in the Alta Fjord, Arctic Northway, from 4200–500 Years B.C." *Journal of Anthropological Archaeology* 4: 177–205.

———. 1988. *Helleristningene i Alta. Spor Etter Ritualer og Dagligliv i Finnmarks Forhistorie.* [*Rock Art in Alta: Ritual and Daily Life in Finnmark Prehistory*]. Alta, Norway: Alta Museum.

Herron, R. 1998. *The Development of Asian Watercraft: From the Prehistoric to the Advent of European Colonization.* College Station: Texas A&M University Press.

Herz, O. 1898. *Reise Nach Nordost-Siberien in das Lenagebiet in Jahren 1888 und 1889* [*Journey to Northeast Siberia in the Lena Region in the Years 1888 and 1889*]. Deutsche Entomologische Zeitschrift Lepidopterologische Hefte 10: 209–65.

Hiekisch, C. O. 1879. *Die Tungusen—Eine Ethnologische Monographie.* [*The Tungus—An Ethnographic Monograph*]. PhD diss. University of Dorpat. http://dspace.utlib.ee/dspace/bitstream/handle/10062/5862/hiekisch_tung.pdf?sequence=1 (accessed June 21, 2019).

Himmelheber, H. 2000. *Where the Echo Began and Other Oral Traditions from Southwest Alaska.* Trans. K. Vitt and E. Vitt. Edited by A. Fienup-Riordan. Fairbanks: University of Alaska Press.

Hitchcock, R. 1891. "The Ainos of Japan." In *United States National Museum Annual Report for 1889–1890*, 417–502. Washington, DC: US Government Printing Office.

Hofstra, T., and Samplonius, K. 1995. "Viking Expansion Northwards: Mediaeval Sources." *Arctic* 48, no. 3: 235–47.

Holm, B. 1987. "The Head Canoe." In P. Corey, ed., *Faces, Voices and Dreams: A Celebration of the Centennial of the Sheldon Jackson Museum*, 143–55. Sitka: Alaska State Museums.

Hornell, J. 1940. "The Genetic Relation of the Bark Canoe to Dug-Outs and Plank-Built Boats." *Man* 40: 114–19. www.jstor.org/stable/2791622 (accessed March 4, 2018).

———. 1946. *Water Transport: Origins and Early Evolution.* Cambridge: Cambridge University Press.

———. 1970. *Water Transport: Origins and Early Evolution.* Newton Abbot, UK: David & Charles.

Hornig, K. 2000. "Zum Wasserverkehr im Altertum. Quellen und Geschichtliche Anfänge." *Skyllis—Zeitschrift für Unterwasserarchäologie* 3, no. 1: 22–27.

Hyttinen, P. 2001. "Anders Chydenius och 'den Amerikanska Näverbåten" [Anders Chydenius and American Watercraft]. http://educa.kpnet.fi/kpkeko/chydeni/anders/digiluku/tuohiart/phnvborj.htm (accessed June 18, 2019).

Ides, E. Y. 1706. *Three Years' Travel over Land from Moscow to China.* Comp. and edited by Nicholas Witsen. London: W. Freeman. http://gdz.sub.uni-goettingen.de/dms/load/img/?PPN=PPN34141865X (accessed April 8, 2019).

Inukai, T. 1939. "Ainu no Yarachip" [On the Ainu Bark Canoe]. *Studies of the Research Institute for Northern and Arctic Culture* 1: 93–105.

Irimoto, T. 2012. "Northern Studies in Japan." Institute for the Studies of North Eurasian Cultures of Hokkaido University. http://d.hatena.ne.jp/irimoto/20110720 (accessed June 8, 2019).

Itkonen, T. I. 1942. *Suomen Ruuhet: 1-, 2-, 3- Ja Monipuiset Sekä Lautaruuhet Kivikaudesta Vuoteen 1940* [*The Log Boats of Finland. 1-, 2-, 3-, and Multilog Boats and Planked Canoes from the Stone Age to 1940*]. Forssa, Finland: Kansantieteellinen Arkisto.

Jackson, F. G. 1895. *The Great Frozen Land (Bolshaia Zemelskija Tundra): Narrative of a Winter Journey across the Tundras and a Sojourn among the Samoyads*. Edited by Arthur Montefiore. London: Macmillan and Co.

Janhunen, J. A. 1996. "Nenets." *Encyclopedia of World Cultures*. www.encyclopedia.com/doc/1G2-3458001018.html (accessed March 20, 2015).

———. 1997. "The Languages of Manchuria in Today's China." *Senri Ethnological Studies* 44, 123–46.

Janhunen, J. A., and Salminen, T. 2000. "Northern Altai." *UNESCO Red Book on Endangered Languages*. www.helsinki.fi/~tasalmin/nasia_report.html#Naltai (no longer online).

Jasinski, M. E., and O. V. Ovsyannikov. 2010. "Maritime Culture of the White Sea Littoral: Traditional Ships and Boats of Pomorye in the First Half of the 18th Century." In C. Westerdahl, ed., *A Circumpolar Reappraisal: The Legacy of Gutorm Gjessing (1906–1979)*, 149–79. Oxford: Archaeopress.

Jennings, J. 2002. "The Realm of the Birchbark Canoe." In J. Jennings, ed., *The Canoe: A Living Tradition*, 15–24. Toronto: Firefly Books.

———. 2004. *The Art and Obsession of Tappan Adney*. Toronto: Firefly Books.

Jensen, P. S. 1975. *Den Grønlandske Kajak og Dens Redskaber* [*The Greenland Kayak and Its Gear*]. Copenhagen: Nyt Nordisk Forlag.

Jochelson, W. 1905. "Religion and Myths of the Koryak." In *The Jesup North Pacific Expedition. Memoirs of the American Museum of Natural History* 10, no. 1. Leiden: E. J. Brill; New York: G. E. Stechert.

———. 1908. "The Koryak: Material Culture and Social Organization." In *The Jesup North Pacific Expedition*, vol. 6, pts. 1–2. *Memoirs of the American Museum of Natural History* 10. Leiden: E. J. Brill; New York: G. E. Stechert; repr., New York: AMS Press, 1975.

———. 1910. "The Yukaghir and the Yukaghirized Tungus." In *The Jesup North Pacific Expedition. Memoirs of the American Museum of Natural History* 9, pt. 1, 1–134. Leiden: E. J. Brill; New York: G. E. Stechert; repr., New York: AMS Press, 1975. http://digitallibrary.amnh.org/bitstream/handle/2246/26//v2/dspace/ingest/pdfSource/mem/M13Pt01.pdf?sequence=3&isAllowed=y&bcsi_scan_2687365ababd2c82=pFrT3PD0Wa5Cg2HDa9Iu4jctyLxnAAAADtjAdw==:1 (accessed March 23, 2015).

———. 1924. "The Yukaghir and the Yukaghirized Tungus." In *The Jesup North Pacific Expedition. Memoirs of the American Museum of Natural History* 13, no. 2, 135–342. Leiden: E. J. Brill; New York: G. E. Stechert; repr., New York: AMS Press, 1975. http://digitallibrary.amnh.org/bitstream/handle/2246/26//v2/dspace/ingest/pdfSource/mem/M13Pt02.pdf?sequence=2&isAllowed=y&bcsi_scan_2687365ababd2c82=H7riveRDJbOnc/CtzkmMKDzsTD5nAAAAQji+dw==:1 (accessed March 23, 2015).

———. 1926. "The Yukaghir and the Yukaghirized Tungus." In *The Jesup North Pacific Expedition*, vol. 9, pts. 1–3, 343–469. *Memoirs of the American Museum of Natural History* 13. Leiden: E. J. Brill; New York: G. E. Stechert; repr., New York: AMS Press, 1975. http://digitallibrary.amnh.org/bitstream/handle/2246/26//v2/dspace/ingest/pdfSource/mem/M13Pt03.pdf?sequence=1&isAllowed=y (accessed March 23, 2015).

———. 1928. *Peoples of Asiatic Russia*. New York: American Museum of Natural History.

———. 1933. "The Yakut." *Anthropological Papers of the American Museum of Natural History* 33, no. 2: 35–225. http://digitallibrary.amnh.org/dspace/handle/2246/138 (accessed March 25, 2015).

———. 1993. *The Kamchadals*. Typescript prepared from original unpublished Jochelson manuscripts in Jochelson Papers, New York Public Library, by Ingrid Summers and David Koester, University of Alaska. 2005 ed.: http://digitallibrary.amnh.org/bitstream/handle/2246/26//v2/dspace/ingest/pdfSource/mem/M13Pt03.pdf?sequence=1&isAllowed=y (accessed November 4, 2018).

Johnston, P. F. 1980. *The Seacraft of Prehistory*. Edited by Sean McGrail. Cambridge, MA: Harvard University Press.

Kalm, P. 1772. *Travels into North America*, 2nd ed., vols. 1–. Trans. J. R. Forster. London: T. Lowndes. www.americanjourneys.org/pdf/AJ-117a.pdf (accessed April 4, 2019).

Kankaanpää, J. 1989. *Kajakki. Typologinen ja Etnohistoriallinen Tutkielma* [*The Kayak: A Study in Typology and Ethnohistory*]. Master's thesis. Helsingin Yliopiston Kansatieteen Laitoksen Tutkimuksia 15. Department of History, University of Helsinki. English ed.: http://greenlandpaddle.com//images/stories/dokumenter/the_kayak.kompressed.doc (accessed November 4, 2018).

Kardash, O. V. 2011. *Gorodok Sikhirtya v Bukhte Nakhodka* [*The Sihirtia Hillfort in Nakhodka Bight*]. Ekaterinburg, Russia: Nefteyugansk.

Kari, J., and J. A. Fall. 2003. *Shem Pete's Alaska: The Territory of the Upper Cook Inlet Dena'ina*. Fairbanks: University of Alaska Press.

Kari, J., B. A. Potter, and E. J. Vajda, eds. 2011. *The Dene-Yeniseian Connection*. Fairbanks: University of Alaska Press.

Kashina, E. A. and N. M. Charckina. 2017. "Wooden Paddles from Trans-Urals and from Eastern and Western Europe Peat Bog Sites." *Archaeology, Ethnology, and Anthropology of Eurasia*, 45(2) 97–106.

Kaul, F. 2003. "The Hjortspring Boat and Ship Iconography of the Bronze Age and Early Pre-Roman Iron Age." In O. Crumlin-Pedersen and A. Trakadas, eds., *Hjortspring: A Pre-Roman Iron-Age Warship in Context*, 187–207. Ships and Boats of the North 5. Roskile, Denmark: Viking Ship Museum.

Kaverzneva, E. D. 2012 "Pogrebenie s Lad'ei-kolybel'yu iz Shagarskogo Mogil'nika Epokhi Bronzy" [A Boat Cradle Burial from the Bronze Age Shagara Site]. In I. V. Belotzerkovskaya, ed., *Obrazy Vremeni. Iz Istorii Drevnego Iskusstva* [*Images of Time from the History of Ancient Art*], 57–63, 189. Moscow: Federal Historical Museum.

Kemp, B. M., et al. 2007. "Genetic Analysis of Early Holocene Skeletal Remains from Alaska and Its Implications for the

Settlement of the Americas." *American Journal of Physical Anthropology* 132, no. 4: 605–21.

Kerttula, A. 2000. *Antler on the Sea: The Yupik and Chukchi of the Russian Far East.* Ithaca, NY: Cornell University Press.

Khanturgayeva, N. T., L. N. Khankhunova, and I. V. Zhilkina, eds. 2003. *Istoriya Kultury Buryatii* [*History of the Buryatian Culture*]. Ulan-Ude, Russia: Eastern Siberian State Technological University.

Khlobystin, L. P. 1990. "Drevniye Svyatilisha Ostrova Vaygach" [Ancient Shrines of Vaigach Island]. In I. P. V. Boyarsky, ed., *Pamiatnikovedenie. Problemy Izucheniia Istoriko-Kulturnoi Sredy Arktiki* [*Monument Studies: Problems in the Study of the Historical-Cultural Environment of the Arctic*], 120–35. Moscow: Nauka.

———. 2005. *Taymyr: The Archaeology of Northernmost Eurasia.* Edited by W. W. Fitzhugh and V. V. Pitulko. Trans. L. Vishniatski and B. Grudinko. Contributions to Circumpolar Anthropology 5. Washington, DC: Arctic Studies Center, Smithsonian Institution.

Khomich, L. 1995. "Gipotezy o Proiskhozhdeniya Nentsev" [Hypotheses about the Origins of the Nenets]. In L. Khomich, ed., *Nentsy: Ocherky Traditsionoi Kultury* [*Nentsy: Descriptions of Traditional Culture*], 34–41. St. Petersburg: Russian Court.

Kiriak, M. A. 1993. *Archaeologiya Zapadnoy Chukotky v Svyazy s Yukagirskoy Problemoy* [*Archaeology of Western Chukotka in Connection with the Yukagir Problem*]. Moscow: Nauka.

———. 2007. *Early Art of the Northern Far East: The Stone Age.* Trans. R. L. Bland. Anchorage: Shared Beringian Heritage Program, US National Park Service.

Kivikoski, E. 1944. "Ita-Karjalan Eshhistorialliset Muistot [East Karelian Prehistoric Remains]." In *Muinaista ja Vanhaa Itä-Karjalaa* [*Ancient and Old Eastern Karelia*], 28–54. Tutkielmia Ita-Karjalan Esihistorian, Kulttuuri-Historian ja Kansankulttuurin Alalta. Helsinki: Suomen Muinaismuistoyhdistys.

Klaproth, J. von. 1823. *Asia Polyglotta.* Paris: A. Schubart.

Klem, P. G. 2010. *Study of Boat Figures in Alta Rock Art and Other Scandinavian Locations.* Master's thesis. Department of Archaeology, University of Oslo.

Klimenko, V. V. 2010. "A Composite Reconstruction of the Russian Arctic Climate back to 1435." In R. Przybylak, ed., *The Polish Climate in the European Context: An Historical Overview*, 295–326. New York: Springer.

Klingstädt, T. M. von. 1769. *Historische Nachricht von den Samojeden und den Lappländern* [*History of the Samoyeds and Lapplanders*]. St. Petersburg: Hartknoch.

Knecht, R. A. 1995. *The Late Prehistory of the Alutiiq People: Culture Change on the Kodiak Archipelago from 1200–1750.* PhD diss., Bryn Mawr College, PA.

———. 2019. "Nunalleq Kayaks." Blog post, April 6. nunalleq.wordpress.com (accessed June 5, 2019).

Knox, T. W. 1871. *Overland through Asia: Pictures of Siberian, Chinese, and Tatar Life.* New York: Arno Press. www.gutenberg.org/files/13806/13806-h/13806-h.htm (accessed June 21, 2019).

Knutsson, H. ed. 2004. *Pioneer Settlements and Colonization Processes in the Barents Region.* Vuollerim, Sweden: Vuollerim 6000 år.

Koch, G. 1984. *Boote aus aller Welt* [*Boats of the World*]. Berlin: Museum für Völkerkunde.

Koivulehto, J. 1983. "Suomalaisten Maahanmuutto Indoeurooppalaisten Lainasanojen Valossa" [Finnish Immigration in the Light of Loans]. *Suomalais-Ugrilaisen Seuran Aikakauskirja* 78: 107–32.

Komi People. 2014. *Academic Dictionaries and Encyclopedias.* http://partners.academic.ru/dic.nsf/enwiki/268667 (accessed March 7, 2018).

Korsakov, G. 1939. *Koryaksko-Russki Slovar* [*Koryak-Russian Dictionary and Concise Koryak Grammar*]. Moscow: Russian Academy of Sciences.

Koshkarova, V. L., and A. D. Koshkarov. 2004. "Regional Signatures of Changing Landscape and Climate of Northern Central Siberia in the Holocene." *Geologiya i Geofizika* 45, no. 6 (June): 717–29.

Kosintsev, P. A., and N. V. Fedorova. 2001. "Nenets i Sikhirtiya" [Nenets and Sihirtia]. In *Kulturnoe Naslediye Narodov Zapadnoy Sibiri* [*Cultural Heritage of the Peoples of Western Siberia*], 51–53. Tobolsk-Omsk: Russian Academy of Sciences.

Kotivuori, H. 2006. "Savukosken Kivikautinen Mela" [Savukoski Stone Age Paddle]. *Raito Newsletter.* Rovaniemi, Finland: Provincial Museum of Lapland.

Kovalev, R. K. 2002. *The Infrastructure of the Novgorodian Fur Trade in the Pre-Mongol Era (ca. 900–ca. 1240).* PhD diss. Department of History, University of Minnesota.

Kradin, N. N., Y. G. Nikitin, and N. A. Kliuev. 2009. "Hunting, Fishing and Early Agriculture in Northern Primor'e in the Russian Far East." In S. Sasaki, ed., *Human-Nature Relations and the Historical Backgrounds of Hunter-Gatherer Cultures in Northeast Asian Forests*, 15–24. Senri Ethnological Studies. Osaka: National Museum of Ethnology. http://citeseerx.ist.psu.edu/viewdoc/download?doi=10.1.1.612.1476&rep=rep1&type=pdf (accessed February 25, 2018).

Krasheninnikov, S. 1755. *Opisanie Zemli Kamchatki* [*A Description of the Land of Kamchatka*]. Trans. E. A. P. Crownhart-Vaughan. St. Petersburg: Russian Imperial Academy of Science. 1972 ed.: *Exploration of Kamchatka.* Portland: Oregon Historical Society.

Krauss, M. 2005. "Eskimo Languages in Asia—1791 On, and the Wrangel Island–Point Hope Connection." *Études/Inuit/Studies* 29, nos. 1–2: 163–85.

Krichko, K. 2017. "China's Stone Age Skiers and History's Harsh Lessons." *New York Times*, April 19. www.nytimes.com/2017/04/19/sports/skiing/skiing-china-cave-paintings.html (accessed June 6, 2019).

Kriiska, A. 1996. "Stone Age Settlements in the Lower Reaches of the Narva River, North-Eastern Estonia." In T. Hackens et al., eds., *Coastal Estonia: Recent Advances in Environmental and Cultural History*, 359–69. Strasbourg: Council of Europe. http://ethesis.helsinki.fi/julkaisut/hum/kultt/vk/kriiska/tekstid/02.html (accessed March 5, 2018).

Kriiska, A., A. Tarasov, and J. Kirs. 2013. "Wood-Chopping Tools of the Russian-Karelian Type in Estonia." In K. Johanson and M. Tõrv, eds., *Man, His Time, Artefacts, and Paces*, 317–45. Tartu, Estonia: Department of History and Archaeology, University of Tartu.

Krupnik, I. 1993. *Arctic Adaptations: Native Whalers and Reindeer Herders of Northern Eurasia*. Hanover, NH: University Press of New England.

———. 2019. "Chuvans." In *Encyclopedia of World Cultures*. Moscow: Gale Group. www.encyclopedia.com/doc/1G2-3458000966.html (accessed June 21, 2019).

———, ed. 2016. *Early Inuit Studies: Themes and Transitions, 1850s–1980s*. Washington, DC: Smithsonian Institution Scholarly Press.

Krupnik, I., and M. Chlenov. 2013. *Yupik Transitions: Change and Survival at Bering Strait, 1900–1960*. Fairbanks: University of Alaska Press.

Kulemzin, V. M., and N. V. Lukina. 1992. *Znakom'tes': Khanty* [Introducing the Khanty]. Novosibirsk, Russia: Nauka.

Kuusi, P., and A. Pertti. 1985. *Kalevala Lipas*. Helsinki: Suomalaisen Kirjallisuuden Seura.

Kuzmin, Y., et al. 2004. "Chronology of Prehistoric Cultural Complexes of Sakhalin Island." *Radiocarbon* 46, no. 1: 353–62.

Lagus, J. J. W. 1880. *Erik Laxman, Hans Lefnad, Resor, Forskningar och Brefvexling* [Erik Laxman, His Life, Travel, Research and Correspondence]. Finska Litteratur-Sällskapets Trycheri [Contributions of the Finnish Research Society] 34. Helsinki: Finska Litteratur-Sällskapets.

Laptev, K. 1739. "His Narrative of Sailing to Khatanga Bay and Exploring E. Taimyr." Cited in N. A. E. Nordenskjöld, 1881, *The Voyage of the Vega round Asia and Europe: With a Historical Review of Previous Journeys along the North Coast of the Old World*, vol. 1. Trans. A. Leslie. London: MacMillan and Co.

Lashuk, L. P. 1968. "Sirtya: Dreniye Obitateliy Subarktiki" [Sihirtia: Ancient People of the Subarctic]. In V. P. Alekseev and I. S. Gurvich, eds., *Problemiy Antropologiiy i Istoricheskoy Etnografii Azii* [Problems of Anthropology and Historical Enthnography of Asia], 178–93. Moscow: Nauka.

Lattimore, O. 1962. "The Gold Tribe, 'Fishskin Tatars' of the Lower Sungari." In O. Lattimore, ed., *Studies in Frontier History: Collected Papers 1928–1958*, 339–402. Oxford: Oxford University Press.

Laufer, B. 1898. "Einige Linguistische Bemerkungen zu Grabowsky's Giljakischen Studien" [Some Linguistic Remarks on Grabowsky's Gilyak Studies]. *Internationales Archiv für Ethnographie* 11: 19–23.

———. 1900. "Preliminary Notes on Explorations among the Amoor Tribes." *American Anthropologist* 2, no. 2: 297–338.

———. 1917. "The Reindeer and Its Domestication." *Memoirs of the American Anthropological Association* 4: 91–147.

Laughlin, W. S. 1963. "Eskimos and Aleuts: Their Origins and Evolution." *Science* 142, no. 3593: 633–45.

Laughlin, W. S., J. D. Heath, and E. Y. Arima. 1991. "Two Nikolski Aleut Kayaks: *Iqyax* and *Uluxtax*." In E. Y. Arima, ed., *Contributions to Kayak Studies*, 163–210. Canadian Ethnology Service Mercury Series Paper 122. Ottawa: Canadian Museum of Civilization.

Lauhakangas, R. 2013. *Veneaiheisia Kalliopiirustuksia ja Kaiverruksia Karjalassa ja Kuolassa* [Boat-Inspired Stone Age Paintings and Engravings in Karelia and the Kola Peninsula]. Estonian Centre of Ancient Art. Tallinn, Estonia: Virukoda-arkisto.

Laushkin, K. D. 1959. *Onezhskoe Sviatilishche* 1–2 [Onega Sanctuary 1-2]. Scandinavia Collection 4–5. Tallinn, Estonia.

Laxman, E. 1793. "Sibirische Briefe" [Siberian Letters]. In *Neue Nordische Beyträge 1781–1796* [New Nordic Interpretations 1781–1796], vol. 5. St. Petersburg: Russian Academy of Sciences.

Lebedintsev, A. I. 1998. "Maritime Cultures of the North Coast of the Sea of Okhotsk." *Arctic Anthropology* 35, no. 1: 296–320.

Lee-Duffy, J. 2005. "How the Last Hunters in China Became an Endangered Species." *South China Morning Post*, August 15. Repr., Southern Mongolia Human Rights Information Center. www.smhric.org/news_89.htm (accessed February 25, 2018).

Legends of Altai. 2010. "Folklore Ensemble AltaiKai—Altai Throat Singing and Traditional Music." Blog post, *Legends of Altai*. www.legendsofaltai.com/pages/about_altai.php (accessed March 4, 2018).

Lehrberg, A. C. 1816. "Über die Geographische Lage und Geschichte des im Russischen-Kaiserlichen Titel Genanten Jugrishen Landes" [About the Geographical Location and History of the Russian-Imperial Name Called Ugric Lands]. In P. H. Krug, ed., *Undersuchungen zur Erläuterung der Älteren Ust-Ilimsk Russlands* [Approaching an Understanding of the Old Ust-Ilimsk Russia], pt. 1, 1–101. St. Petersburg: Imperial Academy of Sciences.

Lehtisalo, T. V. 1932. *Beiträge zur Kenntnis der Renntierzucht Beim uen Juraksamojeden* [Contributions to Knowledge of Reindeer-Breeding of the Yurak Samoyeds]. Trans. F. Schmidt. Instituttet for Sammenlignende Kulturforskning, ser. B, vol. 16. Oslo: Aschehoug.

———. 1959. *Tundralta ja Taigasta: Muistelmia Puolen Vuosisadan Taka* [Tundra to Taiga: Memoirs of the Past Half-Century]. Porvoo and Helsinki: WSOY.

Leikola, M. 2001. *Runolaulu Tuohiveneestä—Yritys Juurruttaa Tuohikanoottikulttuuria Suomeen 1700–Luvun Puolimaissa* [Poetry Songs from Tuohivene—Root and Birch-Bark Canoe Culture in Finland from the Middle Ages to the 1700s]. Vammala, Finland: Vuosilusto.

Lepehkin, I. 1774. *Tagebuch der Reise Durch Verschiedenen Provinzen des Russischen Reiches im Jahr 1768–1769* [Diary of a Journey through Different Provinces of the Russian Empire in 1768–1769]. Altenburg, Germany: Richterische Buchhandlung.

———. 1964. *The Peoples of Siberia*. Chicago: University of Chicago Press.

———. 1984. "The Orochen Birch Bark Canoe in Amur." In P. Thiele, ed., *Boote aus Northasien, Gerd Koch*, 169–77. Berlin: Museum für Völkerkunde. Originally published 1927.

Levin, M. G., and L. P. Potapov, eds. 1961. *Istoriko-Etnograficheskiy Atlas Sibiri* [*Historical-Ethnographic Atlas of Siberia*]. Moscow and Leningrad: Institute of Ethnography, Russian Academy of Sciences.

———, eds. 1964. *The Peoples of Siberia*. Trans. S. Dunn and E. Dunn. Chicago and London: University of Chicago Press.

Levin, M. G., and B. A. Vasilyev. 1964. "The Evens." In M. G. Levin and L. P. Potapov, eds., *The Peoples of Siberia*, 670–84. Trans. S. Dunn and E. Dunn. Chicago and London: University of Chicago Press.

Liapunova, R. 1975. *Ocherki po Etnografii Aleutov* [*Essays on Aleutian Ethnography*]. Leningrad: Izdatel'stvo, Nauka.

Lind, J. H. 2004. "Varangians in Europe's Eastern and Northern Periphery: The Christianization of North and Eastern Europe, ca. 950–1050—A Plea for a Comparative Study." *Ennen Ja Nyt* 4: 1–18. www.ennenjanyt.net/4-04/lind.pdf (accessed November 4, 2018).

Lindau, Y. 1983. *Opisanie Narodov Sibiri: Pervaya Polovina 18-go Veka* [*Description of the Peoples of Siberia in the First Half of the 18th Century*]. Magadan, Russia: Magadanskoe knizhnoe izdatel'stvo. Orig. pub. 1743.

Lindberg, M. 2012. "The Byslätt Bronze Age Boat: A Swedish Bark Canoe." Master's thesis. Marine Archaeology Programme, University of Southern Denmark, Odense.

Ling, C. 1934. *Songhua Jiang Xia You de Hezhe Zu: Shang Xi Ace* [*The Goldi (Hezhe) Tribe of the Lower Sungari River*]. Nanjing: Institute of History and Lnguages, National Research Academy.

Linschoten, J. H. van. 1598. *John Huighen van Linschoten, His Discours of Voyages into Ye Easte and West Indies: Deuided into Foure Bookes*. London: John Wolfe.

Lintrop, Aado. 1999. "The Mansi: History and Present Day." Blog post, Institute of Estonian Language. www.folklore.ee/~aado/rahvad/masuingl.GIF (accessed June 18, 2019).

Linevskii, A. M. 1939. *Petroglifō Karelii* [*Petroglyphs of Karelia*]. Tsh. 1. Karelia: Petrozavodsk.

Lönnrot, E. 1853. *Om det Nord-Tschudiska Språket* [*On the Northern Chud Language*]. Helsinki: Alexander Universitet.

Łuczynski, E. 1986. *Staropolskie Slownictwo Zwiazane Z Zegluga XV i XVI Wiek* [*Old Polish Words Associated with Shipping in the 15th and 16th Centuries*]. Gdansk, Poland: Wydawnictwo Morskie.

Luukkanen, H. 1985. "Canoe Building in Finland and the History of Paddling, 1885–1985." In M. Melojatry, ed., *Marjaniemen Melojat 50 Vuotta—Melontaa Suomessa 100 Vuotta* [*Marjaniem Paddlers, 50 Years—Canoeing in Finland, 100 Years*], 105–60. Helsinki: Yliopistopaino.

———. 2005a. *Finnic Canoe History*, pt. 1: *A Short History of Canoeing in Finland: An Introduction*. Helsinki: Eco-Intelli Ltd.

———. 2005b. *Finnic Canoe History*, pt. 2: *From Makeshift Log Rafts to Inflatable Rubber Boats*. Helsinki: Eco-Intelli Ltd.

———. 2005c. *Finnic Canoe History*, pt. 3: *When Stone Age Men Made Skin Boats*. Helsinki: Eco-Intelli Ltd.

———. 2005d. *Finnic Canoe History*, pt. 4: *Paddles Which Propelled Stone Age Canoes*. Helsinki: Eco-Intelli Ltd.

———. 2005e. *Finnic Canoe History*, pt. 5: *From One-Log Canoes to Two- and Three-Log Dug-Out Canoes*. Helsinki: Eco-Intelli Ltd.

———. 2005f. *Finnic Canoe History*, pt. 6: *A Short History of Canoeing and Canoe Building in Finland: The Origin of Canoes from the Stone Age to the Present*. Helsinki: Eco-Intelli Ltd.

———. 2006a. *Finnic Canoe History*, pt. 7: *Volga-Finnic Canoe Cultures: The Bronze Age and Trade in Eastern Europe: How Finland Became Finnic*. Helsinki: Eco-Intelli Ltd.

———. 2006b. *Finnic Canoe History*, pt. 8: *Expanded Dug-Out Canoes: Technical Innovation in Karelia, the Volga, and the Baltic*. Helsinki: Eco-Intelli Ltd.

———. 2007. *Finnic Canoe History*, pt. 9: *The Bark Canoes and Skin Boats of the Eurasian North—How the East Meets the West in Western Siberia*. Helsinki: Eco-Intelli Ltd.

———. 2010. "On the Diffusion of Bark Canoes, Skin Boats, and Expanded Log Boats in the Eurasian North." In C. Westerdahl, ed., *A Circumpolar Reappraisal: The Legacy of Gutorm Gjessing (1906–1979)*, 189–217. BAR International Series 2154. Oxford: Archaeopress.

Lyon, G. F. 1825. *A Brief Narrative of an Unsuccessful Attempt to Reach Repulse Bay: Through Sir Thomas Rowe's "Welcome," in His Majesty's Ship Griper, in the Year MDCCCXXIV*. London: John Murray.

Maak, R. O. 1859. *Travels on the Amur River Coinducted by Order of the Siberian Department of the Emperor's Russian Geographical Society in 1855*. St. Petersburg: S. F. Soloviev.

MacDonald, G. M., K. V. Kremenetski, and D. W. Beilman. 2007. "Climate Change and the Northern Russian Treeline Zone." *Philosophical Transactions of the Royal Society of London B Biological Sciences* 363, no. 1501: 2285–99. http://rstb.royalsocietypublishing.org/content/363/1501/2283 (accessed March 7, 2018).

MacRitchie, D. 1890. "Notes on a Finnish Boat Preserved in Edinburg." *Proceedings of the Society for Antiquities of Scotland* 24: 353–69.

———. 1912. "The Aberdeen Kayak and Its Congeners." *Journal of the Royal Anthropological Institute of Great Britain and Ireland* 42: 493–510. http://ads.ahds.ac.uk/catalogue/adsdata/PSAS_2002/pdf/vol_046/46_213_241.pdf.

Madsen, J. S., and K. Hansen, eds. 1981. *Barkbåde. Vikingeskibshallen i Roskilde* [*Bark Boats in the Roskilde Viking Ship Museum*]. Roskilde, Denmark: Viking Ship Museum.

Magnus, O. 1555. *Historia om de Nordiska Folken (A History of the Nordic Peoples)*, vols. 1–4. Stockholm: Gidlundsförlag. Repr., 1976, *A Description of the Northern Peoples*. Edited by Peter Foote. Hakluyt Society 2nd series 182, 187, 188. London: Hakluyt Society.

———. 1939. *Carta Marina et Descriptio Septemtrionalium Terrarum . . . Anno Dui 1539 [A Description of the Northern World . . . in the Year 1539]*. Pienennetty Näköispainos Uppsalan Yliopiston Kirjastossa Olevasta Alkuperäiskartasta. Helsinki: Karttakeskus.

Makarov, N. P., and M. S. Batashev. 2004. "Cultural Origins of the Taiga-Dwelling Peoples of the Middle Yenisey." In E. J. Vadja and A. P. Dulzon, eds., *Languages and Prehistory of Central Siberia*, 233–48. Amsterdam and Philadelphia: John Benjamin Publishing.

Mäkelä, E., and H. Hyvärinen. 2000. "Holocene Vegetation History at Vätsäri, Inari Lapland, Northeastern Finland, with Special Reference to Betula." *Holocene* 10, no. 1: 75–85.

Mangin, A. 1869. *The Desert World*. London: T. Nelson and Sons.

Manker, E. 1947. "The Study and Preservation of the Ancient Lapp Culture: Sweden's Contribution since 1939." *Man* 47: 98–100.

Marstrander, S. 1963. *Østfolds Jordbruksristninger, Skjeberg, Bd. I–II*. Oslo: Universitetsforlaget.

———. 1986. *De Skjulte Skipene [The Skjulte Ship]*. Oslo: Gyldendal Norsk Forlag.

Martin, F. R. 1895. Die Samlung F R Martin. Ein Betrag zur Kenntnis der Vorgeschichte und Kultur Sibirischen Völker [The F. R. Martin Collections: An Account of the Prehistory and Culture of the Siberian Peoples]. Stockholm: Swedish Museum of Ethnography.

Martin, J. 1978. "The Land of Darkness and the Golden Horde—The Fur Trade under the Mongols, 18th to 19th Centuries." *Cahiers du monde russe et sovietique* 19, no. 4: 401–21.

———. 1983. "Muscovy's Northeastern Expansion: The Context and a Cause." *Cahiers du monde russe et sovietique* 24, no. 4: 459–70.

Martinière, P. M. de La. 1706. *A New Voyage to the North*. London: T. Hodgson and A. Barker.

Martynov, A. 2012. "The Islands of the White Sea, from the Mesolithic to the Middle Ages: The Ancient Development of the White Sea Islands on Archaeological Data." *Arctic and the North* 5, 1–37. http://narfu.ru/upload/iblock/b34/11.pdf (accessed November 4, 2018).

Mary-Rousseliere, G. 1979. "The Thule Culture on North Baffin Island: Early Thule Characteristics and the Survival of the Thule Tradition." In A. P. McCartney, ed., *Thule Eskimo Culture: An Anthropological Retrospective*, 54–75. Archaeology Survey of Canada, Mercury Series Paper 88. Ottawa: National Museum of Man.

Mason, O. K. 2009. "Flight from the Bering Strait: Did Siberian Punuk/Thule Military Cadres Conquer Northwest Alaska?" In H. Maschner, O. K. Mason, and R. McGhee, eds., *The Northern World, 900–1400*, 76–128. Salt Lake City: University of Utah Press.

Mason, O. T., and M. S. Hill. 1901. "Pointed Bark Canoes of the Kutenai and Amur." In *Report of the U.S. National Museum for 1899*, 525–37. Washington, DC: Government Printing Office.

Maydell, G. 1896. "Der Sibirische Kahn Oder die Wjetka" [The Siberian Khan or Wjetka]. In *Reisen und Forschungen im Jakutskischen Gebiet Ostsibiriens in den Jahren 1861–1871 [Travels and Research in the Yakutsk Region of Eastern Siberia in the Years 1861–1871]*, 621–23. St. Petersburg: Russian Academy of Sciences. https://archive.org/stream/reisenundforsch00maydgoog/reisenundforsch00maydgoog_djvu.txt (accessed March 4, 2018).

McGrail, S. 1998. *Ancient Boats in North-West Europe: The Archaeology of Water Transport to 1500*. New York: Addison Wesley Longman.

McPhee, J. 1975. *The Survival of the Bark Canoe*. New York: Farrar, Straus and Giroux.

Menzies, G. 2003. *1421—The Year China Discovered the World*. London: Bantam Books.

Messerschmidt, D. G. 1964. *Forschungsreise Durch Sibirien 1720–1725 [Research Trip through Siberia, 1720–1725]*, vol. 2 of 5. Berlin: Akademi-Verlag.

Michael, H. N., ed. 1962. *Studies in Siberian Ethnogenesis*. Toronto: University of Toronto Press.

Middendorff, A. T. von. 1856. *Reise Durch Sibierien [Travels in Siberia]*, vol. 4, pt. 2. St. Petersburg: Eggers & Company.

———. 1867. *Reise inden äussersten Norden und Osten Siberiens. [Journey to the Extreme North and East of Siberia]*, St. Petersburg: Kaiserliche Akademie der Wissenschaften, vol. 4, pt 1.

———. 1875. *Übersicht Natur Nord- und Ost-Sibiriens: Die Thierwelt Sibiriens. Die Eingeborenen Sibiriens*, vols. 2–4: *Reise in den Äußersten Norden und Osten Sibiriens [Overview of Northern and Eastern Siberia: The Animal World of Siberia. The Natives of Siberia*, vols. 2–4: *Journey to the Extreme North and East of Siberia]*. St. Petersburg: Buchdruckerei der Kaiserlichen Akademie der Wissenschaften.

Mills, W. J. 2003. *Exploring Polar Frontiers: A Historical Encyclopedia*. Oxford: ABC CLIO.

Moberg, C.-A. 1975. "Circumpolar Adaptation Zones East-West and Cross-Economy Contacts North-South: An Outsider's Query, Especially on Ust-Poluj." In W. W. Fitzhugh, ed., *Prehistoric Maritime Adaptations of the Circumpolar Zone*, 101–12. The Hague: Mouton.

Monnier, F. R. von. 1882. *Die Verbreitung der Menschheit. Vortrag Gehalten [The Spread of Humanity: A Lecture]*. Vienna: Geographische Gesellschaft.

Mozhinskaya, W. 1953. "Material'naia Kul'tura i Khoziaistvo Ust'-Poluia" [The Material Culture and Economy of Ust'-Poluj]. In *Materialy i Issledovaniia Poarkheologii [Materials and Studies in Archaeology]*. SSR 35, 72–109. Moscow: Russian Academy of Sciences.

Mulk, I.-M., and T. Bayliss-Smith. 1998. "The Representation of Sámi Cultural Identity in the Cultural Landscapes of Northern Sweden: The Use and Misuse of Archaeological Evidence." In P. J. Ucko and J. Layton, eds., *The Archaeology and Anthropology of Landscape*, 358–96. London: Routledge.

———. 2006. *Rock Art and Sami Sacred Geography in Badjelánnda, Laponia, Sweden*. Kungl., Skytteanska Samfundet 58. Umea, Sweden: Department of Archaeology and Sámi Studies, University of Umea.

Müller, F. F. 1882. *Unter Tungusen und Jakuten: Erlebnisse und Ergebnisse der Olenék-Expedition der Kaiserlich Russischen Geographischen Gesellschaft in St. Petersburg* [On the Tungus and Yakuts: Experiences and Results of the Olenék Expedition of the Imperial Russian Geographical Society in St. Petersburg]. Leipzig: F. A. Brockhaus.

Müller, G. F. 1957. "Description of the Siberian Peoples." Manuscript from Great Northern Expedition, 1733–42, in L. P. Potapov, ed., *Proiskhozhdeniye i Formirovanie Khakasskoy Narodnosti* [The Origin and Formation of the Khakas Nation], 219–20. Abakan: Russian Academy of Sciences. Original ms. 1730–40.

———. 2010. "Beschreibung der Sibirischen Völker, 1736–1747" [Description of the Siberian Peoples, 1736–1747]. In W. Hintzsche and A. Christianovich, eds., *Ethnographische Schriften I* [*Ethnographic Studies I*]. Sources on the History of Siberia and Alaska from Russian Archives VIII 1. Halle, Germany: Verlag der Franckeschen Stiftungen zu Halle, Harrassowitz. Originally published ca. 1730–40.

Müller, G. F., and P. S. Pallas. 1842. *Conquest of Siberia*. London: Smith, Elder, and Co.

Mysak, L. A. 2001. "Patterns of Arctic Circulation." *Science* 293, no. 5533: 1269–70.

Na, M. 2011. "Huashupi Chuan Zhizuo Jiyi Chuanchengren: Guo Baolin" [Tree Bark Craftsmanship of Guo Baolin]. In Feng J. and Gengsheng B., eds., *Zhongguo Minjian Wenhua Jiechu Jichengren* [*A Folk Culture Heritage Treasure*]. Outstanding Heritage of People, Chinese Folk Culture Series. Beijing: Minzu Chubanshe.

Nansen, F. 1911. "Eskimo and the Skraeling." In *In Northern Mists: Arctic Exploration in Early Times*, vol. 2, 66–94. Trans. A. G. Chater. New York: Frederick A. Stokes Co.

Naumov, N. P. 1927. "Vetki: Small Boats near the Upper Uchami." In Polar Census Photo Album, www.abdn.ac.uk/polarcensus/list_25/7930-1-25-08/7930_1_25_08.htm (accessed April 4, 2019).

Needham, J., and G.-D. Lu. 1962. "Comparative Morphology and Evolution of Sailing Craft." In J. Needham, ed., *Science and Civiliation in China: Physics and Physical Technology*, 383–87. Cambridge: Cambridge University Press.

Nefedkin, A. K. 2003. *Voennoye Delo Chukchey (Seredina XVII–Nachalo XX vv)* [*Military Affairs of the Chukchi from the Mid-17th to the Beginning of the 20th Century*]. St. Petersburg: Peterburgskoe Vostokovedenie.

Nelson, R. 1969. *Hunters of the Northern Ice*. Chicago: University of Chicago Press.

Nelson, S. M., ed. 2006. *Archaeology of the Russian Far East: Essays in Stone Age Prehistory*. BAR International Series 1540. Oxford: Archaeopress.

Nelson, W. H., and F. Barnett. 1955. "A Burial Cave on Kanaga Island, Aleutian Islands." *American Antiquity* 20, no. 4: 387–92.

Nesheim, A. 1967. "Eastern and Western Elements in Lapp Culture." In I. Hoff, ed., *Lapps and Norsemen in Olden Times*, 104–68. Instituttet for Sammenlignende Kulturforskning. Series A, 26. Oslo: Universitetsforlaget.

Nikolaeva, I., and M. Tolskaya. 2001. *A Grammar of Udihe*. Berlin: Mouton de Gruyter.

Nishimura, S. 1931. *A Study of Ancient Ships of Japan*, pt. 4: *Skin Boats*. Tokyo: Society of Naval Architects.

Noll, R., and K. Shi. 2004. "Chuonnasuan (Meng Jin Fu): The Last Shaman of the Oroqen of Northeast China." *Journal of Korean Religions* 6: 135–62.

Nooter, G. 1971. "Old Kayaks in the Netherlands." In *Mededelingen van het Rijksmuseum voor Volkenkunde*, 10–11. Leiden: E. J. Brill.

Nordenskjöld, N. A. E. 1881. *The Voyage of the Vega round Asia and Europe: With a Historical Review of Previous Journeys along the North Coast of the Old World*, vol. 1. Trans. A. Leslie. London: MacMillan and Co.

Nordmann, A. 1867. "Zoologische Beobachtungen in Amurlande. Ueber den Fishfang und Jagd der Am Amur Wohnenden Giljaken" [Zoological Observations on the Fishing and Hunting of the Amur Gilyak]. In A. Erman, ed., *Archiv für Wissenschaftliche Kunde von Russland* [*Archive for the Scientific Study of the Russian Peoples*], 331–64. Berlin: Adolf Erman.

Nordqvist, K., and O. Seitsonen. 2008. "Finnish Archaeological Activities in Present-Day Karelian Republic until 1944." *Fennoscandia Archaeologica* 25: 27–60.

Norwegian Polar Institute. 2006. "Ethnic Groups." http://ansipra.npolar.no/english/Indexpages/Ethnic_groups.html (accessed March 4, 2018).

Ohtsuka, K. 1999. "Itaomachip: Reviving a Boat-Building and Trading Tradition." In W. W. Fitzhugh and C. Dubreuil, eds., *Ainu: Spirit of a Northern Culture*, 374–76. Seattle and Washington, DC: University of Washington Press and Smithsonian Arctic Studies Center.

Okladnikov, A. P. 1957. *Drevnee Proshloe Primor'e* [*The Ancient Past of the Pacific Coastal Region*]. Vladivostok: Nauka.

Okladnikov, A. P., and N. A. Beregovaya. 2008. *The Early Sites of Cape Baranov*. Trans. R. L. Bland. Anchorage: Shared Beringian Heritage Program, US National Park Service. Originally published 1971.

Okladnikova, E. 1998. "Traditional Cartography in Arctic and Subarctic Eurasia." In D. Woodward and G. M. Lewis, eds., *History of Cartography: Cartography in Traditional African,*

American, Arctic, Australian, and Pacific Societies, 329–49. Chicago: University of Chicago Press.

Orekhov, A. A. 1998. *An Early Culture of the Northwest Bering Sea*. Trans. R. L. Bland from 1987 Russian ed. Anchorage: Shared Beringian Heritage Program, US National Park Service.

Orlov, E. P. von. 1858. "Die Nomadischen Tungusen von Bauntowsk und der (Obere) Angara" [The Nomadic Tungusen of Bauntowsk and the (Upper) Angara]. In K. Neumann, ed., *Zeitschrift fur Algemaine Erdkunde. Der Gesellschaft fur Erdkunde in Berlin* [*Journal of Geography: The Geographic Society of Berlin*], 43–88. Berlin: Verlag von Dietrich Reimer.

Pakendorf, B. 2007. *Contact in the Prehistory of the Sakha (Yakuts): Linguistic and Genetic Perspectives*. PhD diss. Faculty of Letters, University of Leiden, Netherlands. https://openaccess.leidenuniv.nl/bitstream/handle/1887/12492/Thesis.pdf (accessed March 4, 2018).

Pallas, P. S. 1776. *Reise Durch Verschiedene Provinzen des Rußischen Reichs vom Jahren 1772–73* [*Journeys through Various Parts of the Russian Empire in 1772–73*], vol. 3. St. Petersburg: Kaiserlichen Akademie der Wissenschaften.

Pälsi, S. 1929. *Merillä ja Erämaissa* [*On the Sea and in the Wilderness*]. Helsinki: Otava.

———. 1983. *Arktisia Kuvia 1914–17* [*Arctic Pictures 1914–17*]. Keuruu, Finland: Otava.

Parpola, A. 2012. "Formation of the Indo-European and Uralic (Finno-Ugric) Language Families in Light of Archaeology: Revised and Integrated 'Total' Correlations." In R. Grünthal and P. Kallio, eds., *A Linguistic Map of Prehistoric Northern Europe*, 119–84. *Mémoires de la société finno-ougrienne* 266. Helsinki: Société Suomalais-Ugrilaisen.

Pelikh, G. I. 1972. *Proiskhozhdenie Sel'kupov* [*The Origins of the Sel'kup*]. Tomsk, Russia: Tomsk University.

Perevalova, E. V. 2003. *Obdorskiye Khanty (Khaby): K Voprosu o Formirovanii Gruppy* [*The Obdorsk Khanty: On the Formation of the Group*]. Yamal Archaeology Paper 19. Salekhard, Russia: Arctic Studies Center, Archaeology Section. www.yamalarchaeology.ru/index.php/texts/etnograph/105-perevalova-e-v-2003-obdorskie-khanty-khabi-k-voprosu-o-formirovanii-gruppy (accessed March 4, 2018).

Permyakova, A. D. 2007. *Primitive Cattle Breeders of Siberia*. Tomsk University, Ilim College, Russia. MS in HL possession.

Petersen, H.-C. 1986. *Skin Boats of Greenland*. Roskilde, Denmark: Viking Ship Museum.

Petrov, I. V., and M. I. Petrov. 2008. "A Brief History of the Karelian People." Kurkijoki, Russia: Kiryazh Regional Study Center.

Pitulko, V. V. 1991. "Archaeological Data on the Maritime Cultures of the West Arctic." *Fennoscandia Archaeologica* 8: 23–34.

———. 2016. "The Arctic Was and Remains an Archaeological Enigma." *The Arctic* (July 4). http://arctic.ru/analitic/20160704/386534.html (accessed November 5, 2018).

Pitulko, V. V., A. E. Basilyan, P. Nikolskiy, and E. Girya. 2004. "The Yana RHS Site: Humans in the Arctic before the Last Glacial Maximum." *Science* 303, no. 5654: 52–56.

Pitulko, V. V., et al. 2016. "Early Human Presence in the Arctic: Evidence from 45,000-Year-Old Mammoth Remains." *Science* 351, no. 6270: 260–63. doi:10.1126/science.aad0554.

Plastinin, A. N. 2008. "Lod'ya-Ushkuy-Verkhneuftyugskii Struzhok" [Boats, Shallops, and Small Boats from the Upper Uftyugskaya River]. *Podosinovets News*. www.podosinovets.ru/podosinovetsnews/muzey/561-lodja-ushkujj-verkhneuftjugskijj.html (HL copy).

Poikalainen, V. 1999. "Some Statistics about Rock-Carvings of Lake Onega." *Folklore* 11: 60–69. www.researchgate.net/publication/26428182_Some_Statistics_About_Rock-Carvings_of_Lake_Onega (accessed June 23, 2019).

Poikalainen, V., and E. Ernits. 1998. *Rock Carvings of Lake Onega*. Tartu: Estonian Society of Prehistoric Art.

Popov, A. A. 1937. "Okhota i Rybolovstvo u Dolgan" [Hunting and Fishing among the Dolgan]. In *Pamyati V. G. Bogoraza 1865–1936* [*Essays in Honor of W. G. Bogoras 1865–1936*], 147–206. Moscow: Akademii Nauka.

———. 1964a. "The Dolgans." In M. G. Levin and L. P. Potapov, eds., *The Peoples of Siberia*, 655–719. Trans. E. Dunn. Chicago: University of Chicago Press.

———. 1964b. "The Nganasans." In M. G. Levin and L. P. Potapov, eds., *The Peoples of Siberia*, 571–86. Trans. E. Dunn. Chicago: University of Chicago Press.

———. 1966. *The Nganasan: Material Culture of the Tavgi Samoyeds*. Uralic and Altaic Series. Bloomington: Indiana University Press. Originally published in Russian in 1937.

Popov, A. N., and D. R. Yesner. 2006. "Early Maritime Adaptation on the Southern Coast of the Far East of Russia in Ancient Times." In D. L. Peterson, L. M. Popova, and A. T. Smith, eds., *Beyond the Steppe and the Sown*, 469–76. Colloquia Pontica 13. Leiden and Boston: Brill.

Potapov, L. P. 1936. *Ocherki po Istorii Shorii* [*Essays on the History of the Shoriiy*]. *Trudy Instituta Vostokovedeniya* [*Proceedings of the Institute of Oriental Studies*] 15. Moscow and Leningrad: Russian Academy of Sciences of the USSR.

———. 1957. *Proiskhozhdenie i formirovanie Khakasskoy Narodnosti* [*The Original and Formation of the Khakas People*]. Abakan: Russian Academy of Sciences.

———. 1969. *Etnicheskiy Sostav i Proiskhozhdeniye Altaytsev: Istoriko-Etnograficheskiy Ocherk* [*Ethnic Composition and the Origin of the Altaians: Historical-Ethnographical Work*]. Leningrad: Nauka. http://s155239215.onlinehome.us/turkic/20Roots/201Altaians/Potapov-AltaiansEthnPart1Ru.htm (accessed May 8, 2018).

Potter, B. A. 2010. "The Dene-Yeniseian Connection: Bridging Asia and North America." In J. Kari and B. A. Potter, eds., *The Dene-Yeniseian Connection*, 1–24. *Anthropological Papers of the University of Alaska*, new ser. 5, nos. 1–2. Fairbanks:

Department of Anthropology and Alaska Native Language Center, University of Alaska.
Price, T. D. 2015. *Ancient Scandinavia: An Archaeological History from the First Humans to the Vikings*. Oxford and New York: Oxford University Press.
Przhevalsky, N. 1869. "Travels on the Ussuri River 1867–1869." *Journey through Time*. www.geografia.ru/prjeval1.html (accessed November 5, 2018).
Purchas, S. 1625. *Purchas His Pilgrim: Microcosmus, or the Historie of Man*. London: William Stansby for Henrie Fetherstone.
Quimby, G. I. 1947. "The Sadiron Lamp of Kamchatka as a Clue to the Chronology of the Aleut." *American Antiquity* 11, no. 3: 202–03.
Radde, G. 1861. *Berichte Uber Reisen in S Ost-Siberien im Autrage der Keiserlichen Russischen Geographischen Gesellschaft, Ausgefuhrt in den Jahren 1855 bis Incl. 1859* [Reports on Travel in Eastern Siberia on Behalf of the Russian Geographical Society, Carried Out in the Years 1855 to 1859]. St. Petersburg: Russian Academy of Sciences.
Ravdonika, V. 1936. *Naskal'nye Izobrazhenia Onezhskogo Ozera* [Naskal'nye Images from Lake Onega] 1. Moscow and Leningrad: Nauka.
Ravenstein, E., and A. H. Keane, eds. 1905. *The Earth and Its Inhabitants*, vol. 5: *The North-East Atlantic, Islands of the North Atlantic, Scandinavia, Islands of the Arctic Ocean, Russia in Europe*. New York: D. Appleton and Co. http://ia600304.us.archive.org/22/items/earthitsinhabita05recl/earthitsinhabita05recl.pdf (accessed June 5, 2019).
Reclus, E. 1882. *The Earth and Its Inhabitants*, vol. 5: *Europe and Russia*. Edited by E. G. Ravenstein and A. H. Keane. New York: D. Appleton.
Reid, R. W. 1912. "Description of Kayak Preserved in the Anthropological Museum of the University of Aberdeen." *Journal of the Anthropological Institute of Great Britain and Ireland* 42: 511–14.
Ritzenthaler, R. E. 1950. "The Building of a Chippewa Indian Birch-Bark Canoe." *Bulletin of the Public Museum of the City of Milwaukee* 19, no. 2: 59–98.
Rousselot, J.-L. 1983. *Die Ausruestung zur Westlichen Eskimo, Untersucht in Ihrem Kulturellen Kontext* [Western Eskimo Sea Hunting Equipment: A Contextual Study]. Munchner Beitrage zur Amerikanistik, Band 11. Munich: Klaus Renner Verlag.
——. 1994. "Watercraft in the North Pacific: A Comparative View." In W. W. Fitzhugh and V. Chaussonnet, eds., *Anthropology of the North Pacific Rim*, 243–58. Washington, DC: Smithsonian Institution Scholarly Press.
Rousselot, J.-L., W. W. Fitzhugh, and A. L. Crowell. 1988. "Maritime Economics of the North Pacific Rim." In W. W. Fitzhugh and A. L. Crowell, eds., *Crossroads of Continents: Cultures of Siberia and Alaska*, 151–72. Washington, DC: Smithsonian Institution Scholarly Press.
Rowley-Conwy, P. 2017. "To the Upper Lake: Star Carr Revisited—by Birchbark Canoe." In P. Rowley-Conwy, D. Serjeanston, and P. Halstead, eds., *Economic Zooarchaeology: Studies in Hunting, Herding, and Early Agriculture*, chap. 23. Oxford: Oxbow Books.
Royal Historical Society. 1914. *The Chronicle of Novgorod, 1016–1417*. Trans. R. C. Beazley. Camden Society, 3rd ser., 25. London: Royal Historical Society.
Rubicz, R. C., and Crawford, M. H. 2016. "Molecular Genetic Evidence from Contemporary Populations for the Origins of Native North Americans." In T. M. Friesen and O. K. Mason, eds., *The Oxford Handbook of the Prehistoric Arctic*, 27–50. Oxford: Oxford University Press.
Rudenko, S. I. 1947. "Drevniye Nakonechniki Garpunov Aziatskikh Eskimosov" [Early Harpoon Heads of the Asiatic Eskimo]. *Sovietskaya Etnografiya* n.s., no. 2: 233–56.
——. 1961. *The Ancient Culture of the Bering Sea and the Eskimo Problem*. Edited by H. N. Michael. Trans. P. Tolstoy. Anthropology of the North: Translations from Russian Sources 1. Toronto: Arctic Institute of North America and University of Toronto Press.
Saarikivi, J. 2006. *Substrata Uralica—Studies of the Finno-Ugrian Substrate in Northern Russian Dialects*. PhD diss. Faculty of the Arts, Department of Finno-Ugrian Studies, Helsinki University. http://ethesis.helsinki.fi/julkaisut/hum/suoma/vk/saarikivi (accessed February 25, 2018).
Saint-Pierre, J.-H. B. de. 1836. *The Studies of Nature*, vol. 2. London: Printed for C. Dilly.
Salminen, T. 2001. "The Rise of the Finno-Ugric Language Family." In C. Carpelan, A. Parpola, and P. Koskikallio, eds., *Early Contacts between Uralic and Indo-European: Linguistic and Archaeological Considerations. Mémoires de la société finno-ougrienne* 242: 385–96. Helsinki: Mémoires de la société finno-ougrienne.
——. 2003. *Uralic (Fenno-Ugrian) Languages: Classification of the Uralic Languages, with Present Numbers of Speakers and Areas of Distribution*. Helsinki: Helsinki University.
——. 2006. "Genuine and Confused Information about Central Siberian Languages." Review of *Languages and Prehistory of Central Siberia*, edited by E. J. Vajda. *Finnisch-Ugrische Forschungen* 59: 142–49.
Sarychev, G. A. 1805. *Achtjärige Reise im Nördöstlichen Sibirien 1785–1790, auf dem Eismeere und dem Nordöstlichen Ozean* [Account of a Voyage of Discovery to the Northeast of Siberia, the Frozen Ocean, and the Northeast Sea]. Leipzig: Wilhelm Rein und Company.
Sauer, G. A. 1802. *An Account of a Geographical and Astronomical Expedition to the Northern Parts of Russia: For Ascertaining the Degrees of Latitude of the Mouth of the River Kolyma, of the Whole Coast of the Tshutski to East Cape, and of the Islands in the Eastern Ocean, Stretching to the American Coast: Performed by Commodore Joseph Billings, in the Years 1785 to 1794*. London: T. Cadell, Jun. and W. Davies.
Savateev, Y. A. 1991. "Rybolovstvo i Morskoy Promysel v Karelii" [Fishing and Marine Craft in Karelia]. In N. N. Gurina, ed., *Rybolovstvo i Morskoy Promysel v Epochu*

Mezolita- Rannevo Metalla [*Fishing and Marine Trades in the Mesolithic–Early Iron Age*], 182–202. Leningrad: Nauka.

Savinetsky, A. B. 2002. "Mammals and Birds Harvested by Early Eskimos of Bering Strait." In D. E. Dumond, ed., *Archaeology in the Bering Strait Region: Research on Two Continents*. Trans. R. L. Bland. University of Oregon Anthropological Papers 59: 275–305. Eugene: University of Oregon.

Savvinov, A. I. 2011. *Siberian Ethnography in German Museum Collections: The History of Collection and Research*. Institute of Humanitarian Studies and Issues of the Indigenous Peoples of the North, RAS, Yakutsk. http://docs.exdat.com/docs/index-100277.html (accessed November 28, 2018).

Sbignew, A. 1867. "Ueber die Tungusen der Kustenprovinze on Ostsiberien" [About the Tungus of the Coastal Province of Eastern Siberia]. *Archiv für Wissenschaftliche Kunde von Russland* 21: 18–27.

Schiefner, A. 1969. Introduction to M. A. Castrén, *Grammatik der Samojedischen Sprachen* [*Grammar of Samoyed Languages*]. In M. A. Castrén, *Nordische Reisen und Forschungen* 7. Leipzig and Berlin: Zentralantiquariat der Deutschen Demokratischen Republik.

Schnepper, H., and M. Hörnes. 1908. *Die Namen der Schiffe und Schiffsteile im Altenglischen*. Kiel, Germany: Druck von H. Feincke.

Schrenk, A. G. 1848. *Reise Nach dem Nordosten der Europäischen Russlands, Durch die Tundren der Samojeden, zum Arktischen Uralgebirge* [*Travels to Northeastn European Russia through the Tundras of the Samoyeds to the Northern Ural Mountains*]. Dorpat (Tartu), Estonia: Laakmann.

Schrenk, L. von. 1881. *Reisen und Forschungen im Amur-Lande*, vol. 3: *Die Völker des Amur-Landes* [*Travels and Research in the Amur*, vol. 3: *People of the Amur*]. St. Petersburg: Russian Academy of Sciences. https://ia600402.us.archive.org/3/items/reisenundforschu31schr/reisenundforschu31schr.pdf (accessed March 1, 2018).

Schurr, T., R. Sukernik, E. B. Starikovskaya, and D. C. Wallace. 1999. "Mitochondrial DNA Variation in Koryaki and Itelmen: Population Replacement in the Okhotsk Sea–Bering Sea Region during the Neolithic." *American Journal of Physical Anthropology* 108: 1–39.

Scott, G. R. and D. H. O'Rourke. 2010. "Genes across Beringia: A Physical Anthropological Perspective on the Dene-Yeniseian Hypothesis." *Anthropological Papers of the University of Alaska* 5, nos. 1–2: 119–32.

Shakhnovich, M. M. 2007. *Mezolit Severnoy i Zapadnoy Karelii* [*Mesolithic North and West Karelia*]. PhD diss. Department of Archaeology, St. Petersburg University. www.dissercat.com/content/mezolit-severnoi-i-zapadnoi-karelii (accessed March 1, 2018).

Shetelig, H. 1903. "Fragments of an Old Boat from Halsnø (Notes from the Antiquarian Collection)." *Bergens Museums Årbok* 7: 8–21.

Shimkin, D. 1996. "Countries and Their Cultures: Ket." In *Encyclopedia of World Cultures*, 1. www.everyculture.com/Russia-Eurasia-China/Ket-History-and-Cultural-Relations.html (accessed March 1, 2018).

Shirokogorov, S. M. 2010. "Migrations." In *Psychomental Complex of the Tungus*, vol. 1, sec. 27. London: Kegan Paul, Trench, Trubner and Co. www.shirokogorov.ru/s-m-shirokogorov/publications/psychomental-complex-tungus-01/27 (accessed March 1, 2018).

Shrader, T. 2002. "Pomorskiye Lotsiy- Istochnik Izucheniya Istorii Plavaniya Russkikh v Severnuyu Norvegiyu" [Pomorsky Sailing: A Scholarly Study of the History of Russian Sailing in Northern Norway], 129–34. Edited by Y. Krivosheyeva and M. Khodyakova. St. Petersburg: Mavrodinskiye Readings. http://qwercus.narod.ru/schrader_2002.htm (accessed June 23, 2019).

Shternberg, L. 1933. *Gilyaks, Orochs, Golds, Negitals, Ainu*. Khabarovsk, Russia: Dalgiz; Human Relations Area Files, Yale University, New Haven, CT.

Shubin, V. O. 1994. "Aleuts in the Kurile Islands: 1820–1870." In W. W. Fitzhugh and V. Chaussonet, eds., *Anthropology of the North Pacific Rim*, 337–46. Washington, DC: Smithsonian Institution Scholarly Press.

Shutikhin, A. 2003. "Istoriya Berestyanikh Remyosel" [Toward a History of Birch Bark Handicrafts]. Blog post, *Northern Birch Bark*. www.tues.narod.ru/statyi/9/9.html (accessed March 1, 2018).

———. 2008. "Istoricheskaya Rekonstruktsiya Drevney Karkasnoy Lodki iz Beresty" [Historical Reconstruction of a Birch-Bark Frame Boat]. Manuscript in HL possession; copy of paper from conference "Problemy Razvitiya Transportnoy Infrastruktury Evropeyskovo Severa Rossii" [Problems in the Development of Transport Infrastructure in the European North of Russia], Kotlas/St. Petersburg State University, March 2008. Kotlas/St. Petersburg State University.

Sieroszewski, W. 1993. *Yakuty: Opyt Etnograficheskovo Issledovaniya* [*The Yakut: An Experiment in Ethnographic Research*]. Moscow: Nauka. Originally published Moscow: Nauka, 1896.

Sillanpää, L. 2008. *Awakening Siberia: From Marginalization to Self-Determination: The Small Indigenous Nations of Northern Russia on the Eve of the Millennium*. Acta Politica 33. Helsinki: Department of Political Science, Helsinki University.

Simchenko, Y. B. 1976a. "Nganasans." *Narody i Kul'tury* XXIII: 35–37.

———. 1976b. *Kul'tura Okhotnikov na Oleney Severnoy Evrazii* [*The Culture of Reindeer Hunters of Northern Eurasia*]. Moscow: Nauka.

Sinor, D. 1961. "On Water Transport in Central Eurasia." *Ural-Altaische Jahrbücher* 33: 156–79.

Sirelius, U. T. 1904. "Die Handarbeiten der Ostjaken und Wogulen" [Handicrafts of the Ostyak and Vogul]. *Journal de la société finno-ougrienne* 22.

———. 1906. *Über die Sperrfischerei Bei den Finnisch-Ugrischen Völkern* [*On Fishing among the Finno-Ugric People*]. Helsinki: Finsk-Ugriska Sällskapet.

Sirina, A. A. 2006. *Katanga Evenkis in the 20th Century and the Order of Their Life-World*. Northern Hunter-Gatherers Research Series 2. Edmonton: Canadian Circumpolar Institute Press.

Sjögren, A. J. 1828. *Anteckningar om Församlingarne i Kemi-Lappmark [Notes on the Parishes of Kemi-Lapland]*. Helsinki: Simelii Enka.

Smith, K. 1995. "Landnam: The Settlement of Iceland in Archaeological and Historical Perspective." *World Archaeology* 26, no. 3: 319–47.

Snow, H. J. 1897. *Notes on the Kuril Islands*. London: John Murray.

Sokolova, Z. P. 1979. "K Proiskhozhdeniyu Sovremennykh Mansi" [On the Origins of the Modern Mansi]. *Sovetskaya Etnografiya* 6: 46–58.

———. 1983. *The Mansi*. Moscow: Nauka.

Sorokin, P. 1997. *Waterways and Shipbuilding in Northwestern Russia in the Middle Ages*. St. Petersburg: Institute of the History of Material Culture, Russian Academy of Sciences.

Spaulding, A. 1946. "Northeastern Archaeology and General Trends in the Northern Forest Zone." In F. Johnson, ed., *Man in Northeast North America*. Papers of the Robert S. Peabody Foundation for Archaeology 3, 143–67. Andover, NH: Phillips Academy.

Spies, M. 1997. *Arctic Routes to Fabled Lands: Olivier Brunel and the Passage to China and Cathay in the Sixteenth Century*. Amsterdam: Amsterdam University Press.

Spörer, J. 1867. *Novaja Semlä in Geographischer, Naturhistorischer und Volkwirthschftlicher Beziehung [Novaya Zemblya and Its Natural History and Ethnological Relationships]*. Petermanns Geographische Mitteilungen 21. Gotha, Germany: Justus Perthes.

Spranz, B., ed. 1984. *Boots, Technik und Symbolik [Boats, Technique and Symbolism]*. Freiburg, Germany: Museum für Völkerkund.

Stang, H. 1980. "Rysslands Uppkomst—En Tredje Ståndpunkt" [The Rise of Russia: A Third Position]. *Svensk-Sovjetiska Historiesymposiet Vid Lunds Universitet*, 154-198. Lund: Sweden. www.scandia.hist.lu.se (accessed June 24, 2019)

Starcev, G. 1988. *Die Ostjaken: Sozial-Ethnographische Skizze. Aus dem Russischen Übertragen von Katharina Oestreich-Geib [The Ostyaks: Social-Ethnographic Sketch, Translated from the Russian by Katharina Oestreich-Geib]*. Trans. K. Oestreich-Geib. Munich: Veröffentlichungen der Congregatio Ob-Ugrica.

Steiner, F. B. 1939. "Skinboats and the Yakut 'Xayik.'" *Ethnos* 4, nos. 3-4: 177–83.

Steller, G. W. 2003. *Steller's History of Kamchatka*. Fairbanks: University of Alaska Press. Originally published 1774.

———. 2013. *Beschreibung von dem Lande Kamtschatka [A Description of Kamchatka]*, vol. 2. Edited by E. Kasten and M. Dürr. Klassiker der Deutschsprachigen Ethnograhie. Bonn: Holos Verlag.

Stralenberg, P. J. 1738. *An Historico-Geographical Description of the Northern and Eastern Parts of Europe and Asia; but More Especially of Russia, Siberia, and Great Tartary*. Trans. W. Innys and R. Manby. London: W. Innys and R. Manby.

Tajima, A., M. Hayami, K. Tokunaga, and T. Juji. 2004. "Genetic Origins of the Ainu Inferred from Combined DNA Analyses of Maternal and Paternal Lineages." *Journal of Human Genetics* 49, no. 4: 187–93.

Takakura, H. 2012. "The Shift from Herding to Hunting among the Siberian Evenki: Indigenous Knowledge and Subsistence Change in Northwestern Yakutia." *Asian Ethnology* 71, no. 1: 31–47.

Takase, K. 2016. "Archaeology along the Coast of the Okhotsk Sea: Achievements, Problems, and Perspectives." In *Proceedings of the 30th International Abashiri Symposium*, 39–46. Abashiri, Japan: Association for the Promotion of Northern Cultures.

Tallgren, A. M. 1931a. *Suomen Muinaisuus [Ancient Finland]*. Porvoo, Finland: WSOY.

———. 1931b. "Luoteis-Siperian Kulttuurikosketuksista Kr. Syntymän Aikaan" [Culture Contacts in Northwest Siberia c. 0 AD]. *Kalevalaseuran Vuosikirja* 11: 104–24.

———. 1934. "Die 'Altpermische' Pelzenwareperiode an der Pecora" [The "Altpermische" Fur Trade at the Pechora]. In *Muinaismuistoyhdistyksen Vuosikirja 1934*, 152–81. Helsinki: Otava.

———. 1938. "Kauko-Karjalan Muinaismuistot Ja Esihistoriallinen Asutus" [Russian Karelian Archaeological Finds and Prehistoric Inhabitation]. In A. M. Tallgren, ed., *Karjalan Historiaa [History of Karelia]*, 9–20. Jyväskylä, Finland: Gummerus.

Tambets, K., et al. 2004. "The Western and Eastern Roots of the Saami—The Story of Genetic 'Outliers' Told by Mitochondrial DNA and Y Chromosomes." *American Journal of Human Genetics* 74, no. 4: 661–82.

Tengengren, H. 1952. *En Utdöd Lappkultur i Kemi Lappmark. Studier i Nordfinlands Kolonisationshistoria [An Extinct Lapp Culture in Kemi Lappmark: Studies in Northern Finland's Colonization History]*. Acta Academiae Aboensis, Humaniora 19, no. 4. Åbo: Åbo Akademi.

———. 1965. "Hunters and Amazons: Seasonal Migrations in the Older Hunting and Fishing Communities." In H. Harald, ed., *Hunting and Fishing: Nordic Symposium on Life in a Traditional Hunting and Fishing Milieu in Prehistoric Times and Up to the Present Day*, 427–92. Lulea, Sweden: Norrbottens Museum.

Thiele, P. 1984. "Boote aus Westasien" [Boats of Western Asia]. In G. Koch, H. Hartmann, and K. Helfrich, eds., *Boote aus Aller Welt*, 169–77. Berlin: Museum für Völkerkunde.

Timofeev, A. I. ed. 1882. *Pamyatniki Sibirskoi Istorii XVIII Veka [Monuments of 18th-Century Siberian History]*, vol. 1. St. Petersburg: Tipografiya Ministerstvo Vnutrennykh Del.

Tomilov, N. A. 2000. "Ethnic Processes within the Turkic Population of the West Siberian Plain from the 16th to the 20th

Centuries." Trans. from Russian by A. J. Frank. *Cahiers du monde russe* 41, nos. 2–3: 221–32. http://monderusse.revues.org/docannexe/4402tomilov-cmr-2-3-2000.pdf (accessed November 9, 2018).

———. 2012a. "Chulymsy." Blog post, *The Peoples of Russia*. www.narodru.ru/peoples1299.html (accessed November 9, 2018).

———. 2012b. "The Ethnic Composition of the Omsk Region: On the Life of the Siberian Tatars, Kazakhs, Russian, Ukrainians, and Germans." Blog post (no longer online).

Tomilov, N. A., and P. Friedrich. 1996. "Siberian Tatars." In *Encyclopedia of World Cultures*, vol. 6: *Russia and Eurasia/China*, 340–42. http://1.droppdf.com/files/BuapW/encyclopedia-of-world-cultures-volume-6-russia-and-eurasia-china-1994-.pdf (accessed March 3, 2018).

Torvinen, M. 2000. "Säräisniemi 1 Ware." *Fennoscandia Archaeologica* 16, no. 1: 3–35.

Trebitsch, R. 1912. "Fellboote und Schwimsäcke und Ihre Geographische Verbreitung in der Vergangenheit und Gegenwart" [Leather and Skin-Covered Boats and Their Distribution in the Past]. In German Archiv für Anthropologie, new ser. 11, 161–84. Braunschweig: Friedrich Vieweg & Sohn.

Trevor-Battye, A. 1895. *Ice-Bound on Kolguev*. London: Archibald Constable and Co.

Tronson, J. M. 1859. *Personal Narrative of a Voyage to Japan, Kamtchatka, Siberia, Tartary, and Various Parts of Coast of China in HMS Barracouta*. London: Smith, Elder and Co.

Troyanovskiy, S. V., and M. I. Petrov. 2018. "The XI Century Boat from Novgorod Tower." Internet report Nauchnoe Naslediya, *Soviet Archaeology* 2: 1–7. https://historicaldis.ru/blog/43991598325/Ladya-XI-v.-iz-Novgoroda, http://arc.novgorod.ru/aleshk/ind.php3?file=article/ship.txt&menu=./util/art#r1 (accessed March 3, 2018).

Tsubaki, R. 2011. *Pehr Kalm, Suomalainen Amerikan Löytäjä* [Pehr Kalm, the Finnish Discoverer of America]. Trans. A. Leikola. Helsinki: Terra Cognita.

Tugolukov, V. A. 1963. "The Vitim-Olekma Evenki." *Sovetskaya Etnografia* 2, no. 2: 15–40.

———. 1985. *Tungusy (Evenki i Eveny)* [Tungus (Evenk and Even)]. Moskow: Nauka.

Turner, L. 2008. *An Aleutian Ethnography*. Fairbanks: University of Alaska Press.

Turov, M. G. 2008. *Economy of Evenkis in the Central Siberian Taiga at the Turn of the 20th Century*. Northern Hunter-Gatherers Research Series 5. Edmonton, AL: Canadian Circumpolar Institute Press.

University of Alaska, Fairbanks. 2008. "Prehistoric Cultures Were Hunting Whales at Least 3,000 Years Ago." *ScienceDaily*. April 8. www.sciencedaily.com/releases/2008/04/080404160335.htm (accessed June 6, 2019).

Ushnitsky, V. V. 2008a. "Vsya Pravda o Tungusakh i Ikh Istorii" [The Whole Truth about Tungus and Their History]. Blog post, *All the Truth about Tungus and Their History*. June 6. http://merkit.livejournal.com/ (accessed March 3, 2018).

———. 2008b. "Sistema Vospitania u Narodov Yakutii" [The Child-Rearing System among the People of Yakutia]. Blog post, *All the Truth about Tungus and Their History*. June. http://merkit.livejournal.com/1418.html (accessed November 9, 2018).

———. 2015. "Legendarniye Plemena Yakutii XVII Veka" [Legendary 17th-Century Tribes of Yakutia]. *Nauchnoye Obozrenie Sayano-Altaya* 4, no. 12: 15–20.

———. 2016. "Problema Etnogeneza Sakha: Novyi Vzglyad" [The Problem of the Sakha People's Ethnogenesis: A New Approach]. *Zhurnal Sibirskovo Federalnovo Universita: Gumanitarniye Nauki* 8, no. 9: 1822–40.

Utagawa, H. 1887. *Dai-Nippon Busson Zue* [Products of Greater Japan]. Tokyo: Ōkura Magobei.

Vainshtein, S. 1980. *Nomads of South Siberia: The Pastoral Economies of Tuva*. Edited by Caroline Humphrey. Trans. M. Colenso. Cambridge: Cambridge University Press.

Vajda, E. 2010. "A Siberian Link with the Na-Dene." *Anthropological Papers of the University of Alaska*, new ser. 5, no. 2: 31–99.

Vajda, E. J., and A. P. Dulzon, eds. 2004. *Languages and Prehistory of Central Siberia*. Philadelphia: John Benjamin Publishing Company.

VanStone, J. W., ed. 1959. "An Early Account of Russian Discoveries in the North Pacific." *Anthropological Papers of the University of Alaska* 7, no. 2: 91–106.

———. 1985. *An Ethnographic Collection from Northern Sakhalin Island*. Chicago: Field Museum of Natural History.

Vartanyan, S. I., V. E. Garutt, and A. V. Sher. 1993. "Holocene Dwarf Mammoths from Wrangel Island in the Siberian Arctic." *Nature* 362: 337–40.

Vasilevich, G. M. 1969. *Evenki: Istoriko-Etnograficheskiye Ocherki (XVIII- Nachalo XX vv)* [The Evenks: Historico-Ethnographic Essays (From the 18th to the Beginning of the 20th Centuries)]. Leningrad: Nauka.

Vasilevsky, A. A., and O. A. Shubina. 2006. "Neolithic of Southern Sakhalin and Southern Kuril Islands." In S. M. Nelson, A. P. Derevianko, Y. V. Kuzmin, and R. I. Bland, eds., *Archaeology of the Russian Far East: Essays in Stone Age Prehistory*, 151–66. BAR International Series. Oxford: Archaeopress.

Vasil'evsky, R. S., and C. S. Chard. 1969. "The Origin of the Ancient Koryak Culture on the Northern Okhotsk Coast." *Arctic Anthropology* 6, no. 1: 150–64.

Vasiliev, V. I. 1979. *Problemy Formirovaniya Severo-Samodiyskikh Narodnostey* [Problems in the Formation of the Northern Samoyedic Peoples]. Moscow: Nauka.

Vdovin, I. S. 1965. *Ocherki Istorii i Etnografii Chukchey* [Essays on the History and Ethnography of the Chukchi]. Moscow and Leningrad: Nauka.

Veltre, D. 1998. "Prehistoric Maritime Adaptations in the Western and Central Aleutian Islands, Alaska." *Arctic Anthropology* 35, no. 1: 223–33.

Vermeulen, H. S. 2016. "Ethnography and Empire: G. F. Müller and the Description of Siberian Peoples." In H. F. Vermeulen, ed., *Before Boas: The Genesis of Ethnography and Ethnology in the German Enlightenment*, 131–58. Lincoln and London: University of Nebraska Press.

Verner, G. K. 1977. "Aktsentirovannye Sravnitel'nye Slovarnye Materialy po Sovremennym Enisejskim Dialektam" [Accented Comparative Lexical Materials on the Modern Yeniseic Dialects]. *Jazyki i Toponimija* 4: 131–95.

Vilkuna, K., and E. Mäkinen. 1976. *Haapio Isien Työ [Aspen Canoe Thesis]*, 3rd ed. Helsinki: Otava.

Vitenkova, I. 2003. *Pozdniy Neolit Karelii: Pamytaniki s Grebenchato-Yamochnoy Keramikoy [Late Neolithic Karelia: Monuments with Pit Comb Ware Ceramics]*. PhD diss. Department of History, Petrozavodsk University. www.dslib.net/arxeologia/pozdnij-neolit-karelii.html (accessed March 3, 2018).

Vizgalov, G. P. 2005. "Russkaya Mangazeya, ili Zapolyarnoe 'El Dorado'—Sekrety Strannovo Goroda" [Russian Mangazeya, or the Polar "El Dorado"—Secrets of a Strange City]. *Argumenty i Fakti v Zapadnoy Sibiri [Arguments and Facts in Western Siberia, Tyumen Region]* 559, no. 52: 115–20.

———. 2006. *Transportniye Sredstva Zhiteley Goroda Mangazeya [Transport of the Inhabitants of Mangazeya]*. Nefteyugansk, Russia: Center of Historico-Cultural Heritage.

Vogel, W. von. 1912. "Von den Anfängen Deutscher Schiffahrt" [The Beginnings of German Ships]. *Praehistorische Zeitschrift* 4: 1–16. www.degruyter.com/view/j/prhz.1912.4.issue-1-2/prhz.1912.4.1-2.1/prhz.1912.4.1-2.1.xml (accessed March 3, 2018).

Volodko, N. V., N. P. Eltsov, E. B. Starikovskaya, and R. I. Sukernik. 2009. "Analysis of the Mitochondrial DNA Diversity in Yukaghirs in Evolutionary Context." *Genetika* 45, no. 7: 992–96.

Walsh, W. ed. 1948. "The Chronicle of Novgorod, 1016–1417." In *Medieval Sourcebook: The Novgorod Chronicle: Selected Annals*. Department of History, Fordham University. Syracuse: Syracuse University Press. http://legacy.fordham.edu/halsall/source/novgorod1.asp (accessed June 24, 2019).

Watanabe, Y. 2013. "Beluga Hunting Practices of the Indigenous People of Kamchatka: Characterization of Sea Mammal Hunting in Northeastern Asia." *Senri Ethnological Studies* 84: 177–94.

Waugh, F. W. 1919. "Canadian Aboriginal Canoes." *Canadian Field-Naturalist* 33: 23–33.

Weber, A., M. A. Katzenberg, and T. G. Schurr, eds. 2011. *Prehistoric Hunter-Gatherers of the Baikal Region, Siberia: Bioarchaeological Studies of Past Life Ways*. University of Pennsylvania Museum of Archaeology and Anthropology Series. Philadelphia: University of Pennsylvania Press.

Weinstock, J. 2005. "The Role of Skis and Skiing in the Settlement of Early Scandinavia." *Northern Review* 25–26: 172–96.

Westerdahl, C. 1979. "Är Verkligen Byslättfyndet en Barkkanot?" [Is the Byslätt Find Really a Bark Canoe?]. *Meddelanden frå Marinarkeologiska Sällskapet* 3, no. 79: 30–31.

———. 1985a. "Sewn Boats of the North: A Preliminary Catalogue with Introductory Comments. Part I." *International Journal of Nautical Archaeology and Underwater Exploration* 14, no. 1: 33–62.

———. 1985b. "Sewn Boats of the North: A Preliminary Catalogue with Introductory Comments, Part II." *International Journal of Nautical Archaeology and Underwater Exploration* 14, no. 2: 119–42.

———. 1987. "Et Sätt Som Liknar Them Utitheras Öfriga Lefnadsart." Om Äldre Samiskt Båtbyggeoch Samisk Båthantering ["A Way Similar to the Utitheras Second Life Style": About Early Saami Boat Building and Boat Management]. Johan Nordlander Sällskapet 11. Umeå, Sweden: Umeå University.

———. 1995. "Samischer Bootsbau" [Saami Boat-Building], part 1. *Deutsches Schiffahrtsarchiv* 18: 233–60.

———. 1999. "Samischer Bootsbau" [Saami Boat-Building], part 4. *Deutsches Schiffahrtsarchiv* 22: 285–314.

———, ed. 2010. *A Circumpolar Reappraisal: The Legacy of Gutorm Gjessing (1906–1979)*. Edited by C. Westerdahl. BAR International Series 2154. Oxford: Archaeopress.

Wetterhoff, O. 2004. *Bergön Pyyntimiehet: O. Helanderin Arvostelu [Bergön Catchers: O. Helander's Review]*. Helsinki: Suomalaisen Kirjallisuuden Seura.

Whitaker, I. 1954. "The Scottish Kayaks and the Finnmen." *Antiquity* 28, no. 110: 99–104.

———. 1977. "The Scottish Kayaks Reconsidered." *Antiquity* 51, no. 201: 41–45.

Wickler, S. 2010. "Visualizing Sami Waterscapes in Northern Norway from an Archaeological Perspective." In C. Westerdahl, ed., *A Circumpolar Reappraisal: The Legacy of Gutorm Gjessing (1906–1979)*, 349–61. BAR International Series 2154. Oxford: Archaeopress.

Wiklund, K. B. 1947. *Nordisk Kultur. Samlingsverk, Saame [Nordic Culture: Saami Collection Work]*, 10. Stockholm: Bonnier.

Willerslev, R. 2007. *Soul Hunters: Hunting, Animism, and Personhood among the Siberian Yukaghirs*. Berkeley: University of California Press.

Witze, A. 2008. "Whaling Scene Found in a 3000-Year-Old Picture." *Nature* (March 31). doi:10.1038/news.2008.714.

Wixman, R. 1984. *The Peoples of the U.S.S.R.: An Ethnographic Handbook*. London: Macmillan and Co.

Woss, C. F. 1779. *Neuere Geschichte der Polar-Länder [Modern History of the Polar Regions]*, vol. 4. Berlin: den Christian Fredrich Boss.

Wrangel, F. P. von 1839. *Reise Laengs der Nordküste von Sibirien und auf dem Eismeere in den Jahren 1820–1824 [Traveling along the Northern Coast of Siberia and on the Frozen Sea in the Years 1820–1824]*. 2 vols. Berlin: Voss'schen Buchhandlung. English trans., 1944. *Wrangel's Expedition to the Polar Sea*, 2 vols. London: J. Madden and Co.

———. 1948. *Travels along the Northern Shores of Siberia and the Arctic Sea Committed in 1820, 1821, 1822, 1823, and 1824*. Ed. E. Shvede. Moscow: NSRA, http://az.lib.ru/w/wrangelx_f_p (accessed June 4, 2019).

Yamaura, K. 1978. "On the Development Process of Toggle Harpoon Heads around the Bering Strait." *Journal of the Archaeological Society of Nippon* 64, no. 4: 23–50.

———. 1998. "The Sea Mammal Hunting Cultures of the Okhotsk Sea, with Special Reference to Hokkaido Prehistory." *Arctic Anthropology* 35, no. 1: 321–34.

Yanchev, D. V. 2006. *The Economy and Material Culture of the Negital*. PhD diss. Department of History, Ethnography, Ethnology, and Anthropology, Far Eastern State University, Vladivostok. www.ihaefe.org/26-27126/yanchev.pdf (accessed February 25, 2012).

Zagoskin, N. P. 1910. *Russkie Vodnie Puti i Sudovoye Delo v Do-Petrovskoy Rossi [Russian Waterways and Shipping in Pre-Petrine Russia]*, 371–80. Edited by I. N. K. Khartonova. Russia: Litetipografiya.

Zarisovski, A. I. 1949. "Sibirskiye Zarisovki Pervoy Poloviny XVIII Veka" [Siberian Sketches of the First Half of the Eighteenth Century]. In A. I. Andreev et al., eds., *Letopis' Severa* [*Chronicles of the North*], vol. 1, 123–35. Moscow and Leningrad: Glavsevmorputi Publishing.

Zeeberg, J. 2005. *Into the Ice Sea: Barents' Wintering on Novaya Zemlya—A Renaissance Voyage of Discovery*. West Lafayette, IN: Purdue University Press.

———. 2007. *Terugkeer naar Nova Zembla. De Laatste en Tragische Reis van Willem Barents* [Return to Nova Zemblya: The Last and Tragic Journey of Willem Barents]. www.researchgate.net/publication/315677723 (accessed June 18, 2019).

Zimmerly, D. W. 1986. *Qajaq: Kayaks of Siberia and Alaska*. Fairbanks: University of Alaska Press.

———. 2000. *Qajaq: Kayaks of Siberia and Alaska*, 2nd ed. Fairbanks: University of Alaska Press.

———. 2010. "Annotated Bibliography of Arctic Kayaks." Blog post, *Arctic Kayaks*. www.arctickayaks.com/Bibliography/biblioA-C.htm (accessed February 27, 2018).

Zlojutro, M., R. Rubicz, E. J. Devor, and V. A. Spitsyn. 2006. "Genetic Structure of the Aleuts and Circumpolar Populations Based on Mitochondrial DNA Sequences: A Synthesis." *American Journal of Physical Anthropology* 129, no. 3: 446–64.

Zuev, A. 2012. *Russkiye i Aborigeny na Kraynem Severo-Vostoke vo Vtoroy Polovine XVII- Pervoy Chetverti XVIII vv* [*Russians and Natives in Far Northeastern Siberia in the Second Half of the 17th and the First Quarter of the 18th Centuries*]. Novosibirsk, Russia: Novosibrisk State University. http://zaimka.ru/zuev-aborigines (accessed March 3, 2018).

图书在版编目（CIP）数据

欧亚大陆北部的树皮船与兽皮船／（芬）哈里·卢克卡宁（Harri Luukkanen），（美）威廉·W.菲茨休（William W. Fitzhugh）著；崔艳嫣，侯丽，丁海彬译. --北京：社会科学文献出版社，2024.8

（北冰洋译丛）

书名原文：The Bark Canoes and Skin Boats of Northern Eurasia

ISBN 978-7-5228-2746-9

Ⅰ.①欧… Ⅱ.①哈…②威…③崔…④侯…⑤丁… Ⅲ.①船舶技术-技术史-世界 Ⅳ.①U66-091

中国国家版本馆 CIP 数据核字（2023）第 219917 号

北冰洋译丛
欧亚大陆北部的树皮船与兽皮船

著　　者	／〔芬〕哈里·卢克卡宁（Harri Luukkanen）
	〔美〕威廉·W.菲茨休（William W. Fitzhugh）
译　　者	／崔艳嫣　侯　丽　丁海彬
审　　校	／曲　枫
出 版 人	／冀祥德
责任编辑	／张晓莉　叶　娟
文稿编辑	／许文文
责任印制	／王京美
出　　版	／社会科学文献出版社·区域国别学分社（010）59367078
	地址：北京市北三环中路甲29号院华龙大厦　邮编：100029
	网址：www.ssap.com.cn
发　　行	／社会科学文献出版社（010）59367028
印　　装	／北京联兴盛业印刷股份有限公司
规　　格	／开　本：787mm×1092mm　1/16
	印　张：31.75　字　数：454千字
版　　次	／2024年8月第1版　2024年8月第1次印刷
书　　号	／ISBN 978-7-5228-2746-9
著作权合同登 记 号	／图字01-2022-0025号
定　　价	／189.00元

读者服务电话：4008918866

版权所有 翻印必究